KAFKA

JUDENTUM GESELLSCHAFT LITERATUR

Ritchie Robertson

KAFKA

Judentum Gesellschaft Literatur

Aus dem Englischen
von
Josef Billen

J. B. Metzlersche
Verlagsbuchhandlung
Stuttgart

CIP-Titelaufnahme der Deutschen Bibliothek

Robertson, Ritchie:
Kafka : Judentum, Gesellschaft, Literatur / Ritchie Robertson.
Aus d. Engl. von Josef Billen. - Stuttgart : Metzler, 1988

ISBN 978-3-476-00636-3

ISBN 978-3-476-00636-3
ISBN 978-3-476-03255-3 (eBook)
DOI 10.1007/978-3-476-03255-3

Ursprünglich erschienen bei J. B. Metzlersche Verlagsbuchhandlung
und Carl Ernst Poeschel Verlag GmbH in Stuttgart 1988

INHALTSVERZEICHNIS

VORWORT

Worum es in diesem Buch geht, davon vermittelt am ehesten sein Untertitel eine ungefähre Vorstellung. Das englische Wort ›Judaism‹, das normalerweise die jüdische Religion bezeichnet, ist hier in einem weiteren Sinn gebraucht, und zwar mehr im Sinne des deutschen Wortes ›Judentum‹, das sowohl die Bedeutung ›jüdische Kultur‹ als auch die Bedeutung ›jüdisches Selbstgefühl‹, ›jüdische Identität‹ einschließt. Um beide Bereiche geht es für Kafka. Sein Interesse an jüdischer Kultur wurde wachgerufen durch die jiddischen Schauspieler, die in Prag im Winter 1911/12 auftraten; es dehnte sich aus auf jüdische Geschichte und Literatur und richtete sich schließlich auch auf die chassidischen Überlieferungen, die noch unter den Juden Osteuropas lebendig waren. Während derselben Zeit wurden sein Bewußtsein und sein Gefühl, Jude zu sein, immer wichtiger für ihn. Das Erwachen seines Interesses an jüdischer Kultur und an seiner eigenen Zugehörigkeit zum Judentum stand, wie ich im ersten Kapitel zu zeigen versuche, in einem engen Zusammenhang mit dem plötzlichen Durchbruch, der ihn in die Lage versetzte, *Das Urteil*, sein erstes größeres literarisches Werk, zu schreiben, und zwar in einer einzigen Nacht im Herbst 1912. Um diesen Zusammenhang aufzeigen zu können, habe ich die wichtigsten Unterlagen von Kafkas Beschäftigung mit dem Judentum ausführlich dargestellt. Sie sind in der bisherigen Kafka-Forschung weithin übergangen worden. Es handelt sich dabei um seine Aufzeichnungen zu Pinès' *Histoire de la littérature judéo-allemande*, um seine Rede über die jiddische Sprache und vor allem um seine Überlegungen zu kleineren Literaturen, die er im Dezember 1911 in sein Tagebuch eintrug und die seine Ansichten über das wünschenswerte Verhältnis zwischen Schriftsteller und Gesellschaft zum Ausdruck brachten. Das Kapitel endet mit einer Interpretation der Erzählung *Das Urteil*. Diese Erzählung ist das Resultat von Kafkas zwiespältiger Bindung an die deutsche und an die jüdische Kultur.

Während der folgenden Jahre erscheinen jüdische Vorstellungen und Anspielungen gelegentlich in Kafkas Werken, aber sie treten nicht stärker hervor. Das ändert sich mit dem Beginn des Jahres 1917, und zwar in *Ein Landarzt, Schakale und Araber* und in den darauffolgenden Werken. Von diesem Zeitpunkt an schließt sich Kafka eng an jüdische Überlieferungen an, besonders in *Das Schloß*, während seine letzte Erzählung, *Josefine, die Sängerin oder das Volk der Mäuse*, geschrieben wenige Wochen vor seinem Tode im Jahre 1924, zur Thematik der Tagebucheintragungen von 1911 zurückkehrt, indem sie das Beziehungsverhältnis zwischen Künstler und Öffentlichkeit in einem spezifisch jüdischen Umfeld untersucht. Um neues Licht auf diese Arbeiten fallen zu lassen, habe ich zu zeigen versucht, wieviel an jüdischer Geschichte und Überlieferung sie enthalten. Besondere Aufmerksamkeit habe ich gerichtet auf Kafkas Interesse an der chassidischen Bewegung, die er kennengelernt hatte durch seine Lektüre und durch seine Freundschaft mit dem chassidischen Dichter und Kabbala-Gelehrten Jiři Langer.

Politische Betätigung, und zwar in Form des Anschlusses an die zionistische Bewegung, stellte einen offenkundigen Weg dar, auf dem die Erfahrung jüdischen Selbstgefühls einen sinnvollen Ausdruck finden konnte. Zunächst hielt Kafka sich vom Zionismus fern; er zeigte nie ein großes Interesse an den alltäglichen Vorgängen der Politik, an ›der oberflächlichen, kurzlebigen Flugschrift und der langweiligen Versammlung‹, wenn er auch manchmal politische Schriften las und politische Versammlungen besuchte. Nichtsdestoweniger dachte er tief über den Zustand der modernen Gesellschaft nach. Er zweifelte an ihren diesseitsbezogenen Wertvorstellungen und bedauerte die Zerstörung älterer Gemeinschaften und Gemeinschaftserfahrungen durch die Kommerzialisierung und die Unterordnung der Menschen unter die technische Entwicklung. Statt dessen verlangte er nach einer echten, auf religiöser Grundlage aufbauenden Gemeinschaft. Von etwa 1916 an sympathisierte er stark mit dem Zionismus, weil er glaubte, dieser könne dazu beitragen, eine solche Gemeinschaft entstehen zu lassen. Im zweiten Kapitel habe ich die Erzählungen *Der Verschollene* und *Die Verwandlung* als gezielte, wohldurchdachte kritische Darstellungen der modernen Gesellschaft zu verstehen gesucht, während ich im vierten Kapitel die politischen Vorstellungen der Zionisten, insbesondere Martin Bubers, mit dem Kafka in Kontakt trat, zu rekonstruieren versucht habe.

Literarische Betätigung, der dritte Bestandteil meines dreigliedrigen Untertitels, bezieht sich auf Kafkas Lektüre ebenso wie auf sein Schreiben. Seine extensive Lesetätigkeit erschloß ihm viel verschiedenartiges Quellenmaterial. Bei der Erörterung von Kafkas Lesestoffen, und zwar bei denen, die bereits allgemein bekannt sind, wie bei denen, die ich selbst festgestellt habe, habe ich immer versucht, mich an Leszek Kolakowskis Grundsatz zu halten, daß nämlich, wenn Beeinflussung vorliegt, der aktive Partner nicht derjenige ist, der den Einfluß ausübt, sondern derjenige, auf den Einfluß ausgeübt wird. Dementsprechend war es meine Absicht zu zeigen, wie ein Stoff im Lesevorgang von Kafkas Vorstellungskraft absorbiert und seinen eigenen zentralen Themen anverwandelt worden ist. Ich habe jedoch auch vor Augen gehabt, daß Kafkas Schriften zuerst und vor allem Literatur sind. Die verschiedenartigen in diesem Buch gesammelten Materialien sind deswegen alle dazu bestimmt, der Erhellung und Würdigung von Kafkas literarischen Werken zu dienen, und ich habe, ohne auf allzu bekannte Sachverhalte zu sehen, versucht, die gebührende Aufmerksamkeit auf seine Sprache, auf Ironie und Wortspiele, auf die sprachlich-künstlerische Verwirklichung seiner fiktionalen Welten, auf sein erzählerisches Verfahren und, vielleicht überraschenderweise, auf die Art seiner Kennzeichnung von Charakteren zu richten. Insbesondere habe ich einen Gesichtspunkt an Kafkas Werken hervorgehoben, der bisher weithin außer acht gelassen worden ist, nämlich die besondere Art ihrer gattungsmäßigen Zugehörigkeit und Herkunft. Da zur Zeit die Notwendigkeit einer klaren gattungsmäßigen Zuordnung eines Werkes nicht mehr als verbindlich gilt, sind Gattungen unbewußt und unterschwellig wirkende Größen geworden, die fälschlicherweise die Vorstellung zulassen, es gebe einen unmittelbaren Zugang zur Literatur. Doch da niemand sich einem literarischen Werk ohne eine Fülle von Vorstellungen in bezug auf seine Gattungszugehörigkeit nähert, bleiben gattungstheoretische Überlegungen unerläßlich, wenn zwischen der fiktiven Welt des Werkes und der empirischen Welt des Lesers eine Vermittlung zustande kommen soll, und es ist so wichtig wie eh und je, darauf zu sehen, daß die Erwartungen des Lesers und die Absichten des Autors einander entsprechen. Ich habe dementsprechend versucht, die Gattungszugehörigkeit von Kafkas drei romanartigen Erzählungen und die von einigen kürzeren Werken zu ermitteln, wobei ich glaube, daß zumindest etwas von der Irritation, die von Kafkas erzählerischem Werk ausgeht, aus der unangemessenen Erwartungshaltung des Lesers in bezug auf seine Gattungszugehörigkeit stammt.

Unter diesen drei Leitlinien – Judentum, politische Interessen und literarische Betätigung – habe ich eine zusammenhängende Darstellung von Kafkas literarischer Entwicklung zu geben versucht. Dabei ging es mir darum, gewissen weitverbreiteten Vorstellungen über die Interpretation seiner Werke entgegenzutreten. Eine davon ist die Ansicht, Kafkas Schriften stellten einen Geheimcode dar, der mit Leichtigkeit zu knacken sei, wenn man nur den passenden Schlüssel dazu finden könne. Glücklicherweise sind solche Ansichten mittlerweile gehörig in Mißkredit geraten, und neue Bemühungen, den Code zu brechen, werden wahrscheinlich denselben Widerhall finden wie neue Versuche, das »Geheimnis« von Shakespeares Sonetten zu »lösen«. Sie sind jedoch abgelöst worden durch die gleichermaßen entmutigende Vorstellung, Kafkas Schriften seien unlösbare Rätsel, die nicht gelöst werden könnten und über die man deshalb nichts aussagen könne. In intellektuell anspruchsvollerer und verfeinerter Form ist diese Ansicht zur Zeit verbreitet unter professionellen Kafka-Interpreten: Sie behaupten, seine Schriften gäben keine, nicht einmal eine indirekte Wesensaussage über die Welt, sondern sie seien darauf angelegt, die Sinnerwartungen des Lesers zu enttäuschen und ihn zur Reflexion der Unzulänglichkeit seiner eigenen Sinnkonstitutionen zu zwingen. Keine dieser Ansichten scheint vereinbar zu sein mit der Bewunderung, die man Kafka als einem großen Schriftsteller entgegenbringt. Dennoch spiegeln sich in beiden die eigentlichen Schwierigkeiten, die bei der Interpretation Kafkas auftreten, und es dürfte deshalb sinnvoll sein, kurz zu überlegen, worin diese Hauptschwierigkeiten bestehen.

Kafkas Schreiben ist von subtiler Art, vielschichtig und voller Anspielungen. Seine Anspielungen sind jedoch keine verschlüsselten Botschaften, sondern sie gleichen eher einem zarten Gespinst, das die zentralen Bilder seiner Geschichten umhüllt, Verweiszusammenhänge schafft und sie wahrnehmbar und überprüfbar macht. Sie bieten die Gewähr dafür, um eine Metapher aus Conrads *Heart of Darkness* zu übernehmen, daß »die Bedeutung einer Episode nicht in ihr liegt wie ein Kern, sondern außerhalb ihrer, indem sie nämlich die Erzählung einhüllt. Die Erzählung läßt ihre Bedeutung aus sich hervorgehen, wie die Glut einen Rauchschleier aus sich hat hervorgehen lassen.« Feinsinnig-subtile Konsistenz ist jedoch nicht Verschwommenheit, und eine Kafka-Interpretation braucht deshalb nicht nebelhaft-verschleiert zu sein. Der Interpret muß vielmehr Kafkas Anspielungen mit der angemessenen Behutsamkeit behandeln; er muß unterscheiden zwischen einem deutlichen Verweis und einem flüchtigen Wink, und er darf das zarte Gewebe nicht durch eine grobschlächtige Überinterpretation zerreißen.

Was Kafkas Romane angeht, so rührt manches an Irritation bei ihren Lesern aus dem Unvermögen her, ihre erzählerische Art zu durchschauen. Ich habe – insbesondere im dritten Kapitel – versucht, der weitverbreiteten Ansicht entgegenzuwirken, die Romane seien vom Standpunkt des Helden aus erzählt und ließen dem Leser keine andere Möglichkeit, als dessen Verwirrung zu teilen. Gewiß, Kafkas Romane sind artifizielle Übungen in einer Form der Ironie, die wie der schwebende Ton eines Instruments verklingt, darauf angelegt, im Leser einen abgewogenen Ausgleich hervorzubringen zwischen emotionaler Anteilnahme und der Erfahrung, aus distanzierter Überschau zu höherer Einsicht gelangt zu sein. Insbesondere *Der Prozeß* ist ein Meisterstück kunstvoll-ironischer Konstruktion, und wenn erst das Geheimnis seiner Konstruktion einmal verstanden worden ist, werden viele Details, die Josef K. in Verwirrung stürzen, für den Leser in die richtige Ordnung kommen und ihm verständlich sein.

Die grundlegende, am wenigsten auszuräumende Schwierigkeit im Werk Kafkas liegt jedoch darin, daß er über Gegenstände schreibt, die an sich schwierig sind. Er ist nicht nur ein scharfsinniger und profunder Denker, sondern er macht es sich zur Aufgabe, einige der überhaupt nur sehr schwer zu behandelnden Probleme der Religion zu durchdenken. Sein Denken findet Ausdruck in Aphorismen, nicht in systematisch entwickelnder, philosophisch argumentierender Rede. Ich habe versucht, diesen bisher wenig beachteten Teil seines Werkes stärker zur Geltung zu bringen, indem ich das fünfte Kapitel einer eingehenden Analyse der großen Sammlung von Aphorismen gewidmet habe, die er im Winter 1917–18 anlegte. Kafkas Denken ist dualistisch. Er geht davon aus, daß es einen unaufhebbaren Gegensatz gibt zwischen zwei Erscheinungsformen der Wirklichkeit, die ich im Verlauf meiner ganzen Arbeit als »Sein« und als »Bewußtsein« bezeichnet habe. Das Sein kann niemals zur Einheit mit dem Bewußtsein gelangen. Eine Versöhnung beider Bereiche ist tatsächlich zwar vorstellbar, aber ›leider nur im Gleichnis‹: Sie kann jedoch nicht in die Wirklichkeit umgesetzt werden, so daß die Kluft zwischen Sein und

Bewußtsein unüberbrückbar bleiben muß. Das mag abstrus klingen, ist es jedoch nicht, und zwar aus zwei Gründen: Erstens hat Kafka die Gabe, seine Gedanken ins Bildhafte und Erzählerische zu übertragen; zweitens geht es ihm um den engen Zusammenhang seiner Gedanken mit dem gewöhnlichen menschlichen Leben. Ich habe in den Kap. 3 und 6 zu zeigen versucht, in welcher Weise sein Denken die intellektuelle Basis abgibt für die Romane *Der Prozeß* und *Das Schloß*, in denen er das Problem der Erkenntnis (insbesondere der Selbsterkenntnis) und das Problem des moralischen Verhaltens behandelt, mit denen wir es in der Welt der täglichen Erfahrung zu tun haben. Die Figurenkonstellationen, das Handlungsgefügte und die sonstigen Ausgestaltungen von Kafkas erzählter Welt mögen grotesk sein, ihre Themen jedoch, wenn sie richtig verstanden werden, sind so, daß sie in jedem Menschenherzen Widerhall finden.

Man hält Kafka oft für einen außergewöhnlich vereinsamten Menschen. Sicherlich stilisierte er sich selbst darauf hin, wie er es z.B. in dem Brief an Felice Bauer tut, in dem er eine phantastische Vorstellung vom Leben und Schreiben in einem riesigen Keller entfaltet, in dem seine einzige körperliche Bewegung darin bestehen würde, zur Tür zu gehen, um ein Tablett mit Speisen zu holen, das irgend jemand dort für ihn abgestellt hätte. Solche Selbststilisierungen sind von manchen Kritikern für bare Münze genommen worden. Das hat z.B. auch Marthe Robert getan, deren jüngst erschienenes Buch *Einsam wie Franz Kafka* seinen Titel, von einer wahrscheinlich unechten Äußerung erhält, die Kafka von dem alles andere als zuverlässigen Gustav Janouch zugesprochen worden ist. Es ist zu selten darauf hingewiesen worden, daß Kafkas konkretes Leben viel weniger einsam war als das Leben der meisten Schriftsteller. Obgleich er ein enger Freund Max Brods und Franz Werfels war, verbrachte er nicht viel Zeit mit Schriftstellern und war kein professioneller Literat: Er mußte seinen Lebensunterhalt als Angestellter einer Unfallversicherung verdienen; diese Tätigkeit führte ihm die sozialen Auswirkungen der Technisierung und Industrialisierung ständig vor Augen. Er war sehr interessiert an der Welt, die ihn umgab, besonders an neuen technischen Entwicklungen, wie z.B. am Kino und am Flugzeug. Der Erste Weltkrieg, das Anwachsen des Antisemitismus und die Zionistische Bewegung beeinflußten sein Leben. Eines meiner Hauptziele lag darin zu zeigen, wie diese sozialen und politischen Vorgänge auf sein Schreiben eingewirkt haben. Ich habe dabei häufig dankbar auf die biographischen und historischen Forschungen verwiesen, die Klaus Wagenbach, Hartmut Binder, Christoph Stölzl, A.D. Northey und Gary B. Cohen unternommen haben. Viele ihrer Forschungsergebnisse sind dem englischsprachigen Raum bereits in zwei vor kurzer Zeit erschienenen, lesenswerten Biographien dargeboten worden: in Ronald Haymans *Franz Kafka. Sein Leben – seine Welt – sein Werk* (Bern/München 1983) und Ernst Pawels *Das Leben Franz Kafkas* (München 1986). Hayman und Pawel sind jedoch beide sehr zurückhaltend, wenn es darum geht, diese Forschungsergebnisse heranzuziehen, um Kafkas Werke zu erhellen. Das ist es nun gerade, was ich zu tun versucht habe.

Ich selbst bin früheren Kafka-Interpreten ebenfalls sehr verpflichtet. Obgleich Bezugnahmen auf sie in großer Zahl vorliegen, bringen sie nur einen kleinen Teil des von mir gesichteten Materials in den Blick und einen noch kleineren Teil der Sekundärliteratur, die es überhaupt gibt. Sie sollen meine eigene Abhängigkeit belegen und die Aufmerksamkeit des Lesers auf die Werke über Kafka richten, die ich selbst für besonders wichtig gehalten habe. – Vielleicht sollte ich noch meine Einstellung darlegen zu den zwei biographischen Werken, die aus der unmittelbaren Begegnung mit Kafka hervorgehen, nämlich den Werken Max Brods und Gustav Janouchs. Bei der Auswertung von Brods inhaltsreichen und wichtigen Schriften zu Kafka habe ich mich nach der Faustregel gerichtet, seine biographischen Äußerungen für vertrauenswürdiger zu halten als seine interpretativen, und seine früheren biographischen Schriften für vertrauenswürdiger als seine späteren. In seiner späteren Zeit, besonders in seiner Autobiographie *Streitbares Leben* (München 1960) läßt er sich vom richtigen Weg abbringen durch das Bestreben, seine eigene Bedeutung zu vergrößern, zum Beispiel wenn er beansprucht, den Anstoß zu Werfels literarischer Karriere gegeben zu haben. In allen seinen Schriften zu Kafka geht es ihm darum, Kafka zu einer Heiligenfigur hochzustilisieren und Kafkas Beziehungen zur zionistischen Bewegung und zum modernen jüdischen Denken in ihrer Bedeutung herunterzuspielen. Bei der Interpretation von Kafkas Werken neigt er zu sehr dazu, seine eigenen Interessen in den Vordergrund zu stellen, wie er es zum Beispiel in seiner bekannten, auf Kierkegaard bezogenen Interpretation der Amalia-Episode aus dem Roman *Das Schloß* tut. Dennoch sind manche seiner Äußerungen wertvoll, insofern sie die Einschätzungen, die Kafka in der Allgemeinheit und bei seinen ersten Lesern erfuhr und die jetzt rekonstruiert werden müssen, erkennen lassen.

Ein Beispiel ist seine Darstellung der Erzählung *Ein Bericht für eine Akademie* als einer Satire auf die jüdische Assimilation. Wenn man sie behutsam auswertet, sind Brods Schriften von großer Bedeutung. Dasselbe läßt sich nicht über Janouchs *Gespräche mit Kafka* sagen. Sie wurden 1951 zum erstenmal veröffentlicht und 1968 in einer erweiterten Ausgabe neu herausgegeben. Inzwischen ist ihre Unzuverlässigkeit durch Eduard Goldstücker nachgewiesen worden. Sicherlich kannte Janouch Kafka, und zweifellos sind manche der von ihm aufgezeichneten Äußerungen authentisch. Aber selbst in der ersten Ausgabe ist der Großteil der Gespräche, insbesondere die feierlichen Banalitäten, die Janouchs Kafka so oft von sich gibt, ohne Frage erfunden. Das neue Material in der überarbeiteten Ausgabe, dessen Herkunft nie hat geklärt werden können, darf demgegenüber überhaupt nicht ernst genommen werden. Dementsprechend habe ich darauf verzichtet, Janouch als biographische Quelle zu benutzen.

Bei der Abfassung des Buches bin ich viele persönliche Verpflichtungen eingegangen. Der größte Teil der Arbeit konnte erledigt werden während der Zeit meines *Montgomery Fellowship in German* am *Lincoln College*, Oxford, und ich möchte dem Rektor und den Kollegen für die Gewährung von zwei Forschungstrimestern danken. Ich bin dankbar den Herausgebern der *Oxford German Studies* für die Erlaubnis, Materialien zu verwenden, die erst in den Bänden 14 (1983) und 16 (1985) erschienen sind, und dem *Institute of Germanic Studies*, London, für die Erlaubnis, Materialien von J.P. Stern und J.J. White (Hrsg.) zu benutzen, nämlich *Paths and Labyrinths: Nine Papers from a Kafka Symposion (London 1985)*. Ebenfalls danken möchte ich der Leitung und den Mitarbeitern der *Taylorian Library* in Oxford, dem *Deutschen Literaturarchiv* in Marbach, und Professor Jürgen Born und seinen Mitarbeitern an der *Kafka-Forschungsstelle der Universität Wuppertal* für ihre Freundlichkeit und Hilfsbereitschaft. Ich bin weiterhin zu Dank verpflichtet Sir Malcolm Pasley für seine Hilfe, seinen ermutigenden Zuspruch und seine Ratschläge, die er mir bei jedem Stand des Projektes hat zuteil werden lassen, Dr. David Katz, der mir die Anfangsgründe des Jiddischen beigebracht hat, Leofranc Holford-Strevens von der *Oxford University Press* für seine versierte und gewissenhafte Redaktionsarbeit, T.J. Reed, Professor J.B. Segal, Dr. Naomi Segal und Dr. Jonathan Webber für Lektüre und Anmerkungen zu Teilen des Manuskripts, und den Studenten in Oxford, die mich fünf Jahre lang dazu angehalten haben, intensiv und lange über Kafka nachzudenken.

KAFKAS HINWENDUNG ZUM JUDENTUM

Der Kontext der Erzählung *Das Urteil*

(1912)

Kafka ist als deutschsprachiger Jude in Prag aufgewachsen, wo man vorwiegend Tschechisch sprach. Dieser Sachverhalt ist auf zwei unterschiedliche, ja einander ausschließende Arten beschrieben worden. Sogar die Erinnerungen derjenigen, die mit Kafka zusammen die Schule besucht haben, widersprechen einander. Sein enger Freund Felix Weltsch, der in der Klasse unter ihm auf dem Altstädter Gymnasium war, behauptet, ihre Generation sei einbezogen gewesen in eine »jüdisch-deutsche Symbiose«: das heißt, man identifizierte sich naiv und unreflektiert mit der deutschen Minderheit in Prag, bis, wie Weltsch es formuliert, »die aufgestauten Ströme volksmäßiger und religiöser Kräfte sich ihren Weg von den tiefsten Quellen der Seele bis an die Oberfläche des tätigen Bewußtseins bahnten.« Diese Vorgänge hätten sie ihre jüdische Identität wiederentdecken und sich der zionistischen Bewegung anschließen lassen. [1] Eine davon abweichende Darstellung gibt jedoch Kafkas Klassenkamerad Emil Utitz. In seiner Erinnerung lebten die Prager Juden in »inselhafter Abgeschlossenheit«: Ohne Kontakt mit den Deutschen und fast ohne Kontakt mit den Tschechen bildeten sie eine Art von freiwilligem Ghetto. [2] Diese zweite Ansicht ist durch einen anderen Prager Emigranten, nämlich durch Heinz Politzer, zu einem Gemeinplatz der Kafka-Forschung geworden. Er behauptet in seiner weit verbreiteten einflußreichen Arbeit *Franz Kafka: Parable and Paradox*, es sei den Prager Juden nicht möglich gewesen, mit den Deutschen einen ungezwungenen Umgang zu haben, und von den Tschechen seien sie gehaßt worden:

> Als deutscher Jude im tschechischen Prag lebte Kafka in einem dreifachen Ghetto, dem jüdischen zuerst, das seinerseits von aufsässigen Slawen umgeben war, um die als ein dritter Wall die Verwaltung der altösterreichischen Beamtenschaft gezogen war, die bis 1918 im Namen Habsburgs Prag regierte. [3]

Obgleich diese Beschreibungen von Kafkas Prag jeweils von Personen stammen, die dort geboren und aufgewachsen sind, können sie auf keinen Fall beide wahr sein. Weltschs »jüdisch-deutsche Symbiose« ist unvereinbar mit Utitz' »freiwilligem Ghetto«. Der Widerspruch läßt sich jedoch auflösen, wenn man Kafkas Dichtung vor dem Hintergrund seiner sozialen Umgebung und der sozialen Verhältnisse sieht und dabei vor allem berücksichtigt, daß Kafka sich erst nach und nach über die Bedeutung der Tatsache, Jude zu sein, klarzuwerden suchte. Die Erinnerungen der Gewährsmänner müssen deshalb ergänzt und notfalls durch eine eingehende Erforschung von Kafkas sozialer Umgebung korrigiert werden. Das ist in den vergangenen fünfundzwanzig Jahren bereits durch Literaturwissenschaftler und Historiker geschehen. Auf ihre Forschungsergebnisse gestützt, möchte ich jetzt in großen Zügen darstellen, was es damals in Kafkas Prag tatsächlich bedeutete, ein Jude zu sein. Danach möchte ich einige der komplizierten Vorgänge aufzeigen, in denen sich die drei Kulturen – die deutsche, die tschechische und die jüdische – durchdrangen und vermischten. Schließlich möchte ich meine Einschätzungen dazu darlegen, in welcher Beziehung seine Hinwendung zur jüdischen Kultur zu dem höheren literarischen Rang steht, den er mit der Erzählung *Das Urteil* plötzlich erreichte. Er schrieb diese Erzählung in einem einzigen Zug in der Nacht vom 22. auf den 23. September 1912. [4]

Die Juden Prags bildeten eine nur kleine Gruppe. Im Jahre 1900 umfaßte sie 26342 Personen. Die Muttersprache einiger von ihnen war das Tschechische; die Mehrzahl jedoch sprach Deutsch und stellte etwa ein Drittel bis die Hälfte der deutschen Sprachgemeinschaft der Stadt dar. Amtliche Statistiken zeigen, daß die Zahl der Deutschsprechenden von 38591 im Jahre 1880 auf 32332 im Jahre 1910 sank, so daß sie eine ständig abnehmende Teilgruppe der städtischen Gesamtbevölkerung bildete, die in derselben Zeit von 255928 auf 442017 Personen anwuchs. Dieser Bevölkerungszuwachs lief parallel mit der Ausbreitung der Industrie in Böhmen, einem Prozeß, bei dem weder die Juden noch die Deutschen eine wichtige Rolle spielten, da sie meistens zur Mittelschicht oder zur oberen Mittelschicht gehörten und im Handel, im Finanzwesen oder in akademischen Berufen tätig waren. Anders als es in Berlin, Wien und Budapest der Fall war, gab es in Prag im Grunde genommen kein jüdisches Proletariat, und bis zum Ersten Weltkrieg gab es nur sehr wenige jüdische Einwanderer aus Galizien oder den anderen Gebieten mit einer großen jüdischen Bevölkerung. Die der oberen sozialen Schicht angehörenden Juden sind im öffentlichen Leben anscheinend in ungezwungener Weise mit den

Prager Deutschen umgegangen und ausgekommen: Die Unterlagen der geselligen Vereine und ähnlicher Organisationen auf freiwilliger Basis weisen eine Anzahl von Juden unter den Mitgliedern auf, die in etwa ihrem Verhältnis zur deutschsprachigen Bevölkerung entspricht. Doch wenn es im Bereich des öffentlichen Lebens so etwas wie eine Symbiose gab, so lagen die Dinge im Bereich des privaten Lebens anders. Juden sahen darauf, jüdische Nachbarn zu haben: die Mieter in einem Block von Mietwohnungen sollten vorwiegend jüdisch oder vorwiegend deutsch sein. Die Prager Juden scheinen jedoch, da keine Klagen über Diskriminierung erwähnt werden, ihre besondere Identität nicht als solche empfunden und ihr Dasein als Juden einerseits und ihre Zugehörigkeit zur deutschen Sprachgemeinschaft andererseits nicht als ein Spannungsverhältnis empfunden zu haben.

Juden am unteren Ende der sozialen Rangordnung – wie Kafkas Vater – hatten es zu dieser Zeit schwerer. Hermann Kafka [5] war im Jahre 1881 aus dem Dorf Wossek (jetzt Osek) in Südböhmen nach Prag gekommen. Dort hatte er seine berufliche Laufbahn als Hausierer begonnen und große Mühen – die er später immer wieder seinen Kindern vor Augen hielt – auf sich genommen, bis er genug Kapital erworben hatte, um einen Laden für Galanterie- und Modewaren im Zentrum Prags zu eröffnen. Er und seine Frau Julie, die ebenfalls vom Lande kam, haben anscheinend ihre Herkunft nicht verleugnen können, da sie beim Sprechen und Schreiben immer wieder eine Reihe jiddischer Wörter gebrauchten. Hermann Kafka bezeichnete einmal Max Brod als einen »meschuggenen Ritoch« (T 132), ein Ausdruck, den Brod selbst mit »verrückter Brausekopf« wiedergab (T 700), und ein noch erhaltener Brief von Julie Kafka enthält das jiddische Wort »Mischpoche« (»Familie«, F 614). Diese Art des Deutschen war in Prag seit etwa 1860 ausgestorben; sie war bekannt unter der pejorativen Bezeichnung »Mauscheldeutsch«. [6] Wenn sie daran festgehalten hätten, würde es für die beiden älteren Kafkas dazu beigetragen haben, sich selbst für viele Deutsche und auch manche Juden gesellschaftlich inakzeptabel werden zu lassen. Sie waren, wie man weiß, sehr darauf aus, ihr soziales Ansehen zu verbessern, und zogen es deshalb z. B. vor, ihre Sommerferien nicht bei Verwandten, sondern in Erholungsorten außerhalb Prags zu verbringen. Sie stellten für ihren Sohn ein französisches Kindermädchen an und ließen allen ihren Kindern eine deutsche Erziehung zuteil werden, um ihre Sozialchancen zu vergrößern und ihre soziale Mobilität zu erhöhen. Nichtsdestoweniger war es für Juden schwierig, in die obersten Schichten der Prager Gesellschaft zu gelangen. Eine der Hauptfiguren in Brods Roman *Jüdinnen* (1911), eine der oberen Mittelschicht angehörige Prager Jüdin namens Irene Popper, spricht von den schwer durchschaubaren Abstufungen innerhalb der Prager Gesellschaft und kommt zu dem Schluß, selbst die reichsten Juden seien gesellschaftlich nur auf dem Niveau der nichtjüdischen Angehörigen akademischer Berufe. [7]

Für die Kafkas war es nicht nur schwierig, sozial aufzusteigen, sondern es war sogar schon nicht leicht, gesellschaftliche Anerkennung bei denen zu finden, die sozial mit ihnen gleichgestellt waren. Die Angestellten in Hermann Kafkas Laden waren – genauso wie viele seiner Kunden – Tschechen, und unter ihnen waren antisemitische Einstellungen weit verbreitet. Als Kafka später wieder einfiel, daß sein Vater seine Angestellten als »bezahlte Feinde« bezeichnet hatte (H 186), hielt er ihm vor, er habe sie sich durch Wutausbrüche zu Feinden gemacht. Wahrscheinlich aber ärgerten sich viele von ihnen einfach darüber, für einen Juden arbeiten zu müssen, dessen bevorzugte Sprache Deutsch war, und man kann annehmen, daß Hermann Kafkas ständige Streitereien mit seinen Angestellten – einmal entließ er sie alle miteinander, und sein Sohn mußte sie der Reihe nach aufsuchen und ihnen zureden wiederzukommen – im gleichen Maße von ihren nationalistischen Ressentiments herrührten wie von seinem Jähzorn.

Um Tschechen und Deutsche unter einen Hut zu bringen, hatte Hermann Kafka einen schwierigen Balanceakt zu vollbringen. Das kommt musterhaft schon in seinem eigenen Namen zum Ausdruck: Sein Vorname ist geradezu provozierend deutsch, denn »Hermann« ist die herkömmliche deutsche Entsprechung für Arminius, den Namen des germanischen Anführers, der im Jahre 9 v. Chr. die Römer besiegte und seit dem Ende des 18. Jahrhunderts eine bedeutende nationale Leitfigur geworden war. »Kafka« ist im Gegensatz dazu jüdischer Herkunft, abgeleitet von »Yakov« (»Jacob«), mit einem Suffix, das deutsch oder tschechisch sein kann. Dazu paßt es gut, daß *kavka* das tschechische Wort für Dohle und ein nicht ungewöhnlicher tschechischer Nachname ist. Hermann Kafkas Geschäftsemblem in Gestalt einer Dohle war eine bildhafte Darstellung der tschechischen Bedeutung seines Namens, aber mit Rücksicht auf seine deutschen Kunden saß die Dohle auf dem Zweig einer Eiche. Diese Verschleierungstaktik machte sich während der antideutschen und antisemitischen Ausschreitungen vom Dezember 1897 bezahlt. Dabei wurden nämlich die Häuser vieler jüdischer Familien, einschließlich der Familien von Max Brod, angegriffen, oder zumindest wurden ihre Fensterscheiben eingeworfen. Sehr wahrscheinlich haben jedoch Passanten bei dieser Gelegenheit die Krawallmacher davon abgehalten, Kafkas Laden zu plündern, indem sie ihnen zuriefen: »Laßt Kafka in Ruhe, er ist ein Tscheche«. [8]

Auf lange Sicht gesehen, war die Position der Prager Juden jedoch unhaltbar. Ihre Bindung an die deutsche Kultur war zunächst und zumeist eine Bindung an den Liberalismus, dem sie ihre Bürgerrechte und ihre gesellschaftliche Bewegungsfreiheit verdankten. Doch schon um 1883 – Kafkas Geburtsjahr – hatte der österreichische Liberalismus bereits an Bedeutung und Einfluß verloren. Das letzte liberale Kabinett war 1879 gestürzt und durch die katholische, konservative und proslawische Regierung des Grafen Taaffe abgelöst worden. Die Ideale der Aufklärung, Humanität und Toleranz, verloren ihre Geltung, wogegen sich Nationalismus, Antisemitismus und revolutionärer Sozialismus breitmachten. Wenn es auch nicht vielen Juden zu Bewußtsein kam – die Gesellschaft, in die sie sich eingliedern wollten, war schon im Verfall begriffen. Es bedurfte der außergewöhnlichen Gestalt Theodor Herzls, um in den neunziger Jahren die Einsicht zu vermitteln, daß die jüdische Assimilation letztlich unrealisierbar war und daß die Juden den Nationalismus nur bekämpfen konnten, indem sie einige seiner Grundsätze übernahmen und einen jüdischen Nationalstaat errichteten. [9] Doch obgleich *Der Judenstaat* 1896 erschien, als Kafka dreizehn Jahre alt war, sollte es noch an die zwanzig Jahre dauern, bis er sich dem Zionismus anschloß.

Sogar in den neunziger Jahren können einige noch unentschlossene unter den Prager Juden zu einer festen Meinung gelangt sein unter dem Einfluß der Volksbefragungsergebnisse, die Gary B. Cohen vor kurzem analysiert hat. Als Kafka im Jahre 1900 sein letztes Schuljahr auf dem Altstädter Gymnasium verbrachte, gehörte er zu den neunzig Prozent der jüdischen Studenten, die ihre Ausbildung in Deutsch erhielten. Seit 1880 war in dem Fragebogen der Volkszählung, die alle zehn Jahre stattfand, die Frage nach der gewöhnlich außerhalb des Hauses gesprochenen Sprache (Umgangssprache) enthalten, die im Jahre 1890 74 Prozent der Prager Juden mit »Deutsch« beantwortet hatten. Im Jahre 1900 gaben allerdings nur noch 45 Prozent diese

Antwort, während der Rest »Tschechisch« angab. Eine so große Veränderung läßt sich nicht einfach durch das zunehmende Auftreten von Tschechen im Geschäfts- und Geistesleben erklären. Mit größerer Wahrscheinlichkeit repräsentieren diese Antworten einen taktischen Versuch der Juden, mit den Tschechen zu gutem Einvernehmen zu kommen, indem sie ihre Bereitschaft bekundeten, sich auch auf deren ureigenen Gebieten zu arrangieren – ein Sachverhalt, der Weltschs Vorstellung von einer deutsch-jüdischen Symbiose sehr zweifelhaft werden läßt. Hermann Kafka sprach jedenfalls tatsächlich besser Tschechisch als Deutsch. Kafka selbst sprach Tschechisch fließend und las es ohne Schwierigkeiten. Er lernte es von seinem Kindermädchen Marie Werner, die trotz ihres deutschen Namens nur Tschechisch sprechen konnte. Während seiner ersten zwei Jahre auf dem Gymnasium nahm er am Tschechisch-Unterricht teil. Die tschechische Sprache mußte er im Umgang mit den Angestellten und Kindern im Geschäft seines Vaters gebrauchen, und während seiner Beziehung zu Milena Jesenská, die Erzählungen von ihm ins Tschechische übersetzte, schrieb diese ihm auf seinen eigenen Wunsch in Tschechisch (M 9). »Deutsch ist meine Muttersprache und deshalb mir natürlich«, teilte er ihr mit, »aber das Tschechische ist mir viel herzlicher« (M 17).

Auf der Schule und der Universität hatte Kafka fast keinen Kontakt mit Tschechen und verhältnismäßig geringen mit Deutschen. [10] Die meisten Tschechen besuchten Schulen mit Tschechisch als Unterrichtssprache. Auf dem deutschsprachigen Altstädter Gymnasium sprachen nur zwei der vierundzwanzig Schüler in Kafkas letztem Schuljahr von Haus aus Tschechisch, und siebzehn von diesen vierundzwanzig waren Juden. Eine noch strengere Trennung herrschte an der Karls-Universität, die 1882 in zwei völlig getrennte Institutionen aufgeteilt worden war, und zwar eine für Tschechen und eine für Deutschsprachige. In der zweiten, in der ein Viertel der Studenten Juden waren, gab es zwei Studentenverbindungen von Bedeutung, und zwar die deutsch- nationale *Germania*, die keine Juden aufnahm, und die liberale *Lese- und Redehalle*. In ihr waren die Juden in der Überzahl, und in ihr lernten sich Kafka und Brod – sie hatten verschiedene Schulen besucht – zum erstenmal kennen. Es ist deshalb nicht überraschend, daß alle engeren Freunde Kafkas Juden waren. Milena Jesenskâ war die einzige Nichtjüdin, zu der er in einer engeren, länger andauernden Beziehung stand.

Kafka selbst und diejenigen seiner Altersgenossen, die Tschechisch lernten, taten das hauptsächlich, weil sie es mußten. Ihre Muttersprache war Deutsch, und wenn auch ihre gesellschaftlichen Beziehungen zu Deutschen begrenzt sein mochten, so zweifelten sie doch nicht an ihrer Zugehörigkeit zur deutschen Kultur. Jüdische Kultur und Tradition war für sie uninteressant. Ihre Eltern standen nur noch in lockerer Verbindung zu den heiligen Handlungen und Bräuchen der jüdischen Religion. Typisch sind in dieser Hinsicht die Erinnerungen Hans Kohns, eines Zeitgenossen Kafkas: »Mein Vater ging nur an den hohen Festtagen in die Synagoge, meine Mutter fast nie. In unserem Hause wurde keine der rituellen Vorschriften eingehalten. Jiddisch [...] wurde in Prag nicht gesprochen [...]; die osteuropäischen Juden galten mehr als Fremde denn als ›Brüder‹.«[11] *Seder*, der erste Abend des Passah-Festes, wurde in Kafkas Elternhaus noch gefeiert, aber mit zunehmendem Alter der Kinder hörte man auf, dieses Fest feierlich zu begehen, und es degenerierte zu einer »Komödie mit Lachkrämpfen« (H 199). Kafkas Vater nahm seinen Sohn an den hohen Festtagen mit in die Synagoge, machte jedoch dabei kein Geheimnis aus seiner indifferenten Haltung. Später erinnerte sich Kafka daran, daß er sich – von der Tanzstunde abgesehen – niemals so sehr gelangweilt habe (H 198). Die religiöse Erziehung, die er in der Schule erhielt, war anscheinend so unzulänglich, daß sie jedes Interesse am Judentum, das sich etwa noch hätte entwickeln können, erstickte. Tatsächlich scheint sie einen Atheisten aus ihm gemacht zu haben, denn er und sein Freund Hugo Bergmann führten öfters Streitgespräche miteinander, in denen Kafka Bergmanns religiöse Vorstellungen scharf zu kritisieren pflegte.[12]

Früher, und zwar im Alter von dreizehn Jahren, feierte Kafka seine Bar-Mizvah, obgleich sie auf den Einladungskarten, die seine Eltern verschickten, Konfirmation genannt wurde, um ihren jüdischen Charakter herunterzuspielen.[13] Kafka selbst betrachtete sie mehr als eine Übung zum Auswendiglernen. Am 24. Dezember 1911 wurde Kafkas Neffe beschnitten. Kafka gibt in seinem Tagebuch eine genaue Beschreibung des Vorgangs, der durch den *Mohel*, den in der Beschneidung geübten Operateur, ausgeführt wurde. Er notiert dabei, daß kein Familienmitglied mit Ausnahme seines Vaters Verständnis gezeigt habe für die Gebete, die der Helfer des Mohels »zum Nachtisch« gebetet habe. Da diese religiöse Formen schon als völlig überlebter Restbestand alten Brauchtums betrachtet wurden, werde es – so überlegt Kafka voller Ironie – wohl nicht mehr lange dauern, bis ihr vollständiges Verschwinden ein nostalgisches Interesse für sie gerade bei den Leuten hervorrufen werde, die ihnen jetzt mit Gleichgültigkeit gegenüberstanden (T 205).

Aufgrund dieser Erfahrungen merkte Kafka, daß die Restbestände an jüdischer Glaubenshaltung, die seine Eltern noch besaßen, ihren religiösen Sinn verloren hatten und ganz zu den Wertvorstellungen der jüdischen Mittelschicht gehörten, zu der seine Eltern fraglos zählten. Einer der Vorwürfe, die er in seinem *Brief an den Vater* erhebt, lautet: »Im Grund bestand der Dein Leben führende Glaube darin, daß Du an die unbedingte Richtigkeit der Meinungen einer bestimmten jüdischen Gesellschaftsklasse glaubtest und eigentlich also, da diese Meinungen zu Deinem Wesen gehörten, Dir selbst glaubtest« (H 199–200).[14] Daß seine Eltern der unteren Mittelschicht angehörten und deren spezifische Mentalität repräsentierten, war wohl der Hauptgrund für die Entfremdung zwischen ihnen und ihrem Sohn. Aufgrund seiner Universitätsausbildung und seines akademischen Berufs hatte Kafka sich in seinem sozialen Status von ihnen gelöst und nur noch wenig mit ihnen gemeinsam. Die problematische und schwierige Persönlichkeit seines Vaters verschärfte diese Verständigungsschwierigkeiten, sie war aber nicht deren letzter Grund. Man muß nicht unbedingt Jude oder Deutscher sein, um dieses Problem zu sehen und für beide Seiten Verständnis zu haben. In mancherlei Hinsicht ist Kafkas Situation symptomatisch für die Randstellung, die der Intellektuelle überhaupt in der modernen westlichen Gesellschaft einnimmt. Wie die folgenden Kapitel zeigen werden, war sich Kafka nicht nur über seine Randstellung – das »Grenzland zwischen Einsamkeit und Gemeinschaft« (T 548), in dem er lebte – im klaren, sondern er suchte durch sein Schreiben einen Ausweg daraus zu finden.

Die ersten Möglichkeiten, sich aus der geistig-kulturellen Atmosphäre seines Elternhauses zu lösen, boten sich Kafka in der deutschen Kultur, vor allem in der Literatur. Auf dem Altstädter Gymnasium erwarb er Grundkenntnisse in deutscher Literatur vom *Hildebrandslied* bis zu Grillparzer und Lenau. An der Universität studierte er Rechtswissenschaft, eine Disziplin, die üblicherweise von Juden, die nach einer gesicherten akademischen Berufslaufbahn strebten, gewählt wurde. Aber er hörte zugleich in seinem ersten Semester (Winter 1901–1902) eine Vorlesung des renommierten Germanisten August Sauer über Grillparzer; im zweiten Semester besuchte er einige Seminare in Germanistik, die Sauer und andere hielten. In seiner Freizeit machte sich Kafka mit der zeitgenössischen Literatur vertraut, vor allem durch Lektüre der *Neuen Rundschau*, die er später abonnierte. In seinen literarischen Vorlieben und Einschätzungen war er konservativ. [15] Die »dekadente« Haltung von Schriftstellern wie Meyrink und Heinrich Mann schätzte er nicht; später äußerte er Vorbehalte gegen die grelle Darstellungsweise der Expressionisten. Von seinen Zeitgenossen bewunderte er besonders Hofmannsthal, Robert Walser und Thomas Mann. *Tonio Kröger* gehörte zu seinen Lieblingswerken, und es ist erstaunlich, inwieweit Manns Darstellung Tonios, der sich zu den lebenskräftigen, blonden und blauäugigen Figuren gerade, weil er wesensmäßig nicht zu ihnen gehört, hingezogen fühlt, zu Kafkas Selbstverständnis als eines notwendigerweise isolierten Künstlers beigetragen hat. Er seinerseits war ja von der praktisch veranlagten Felice Bauer gerade deswegen gefesselt, weil sie ihrem Wesen nach in Gegensatz zu ihm selbst stand. Dennoch konnte er sie nicht heiraten, weil er damit seine Berufung zum Dichter geopfert hätte. Aus der jüngeren Literaturgeschichte liebte Kafka besonders Novellen des neunzehnten Jahrhunderts, vor allem von Kleist, Grillparzer und Stifter, die Kalendergeschichten Johann Peter Hebels, und lyrische Dichtung von nachdenklich-betrachtender Art. Sein Lieblingsgedicht scheint Justinus Kerners »Der Wanderer in der Sägemühle« gewesen zu sein; genauso schätzte er aber auch Eichendorffs »O Täler weit, o Höhen« (M 305). Der bedeutendste deutsche Dichter war in seinen Augen jedoch selbstverständlich Goethe.

Kafkas Vorliebe für Goethe rührt aus seiner Schulzeit her. Als in seinem letzten Schuljahr jeder aus seiner Klasse ein Referat über ein literarisches Thema anzufertigen und in der Unterrichtstunde zu halten hatte, war Kafka der einzige, der über Goethe sprach. Sein Thema lautete: »Wie haben wir den Schluß von Goethes *Tasso* aufzunehmen?« Am Ende seines ersten auf der Universität verbrachten Jahres, im August 1902, machte er seinem Freund Oskar Pollak in einem Brief Vorhaltungen, weil dieser ihm zuvor einen Besuch in Weimar nicht ehrerbietig genug geschildert hatte:

Denn was Du vom Arbeitszimmer, Deinem Allerheiligsten schreibst, ist wieder nichts anderes als eine Einbildung und ein Schulgedanke und ein klein wenig Germanistik, in der Hölle soll sie braten. [...] Weißt Du aber [Kafka fährt in dem gesuchten Stil fort, der seine frühen Briefe an Pollak

> kennzeichnet], was das Allerheiligste ist, das wir überhaupt von Goethe haben können, als Andenken [...] die Fußspuren seiner einsamen Gänge durch das Land [...] die wären es. (Br 12)

Da Goethes Fußspuren ein für allemal verschwunden waren, wandte sich Kafka dem Nächstbesten zu – seinen Werken, seinen Tagebüchern und Gesprächen, und las sie wieder und wieder. Wahrscheinlich kannte er Goethes persönliche Aufzeichnungen genauso gründlich wie seine literarischen Werke. Anscheinend mochte er von diesen *Hermann und Dorothea* besonders gern. Eine nicht ganz kritiklose Bewunderung hegte er für die stilistische Reinheit der *Iphigenie auf Tauris*. Dazu bemerkte er im Jahre 1910: »Darin ist wirklich, von einzelnen offen fehlerhaften Stellen abgesehen, die ausgetrocknete deutsche Sprache im Munde eines reinen Knaben förmlich anzustaunen« (T 26). Der kühle, distanzierte Ton dieser Beurteilung zeigt – wie schon der Brief an Pollak –, daß Kafka seiner Bewunderung Goethes unbeeinflußt von den stereotypen Lobsprüchen, die die Deutsch-Professoren ihm üblicherweise zuteil werden ließen, Ausdruck geben wollte. Zusammen mit Max Brod besuchte er im Sommer 1912 Weimar; die genauen Aufzeichnungen, mit denen Kafka seine Eindrücke in seinem Reisetagebuch festhielt, sind frei von der üblichen Gefühlsbetontheit und lassen stattdessen ein bemerkenswertes Interesse an der attraktiven Tochter des Kustos' des Goethehauses erkennen. Zum Studierzimmer und zum Schlafzimmer in diesem Haus stellt Kafka kurz und bündig fest: »Trauriger, an tote Großväter erinnernder Anblick« (T 654). Seine Tendenz, Goethe als seinen Ahnherren zu betrachten, erwähnt auch Max Brod, wenn er Kafkas ehrfürchtige Bewunderung Goethes so beschreibt:

> Kafka mit Andacht über Goethe sprechen zu hören, – das war etwas ganz Besonderes; es war, als spreche ein Kind von seinem Ahnherren, der in glücklicheren, reineren Zeiten und in unmittelbarer Berührung mit dem Göttlichen gelebt habe. Und um nun gleich wieder die kleine Bosheit zu Wort kommen zu lassen: Kafka betonte gelegentlich, er sei sehr erstaunt, daß mancher Schriftsteller so unvorsichtig sei, Goethe zu zitieren, – ein Satz von Goethe leuchte doch unfehlbar aus dem sonstigen Text jedes Autors allzu blendend hervor. [16]

Hiermit bestätigt Brod, daß Kafkas Bewunderung Goethes nicht aus einem schulmäßigen Bildungsverständnis, sondern aus seiner persönlichen Betroffenheit hervorging. Kafka betrachtete Goethe nicht mit der Ehrerbietung, die ihm als literarischer Leitfigur gewöhnlich zuteil wurde, sondern er sah in ihm den äußersten Exponenten eines artifiziellen Schreibens, das er selbst zu realisieren suchte. Aufgrund des Gefühls, demselben künstlerischen Anspruch zu unterliegen, glaubte Kafka sich berechtigt, Kritik an den »offen fehlerhaften Stellen« der *Iphigenie* zu üben, und in der Vorstellung vom Ahnherrn findet unausgesprochen seine Erfahrung der unmittelbaren künstlerischen Nähe zu Goethe ihren bildhaften Ausdruck.

Soweit es Ausbildung und kulturelles Verständnis anging, war Kafka ganz seiner deutschen Umwelt assimiliert. Aber, wie Cohens nützliche Unterscheidung klargemacht hat, muß kulturelle Eingliederung nicht dasselbe bedeuten wie gesellschaftliche Anerkennung. [17] Selbst wenn Kafka möglichst viel von seiner geistigen Vorstellungswelt in die deutsche Literatur einbrachte, blieb sein wirkliches Leben sehr stark auf das jüdische Prag beschränkt, und es ließ ihn nicht vergessen, daß er gleichfalls ein Jude war. Es ging dabei nicht darum, daß er selbst jemals das Opfer antisemitischer Vorurteile gewesen wäre. Die einzige Situation in seinem Leben, in der er mit unmittelbar auf ihn persönlich gerichteten Gefühlen dieser Art konfrontiert war – und das nur in einer vergleichsweise harmlosen Form – ergab sich im April 1920 während eines Hotelaufenthaltes in Meran. Seine Tischgenossen – allesamt alte Damen und pensionierte Offiziere von reinster »deutsch-christlicher« Gesinnung (Br 270) – brachten ihn mit dem Versuch, seinen Akzent zu bestimmen, in äußerste Verlegenheit, und sie reagierten eisig, als sie hörten, daß er Jude war. Im November desselben Jahres wurde er Augenzeuge antisemitischer Ausschreitungen in Prag. Sie dauerten drei Tage, während derer eine zusammengelaufene Menge das Jüdische Rathaus stürmte und man hebräische Pergamenturkunden auf der Straße vor der Altneu-Synagoge verbrannte. »Ist es nicht das Selbstverständliche, daß man von dort weggeht, wo man so gehaßt wird (Zionismus oder Volksgefühl ist dafür gar nicht nötig)?«, schrieb er an Milena, während er von seinem Fenster aus beobachtete, wie berittene Polizei und Landjäger mit aufgepflanzten Bajonetten die kreischende Menge auseinandertrieben (M 288).

In der Regel allerdings war Kafkas Leben dadurch, daß er Jude war, nicht ernsthaft beeinträchtigt. [18] Er wurde als einer von sehr wenigen Juden in den öffentlichen Dienst übernommen, als er die Assicurazioni Generali, eine private Versicherungsgesellschaft, verließ, um in die staatliche Arbeiter-Unfall-Versicherungsanstalt einzutreten. Sein Wechsel wurde zufällig dadurch möglich, daß der Leiter der Anstalt, ein tschechisch-sprachiger Jude namens Přibram, der offiziell seine Verbindungen zur jüdischen Gemeinde aufgegeben hatte, der Vater eines Schulfreundes von Kafka war und sich deswegen bereit erklärte, seinen Einfluß geltend zu machen, um ihm diese Stellung zu verschaffen. Einige Jahre später teilte Kafka Brod mit, es bestünde nicht die geringste Chance, daß weitere Juden eingestellt würden: »Die Anstalt ist für Juden unzugänglich« (Br 194).

Weil es so ungewöhnlich war, konnte das Glück, das Kafka bei diesem Vorgang gehabt hatte, lediglich dazu beitragen, ihn ständig an die Nachteile zu erinnern, die damit verbunden waren, Jude zu sein. Seine frühen Reisetagebücher zeigen, wie bewußt er sich dieser Dinge war, denn sie enthalten einige Beschreibungen von Juden, mit denen er unterwegs zusammengetroffen war. Im Januar 1911 beispielsweise teilte Kafka ein Eisenbahnabteil mit einem Juden aus einem böhmischen Landstädtchen, der durch sein Benehmen erkennen ließ, daß er kaum assimiliert war. Er lamentierte nämlich lauthals über die Höhe des Fahrpreises und das geringe Tempo des Zuges. Kafka machte sich trotz inneren Widerstandes und mit einem unguten Gefühl zusammen mit einem weiteren Mitreisenden über ihn lustig, indem sie verstohlen über ihn lachten (T 589). Als Kafka und Brod im August 1911 die Schweiz durchreisten, waren sie tief beeindruckt von dem Wohlstand des Landes und der Tatsache, daß es dort keine Juden gab. Brod bemerkte dazu: »Die Juden haben sich dieses große Geschäft entgehen lassen« (T 602). Hinter dieser Bemerkung liegt derselbe Beweggrund wie hinter Kafkas mokantem Spott über seinen Reisegefährten, nämlich der geheime Wunsch zu zeigen, daß man selbst nicht zu der Art von Juden gehört, die einen durch das in Verlegenheit bringt, was man für typisch jüdische Fehlverhaltensformen oder schlechte Eigenschaften hält – wie etwa schlechte Manieren oder die Gier nach Geld. Im Frühjahr 1914 las Kafka die anschaulich geschriebenen Erinnerungen der Gräfin Thürheim; eine seiner Tagebucheintragungen dazu – »Juden« (T 358) – gibt eine Passage daraus wieder, in der sie die Verlegenheit beschreibt, in die sie einige galizische Juden brachten. Auf einer Reise durch Galizien, die die Gräfin mit dem Provinzgouverneur, ihrem Schwager Graf Goess, unternahm, waren sie und ihr Begleiter der Reisegesellschaft vorausgefahren, um den ständigen Willkommensgrüßen zu entgehen, die dem Gouverneur durch die Oberhäupter der Gemeinden entgegengebracht wurden:

> Vor Rzessow fuhren Nancy und ich in dem Wagen der Goess vor, doch, o Schrecken, bei dem Orte standen zwei Reihen von Juden, die uns wie Besessene mit Vivatrufen und Schwenken ihrer Fahnen empfingen und uns zum Schlusse ihre Thora zum Kusse reichten. In meiner Bescheidenheit wußte ich nicht, wohin mich verkriechen, doch Nancy beantwortete diese Ehrenbezeigungen mit lautem Gelächter. Da wir uns mit den Juden nicht verständigen konnten, mußten wir notgedrungen auf den nachfolgenden Wagen warten. Als dieser endlich erschien, wandte sich ihm die Aufmerksamkeit der Israeliten sofort zu; sie ließen uns mitten auf der Straße im Stiche und eilten mit ihren Fahnen und Tafeln des Moses davon, um ihren Irrtum wieder gutzumachen. [19]

Kafka würde diesen Vorfall richtig eingeschätzt haben, wenn er ihn von beiden Seiten betrachtet hätte. Als ein in die westliche Kultur integrierter Jude konnte er das verlegene Unverständnis der Gräfin für das Benehmen der Juden und ihren Ärger über deren offenkundig ungehobeltes Verhalten nachvollziehen. Im Jahre 1916 wollte er die possenhaften Verhaltensweisen der Anhänger des Belzer Rabbi in ähnlichem Ton beschreiben. Doch nachdem er mit einigen galizischen Juden zusammengetroffen war und Freunde unter ihnen gefunden hatte, hatte er Einsicht in ihre Welt bekommen und konnte die Beweggründe verstehen, die hinter den lächerlichen und unpassenden Begrüßungsformen lagen, wie sie hier beschrieben wurden.

Natürlich wußte Kafka, daß manche Juden Schwereres zu ertragen hatten, als gesellschaftlich lächerlich gemacht oder in beruflicher Hinsicht benachteiligt zu werden. Zu seinen Lebzeiten kamen häufig die Blut-Beschuldigungen wieder auf: der Vorwurf, Juden ermordeten Christen, um ihr Blut für rituelle Zwecke zu verwenden, insbesondere für die Herstellung des ungesäuerten Brotes zum Passah-Fest. Dieser mittelalterliche Aberglaube ist englischen Lesern sehr vertraut durch die Geschichte von St. Hugh of Lincoln, die Chaucer in *The Priores's Tale* (*Erzählung der Priorin* in den *Canterbury Tales*) wiedergibt. Heine schildert ihn in seiner unvollendeten Erzählung *Der Rabbi von Bacharach*, die er 1824 begann und 1840 als Antwort auf die Judenverfolgungen in Damaskus veröffentlichte. Dort war ein älterer Kapuzinermönch verschwunden, und es kamen Gerüchte auf, die Juden der Stadt hätten ihn ermordet, um sein Blut für rituelle Zwecke zu verwenden. Manche Juden wurden gräßlich gefoltert, um ihnen ein Schuldbekenntnis abzupressen. Die Anklage wurde durch den französischen Konsul in Damaskus und sogar durch den damaligen Ministerpräsidenten Adolphe Thiers unterstützt, der darauf bedacht war, den französischen Klerus hinter sich zu bringen. Der ganze Vorgang ging im Oktober 1840 mit der Wiedereingliederung Syriens in die Türkei zu Ende, und der Sultan sprach in einem Edikt die Juden von aller Schuld frei. Heine, der die Antisemiten in einer Artikelserie der *Augsburger Allgemeine(n) Zeitung* anprangerte, war zutiefst erschrocken über das Wiederaufleben eines mittelalterlichen Aberglaubens und über die Bereitwilligkeit vieler Menschen im Abendland, solchen Anschuldigungen Glauben zu schenken.[20]

Kafkas Zeitgenossen waren nicht weniger leichtgläubig. Im Jahre 1883 wurden die Juden von Tiszaeszlár, einer kleinen Stadt in Ungarn, beschuldigt, ein christliches Kind ermordet zu haben. Der Professsor für semitische Sprachen an der Universität Prag, August Rohling, verstieg sich zu der Behauptung, solche Untaten seien im Talmud begründet.[21] Ein weiterer Fall ähnlicher Art ereignete sich 1899 in Böhmen selbst. Ein neunzehnjähriges Mädchen war in dem Dorf Polna ermordet aufgefunden worden. Leopold Hilsner, der Geselle eines Schuhmachers aus dem Dorf, wurde beschuldigt, das Mädchen zu rituellen Zwecken ermordet zu haben. Dem Staatsanwalt Dr. Karel Baxa, einem nationalistisch gesinnten Politiker, der später Bürgermeister von Prag wurde, gelang es, einen Schuldspruch herbeizuführen. Hilsner wurde zum Tode verurteilt, aber eine unter der Führung von Thomas G. Masaryk in der Öffentlichkeit entfachte Kampagne führte zur Wiederaufnahme des Verfahrens. Hilsner wurde ein zweites Mal zum Tode verurteilt, aber dieses Urteil wurde 1901 in eine lebenslängliche Zuchthausstrafe umgewandelt; schließlich wurde er 1916 begnadigt. Der Fall Hilsner wurde in der damaligen Zeit als »die österreichische Affäre Dreyfus« bezeichnet.[22] Wir können uns eine ungefähre Vorstellung von den Emotionen machen, die durch derartige Fälle aufgewühlt wurden, wenn wir uns die Moor-Mörder oder die Vorgänge um den »Yorkshire Ripper« in Erinnerung rufen. Im Jahre 1914 machte Arnold Zweig die Tiszaeszlár-Affäre zum Gegenstand seines Schauspiels *Ritualmord in Ungarn*; Kafka las es 1916 und war zu Tränen gerührt (F 735–736).

Von 1911 bis 1913 verfolgte Kafka in den Zeitungen die Beilis-Affäre.[23] Ein russischer Jude, Mendel Beilis, war in Kiew des Mordes an einem christlichen Kind angeklagt; er wurde bis zu seinem Freispruch zwei Jahre lang in Haft gehalten. Der Prozeß gegen ihn führte in Rußland zu zahlreichen antisemitischen Ausschreitungen. Die leidvolle Geschichte von Mendel Beilis ist jetzt in Bernard Malamuds Roman *Der Fixer* erzählt worden. Kafka schrieb kurz vor seinem

Tod ebenfalls eine Geschichte über die Vorgänge um Beilis. Sie befand sich unter den Manuskripten, die Dora Dymant auf seine Anweisung hin verbrannt haben soll. [24] Die ganze Angelegenheit scheint ihre Spuren auch in der Erzählung *Das Urteil* hinterlassen zu haben, in der Kiew, der Schauplatz von Beilis' vorgeblichem Verbrechen, erwähnt wird als der Ort, an dem Georgs Freund Augenzeuge eines aufrührerischen Tumultes wird, zu dem ein Priester aufruft (E 62). Später stellt Georg sich vor, sein Freund stehe »an der Türe des leeren ausgeraubten Geschäftes« (E 64), als ob das Geschäft bei einer antisemitischen Ausschreitung geplündert worden wäre. Ein aus dem Manuskript gestrichener Satz – »Trampelndes Volksgetümmel zog reihenweise vorbei« [25] – legt die Vermutung nahe, Kafka habe an Berichte über russische Pogrome gedacht.

Kafka konnte zu der Zeit nicht vergessen und vergaß auch nicht, daß er Jude war. Einige ausgesprochen jüdische Möglichkeiten gesellschaftlicher Betätigung standen ihm offen – die zionistische Bewegung eingeschlossen. Man hat oft überlegt, wie groß sein Interesse am Zionismus gewesen ist: Brod und Weltsch haben die Meinung vertreten, er habe sich ihm mit ganzem Herzen verpflichtet gefühlt, und derselbe Standpunkt ist neuerdings nachdrücklich von Klara Carmely vertreten worden. [26] Kafka hilft in dieser Frage dem Biographen nicht weiter mit seiner eigenartigen Tagebucheintragung vom 23. Januar 1922, in der er die zahlreichen Unternehmungen zusammenstellt, die er im Verlauf seines Lebens begonnen und wieder aufgegeben hat: Mitten in dieser merkwürdigen Aufstellung, die mit den Klavierstunden anfängt und aufhört mit seinen mißglückten Plänen, sich zu verheiraten und ein eigenes Haus zu bauen, stoßen wir auf das Begriffspaar »Antizionismus, Zionismus« (T 560). Doch bis in die späten zwanziger Lebensjahre hat Kafka dem Zionismus anscheinend weder mit Zuneigung noch mit Abneigung, sondern mit einer fast vollständigen Gleichgültigkeit gegenübergestanden. Nicht sehr verläßlich ist die Aussage Zdenko Vaneks, eines Mitschülers, der 1965 behauptete, Kafka sei schon während seiner Schulzeit ein begeisterter Zionist gewesen. Bergmann, ein viel engerer Schulfreund, bestätigte zunächst diese Aussage, nahm ihr jedoch später jeden Wert durch seine Feststellung, während er selbst Zionist geworden sei, habe sich der junge Kafka dem Sozialismus zugewandt. [27] Das berechtigt uns allerdings nur zu dem Rückschluß, daß Kafka sich während seiner Schulzeit an Diskussionen über Zionismus, Sozialismus und ähnliche

Gegenstände beteiligt hat – und es wäre überraschend, wenn er das nicht getan hätte.

Jüdische Studenten gründeten 1899 an der Universität Prag eine zionistische Vereinigung, die sie Bar Kochba nannten nach dem jüdischen Anführer aus dem 2. Jahrhundert nach Christus. Sie sollte die bedeutendste zionistische Organisation in Mitteleuropa werden. Da Bergmann eines ihrer aktivsten Mitglieder war, mußte Kafka mindestens eine vage Vorstellung von ihrer Existenz haben. Aber Brod und er selbst nahmen sie bis 1909 nicht zur Kenntnis, als nämlich in der Zeitschrift *Selbstwehr* kritisch vermerkt wurde, Brod habe bei seiner Behandlung des Nationalitätenproblems in einem seiner zahlreichen Romane, nämlich *Ein tschechisches Dienstmädchen* [28], den Zionismus übergangen. Die darauf folgenden Auseinandersetzungen machten Brod mit den Grundsätzen des Zionismus vertraut, und trotz seiner anfänglichen Reserviertheit ließ er sich seit spätestens 1913 zur bedingungslosen Unterstützung der Bewegung gewinnen. Seine Bemühungen allerdings, auch Kafka zum Anhänger der Bewegung zu machen, waren schlimmer als nur erfolglos, denn sie führten zu einer zeitweiligen Entfremdung zwischen den beiden. Im August 1913 bekannte Kafka in einem Gespräch, ihm fehle jeder Gemeinschaftssinn [29], und vier Monate später notierte er in seinem Tagebuch (vielleicht als Antwort auf weitere Überredungsversuche): »Was habe ich mit Juden gemeinsam? Ich habe kaum etwas mit mir gemeinsam« (T 350). Selbst 1916, als sein Interesse am Zionismus zweifellos gewachsen war und er Felice bat, in einem zionistisch geführten Heim für Flüchtlingskinder zu helfen, erklärte er ihr, er würde sich, auf die Probe gestellt, wohl nicht als wahrer Zionist erweisen. In einem Passus seiner Notizhefte, auf den Klara Carmely nicht verweist, erwähnt er 1918, er habe – anders als die Zionisten – keine Beziehung zum jüdischen religiösen Leben: »(ich) habe nicht den letzten Zipfel des davonfliegenden jüdischen Gebetsmantels noch gefangen wie die Zionisten« (H 121). Wie Helen Milfull bemerkt hat, erwähnt Kafka niemals die Balfour-Deklaration, welche für jeden Zionisten ein epochemachendes Ereignis gewesen sei. [30] Brod allerdings spricht in einem Brief vom 13. Februar 1917 an Martin Buber von »mein[em] Freund Franz Kafka (mit dem ich nicht diskutiere und auf den zu meiner Freude das Judentum langsam, unvermerkt übergeht)«, [31] und im selben Jahr treffen wir Kafka bei der Überlegung an, nach Palästina auszuwandern, wo er als Buchbinder leben wollte (B 277). Wie in späteren

Kapiteln zu zeigen sein wird, kann man seine ungeteilte Sympathie für den Zionismus während seiner letzten sieben oder acht Lebensjahre nicht bezweifeln; seine Haltung zur zionistischen Bewegung war jedoch viel weniger eindeutig, differenzierter und stärker von seiner Person bestimmt, als Brod und Weltsch sie ihm zuschreiben wollen.

Der Zeitraum von etwa 1909 bis 1915, in dem Kafka sich zur Wehr setzte gegen Bemühungen, ihn in die zionistischen Reihen einzugliedern, mag der sein, von dem er später den Begriff »Antizionismus« gebrauchte. Doch selbst seine Aussagen, der Zionismus sei ihm gleichgültig, hielten ihn nicht davon ab, schließlich doch zehn Vorträge und Rezitationsabende zu besuchen, die die Vereinigung Bar Kochba zwischen 1910 und 1914 veranstaltete. Im Entwurf einer Besprechung von Brods *Jüdinnen* vom März 1911 ließ er durchblicken, daß der Zionismus letztendlich doch eine mögliche Lösung der jüdischen Frage darstelle (T 52–54). Aber die Geselligkeitsformen, wie sie die Verbindung Bar Kochba pflegte, waren Kafkas Wesen fremd. Er war kein geselliger Mensch und fühlte sich weder bei zionistischen noch bei anderen Veranstaltungen dieser Art wohl. »Ich wie aus Holz, ein in die Mitte des Saales geschobener Kleiderschrank« (T 466) – so beschreibt er seine Haltung bei einer solchen Gelegenheit. Als er 1913 anläßlich eines Besuches in Wien, wo er eine internationale Konferenz über Sicherheits- und Gesundheitsfragen in der Industrie besuchen mußte, Gelegenheit hatte, sich einen persönlichen Eindruck vom Elften Zionistischen Weltkongreß zu verschaffen, fühlte er sich unpäßlich – »wie bei einer gänzlich fremden Veranstaltung« (Br 120). [32]

Dennoch gab es eine andere Art gesellschaftlichen Kontaktes mit Juden, der sehr intensiv auf Kafka einwirkte; er ging vom jiddischen Theater aus. Im Mai 1910 sah er sich eine Truppe jiddischer Schauspieler an, die in Prag auftrat. Sie kam aus Lemberg, der Hauptstadt Galiziens, der nordöstlichen Provinz des österreichischen Reiches; sie grenzte an Rußland und hatte einen hohen jüdischen Bevölkerungsanteil. Über diese Truppe, über die Kafka und Brod nur flüchtig in ihren Tagebüchern berichten, ist nichts weiter bekannt. [33] Aber wir wissen eine ganze Menge über eine andere Truppe jiddischer Schauspieler aus Lemberg, die im Winter 1911–12 nach Prag kam. Kafka besuchte an die zwanzig Aufführungen. Er beschreibt die Stücke ausführlich in seinem Tagebuch und wurde ein enger Freund eines Schauspielers, eines polnischen Juden namens Jizchak Löwy. Kafkas Interesse an diesen Schauspielern dokumentiert seine geistige Unabhängigkeit, denn es wurde, abgesehen von Brod, von keinem Prager Zionisten geteilt. Nur ein einziges Mitglied des Bar Kochba, nämlich Bergmann, hatte jemals die jüdischen Gemeinden Osteuropas aufgesucht. Die Prager Zionisten verlegten sich darauf, Hebräisch zu lernen; das Jiddische betrachteten sie als einen peinlichen Überrest jüdischer Unterwerfung. Bei ihrem damaligen Bewußtseinsstand kam es ihnen weitaus mehr darauf an, ihr eigenes Selbstverständnis auszubilden und zu verfeinern, als sich in irgendeiner praktisch-konkreten Weise mit den jüdischen Landsleuten abzugeben. Die Juden in Prag waren sich kaum der Tatsache bewußt, daß es im Osten – in einem öden Gebiet, das sich vom Baltischen bis zum Schwarzen Meer erstreckte – Gemeinden Jiddisch sprechender Juden gab, die fünf Millionen Menschen umfaßten. [34] Sie hatten sich dort seit dem späten Mittelalter angesiedelt, als Verfolgung und geschäftlicher Konkurrenzdruck viele Juden gezwungen hatten, Deutschland zu verlassen und neue Handelsmöglichkeiten in Osteuropa zu suchen. Sie waren eingeladen worden, sich im Königreich Polen anzusiedeln, das damals eine weitaus größere Fläche einnahm als das Restpolen, das bis heute übriggeblieben ist: Es umfaßte Litauen, Weißrußland, die Ukraine und andere Gebiete, die heute Teile der Sowjetunion sind. Die jüdischen Siedler in diesem Gebiet sprachen eine Sprache – das Jiddische, das aus mittelalterlichen Dialekten Mittel- und Südostdeutschlands hervorgegangen war und außerdem einen beträchtlichen Anteil an hebräischen Wörtern enthielt. Ihre Gemeinden sind inzwischen in einer Weise vernichtet worden, die zu Herzls Zeiten noch jedes Vorstellungsvermögen überstiegen hätte. Wenn wir etwas über sie erfahren wollen, müssen wir uns auf die Geschichtsschreiber verlassen und auf die von jiddischen Autoren stammende Unterhaltungsliteratur, zu denen in erster Linie die Geschwister Singer gehören.

Kafka indes erfuhr über diese Welt nicht aus Büchern, sondern von den Menschen selbst, und zwar von obendrein noch sehr armen und anspruchslosen Menschen. Die jiddischen Schauspieler konnten es sich nicht leisten, in Prag ein Theater zu mieten; sie spielten statt dessen im schmuddeligen Café Savoy. Die Qualität ihrer Aufführungen war möglicherweise nicht hoch. Dennoch hat das jiddische Theater eine Geschichte, die weit hinter 1708 zurückreicht – das Jahr, in dem das erste jiddische Schauspiel gedruckt wurde. Das moderne jiddische Theater datiert erst aus dem Jahre 1876, als Abraham Goldfaden eine Schauspieltruppe gründete, die in verschiedenen rumänischen Städten auftrat und dann ihren Tätigkeitsbereich nach Odessa verlegte. [35] Einige ähnliche Gruppen bildeten sich in den jüdischen Zentren Rußlands und riefen solche Begeisterung hervor, daß die zaristische Regierung 1883 durch ein Edikt alle Theateraufführungen in jiddischer Sprache verbot, falls sie zu politischen Unruhen führen sollten. Daraufhin emigrierten sehr viele Schauspieler und Bühnenschriftsteller in die Vereinigten Staaten, so daß zu Kafkas Lebzeiten New York das Zentrum des jiddischen Theaters war. Viele Schriftsteller, die dafür arbeiteten, waren nicht viel mehr als Lohnschreiber. Kafka sah einige Stücke des unermüdlich produzierenden Autors Joseph Lateiner, der alles in allem rund 150 Stücke schrieb. Auf einem höheren Niveau lagen die historischen Stücke Jakob Gordins. Kafka hat aufgezeichnet, wie Löwy einen ganzen Nachmittag lang ihm laut aus Gordins Bearbeitung des *Faust* vorlas, die den Titel *Gott, Mensch und Teufel* trug, und er nannte sie Gordins bestes Stück aus dem Repertoire des jiddischen Theaters der damaligen Zeit überhaupt. Eine Vorstellung von der Bühnenwirksamkeit, aber auch von der literarischen Qualität dieses Stückes kann man aus dem anregenden Buch *The Spirit of the Ghetto* von Hatchins Hapgood erhalten. Dieses 1902 erschienene Buch schildert jüdisches Leben auf der Lower East Side New Yorks bis in persönlich erfahrene und einfühlsam geschilderte Einzelheiten und widmet seine besondere Aufmerksamkeit dem jiddischen Theater. Hapgood macht dem Leser klar, daß die realistische schauspielerische Darbietungsform auch sehr melodramatische oder unwahrscheinliche Stücke lebendig wirken läßt:

> Die jiddischen Schauspieler – und gerade die ärmeren unter ihnen – spielen mit erstaunlicher Lebensechtheit. Da sie völlig in ihrer Rolle aufgehen, spielen sie fast von Anfang an mit einer unmittelbaren Überzeugungs- und Ausdruckskraft. Genau wie ihr Publikum freuen sie sich an dem, was ihnen als Wahrheit erscheint. Obwohl sie im allgemeinen über keine wirklich guten Stücke verfügen, haben sie doch Erfolg, weil sie sie in realistischer Weise darbieten. Sie bemühen sich geradezu um eine naturgetreue Darbietung, und selbst in einem gewöhnlichen Melodram bewahrt ihre Lebensechtheit oder ihre Charakterisierungskunst in komischen Episoden das Stück vor öder Langeweile. [36]

Diese Wirkungen wurden wahrscheinlich auf eine weniger seriöse Weise erzielt. Alfred Döblin, der die berühmte jiddische Schauspieltruppe aus Wilna 1924 während seiner Polenreise sah, meinte, ihre Spielweise sei von Übertreibung und Effekthascherei geprägt: »Sie wollen Wirkung und glauben sie mit Aufdringlichkeit zu erreichen.

Zu heftige Gesten, dicke Unterstreichungen; von der Bühne ins Publikum.«[37]

Es war jedoch auch nicht die Qualität der Stücke oder der Aufführungen, die Kafka fesselte. Er kritisierte beides in seinem Tagebuch, ohne dabei seine Bewunderung für die Schauspieler einzuschränken. Bei allen ihren Unzulänglichkeiten verkörperten sie doch eine lebendige jüdische Kultur, die in scharfem Gegensatz zum rein theoretischen Zionismus des Bar Kochba stand. Mehr noch – anders als die meisten aus Kafkas Bekanntenkreis litten die jiddischen Schauspieler nicht darunter, Juden zu sein. In ihrer Gesellschaft spürte Kafka, daß er das Etikett, Jude zu sein, mit dem er von einer mehr oder weniger feindlichen christlichen Umgebung versehen worden war, verlor. Er war hier nicht gezwungen, das, was andere Leute in ihm sahen, zu akzeptieren. Hier konnte er Jude sein und sich dabei wohlfühlen. Nach einem seiner ersten Besuche im Jahre 1911 notierte er, als er eine Aufführung von Lateiners Stück *Der Meschumed* (»Der Abtrünnige«) gesehen hatte, das von der Schauspielerin Flora Klug vorgetragene Lieder enthielt, in seinem Tagebuch:

> Bei manchen Liedern, der Ansprache ›jüdische Kinderlach‹, manchem Anblick dieser Frau, die auf dem Podium, weil sie Jüdin ist, uns Zuhörer, weil wir Juden sind, an sich zieht, ohne Verlangen oder Neugier nach Christen, ging mir ein Zittern über die Wangen. (T 81)

Offensichtlich erfüllte das Theater für Kafka den Zweck, den Schiller ihm 1784 in seiner Abhandlung *Was kann eine gute Schaubühne eigentlich wirken?* zugesprochen hatte: die Anschauungen und die Gefühle der Zuschauer in Einklang zu bringen und so das Gefühl nationaler Zusammengehörigkeit zu erwecken. Zweifelsohne trug dazu auch der Inhalt der Stücke bei, denn einige, wie Goldfadens *Bar Kochba* und *Sulamith* stellten Ereignisse der jüdischen Geschichte dramatisch dar, während andere im zeitgenössischen Osteuropa spielten und den Triumph gläubiger Juden über Abtrünnige und Christen schilderten.

Kafkas Beurteilungen einzelner Stücke sind ziemlich merkwürdig. Er bevorzugte die in dramaturgischer Hinsicht schwächeren Stücke, weil sie in ihrer *naiveté* und Schwerfälligkeit ihm mehr jüdisches Leben einzufangen schienen als die vollendeteren und feinsinnigen Stücke Gordins. Diese zweite Art erhob zu sehr den Anspruch, Literatur zu sein. Sie machte große Zugeständnisse an das jüdische Publikum in Amerika, für das sie eigentlich geschrieben war, so daß man, wie Kafka klagte, sich gleichsam den Hals verrenken mußte, um über die

Köpfe des New Yorker Theaterpublikums hinweg noch etwas sehen zu können (T 117). Kafka bewertete die Stücke nicht so sehr als Kunstwerke, sondern mehr als Ausdruck jüdischen Lebens. Er schätzte sie hoch ein, weil sie ihm das Gefühl gaben, Jude zu sein, ohne ihn dabei zugleich die Verlegenheit darüber spüren zu lassen, die er bei politischen Veranstaltungen empfand.

Sein Kontakt mit dem jiddischen Theater erregte in Kafka das brennende Verlangen, alles ihm Mögliche über jüdische Geschichte und Kultur herauszufinden. Am 1. November 1911 begann er mit der Lektüre von Heinrich Graetz' *Geschichte der Juden*, einer Quelle, aus der viele Juden, die eine vorwiegend areligiös-weltliche Erziehung genossen hatten, ihr jüdisches Selbstverständnis abgeleitet hatten. [38] Aber obgleich Kafka Graetz »gierig und glücklich« (T 132) las, hatte er eine zweite Informationsquelle in seinem Freund Jizchak Löwy. Dieser war der Sohn gutsituierter, in Warschau lebender Eltern und hatte bis zum zwanzigsten Lebensjahr den Talmud studiert. Aber schon lange zuvor hatte er, ohne daß seine frommen Eltern etwas davon erfahren hatten, sich vom Theater faszinieren lassen, das er seit seinem 14. Lebensjahr immer wieder heimlich besucht hatte. Sein allererster Besuch in einem jiddischen Theater ließ den Entschluß in ihm aufkommen, Schauspieler zu werden. Das führte zum Bruch mit den Eltern, für die das Theater natürlich *trejfe* (verboten) war. Unter dem Einfluß von Löwys ein wenig zusammenhanglosen Geschichten begann Kafka, einen Bericht über sein Leben zu schreiben, der in einem merkwürdigen Gegensatz steht zu besser bekannten fiktionalen oder halbfiktionalen Erzählungen über Personen, die aus einer sie einengenden Umgebung sich dem Theater zuwenden, um in ihm Möglichkeiten der unmittelbaren und – in der Gestaltung der theatralischen Rollenfigur – der mittelbaren Selbstverwirklichung zu finden. Außer an die naheliegenden Beispiele wie Goethes *Wilhelm Meisters theatralische Sendung* und Karl Philipp Moritz' *Anton Reiser* könnte man dabei erinnert werden an den – unterbewerteten – Roman *Der Pojaz* von Karl Emil Franzos, der von den heldenhaften Anstrengungen erzählt, die ein armer, unehelicher und kränklicher jüdischer Junge aus einem galizischen Dorf auf sich nimmt, um Schauspieler zu werden. Da Löwys Erinnerungen zweifellos eine Rolle bei der Konzeption des Abschnitts »Teater von Oklahama« in dem Roman *Der Verschollene* gespielt haben, könnte man versuchen, diesen Roman dem Lebensbericht zuzuordnen, wobei dann Karls Reise nach Westen als

Suche nach Selbstverwirklichung verstanden werden könnte, die die Industriewelt Amerikas ihm unmöglich gemacht hatte. Das ist allerdings, wie das nächste Kapitel zeigen soll, nur eine von mehreren Deutungsmöglichkeiten, die die Erzählung enthält.

Während Löwy indirekt dazu beigetragen haben mag, Kafka literarische Bilder zu vermitteln, war er ohne Frage insofern für ihn wichtig, als er ihm Informationen über die alten jüdischen Gemeinden in Osteuropa zugänglich machte. Zwischen November 1911 und Januar 1912 notierte sich Kafka in seinem Tagebuch viele seltsame Nachrichten über Gebräuche und Vorstellungen in diesen Gemeinden. Er gibt bis ins kleinste Detail Löwys Bericht über eine Beschneidung wieder, und zwar einschließlich der Vorsorgemaßnahmen, die zur Abwehr böser Geister getroffen wurden (T 210–211). Da er diese Dinge am 25. Dezember 1911 niederschrieb, muß er betroffen gewesen sein über den Gegensatz zwischen diesen sorgfältig eingehaltenen Riten und der oberflächlichen, nur halb verstandenen Zeremonie, deren Augenzeuge er am Tage vorher bei der Beschneidung seines Neffen geworden war.

Löwy führte Kafka auch in die jiddische lyrische und erzählerische Dichtung ein. Im Tagebuch erwähnt Kafka, daß Löwy ihm Gedichte von Morris Rosenfeld, dem New Yorker Autor, der berühmt war als »poet of the sweat-shop«, und auch ein jiddisches Gedicht des hebräischen Dichters Bialik (T 105) vorgelesen habe. Löwy las weiterhin Prosastücke von Perez und Scholem Alejchem, zwei Autoren, die im 19. Jahrhundert kurze Erzählungen schrieben. Das einzige Buch in jiddischer Sprache, von dem man weiß, daß Kafka es gelesen hat, ist Gordins Schauspiel *Die Schchite* (»Das Schächten«). Vermutlich hat er es von Löwy ausgeliehen. Für jemanden mit Deutsch als Muttersprache, der zudem noch in der Schule das hebräische Alphabet gelernt hat wie Kafka, dürfte es nicht schwierig sein, etwas Jiddisches zu lesen, obgleich manches im Wortschatz fremd sein dürfte, wie man es auch etwa an Kafkas falscher Übersetzung des Titels von Gordin sehen kann (T 173). Wenn er nicht mehr gelesen hat, so lag das wahrscheinlich nicht an den sprachlichen Schwierigkeiten, sondern daran, daß Bücher in jiddischer Sprache damals genau so schwer zu beschaffen waren wie heute. Noch 1916 empfahl der Felice einige Sammlungen von Erzählungen der jiddischen Autoren Perez und Scholem Asch in deutscher Übersetzung für den Gebrauch in dem Berliner Heim, in dem sie Flüchtlingskinder unterrichtete (F 709, 713). In einem dieser

Briefe erwähnt er ein nicht näher bezeichnetes Buch von Scholem Alejchem (F 711), das er möglicherweise in Jiddisch gelesen hat.

Obwohl Kafkas Kenntnis der jiddischen Literatur unmittelbar aus Quellen sehr dürftig war, verschaffte er sich doch ein beachtliches Wissen über sie aus Übersetzungen und aus Sekundärliteratur. Als im Januar 1912 seine Begeisterung für jüdische Kultur und Geschichte ihren Höhepunkt erreicht hatte, stürzte er sich auf eine 500 Seiten umfassende Geschichte der jiddischen Literatur, die in französischer Sprache geschrieben und kurz zuvor an der Universität Paris als Doktorarbeit vorgelegt worden war. [39] Ihr Verfasser Meyer Isser Pinès (1881–1942?) stammte aus einer wohlhabenden Familie in Mogilev in Weißrußland und hatte eine traditionelle talmudische Erziehung auf der Rozinay *yeshiva* und eine westlich orientierte Ausbildung an Universitäten in der Schweiz und in Frankreich erhalten. Er hatte mitgewirkt bei der Gründung der Jüdischen Territorialorganisation, einer Bewegung, die sich vom Zionismus abgekehrt und ohne Erfolg versucht hatte, Land für jüdische Siedlungen in einer Reihe von Ländern von Mexiko bis Australien zu erwerben. Wahrscheinlich ist er in einem Arbeitslager Stalins umgekommen. Sein Buch hat das Verdienst, den ersten zusammenfassenden Überblick über die jiddische Literatur in einer westlichen Sprache zu geben, obgleich die Ungenauigkeiten, die es enthielt, Verärgerung hervorriefen, als es 1911 in jiddischer Übersetzung erschien. Aber es bot Kafka dennoch einen Überblick über die Entwicklung der jiddischen Literatur, und da Pinès zahlreiche Zitate aus vielen der besprochenen Werke und lange Zusammenfassungen anderer Werke bringt, diente sein Buch Kafka gleichzeitig als eine Art von Anthologie. Er las es »gierig, wie ich es mit solcher Gründlichkeit, Eile und Freude bei ähnlichen Büchern noch niemals getan habe« (T 242).

Einer der widrigen Umstände, die bei der Überlieferung von Kafkas Schriften vorkamen, führte dazu, daß seine Bemerkungen und Auszüge aus dem Werk von Pinès nur in der englischen Übersetzung seiner Tagebücher verfügbar sind, da sie von Brod in seiner deutschen Ausgabe weggelassen worden sind. [40] Aus diesen Bemerkungen geht hervor, daß vier Gesichtspunkte der jiddischen Literatur Kafka besonders interessiert haben. Der erste betraf das Verhältnis zwischen der Literatur und dem Leben der jüdischen Menschen. So wurde zum Beispiel in volkstümlichen Liedern an das Schicksal jüdischer Rekruten erinnert, die zum Dienst in den Armeen des Zaren gezwungen worden waren. Aus ihnen schrieb Kafka sich einige Zeilen heraus. Ebenso bekam er Kenntnis von der Existenz des *Badchen*, des Sängers und Spaßmachers, der bei Hochzeiten auftrat. Dinge dieser Art machten die enge Beziehung, die zwischen der Literatur und dem Leben des Volkes bestand, augenscheinlich. Im Gegensatz dazu stand der zweite wichtige Gegenstand von Kafkas Aufzeichnungen: der Einfluß, der von der *Haskalah*, der mit Moses Mendelssohn beginnenden jüdischen Aufklärungsbewegung, auf die jiddische Literatur einwirkte. Obgleich die *Maskilim* – die Anhänger der *Haskalah* – mit dem Jiddischen nichts zu tun haben wollten, mußten sie es als Medium benutzen, um ihre Ideen unters Volk zu bringen, und damit trugen sie unfreiwillig zur Verbreitung der jiddischen Literatur bei. Kafka meinte, ihr unmittelbarer Einfluß auf die Literatur sei ungünstig gewesen, da ihre Ideen durch die lehrhaften, moralisierenden Romane Dicks und Schomers mit ihren unglaubwürdigen Handlungen und ihren marionettenhaften Figuren verbreitet worden seien. Ihre Bemühungen, zur Aufklärung beizutragen, wurden zunichte gemacht durch die Pogrome, die 1881 gegen die russischen Juden angezettelt wurden und die zeigten, daß Assimilationsversuche sinnlos waren. Obgleich Kafka vorwiegend Dinge wiedergibt, die die *Haskalah* in einem ungünstigen Licht erscheinen lassen, erwähnt er doch mit offensichtlicher Zustimmung ihre positive Einschätzung der Handarbeit. Drittens zeigt Kafka Interesse für das Verhältnis der Schriftsteller zu ihrem Publikum. So vermerkt er, daß die Leser des Schriftstellers Rosenfeld, der im Alter von 44 Jahren an Paralyse erkrankte und erblindete, trotz ihrer Armut Geld sammelten, um ihn vor dem Elend zu bewahren. Ferner weist er darauf hin, es sei üblich gewesen, die Geburtstage jiddischer Schriftsteller zu feiern, wie zum Beispiel den Geburtstag von Scholem Alejchem. Und viertens notiert sich Kafka Einzelheiten aus dem Schlußkapitel von Pinès, das sich mit dem jiddischen Theater befaßt, und er schreibt sich in Auszügen heraus, wie Gordin sich darüber beklagt, daß begabte Autoren sich sträuben, fürs Theater zu schreiben. – Alles in allem belegen Kafkas Aufzeichnungen zum Werk von Pinès sein Interesse am gesellschaftlichen Umfeld der Literatur und an der Möglichkeit einer autonomen, von nachteiligen äußeren Einflüssen freien Literatur, wie sie z.B. von der *Haskalah* ausgingen.

Kafkas eben erwachtes Interesse an der jiddischen Literatur hatte praktische Folgen im nächsten Monat, als er die Verbindung Bar

Kochba dafür zu gewinnen suchte, einen Rezitationsabend mit Löwy zu veranstalten. Dieser Abend fand am 18. Februar im Jüdischen Rathaus statt; er wurde eingeleitet mit einem Vortrag Kafkas über die jiddische Sprache. Mit seinem Eintreten für das Jiddische dokumentierte Kafka sein unabhängiges Urteilsvermögen, denn alle der westlichen Kultur angepaßten Juden hatten seit der Zeit Moses Mendelssohns immer verächtlich auf das Jiddische herabgesehen. Als 1782 Mendelssohn von einem Rechtsanwalt in Breslau um ein Gutachten zu dem Eid gebeten wurde, den Juden ablegen mußten, bevor sie vor einem christlichen Gerichtshof als Zeugen aussagen durften, empfahl er, man möge ihnen erlauben, die Eidesformel in Deutsch oder Hebräisch zu sprechen, auf keinen Fall aber in Jiddisch: »Ich fürchte«, schrieb er, »dieser Jargon hat nicht wenig zur Unsittlichkeit des gemeinen Mannes beygetragen, und verspreche mir sehr gute Wirkung von dem unter meinen Brüdern seit einiger Zeit aufkommenden Gebrauch der reinen deutschen Mundart.«[41] Auch die Zionisten betrachteten das Jiddische mit Mißfallen und hielten es für eine degenerierte Form der deutschen Umgangssprache. Herzl nannte es »die verstohlene Sprache von Gefangenen.«[42] Er ging davon aus, der zukünftige jüdische Staat würde eine Föderation nach dem Modell der Schweiz sein, in der man verschiedene europäische Sprachen sprechen würde; die Hauptsprache sollte nach seiner Vorstellung Deutsch sein. Andere Zionisten verachteten das Jiddische wegen seiner engen Verbindung mit der Diaspora; sie wollten das Hebräische wiederbeleben. Zur Zeit Kafkas setzte sich allerdings demgegenüber Nathan Birnbaum nachdrücklich für das Jiddische ein. Er berief 1908 die Konferenz von Czernowitz ein, die den Wendepunkt in der Geschichte der Auseinandersetzung um das Jiddische bildete. Im Januar 1912 hielt er einen Vortrag vor dem Bar Kochba, und Kafka, der dabei zugegen war, mag dadurch in seinem Bestreben bestärkt worden sein, das Interesse am Jiddischen zu fördern.

Mit seiner *Rede über die jiddische Sprache* verfolgte Kafka zwei Ziele. Das eine lag darin, die Erkenntnis zu vermitteln – er hatte sie vornehmlich dem Werk von Pinès entnommen –, das Jiddische sei aus dem Mittelhochdeutschen abgeleitet, und auf verschiedene Wortbildungen hinzuweisen, die in der modernen deutschen Standardsprache verlorengegangen, im Jiddischen jedoch noch anzutreffen waren. Das war zweifellos auch darauf angelegt, das Jiddische respektabler erscheinen zu lassen, und damit wurde auch Kafkas zweites Ziel leichter erreichbar, nämlich die Abneigung gegen das Jiddische zu vermindern, die er bei seinen Hörern voraussetzte. Obgleich er diskret darauf verzichtete auszusprechen, warum sie »Angst vor dem Jargon« (H 422) empfinden könnten, kann man von dieser Angst ohne weiteres ausgehen. Jiddisch war die Sprache der Menschen, die aufgrund ihrer Kleidung, ihres Brauchtums und der Art ihrer Religionsausübung fremd erschienen. Es war in der Vorstellung ebenfalls verknüpft mit der Armut, aus der sich viele Eltern der Altersgenossen Kafkas emporgearbeitet hatten, und es konnte die heimliche Furcht entstehen lassen, in diesen Herkunftsbereich wieder zurückgezogen zu werden. Kafka legte seinen Hörern dar, daß sie in der Lage seien, Jiddisch zu verstehen, und zwar nicht, weil ihnen schon das eine oder andere Wort bekannt sei – ein jiddisches Wort wie *toyt*, so betonte er, sei nicht identisch mit dem entsprechenden deutschen Wort *tot* – sondern eher, weil sie eine intuitive Affinität zu ihm besäßen, die sie in die Lage versetzte, diesen »Jargon fühlend zu verstehen« (H 426). Das bedeute, daß sie schon über die latente Fähigkeit verfügten, das Jiddische zu verstehen; sie sollten diese Fähigkeit nicht weiter unterdrücken, wie es die westlichen Juden gewöhnlich tun, sondern das Jiddische nur auf sich wirken lassen. Kafkas verborgene, wohl fast um Unbewußten liegende Absicht läßt sich bei vorsichtiger Betrachtung sichtbar machen: Da er selbst begonnen hatte, sein jüdisches Selbstverständnis mit Hilfe des jiddischen Theaters wiederzuentdecken, wollte er das Jiddische auf seine Zuhörer so einwirken lassen, daß sich auch bei ihnen dieselbe Wirkung einstellte. Die Sprache als das Medium, durch das sich die Menschen ihrer sozialen Zusammengehörigkeit bewußt werden konnten, war für Kafka zu einer politischen Angelegenheit geworden.

Ein weiteres Ergebnis von Kafkas Interesse an der jiddischen Sprache ist von den Kafka-Forschern fast gänzlich außer acht gelassen worden. Es handelt sich dabei um die Reihe von Überlegungen zum Charakter kleiner Literaturen, die Kafka am 25. Dezember 1911 in sein Tagebuch eintrug – zwei Monate nach seinem Kontakt mit dem jiddischen Theater und seinem Gespräch mit Löwy. Diese Überlegungen sind ein wichtiges Zeugnis für Kafkas Anschauungen über die Literatur und ihr Verhältnis zur Gesellschaft. Er schrieb darüber in allgemeiner Hinsicht und war dazu nicht ausschließlich durch seine Begegnung mit der jiddischen Literatur angeregt worden. Er war auch an tschechischer Literatur interessiert und sich darüber klar, daß sie als Ausdrucksmittel des Nationalgefühls von politischer Bedeutung war: Zwei Monate zuvor hatte er in seinem Tagebuch notiert, daß Smetanas Oper *Die verkaufte Braut* zum Symbol des tschechischen Nationalismus wurde, obwohl sie ohne jeden Bezug zum Unabhängigkeitstag komponiert worden war. Einige Male besuchte er das tschechische Theater, um Aufführungen der Dramatiker Vojnović und Vrchlický zu sehen, obgleich er sie für wertlos hielt und keine positiven Momente an ihnen feststellen konnte (T 108, 195). Im Zusammenhang seiner Interessen gesehen, beziehen sich Kafkas Aufzeichnungen zu kleineren Literaturen auf die Literatur jeder kleinen Nation, die ihre Identität zu behaupten und sich vom Einfluß einer Nachbarnation, die über größeres kulturelles Prestige und größere politische Macht verfügt, freizuhalten versucht. Wenn seine Bemerkungen überhaupt Wert haben sollen, müssen sie sich deshalb auch anwenden lassen auf die heutige walisische oder irische Literatur in ihrem Verhältnis zur englischen. Die tschechische Literatur hatte sich vornehmlich gegen die deutsche zu behaupten; die jiddische Literatur hatte aufgrund der breiten Streuung ihres Vorkommens die polnische, russische und deutsche als mächtige Rivalinnen. Die Aufzeichnungen Kafkas geben eine äußerst gedrängte und oft dunkle Darstellung ab, die man nur unter großen Schwierigkeiten analysieren könnte, wenn nicht er selbst ihre Erklärungsbedürftigkeit gespürt und eine schematische Übersicht hinzugefügt hätte, die ihre Hauptpunkte in Form einer Gliederung aufführt. In der folgenden Zusammenfassung werde ich mich nach dieser Übersicht richten.

Als seinen ersten Punkt hebt Kafka die innige Verbindung hervor, die zwischen einer kleineren Literatur und dem Leben der Nation besteht, der sie entstammt. Anders als die Geschichtsschreibung, die die wichtigsten Besonderheiten der nationalen Vergangenheit von einem übergeordneten Standpunkt aus überblickt, ist die Literatur ein »Tagebuchführen einer Nation« (T 206), die auch unbedeutende Ereignisse so, wie sie gerade geschehen, faßt und festhält. Sie bewahrt das nationale Selbstverständnis vor der Zersplitterung und stärkt seine Widerstandsfähigkeit gegen die feindliche Außenwelt. Sie richtet die Aufmerksamkeit der Menschen auf die Angelegenheiten ihrer eigenen Nation und stellt das Medium dar, durch das sie sich auch fremder Kulturen bewußt werden. Sie übertüncht nicht die Konflikte, die in der eigenen Nation auftreten, sondern macht es leichter, mit diesen Konflikten zu leben: Sie stellt zum Beispiel die Unzulänglichkeiten des Nationalcharakters so dar, daß sie die Menschen von ihrer Befangenheit und Voreingenommenheit befreit (Kafka dachte eventuell an die Erzählungen, in denen Scholem Alejchem die jüdischen Bürger von Kasrilevke satirisch darstellt); sie trägt dazu bei, unzufriedene soziale Gruppen wieder in das Leben der Nation einzugliedern, und sie schafft eine Atmosphäre, in der der Gegensatz zwischen Vätern und Söhnen eine erträgliche Form erhält und Gegenstand der Aussprache werden kann. Hier müssen wir acht Jahre vorgreifen bis zu dem Abschnitt in dem *Brief an den Vater*, in dem Kafka behauptet, wenn sein Vater ein echtes Interesse am Judentum gehabt hätte, hätte das eine gemeinsame Grundlage zur Verständigung zwischen ihnen beiden abgegeben (H 197). Solch eine Literatur wird selbst Gegenstand des nationalen Interesses werden und zu einem lebendigen Gedankenaustausch in Zeitungen und Zeitschriften führen. So können Nationalgefühl und Literatur einander wechselseitig beeinflussen. Die unsichere Lage einer Nation, die es nötig macht, wenn nicht die politische Unabhängigkeit, so aber doch jedenfalls die kulturelle Integrität gegen die Übergriffe mächtiger Nachbarn zu verteidigen, verleiht der Literatur eine zentrale Rolle in der Gesellschaft. Umgekehrt bewirkt die Literatur die »Vergeistigung des großflächigen öffentlichen Lebens« (T 206), indem sie das kulturelle und geistig-intellektuelle Niveau des menschlichen Lebens überhaupt anhebt.

Zweitens ist eine kleinere Literatur dadurch gekennzeichnet, daß sie Schriftsteller mit geringerem Talent besitzt. Das ist kein Nachteil, denn ein einziger bestimmter Geist wie Goethe (Kafka gibt keine Beispiele, aber nur dieses drängt sich sofort auf) ist für die Literatur, zu der er gehört, nicht unbedingt ein Segen. Solch eine Gestalt erdrückt alle anderen Schriftsteller. Wenn sie fehlt, gibt es kein unbestreitbares Leitbild für literarische Größe; es gibt folglich viel Spielraum für eine lebhafte Auseinandersetzung über die Bedeutung einzelner Schriftsteller. Jeder Schriftsteller muß sein Ansehen mit seinem eigenen schriftstellerischen Wert begründen; es gibt keinen Genius, den andere einfach nachahmen könnten. Zur Veranschaulichung können wir uns vergegenwärtigen, wie der Blankvers im Schatten Miltons an Glanz verlor, oder an die Unmenge bedeutungsloser Gestalten denken, die Goethe imitierten und dazu von ihm selbst noch in einem Ausmaß ermutigt wurden, daß, wie Heine sagt, es eine Schande bedeutete, von Goethe gelobt zu werden. [43] Völlig talentlose Menschen werden es deshalb nicht wagen, sich ans Schreiben zu begeben, so daß alle

Schriftsteller schließlich über ein mittelmäßiges Talent verfügen werden. Da weniger talentierte Schriftsteller sich wahrscheinlich weniger von fremden Literaturen beeinflussen lassen, wird die Literatur, der sie angehören, voraussichtlich ihre Integrität bewahren. Ihre Schriftsteller werden nach ihrer nationalen Bedeutung bewertet werden und nach ihrer Wirkung auf das eigene Volk. Die Einschätzung, die sie erfahren, wird deshalb nicht von tagtäglichen Geschmacksveränderungen abhängig sein. Die Geschichte einer solchen Literatur wird die Geschichte dauerhaft-unveränderlicher, positiver Bewertungen sein; sie wird aufbewahrt sein in der lebendigen Erinnerung des Volkes und nicht in den Bänden der Literaturhistoriker: »Die Literatur ist weniger eine Angelegenheit der Literaturgeschichte als des Volkes« (T 208). Hier ist es nützlich, sich Kafkas Abneigung gegen die professorale Attitüde gegenüber Goethe ins Gedächtnis zu rufen und sich sein Interesse an der Wertschätzung vor Augen zu halten, die jiddische Schriftsteller von ihrem Publikum erfuhren.

Die weniger großen Schriftsteller, die eine unbedeutendere Literatur hervorbringen, dürfen durchaus kleine Themen behandeln. Kafka erläutert nicht, was er unter der »Behandlung kleiner Themen« (T 209) versteht. Seine Behauptung mutet seltsam an, wenn man überlegt, wie oft hervorragende Literaturen versucht haben, ihre Daseinsberechtigung unter Berufung auf ein Nationalepos nachzuweisen: Man denke nur an die nationale Bedeutung, die das *Nibelungenlied* nach seiner Wiederentdeckung im 18. Jahrhundert erhielt, oder an die angeblich aus dem Mittelalter stammenden tschechischen Heldenlieder, die im frühen 19. Jahrhundert von dem romantischen, nationalistisch gesinnten Dichter Václav Hanka frei erfunden und erst in den achtziger Jahren als Fälschungen entlarvt wurden. Kafka mag dabei an eine literarische Umgebung gedacht haben, die besonders seiner eigenen dichterischen Eigenart entsprach. Als er diese Überlegungen anstellte, waren einige der später in seinem ersten Buch – *Betrachtung* (1912) – veröffentlichten erzählerischen Skizzen bereits in Zeitschriften erschienen. Diese kleinen Stücke veranschaulichen seine Vorliebe für kunstvolle erzählerische Kleinformen, die ihn Gefallen an Kleists Anekdoten und Robert Walsers Prosaskizzen finden ließ. Eine literarische Umgebung, die solche erzählerischen Miniaturarbeiten bevorzugt hätte, würde ihm sicherlich zugesagt haben.

Kafkas dritter wichtiger Gesichtspunkt betrifft die Beziehungen zwischen einer kleineren Literatur und der Politik. Der Abschnitt, in dem er Überlegungen dazu anstellt, ist so komplex und so schwer zu verstehen, daß man ihn am besten wörtlich wiedergibt und ihn dann erläuternd nachzuvollziehen sucht:

> »Weil die zusammenhängenden Menschen fehlen, entfallen zusammenhängende literarische Aktionen. [...] Wenn auch die einzelne Angelegenheit oft mit Ruhe durchdacht wird, so kommt man doch nicht an ihre Grenzen, an denen sie mit gleichartigen Angelegenheiten zusammenhängt, am ehesten erreicht man die Grenze gegenüber der Politik, ja man strebt sogar danach, diese Grenze früher zu sehen, als sie da ist, und oft diese sich zusammenziehende Grenze überall zu finden. Die Enge des Raumes, ferner die Rücksicht auf Einfachheit und Gleichmäßigkeit, endlich auch die Erwägung, daß infolge der innern Selbständigkeit der Literatur die äußere Verbindung mit der Politik unschädlich ist, führen dazu, daß die Literatur sich im Lande verbreitet, daß sie sich an den politischen Schlagworten festhält. (T 209).

Anscheinend meint Kafka, eine kleine Nation böte keinen Raum für ein zusammenhängendes, in die Gesellschaft integriertes und von der Gesellschaft getragenes literarisches Leben, das aus dem Zusammenspiel von Zeitschriften, Verlegern und Unternehmungen von Schriftstellern bestünde. Er meint, es gebe in ihr keine solchen »zusammenhängende[n] literarischen Aktionen« und folglich auch keine in sich geschlossene literarische *Bohème*. Statt dessen hielte sich die kleinere Literatur, um Unterstützung und Verbreitung zu finden, an die Politik. Da Politik überall und in allen Dingen anzutreffen ist, ließe jeder in der Literatur behandelte Gegenstand sehr bald seine politische Bedeutung erkennen, und man würde so sehr auf die politischen Implikationen der Literatur achten, daß man allzu schnell in die Versuchung kommen könne, beide in eins zu setzen. Literatur würde assoziativ verknüpft mit politischen Schlagworten, die wesentlich dazu beitragen, daß sie die Beachtung des Volkes findet. Hier müssen wir uns an Kafkas Beobachtung erinnern, daß *Die verkaufte Braut* zum Symbol des tschechischen Nationalbewußtseins geworden ist. Nun könnte man meinen, bei der Lage der Dinge, wie Kafka sie sieht – daß man nämlich jedes neue literarische Werk auf seine Bedeutung für die nationale oder eine andere politische Bewegung befragt – würde die Literatur insofern in ihrem Wesen betroffen, als man sie dadurch auf eine bloße Propagandafunktion reduziert. Aber Kafka denkt anscheinend nicht so. Vielleicht glaubt er an eine innere Eigenständigkeit der Literatur, die durch ihre äußere Verknüpfung mit der Politik nicht beeinträchtigt werden kann. Vielleicht hat er dabei Werke wie *Die verkaufte Braut* vor Augen, die ursprünglich keine politische Bedeutung hatten, die jedoch, wenn man sie von einem späteren Standpunkt aus betrachtet, politisch bedeutsam geworden sind, ohne daß ihre künstlerische Integrität darunter gelitten hätte. Mit Sicherheit ist er auf keinen Fall der Meinung, Literatur solle zum Propagandainstrument umfunktioniert werden.

Es dürfte deutlich geworden sein, daß Kafka unter einer kleinen Literatur keine Büchersammlung versteht, sondern daß er eine Gesellschaft vor Augen hat, in der die Literatur voll und ganz zum Bestandteil des kulturellen und politischen Lebens des Volkes geworden ist und im Zentrum des Interesses der Menschen steht. Was Kafka auf diesen wenigen Tagebuchseiten in gedrängter Form dargelegt hat, ist nichts anderes als eine Abhandlung zur Literatursoziologie. Wir müssen natürlich hinzufügen, daß Kafka damit gleichzeitig das Bild einer Gesellschaft entwarf, der er selbst gern angehört hätte. In einer solchen Gesellschaft würde die Literatur nicht mehr die Nebenrolle spielen, die sie in seinem alltäglichen Leben zu Hause einnahm, wo seine Eltern sein Lesen und Schreiben mit unverhohlener Mißbilligung betrachteten. Andererseits brauchte die Literatur jedoch auch nicht die Unterstützung einer auf sich selbst beschränkten *Bohème*, wie Kafka sie vorfand, wenn er sich mit Brod, Werfel und anderen Schriftstellern im Café Arco traf. Statt dessen würde die Literatur das Leben der Gesellschaft, besonders das politische Leben, ganz durchdringen, ohne dabei ihre künstlerische Integrität aufzugeben. Das Problem der Stellung des Künstlers in der Gesellschaft würde damit aus der Welt geschafft sein. Mehr noch – die Literatur würde aufgrund ihrer alles durchdringenden Gegenwart ein tragfähiges Medium abgeben, durch das sich Konflikte zwischen Angehörigen der Gesellschaft, insbesondere zwischen Vätern und Söhnen, wenn nicht lösen, dann doch schließlich so aussprechen und künstlerisch gestalten ließen, daß man mit ihnen leben könnte.

Alle diese Momente waren zwingende Gründe für Kafka, sich von der Vorstellung einer kleineren Literatur einnehmen zu lassen. Doch noch einen weiteren Grund kann man seiner Bemerkung über den »Mangel unwiderstehlicher nationaler Vorbilder« (T 207) in einer solchen Literatur entnehmen und aus der Tatsache ableiten, daß er im Dezember 1911 und im Januar und Februar 1912 so begierig Goethe las, daß er nicht zum eigenen Schreiben kommen konnte. Am 25. Dezember – dem Tag, an dem er diese Bemerkungen niederschrieb – fuhr er fort: »Goethe hält durch die Macht seiner Werke die

Entwicklung der deutschen Sprache wahrscheinlich zurück« (T 212), und er zog daraus den Schluß, die nachfolgenden deutschen Prosa-Schriftsteller hätten es nicht vermocht, sich von Goethes Einfluß zu lösen. Er hielt Goethes Bedeutung für so überragend, daß sie die weitere Entwicklung der deutschen Literatur zum Stillstand brachte. Das schließt selbstverständlich ein, daß Kafkas eigene literarische Arbeiten von Goethe schon vorweggenommen waren und daß er sich als Schriftsteller nur in einer literarischen Tradition entwickeln konnte, in der es keinen Goethe gab.

Die zahlreichen Bezugnahmen auf Goethe in Kafkas Tagebüchern dieser Monate bestätigen nun indessen Brods Vermutung, Kafka habe sein eigenes Verhältnis zu Goethe als außerordentlich eng empfunden. Nicht nur, daß Goethe nach Meinung Kafkas ein unerreichbares Maß für literarische Größe vorgegeben habe – Kafka verglich auch seine eigenen Schwierigkeiten beim Schreiben mit Goethes glücklicher, unbeschränkter Schaffenskraft. »Meine Lust am Hervorbringen war grenzenlos«, lautet ein Satz aus *Dichtung und Wahrheit*, den Kafka am 8. Februar 1912 in sein Tagebuch übertrug (T 248). Kafka führte die vergleichende Gegenüberstellung noch weiter mit seinen Anmerkungen zu einem Schattenriß, der Goethe von Kopf bis Fuß zeigte und einen vollkommenen menschlichen Körper erkennen ließ (T 247). Als er diese Anmerkungen machte, war Kafka überanstrengt, notorisch müde und litt an gelegentlich auftretenden Ohnmachtsanfällen; außerdem aber fühlte er sich ständig gehemmt aufgrund seines langen, schlaksigen Körperbaus. Wir dürfen deshalb davon ausgehen, daß er immer wieder seinen eigenen Körperbau mit dem Goethes verglichen hat. Aber dieser Abschnitt enthält auch noch eine assoziative Verbindung zwischen Goethe und Kafkas eigenem Vater. Hermann Kafka war ein kräftig gebauter, stämmiger Mann; er nahm seinen Sohn, als er noch klein war, mit ins Schwimmbad. Dort zogen sie sich gemeinsam in derselben Kabine um, und Kafka schämte sich wegen des Gegensatzes zwischen seiner eigenen dünnen Gestalt und dem massigen, kraftvollen Körper seines Vaters. Diesen Gegensatz übertrug er jetzt anscheinend auf Goethe, wobei er Goethe in die Rolle des literarischen Ahnherrn versetzte. In diesem Zusammenhang muß auch daran erinnert werden, daß später – im Jahre 1912 – das Interieur von Goethes Haus in Weimar ihn an verstorbene Großväter denken ließ. Wie sein wirklicher Vater ihn einschüchterte und seine Entwicklung zum selbständigen Erwachsenen hemmte, so stellte Goethe, sein literarischer Vater, für Kafka ein Hemmnis dar, weil er eine Größe repräsentierte, die zu erreichen, geschweige denn zu übertreffen er nicht hoffen durfte. Die Falle, in der Kafka sich gefangen sah, verursachte ihm besonders heftige Schmerzen, weil er – wenn auch nur halbherzig – versucht hatte, dem geschäftlichen Erfolg seines Vaters nachzueifern, indem er als stiller Teilhaber in ein kleines Unternehmen seines Schwagers eingetreten war. Jedoch in der Einsicht, auf diesem Gebiet mit seinem Vater nicht konkurrieren zu können, entzog er sich dieser Konfliktsituation, wie üblich, lieber durch die Beschäftigung mit der Literatur. Dabei allerdings entdeckte er, daß er – statt dem Konflikt zu entgehen – ihn lediglich auf ein anderes Feld verlagert hatte: Dort traf er Goethe als seinen literarischen Vater an, der ihm den Weg in seine Zukunft als Schriftsteller verstellte.

Es soll jetzt versucht werden, Kafka als einen Schriftsteller zu sehen, der unter einem ödipalen Konflikt mit Goethe leidet. Harold Bloom behauptet, jeder bedeutende Schriftsteller leide unter einem solchen Konflikt mit einer literarischen Vater-Figur; literarische Werke könnten als Versuche verstanden werden, den Einfluß des Vorgängers zu verdrängen, ihm zu entkommen oder ihn zu bewältigen. [44] Wenn man sie auf Kafka anwendet, kann diese Theorie sich nicht nur als eine Vereinfachung erweisen, wie es auch bei anderen Verstehensversuchen auf der Grundlage Freuds der Fall ist, sondern sogar als eine Verzerrung. Kafka mag durchaus empfunden haben, daß sein Leben von seinem Verhältnis zu seinem Vater bestimmt war, aber der sich daraus ergebende Konflikt war dennoch kein ödipaler im eigentlichen Sinne. Der Ödipus-Komplex schließt nach Freuds Definition das unbewußte Verlangen ein, den Vater zu töten. Zweifellos kann man in expressionistischen Dramen dieser Zeit – wie in Sorges *Der Bettler* (1912) und Hasenclevers *Der Sohn* (1914) – feststellen, wie solche Wünsche in imaginärem Nachvollzug erfüllt werden. Im erstgenannten Drama tötete ein Sohn seinen Vater tatsächlich; im zweiten Fall bricht der Vater, vom Herzschlag getroffen, zusammen, als der Sohn sich mit solchen Gedanken beschäftigt. Kafka aber behandelt diese Thematik, wie jüngst Roy Pascal ausgeführt hat, auf differenzierte Weise. [45] Die Söhne in seinen Erzählungen denken nicht daran, ihre Väter zu töten, ja, sie rebellieren nicht einmal gegen sie. Georg Bendemann nimmt in der Erzählung *Das Urteil* den Tod durch Ertrinken, zu dem sein Vater ihn verurteilt hat, widerspruchslos auf sich und sagt noch im Sterben: »Liebe Eltern, ich habe euch doch immer geliebt« (E 68). Statt auch nur zu versuchen, seinem Vater zu widersprechen, zieht sich Gregor Samsa in der Erzählung *Die Verwandlung* bereitwillig in sein Schlafzimmer zurück und bleibt darin, während Staub und Dreck sich in ihm ansammeln; er stirbt voller Unterwürfigkeit, nachdem seine Familie zu dem Entschluß gekommen ist, ihn nicht länger zu ertragen. Der Reisende *In der Strafkolonie* hingegen verläßt das Eiland, auf dem der alte Kommandant begraben liegt. Die Behauptung dürfte nicht ganz falsch sein, Kafka suche sich Wege vorzustellen, auf denen er, statt zum Angriff auf den Vater überzugehen, entkommen könne.

Wenn die Beschäftigung mit Literatur eine Möglichkeit bot, sich vor seinem wirklichen Vater zurückzuziehen, dann war die kleinere Literatur ein Weg, sich seinem literarischen Vater zu entziehen und aus dem beherrschenden Schatten Goethes herauszutreten. Gilles Deleuze und Félix Guattari, die als einzige Kafkas Aufzeichnungen zu kleineren Literaturen im Detail untersuchen und erläutern, kommen zu einem ähnlichen Ergebnis, aber sie betonen dabei nachdrücklich die Bedeutung der jiddischen Sprache für Kafka. Ihrer Meinung nach müsse eine kleinere Literatur für Kafka durchtränkt sein mit politischem Gehalt, sie dürfe aber nicht zur Legitimation politisch-staatlicher Autorität dienen; sie müsse vielmehr der permanente Widerspruch zum politisch-staatlichen Autoritätsanspruch sein. Kafka selbst sagt, eine kleine Literatur müsse »eine ununterbrochene nationale Kampfstellung« (T 88) einnehmen gegen alle ihre Konkurrentinnen. Deleuze und Guattari meinen – weniger plausibel – weiterhin, Jiddisch sei das ideale Ausdrucksmittel einer kleineren Literatur, weil es nicht eine eigenständige Sprache sei wie das Tschechische, sondern ein deutscher Dialekt, der als subversive Kraft innerhalb des Deutschen wirken könne. [46] Man kann sich jedoch nur schwer vorstellen, Kafka habe in irgendeiner Weise die deutsche Sprache untergraben und zerstören wollen. In sprachlichen Dingen war er von überaus großer Sorgfalt und Gewissenhaftigkeit; bevor er die Erlaubnis gab, etwas aus seinen Schriften zu veröffentlichen, kümmerte er sich intensiv darum, daß sie in der Rechtschreibung, in der Wortwahl und der Zeichensetzung den Anforderungen des Hochdeutschen entsprachen. Es ist aber anzunehmen, daß das Jiddische für Kafka eine Rückzugsmöglichkeit aus literarischen und familiären Bedrängnissen darstellte.

Selbst wenn es jedoch sich so verhalten hat, war das für Kafka kaum mehr als eine theoretische Möglichkeit. An der jiddischen Literatur konnte er nur passiv Anteil nehmen, indem er Theateraufführungen besuchte und den Lesungen Löwys zuhörte. Seine Muttersprache war dieselbe wie die Goethes, und aus ihr mußte er das Beste machen. Sein enger Kontakt mit der jiddischen Literatur ging im Februar 1912 zu Ende, als die Schauspieler Prag verließen. Die Beziehungen zu Löwy erhielt er allerdings aufrecht; er traf ihn zum letzten Male 1917 in Budapest. Jeder brachte dem anderen Wertschätzung und freundschaftliche Zuneigung entgegen. In einem feinfühligen Brief Löwys an Kafka, datiert vom 28. Oktober 1913 und in Auszügen von Brod zitiert, heißt es: »Sie waren doch der Einziger was war so gutt zu mir... der einzige was hat zu meiner Seele gesprochen, der einzige was hat mich halbe Wegs verstanden.« [47] Löwy gab seine Bewunderung für Kafka sein ganzes Leben lang nicht auf, sofern wir uns auf die Aussage der Geschichte »A friend of Kafka« von Isaac Bashevis Singer verlassen können, der mit Löwy in den dreißiger Jahren in Warschau zusammentraf und ihn als »Jacques Kohn« in die Erzählung eingehen ließ. [48]

Die unmittelbare Auswirkung der Begegnung Kafkas mit dem jiddischen Theater lag darin, daß sie ihn – wie wir gesehen haben – über die Stellung der Literatur in der Gesellschaft nachdenken ließ, ihm seine Existenz als Jude bewußt machte, sein Interesse an jüdischer Geschichte und Kultur weckte und den Weg freimachte für eine allmähliche, wenn auch wohl niemals eindeutig vollzogene Annäherung an den Zionismus. Zu einem späteren Zeitpunkt des Jahres 1912 schrieb er seine erste bedeutende Erzählung: *Das Urteil.* Hat sein neues Interesse an jüdischer Kultur in irgendeiner Weise zu seinem literarischen Durchbruch beigetragen?

Über literarische Einflüsse auf *Das Urteil* zu sprechen, ist riskant, weil sie so zahlreich sind. Wir wissen inzwischen so viel über Kafkas Lektüre, und die Art, wie er sie im einzelnen verwertete, läßt seine Geschichte wie eine Sammlung literarischer Reminiszenzen erscheinen, die durch die dichterische Imaginationskraft Kafkas zu einem eindrucksvollen, in sich geschlossenen, originalen Kunstwerk umgeformt worden ist. [49] Kafka erwähnt selbst einige seiner Reminiszenzen in der Tagebucheintragung vom 23. September 1912. Dort beschreibt er, wie er die Erzählung ohne eine einzige Unterbrechung während der vorhergehenden Nacht geschrieben hatte: »Gedanken an Freud natürlich, an einer Stelle *Arnold Beer*, an einer anderen an

Wassermann, an einer Stelle Werfels *Riesin*, natürlich auch an meine »*Die städtische Welt*« (T 294).

Die städtische Welt ist ein Erzählfragment, das Kafka im Februar 1911 (T 45–52) in sein Tagebuch eintrug und das einige formale Eigenheiten der Erzählung *Das Urteil* vorwegnimmt. Es besteht vorwiegend aus einem Gespräch zwischen Oskar M., einem Studenten, und dessen Vater, der Oskar wegen seiner Untätigkeit und Trägheit heftig tadelt, während Oskar ihn zu besänftigen versucht, indem er ihm geheimnistuerisch von einem Vorhaben erzählt, das er ihm noch nicht verraten darf. Die Dialogform der Erzählung nimmt *Das Urteil* vorweg; der Dialog in *Die städtische Welt* wirkt jedoch hölzern und konstruiert; er beginnt zu abrupt und plätschert dann ohne innere Spannung vor sich hin. Wie *Das Urteil*, stützt sich auch *Die städtische Welt* auf eine andere Technik des Dramas, nämlich auf die Verwendung von Gesten zur Verdeutlichung von Gedankenabläufen im Innern der Figuren. Manchmal sind die Gesten bedeutungslos, z.B. wenn Oskars Vater in eine Ecke des Zimmers starrt, statt seinem Sohn ins Gesicht zu sehen; andere Gesten zu Beginn der Erzählung haben dagegen durchaus Bedeutung, z.B. wenn der Vater sich erhebt, »wodurch er ein Fenster verdeckte« (T 45). Vielleicht wollte Kafka eine Bewegung herausarbeiten, die von der spannungsvollen Familiensituation bis zu dem städtischen Hintergrund verlief, vor dem sie sich abspielte; mit diesem Versuch kam er allerdings nicht weit.

Die Anspielung auf Brods Roman *Arnold Beer: Das Schicksal eines Juden* hat erhebliche Bedeutung für Inhalt und Aussage der Erzählung *Das Urteil*. Kafka las dieses Buch mit großer Begeisterung (T 277, Br 94), und er übernahm daraus, wie Karlheinz Fingerhut vor kurzem nachgewiesen hat, den Handlungsumriß, die Beziehungen zwischen den Figuren und zahlreiche Motive in *Das Urteil*.[50] Die einzelnen Übernahmen, die Fingerhut zusammenstellt, sind jedoch von geringerer Bedeutung als Kafkas Reaktion auf die Thematik des Romans von Brod. Dessen erklärte Absicht war es, durch die Darstellung verschiedener Typen von Juden in seinem Roman Verständnis für das »jüdische Problem« zu wecken. Es gab für ihn keinen einzelnen Typ des Juden, wie er betonte: »Vielmehr scheint mir die Mannigfaltigkeit und das Umfassen vieler Gegensätze zum Judentum sehr wesentlich zu sein.«[51] Er hatte damit bereits in seinem Roman *Jüdinnen* begonnen: Dort stellte er die neurotische, vernunftorientierte Irene Popper dem einfachen Mädchen vom Lande Olga Grosslicht gegenüber. In *Arnold Beer* sucht er einen jüdischen Intellektuellen zu schildern. Obgleich Arnold ein willensstarker und ehrgeiziger junger Mann ist, droht er, ein hoffnungsloser Dilettant zu werden. Er besucht die Universität nur, um den Eintritt in das Geschäft des Vaters hinauszuschieben, und beschäftigt sich oberflächlich mit allem Möglichen – von der Experimentalphysik bis zum Sanskrit. Obwohl seine Freunde seine vielfältigen Begabungen bewundern, gelangt er selbst zur Einsicht, daß er dabei ist, sein Leben zu zerstören. Unter dem Einfluß eines zionistischen Freundes bemüht er sich um die Frage, ob seine Situation für junge Juden überhaupt kennzeichnend ist. Die Antwort darauf wird im Roman selbst zwar nicht ausdrücklich gegeben. Sie muß aber lauten, daß diese Situation zumindest für junge, akademisch gebildete Juden typisch ist, wie sie in der deutschen und österreichischen Literatur dieser Zeit geschildert werden.

Arnold hat die Ausstrahlungskraft, die ihn auf den ersten Blick zu umgeben scheint, und das Fehlen von wirklicher schöpferischer Kraft gemeinsam mit Detlev Spinell in Thomas Manns *Tristan* (1903) [52], mit Heinrich Bermann in Schnitzlers *Der Weg ins Freie* oder mit den überzüchteten, gelangweilten jungen Juden, wie sie Herzl zu Beginn seines Romans *Altneuland* (1902) beschreibt.

Arnold findet zeitweilig ein Ventil für seine überschüssigen Energien, wenn er mit seinem Schulfreund Philipp Eisig ein ziemlich anrüchiges Geschäft aufsucht. Eisig war als Jugendlicher unbeholfen und schüchtern, hat aber bei einem Aufenthalt in Amerika Tatkraft und Selbstvertrauen bekommen. Bald verliert Arnold jedoch sein Interesse an dem Geschäft und an dem deutschen Mädchen, mit dem er ein Verhältnis hat, und möchte sich aus beiden Bindungen zurückziehen. Dazu kommt es unerwartet schnell, als er auf die Nachricht hin, seine Großmutter liege im Sterben, dieser einen Besuch macht. Obgleich sie als unerträglich zänkisch dargestellt ist, beeindruckt Arnold ihr ausgeprägter Lebenswille, und dieser überträgt sich irgendwie auf ihn: »Beim Anblick dieser arbeitsamen wilden Greisin bekam er aufs Neue Lust, sich ins Leben zu stürzen, aus dem er mit vorschneller Erfahrung schon hatte entweichen wollen; er bekam Lust, wieder zu toben und zu schaffen, wie es in seiner Art lag.« [53] Sie erinnert an die Juden des Alten Testaments, die Brod – wobei er in besonders deutlicher Weise den Einfluß Nietzsches und Martin Bubers erkennen läßt – als skrupellose, amoralische, mit elementarer Energie geladene Gestalten darstellt, »eine Reihe von klotzstirnigen gewalttätigen aufdringlichen Ahnen.«[54] Als Arnold zufällig ein Bild mit einem klassischen Sujet zu Gesicht bekommt, läßt es ihn kalt: »Was ging ihn dieses Bild an, die Griechen, die andere Welt, die fremde Kultur«.[55] Nach dem Abschied von seiner Großmutter setzt seine neu erworbene Entscheidungskraft Arnold in die Lage, die Bindung an seinen Freund und seine Freundin zu lösen und sich nach Berlin zu begeben, wo er eine Tätigkeit als Journalist aufnehmen kann. Mit diesem Eintritt in ein neues Leben endet der Roman.

Der Besuch bei der Großmutter hat Arnolds Verbindung zu seinem jüdischen Herkunftsbereich wiederhergestellt. Wenn sich darin auch Brods Verbindung zum Nationalismus des Bar Kochba spiegelt, bedeutet das nicht, daß Arnold auf dem Wege ist, Zionist zu werden. Seine Wesensänderung ist auf instinktive, unreflektierte Weise vor sich gegangen. Er ist geheilt worden von der chronischen Entscheidungsunfähigkeit der Westjuden, und zwar dadurch, daß ihm gleichsam eine elementare Vitalität eingeimpft worden ist. Die Injektion – um im Bild zu bleiben – wurde ihm verabreicht durch eine Vertreterin der jüdischen Vergangenheit, die in seiner Vorstellung zu einer gigantischen Gestalt emporwächst: »Das Bild der alten Frau im Bett, zu Riesengrößen aufwachsend, stellte sich wie ein Schatten überallhin, vor jedes Haus. Um wie viel wichtiger war sie, ja nichts auf der Welt erschien ihm jetzt in gleicher Weise wichtig.«[56]

Als er *Das Urteil* schrieb, hat Kafka die losen Beziehungen des Helden zu Freund und Freundin ebenso übernommen wie den entscheidenden Besuch bei einer betagten und (offensichtlich) bettlägerigen Verwandten, deren charismatische Ausstrahlungskraft die Vorstellung gigantischer Größe hervorruft. Das Motiv der »Riesengröße« ist verschmolzen mit dem Bild der gigantischen Hauptfigur in Werfels dramatischem Entwurf *Die Riesin*[57], um daraus die Gestalt des alten Bendemann entstehen zu lassen: »›Mein Vater ist noch immer ein Riese‹ sagte sich Georg« (57). Der gemeinsame Bezugspunkt beider Werke liegt jedoch hinter den Motiven, die Kafka entlehnte und umformte. Wenn Fingerhuts Bezeichnung für *Das Urteil* als »Anti-*Beer*« richtig ist[58], müssen beide Geschichten verschiedene Antworten auf dieselbe Frage sein. Diese Frage, so möchte ich behaupten, ist die *Judenfrage*: das Problem der Stellung der Juden in der westlichen Gesellschaft.

Kafkas Interesse an diesem Gegenstand tritt in seinen Aufzeichnungen zu einer Besprechung von Brods *Jüdinnen* zutage. Dort heißt es:

»Wir sind jetzt fast gewöhnt, in westeuropäischen Erzählungen, sobald wir nur einige Gruppen von Juden umfassen wollen, unter oder über der Darstellung auch gleich die Lösung der Judenfrage zu suchen und zu finden« (T 52). Er fährt fort mit der kritischen Feststellung, Brods Roman enthalte einen Lösungsvorschlag für dieses Problem nicht. Die Erzählung *Das Urteil* dürfte mit diesem Problem mehr zu tun haben, als ihre Interpreten es gewöhnlich wahrhaben wollen, und weniger mit Kafkas unmittelbarer Situation. Während Georg Bendemann für seinen Wunsch nach Erfolg im praktischen Leben verurteilt wird, richteten sich Kafkas Ambitionen fast ausschließlich auf die Literatur; und obgleich Frieda Brandenfeld letztlich ihre Initialen Felice Bauer verdankt, wie Kafka später zu erkennen gab (T 297), war er noch nicht mit Felice verlobt, als er diese Erzählung schrieb. Er hatte sie erst einen Monat zuvor kennengelernt und seinen ersten Brief an sie zwei Tage zuvor geschrieben. Man dürfte der Erzählung eher gerecht werden, wenn man die Bendemanns nicht als poetische Entsprechungen zu Personen aus Kafkas unmittelbar erfahrenem Lebensbereich sieht, sondern als wiedererkennbare Typen aus dem jüdischen Leben überhaupt, obgleich Kafka – unter Beibehaltung der Vorstellung Brods von der Verschiedenheit unter den Juden – Georg Bendemann als einen Typ gestaltet hat, der sich von dem durch Arnold Beer repräsentierten Typ deutlich unterscheidet. Während Arnold die Aussicht auf seine Eingliederung in das Geschäftsleben anwidert, hat Georg Bendemann die Leitung des väterlichen Geschäftes übernommen und den Umsatz verfünffacht. Er ist kein lebensfremder Dilettant – er ist nur ein zu lebenskluger Geschäftsmann, dessen selbstzufriedene, materialistisch orientierte Lebensauffassung verurteilt wird, was gleichzeitig auch durch die Entfremdung von seinem Freund in Petersburg zum Ausdruck kommt. Das geschäftliche Scheitern des Freundes deutet auf die Vorstellung hin – die später im *Prozeß* und anderswo weitergeführt wird –, daß das Scheitern der auf weltliche Dinge ausgerichteten Bestrebungen die Voraussetzung darstellt für jede Form geistiger Selbstvollendung. Schon im Frühjahr 1912 hatte Kafka an einem Vortrag im Jüdischen Rathaus teilgenommen, in dem darauf hingewiesen wurde, daß die Beschränkung auf eine kommerzielle Mentalität zur Auflösung der traditionellen jüdischen Gemeinschaften und zum Niedergang der deutschen Juden führe (T 246). Kafka hatte in seinem eigenen Vater eine eindrucksvolle Illustration dafür, wie Juden, die im Geschäftsleben Erfolg hatten, darauf aus waren, die Bindung an ihre religiöse Tradition aufzugeben. Eine streng auf die biographischen Lebensumstände Kafkas bezogene Betrachtung der Erzählung *Das Urteil* müßte deshalb in Widerspruch geraten zu der sonst ihr gegenüber eingehaltenen Sehweise, weil man in ihr als Vorbild für die Gestaltung Georgs zumindest in Teilbereichen Kafkas Vater ansehen müßte.

All das bekräftigt Ingo Seidlers Ansicht, Georg repräsentiere das »Urbild des emanzipierten, dem Glauben seiner Väter untreu und ganz weltlich und materialistisch gewordenen Juden.« [59] Die Auseinandersetzung zwischen Georg und seinem Vater ist die Artikulation des von vielen Zeitgenossen Kafkas erfahrenen Konflikts: In ihr prallen die Traditionen der jüdischen Vergangenheit, die sie – wenn auch nur in Restbeständen und ohne jede Anziehungskraft – durch ihre Eltern repräsentiert sahen, und der neuen, diesseitsorientierten, materialistisch ausgerichteten modernen Welt aufeinander, zu der sie aufgrund ihrer Anpassungsbereitschaft Zugang gefunden hatten. Das Hauptkennzeichen der Vergangenheit liegt für Kafka – er hebt es nachdrücklich hervor – in ihrer Bindung an das absolute Recht. Indem er sich weigert, sich von seinem Sohn zudecken zu lassen, wird der alte Bendemann zur Verkörperung eines Rechts, vor dem es keine Berufungsmöglichkeiten gibt – so, wie der Offizier in der Erzählung *In der Strafkolonie* sagt: »Die Schuld ist immer zweifellos« (E 206). Wie auch andere jüdische Schriftsteller des zwanzigsten Jahrhunderts, etwa Isaac Bashevis Singer und Joseph Roth, ist Kafka zutiefst betroffen von der Entfremdung der modernen Welt von der Sphäre der absoluten Werte. [60] Er unterscheidet sich indessen von ihnen durch seine Bereitschaft, seinen kritischen Blick auf beide Seiten zu richten und zu fragen – besonders in den Romanen *Der Prozeß* und *Das Schloß* –, ob die Entfremdung vom Absoluten nicht mit Notwendigkeit in Kauf genommen werden muß, wenn man überhaupt weiterleben will.

Für Georg Bendemann jedenfalls erweist sich das Eingreifen des absoluten Rechts als tödlich. *Das Urteil* verkehrt sich in eine Anti-*Beer*-Erzählung, als er nicht darauf kommt, neue Kraft aus der Vergangenheit zu schöpfen, sondern sich statt dessen hilflos ihrem Autoritätsanspruch unterwirft. Obgleich die Erzählung die Vorstellung nahelegt, daß Georgs Schuld außer Frage steht, ist das Wesen dieser Schuld dennoch seltsam schillernd und unfaßbar. Zu Beginn ihrer Auseinandersetzung beschuldigt der Vater Georg, sich wiederholt pietätlos verhalten zu haben. Er hat versucht, den Führungsanspruch des Vaters an sich zu reißen, indem er die Leitung des Familiengeschäftes übernahm. Seine inhaltsleeren Briefe an den Freund in Rußland werden als betrügerisch und hinterhältig dargestellt. Da darüber hinaus der Freund auch noch als Stellvertreter von Georgs Vater genannt wird – er sagt von ihm: »Er wäre ein Sohn nach meinem Herzen« (E 63) – scheint Georgs Verhalten ihm gegenüber ein weiterer illoyaler Akt in bezug auf die Familie gewesen zu sein. Schließlich wird noch gesagt, Georgs Verlobung habe das Andenken an seine Mutter entweiht. Diese Beschuldigungen lassen Georg als egozentrischen Menschen erscheinen, der auf die Ansprüche der Familie keine Rücksicht nimmt. Dennoch sind diese Beschuldigungen nicht als solche nachvollziehbar, noch reichen sie aus, das überwältigende Schuldgefühl zu erklären, aus dem Georg sein Urteil annimmt und seine eigene Hinrichtung vollzieht.

Unter den zahlreichen Erklärungen, die von den Interpreten angeboten werden, ist eine der interessantesten vor kurzem von Gerhard Neumann vorgetragen worden: Er sieht in der Erzählung den doppeldeutigen Anspruch ausgedrückt, der im Aufklärungsgedanken der Erziehung zur Freiheit verborgen ist.[61] Einem Befehl wie »Sei selbständig« kann man nur nachkommen, wenn man seine Unabhängigkeit dadurch demonstriert, daß man der Person, die ihn erteilt hat, nicht gehorcht. Da nun von Georg erwartet wird, er werde die ihm als Sohn zukommende Folgsamkeit zeigen, in die Fußstapfen seines Vaters treten und ein erfolgreicher Geschäftsmann werden, macht gerade diese Erwartung ihn unabhängig von seinem Vater und begründet seinen Ungehorsam. Wenn auch Neumanns Interpretation verlockend ist, so wird sie doch der verwickelten Art nicht gerecht, in der Georgs Schuld sein Wesen verändert.[62] Wenn zunächst seine Schuld in einer Reihe pietätloser Handlungen zu liegen scheint, von denen jede oder alle hätten vermieden werden können, so reicht sie zu guter Letzt doch bis in eine so tiefe Schicht seines Wissens, daß sein Bewußtstein niemals bis zu ihr vordringen kann. Die letzten Worte, die sein Vater vor dem Todesurteil an ihn richtet, lauten: »Ein unschuldiges Kind warst du ja eigentlich, aber noch eigentlicher warst du ein teuflischer Mensch!« (E 67). Georgs angebliche Verbrechen verweisen, gerade weil sie nicht im eigentlichen Sinn zu verstehen sind, auf eine Schuld, die »noch eigentlicher« und ebenso absolut ist wie das Recht, nach dem er verurteilt wird. Seine Schuld liegt in dem, was er ist, nicht in dem, was er getan hat. Die Schuld liegt, wie überall in Kafkas Dichtung, vor dem Vergehen – nicht umgekehrt. Bewußte Reflexion kann deshalb niemanden vor der Schuld bewahren, denn die Schuld, die jemand hat, entzieht sich notwendigerweise immer der reflektierenden Überprüfung und Erforschung des Innern – außer jemand wird sich ihrer, wie Georg, im Augenblick seines Todes bewußt. *Das Urteil* erforscht den moralischen Aspekt eines allgemeineren Problems, das, wie die folgenden Kapitel zeigen werden, Kafkas gesamter Dichtung zugrunde liegt – nämlich das Verhältnis von Sein und Bewußtsein. Da das Sein die fundamentale, unbewußte Schicht menschlicher Existenz ist, ist das Bewußtsein definitiv vom Sein getrennt. Es gibt keinen archimedischen Punkt, von dem aus das Bewußtsein das Sein erreichen könnte; selbst wenn es einen gäbe, wäre seine Entdeckung – wie ein Aphorismus aus dem Jahre 1920 erkennen läßt – genauso fatal, wie es die Begegnung mit dem absoluten Recht für Georg war: »Er hat den archimedischen Punkt gefunden, hat ihn aber gegen sich ausgenützt, offenbar hat er ihn nur unter dieser Bedingung finden dürfen« (H 418).

Wir können nun deutlicher erkennen, inwiefern und warum sich *Das Urteil* von seiner Vorlage *Arnold Beer* abhebt. Kafka verzichtet in seiner Erzählung auf die herkömmliche Geschlossenheit der Charakterdarstellung, der Erzählweise und der Thematik. Ähnlich wie Brods *Beer* führt seine Geschichte auf einen Höhepunkt hin, auf dem der Held eine Verwandlung in der vorrationalen Tiefenschicht seines Unbewußten erfährt. Arnold wird angetrieben durch angeborene, im Verborgenen wirkende rassische Energien, Georg durch eine angeborene, im Unbewußten wirkende Schuld. Während Brod sich jedoch nur allzu klar ist über Arnolds Beweggründe, ist die Schuld, die Georg in seinem Innersten vorfindet, dem Bewußtsein nicht zugänglich; sie kann deshalb auch in der Erzählung nicht offengelegt werden. Der Leser erhält keine Möglichkeit, sie von einem höher gelegenen Standpunkt aus zu erkennen; er muß vielmehr den Prozeß nachvollziehen, in dem Georg dadurch zur Einsicht in seine Schuld gelangt, daß er sie aus den unzusammenhängenden Anschuldigungen, die sein Vater gegen ihn erhebt, erschließt. Um die Verstehensschwierigkeiten des Lesers noch zu vergrößern, wechselt die Geschichte während ihres Verlaufs von einer literarischen Aussageweise zu einer anderen. Georgs Überlegungen, die er anstellt, während er am Fenster steht – sie nehmen einige Seiten zu Beginn der Erzählung ein –, hinterlassen etliche offene Fragen – Warum sträubt er sich innerlich dagegen, seinem Freund zu schreiben? Warum sollte ein solcher Freund ein Hindernis für seine Verlobung sein? –, aber sie enthalten nichts, was mit einer an der Realität orientierten Darstellung grundsätzlich unvereinbar wäre. Doch von dem Augenblick an, da Georgs Vater sich plötzlich im Bett aufrichtet, wird die realistische Darstellung aufgegeben zugunsten einer Darstellung, die aus lebendigen, nahezu expressionistischen Bildern besteht und keinen Wert mehr auf Wahrscheinlichkeit legt. Wie die Erzählweise, so verändert sich auch die Thematik. Kafka beginnt mit einem sozialen Problem, dem Verhältnis zwischen einem jüdischen Vater und seinem Sohn, das er schon in dem Erzählfragment *Die städtische Welt* zur Sprache gebracht hatte. Doch während er tiefer vordringt in diesen Problembereich der *Judenfrage*, entdeckt er, daß es sich im Grunde um eine moralische Frage handelt, die zugleich die Frage nach dem letzten Wesen des Bewußtseins einschließt.

Diese Veränderungen der Erzählweise und der Thematik sind um so verwirrender, weil sie überlagert sind von einer sich überstürzt entwickelnden Handlung, die dem Leser kaum mehr eine Pause zur Überlegung läßt. Ihre innere Dynamik, ihre Spannung und ihre Dichte unterscheiden die Erzählung *Das Urteil* sehr deutlich von den lyrisch getönten Skizzen in Kafkas erstem Buch *Betrachtung* (1912) und seinen früheren fragmentarischen Erzählungen *Beschreibung eines Kampfes* und *Hochzeitsvorbereitungen auf dem Lande*. Wie Gerhard Kurz deutlich gemacht hat[63], verdanken diese lockeren, nur lose zusammenhängenden Geschichten vieles der traumhaften frühen Dichtung Hofmannsthals, den Kafka sehr bewunderte; aber sie haben nichts von der intensiven Ausstrahlungskraft Hofmannsthals. Selbst als er 1911 *Die städtische Welt* schrieb, verfügte Kafka noch über keine persönliche Erzählweise. Die Erzählung *Das Urteil* jedoch ist ihm überaus gut gelungen. Von der einleitenden Exposition aus gewinnt sie zunehmend an dynamischer Bewegung, bis sie ihre Peripetie erreicht, als dem alten Bendemann seine Kräfte wiederkehren. Von da an vollzieht sich eine tiefgreifende Auseinandersetzung Georgs mit seinem Vater, mit der die Geschichte unaufhaltsam ihrer Klimax zutreibt – der Verkündigung des Todesurteils und dessen Vollzug an Georg. Bei der Beschreibung mußte ich auf Ausdrücke des Dramas zurückgreifen, denn die hervorstechendsten Eigenschaften dieser Erzählung sind solche dramatischer Art. Die zwei Monate später – im

November 1912 – geschriebene Erzählung *Die Verwandlung* hat eine ähnlich dramatische Struktur. Ihre drei wichtigsten Episoden entsprechen den drei Akten eines Dramas. In jeder kommt es zu einer Konfrontation zwischen Georg und dem Rest der Familie. Der Höhepunkt – die Klimax – der ganzen Erzählung liegt wohl in Gregors drittem Erscheinen, das die drei Zimmerherren zur Kündigung veranlaßt. Kafka vermindert dann die Spannung durch die Schilderung der Beratung in der Familie und Gregors friedlichen Tod; er schließt mit einem längeren Epilog. In diesen hochdramatischen und dichten Erzählungen ist es ihm gelungen, zwei literarische Gattungen und zugleich in ihnen zwei Kulturen zur Synthese zu bringen: Er hat die deutsche *Novelle* mit dem jiddischen Familiendrama zur Einheit verschmolzen. Die Freude, die er an Novellen hatte, fand ihren Ausdruck darin, daß er sie laut zu lesen pflegte. In seinem Tagebuch macht er Anmerkungen zu seiner Lektüre von Wilhelm Schäfers *Beethoven und das Liebespaar* (T 191), Grillparzers *Der arme Spielmann* (T 282) und Kleists *Michael Kohlhaas* (T 341). Kafka machte aus diesen Erzählungen durch sein lautes Lesen dramatische Aufführungen. Er konnte die tradierte Form der *Novelle* erweitern, indem er Elemente des jiddischen Dramas integrierte; ihm fühlte er sich in bezug auf Gehalt, Personendarstellung und Aufbau verpflichtet.

Kafka las und sah mehrere Stücke von Gordin; es sind realistische Familiendramen. Das Stück, das er las, *Die Schchite*, handelt von einem schwachen und zarten Mädchen, das von seinen Eltern zur Heirat mit einem brutalen, wüsten Mann gezwungen wird, den sie schließlich tötet. *Der wilde Mensch*, dessen Handlung Kafka ausführlich in seinem Tagebuch wiedergibt und als »sehr mutig« bezeichnet, handelt von einem schwachsinnigen Jungen, der eine zwiespältige Neigung zu seiner Stiefmutter entwickelt, in der sich, weil sie an die Stelle seiner Mutter getreten ist, Haß auf sie mit sexuellem Begehren vermischt. Die triebhafte Stärke seiner Gefühle läßt ihn wahnsinnig werden, und schließlich ermordet er seine Stiefmutter. Das Stück mit den engsten Entsprechungen zur Erzählung *Das Urteil* ist Gordins *Gott, Mensch und Teufel*. Die Hauptfigur ist der Kaufmann Herschele, der vom Satan dazu verführt wird, sich von seiner unfruchtbaren Frau scheiden zu lassen und seine junge Nichte zu heiraten. Danach blüht Herscheles Geschäft auf; er selbst aber wird in seinem Wesen schlechter und schlechter. Er mißachtet seine neue Ehefrau, schickt seinen alten Vater alss Kostgänger aus dem eigenen Haus und treibt seinen besten Freund Chatskel in den Ruin. Das Stück endet mit einer Auseinandersetzung zwischen Herschele und seinem Freund, in der dieser ihm klarmacht, wieviel Leid er verursacht hat. Dadurch löst er Gewissensbisse bei ihm aus, so daß sich Herschele schließlich erhängt. Die Ähnlichkeiten zwischen Gordins Handlung und der Handlung in *Das Urteil* sind groß; sie sind im einzelnen durch Evelyn Torton Beck in ihrem wichtigen Buch über Kafka und das jiddische Theater herausgearbeitet worden. [64] Der gerade verheiratete Herschele ähnelt dem gerade verlobten Georg. Die Behandlung, die er seinem Vater angedeihen läßt, ähnelt der Georgs; wie Georg trägt Herschele seinen Vater auf den eigenen Armen ins Bett; Georg bezeichnet dabei seinen Vater als »Komödiant«. Kafka mag sich dabei daran erinnert haben, daß der Vater in Gordins Stück ein ehemaliger Possenreißer oder *Badchen* ist, wie sie auf Hochzeiten auftraten. Georgs Beziehung zu seinem Freund in Rußland gleicht der zwischen Herschele und Chatskel. Die Auseinandersetzung am Ende von Kafkas Geschichte findet zwischen Georg und seinem Vater statt, nicht zwischen Georg und seinem Freund; aber der Vater läßt durchblicken, mit dem Freund in engem Kontakt gestanden zu haben. – Alle diese Ähnlichkeiten lassen keinen Zweifel mehr daran zu, daß Kafka sich von jiddischen Familientragödien mit ihrem gewaltsamen Ausgang nicht nur im allgemeinen hat anregen lassen, sondern auch in besonderer Weise von den Einzelheiten, wie sie in *Gott, Mensch und Teufel* vorliegen.

Ich habe bereits auf die Expressivität und häufige Übertreibung in der Spielweise der jiddischen Schauspieler hingewiesen, die auch bei der Charakterisierung der Figuren vorliegen. *Der wilde Mensch* ist in besonderem Ausmaß auf diese gestischen Ausdrucksmittel angewiesen, weil der Wahnsinnige nicht in der Lage ist, seine eigenen Gefühle zu verstehen oder sie zu artikulieren, so daß er sie nur durch stumme Gebärden äußern kann. In ähnlicher Weise gibt der alte Bendemann dem Autoritätsverlust, von dem er sich betroffen glaubt, dadurch Ausdruck, daß er im Bett aufspringt und sich hoch über Georg erhebt. Auch in der *Verwandlung* und ebenso in anderen Erzählungen Kafkas drücken die Personen ihre Gefühle durch übertriebene Gesten und Gebärden aus. Ein ganzer Absatz beschreibt das Verhalten des Prokuristen aus Gregors Firma, als er vor dem herankriechenden Käfer zurückweicht:

> Aber der Prokurist hatte sich schon bei den ersten Worten Gregors abgewendet, und nur über die zuckende Schulter hinweg sah er mit aufgeworfe-

nen Lippen nach Gregor zurück. Und während Gregors Rede stand er keinen Augenblick still, sondern verzog sich, ohne Gregor aus den Augen zu lassen, gegen die Tür, aber ganz allmählich, als bestehe ein geheimes Verbot, das Zimmer zu verlassen. (E 89).

Der Prokurist ist eine der zahlreichen Figuren Kafkas, die sich vorwiegend durch Gesten mitteilen. Die »als ob«-Konstruktion gegen Ende des letzten Satzes zeigt, daß der Erzähler – statt so zu tun, als habe er Kenntnis von den Vorgängen im Innern seiner Figuren, oder statt gar den Versuch zu machen, ihre Gedankenabläufe zu erraten – allein darum bemüht ist, die Art ihrer Bewegungen genauestens herauszustellen. Kafkas Figuren sind immer körperlich anwesend wie die Schauspieler auf der Bühne.

Die dritte Eigenart, die Kafkas frühe Erzählungen dem jiddischen Theater verdanken, ihre dramatische Struktur nämlich, ist bereits angedeutet worden. Wie die jiddischen Familientragödien endet auch *Das Urteil* mit dem Tod des Hauptthelden. Die nächsten beiden Erzählungen Kafkas, *Die Verwandlung* und *In der Strafkolonie*, enden weniger abrupt und bleiben deshalb auch ohne den Katharsis-Effekt, der *Das Urteil* kennzeichnet. Statt dessen folgen auf den Tod Gregors und des Offiziers noch Abschnitte in Art eines Epilogs, wobei sich bei der *Verwandlung* auch noch die Erzählperspektive verändert. Diese Abschnitte runden zwar die Erzählungen ab; die Ausstrahlungskraft des jeweiligen Höhepunkts wird dadurch allerdings beeinträchtigt. Vielleicht liegt darin der Grund, daß Kafka mit dem Schluß dieser beiden Erzählungen unzufrieden war. In seinem Tagebuch klagt er über das »unlesbare Ende« (T 351) der *Verwandlung*, und in einem Brief an seinen Verleger bemerkt er zur Erzählung *In der Strafkolonie*: »Zwei oder drei Seiten kurz vor ihrem Ende sind sie Machwerk.« (Br 159).[65]

Ich habe in diesem Kapitel aufzuzeigen versucht, wie eng der Zusammenhang ist zwischen Kafkas Hinwendung zum Judentum und seinem Durchbruch zu dichterischer Bedeutung. Es bedurfte einer weitreichenden und tiefgreifenden Verschmelzung zweier Kulturen, der deutschen Kultur, in der er groß geworden war, und der spezifischen Ausprägung der jüdischen Kultur, der er in höchst denkwürdiger Weise im jiddischen Theater begegnete, um eine Erzählung entstehen zu lassen, in der es zu einer Synthese beider kommt. Es kann tatsächlich so sein, daß es die von Felix Weltsch beschriebene »jüdisch-deutsche-Symbiose« nur in einer einzigen Nacht gegeben hat: in der

Nacht vom 22. auf den 23. September 1912. In den folgenden Monaten schrieb Kafka *Die Verwandlung* und den größeren Teil von *Der Verschollene*. Ebenso wie *Das Urteil* führt seine Beschäftigung mit der ihn umgebenden Gesellschaft, insbesondere mit der im Übergang befindlichen und in internationale Konflikte verwickelten westjüdischen Gesellschaft, ihn auf das persönlich-existentielle, moralische Problem der Schuld. In den beiden anderen Erzählungen aus dem Jahre 1912 entfernt er sich von jüdischen Themen und wendet sich der modernen Industriegesellschaft und ihren Auswirkungen auf das Leben des Individuums zu. Gleichzeitig setzt er die Erforschung des Problems der Schuld und verwandter Themen fort, die er mit der Erzählung *Das Urteil* begonnen hatte. Das folgende Kapitel wird zeigen, wie diese sozialen und moralischen Themen sich weiterentwickeln und in *Der Verschollene* und *Die Verwandlung* in wechselseitige Beziehungen treten.

DIE WELT DER STADT

Der Verschollene (1912–1914) und *Die Verwandlung* (1912)

»Durch die Mitte des vergangenen Jahrhunderts«, schrieb 1912 der Industrielle und Politiker Walther Rathenau, »geht ein Schnitt. Jenseits liegt alte Zeit, altmodische Kultur, geschichtliche Vergangenheit, diesseits sind unsere Väter und wir, Neuzeit, Gegenwart.« [1] Dieser von Rathenau genannte Schnitt trennt die moderne Industriegesellschaft von ihrer vorindustriellen Vergangenheit. Im Unterschied zu den meisten Versuchen, geschichtliche Veränderungen zu ermitteln, nach denen man die Geschichte in Epochen gliedern kann, hat Rathenaus Versuch durchaus Überzeugungskraft. Wir wissen von zeitgenössischen Augenzeugen wie Engels und Mayhew, welch drastische Veränderungen positiver oder negativer Art die industrielle Revolution im Leben der Betroffenen sogar in England hervorgerufen hat, wo sie vergleichsweise langsam verlief. In den deutschsprachigen Ländern begann die Industrialisierung später, und die Veränderungen in den Lebens- und Arbeitsbedingungen der Menschen traten dementsprechend unvermittelter ein. Zu Beginn des 20. Jahrhunderts hatte Deutschland England als größte Industriemacht überholt; fast die Hälfte seiner Bevölkerung lebte in Städten von mehr als 5000 Einwohnern. Im österreichisch-ungarischen Kaiserreich verlief die industrielle Revolution langsamer. Obgleich aber im Jahre 1910 die »österreichische« Hälfte, wo sie sich im wesentlichen auf Zentren in Niederösterreich, Böhmen und Mähren beschränkte, noch vorwiegend Agrarland war, waren dort schon 26 v.H. der Bevölkerung in Industrie oder Bergbau beschäftigt, und das industrielle Wachstum führte zusammen mit dem Rückgang des Ackerbaus zu einer Abwanderung der Menschen in die Städte. Auch hier wurde, wenn auch langsamer als in Deutschland, das Leben in der Stadt zur Regel. [2]

Im Zusammenhang mit diesen Vorgängen hatte sich eine neue Form der Stadt entwickelt – die *Großstadt*, die gigantische City. Um 1914 hatten die Bevölkerungen von Wien und Berlin jeweils die Zwei-Millionen-Grenze überschritten. Die Konzentration so vieler Menschen auf engem Raum war durch die überaus schnelle Entwicklung der Technik in den beiden vorangehenden Jahrzehnten ermöglicht worden. Seit etwa 1900 gab es in den Ballungsräumen mit den Stadt- und Straßenbahnen billige und einfache Verkehrsmöglichkeiten. Das erste Auto wurde in Deutschland 1892 zugelassen; der erste Lastkraftwagen 1897 gebaut; Fahrrad, Telefon und Schreibmaschine verbreiteten sich in den neunziger Jahren. Elektrischer Strom wurde preiswert und in hinreichender Menge für den Verbrauch in Fabriken und Privathaushalten erzeugt. Zur gleichen Zeit kamen Techniken der Großindustrie und Methoden der Massenfertigung von Amerika nach Europa herüber und faßten hier Fuß. [3] Alle diese Veränderungen bekräftigten Rathenaus Feststellung, der moderne Mensch habe sich eine neue Umwelt geschaffen. Mit deutlicher Emphase setzt Rathenau seine Schilderung der modernen Großstadt fort:

> In ihrer Struktur und Mechanik sind alle größeren Städte der weißen Welt identisch. Im Mittelpunkt eines Spinnwebes von Schienen gelagert, schießen sie ihre versteinernden Straßenfäden über das Land. Sichtbare und unsichtbare Netze rollenden Verkehrs durchziehen und unterwühlen die Straßenschluchten und pumpen täglich Menschenkörper von den Gliedern zum Herzen. Ein zweites, drittes, viertes Netz verteilt Feuchtigkeit, Wärme und Kraft, ein elektrisches Nervenbündel trägt die Schwingungen des Geistes. Nahrungs- und Reizstoffe gleiten auf Schienen und Wasserflächen herbei, verbrauchte Materie entströmt durch Kanäle. [4]

Rathenaus bildhafte Sprache verdient Aufmerksamkeit: Sie ist ein Beispiel dafür, wie die Vorstellungskraft auf die technische Entwicklung antwortet. Zunächst wird die Großstadt ohne weiteres mit einer riesigen Spinne verglichen, die im Zentrum ihres sich ständig vergrößernden Spinnennetzes sitzt. Dieses Bild erhält seine Aussagekraft von der Symmetrie des Spinnennetzes und von der berechnenden Grausamkeit, die wir in anthropomorphisierender Weise der Spinne beilegen: Sie lauert darauf, ihr Opfer auszusaugen. Die unersättliche Gier der Spinne nach Nahrung und das Wort »versteinernd«, das Vorstellungen von der gefühllosen Vernichtung organischen Lebens wachruft, leiten über auf Rathenaus zweiten Bildkomplex: auf das Bild der Stadt als eines ungeheuren Körpers, der in naturhaft anmutender, kaum nachvollziehbarer Komplexität auf die Aufnahme von Nahrung und das Ausscheiden von Abfall angelegt ist. Keine Seele belebt diesen Körper. Er enthält Intellekt nur in materieller Form: als Schwingungen entlang der Nervenbahnen (d.h. des Fernmeldeverkehrs), so wie Energie auch sonst über Verbindungsnetze übertragen wird. Die Menschen sind nur noch die Blutkörperchen, die hilflos durch die Adern der Großstadt treiben: Hier haben wir eine genaue Parallele zu einem Bild, das Georg Heym verwendet – der Dichter, den man zu Recht neben Alfred Döblin als den bedeutendsten »Großstadtdichter« Deutschlands ansieht:

> Wie Aderwerk gehn Straßen durch die Stadt.
> Unzählig Menschen schwemmen aus und ein,
> Und ewig stumpfer Ton von dumpfem Sein
> Eintönig kommt heraus in Stille matt. [5]

Heyms Bild verweist auf die Bedeutungslosigkeit der Menschen in der Großstadt und auf die Sinnlosigkeit ihres Tuns. Auch wenn sie sich für frei und selbstbestimmt halten – in Wirklichkeit treiben sie im Blutkreislauf der Großstadt umher. Rathenaus Bild der Stadt als eines riesigen, gierigen Organismus' enthält gleichzeitig die Vorstellung von der Sinn- und Zwecklosigkeit der Großstadt, die lediglich ihr eigenes Dasein perpetuiert.

Rathenau und Heym sehen beide in der Großstadt etwas Zwiespältig-Ambivalentes. Für Rathenau ist sie ein Ungeheuer, aber voll von vitaler Lebenskraft – und anscheinend macht es ihm Freude, ihre Größe und ihre verschlungene Kompliziertheit zu schildern. Heym dagegen genießt – in Gedichten wie dem Zyklus »Verfluchung der Städte« etwa – mit einer an Baudelaire gemahnenden verzweiflungsvollen Perversität die korrupte Verderbtheit der Großstädte, die er im gleichen Augenblick bloßlegt und anprangert, und wartet mit wilder Ungeduld auf ihre Vernichtung. Die bloße Größe, die bloße Energie können an sich erregend wirken. Die gewaltige Ausdehnung moderner Großstädte läßt den Betrachter diesen Reiz auskosten. Die Erfahrung der Winzigkeit des Menschen angesichts seiner neuen großstädtischen Umgebung wurde von manchen beklagt, aber von anderen gepriesen. Döblin hebt in seinem Essay *Der Geist des naturalistischen Zeitalters* (1924) hervor, die Technik habe die menschlichen Lebensmöglichkeiten verbessert. Selbst wenn das Individuum nur noch als Glied eines Kollektivs Freiheit habe, besitze die Menschheit als ganze jetzt dank ihrer technischen Errungenschaften eine früher unvorstellbare Freiheit, und darin habe sie mehr als nur einen Ersatz für die in der Vergangenheit gültigen religiösen Glaubensvorstellungen: »Es wird so: der bestirnte Himmel über mir und die Eisenbahnschienen unter mir.« [6] Schriftsteller, welche die städtische Zivilisation genauso heftig ablehnen, wie Döblin sie begrüßt, begründen ihre Abneigung zuweilen auf überraschende Weise. Nur wenige haben sie rückhaltloser abgelehnt als Rilke. Sein berühmter Brief vom November 1925 an Witold Hulewicz prangert die Techniken der Massenproduktion an, die den Naturdingen alle menschlichen Vorstellungen, von denen sie eingehüllt sind, rauben und sie durch »Schein-Dinge« ersetzen. [7] In der siebten Duineser Elegie setzt er sich mit diesem Abstraktionsvorgang auseinander und versucht, ihm unter Berufung auf die bewahrende und schützende Kraft der menschlichen Imagination entgegenzuwirken. – Rilkes dichterische Einbildungskraft konnte jedoch andererseits auch durch die Technik angeregt werden. Seine Anklage gegen die Maschinenwelt in den *Sonette[n] an Orpheus* (I,18 und II,10) darf nicht dazu führen, das schöne Sonett I,23 zu übersehen, in dem das Bild eines leichten Flugzeugs zur Veranschaulichung des vollkommenen Kunstwerks herangezogen wird. K.R. Mandelkow spricht sehr eindrucksvoll von diesem Gedicht als »dem kühnsten Technikgedicht der deutschen Literatur.« [8]

Den Schriftstellern aus Kafkas Generation war es kaum möglich, einer Auseinandersetzung mit der neuen Welt der Großstadt aus dem Wege zu gehen. Sofern sie nicht zu einer durch nichts zu erschütternden, verklärenden *Heimatdichtung* Zuflucht nahmen, konnten sie über die von der Technik bestimmte Zivilisation allerdings nur aus einer kritischen Einstellung heraus schreiben. Kafkas Haltung ähnelt der Haltung Rilkes insofern, als sie ein deutliches Moment der Ablehnung enthält; sie unterscheidet sich von ihr dadurch, daß Kafka in bezug auf die Technik wesentlich größere Kenntnisse besaß. Rilkes und Kafkas Heimatland Böhmen war eines der wichtigsten Industriegebiete Österreichs, besonders im Bereich des Bergbaus, der Textilproduktion und des Maschinenbaus. Obgleich Prag noch keine *Großstadt* war, wuchs seine Bevölkerung um 1900 auf 400000 Einwohner, und es war umgeben von Arbeitersiedlungen, deren Existenz Rilke in seinem frühen Gedicht »Hinter Smichow« (1895) zur Sprache bringt. [9] Rilke verließ Prag jedoch 1896; Kafka dagegen blieb auf Dauer dort, obwohl er häufig mit demselben Gedanken spielte, und er wurde durch seine berufliche Tätigkeit zwangsläufig mit dieser industriellen Umgebung konfrontiert. Nach zehn Monaten schlecht bezahlter, zeitaufwendiger Tätigkeit bei der Assicurazioni Generali, einer Versicherungsgesellschaft mit dem Hauptsitz in Triest, erhielt er im August 1908 bei der Arbeiter-Unfall-Versicherungs-Anstalt für das Königreich Böhmen in Prag eine Stelle mit kürzerer Arbeitszeit, und zwar von 8 Uhr morgens ohne Pause bis 14 Uhr nachmittags. Diese und ähnliche Anstalten hatte man 1889 eingerichtet, und zwar in Zusammenhang mit der zunehmenden Ausdehnung der Industrie und dem politischen Einfluß, den die 1888 gegründete Österreichische Sozialdemokratische Partei zugunsten der Industrie-Arbeiter auszuüben begann. Die Bemühungen der Anstalt, Arbeiter für Unfälle im Betrieb zu entschädigen, waren anfangs nicht sehr erfolgreich. Ein Grund dafür lag darin, daß die Fabrikanten – wie nicht anders zu erwarten war – nur widerwillig die Beitragsanteile zahlten, zu denen sie gesetzlich verpflichtet waren, damit die Anstalt überhaupt existieren konnte.

Ein weiterer Grund lag darin, daß die erstmals vorgenommene Versorgung mit Elektrizität in manchen kleineren Fabriken und Werkstätten von der Jahrhundertwende an zu Arbeitsbedingungen geführt hatte, die versicherungsmäßig nur schwer zu erfassen waren. Die Anstalt bekam 1908 einen neuen, jungen, energischen Direktor, Dr. Robert Marschner, der in Kafkas Briefen immer wieder als der »Chef« bezeichnet wird. Unter Marschners Leitung begann die Anstalt, Gewinn abzuwerfen; es wurde ein neues Versicherungssystem eingeführt, bei dem die Versicherungsbeiträge der Fabriken entsprechend der Gefahrenstufe, die bei den Arbeitsgängen auftrat, gestaffelt wurden.

Wenn auch die Arbeitszeit für Kafka mit einem Sechsstundentag in der Versicherungsanstalt kürzer war als an seiner früheren Arbeitsstelle, nahm ihn seine Tätigkeit doch stärker in Anspruch, weil er sich eine Fülle von Kenntnissen über Fragen der Unfall-Versicherung und industrieller Vorgänge aneignen mußte. Seine Beiträge zu den Jahresberichten der Anstalt, die sich mit Versicherungsfragen im Baugewerbe, der Versicherung von Privatwagen und ähnlichen Gegenständen befassen, lassen seine eingehenden Kenntnisse deutlich werden. [10] Besonders bemerkenswert ist der Aufsatz über »Maßnahmen zur Unfallverhütung«, den Kafka zum Jahresbericht 1910 beisteuerte; in ihm beschreibt er bis ins Detail die Arbeitsweise verschiedener Modelle einer Hobelmaschine. Seine Darstellung läßt den aufmerksamen Leser an die detailgenaue Beschreibung der Bestrafungsmaschine in der Erzählung *In der Strafkolonie* (1914) denken. Kafka verbrachte jedoch keineswegs seine gesamte Arbeitszeit am Schreibtisch. Er machte zahlreiche Inspektionsreisen durch die Industriegebiete Nordböhmens, und gelegentlich mußte er in den Provinzstädten an öffentlichen Versammlungen teilnehmen, um das neue Klassifikationssystem der Versicherungsanstalt zu erläutern.[11] Im Büro mußte er häufig Überstunden machen; er fand dabei aber dennoch Zeit, viele Briefe zu schreiben. Einmal beschäftigten sich er und Marschner voller Vergnügen damit, »Kopf an Kopf aus einem Buch« Gedichte Heines zu lesen, während Untergebene und sogar Geschäftspartner ungeduldig vor Marschners Tür warteten (F 103). Der Arbeitsdruck kann also nicht ununterbrochen angedauert haben. An einem Sommernachmittag des Jahres 1909 übersandte er Max Brod folgende, auf einem mit dem offiziellen Aufdruck seiner Anstalt versehenen Briefbogen geschriebene Schilderung seiner Tätigkeit:

> Denn was ich zu tun habe! In meinen vier Bezirkshauptmannschaften fallen – von meinen übrigen Arbeiten abgesehen – wie betrunken die Leute von den Gerüsten herunter, in die Maschinen hinein, alle Balken kippen um, alle Böschungen lockern sich, alle Leitern rutschen aus, was man hinaufgibt, darüber stürzt man selbst. Und man bekommt Kopfschmerzen von diesen jungen Mädchen in den Porzellanfabriken, die unaufhörlich mit Türmen von Geschirr sich auf die Treppe werfen. (Br 73)

Die humorvolle Schilderung dieses Briefes bedeutet nicht, daß Kafka seine Pflichten nicht ernstgenommen hätte oder mit verletzten Arbeitern kein Mitgefühl gehabt hätte. Die Gutachten seiner Vorgesetzten über ihn heben seinen Arbeitseifer, sein Pflichtgefühl und seine vielseitigen Verwendungsmöglichkeiten überhaupt hervor.[12] Brod spricht davon, wie aufgewühlt Kafka gewesen sei, wenn er die Verstümmelungen gesehen habe, die sich Arbeiter infolge mangelhafter Sicherungsvorkehrungen zugezogen hätten, und wie erstaunt er gewesen sei über die Bescheidenheit, mit der sie Regreßansprüche geltend gemacht hätten.[13] Eine Tagebucheintragung vom 10. Oktober 1911 – »Einen sophistischen Artikel für und gegen die Anstalt in die Tetschen-Bodenbacher Zeitung geschrieben« (T 92) – veranschaulicht das Unbehagen, das ihn befiel, als er in der Öffentlichkeit eine Einrichtung verteidigen mußte, bei der er privat davon überzeugt war, daß ihre Entschädigungsleistungen für Unfallopfer unangemessen waren. Seine Tätigkeit zwang ihn dazu, sich nicht nur mit technischen Details vertraut zu machen, sondern auch mit einigen ihrer augenfälligsten, höchst beklagenswerten Auswirkungen.

Eine weitere unerwünschte Verbindung zum Bereich der Technik ergab sich für Kafka durch seine Familie; seinem Vater, einem »selfmade-man«, erschien er als Versager. Seine Universitätsausbildung hatte ihn lediglich auf eine gewöhnliche Stelle im Verwaltungsdienst gebracht, von der aus er nicht mehr weiterzukommen schien. Seine erste bedeutendere Beförderung – die Beförderung zum Vizesekretär – erfolgte erst im März 1913. Das alles stand in einem peinlichen Gegensatz zur brillanten Karriere seines Vetters Bruno Kafka, eines hervorragenden Juristen, der 1906 den Doktortitel erworben hatte, dann Dozent und anschließend Professor an der Prager Universität geworden war. Kafka hatte deshalb kaum eine andere Möglichkeit, als dem Druck der Familie nachzugeben und im Dezember 1911 zusammen mit seinem Schwager Karl Hermann Teilhaber an einer kurz zuvor gegründeten Asbest-Fabrik zu werden. Obgleich er nur stiller Teilhaber war, erwartete seine Familie von ihm, er werde nachmittags nach Dienstschluß die Fabrik aufsuchen. Dadurch hätte er allerdings die für seine literarische Arbeit verfügbare Zeit und Kraft noch weiter eingeschränkt; sie war jedoch in den Augen seiner Eltern ohnehin nicht mehr als ein exzentrisches, ungesundes Hobby. Das Drängen seiner Familie, der Fabrik mehr Zeit zu widmen, ließ ihn im Oktober während der Arbeit an dem Roman *Der Verschollene* an Selbstmord denken. Diese kritische Situation wurde durch Brods Eingreifen bereinigt; er überredete Kafkas Mutter, das Fernbleiben ihres Sohnes von der Fabrik hinzunehmen und es vor ihrem Gatten durch Notlügen zu vertuschen. Die Fabrik warf nie einen Gewinn ab. Sie stellte beim Kriegsausbruch im Jahre 1914 ihre Produktion ein; drei Jahre später wurde die Liquidation vollzogen. Solange die Fabrik jedoch noch in Betrieb war, wurden fünfundzwanzig Arbeiter beschäftigt. Sie war vollständig mechanisiert. Wie seine Tagebuchnotiz vom 5. Februar 1912 zeigt, ließen seine Besuche in der Fabrik Kafka die den Menschen bedrohende Natur der Fabrikarbeit zu Bewußtsein kommen:

> Gestern in der Fabrik. Die Mädchen in ihren an und für sich unerträglich schmutzigen und gelösten Kleidern, mit den wie beim Erwachen zerworfenen Frisuren, mit dem unaufhörlichen Lärm der Transmissionen und von der einzelnen, zwar automatischen, aber unberechenbar stockenden Maschine festgehaltenen Gesichtsausdruck, sind nicht Menschen, man grüßt sie nicht, man entschuldigt sich nicht, wenn man sie stößt, ruft man sie zu einer kleinen Arbeit, so führen sie sie aus, kehren aber gleich zur Maschine zurück, mit einer Kopfbewegung zeigt man ihnen, wo sie eingreifen sollen, sie stehn in Unterröcken da, der kleinsten Macht sind sie überliefert und haben nicht einmal genug ruhigen Verstand, um diese Macht mit Blicken und Verbeugungen anzuerkennen und sich geneigt zu machen (T 247–248).

Dieselbe Einstellung brachte er ein Jahr später in einem Brief an Felice zum Ausdruck. Felice arbeitete in einer Berliner Firma, die eine Vorform des Diktiergerätes unter dem Namen *Parlograph* herstellte. Ursprünglich war Felice Stenotypistin gewesen, aber aufgrund ihrer Tüchtigkeit war sie innerhalb weniger Jahre in der Firma in eine leitende Position gelangt. Kafka war an ihrer Arbeit sehr interessiert, aber an den unpersönlichen Umgang mit diesem Gerät wollte er sich nicht gewöhnen:

> Eine Maschine mit ihrer stillen, ernsten Anforderung scheint mir auf die Arbeitskraft einen viel stärkern, grausamern Zwang auszuüben als ein Mensch. Wie geringfügig, leicht zu beherrschen, wegzuschicken, niederzuschreien, auszuschimpfen, zu befragen, anzustaunen ist ein lebendiger Schreibmaschinist, der Diktierende ist der Herr, aber vor dem Parlographen ist er entwürdigt und ein Fabrikarbeiter, der mit seinem Gehirn eine schnurrende Maschine bedienen muß (F 241).

Kafkas Argument lautet, daß selbst ein Dienstherr, der seine Sekretärin schikaniert, zu ihr in einem unmittelbaren menschlichen Verhältnis steht, wogegen die Verwendung eines *Parlographs* das menschliche Verhältnis vernichtet und den Benutzer zum Sklaven der Maschine macht. Da die Maschine einem geregelten Rhythmus folgt und auf die Persönlichkeit des Benutzers nicht eingehen kann, ist dieser gezwungen, sich der Maschine anzupassen, wie es bei den Mädchen in der Asbest-Fabrik der Fall war.

Obgleich Kafka viele Auswirkungen der Technik beunruhigten, faszinierte sie ihn jedoch auch, wie Brod erzählt, mit ihren ständig neuen Entwicklungen. Brod hebt das Kino und das Flugzeug hervor. [14] Die Faszination, die vom Flugzeug auf Kafka ausging, läßt sich an einer seiner ersten publizierten Arbeiten erkennen – *Die Aeroplane von Brescia* – die am 28. September 1909 in verkürzter Form in einer Prager Zeitung, der *Deutsche(n) Zeitung Bohemia*, erschien. Kurz zuvor, am 25. Juli desselben Jahres, hatte Louis Blèriot zum erstenmal den Ärmelkanal überflogen. Im September hatte in Brescia in Norditalien ein Flugzeugwettbewerb stattgefunden, bei dem ein Preis von 30000 Lire für den Piloten ausgesetzt war, der die längste Strecke in der kürzesten Zeit zurücklegte. Dieser Wettbewerb war ein nationales Ereignis; viele italienische Adlige besuchten ihn, prominente Bürgerliche wie der Dichter d'Annunzio und der Komponist Puccini waren dabei. In der Menge der unbekannten Zuschauer befanden sich Kafka sowie Brod und dessen Bruder Otto. Sie waren in Urlaub in

Riva am Gardasee und hatten einen Ausflug zum Flugplatz gemacht, um zum erstenmal Flugzeuge sehen zu können. Bevor die Maschinen starteten, schlug Brod Kafka vor, jeder solle einen Artikel über dieses Ereignis schreiben. Daraus entstand *Die Aeroplane in Brescia* – ein Kabinettstückchen der Beschreibung von Reiseerlebnissen. Seine bemerkenswerteste Eigenart liegt in der literarischen Technik, mit der Kafka etwas ihm so Fremdes wie ein Flugzeug schildert. Ein Weg, die Fremdartigkeit dieses neuen Gegenstandes herauszuarbeiten, liegt darin, daß er ihn in seine Einzelbestandteile auflöst und diese in betont sachlicher Weise beschreibt. So verfährt er z.B. bei der Schilderung Blèriots, der den Eindecker flog, mit dem er den Kanal überflogen hatte: »Hier oben ist zwanzig Meter über der Erde ein Mensch in einem Holzgestell gefangen und wehrt sich gegen eine freiwillig übernommene, unsichtbare Gefahr.« [15] Als Rougier, ein zweiter französischer Pilot, startet, wählt Kafka eine andere Technik: Er beschreibt das Unvertraute mit Ausdrücken, die vertrauten Sachbereichen angehören, und läßt es dadurch auf den ersten Blick als vertraut erscheinen – aber es erweist sich auf den zweiten Blick als fremd und nahezu grotesk: »Er sitzt an seinen Hebeln wie ein Herr an seinem Schreibtisch, zu dem man hinter seinem Rücken auf einer kleinen Leiter kommen kann.« [16] Hier läßt sich bereits Kafkas charakteristische Sehweise erkennen, wie sie Edwin Muir 1938 genau beschrieben hat: »Er läßt alles in seinen festen Umrissen und zugleich in seiner Zweideutigkeit sichtbar werden; je genauer er die Gegenstände dem Leser vor Augen führt, desto fragwürdiger werden sie.« [17] Diese Seh- und Darstellungsweise bevorzugt Kafka bei der Schilderung der auf der technischen Entwicklung beruhenden modernen Zivilisation in seinem Roman *Der Verschollene*, dessen größten Teil er im Herbst und Winter 1912–13 schrieb.

Da Kafka von der Technik und ihren Auswirkungen in seinem beruflichen und seinem privaten Leben betroffen war, ist es nicht verwunderlich, wenn sie in seinem ersten Roman eine so wichtige Rolle spielt. Schon ganz zu Beginn bemerkt der Held des Romans, Karl Roßmann: »Ich habe mich immer so für Technik interessiert« (V 11), und fügt hinzu, sein Wunsch sei es, Ingenieur zu werden. Kafka teilte seinem Verleger mit, das Buch schildere »das allermodernste New York« (Br 117). Er war deshalb, als das erste Kapitel im Mai 1913 unter dem Titel *Der Heizer* abgelöst vom Roman erschien, zunächst enttäuscht darüber, daß dem Band als Frontispiz ein Stahlstich beigegeben war, der die Fähre in Brooklyn darstellte und aus dem Jahre 1838 stammte. Bald konnte er sich aber mit dem Bild anfreunden und fand es schön: »Wäre es nicht ein altes Bild, könnte es fast von Kubin sein« (Br 117). Man könnte daraus schließen, er habe gewünscht, sein New York möge von einer Atmosphäre des Unheimlichen umgeben sein. Seine Bemerkung ist jedenfalls ein wertvolles Zeugnis über seine Vorstellungen. Klaus Hermsdorf hat gezeigt, wie überlegt Kafka die neuesten Entwicklungen aus dem Bereich der Technik in sein Buch übernommen hat. Die Brücke über den East River, die in Kafkas Manuskript als Verbindung zwischen New York und Boston beschrieben ist (V 144, irrtümlich statt Brooklyn), war erst 1910 fertiggestellt worden; elektrische Lampen und Heizöfen waren noch etwas Ungewöhnliches, und die Autos, Schreibmaschinen und Fernsprecher, die in Kafkas Amerika zum Alltag gehören, waren in Europa noch nicht in gleichem Maße verbreitet. [18]

Es dürfte kaum zweifelhaft sein, daß eine der wichtigsten Zielvorstellungen Kafkas darin lag, die in bezug auf Industrialisierung und Technisierung am weitesten fortgeschrittene Gesellschaft der Welt lebendig werden zu lassen, und zwar in einer Phantastik und Realismus integrierenden Erzählform. Amerika ist nicht nur der Schauplatz, sondern das Thema des Romans – wenn auch nicht sein einziges Thema: Wir wissen, daß Kafka für sein Buch den Titel *Der Verschollene* vorgesehen hatte (F 86, T 453); damit lag der Schwerpunkt auf Karl Roßmann. Die moralischen und psychologischen Themen, die sich mit Karl verbinden, liegen bereits in den im Herbst 1912 geschriebenen Erzählungen *Das Urteil* und *Die Verwandlung* vor. Die wichtigsten dieser Themen sind zum ersten sein Verhältnis zu seinen Eltern, die ihn verstoßen und nach Amerika geschickt haben. Er versucht fortwährend, durch neue emotionale Bindungen Ersatz für sie zu schaffen. Zu den wichtigsten Themen gehört zweitens die Unausweichlichkeit der Schuld. Die Interpreten des Romans sind sich nicht darüber einig, ob man Amerika oder Karl als Mittelpunkt des Romans ansehen soll. Ein Ergebnis ihrer Diskussion liegt darin, daß die kritischen Beurteilungen des Romans noch weitaus weniger miteinander in Einklang gebracht werden können, als es sonst bei Arbeiten über Kafka ohnehin schon der Fall ist. In dem ersten größeren Werk, das über Kafka geschrieben worden ist, sagt Wilhelm Emrich:

> Der Roman gehört zu den hellsichtigsten dichterischen Enthüllungen der modernen Industriegesellschaft, die die Weltliteratur kennt. Der geheime

ökonomische und psychologische Mechanismus dieser Gesellschaft und seine satanischen Konsequenzen werden hier schonungslos bloßgelegt. [19]

Wenige Jahre später betonte Heinz Politzer nachdrücklich die entgegengesetzte Anschauung, indem er seinen Blick auf die psychologische Handlung in dem Roman *Der Verschollene* richtete und dabei kritisch hervorhob, Kafka habe den Roman mit unwesentlichen Details vollgestopft, die er nicht aus eigener Erfahrung kannte, weil er nie in Amerika gewesen sei:

> Die Empirie im *Verschollenen* ist eine Wirklichkeit zweiter Hand. Neben Dickens' *David Copperfield* kommen Benjamin Franklins *Autobiography*, der Anfang von Edgar Allan Poes *The Narrative of Arthur Gordon Pym* und Kapitel aus Ferdinand Kürnbergers *Der Amerikamüde* als Quellen in Betracht. Auch Arthur Holitschers Reiseerlebnisse *Amerika – heute und morgen* mögen Stimmungswerte beigetragen haben, zumal das Buch im Jahre 1912 erschienen war. Aber gerade weil der Stoff, aus dem er schöpfte, abgeleitet und im Grunde nicht recht zu fassen war, konnte Kafka niemals völlig mit ihm zu Rande kommen. Das Material zerkrümelte unter den Händen, die es anpackten, um es umzuformen. [20]

Der Gegensatz zwischen Amerika und Karl, zwischen Emrichs und Politzers Anschauungen ist nach meiner Einschätzung lediglich vordergründig. Das Problem liegt hier überhaupt nicht darin zu entscheiden, ob Amerika das zentrale Thema oder den bloßen Schauplatz abgibt, sondern vielmehr darin zu entdecken, wie Kafka die beiden Hauptthemen des Romans miteinander verflochten hat: einerseits nämlich die Auswirkungen der Industrialisierung und Technisierung der Gesellschaft auf das Wesen des Menschen und andererseits die moralische und psychologische Bedeutung der Erlebnisse Karls. Emrich sieht in dem Roman einen Ausdruck nur der ersten Thematik. Politzers Versuch, den Roman zu verstehen, bedarf jedoch noch offensichtlicher der Korrektur. Die Forschungsergebnisse, die seit dem Erscheinen seines Buches vorgelegt worden sind, haben seine Ansichten über den Roman *Der Verschollene* in großem Maße widerlegt. Wir wissen inzwischen sehr viel über die Quellen, aus denen sich Kafka Informationen über Amerika verschafft hat. Ich werde – mit dem gebührenden Dank an die Forscher, deren Arbeiten sie ans Tageslicht gebracht haben – einen kurzen Überblick darüber geben, um das von Kafka geschilderte Amerika unter dem richtigen Blickwinkel sehen zu können.

Die von Politzer zusammengestellte Liste literarischer Quellen beruht zum großen Teil auf Spekulationen und ist irreführend. [21] Wir haben doch tatsächlich Kafkas eigenes Eingeständnis, daß *Der Verschollene* als ein »Dickens-Roman« (T 536) geplant war, wobei *David Copperfield* als wichtigstes Vorbild diente. [22] Es gibt aber keinen klaren Beleg dafür, daß er Poes *Pym* oder den Roman *Der Amerikamüde* von Kürnberger kannte, obgleich er, wie ich später darlegen werde, wahrscheinlich an den zweiten dieser Romane gedacht hat, auch wenn er ihn noch nicht gelesen hatte. Was Franklins *Autobiography* angeht, lernte Kafka dieses Buch sicherlich erst später kennen. Er übergab ein Exemplar der Autobiographie im Jahre 1919 seinem Vater (H 201); aber er erwähnt sie niemals während des Zeitraumes, in dem er mit Unterbrechungen an *Der Verschollene* arbeitete (1911–1914). Ihr Einfluß muß deshalb zweifelhaft bleiben. [23]

Kafkas Interesse am Amerika seiner Zeit rührte nur zu einem geringen Teil aus der Beschäftigung mit fiktiver Literatur her, sondern ging im wesentlichen zurück auf persönliche Kontakte und Sachberichte. Einige seiner Verwandten waren nach Amerika ausgewandert und hatten dort ihr Glück gemacht. [24] Sein Vetter Otto – der Sohn von Kafkas Onkel väterlicherseits, Philipp, einem Kaufmann aus der böhmischen Stadt Kolín – war 1906 dorthin gegangen, ohne Verwandte oder Bekannte und ohne Englischkenntnisse. Er hatte eine Stelle als Pförtner in einer Miederwaren-Firma erhalten und sich bis zum Leiter der Export-Abteilung emporgearbeitet. Später gründete er sein eigenes Geschäft, die Kafka Export Corporation, und heiratete in eine amerikanische Familie ein. Ottos jüngster Bruder Franz – in Amerika Frank genannt – schloß sich ihm 1909 in New York an und wurde, nachdem er dort eine Privatschule besucht hatte, Büroangestellter in der Kafka Export Corporation. Im Roman *Der Verschollene* hat Kafka anscheinend Einzelheiten der Werdegänge dieser beiden verschmolzen mit Erinnerungen an ihren Bruder Robert Kafka, der in Prag mit überaus großem Erfolg als Jurist tätig war. Er war im Alter von vierzehn Jahren von der vierzigjährigen Köchin seiner Eltern verführt worden und hatte mit ihr einen Sohn gezeugt. Ein anderer Vetter, Emil Kafka, war 1904 nach Amerika ausgewandert und arbeitete dort für die Sears Roerbuch Großhandlung in Chicago. Er ist der »E. K. aus Chikago« in Kafkas Tagebucheintragung vom 9. Dezember 1914 (T 447). Das Zusammentreffen mit ihm trug wahrscheinlich dazu bei, die Gestalt des Studenten Mendel entstehen zu lassen, der in *Der Verschollene* in Montly's Großhandlung arbeitet.

Diese Beispiele für ein erfolgreiches Leben in Amerika aus seiner unmittelbaren Umgebung müssen Kafkas Gefühl, ein Stubenhocker und Versager zu sein, bekräftigt haben. Es gab jedoch noch weitere, nicht so naheliegende Beispiele: Eines davon war Thomas Alva Edison, der im September 1911 Prag besuchte. Er erschien mit den 1200 auf seinen Namen eingetragenen Patenten den Menschen als leibhaftige Verkörperung amerikanischer Tatkraft und Erfindungsgabe. Kafka zeichnete in einer Tagebucheintragung vom 11. November 1911 einen Teil eines Zeitungsinterviews auf, in dem Edison die industrielle Entwicklung Böhmens auf die Tatkraft aus Amerika zurückgekehrter Auswanderer zurückführte (T 155). Edison hat dabei, wie Johannes Urzidil darlegt, wahrscheinlich an einen seiner engsten Mitarbeiter gedacht, einen Prager Juden namens Kolben, der in seine Heimatstadt zurückkehrte und ein bekannter Industrieller wurde. [25] Da die jüdische Gemeinde in Prag nur klein war, habe Kafka sicherlich Kenntnis von Kolben erhalten und in ihm eine weitere Begründung für seine Selbstvorwürfe gefunden. Das *Prager Tagblatt*, das Kafka fast jeden Tag las, brachte Berichte über politische Vorgänge in Amerika; in seiner Freitagsbeilage »Aus Technik und Industrie« nahmen darüber hinaus technische Entwicklungen in Amerika einen breiten Raum ein. [26]

Aus all diesen Quellen hatte Kafka Amerika als ein Land vor Augen, in dem alles sich in einem weitaus größeren Maßstab abspielte als in Europa und in dem jeder reich werden konnte, sofern er die entsprechende Zielstrebigkeit besaß. Diese Ansicht findet sich in *Der Verschollene*, aber sie ist überlagert von einer anderen, dunkler getönten Anschauung Amerikas – als einer Gesellschaft nämlich, die eine erbarmungslose Ausbeutung der Benachteiligten zuläßt und die Mechanisierung der Arbeit dazu benutzt, den Prozeß der Entfremdung des Menschen von seinem natürlichen Wesen, den Kafka bei seinen eigenen Besuchen in der Asbestfabrik beobachtet hatte, aufs äußerste voranzutreiben. Er kannte zum Beispiel die Schwierigkeiten, denen sich die »Greenhorns« – gerade erst angekommene Einwanderer – gegenübersahen: Unter den jiddischen Dichtungen, die Löwy bei dem von Kafka im Februar 1912 arrangierten Rezitationsabend vorgetragen hatte, befand sich eines, das die Ankunft von »Greenhorns« in New York beschreibt. [27] Auf die Massenquartiere des New Yorker Ostens, wo sich die Einwanderer dicht zusammengedrängt aufhalten, wird in *Der Verschollene* zweimal verwiesen (V 97; 196). Auf sehr lebendige Weise veranschaulicht Thereses Erzählung vom Tod ihrer

Mutter das Elend der Einwanderer, die keine Arbeit oder noch nicht einmal ein Obdach für die Nacht finden.

Die wichtigste Einzelquelle für Kafkas kritische Anschauung Amerikas war der Bericht des Journalisten Arthur Holitscher über seine Reisen in den Vereinigten Staaten und Kanada. Ausführliche Auszüge wurden 1911 und 1912 in der *Neuen Rundschau* veröffentlicht, die Kafka abonniert hatte. Der vollständige Bericht wurde 1913 als Buch mit dem Titel *Amerika – heute und morgen* veröffentlicht. Kafka besaß ein Exemplar davon. [28] Da Kafkas Abhängigkeit von Holitscher durch Wolfgang Jahn und Alfred Wirkner im einzelnen untersucht worden ist, genügt es hier, darauf hinzuweisen, daß Holitscher nicht nur den enorm hohen Standard des amerikanischen Lebens schildert und mit eindrucksvollen Fotografien veranschaulicht, sondern daß er ebenso die weitverbreitete Armut, die Arbeitslosigkeit mit all ihren schrecklichen Folgen und die erbarmungslose Ausbeutung der Industriearbeiter in den Blick bringt. Insbesondere beschreibt er die Anwendung der Zeit- und Bewegungs-Untersuchungen, wie z.B. des Taylor-Systems, mit denen die Leistungsfähigkeit der Arbeiter gesteigert werden sollte. In seinen Erinnerungen an Kafka spricht Brod von der Unmenschlichkeit dieser Methoden. [29] Wir dürfen als sicher annehmen, daß Brod und Kafka auch gemeinsam darüber gesprochen haben, da sie ein hochentwickeltes soziales Bewußtsein hatten, und daß Kafka mit besonderem Interesse die Passagen gelesen hat, in denen Holitscher darüber berichtet, die Arbeiter seien eingesetzt worden, als ob sie mechanische Wesen seien. Holitscher beschreibt, wie die Arbeiter gezwungen wurden, durchgehend im schnellstmöglichen Tempo zu arbeiten, und zwar unter Aufsicht eines »speed-boss«. Jeder, der dieses Tempo nicht durchhalten konnte, wurde entlassen, und jeder, der es konnte, durfte sicher sein, im Alter von vierzig Jahren völlig verbraucht zu sein. Viele Fabriken, besonders im Süden, stützten sich auf die Arbeitskraft von Kindern, die zwölf Stunden pro Tag für einen Hungerlohn arbeiteten und oft schon in jungen Jahren erblindeten, weil sie dem elektrischen Licht im Übermaß ausgesetzt waren. (Kafka selbst mochte elektrisches Licht nicht; er fand es »sowohl zu grell als zu schwach«, T 591). Viele Arbeiter suchten – nach Holitscher – dieser Sklaverei zu entkommen, indem sie Weib und Kind verließen und sich als Roadies auf Wanderschaft begaben. Ein hoher Anteil dieser Landstreicher waren Juden, da jüdische Einwanderer häufig eine schwächere physische Konstitution hatten. Sie waren deshalb noch eher als andere Arbeiter infolge der auf Ausbeutung angelegten Arbeitsbedingungen ausgelaugt. Es ist merkwürdig, daß Kafka – statt diesem Hinweis Holitschers zu folgen – seine Tramps, nämlich Delamarche und Robinson, als einen Franzosen – eine Nationalität, die unter den Einwanderern nach Amerika kaum vertreten war – beziehungsweise als Iren mit einem sehr unirisch klingenden Namen gestaltet hat.

Der Roman *Der Verschollene* ist bestimmt von dem Bild Amerikas, das Holitscher vermittelt hat. Sein Hauptkennzeichen ist unablässige Arbeit unter unerbittlichem Druck. Als Liftboy arbeitete Karl in Zwölfstundenschichten, und zwar jeweils drei Tage lang nachts und drei Tage lang tagsüber; infolgedessen ist er gezwungen, minutenweise im Stehen zu schlafen. Er wetteifert mit den anderen Liftjungen darum, den Hotelgästen bekannt zu werden und ihre Aufmerksamkeit zu erregen. Wenn sein Lift auf dem Weg nach unten ist, mißachtet Karl die Bedienungsanleitung des Aufzugs und zieht an einem durch den Aufzugskasten hindurchgehenden Drahtseil, um ihn schneller abwärts fahren zu lassen. Giacomo, ein anderer Liftboy, ist durch eine sechsmonatige Beschäftigung dieser Art schon völlig erschöpft; die Versicherung der Oberköchin, man lerne es, das Tempo des amerikanischen Lebens durchzustehen, wird widerlegt durch Thereses Schilderung der Plackerei in den Küchen, wo ein Küchenmädchen kurz zuvor vor Überarbeitung zusammengebrochen war. Als Karl und Therese in der Stadt Ramses Besorgungen machen, tun sie es in rasender Hast. Selbst Leute, die abends ins Theater gehen, hetzen dorthin aus Angst, zu spät zu kommen.

Die Arbeitszeit wird streng durch die Uhr geregelt. Die Hafenbeamten im Büro des Kapitäns hängen förmlich mit ihren Augen an einer Uhr; eine Uhr ist unter den Geschenken, die Karl von seinem Onkel erhalten hat. Das entscheidende Ereignis, das zu Karls Entlassung führt, folgt einem genauen Zeitplan: Robinson taucht betrunken kurz nach vier Uhr morgens auf; während Karl seinen Posten kurz verlassen hat, treffen neue Gäste vom Vier-Uhr-dreißig-Expreßzug ein; Karl trifft den Oberkellner bei seinem Morgenkaffee an und bemerkt, daß es auf der Bürouhr schon viertel sechs (5.15 h) ist; als der Oberkellner die Oberköchin anruft, erwähnt er, daß es jetzt schon dreiviertel sechs (5.45 h) ist, und später sucht er Karls Verurteilung mit der Bemerkung zu beschleunigen, daß es bereits halb sieben sei. Die Uhrzeit genauzunehmen, gehört zu der Ordnung, der Karl durch seinen Onkel unterworfen ist. Der Onkel mißbilligt, daß er untätig aus dem Fenster schaut und sich spielerisch mit dem kunstvoll ausgearbeiteten Tisch beschäftigt. Er hält ihm vor, der geplante Besuch bei Pollunder werde Karls Studienplan durcheinanderbringen. Onkel Jakob hat sich der amerikanischen Zivilisation dadurch angepaßt, daß er ein Mann von strengen Grundsätzen geworden ist – genauso unflexibel wie die Maschinen um ihn herum. Menschliche Beziehungen wie etwa die Verwandtschaft mit seinem Neffen zählen im Vergleich dazu überhaupt nicht.

Menschen sind der Maschine in einer anderen, noch augenfälligeren Art untergeordnet. Dieser Aspekt des amerikanischen Lebens wird Karl zum erstenmal klar, als er durch die Fenster des Büros des Kapitäns auf das geschäftige Treiben des New Yorker Hafens blickt:

> Inzwischen gieng vor den Fenstern das Hafenleben weiter, ein flaches Lastschiff mit einem Berg von Fässern, die wunderbar verstaut sein mußten, daß sie nicht ins Rollen kamen, zog vorüber und erzeugte in dem Zimmer fast Dunkelheit, kleine Motorboote, die Karl jetzt, wenn er Zeit gehabt hätte, genau hätte ansehn können, rauschten nach den Zuckungen der Hände eines am Steuer aufrecht stehenden Mannes schnurgerade dahin, eigentümliche Schwimmkörper tauchten hie und da selbständig aus dem ruhelosen Wasser, wurden gleich wieder überschwemmt und versanken vor dem erstaunten Blick, Boote der Ozeandampfer wurden von heiß arbeitenden Matrosen vorwärtsgerudert und waren voll von Passagieren, die darin, so wie man sie hineingezwängt hatte still und erwartungsvoll saßen, wenn es auch manche nicht unterlassen konnten die Köpfe nach den wechselnden Scenerien zu drehn. Eine Bewegung ohne Ende, eine Unruhe, übertragen von dem unruhigen Element auf die hilflosen Menschen und ihre Werke. (V 26–27)

Als unvoreingenommener und erstaunter Beobachter ist Karl nicht in der Lage, einen Sinn in diesen Vorgängen zu erkennen, und Kafka beschreibt sie in einer nahezu verwirrenden Weise. Die Gegenstände erscheinen in völliger Isoliertheit; einige lassen sich nicht einmal identifizieren und werden lediglich als »eigentümliche Schwimmkörper« bezeichnet; sie scheinen geradezu ohne Einwirkung des Menschen in Betrieb zu sein (»selbständig«). Die Boote bewegen sich in »schnurgeraden« Linien mit einer Perfektion, wie sie von Menschen kaum zu erreichen ist; die Fässer sind mit solcher Präzision verstaut, daß sie nicht ins Rollen kommen können; die Menschen arbeiten entweder mit voller Anstrengung, wie die Matrosen an den Rudern, oder sie benutzen lediglich einen winzigen Teil ihres Körpers zur Arbeit, wie es der Steuermann tut, der mit den »Zuckungen der Hände« das

Motorboot lenkt – eine lebendige Veranschaulichung der äußersten Spezialisierung in der Arbeit. Die Passagiere, die sich rudern lassen, sind ebenso dicht zusammengepackt wie die Fässer auf dem Lastkahn und sitzen »so wie man sie hineingezwängt hatte«, wobei sie nur ihre Köpfe bewegen können. Ihr merkwürdiges Verhalten scheint nicht auf einen Zweck ausgerichtet zu sein und nicht zu der Umgebung zu passen, die strikt am Leistungsprinzip orientiert ist. Die unaufhörliche Bewegung der See scheint sich auf die hilflosen Menschen und ihre Werke übertragen zu haben. Mit anderen Worten: Die technisierte Welt hat sich der Kontrolle des Menschen entzogen und das unergründliche Wesen einer blinden Naturkraft angenommen. In ähnlicher Weise werden später die Geräusche, die am Abend in den Straßen New Yorks zu hören sind, mit einem Wirbelwind verglichen, sie erscheinen nicht »wie von Menschen verursacht sondern wie ein fremdes Element« (V 73).

Später sieht Karl weitere Beispiele der Unterwerfung des Menschen unter die Maschine. Der Telefonist sitzt, »gleichgültig gegen jedes andere Geräusch«, mit aufgestülpten Kopfhörern unbeweglich da – abgesehen von seinen Fingern, mit denen er den Bleistift hält und die eintreffenden Meldungen niederschreibt. Selbst deren Bewegung ähnelt jedoch eher den Bewegungen von Maschinen als denen menschlicher Wesen; sie »zuckten unmenschlich gleichmäßig und rasch« (V 66). Die für Auskünfte zuständigen Hilfsportiers im Hotel sprechen die Fragesteller nicht persönlich an; sie rasseln ihre Antworten ohne Unterbrechung herunter und schauen ihre Gäste dabei nicht einmal an. Auf menschliche Beziehungen legt man zugunsten der Leistungseffizienz keinen Wert mehr. Über die Angestellten in Onkel Jakobs Geschäft hören wir: »Keiner grüßte, das Grüßen war abgeschafft« (V 67) – genauso verhielt es sich in Kafkas Asbestfabrik.

Dem Leistungsprinzip verschafft man durch erbarmungslosen Druck Geltung. Die auf der ersten Seite des Romans genannte Freiheitsstatue trägt in der Hand ein Schwert statt einer Fackel. Dabei dürfte es sich kaum um einen Fehler Kafkas handeln; die plausibelste Erklärung für dieses auffallende Detail dürfte die von Hermsdorf vorgeschlagene sein: »In dieser Umfunktionierung des Symbols der amerikanischen Freiheit zu einem Symbol der erbarmungslosen Gewalt scheint der ganze Gehalt des Romans zusammengefaßt und im Symbol vorweggenommen zu sein.«[30] Zweifellos liegt derselbe Grund vor, wenn Kafka den Kapitän des Passagierschiffes mit einem

Degen und einer Reihe von Orden auftreten und die Beamten der amerikanischen Hafenbehörde schwarze Uniformen tragen läßt, obwohl Holitscher nachdrücklich betont, Uniformen seien in Amerika nur selten zu sehen. Kafka will Amerika offensichtlich als eine hierarchisch strukturierte Gesellschaft erscheinen lassen; dem entspricht auch, daß der Oberportier von Karl verlangt, er solle ihm jedesmal, wenn er ihm begegne, einen guten Morgen wünschen. Als er dies schrieb, hatte Kafka vermutlich vergessen, daß er kurz zuvor darauf hingewiesen hatte, das Grüßen sei zugunsten des Leistungsprinzips abgeschafft worden. Die symbolische Funktion solcher Einzelheiten läßt sich an der Liftboy-Uniform veranschaulichen, die Karl zu tragen hat. Trotz ihrer prächtigen Goldknöpfe und Goldschnüre ist sie ein unangenehmes Kleidungsstück, »denn besonders unter den Achseln war das Röckchen kalt, hart und dabei unaustrockbar naß von dem Schweiß der Liftjungen, die es vor ihm getragen hatten« (V 185); sie ist zudem zu eng und behindert Karl beim Atmen. Dieses Detail deutet darauf hin, daß Karl so, wie man ein Fertigteil in ein anderes einpaßt, in die Gesellschaft hineingepreßt wird – man macht den Versuch, die Kleidung seinen individuellen Bedürfnissen anzupassen, im Grunde ohne jedes Interesse an seiner Person. Der Kontrast zwischen Glanz nach außen hin und der Unbequemlichkeit für den Benutzer drückt nicht nur die Diskrepanz aus zwischen dem äußeren Erscheinungsbild der gesellschaftlichen Wirklichkeit und ihrem tatsächlichen Wesen, sondern auch den Gegensatz zwischen der mechanisierten Gleichartigkeit der amerikanischen Gesellschaft und der körperlich-kreatürlichen Wirklichkeit der schwitzenden und keuchenden Menschen, die in ihr leben. Das Hotel selbst stellt eine streng hierarchisch gegliederte Rangordnung dar, in der die Liftjungen den untersten Platz »in der ungeheuren Stufenleiter der Dienerschaft« einnehmen (V 213). Wenn der Oberkellner Kafkas Vorstellung von Gerechtigkeit repräsentiert, nach der die Schuld stets ohne Zweifel feststeht, dann verkörpert der Oberportier die willkürliche Gewaltherrschaft, die nicht einmal vorgibt, Instrument der Gerechtigkeit zu sein. Während Onkel Jakob Karl aus Prinzip bestraft, tut der Oberportier es aus blankem Sadismus. Seine Feststellung, Karl sei ein dubioser Charakter, trifft er einfach, »weil es mir so beliebt« (V 262), und er bereitet ihn auf seine Quälereien vor mit der Bemerkung: »Aber da Du nun einmal hier bist, will ich Dich genießen« (V 262). Er ist der erschreckendste Charakter im ganzen Buch und nimmt die

Brutalität des Portiers Pfaff in Canettis Roman *Die Blendung* vorweg – einem Werk, das als Gleichnis für die Gewalt überhaupt zu verstehen ist.

Normalerweise stehen die amerikanischen Arbeiter jedoch unter Kontrolle, ohne daß offene Gewalt gegen sie ausgeübt würde; der Polizist mit seiner aufdringlichen Neugier, der Karl ausfragt, ist eine komische Figur. Die Angst vor der Arbeitslosigkeit kann jedoch dazu ausgenutzt werden, die Menschen gefügig zu machen und sie gefügig zu halten. Der Student, der eine Tür weiter als Brunelda wohnt, erzählt Karl, die größte Errungenschaft seines Lebens sei es gewesen, eine Anstellung in Montly's Großhandlung zu bekommen. Einwanderer befinden sich gar in der Gefahr, geradewegs nach Europa zurückgeschickt zu werden: »Denn auf Mitleid durfte man hier nicht hoffen« (V 54–55). Kafkas soziales Engagement wird auch deutlich an der Aufmerksamkeit, mit der er den Widerstand der Arbeiter gegen ihre Ausbeutung betrachtet. Als Pollunder Karl zu seinem Landhaus fährt, wird ihre Fahrt durch Metallarbeiter behindert, die sich im Streik befinden und eine Demonstration veranstalten. Später hört Karl von einem Streik der Bauarbeiter. Betroffen davon ist der Vater seines Freundes Mack, der größte Bauunternehmer in New York. Die Liftboys im Hotel Occidental haben eine Gewerkschaft, die vor allem vom jetzigen Oberkellner aufgebaut worden ist. Dennoch kümmert er sich keinen Deut um Karls Rechte als Gewerkschaftsmitglied, als dieser unter dem Vorwurf der Pflichtvergessenheit vor ihm steht. Arbeiter auf verschiedenen Stufen der sozialen Stufenleiter spüren keine Solidarität.

Die Härten des amerikanischen Lebens werden nicht durch eine Kultur erträglich gemacht, die auf das Wohl des Menschen ausgerichtet wäre. Hermsdorf nennt Kafkas Amerika zutreffend eine »Zivilisation ohne Kultur.«[31] Das einzige Buch, das erwähnt wird, ist ein Lehrbuch der kaufmännischen Korrespondenz. Karl studiert es, wenn seine Verpflichtungen als Liftjunge ihm dazu Zeit lassen. Sein Onkel kauft ihm erstaunlicherweise ein Klavier, aber Karls absurde Hoffnung, sein Klavierspiel könne irgendeinen unmittelbaren Einfluß auf die amerikanischen Lebensverhältnisse haben (V 60), zeigt nicht nur seine *naïveté*, sondern macht darüber hinaus die Bedeutungslosigkeit des Kulturellen in der amerikanischen Zivilisation überhaupt augenscheinlich. Die einzige Art von Musik jedenfalls, die in Amerika Anerkennung findet, ist anscheinend diejenige, die zur Unterstützung politischer Demonstrationen oder zur Untermalung von Werbekampagnen gebraucht wird. Für Kafka verbindet sich Musik irgendwie mit Innerlichkeit, wie es z.B. in der *Verwandlung* zum Ausdruck kommt. Dort entwickelt Gregor Samsa, als er durch sein Käferdasein von der Außenwelt abgeschnitten ist, zum erstenmal ein Gefühl für Musik. Im Roman *Der Verschollene* jedoch hat sich die Musik dem rücksichtslosen Tempo anzupassen, in dem in Amerika alle Aktivitäten ablaufen. Als Karl auf Klaras Wunsch auf dem Klavier eine Melodie spielt, tut er es »im ärgsten Marschtempo« (V 118).

Auch die Religion scheint etwas eher für Europa als für Amerika Charakteristisches zu sein. Johanna Brummer betet nach der Rückkehr nach Europa vor einem hölzernen Kruzifix; Karl bringt eine Taschenbibel mit nach Amerika, und der Heizer besitzt ein Bild der Jungfrau Maria. In New York gibt es eine Kathedrale, die genau so »ungeheuer« (V 55) ist wie die meisten Dinge in Amerika, aber sie ist wegen des von Rauch durchsetzten Dunstes nur verschwommen zu sehen, während die Kapelle in Pollunders Haus abseits von den übrigen Gebäuden liegt. [32] Offensichtlich verschwindet die Religion allmählich aus dem amerikanischen Leben.

Obgleich Kafka die amerikanische Technik als ein Instrument darstellt, das bedenkenlos zur Unterdrückung und zur Zerstörung des menschlichen Wesens eingesetzt wird, differenziert er seine Haltung ihr gegenüber in zweierlei Hinsicht. Erstens macht es ihm offensichtlich Freude, das enorme Ausmaß, das die Gegenstände in Amerika haben, zu schildern, wenn er beispielsweise erzählt, daß es in Onkel Jakobs Stadthaus einen Aufzug gibt, der so groß ist, daß ein Möbelwagen in ihn hineinpaßt, oder wenn er Karls ersten Blick auf New York »mit den hunderttausend Fenstern seiner Wolkenkratzer« beschreibt (V 20). Bei der Beschreibung der Höhe der Gebäude legt er sich einige Zurückhaltung auf: Onkel Jakobs Haus hat sechs Stockwerke; es gibt allerdings auch noch drei weitere unterirdische Geschosse (V 54). Vom Hotel Occidental wird verschiedentlich gesagt, es habe fünf oder sechs Stockwerke, obgleich es dreißig Aufzüge und vierzig Liftjungen hat! [33] In gewisser Weise teilt Kafka Döblins Neigung, das Schicksal einzelner Menschen zurückzustellen zugunsten der gesamten Lebenswelt, in der wir nur eine unwichtige Rolle spielen. Kafka ist allerdings nicht in der Lage, gleichsam mit dem Auge Gottes die Leiden der Menschheit überhaupt zu überschauen, wie es Döblin etwa in den Romanen *Wallenstein* (1920) oder *Berge,*

Meere und Giganten (1924) gelingt. Statt dessen wendet er sich immer wieder den einzelnen Menschen zu, die sich in der Maschinenwelt der amerikanischen Zivilisation verfangen haben.

Zweitens widmet Kafka einen langen, rätselhaften Abschnitt der Frage, worin eine dem Menschen gemäße Anwendung der Technik liegen könnte. Es handelt sich dabei um die Beschreibung des Schreibtisches im Hause Onkel Jakobs. Er ist so sinnreich konstruiert, daß seine Fächer und Schubläden durch Drehen einer an seiner Seite angebrachten Kurbel – eines »Regulators« (V 57) – umgestellt oder neu eingerichtet werden können. Emrich ist der Meinung, dieser Tisch stehe für die mit der Technik gegebenen Möglichkeiten der Befreiung: »Hier öffnet sich eine letzte, höchste utopische Hoffnung: Wenn alle Technik sich in zweckfreies Spiel zu verwandeln vermöchte, dann wäre die Menschheit wieder vom Bann monotoner Arbeitsversklavung befreit.« (34] Diese Meinung läßt sich möglicherweise stützen durch den Hinweis darauf, daß der Schreibtisch verglichen wird mit den mechanischen Krippenspielen, die Karl als Kind in der Heimat auf dem Weihnachtsmarkt zu sehen bekommen hatte. Mit diesem Schreibtisch würde dann Amerika genau der Erlösungskraft der Religion entsprechen. Meiner Meinung nach ist es jedoch wichtiger, daß der Tisch und das Krippenspiel sich beide an die Vorstellungskraft wenden, denn Kafka scheint eine persönliche Anspielung auf sein eigenes dichterisches Schreiben in sie hineingelegt zu haben. Nicht nur ist der Tisch genauestens als ein »Schreibtisch« bezeichnet, sondern sein aufrecht stehendes Oberteil, das die Fächer enthält, wird der »Aufsatz« genannt (V 57), was ein Wortspiel sein kann mit einer zweiten Bedeutung des Wortes »Aufsatz«, nämlich im Sinne der essayistischen Schreibform. Der Schreibtisch wäre damit ein Gegenstand der Technik, der nicht streng funktional wäre, der nicht den Menschen in Abhängigkeit brächte – ein Symbol also für den Fortschritt der schöpferischen Vorstellungs- und Erfindungskraft, wie es in dem schwerelosen Flugzeug in Rilkes Sonett vorliegt. Das kann der wahre, unausgesprochene Grund dafür sein, daß Onkel Jakob den Schreibtisch mit Mißbilligung betrachtet und Karl rät, den Regulator so wenig wie möglich zu benutzen. Es verträgt sich nicht mit der Leistungsorientierung, die in Amerika herrscht, seinen phantasievollen Vorstellungen freien Lauf zu lassen.

Es dürfte jetzt klar sein, daß die technisierte, großstädtische Welt Amerikas keineswegs der bloße Auslösefaktor für Kafkas dichterische

Phantasievorstellungen war und daß sie viel mehr ist als ein bloßer Hintergrund des Romans. Die Technik, die Industrie und ihre Auswirkung auf das menschliche Leben waren für Kafka von großer Wichtigkeit; sie bilden einen größeren Themenkomplex in dem Roman *Der Verschollene*. Wir müssen allerdings noch fragen, in welcher Beziehung diese Thematik zu anderen Aspekten des Romans steht und welche Art von Roman wir überhaupt vor uns haben. Drei wichtige Problembereiche sind zu nennen, zu denen ich Stellung zu nehmen versuche. Erstens: Wie kann man Kafkas literarische Darstellungsweise kennzeichnen, die ich provisorisch schon früher irgendwo zwischen Phantastik und Realismus angesiedelt habe? Zweitens: Welche Bedeutung hat die Episode »Das Teater von Oklahama«, die in unterschiedlicher Weise als religiöse Allegorie, als Schilderung der brutalen Wirklichkeit oder als ironische Travestie verstanden worden ist? Drittens: In welcher Beziehung steht die Thematik der Technik zu den anderen wichtigen Themen des Romans, nämlich den moralischen und psychologischen Problemen, mit denen Karl zu tun hat?

Kafkas literarische Darstellungsweise ist offensichtlich keine realistische. Er sieht keinerlei Veranlassung, Amerika realitätsgetreu zu beschreiben, sondern er zielt darauf ab, die vertraute empirische Wirklichkeit zu verfremden, um dadurch einen ideellen Gehalt vermitteln zu können. So verfährt er zum Beispiel, wenn er der Freiheitsstatue ein Schwert in die Hand gibt. Selbst in diesem frühen Werk zeigt Kafka schon eine Tendenz zur allegorischen Darstellung. Statt die Bedeutung aus der Schilderung der vertrauten Erfahrungswelt hervorgehen zu lassen, reduziert er diese Erfahrungswelt so stark auf eine fast schematisch anmutende Einfachheit, daß sie seinen Vorstellungsgehalt wiedergibt. Das tut er zum Beispiel in seiner Schilderung des New Yorker Verkehrs:

> Und morgen wie abend und in den Träumen der Nacht vollzog sich auf dieser Straße ein immer drängender Verkehr, der von oben gesehn sich als eine aus immer neuen Anfängen ineinandergestreute Mischung von verzerrten menschlichen Figuren und von Dächern der Fuhrwerke aller Art darstellte, von der aus sich noch eine neue vervielfältigte wildere Mischung von Lärm, Staub und Gerüchen erhob, und alles dieses wurde erfaßt und durchdrungen von einem mächtigen Licht, das immer wieder von der Menge der Gegenstände zerstreut, fortgetragen und wieder eifrig herbeigebracht wurde und das dem betörten Auge so körperlich erschien, als werde über dieser Straße eine alles bedeckende Glasscheibe jeden Augenblick immer wieder mit aller Kraft zerschlagen. (V 55).

Wenn der Leser der dynamischen Bewegung dieses Satzes folgt oder zu folgen versucht, durch die die Eindrücke ineinandergeschoben und geradezu aufgehäuft werden, teilt sich ihm etwas von Karls verwirrender Erfahrung mit, wie sich eine Fülle undurchschaubarer Vorgänge auf der Straße bis zu einer unerträglichen Intensität steigert. Der Verkehr wird geschildert, aber nicht von einem Standpunkt aus, der objektive Wahrnehmungen ermöglicht, und auch nicht vom Standpunkt der Verkehrsteilnehmer aus, sondern von dem eines verwirrten Zuschauers aus, der keinerlei Sinn in den Vorgängen erkennen kann, der die Personen nur als »verzerrte menschliche Figuren« wahrnehmen kann und sich nur für den Augenblick der Geräusche und Gerüche vergewissern kann, die von der Straße aufsteigen. Von den Menschen und Vorgängen tief unten lenkt Kafka unsere Aufmerksamkeit auf die Wahrnehmungen Karls und dann auf das Licht selbst, das nicht mehr als neutrales Medium erscheint, sondern sich gleichsam zu einer Glasscheibe materialisiert, die immer wieder zerschlagen wird. Die wahrgenommenen Vorgänge, der Wahrnehmungsvorgang selbst und die Eindrücke des Betrachters scheinen zu einem einzigen Erfahrungskomplex verschmolzen zu sein. Seine Wesensmerkmale treten im abschließenden Vergleich hervor, durch den die Unverständlichkeit der Vorgänge auf der Straße, das betäubende Geräusch und der Eindruck einer gewaltsam sich Bahn schaffenden unpersönlichen Kraft sprachlich zusammengefaßt werden und Gestalt gewinnen. H.C. Buch sagt sehr zutreffend von dieser Passage, sie erinnere »schon in ihrem hektischen Rhythmus, der sich bemüht, die Simultaneität aller Vorgänge adäquat sprachlich widerzuspiegeln, an ein futuristisches Bild von Boccioni oder Carrà«. [35]

Eine noch engere Verwandtschaft besteht mit dem Expressionismus. Obgleich Kafka die grelle Darstellungsweise vieler seiner expressionistischen Zeitgenossen nicht mochte, ist er selbst doch zutreffend als ein »klassischer Expressionist« bezeichnet worden. [36] Mit den Expressionisten hatte er das Ziel gemeinsam, unter die Oberflächenerscheinungen der Welt zu gelangen, um bloßzulegen, was er für ihr wahres Wesen hielt – notfalls auch ohne Rücksicht auf die üblichen Kriterien wie Realitätstreue und psychologische Glaubwürdigkeit. Ein Abschnitt aus Kasimir Edschmids Manifest *Über den dichterischen Expressionismus* trifft auch auf Kafkas literarische Darstellungweise zu: »Die Realität muß von uns geschaffen werden. Der Sinn des Gegenstandes muß erwühlt sein. Begnügt darf sich nicht werden mit der geglaubten, gewähnten, notierten Tatsache, es muß das Bild der Welt rein und unverfälscht gespiegelt werden.«[37] Edschmid legt sich bezeichnenderweise nicht fest in der Frage, ob die Expressionisten eine verborgene, aber wirklich vorhandene Realität sichtbar machen wollen oder ob sie eine neue Wirklichkeit durch die Kunst erst erschaffen wollen. Dieselbe Zweideutigkeit zeigen auch Kafkas Bestrebungen – um einen Ausdruck aus der Erzählung *Das Urteil* heranzuziehen –, tief in die im üblichen Sinne als »eigentliche«, anerkannte Wirklichkeit vorzudringen und dabei aufzudecken, was »noch eigentlicher« ist (E 67). Ein Realismus, der die tief unter der Oberfläche der empirischen Welt verborgene Wahrheit ans Licht heben will, hat im Endeffekt das Prinzip der Naturnachahmung aufgegeben. Was er darstellt, ist nicht das Resultat empirischer Beobachtung, sondern einer vom Autor eingenommenen theoretischen Haltung. Deshalb muß der Surrealismus, für den die Expressionisten eintreten, logischerweise zur Allegorie führen. Ob Kafkas Dichtung mehr als nur eine Tendenz in Richtung auf eine allegorische Darstellung aufweist, ist ein schwieriges Problem, das erst nach der Erörterung des Romans *Das Schloß* als Schlußabschnitt des Kapitels 6 behandelt werden soll. An der jetzigen Stelle genügt die Feststellung, daß eine Tendenz zur allegorischen Darstellung in seinen frühen Werken deutlich zu erkennen ist und einen Teil der Grundlage darstellt, die er mit den Expressionisten gemeinsam hat.

Wenn Kafka auch von einer realistischen Darstellungsweise aus zum Expressionismus tendiert, so bewegt er sich in anderen Abschnitten seines Romans *Der Verschollene* anscheinend in die entgegengesetzte Richtung, indem er die Realitätstreue seiner Beschreibungen so steigert, bis er einen übergenauen Naturalismus erreicht. Der Roman ist voll von dem, was Buch »Momentaufnahmen« nennt.[38] Ein »Schnappschuß« dieser Art liegt zum Beispiel vor, als Karl und der Heizer das Büro betreten:

> An einem runden Tisch saßen drei Herren, der eine ein Schiffsofficier in blauer Schiffsuniform, die zwei andern, Beamte der Hafenbehörde, in schwarzen amerikanischen Uniformen. Auf dem Tisch lagen hochaufgeschichtet verschiedene Dokumente, welche der Officier zuerst mit der Feder in der Hand überflog, um sie dann den beiden andern zu reichen, die bald lasen, bald excerpierten, bald in ihre Aktentaschen einlegten, wenn nicht gerade der eine, der fast ununterbrochen ein kleines Geräusch mit den Zähnen vollführte, seinem Kollegen etwas in ein Protokoll diktierte. (V 20)

Hier haben wir eine dem äußeren Anschein nach genaue Beschreibung der drei Männer und ihrer Beschäftigung vor uns. Nichts ist gesagt über ihre persönlichen Eigenarten. Kafka richtet statt dessen die Aufmerksamkeit auf ihre Funktionen, wie sie sich an ihren Uniformen und an der Aufgabe zeigen, mit der sie beschäftigt sind, nämlich dem Studium von Akten. Aber er teilt uns nicht mit, um welche Akten es sich handelt und wozu die Beamten sie gebrauchen. Dadurch hält er uns davon ab, der Szene als ganzer einen Sinn zu geben, und läßt uns teilhaben an der Verwirrung Karls, aus dessen Sicht die Männer geschildert werden. Die mit dieser Erzählperspektive gegebenen Notwendigkeiten erklären jedoch nicht, warum Kafka ein – funktional gesehen – überflüssiges Detail erwähnt, nämlich das Geräusch, das einer der Beamten mit den Zähnen hervorbringt. Die Tatsache, daß Karl dieses Geräusch wahrnimmt, trägt nichts zur Erhellung der individuellen Wesensart dieser Person bei. Könnte dieses Geräusch dazu dienen, den Anschein der Wirklichkeitstreue zu erhöhen – könnte es also ein Detail sein, dem jede symbolische oder thematische Ausdrucksfunktion fehlt und das deswegen als ein Stück reiner, bloßer Faktizität betrachtet werden kann, mit dem die Glaubwürdigkeit des Erzählten erhöht werden soll? [39] Wenn der Beamte zunächst als ein unverwechselbares menschliches Wesen dargestellt worden wäre, wenn beispielweise sein Gesicht beschrieben worden wäre – dann hätte das Geräusch, das er erzeugt, als persönliche Eigenart erklärt werden können und hätte damit Kafkas Erzählweise überzeugender gemacht. Aber da der Beamte vornehmlich mit Ausdrücken, die seine Funktion betreffen, geschildert ist, wird dieses Detail, statt den Eindruck der Wirklichkeitstreue zu verstärken, isoliert und erhält dadurch eine unerklärliche Ausdruckskraft. Mehr noch: Obgleich es sich bei diesem Detail um etwas Vertrautes handelt, erscheint es in Kafkas Darstellung verfremdet, da er auf vertraute Redewendungen wie etwa *mit den Zähnen knirschen* verzichtet. Folgerichtig steht es ohne einsehbare Begründung da; seine Wirkung zielt aufs Groteske, wie Martin Walser bemerkt, wenn er es den Beispielen von Kafkas Figurendarstellung zuordnet. [40]

Kafkas minutiöse Beschreibung dient daher nicht dazu, den Eindruck der Realitätstreue zu erwecken, selbst wenn man das von ihr zunächst annehmen könnte. Wie Malcolm Pasley gezeigt hat, hat Kafka dieses Ideal der präzisen, genauen Beschreibung von Flaubert übernommen, insbesondere von dessen frühen Reisebeschreibungen, und er hat sie in seinen eigenen Tagebuchaufzeichnungen verwendet. [41] Aber die genaue Beschreibung ist ein erstaunlich selten anzutreffendes Ideal. Wie Lukács in seiner wichtigen Abhandlung *Erzählen und Beschreiben* (1936) ausführt, spielt die Beschreibung bis ins neunzehnte Jahrhundert hinein eine untergeordnete Rolle in der erzählenden Literatur. Selbst Jane Austen ist äußerst zurückhaltend bei der Schilderung von Menschen, Landschaften oder Innenräumen. Der Abschnitt in Kapitel 27 ihres Romans *Emma*, wo die gleichnamige Protagonistin damit beschäftigt ist, die Hauptstraße von Highbury hinauf- und hinabzuschauen, wirkt fast so, als sei er in das Ganze nicht integriert. Spätere Romanciers wie Balzac, George Eliot oder Fontane legten größeren Wert auf exakte Beschreibungen, um ihre Figuren aus der Relation zu ihrem jeweiligen Milieu verstehbar machen zu können. Die von Flaubert und den Naturalisten eingeschobenen Schilderungen lösen sich jedoch von dieser Voraussetzung und werden mehr und mehr zum Selbstzweck. Und wenn die Beschreibung sich erst einmal von ihrer Aufgabe, Charaktere und Handlungen verstehbar zu machen, gelöst hat, dann verliert sie ihre auf den Menschen bezogene Bedeutsamkeit überhaupt. Kein Kriterium steht dann mehr dem Autor für die Auswahl bedeutungstragender Details zur Verfügung. Wenn nämlich alle Einzelheiten in gleicher Weise bedeutungsvoll sind, ist es keine von ihnen mehr. Daraus folgt mit Lukács' Worten: »Die falsche Gegenwärtigkeit verwandelt den Roman in ein schillerndes Chaos.« [42] Dementsprechend geben auch die Abschnitte in Kafkas Roman, die genaue Beschreibungen enthalten, dem Leser keine Hilfe dabei, amerikanisches Leben zu verstehen. Wenn sie dazu dienen sollen, Karls Verständnis- und Hilflosigkeit diesem Leben gegenüber auszudrücken, oder wenn sie zeigen sollen, daß die Technik die Menschen abhängig werden läßt, so muß man dazu feststellen, daß sie in zu großer Zahl vorkommen und daß Kafka das, worauf es ihm ankam, gezielt verschwommener und undeutlicher gemacht hat. Während manche Passagen, wie die oben erwähnten Schilderungen des Hafens von New York und des Straßenverkehrs, in bewundernswerter Weise Kafkas Ziel dienen, die das Wesen des Menschen bedrohenden Auswirkungen der Technik vor Augen zu stellen, kommen andere – wie die gerade angeführte Szene im Büro des Kapitäns – Stilübungen nahe, die um ihrer selbst willen angestellt worden sind. Kafka scheint in solchen Fällen zwischen zwei literarischen Darstellungsweisen zu schwanken, die sich nicht nur unterscheiden, sondern sogar im Gegensatz zueinander stehen. Die eine liegt darin, die Oberfläche des amerikanischen Lebens im naturalistischen Stil Flauberts abzuschildern; die andere sieht ihr Ziel darin, diese Oberfläche zu durchstoßen und in der Art des Expressionismus die Kräfte freizulegen, die unter ihr am Werk sind.

In der 1914 geschriebenen Episode »Teater von Oklahama« scheint Kafka noch eine weitere Darstellungsform angewandt zu haben. Die Interpretationen dieser Episode lassen sich unterteilen in eine transzendentalistische, eine ironische und eine realistische. Am weitesten verbreitet ist die erste. Das mag zurückgehen auf Kafkas rätselhafte, von Brod berichtete Worte, wie der Roman enden solle: »Mit rätselhaften Worten deutete Kafka lächelnd an, daß sein junger Held in diesem ›fast grenzenlosen‹ Theater Beruf, Freiheit, Rückhalt, ja sogar die Heimat und die Eltern wie durch paradiesischen Zauber wiederfinden würde.«[43] Vieles im Text legt die Vermutung nahe, daß das Theater irgendwie die in den früheren Kapiteln geschilderte Welt transzendentiert. Reiligiöse Vorstellungen, die an den Zugang zum Himmel denken lassen, werden durch die Frauen wachgerufen, die wie Engel gekleidet sind und auf ihren Trompeten blasen. Im Gegensatz zu der sonst überall in Amerika anzutreffenden Schwierigkeit, einen Arbeitsplatz zu bekommen, verkündet das Werbeplakat für das Theater: »Wir sind das Teater, das jeden brauchen kann, jeden an seinem Ort!« (V 387), und es wendet sich an potentielle Künstler, für die es in dieser Spießbürgergesellschaft sonst nirgendwo einen Platz gibt. Als Karl den Weg zur kleinsten der zweihundert Aufnahmekanzleien gefunden hat, ist der Kanzleileiter mißtrauisch wegen der fehlenden Legitimationspapiere, aber er wird überstimmt vom »Schreiber«, und Karl wird angenommen. (Diese beiden Bediensteten können eine versteckte Anspielung auf Kafkas Doppelexistenz als Beamter und Schriftsteller sein.) Emrich meint, Karls Aufnahme bedeute seine Rettung aus der Herrschaft der im seelenlosen, berechnenden Zweckdenken befangenen Arbeitswelt und seinen Eintritt in einen Bereich, in dem alle, die es wollen, die Möglichkeit der Selbstverwirklichung erhalten.[44] Diese Interpretation verläßt sich ganz auf den Gegensatz zwischen technisierter Welt und Natur, der wohl schon durch den Titel, den dieses Kapitel in der Ausgabe Brods trägt, zum Ausdruck gebracht wird: »Das Naturtheater von Oklahoma«. Dieser Titel ist jedoch von Brod eingefügt worden; das Wort »Naturtheater« kommt in Kafkas Text nicht vor. Selbstverständlich kann er trotzdem an ein Freilichttheater wie das von Chautauqua gedacht haben, das Holitscher beschrieben hat. [45]

Andere Vertreter der transzendentalistischen Interpretationsrichtung haben in besonderer Weise den religiösen Gehalt der Bilder hervorgehoben. Gerhard Kurz zum Beispiel hat vor kurzem das Theater eine »Fantasmagorie des Todes und der Verklärung, ein Theater des Paradieses und ein Theater des Jüngsten Gerichts« genannt. [46] Aber man kann nur schwer die Ironie übersehen, die diese religiöse Bildwelt beherrscht. Die Frauen sehen lächerlich aus und blasen rücksichtslos ihre Trompeten, ohne sie wirklich spielen zu können, und erzeugen lediglich einen wirren Lärm. Noch schlimmer: Ihre Plätze werden alle zwei Stunden von Männern eingenommen, die als Teufel verkleidet sind; deren Anwesenheit macht anscheinend die Botschaft der Engel wieder rückgängig. Wolfgang Jahn hat deswegen darauf hingewiesen, daß Kafka die religiösen Bilder einführt, um sie zu travestieren und zu zeigen, daß sie jedweden geistlichen Gehalt, den sie einst besaßen, verloren haben:

> Allgemeine menschliche Einrichtungen wie Bote, Buch, Richter, Mahlzeit, Fürst, die als Allegorien im Neuen Testament ihren fest geprägten transzendentalen Inhalt besitzen, erscheinen im Oklahoma-Kapitel so, als sei ein solcher Inhalt gar nicht vorhanden; sie erscheinen als Werbekomparsen, Geschäftsbuch, Personalchef, Massenspeisung und Staatspräsident, das heißt als buchstäbliche und darum lächerliche, in sich widersprüchliche Materialisationen geistlicher Bedeutungsinhalte. [47]

Die realistische Interpretation ist mit großer Überzeugungskraft von Alfred Wirkner vertreten worden. Er erklärt, Kafka habe in Holitschers Buch und in der Presse groteske Schilderungen des amerikanischen Reklamewesens gelesen. [48] Das Theater von Oklahoma benutze solche Methoden als Teil eines großen Schwindels, der – wie bei der Eden Land Corporation in *Martin Chuzzlewit* – darauf abziele, die *naïveté* der Einwanderer auszunützen. Er unterstützt seine Argumentation dadurch, daß er den Namen Clayton – der Stadt, in der das Theater seine Werbekampagne inszeniert – in Bezug setzt zur Clayton Anti-Trust Bill, die durch Zusatzanträge zunehmend verwässert und am 5. Juni 1914 schließlich fallengelassen wurde. Kafka schrieb das Theater-Kapitel zwischen August und Oktober 1914. Er könnte sehr wohl etwas über das Schicksal der Clayton Bill in der Presse gelesen haben. Das Kapitel würde dann zeigen, wie Karl unschuldig in eine letzte und schlimmste Abhängigkeit gerät, in der es keine Hoffnung auf Befreiung mehr gibt. Wirkner bietet auch eine Erklärung für den falschen Namen Negro an, den Karl in der Aufnahmekanzlei angibt. Er kann zusammenhängen mit einer Illustration, die in Holitschers Buch enthalten ist: Sie zeigt, wie ein Neger gelyncht wird, und trägt den Titel »Idyll aus Oklahama«. [49] Wir wissen, daß Kafka diesem Bild seine Aufmerksamkeit geschenkt hat, denn er wiederholt in seinem Manuskript Holitschers falsche Schreibweise Oklahomas. Vielleicht geht also Karl einem ähnlichen Schicksal entgegen. [50] Andererseits kann man auch Binders Vermutung akzeptieren, beim Namen Negro handle es sich um einen Decknamen, den Karl an einer früheren Arbeitsstelle angenommen habe. Die erhaltenen Fragmente zeigen, wie Karl in die amerikanische Unterwelt hineingerät; bei dem »Unternehmen 25«, in das Karl Brunelda bringt, scheint es sich um ein Bordell zu handeln, und Karl könnte bei seiner Tätigkeit dort durchaus einen Decknamen angenommen haben. [51] Diese Vorstellung könnte zu dem schrecklichen Ende passen, das Karl nach der Vermutung Wirkners finden soll, und sie könnte auch zu Kafkas eigener Bemerkung passen, Karl sei zu guter Letzt »strafweise umgebracht« worden (T 481), obgleich der Zusatz, Karl werde »mehr zur Seite geschoben als niedergeschlagen«, ein weniger herbes Schicksal als den Tod durch Lynchen vermuten läßt. [52]

Nichtsdestoweniger scheint Wirkner mit seiner Ansicht, bei Kafkas religiöser Bildwelt handle es sich um die bloße Darstellung eines betrügerischen Werbeunternehmens, den Text genauso zu vereinfachen wie die Kommentatoren, die in ihm eine unzweideutige religiöse Allegorie sehen. Die ironische Interpretation, wie Jahn sie gibt, ist überzeugender als irgendeine andere. Man muß jedoch hinzufügen, daß Kafkas Travestie religiöser Sinnbilder nicht notwendig bedeutet, diese Sinnbilder seien bedeutungsleer oder trügerisch. Wenn es eine transzendente Wirklichkeit gibt, müssen alle Sinnbilder, die ihr Wesen zur Erscheinung bringen sollen, mehr oder weniger unzureichend oder gar lächerlich sein. Die Komposition des Kapitels »Teater von Oklahama« entspricht der des Romans *Der Prozeß*, und das nächste Kapitel wird zeigen, daß die Unzulänglichkeiten der Personen, die das Gericht vertreten, nicht die absolute Autorität des Gerichtes selbst herabmindern können, und zwar gerade deshalb nicht, weil es sich um eine absolute Autorität handelt. Ähnlich bedeutet im Roman *Der Verschollene* der ganze persiflierende Plunder, der das Theater umgibt, keineswegs, daß es keine transzendente Bedeutung hat. Dieser falsche

Schluß wird nicht nur von Kommentatoren, sondern auch von Gestalten, die sich innerhalb der Romanwelt selbst befinden, gezogen. Sehr viele Leute fühlen sich abgestoßen durch das unerwartete und nicht gerade verlockende Trompetenblasen, wie es zum Beispiel bei der Familie der Fall ist, die Karl antrifft: »Sie hatten wohl auch erwartet eine Arbeitsgelegenheit zu finden, dieses Trompetenblasen aber beirrte sie« (V 390). Karl ist der erste, der das Podium überquert und um Einstellung nachsucht; sein Beispiel ermutigt die anderen, ihm zu folgen. Die *naïveté*, die er von Europa aus mitgebracht hat und die ihn eine faire Behandlung trotz wiederholter Enttäuschungen erwarten läßt, setzt ihn in die Lage, dem Anspruch des Theaters zu entsprechen und hinter seine grelle und geschmacklose Fassade zu schauen.

Wenn diese Interpretation richtig ist, ist das Kapitel »Teater von Oklahama« die erste mehrerer Stellen im Werk Kafkas, an denen eine transzendente Realität sich in verkommener, abstoßender Gestalt darstellt. Daß Kafka christliche Symbole für seine Travestie wählt, schließt möglicherweise ein, daß das Christentum in besonderer Weise irregeleitet ist, indem es sich dem Transzendentalen vornehmlich in geistlicher Betrachtung zu nähern sucht. Andere Symbole werden weniger travestierend verwendet, insbesondere die Musik. Die Trompeten sind fein gearbeitete Instrumente; die Frauen sind infolge ihrer Inkompetenz nicht in der Lage, sie richtig zu gebrauchen. Als jedoch Karl von Fanny eine Trompete bekommt und auf ihr bläst, lobt sie seine Kunstfertigkeit mit den Worten: »Du bist ein Künstler« (V 393). Seit der Romantik gilt die Musik als Symbol des Idealen, das nur unvollkommen in die Wirklichkeit umgesetzt werden kann; so erzählt zum Beispiel der Nachtwächter in Bonaventuras *Nachtwachen*, sein Leben habe begonnen als »eine Mozartsche Symphonie von schlechten Dorfmusikanten exekutiert«. [53] Das Ideale, dessen Erfüllung das Theater zu versprechen scheint, ist offensichtlich ein mehr künstlerisches als ein religiöses im herkömmlichen Sinne.

Die Unterbrechung von fast zwei Jahren, die die Abfassung der »Teater von Oklahama«-Episode von den ersten sechs Kapiteln trennt, trägt dazu bei, den Wechsel in der Vorstellungsweise zu verstehen. Dieser Wechsel zu einer Form hin, die der ironischen Allegorie ähnlich ist, erscheint, wenn man den erhaltenen Text liest, unerklärlich oder gar widersinnig. Weitere Brüche in der Darstellungsweise sind allerdings auch schon in den ersten sechs Kapiteln anzutreffen. So ist überhaupt nicht klar, in welchem Verhältnis die Darstellung Amerikas zur Darstellung von Karls moralischen und psychologischen Problemen steht. Die Darstellung dieser Probleme folgt einem Schema, das Jahn folgendermaßen skizziert: »Ein Mensch hat innerhalb einer festen Daseinsordnung gelebt. Da verführt ihn jemand zu einer Handlung, die dieser Ordnung widerspricht. Ohne Schuld schuldig, wird er von einer höchsten Autorität sofort und ohne eine Möglichkeit der Rechtfertigung ausgestoßen.« [54] Dieses Schema liegt der Handlungsfolge des Romans zugrunde. Karl ist von Europa nach Amerika geschickt worden, weil er sich von einem Dienstmädchen hat verführen lassen; er wird aus dem Haus seines Onkels gewiesen, weil er Pollunders Einladung angenommen hat; er wird aus dem Hotel Occidental entlassen, weil er für kurze Zeit seinen Arbeitsplatz verlassen hat. Wir können davon ausgehen, daß die folgenden Ereignisse, die ihn ins »Unternehmen 25« gelangen lassen, ebenfalls auss Demütigungen und Hinauswürfen bestanden hätten. Das Problem liegt darin, daß dieses Schema nichts mit Amerika zu tun hat. Es könnte vor jedem Hintergrund dargestellt werden. Hinzu kommt, daß es wesentlich nur durch Erzählen realisiert werden kann, während der Gegenstand, der Kafkas besonderes Interesse findet, nämlich die großstädtische Welt Amerikas, vornehmlich durch Beschreibung dargestellt werden muß. Einer realistischen Integration von Milieu und Handlung kommt er in Thereses Bericht vom Tod ihrer Mutter am nächsten. Dabei handelt es sich jedoch – ähnlich wie in Olgas viel längerer Geschichte in *Das Schloß* – um einen in sich geschlossenen *récit*, der nicht in den erzählten Handlungsablauf integriert ist. Aber auch die Schilderungen des technisierten Lebens in Amerika sind nicht in die Handlung des Romans eingebettet. In typischer Weise ist es vom Standpunkt eines isolierten, unwissenden Beobachters aus gesehen, wenn Karl auf seinem Weg mit Delamarche und Robinson stehenbleibt, um einen Blick zurück auf New York und Brooklyn zu werfen. »Alles in beiden Riesenstädten schien leer und nutzlos aufgebaut«, heißt es da (V 144), aber da wir nicht in den Mittelpunkt des hier ablaufenden Lebens hineingestellt sind, gibt diese Bemerkung lediglich einen Eindruck Karls wieder, der zudem noch schlecht informiert ist. [55] Der Schreibtisch, der mit großer Ausführlichkeit beschrieben wird, spielt im Handlungsverlauf keine Rolle, obgleich Kafka beispielsweise Karl die Gunst seines Onkels dadurch hätte verlieren lassen können, daß er mit ihm gespielt hätte. Später wird Karls Arbeit als Liftboy bis ins einzelne beschrieben; aber es gibt keine Verbindung zwischen der Eigenart dieser Arbeit und den Ereignissen, die ihm widerfahren. Robinson hätte genausogut auch anderswo auftauchen und ihn in Verlegenheit bringen können, ohne daß Karls Arbeitsplatz dabei eine Rolle gespielt hätte. Kafka ist es, kurz gesagt, nicht gelungen, seine beiden Hauptthemen zu integrieren. Der Roman zerfällt in beschriebene Zustände und erzählte Handlung.

Dies kann nun allerdings ein vorschnelles Urteil sein, und ich möchte es auf seine Richtigkeit befragen, indem ich die Vorstellungen überprüfe, die besagen, Kafka habe seine Erzählungen gewöhnlich sorgfältig strukturiert. Da er jedoch für seine Erzählungen nicht im voraus einen Plan anlegte, mußte er so etwas wie ein strukturelles Muster vor Augen haben, um sein Material gliedern und die Erzählung vor Weitschweifigkeit oder Ordnungslosigkeit zu bewahren. Während *Das Urteil* und *Die Verwandlung* ihre Geschlossenheit zum Teil dem Einfluß des jiddischen Dramas verdanken, scheint *Der Verschollene* ziemlich stark von erzählerischen Modellen abhängig zu sein. Ich benutze diesen bewußt offengehaltenen Ausdruck, um eine Gruppe von Modellen zusammenzufassen, die einerseits weniger festliegen als im einzelnen fixierbare Quellen, die aber andererseits stärker spezifiziert sind als die abstrakten Strukturmodelle, wie sie von den Strukturalisten erarbeitet worden sind. Einige der Erzählmodelle, die Kafka benutzt, lassen sich genau wie Gattungen beschreiben. Später werde ich dann die moderne Gattungstheorie heranziehen, um zeigen zu können, in welcher Weise Kafka von ihnen Gebrauch macht. Insgesamt scheinen für den Roman *Der Verschollene* vier Erzählmodelle herangezogen zu sein, von denen die drei ersten sich relativ kurz diskutieren lassen.

Das erste dieser Erzählmodelle ließe sich wahrscheinlich als Mythos einer Kultur bezeichnen, obwohl Kafka diesen Mythos auf den Kopf gestellt hat. Es handelt sich dabei um den spezifisch amerikanischen Mythos, aus Bettelarmut zu Reichtum, aus einem Blockhaus ins Weiße Haus gelangen zu können. Die Anziehungskraft, die dieser Mythos besitzt, läßt sich mit einem ohne Angabe des Verfassers erschienenen Zeitungartikel veranschaulichen, den Binder aus dem *Prager Tagblatt* vom 7. März mitteilt.

> Immer noch ist Amerika das fabelhafte Goldland, in dem man rasch Schätze erwirbt und in dem man ebenso durch Arbeit wie durch Zufall einer glücklichen Spekulation zu einem Vermögen gelangt, dessen Ziffern

> selbst für vornehme Europäer etwas Ehrfurchtgebietendes haben [...] immer noch gibt es auch einen Onkel, der aus seiner kleinen Gemeinde in Europa nach Amerika zieht, sich dort unkenntlich unter das Volk mischt, für seine Angehörigen verschwindet und verschollt. 6]

Amerika erscheint znächst als Land der Glücksmöglichkeiten und der Gerechtigkeit, in dem harte Arbeit mit Sicherheit durch Reichtum belohnt wird. Doch da die Erfahrung zeigt, daß es dazu nur selten kommt, und da harte Arbeit doch wohl nicht verlockend genug ist, ein Phantasiegebilde entstehen zu lassen, hat sich als Ersatz ein Gegenmythos gebildet, nach dem man durch das pure Glück oder den reinen Zufall reich werden kann. In dieser Version bleibt die Vorstellung erhalten, daß die Glückschancen für alle gleich sind; gleichzeitig verschwindet die Vorstellung von Arbeit aus dem Blickfeld. Der Onkel in Amerika dient als Beweis für die Möglichkeit, dort zu Reichtum zu gelangen, aber da er nicht mehr in unmittelbarer Nähe ist, hat dieser Beweis den Vorteil, daß man ihn nicht nachprüfen kann. Kafka hat alle diese Komponenten des Amerika-Mythos in seinen Roman eingearbeitet; er kehrt ihn jedoch um, indem er Karl von den Reichen zu den Bettelarmen gehen läßt. Karl hofft sein Glück durch ehrliche Arbeit und Ausbildung seiner Fähigkeiten zu machen; er verwendet seine knapp bemessene Freizeit im Hotel, um ein Buch über Wirtschaftskorrespondenz zu studieren. Aber ihm werden von dem Studenten Mendel die Augen geöffnet, der tagsüber in einer Großhandlung arbeitet, die Nacht hindurch liest und hofft, den fehlenden Schlaf wenige Jahre später nach Beendigung seines Studiums nachholen zu können. Doch Mendel schätzt seine Zukunftsaussichten schlecht ein und würde eher mit seinen Studien aufhören als seine Stelle bei Montly's aufgeben. Ein Beispiel eines Self-made-man hat Karl nun tatsächlich an seinem Onkel, der nicht nur reich ist, sondern es auch zum Senator gebracht hat. Er verdankt seinen Aufstieg der Tatsache, daß er sich eine unmenschlich-strenge Selbstdisziplin auferlegt hat. So legt Kafka den Mythos vom Armen, der reich wird, dadurch in seinem Wesen bloß, daß er zeigt, daß Erfolg in Amerika in der Regel unerreichbar ist und daß die Menschen, die ihn haben, abstoßend sind. Aber er verwendet diesen Mythos und ähnliche Mythen als Erzählmodelle. Der Mythos vom reichen Onkel macht es Kafka möglich, Karl aus dem Status des armen Einwanderers zu lösen und ihn in eine reiche Umgebung zu versetzen. Dadurch, daß er ihn danach von den Reichen zu den Armen gehen läßt, bringt er es zuwege, daß die aufeinanderfolgenden Episoden nicht nur eine lose Folge unverbundener Ereignisse sind, sondern eine Sequenz darstellen, die ihre Bedeutung dadurch erhält, daß Karls Hoffnungen auf Selbstverwirklichung von Stufe zu Stufe seines sozialen Abstiegs geringer werden. Obgleich Kafka niemals in Amerika gewesen ist, ist *Der Verschollene* mit gleichem Recht eine Satire auf die amerikanischen Ideale wie Mark Twains *Connecticut Yankee* oder Nathanael Wests *A Cool Million.*

Kafkas zweites erzählerisches Modell ist das eines Besuches in Amerika, der mit hochgesteckten Erwartungen beginnt und in Enttäuschung endet. Der am deutlichsten ausgeprägte Prototyp dieses Modells ist *Der Amerikamüde* (1855) des österreichischen Journalisten Ferdinand Kürnberger. Kafka ist wahrscheinlich durch eine Empfehlung mit diesem Buch bekannt geworden. Man kann sich allerdings nicht vorstellen, daß er – wenn er es überhaupt zu lesen begonnen hat – mit der Lektüre weit gekommen ist. Wenn es auch nicht ganz so unsinnig ist, wie es Jeffrey L. Sammons in seinem amüsanten Überblick über die deutsche Erzählliteratur, deren Handlungen in Amerika spielen, darlegt [57], so handelt es sich doch um eine sehr anspruchslose Darstellung, in der Hunderte von Seiten gefüllt sind mit Unterhaltungen gesichtsloser Figuren; die Handlung besteht aus unglaubwürdigen Zufällen. Kürnberger selbst war niemals in Amerika, sondern er legte seinem Roman die Erfahrungen des Dichters Nikolaus Lenau zugrunde, der 1832 in die Vereinigten Staaten ausgewandert war, aber voller Enttäuschung nach nicht einmal einem Jahr zurückkehrte. Im Roman erscheint Lenau unter dem Namen Moorfeld. Die Desillusionierung setzt bereits zu Beginn ein: Auf eine lyrisch anmutende Schilderung des New Yorker Hafens folgt eine ironische Darstellung, wie Börsenangestellte, Hoteliers, Arbeitsvermittler über das Passagierschiff herfallen, um die Einwanderer in ihre Fallen zu locken. Nachdem er Zugang zur guten Gesellschaft New Yorks und zur dortigen deutschen Gemeinde gefunden hat, kauft Moorfeld Land in Ohio und stellt fest, daß es kaum kultivierbar ist, läßt es sich von seinen Nachbarn abschwindeln und bricht schließlich wieder nach Europa auf, als eine allem Fremden feindlich gesinnte Menge das deutsche Viertel in New York niederbrennt. Trotz einiger Albernheiten – so klagt er zum Beispiel darüber, daß die amerikanischen Wälder nicht den Eindruck des Erhabenen hinterließen, weil ihre Bäume nicht alle von derselben Art seien, oder er behauptet, das liebste Sonntagsvergnügen des New Yorkers bestehe darin, Häuser in Brand zu stecken, um dann die von rivalisierenden Feuerlöschzügen mit ihren Wasserschläuchen veranstalteten regelrechten Feldschlachten beobachten zu können – trotz dieser Albernheiten also gelingen Kürnberger einige gut gezielte Seitenhiebe auf die vom Kommerz geprägte Gesinnung der Amerikaner und auf die schlechte Behandlung der Einwanderer und der indianischen Bevölkerung. Er kommt zu dem Schluß, die kommerzielle Gesinnung sei in Amerika so dominierend, daß auch der noch so idealistisch orientierte Europäer ihr schließlich unterliege. Moorfeld sieht, wie aus einigen deutschen Freunden zynische Materialisten werden, und ist froh darüber, daß er sich von ihnen gerade noch zur rechten Zeit lösen kann.

Kürnbergers Handlungsschema entspricht in etwa dem Kafkas. Bei der Ankunft im Hafen von New York läßt Moorfeld seine *naïveté* erkennen, indem er voller Begeisterung ein Loblied auf die unbegrenzten Möglichkeiten Amerikas anstimmt. Aber schon bald lernt er durch seinen Aufenthalt in der New Yorker Gesellschaft und durch Kontakte mit deutschen Einwanderern den wahren Charakter des amerikanischen Lebens kennen. In ähnlicher Weise hält sich Karl zunächst bei seinem Onkel auf und gewinnt dann die Freundschaft der Oberköchin, die aus Wien stammt, und Thereses, die aus Pommern kommt. Moorfeld begibt sich dann ins amerikanische Hinterland; Karl schickt sich an, dasselbe zu tun, als *Der Verschollene* abbricht. Mit jeder Etappe seiner Reisen werden ihm die Härte und Amoralität des amerikanischen Lebens brutaler vor Augen geführt; das Buch erstreckt sich also von einer relativ gesitteten Lebenswelt bis zur unverhohlenen Barbarei. In ähnlicher Weise wird Karl zunehmend physischen Gefährdungen, wie etwa der Gewalt, ausgesetzt. Nachdem er ein behütetes Leben im Haus seines Onkels geführt hat, wird er von Klara in einem Ringkampf besiegt, wird bestohlen von Delamarche und Robinson, entkommt gerade noch der Züchtigung durch den Oberportier, wird von Polizisten verfolgt und endet schließlich *de facto* als Sklave von Delamarche und Brunelda.

Das dritte im Roman *Der Verschollene* unterscheidbare Erzählmodell ist das der ironischen oder schwarzen Komödie, in der der Held zugleich das Opfer ist. Adorno verweist implizit auf das Vorhandensein dieses Modells, wenn er sagt: »Wie Unschuldige bei Sade – auch im amerikanischen Groteskfilm und in den ›Funnies‹ – gerät das Kafkasche Subjekt, insbesondere der Auswanderer Karl Roßmann, aus einer verzweifelten und ausweglosen Situation in die nächste: die Stationen epischer Abenteuer werden zu solchen der Leidensgeschichte.« [58] Wenn man Sades *Justine* als schwarze Komödie lesen kann, wie Adorno es vermutet, dann liegt der Humor nicht im Sadismus selbst, sondern in der naiv-eigensinnigen Einfalt, mit der Justine von einer Lasterhöhle in die andere stolpert. Die schwarze Komödie ruft ein eigentümlich widersprüchliches Echo im Leser wach. Das durch die Leiden des Helden hervorgerufene Mitleid wird sofort herabgemindert durch seine Tolpatschigkeit und seine Unfähigkeit, aus Erfahrungen zu lernen – und in der Regel auch durch die distanzierte Haltung des Erzählers. Kafka mag Sades Werk gekannt haben, wenn auch seine Äußerung gegenüber Janouch, »Marquis de Sade [...] ist der eigentliche Patron unserer Zeit«, wahrscheinlich unecht ist. [59] Aber sicherlich hatte er feinsinnigere Werke des schwarzen Humors gelesen, insbesondere Dostojewskis *Der Doppelgänger*. [60] Die Leiden Goljadkins, des Helden Dostojewskis, sind keine physischen, sondern emotionale und soziale Leiden: Die Erzählung geht mitleidlos der Entstehung und der Erfahrung des Wahnsinns nach und nimmt die Darstellung beschämender Demütigungen in Dostojewskis späten Romanen vorweg. Goljadkin setzt sich nicht nur der Schande aus, indem er sich in die von seinem Vorgesetzten, dem Staatsrat Brendejew, veranstaltete Geburtstagsfeier einschleicht, sondern ein Doppelgänger erscheint, der seinen Platz im Ministerium einnimmt, der den ihm verweigerten sozialen Rang erhält, der ihn in der Öffentlichkeit demütigt und schließlich überhaupt an seine Stelle tritt, während der wirkliche Goljadkin das Schicksal erleidet, das er am meisten fürchtet – die Einlieferung in ein Irrenhaus. Goljadkin erweckt nur wenig Sympathie. Er ist nur umrißhaft als Persönlichkeit dargestellt: Wir erfahren über seine gegenwärtigen Lebensumstände nur die zum Verständnis notwendigsten Einzelheiten. Er ist vielmehr eine dem Experimentierungsbedürfnis des Autors dienende Figur, die es Dostojewski möglich machen soll, dem Leser die schrecklichste Geistesverwirrung nachvollziehbar zu machen und ihn anstatt des Helden sich vor Schmerzen krümmen zu lassen – ohne jedoch Mitleid mit ihm zu empfinden.

Ähnlich wie Goljadkin wird auch Karl unbarmherzig von einer irritierenden Erfahrung zur anderen getrieben, wobei er als Ersatzopfer dient für die eigenen selbstquälerischen Erniedrigungsphantasien seines Schöpfers. Das quälendste unter diesen Ereignissen ist sein

»Gerichtsverfahren« vor dem Oberkellner, in dem ein Verstoß von nur einer Minute Dauer – das Verlassen seines Postens für eine Zeit, die gerade ausreicht, um den betrunkenen Robinson ins Bett zu bringen – eine Kette von Verdächtigungen entstehen und ihn als hartgesottenen Taugenichts erscheinen läßt. Es führt schließlich zu seiner Entlassung aus dem Hoteldienst. Selbst vor der Entdeckung Robinsons wird Karl vom Oberkellner beschuldigt, zu wenig Respekt zu zeigen und jede verfügbare Nacht draußen in der Stadt zu verbringen. Dabei wird die Tatsache, daß er seinen Posten kurz verlassen hat, herangezogen, um vorzugeben, dem Oberkellner seien »schwere bis jetzt noch gar nicht übersehbare Unannehmlichkeiten« (V 231) entstanden, die dann jedoch niemals näher erläutert werden. Diese Verdächtigungen scheinen sich durch die Entdeckung Robinsons zu bestätigen. Karl muß zugeben, Robinson Geld versprochen zu haben. Das klingt überaus verwerflich, und der Oberkellner verwickelt ihn mit Leichtigkeit in Widersprüche, die seine Schuld anscheinend noch vergrößern. Er verliert, was noch schlimmer ist, das Vertrauen der ihm freundlich gesinnten Oberköchin und muß ihre Vorwürfe hinnehmen. Dann wird er dem Oberportier überstellt; bis Karl ihm entkommen kann, scheint es so, als solle der moralischen Erniedrigung eine physische Quälerei unmittelbar folgen. Aber hier unterbricht Kafka diesen mechanisch anmutenden Ablauf und gewährt Karl eine kurze Atempause. Karl ist ja keine rein als Chiffre angelegte Figur wie die Helden in anderen schwarzen Komödien, z.B. Paul Pennyfeather in Waughs *Decline and Fall* oder Lemuel Pitkin in Wests A *Cool Million.* Weil er die Unschuld seines Wesens im vom Grund aus verderbten Amerika bewahrt, ist er so etwas wie ein weiser Tor. Immer wenn Kafka diesen Aspekt Karls hervorhebt, verwandelt sich die schwarze Komödie in eine andere Art von Komödie, die Northrop Frye beschreibt als »eine ironische Pattsituation, in der der Held von der fiktiven Gesellschaft als ein Narr oder etwas noch Schlimmeres betrachtet wird, in der aber die wirklichen Zuschauer oder Leser den Eindruck erhalten, an ihm etwas Wertvolleres zu haben, als er es in der Gesellschaft ist, in der er sich befindet.« [61] Das ist zum Beispiel in Dostojewskis *Idiot* und Hašeks *Abenteuer des braven Soldaten Schwejk* der Fall. Die weitere Diskussion über Karls weise Torheit muß jedoch aufgeschoben werden, bis wir Kafkas viertes Erzählmodell festgelegt haben.

An dieser Stelle lassen sich gattungstheoretische Erörterungen nicht länger hinausschieben. Politzer hat dem *Verschollenen* die allgemeine Bezeichnung *Bildungsroman* gegeben. [62] Bei der Verwendung dieses Ausdrucks entstehen allerdings Schwierigkeiten. Manche von ihnen hängen damit zusammen, daß der Begriff »literarische Gattung« als solcher mißverständlich ist. Häufig wird das Wort *Bildungsroman* in einem engeren Sinne gebraucht, um eine kleine Gruppe deutscher Romane zu bezeichnen, in deren Mittelpunkt Wielands *Agathon* (1767), Goethes *Wilhelm Meisters Lehrjahre* (1796) und Stifters *Der Nachsommer* (1857) stehen. Andererseits aber wird es in einem weiteren Sinne gebraucht, um jeden Roman – nicht nur Romane in deutscher Sprache – zu kennzeichnen, der vom Eintritt eines jungen Mannes in die Welt der Erwachsenen handelt. [63] Jede diese Verwendungsformen beruht jedoch auf falschen Voraussetzungen. Die erste ist anachronistisch, denn der weitverbreitete Gebrauch dieses Ausdrucks geht nur bis auf das Jahr 1870 zurück, als Dilthey schrieb: »Ich möchte die Romane, welche die Schule des Wilhelm Meister ausmachen (denn Rousseaus verwandte Kunstform wirkte auf sie nicht fort), Bildungsromane nennen.« [64] Da Goethe, Wieland und Stifter das Wort *Bildungsroman* nicht verwendeten, dient es dazu, ihre Romane aus der Retrospektive einzuordnen. Die Konstruktion literarischer Taxonomien ist jedoch nicht das Ziel gattungstheoretischer Überlegungen. Alastair Fowler hat vor kurzem daran erinnert, daß »in Wirklichkeit eine Gattung viel weniger von einem Taubenschlag als von einer Taube an sich hat und daß die Gattungstheorie ganz unterschiedlich angewendet wird, je nachdem, ob man sie mit Kommunikation oder Interpretation in Verbindung bringt.« [65] Gattungen, heißt das, sind keine zeitlosen Kategorien, sondern unterliegen dem ständigen Prozeß geschichtlicher Veränderung. Ihre Theorie muß die Zielvorstellungen, die die Autoren geleitet haben, und die Erwartungen, die die Leser geleitet haben, in ihren spezifischen historischen Situationen zu erschließen suchen. Nachdem Dilthey ihn in Umlauf gebracht hatte, drang der Ausdruck *Bildungsroman* in die Literaturgeschichte ein und bildete ein Element unter den Intentionen bestimmter Romanciers: Thomas Mann und Günther Grass haben ausdrücklich festgestellt, daß sie bei der Abfassung des *Felix Krull* und der *Blechtrommel* darauf abzielten, die Vorstellungen vom Bildungsroman, wie Dilthey sie in die Welt gesetzt hat, zu parodieren oder zu ironisieren. [66] Es gibt jedoch keinen Hinweis darauf, daß Kafka solchen Intentionen folgte. Seit der neuerdings erschienenen

Studie von Jürgen Pütz zu *Der Verschollene* ist es üblich geworden, sich mit der unbefriedigenden Schlußfolgerung zu begnügen, es handle sich weder um einen *Bildungsroman* noch um einen Anti-*Bildungsroman*, sondern er nehme »in der Tradition des Bildungsromans eine Sonderstellung« ein. [67]

Wenn Diltheys nachträgliche Anwendung des Begriffs *Bildungsroman* auf die Romane Goethes und seiner Zeitgenossen ein Beispiel für die Problematik gattungsmäßiger Zuordnung überhaupt darstellt, so liegt eine leichter feststellbare falsche Verwendung vor, wenn man den Begriff allzu großzügig auf jeden Roman verwendet, dessen Held sich vom Jugendlichen zum jungen Erwachsenen entwickelt. Der Fehler liegt hier in der Annahme, die Gattungszugehörigkeit eines Werkes ließe sich aus der Art seines Inhalts ableiten. Bei jeder Gattung stehen jedoch inhaltliche und formale Erscheinungen in einem wechselseitigen Abhängigkeitsverhältnis zueinander; dabei dürften die formalen Erscheinungen sogar wichtiger sein als die inhaltlichen. Nicht jedes Gedicht über eine Hochzeit ist ein Epithalamium.

Der Versuch, den Roman gattungstheoretisch festzulegen, steckt bekanntlich voller Schwierigkeiten: Der Begriff »Roman« umfaßt offensichtlich zahlreiche unterschiedliche Arten erzählender Dichtung; die Erwartungen, die man den meisten von ihnen entgegenbringt, wirken unterschwellig und sind nur schwer ins Bewußtsein zu bringen. Ausnahmen bilden dabei eigenständige Unterarten wie Science fiction oder der Detektivroman. Oft entwickelt sich eine Unterart in unerwarteter Weise fort, wenn nämlich ein Schriftsteller ein einzelnes Werk oder mehrere Werke eines Vorgängers als Muster heranzieht und ein drittes dann in ähnlicher Weise das Werk des zweiten weiterentwickelt. Gegenwärtig bilden beispielsweise Grass' *Die Blechtrommel*, Marquez' *Hundert Jahre Einsamkeit* und Rushdies *Midnight's Children* eine deutlich erkennbare Gruppe. Sie ließe sich möglicherweise als »moderne Familienchronik« bezeichnen, die man einerseits von den *Buddenbrooks*, andererseits vom *Tristram Shandy* ableiten könnte. Dies ist keine Festlegung von taxonomischer Verbindlichkeit, aber es ist auch keine bloße Feststellung über Quellen und Einflüsse. Es ist vielmehr ein Versuch, das sich verändernde Verhältnis zwischen den Intentionen von Autoren und der Entwicklung der Erwartungen ihrer Leser zu bestimmen. Wenn jemand niemals zuvor ein ähnliches Buch gelesen hat, wird er bei der Lektüre von *Midnight's Children* irritiert sein; wer jedoch mit den beiden früheren Romanen vertraut ist, verfügt über ein Bündel angemessener Erwartungen, mit denen er an den Roman herangehen kann.

Bei dem Versuch herauszufinden, welche Gattungsvorstellungen die Schriftsteller überhaupt vor Augen hatten, dürfen wir nicht erwarten, daß sie immer gattungstheoretisch festgelegte Begriffe verwenden. Anhaltspunkte für ihre Vorstellungen müssen wir häufiger in ihren Stellungnahmen zu ihren Vorgängern suchen, über deren Einfluß sie sich klar waren. Kafkas Tagebuch enthält eine solche Stellungnahme zur Entstehungsgeschichte seines Romans *Der Verschollene*:

> Dickens *Copperfield* (*Der Heizer* glatte Dickensnachahmung, noch mehr als der geplante Roman). Koffergeschichte, der Beglückende und Bezaubernde, die niedrigen Arbeiten, die Geliebte auf dem Landgut, die schmutzigen Häuser u. a., vor allem aber die Methode. Meine Absicht war, wie ich jetzt sehe, einen Dickens-Roman zu schreiben, nur bereichert um die schärferen Lichter, die ich der Zeit entnommen, und die mattern, die ich aus mir selbst aufgesteckt hatte (T 535–536).

Obgleich Kafka nicht genau darlegt, was er unter Dickens' Methode versteht, hat sein eigener Roman sicherlich mit *David Copperfield* die grundlegende Erzählstruktur gemeinsam, nach der der Held mit verschiedenen Milieus und Figuren konfrontiert wird. Dickens hatte diese Erzählstruktur vom aussterbenden Pikaro-Roman übernommen, hatte dessen mehr episodischen Charakter durch Integration einer größeren Anzahl von Figuren in die Handlung weiterentwickelt und einen weitaus größeren Wert auf die Darstellung der Kindheit und Jugend des Helden gelegt. Er hatte die Kindheit mit großem Einfühlungsvermögen geschildert, wobei er den Leser die Welt der Erwachsenen durch die unschuldigen Augen des Kindes sehen ließ und indem er zeigte, wie sich Davids persönliche Beziehungen entwikkelten, während er aufwuchs: David sucht nach Ersatzeltern (Murdstone, Micawber; Peggotty, Aunt Betsey Trotwood); nach und nach lernt er, zwischen vertrauenswürdigen und nicht vertrauenswürdigen Freunden zu unterscheiden (Traddles, Steerforth) und findet seinen Weg über das Prinzip von Versuch und Irrtum (Heirat mit Dora) zu einer passenden Partnerin (Agnes). Kafka übernahm von Dickens nicht nur die im Tagebuch verzeichneten Motive, sondern auch die episodisch angelegte Handlungsstruktur, die Unterschiede der Figuren und deren Verhältnis zueinander sowie die Hervorhebung der Kindheit mit ihren moralischen und psychischen Problemen. Aber alles das kann man nicht als Übernahme von Einzelstücken aus einer bestimmten Quelle betrachten, sondern vielmehr als Ausrichtung auf die Eigenarten eines Romantyps, des »Dickens-Romans«, von dem Kafka ein weiteres Exemplar schreiben wollte. Diese Eigenarten bilden, wie Fowler es nennt, das Repertoire einer Unterart. [68] Es spielt dabei keine Rolle, wie wir und ob wir überhaupt diese Unterart bezeichnen (etwa als »pikaresken Kindheitsroman«), vorausgesetzt, wir sind uns darüber klar, daß sie nicht als eine ahistorische Kategorie existiert, sondern daß sie sich als ein offenes Wechselspiel von Erwartungserfüllung und Erwartungsenttäuschung darstellt, das sich während eines bestimmten geschichtlichen Zeitraums zwischen Autor und Leser vollzieht.

Es läßt sich jetzt skizzieren, in welcher Weise Kafka das moralische Potential dieser Unterart weiterentwickelt. Aus Karls Charaktereigenschaften heben sich vor allem sein Gerechtigkeitssinn und seine Loyalität den Eltern gegenüber hervor. Er beklagt sich nie über die Ungerechtigkeit, mit der er – wie wir aus dem an den Stil Kleists erinnernden Einleitungssatz erfahren – selbst behandelt worden ist, sondern er träumt weiter davon, die Zuneigung seiner Eltern wiederzugewinnen. Sein Verständnis von Gerechtigkeit weicht jedoch von dem, das in der Erwachsenenwelt üblich ist, ab. Für Karl besteht Gerechtigkeit darin, jemandem ein verdientes Lob oder einen verdienten Tadel auszusprechen; für die Erwachsenen liegt sie darin, aus der Einsicht in die Verantwortung Strafe zu vollziehen. Wie die Werke *In der Strafkolonie* und *Der Prozeß* zeigen, wird Schuld immer als zweifellos gegebene betrachtet; der Sinn der Gerechtigkeit liegt nicht darin, Vergehen aufzudecken, sondern sie zu bestrafen. Deshalb sind Karls Versuche, sich für den Heizer einzusetzen, erfolglos, denn was Karl als eine »Sache der Gerechtigkeit« (V 46) erscheint, wird von seinem Onkel umgekehrt als eine »Sache der Disziplin« verstanden (V 48). [69] Dieser erste Mißerfolg mindert jedoch Karls Idealismus keineswegs. Er verhält sich gegenüber Delamarche und Robinson mit einer naiven Großzügigkeit: Als sie sich über seine Salami hermachen, kommt es ihm zu kleinlich vor, darum zu bitten, ein Stückchen abzubekommen. Obwohl er ihnen vorhält, die Photographie seiner Eltern gestohlen zu haben, bietet er ihnen den ganzen Inhalt seines Koffers an, um sie zurückzuerhalten. Selbst in den mißlichsten Situationen – während seiner Gefangenschaft in Bruneldas Wohnung etwa – bleibt er auf eine geradezu rührende Weise höflich, gutwillig und hilflos. Zugegeben – andere Interpreten sind weitaus kritischer mit ihm umgegangen. Politzer beklagt, daß er engstirnigen, angepaßten, kleinbürgerlichen Moralvorstellungen folge: »Seine Sparsamkeit, sein Geldbewußtsein, sein Mißtrauen und seine allgemeine Lebensangst sind der Enge seiner Erziehung zuzuschreiben.« [70] Aber diese Eigenschaften müßten sehr empfehlenswert erscheinen in der Halsabschneiderwelt, die Kafkas Amerika ist, und es ist schade, daß Karl nicht noch besser mit ihnen ausgestattet ist. Sein Schicksal zeigt, daß er nicht mißtrauisch genug ist, um überleben zu können. Die weitverbreitete Ansicht, er sei ein argloser und treuherziger Charakter, scheint im großen und ganzen richtig zu sein.

In der Dichtung Kafkas erscheint Schuld als psychologische und als moralische Schuld. Sie geht nicht aus den Handlungen des Helden hervor, sondern sie geht ihnen voraus. Ein reines Gewissen ist keine Garantie dafür, ohne Schuld zu sein – Schuld ist so tief im Menschen versteckt, daß er sie erst empfindet, wenn er durch die Anklagen anderer auf sie aufmerksam gemacht wird. Dies ist das Problem, das sich in dem Erzählschema realisiert, wie Jahn es aufgedeckt hat: Eine schuldlose Person lädt Schuld auf sich und wird aus der sicheren Ordnung verstoßen, in der sie bis dahin gelebt hat. Wir können nun dieses abstrakte Erzählschema als erzählte Handlung anschaulich werden lassen. Karl befindet sich wiederholt in einer Umgebung, die ihm anscheinend Sicherheit bietet: in der Obhut seiner Eltern oder von Personen, die an ihre Stelle treten, wie Onkel Jakob oder die Oberköchin. Er läßt sich einen Verstoß zuschulden kommen, der entweder auf das Fehlverhalten anderer zurückgeht oder in einer geringfügigen Nebensächlichkeit besteht – er läßt sich von Johanna Brummer verführen; er folgt nicht dem unausgesprochenen Wunsch des Onkels, Pollunder nicht zu besuchen; er verläßt seinen Posten am Lift – und wird jedesmal unverhältnismäßig hart bestraft, indem er verstoßen wird, ohne daß eine Hoffnung auf Rückkehr bleibt. Jeder dieser Vorfälle schließt eine Unbotmäßigkeit den Eltern gegenüber ein. Nicht nur Onkel Jakob, sondern auch Pollunder und Green sind Ersatzväter. An den beiden letzten zeigt sich, wie sich das Vaterbild in eine gute und eine schlechte Hälfte aufteilt; alle drei jedoch sind Abwandlungen des Vatertyps, auf den man überall in den Erzählungen trifft, die Kafka im Herbst 1912 geschrieben hat. Dieser Vatertyp ist stets riesenhaft. »Mein Vater ist immer noch ein Riese«, denkt Georg Bendemann (E 59). Als Gregor Samsa von seinem Vater zurückgescheucht wird, ist er erstaunt über die »Riesengröße seiner

Stiefelsohlen« (E 116). Der Heizer wird zuerst als »ein riesiger Mann« (V 8) eingeführt. Pollunder und Green sind beide »große dicke Herren« (V 68), und Karl ist beeindruckt von »der riesigen Gestalt Greens« (V 79). Dieser Vater-Typ kann gütig oder streng sein. Wenn er gütig ist, ist er auch schwach: Der Heizer benötigt Karls Hilfe, um seine Ansprüche geltend zu machen, und Pollunder wirkt schlaff, bleich und ängstlich. Der gütige Vater erscheint mit einem leicht homosexuellen Einschlag: Der Heizer und Karl liegen Seite an Seite in des Heizers Bett, später halten sie sich bei der Hand. Onkel Jakob umarmt und liebkost Karl. Im Gegensatz dazu ist der strenge Vater furchterregend stark. In *Das Urteil* und in *Die Verwandlung* wechselt das Erscheinungsbild der Väter abrupt vom hilflosen alten Mann in eine kraftvolle und einschüchternde Verkörperung überlegener Autorität, wogegen in *Der Verschollene* der schwächliche Pollunder schließlich zurücktritt und durch Green ersetzt wird, der dann allerdings so gewaltig erscheint, daß Karl sich fragt, ob er Pollunder verschlungen hat. Der Typ des strengen Vaters ist heterosexuell veranlagt: Green, ein Junggeselle, von dem Karl annimmt, er führe ein loses Leben, streichelt Klara »mit deutlicher Absicht« (V 84).

Der Vater-Typ, der in Kafkas früher Dichtung erscheint, hat in der Regel ohne Zweifel etwas von Hermann Kafkas massiger Gestalt und seinen schrecklichen Wutanfällen an sich, aber er ist zugleich auch das Produkt von Kafkas Lektüre. Man findet ihn schon vor in der Person des Herrn Benjamenta in Robert Walsers *Jakob von Gunten.* Wir wissen, daß Kafka dieses Buch gelesen hat, und zwar wahrscheinlich schon 1909 (Br 75). Benjamenta betreibt ein mysteriöses Internat, in dem es anscheinend außer seiner Schwester keine anderen Lehrpersonen gibt. Er ist von riesenhafter Größe: »Herr Benjamenta ist ein Riese, und wir Zöglinge sind Zwerge gegen diesen Riesen, der stets etwas mürrisch ist«, sagt der Erzähler, der ihn auch mit Samson und Goliath vergleicht. [71] Benjamenta ist dazu auch noch eine zweideutige Figur: Er versucht, Jakob von Gunten zu erwürgen. Der kann sich von ihm nur dadurch befreien, daß er ihn in den Finger beißt. Kurz darauf verhält er sich andererseits sehr sanft gegenüber Jakob und möchte ihm einen Kuß geben. Am Ende trifft man beide an, wie sie sich zu einem nicht näher bestimmten Ziel aufmachen. Benjamentas sehr große Gestalt und sein Schwanken zwischen Brutalität und einer ins Homosexuelle abgetönten Sanftheit verschmelzen offenbar mit eigenen Erfahrungen Kafkas. Werfels kurzer dramatischer Entwurf *Die Riesin*, in dem ein Besuch bei einer riesigen Frauengestalt namens Penthesilea beschrieben wird, die man in einem Zirkus zur Schau stellt, trug ebenfalls zu Kafkas Vaterbild bei, in dem viele Eindrücke zusammenkommen. Was sich in Kafkas Erinnerung festgesetzt zu haben scheint, ist das Bild einer riesigen Gestalt, die auf einem Podium steht und hoch über die Zuschauer emporragt – wie es der alte Bendemann tut, als er im Bett steht, wie es Herr Samsa tut, als er dem auf den Boden kriechenden Gregor gegenübertritt, und wie es Green tut, als er oben auf der Treppe steht.

Karls Vorgesetzte dienen auch als Ersatzeltern. Die mütterliche Oberköchin tritt für ihn ein, als er von so strengen Vaterfiguren wie dem Oberkellner und dem noch brutaleren Oberportier bestraft wird. Als er das Büro des Oberkellners verläßt, entdeckt Karl die leise Andeutung einer sexuellen Beziehung zwischen diesem und der Oberköchin: »Während er sich zum Abschied verbeugte, sah er flüchtig, wie der Oberkellner die Hand der Oberköchin wie im Geheimen umfaßte und mit ihr spielte« (V 253). Eine ähnliche Andeutung eines unausgesprochenen Treuebruchs gibt es in der Erzählung *Die Verwandlung*. Nachdem eine Beratung in der Familie dazu geführt hat, Gregor nicht mehr als Person anzuerkennen, kriecht dieser zum letzten Mal in sein Zimmer zurück und sieht dabei, als er sich umschaut, wie das Bündnis, das sein Vater und seine Schwester gegen ihn eingegangen sind, sich in ihrer Haltung kundgibt: »der Vater und die Schwester saßen nebeneinander, die Schwester hatte ihre Hand um des Vaters Hals gelegt« (E 135).

Es handelt sich nicht um schlichte Unbotmäßigkeit, sondern um eine besondere Art von Vergehen, das Karl mehrfach in erniedrigende Situationen bringt: es handelt sich um ein sexuelles Vergehen oder auch nur um die bloße Möglichkeit eines solchen. Er wurde ursprünglich nach Amerika geschickt, weil er sich durch ein Dienstmädchen hatte verführen lassen. Als Pollunder Karl zu einem Treffen mit seiner Tochter Klara in sein Haus einlädt, verschafft er ihm damit anscheinend eine weitere Möglichkeit, sexuelle Erfahrungen zu machen. Darin dürfte der unausgesprochene Grund für Onkel Jakobs Mißbilligung dieses Besuches liegen. Bevor er Karl den Brief seines Onkels aushändigt, fragt Green argwöhnisch. »Was haben Sie denn bei Fräulein Klara getrieben?« (V 121). Einer der Gründe für das Mißtrauen des Hotelpersonals Karl gegenüber liegt in der Annahme, er habe vor, in der Nacht Brunelda zu besuchen. – Delamarche weist ebenfalls väterliche Züge auf: Er rettet Karl vor der Polizei, und es kommt zu einem körperlichen Kontakt, als er Karl, der sich erschöpft an ihn lehnt, die Stirne streichelt. Auch er sucht Karl von Frauen fernzuhalten; so untersagt er ihm, zu drei Frauen in der Nachbarwohnung hinüberzublicken, und deutet an, es handle sich um Prostituierte.

Es steckt eine ausgesprochene Ironie darin, daß sich für Karl sexuelle Erlebnisse immer mit unangenehmen Erfahrungen verbinden. So erinnert er sich nur mit Widerwillen daran, wie er von Johanna Brummer verführt worden ist. Klara verhält sich ihm gegenüber zudringlich bis zur Aggressivität, als sie ihn gewaltsam mit Hilfe eines »Jiu-Jitsu«-Griffes (V 91) auf ein Kanapee legt und ihm eine Ohrfeige zu verpassen droht. Als er sie zum nächsten Mal sieht, ist ihr Nachtkleid zerknautscht, und ihr Gesicht glüht. Das läßt darauf schließen, daß sie und Mack, der dann auch tatsächlich im Nebenzimmer im Bett liegt, engen Liebeskontakt hatten. Eine solche voyeuristisch anmutende Situation tritt ebenfalls ein, als Karl und Robinson sich auf dem Balkon vor dem Zimmer befinden, das Delamarche mit Brunelda teilt; dort berichtet Robinson, wie es ihm einmal gelungen ist, einen Blick auf Brunelda zu werfen, als sie völlig nackt war. Im ganzen Roman erscheinen Frauen, die in sexueller Hinsicht aktiv sind, als herrisch, abstoßend und zuweilen als gewalttätig. Die Rauferei, die sich zwischen Klara und Karl abspielt, hat ihre Vorlage wahrscheinlich in Sacher-Masochs *Venus im Pelz* – ein Buch, das seine Spuren in Kafkas Werk überall hinterlassen hat. [72] Der in ihm auftretende Erzähler, der masochistisch veranlagte Severin, wird freiwillig der Sklave Wanda von Dunajews, die ihn physisch und psychisch quält. Sie stürzt ihn in qualvolle Eifersucht, indem sie eine Liebesbeziehung zu einem gutaussehenden Griechen aufnimmt. Severins Qualen gipfeln in einer Szene, in der Wanda ihm zunächst erzählt, sie sei der Grobheit des Griechen überdrüssig und liebe nur ihn, Severin. Dann fesselt sie ihn und trifft Vorbereitungen, ihn auszupeitschen, als plötzlich der Grieche hinter den Vorhängen von Wandas Himmelbett auftaucht und eigenhändig Severin mit der Peitsche bearbeitet. – Karls einzige gleichaltrige Freundin ist Therese. Sie ist zwar schon achtzehn Jahre alt, aber körperlich noch nicht voll entwikkelt. Darin liegt ein Hinweis darauf, daß Freundschaft nur mit solchen Frauen möglich ist, die den Mann nicht durch mehr oder weniger offen zur Schau getragene Reize herausfordern. Im Gegensatz, der zwischen Klara und Therese besteht, haben wir Kafkas Version des zu seiner Zeit gängigen Gegensatzpaares von *femme fatale* und *femme fragile* vor uns. Der eine Frauentyp ist dämonisch, gewalttätig und gefährlich, wie es bei Sacher-Masochs Wanda und Wedekinds Lulu der Fall ist; der zweite ist demgegenüber leidend und sexuell unterentwickelt oder beides zusammen, wie zum Beispiel Hauptmanns Hannele oder Gabriele Klöterjahn in Thomas Manns *Tristan.* [73]

Der Grundriß des Romans *Der Verschollene* läßt sich nun so kennzeichnen: Zunächst findet Karl Zuwendung und Fürsorge von Eltern oder von Personen, die ihn wie ihren eigenen Sohn behandeln; aber Erfahrungen im sexuellen Bereich oder gar nur die bloße Möglichkeit solcher Erfahrungen lassen ihn schuldig erscheinen und führen zu seiner Verurteilung und Verstoßung. Schuld wird immer als zweifelsfrei gegebene betrachtet. Ein reines Gewissen, ja nicht einmal eine Abneigung gegen den Bereich des Sexuellen sind eine Entschuldigung. Sie können es auch nicht sein, denn was Karl auch immer mit Bewußtsein denken und fühlen mag – der Sexualtrieb ist in seinem vor- und unterbewußten physischen Dasein immer schon zugegen. Er wird deshalb nicht für das bestraft, was er tut, sondern für das, was er ist. Er ist einer der zahlreichen Helden Kafkas, die auf die Unvereinbarkeit ihres Bewußtseins und ihres physischen, triebhaften, unbewußten Seins stoßen. Kafkas ausführliche dichterische Darstellung dieser unüberbrückbaren Kluft ist *Der Prozeß*; hier geht Josef K.'s Schuld nicht aus seinen Handlungen hervor, sondern aus seinem Dasein als die Person, die er ist.

In dem Roman *Der Verschollene* ist es Kafka jedoch noch nicht gelungen, seine Thematik der unausweichlichen Schuld in eine überzeugende erzählerische Form umzusetzen. Statt dessen hat er eine Reihe von Episoden geschrieben, in der sich die Grundsituation in mechanisch wirkender Weise wiederholt. Für Karl bietet sich keine Möglichkeit, seine Persönlichkeit zu entfalten, sondern er bleibt gefangen im Kreislauf von Beschuldigung und Verstoßung. Tatsächlich hat das erste der beiden Hauptthemen in *Der Verschollene* keine erzählerische Dynamik. Das zweite, die Darstellung der von der Technik bestimmten städtischen Welt Amerikas, besteht schlicht aus einer statischen Schilderung, die nur lose mit den Ereignissen der Romanhandlung verknüpft ist. Kafka hat beide Themen mit großer Kunstfertigkeit entwickelt, aber er hat es nicht vermocht, sie miteinander in Beziehung zu setzen. Schillers berühmte Feststellung zur dialektischen Entwicklung des Helden in *Wilhelm Meisters Lehrjahre* – »er tritt von einem leeren und unbestimmten Ideal in ein bestimmtes tätiges Leben, aber ohne die idealisierende Kraft dabei einzubüßen« [74] – würde auf Karl nicht zutreffen: Weil sein individueller moralischer Sinn und die amerikanische Umwelt so beziehungslos nebeneinanderstehen, daß sie nicht einmal in Konflikt miteinander geraten, könnte es zu einer dialektischen Lösung nicht kommen. Kafka konnte die Geschichte nur zu Ende führen, indem er sich dazu entschloß, ihre Aussageweise drastisch in Richtung auf eine ironische Allegorie abzuändern – nämlich im Kapitel »Theater von Oklahoma«.

Damit soll selbstverständlich *Der Verschollene* nicht als mißlungen bezeichnet werden. Das einzige literarische Vergehen liegt, wie Henry James sagt, darin, den Leser zu langweilen; *Der Verschollene* ist wohl dasjenige unter Kafkas größeren Werken, das man am ehesten ohne Unterbrechung lesen kann. Das Werk besitzt nicht die eindringliche Tragik, die *Der Prozeß* aufweist, aber auch nicht die zahlreichen *longueurs*, die *Das Schloß* kennzeichnen. Es enthält einige der schönsten komischen Szenen, die Kafka geschrieben hat. Trotzdem war die Romanform wohl kaum die einem Schriftsteller am ehesten gemäße Ausdrucksweise, der – wie Kafka – sein Werk nicht im voraus plante, sich auf die Eingebung des Augenblicks verließ und sich damit schwer tat, jeder Erzähleinheit über den Rahmen einer Einzelepisode hinaus ihre Struktur zu geben. Mit der Erzählung *Das Urteil* hatte er schon bewiesen, daß er imstande war, eine kurze, dichte, kraftvolle Geschichte zu schreiben. Wenn er ein längeres Werk schreiben wollte, hatte er zwei Probleme zu bewältigen: Er mußte ihm eine übergreifende Struktur geben, die es zu mehr als einer bloßen Folge von Episoden werden ließ, und er mußte eine organische, nicht nur äußerliche Beziehung herstellen zwischen den moralischen und psychologischen Fragen, die ihn interessierten, und dem szenischen Hintergrund, vor dem er diese Fragen darstellen wollte.

Die Verwandlung – geschrieben im November und Dezember 1912 – bringt die Lösung dieser beiden Probleme; diese Erzählung ist vielleicht Kafkas erfolgreichstes Werk. Wie er in ihr Strukturprobleme behandelt hat, wurde bereits gegen Ende des letzten Kapitels angedeutet. Die jiddischen Familiendramen, die er gesehen hatte, dienten ihm als Modell für Spannung und Dichte. Die drei Abschnitte der *Verwandlung* entsprechen den drei Akten eines Schauspiels. Genauso, wie es in *Der Verschollene* der Fall ist, variiert jeder Abschnitt dieselbe Grundsituation: Sie besteht darin, daß Gregor zum Schrecken seiner

Familie sein Zimmer verlassen will und wieder zurückgetrieben wird. Hier jedoch gipfeln die drei Abschnitte in einer dramatischen Klimax. Als Gregor zum dritten Mal aus seinem Zimmer herauszukommen versucht, befürchtet seine Familie, er wolle ihre Zimmerherren erschrecken und vertreiben und ihr dadurch den Lebensunterhalt nehmen. Sie beschließen deshalb, das Ungeziefer dürfe nicht länger für Gregor gehalten werden und müsse verschwinden – eine Entscheidung, in die Gregor sich fügt, indem er voller Ergebenheit stirbt. – Die Geschichte erhält zusätzliche dramatische Ausdruckskraft dadurch, daß die Familie Samsa eine Kräftekonstellation aufweist, in der das kraftvollste Mitglied die übrigen beherrscht. In jedem der drei Abschnitte liegt ein auf unterschiedliche Weise zustandegekommener Kräfteausgleich vor. Bis zum Beginn der Erzählung ist Gregor die dominierende Figur, da die Familie von seiner Unterstützung lebt; nach seiner Verwandlung geht die Führungsrolle auf den Vater über, und schließlich wird die Schwester die bestimmende Kraft: Sie beruft den Familienrat ein und besteht darauf, daß das Ungeziefer verschwinden muß. Auf diese Weise verleiht Kafka der Erzählung ihre dramatische Spannung, verschärft den in ihr dargestellten Konflikt und gibt ihr einen wechselvollen Ablauf.

Ein Teil der intensiven Wirkungskraft der Geschichte beruht auf Kafkas sehr eigenständig ausgeprägter Erzähltechnik. Friedrich Beißners wegweisender Vortrag *Der Erzähler Franz Kafka* lenkte zuerst die Aufmerksamkeit auf Kafkas monoperspektivische Erzählweise. [75] Indem Kafka den Leser auf die Erzählperspektive des Protagonisten festlegt, veranlaßt er ihn, an dessen beunruhigender Erfahrung teilzunehmen, und bringt in ihm das Gefühl hervor, einem ähnlich zwanghaften Geschehen zu unterliegen. Beißners Schlußfolgerungen bedürfen jedoch der Modifikation, denn selbst in seiner frühen Dichtung löst Kafka sich in mancherlei Hinsicht von der strengen Bindung an diese Erzählperspektive. Selbst wenn in der Erzählung *Das Urteil* alles vom Bewußtsein Georg Bendemanns aus vermittelt wird, veranlassen doch einige Hinweise im Text den Leser, sich von Georg in kritischer Weise zu distanzieren. Dazu gehört zum Beispiel, daß sich Georgs Vorhaben, seinem Freund kurz und bündig einen Brief zu schreiben, als nicht ohne weiteres durchführbar erweist; ähnlich einzuordnen sind seine nicht näher erklärten Hemmungen, seinen Freund über seine Verlobung zu unterrichten, und ebenso zu beurteilen ist seine deutliche Befriedigung darüber, ein Mädchen »aus wohlhabender Familie« (E 56, 57) zur Frau zu bekommen. Alles dies soll bewirken, daß der Leser sich in Distanz zum Geschehen setzt. [76] Obwohl im Roman *Der Verschollene* Amerika mit den Augen Karls gesehen wird, können doch viele beschreibende Passagen ebensogut von einem unabhängigen Erzähler herrühren (z.B. V 140–141; 142–143), und gelegentlich zeigt der Gebrauch der »als-ob«-Konstruktion, daß der Erzähler für einen Augenblick einen Platz außerhalb von Karls Bewußtsein eingenommen hat (V 11, 12). In keiner dieser Erzählungen ist die Erzählweise so strikt monoperspektivisch, wie Beißner glauben machen möchte. In *Die Verwandlung* richtet sich die Erzählperspektive zunächst von außen, dann von innen auf das Geschehen, so daß sie zweigleisig zu sein scheint:

> Als Gregor Samsa eines Morgens aus unruhigen Träumen erwachte, fand er sich in seinem Bett zu einem ungeheueren Ungeziefer verwandelt (E 71).

Hier stellt der Erzähler den Leser sofort auf einen Standort, von dem aus er mehr wahrzunehmen vermag als Gregor, indem er nämlich einen Sachverhalt enthüllt, über den Gregor selbst sich noch keine Klarheit verschaffen kann. Für den Rest des ersten Abschnittes sind wir dann eingetaucht in Gregors Bewußtsein; wir nehmen voller Befremden teil an seinen Bemühungen, seinen schwerfälligen Körper aus dem Bett zu bringen und die Schlafzimmertür mit den Kiefern zu öffnen. Aber gleichzeitig wissen wir, daß er sich dabei Illusionen hingibt, und wir würden über sein sinnloses Unterfangen lachen, wenn wir nicht durch die Erzähltechnik gezwungen wären, verstört seinen vergeblichen Kampf nachzuvollziehen. Kafkas Leistung als Erzähler liegt hier und anderswo darin, den Leser innigen Anteil an den Gefühlen des Helden nehmen zu lassen, obwohl er ihm von seinem Wissensstand her überlegen ist. Darin liegt meiner Meinung nach der wirkliche Grund dafür, daß sein bestes Werk faszinierend und verstörend in einem ist. Es vermittelt uns einen Eindruck davon, was es heißt, daß das Wissen in Widerspruch gerät zur sinnlichen Erfahrung. Das geschieht dann, wenn diese sich als unmittelbarer und eindrucksvoller erweist als das Wissen. Diese Diskrepanz zwischen dem, was man weiß, und dem, was man mit allen Sinnen spürt, ist ja eine der häufigsten Erfahrungen, die wir in unserem Leben machen. Sie läßt sich literarisch jedoch nur schwer wiedergeben, weil die einfühlende Identifikation mit einer Figur – gemeint ist damit eine aus gefühlshafter Anteilnahme an ihrem Leiden hervorgehende Erfahrung der Zusammengehörigkeit – sich nur schwer vereinbaren läßt mit der ironischen Form der Identifikation, bei der man die Situation dieser Figur vom höher gelegenen Standort des Wissens aus begreifen oder betrachten kann. [77] Aber Kafka ist es gelungen, beide zu integrieren. Wir erleben einerseits Gregors Verzweiflung mit, aber wir haben andererseits gleichzeitig auch die Mitteilung über seine Verwandlung im Kopf, die uns der Erzähler zu Beginn hat zukommen lassen, über die Gregor jedoch nicht verfügt. Sie ist unerläßlich für das grundlegende Verständnis der Geschichte, weil sie uns in die Lage versetzt, einen gefühlsmäßigen Abstand zu ihr einzuhalten. Ohne diesen Abstand würde es unerträglich weh tun, Gregors Leiden lesend mitzuvollziehen.

In der Erzählung *Die Verwandlung* hat Kafka für das Problem der Erzählstruktur eine Lösung gefunden und eine eigenständige Erzählperspektive entwickelt. Darüber hinaus ist es ihm jedoch auch gelungen, die Darstellung des Helden mit der Darstellung der sozialen Verhältnisse, in denen er lebt, zu verschmelzen. Wie wir gesehen haben, waren in *Der Verschollene* die Informationen über Amerika und dessen wunderbare technische Errungenschaften nicht im eigentlichen Sinn mit der Geschichte verwoben. Der Erzählablauf wird unterbrochen, damit Kafka New York beschreiben kann, dann setzt er von neuem ein. In *Die Verwandlung* werden wir über Gregors Tätigkeit als Handlungsreisender und über den Druck, den die Familie auf ihn ausübt, durch seine eigenen Reflexionen unterrichtet, die er anstellt, als er noch im Bett liegt. Mit dieser Erzähltechnik folgt Kafka Dostojewski. Mark Spilka hat gezeigt, wie eng die Eingangsszene der Verwandlung nach der Eingangsszene in Dostojewskis *Der Doppelgänger* gestaltet ist, wo Goljadkin erwacht und im Bett liegenbleibt, als ob er noch nicht sicher ist, »ob das, was sich um ihn abspielt, wirklich und tatsächlich oder nur die Fortsetzung seiner wirren Träume« ist, aber schließlich erkennt er sein ärmliches Zimmer und »den trüben, schmutzig-grauen Herbsttag.« [78] Diese Motive – die Träume, das Gefühl der Desorientierung, das düstere Zimmer, das trübe Wetter – liegen auch bei Gregors Erwachen vor. Der Unterschied liegt natürlich darin, daß er schon verwandelt ist, ohne sich allerdings darüber im klaren zu sein, während es sich bei Dostojewski um den Zeitpunkt kurz vor dem Auftreten von Goljadkins Doppelgänger handelt. Aber weniger die Parallelität der Motive ist wichtig als vielmehr die Methode der Charakterisierung, die Kafka von Dostojewski übernommen hat. Eine Figur wird bei Dostojewski normalerweise durch das, was in ihrem eigenen Bewußtsein vorgeht, dargestellt. So werden wir über Goljadkins Umgebung und Situation durch seine eigenen Gedankenabläufe unterrichtet. Selbst sein körperliches Erscheinungsbild wird nur erwähnt, als er sich prüfend im Spiegel betrachtet. Wir nehmen seinen Charakter nicht als einen festen, unveränderlichen Kern seiner Persönlichkeit wahr, erst recht nicht als Anhäufung einzelner Merkmale – wir erschließen vielmehr seinen Charakter aus der Art, in der er sich und seine Welt wahrnimmt. [79] In ähnlicher Weise ist es bei Gregor Samsa: Wir nehmen sein Zimmer wahr, indem wir seinem umherschweifenden Blick folgen; anstatt ihn bei der Arbeit zu sehen, erfahren wir etwas über seine Tätigkeit durch die ungehaltenen Überlegungen, die er dazu anstellt. Unsere Aufmerksamkeit wird so von der Tätigkeit selbst verlagert auf die Wirkung, die sie in Gregors Bewußtsein hinterläßt.

Mit der Erzählung *Die Verwandlung*, so läßt sich deshalb sagen, erweitert und vertieft Kafka seine Erkundung des Wesens der modernen Arbeit, die er bereits im Roman *Der Verschollene* vorgenommen hatte. Während er in diesem Roman jedoch die äußeren Merkmale moderner Arbeit herausstellt – atemlose Hast, Abhängigkeit von einem Zeitplan, rigide Disziplin, Furcht vor Arbeitslosigkeit – lenkt er in *Die Verwandlung* den Blick nach innen in das Bewußtsein der Arbeitenden. Die Kritik, die er hier an der modernen Arbeitswelt übt, überschneidet sich in mancherlei Hinsicht mit den kritischen Aspekten, die *Der Verschollene* enthält. Gregors Firma ist genauso paternalistisch strukturiert wie das Hotel Occidental. Der »Chef« hat die sonderbare Angewohnheit, nicht hinter seinem Schreibtisch zu sitzen, sondern auf ihm, und er redet von dieser hohen Position herab mit seinen Angestellten, die – um ihre buchstäbliche Erniedrigung noch spürbarer werden zu lassen – wegen seiner Taubheit ganz nahe an ihn herantreten müssen, wenn sie gehört werden wollen. Eine andere Eigenart der Firma, in der Gregor beschäftigt ist, liegt darin, daß sie ihre Angestellten pausenlos überwacht. Gregor befürchtet, er werde im Falle der Krankmeldung nicht nur vom Krankenkassenarzt, sondern vom Chef persönlich aufgesucht werden. Als er frühmorgens den Fünf-Uhr-Zug nicht hat bekommen können, führt das tatsächlich dazu, daß der Prokurist ihn zu Hause aufsucht – nur zehn Minuten, nachdem die Geschäftszeit begonnen hat. Kafka legt einen besonderen Nachdruck auf Gregors Abhängigkeit von der Uhr. Als er den Fünf-Uhr-Zug und den Sieben-Uhr-Zug verpaßt hat, beschließt er, den Zug um acht Uhr zu nehmen. Beim Aufwachen stellt er fest, daß es bereits halb sieben Uhr ist; die weiteren Ereignisse folgen einem genauen Zeitplan: Seine Mutter klopft um viertel vor sieben an die Tür seines Zimmers; er nimmt sich vor, auf jeden Fall aufzustehen, bevor die Uhr viertel vor sieben schlägt; voller Schrecken gerät er in Eile, als der Prokurist um zehn Minuten nach sieben eintrifft. *Die Verwandlung* erschien genau zur selben Zeit wie die berühmte Abhandlung *Die Großstädte und das Geistesleben*, in der Georg Simmel unter vielen anderen Punkten auch Überlegungen dazu anstellt, daß sich das moderne Großstadtleben an strenge zeitliche Ordnungssysteme halten muß:

> Wenn alle Uhren in Berlin plötzlich in verschiedener Richtung falschgehen würden, auch nur um den Spielraum einer Stunde, so wäre sein ganzes wirtschaftliches und sonstiges Verkehrsleben auf lange hinaus zerrüttet. Dazu kommt, scheinbar noch äußerlicher, die Größe der Entfernungen, die alles Warten und Vergebenskommen zu einem gar nicht aufzubringenden Zeitaufwand machen. So ist die Technik des großstädtischen Lebens überhaupt nicht denkbar, ohne daß alle Tätigkeiten und Wechselbeziehungen aufs pünktlichste in ein festes, übersubjektives Zeitschema eingeordnet würden. [80]

Gregor empfindet seine Arbeit als erschöpfend und abstumpfend. Er beklagt sich innerlich über das ständige Unterwegssein, über die Sorgen um die Zuganschlüsse, über das unregelmäßige und schlechte Essen und über die ständig wechselnden, nie andauernden, nie herzlicher werdenden menschlichen Beziehungen, auf die er eingeschränkt ist. Die Arbeit selbst – das Ausbreiten von Musterkollektionen, das Werben um Aufträge – wird nur am Rande erwähnt und erhält deswegen den Anschein einer kaum nennenswerten Tätigkeit, die Gregor innerlich nicht berührt. Dennoch bestimmt sie sein Leben; seine Mutter gibt diese Tatsache treffend wieder, als sie sagt: »Der Junge hat ja nichts im Kopf als das Geschäft« (E 80). Seine Familie ist für ihn nicht der Ort, an dem er Geborgenheit finden könnte, denn Gregor hat seit dem Zusammenbruch der Firma seines Vaters fünf Jahre zuvor die gesamte Familie durch seine Tätigkeit als Reisender unterstützen müssen. Erschwerend kommt noch hinzu, daß die Familie von seinem Firmenchef Geld geliehen hat; es wird noch fünf bis sechs Jahre dauern, ehe die Schuld getilgt ist und Gregor seine Tätigkeit aufgeben kann. Der Druck, dem er von allen Seiten ausgesetzt ist, wird lebendig veranschaulicht durch die Lage seines Schlafzimmers. Es hat drei Türen; eine führt ins Wohnzimmer, eine in das Schlafzimmer seiner Eltern und eine in das Zimmer seiner Schwester. Als Gregor sich beim Aufstehen verspätet, pocht an jede Tür jeweils ein Familienangehöriger, um ihn dringend zu mahnen, zur Arbeit zu gehen.

Gregor verbringt seine knapp bemessene Freizeit zu Hause und benutzt sie, um Zeitung zu lesen, Fahrpläne zu studieren oder um sich mit Laubsägearbeiten zu beschäftigen. Er hat nur geringe Möglichkeiten, sich in emotionaler und sexueller Hinsicht auszuleben. Er erinnert sich flüchtig an eine kurze Begegnung mit einem Stubenmädchen in einem Hotel; einmal hat er sich ernsthaft, wenn auch ohne Erfolg, um eine Kassiererin aus einem Hutgeschäft beworben. In der Zeit seiner Verwandlung stellt sich sein Sexualleben anscheinend in der Beziehung zu einer Dame mit einem Pelzwerk dar, dessen Bild er aus einer Illustrierten ausgeschnitten und an die Wand seines Schlafzimmers gehängt hat. Sie kann aus Sacher-Masochs Roman *Venus im Pelz* in Kafkas Erzählung gelangt sein; dort nimmt der Held, als er Wandas Sklave wird, den Namen Gregor an. Gregor hängt so sehr an diesem Bild, daß er, als seine Mutter und seine Schwester die Möbel aus seinem Zimmer räumen wollen, es zu retten versucht und es mit seinem Körper abschirmt. Ebenso wie der Bankkassierer in Georg Kaisers Drama *Von morgens bis mitternachts* (das ebenfalls 1912 geschrieben ist), der ein mechanisch-ereignisloses Dasein führt, bis ihn der Anblick einer exotischen, ihn sinnlich erregenden Frau aus Italien dazu bringt, Geld zu unterschlagen und zu fliehen, ist Gregor das Muster eines Angestellten, aber seine Unterwürfigkeit gegenüber seiner Firma und seine Abhängigkeit von der Uhr haben seine Entwicklung als menschliches Wesen verkümmern lassen. Er ähnelt den Arbeitern, die keine Zukunftsaussichten mehr haben, wie sie W.H. Auden eindrucksvoll in *New Year Letter* beschrieben hat:

> All in their morning mirror face
> A member of a governed race.
> Each recognizes what Lear saw,
> And he and Thurber like to draw,
> The neuter outline that's the plan
> and icon of Industrial Man.[81]

Gregors Einstellung zu seiner Arbeit geht natürlich auf Kafkas eigene Erfahrung zurück; er hat sie in früheren Schriften bereits zum Ausdruck gebracht. Eduard Raban, der Held der *Hochzeitsvorbereitungen auf dem Lande* (geschrieben zwischen 1907 und 1910), grübelt darüber nach, daß die Arbeit ihn so erschöpft: »Man arbeitet so übertrieben im Amt, daß man dann sogar zu müde ist, um seine Ferien gut zu genießen« (H 8). Er wünscht sich, seinen Körper losschicken zu können, der seine Pflichten übernehmen soll, während er selbst in Gestalt eines großen Käfers im Bett liegenbleiben könnte (H 12). Kafka klagt in seinen Briefen darüber, daß ihn seine Inspektionsreisen erschöpfen (Br 75, 77). Die Idee, *Die Verwandlung* zu schreiben, erscheint bei ihm zum erstenmal am Morgen des 17. November 1912, als er noch im Bett liegt und sich elend fühlt, weil er noch keinen Brief von Felice bekommen hat (F 102). Aber alles das ist selbstverständlich keine Erklärung dafür, warum der Gegensatz zu einem mechanisch ablaufenden Routinedasein die Verwandlung in einen Käfer sein soll. Das Bild vom »Ungeziefer« enthält außerordentlich viele Aussagemöglichkeiten; keine Interpretation kann sie erschöpfend erschließen – oder auch nur hoffen, das zu tun. Seine Beziehungen zu Kafkas Biographie machen jedoch eine Annäherung an seine Bedeutung möglich. Im *Brief an den Vater* (geschrieben 1919), erkennt Kafka den potentiellen Vorwurf an, sein Konflikt mit dem Vater sei ein »Kampf des Ungeziefers« (H 222) gewesen. Er bringt allerdings auch in Erinnerung, daß sein Vater 1911 Jizchak Löwy als ein »Ungeziefer« bezeichnet habe (H 171; cf. T 139). Im Brief an Felice vom 1. November 1912 sagte Kafka, nur das Schreiben habe seinem Leben Sinn gegeben: »Schrieb ich aber nicht, dann lag ich auch schon auf dem Boden, wert, hinausgekehrt zu werden« (F 65). In *Die Verwandlung* stößt die Bedienerin die Leiche Gregors mit dem Besen beiseite, und kurz darauf stellt sie fest, sie sei »weggeschafft« (E 141). Diese Aussagen verweisen auf drei Bedeutungen, die für Kafka mit dem Bild des Insekts verbunden sind: auf den aufsässigen Sohn, auf den galizischen Juden (der vom Prager Bürgertum mit Ablehnung betrachtet wird) und auf den Künstler. Alle drei sind in ihrem Verhältnis zur konventionellen, an westlicher Kultur orientierten Gesellschaft Außenseiter. Wie andere Schriftsteller seiner Generation war auch Kafka interessiert an Außenseitern der Gesellschaft: Wir können an den Typ des einfach-schlichten Menschen denken, der den Irritationen der Großstadt ausgesetzt ist, wie er uns in Josef K. in *Der Prozeß* begegnet und wie er auf sehr einfühlsame Art von Rilke in *Die Aufzeichnungen des Malte Laurids Brigge* (1910) geschildert wird, oder an verschiedene Außenseiter anderer Art (Akrobat, Neger, Heizer, Kuli), wie sie von Werfel in »An den Leser«, dem letzten Gedicht in *Der Weltfreund*

(1911) angesprochen werden. [82] Man kann die Verwandlung verstehen als die Erfüllung eines Wunschtraumes, sich selbst gegenüber einer eigensüchtigen Familie durchzusetzen, indem man sie in Schrekken versetzt, genau so aber auch als Ausdruck der Solidarität Kafkas mit den verachteten galizischen Juden. [83] Diese Bedeutungsmöglichkeiten scheinen jedoch lediglich beim Entstehungsprozeß der Erzählung eine Rolle gespielt zu haben, nicht aber im Text selbst realisiert worden zu sein. Es ist aber dennoch nützlich, diese Möglichkeiten im Auge zu behalten, weil dadurch der Gegensatz zwischen dem herkömmlichen, von der Mittelklasse vertretenen Bereich der streng geregelten Arbeit und den neuen Erfahrungen, die Gregor durch seine Verwandlung zugänglich werden, scharf hervortritt. Das muß jedoch näher untersucht werden.

Gregors Unfähigkeit – die den ganzen ersten Abschnitt hindurch anhält –, sich seiner mißlichen Lage bewußt zu werden, zeigt, daß er, selbst wenn er gefangen im Körper eines Insektes sitzt, weiterhin die mentale Verfassung eines Handlungsreisenden beibehält. Von der Notwendigkeit, an seine Arbeit zu kommen und den Prokuristen zu beruhigen, ist er innerlich so ausgefüllt, daß er keinen Gedanken an die äußerliche Verwandlung verschwenden kann, die mit ihm vorgegangen ist. Selbst nachdem er sich über sie klargeworden ist, macht er sich weiterhin Sorgen darüber, wie seine Familie ohne seine Einkünfte mit ihrer Lage fertigwerden soll. Möglicherweise bedeutet seine Verwandlung jedoch auch, daß sie selbst die ironische Erfüllung seines geheimen Wunsches ist, seine Tätigkeit loszuwerden; sie befreit ihn gewissermaßen vom Dasein des pflichtbewußten Sohnes und des musterhaften Angestellten, das die Gesellschaft ihm auferlegt hat. Wenn Elisabeth Rajec recht damit hat, den Namen »Samsa« vom tschechischen *sám* (»Selbst«) herzuleiten [84], dann hat Kafka damit möglicherweise angedeutet, daß man ihn selbst mit Gregor identifizieren müsse oder daß Gregor selbst in gewisser Weise für die Verwandlung verantwortlich sei. Manche Kommentatoren haben behauptet, Gregor ließe durch seine Verwandlung die unwahre, rein konventionelle Welt hinter sich und lege den wahren, innersten Kern seines Wesens bloß. So sagt zum Beispiel Wilhelm Emrich: »Die scheinbar phantastische Irrealität dieses ›Ungeziefers‹, gerade sie ist höchste Realität, der niemand zu entrinnen vermag.« [85] Die Methode, jemanden zu charakterisieren, die Kafka von Dostojewski übernahm, zeigt jedoch gerade, daß kein Ergebnis der Erforschung des eigenen Inneren an den wahren Kern, an das fundamentale Sein heranreicht, das unterhalb des Bewußtseins liegt. Weil eine Figur bei Dostojewski nicht aus der Sicht von außen, sondern durch das eigene Bewußtsein ihrer selbst hindurch porträtiert wird, kann sie nur den Bereich ihrer Person bloßlegen, der jederzeit ihrem Bewußtsein zugänglich ist. Auf den nicht aufgedeckten Rest muß man Rückschlüsse ziehen; letztlich bleibt er jedoch für die dargestellte Figur ebenso unzugänglich wie für den Leser. In seinen Erläuterungen zur Unfähigkeit der Charaktere Dostojewskis, zum Verständnis ihrer selbst zu gelangen, hat Lukács beobachtet, daß sie sich selbst Prüfungen zu unterziehen pflegen [86]. Raskolnikow zum Beispiel begeht einen Mord, um festzustellen, ob er ein potentieller Napoleon ist. Aber diese Experimente bleiben immer ohne Ergebnis, weil das Selbst nicht aufgedeckt werden kann. Es entzieht sich allen Versuchen, es zu bestimmen. Es spielt keine Rolle, wo der Beobachter seinen Standpunkt einnimmt – das Selbst liegt immer schon jenseits des Bewußtseinshorizonts.

Genauso unzugänglich ist das Selbst auch bei Kafka. Wie es bei Georg Bendemann der Fall ist, verbirgt sich in jemandes »eigentlicher« Identität immer eine andere, die »noch eigentlicher« ist; ein letzter, fixierbarer Kern der Identität jedoch findet sich nicht. So ermöglicht seine Verwandlung Gregor verschiedenartige Einblicke in sein eigenes Sein; keiner von ihnen führt jedoch zu fundamentalen Einsichten. Er hat wohl nicht nur *ein* Selbst – er hat mehrere. Es war in der Zeit Kafkas durchaus üblich, von der Vielfalt und Vielzahl des Selbst zu sprechen. Ernst Mach vertrat in *Die Analyse der Empfindungen* (1886) die Ansicht, das Bewußtsein sei nur eine Folge von Sinneseindrücken; das feste, beständige Selbst, das sie aufnehme, sei eine Fiktion. Der Einfluß Freuds, der mit seinen vielgelesenen *Studien über die Hysterie* (1895) in größerem Maße einsetzte, trug mit dazu bei, die Vorstellung eines einheitlichen Selbst abzubauen. Schnitzlers Heinrich Bermann spricht nur einen den Zeitgenossen wohlbekannten Topos aus, wenn er sagt:

> Es kommt immer nur darauf an, wie tief wir in uns hineinschauen. Und wenn die Lichter in allen Stockwerken angezündet sind, sind wir doch alles auf einmal: schuldig und unschuldig, Feiglinge und Helden, Narren und Weise. [87]

Kafka jedoch ist bei seiner Darstellung des geteilten Selbst radikaler als Schnitzler. Für Schnitzler ist es möglich, die geheimen Schlupfwinkel des Selbst zu erkunden, wenn man sich nur nachdrücklich genug dem eigenen Inneren zuwendet. Für Kafka jedoch ist ebenso wie für Dostojewski die Erforschung des Ich definitiv unmöglich. In *Die Verwandlung* zeigt er die Selbstentfremdung des Protagonisten in überaus drastischen Ausdrücken: Gregor »fand sich«, so heißt es, in einen Käfer verwandelt; er sieht sogar seinen neuen Körper mit seinen vielen, kläglich dünnen Beinen (E 71), aber dieser Anblick ist zu fremdartig, um in sein Bewußtsein vorzudringen – er beschließt, noch ein wenig weiterzuschlafen und diese Narrheiten zu vergessen. Selbst als er sich mit seiner Verwandlung abgefunden hat, bleibt eine Diskrepanz zwischen seinem Selbstbewußtsein und seinem physischen Sein; sie tritt zutage, als er den verdorbenen Käse verzehrt: »›Sollte ich jetzt weniger Feingefühl haben?‹ dachte er und saugte schon gierig an dem Käse« (E 98).

Diese Stellen zeigen, daß vieles an Gregors neuer Erfahrung physischer Art ist. Er muß lernen, wie er mit dem Körper eines Insekts umgehen kann. Kafka schildert, wie Gregor aus dem Bett kommt und wie er die Tür öffnet, mit derselben strengen Konzentration auf das Faktische, mit der Defoe schildert, wie Robinson sein Leben auf der einsamen Insel einrichtet. Sein Körper ist Gregor fremd geworden. Es geht ihm wie einem, der eine Lähmung überwunden hat und das Laufen von neuem lernen muß, oder wie Kleists Marquise von O., die sich damit konfrontiert sieht, daß ihr Körper alle Anzeichen einer unerklärlichen Schwangerschaft zu zeigen beginnt. [88] Ebenso wie für die Marquise muß auch für Gregor der eigene Körper fremd geworden sein, damit er ein neues Bewußtsein von ihm erlangen kann. Dieses Bewußtsein ist oft mit Leiden verbunden, denn sein neuer Körper ist verletzlich: Gregor verletzt sich am Kopf, als er aus dem Bett fällt; er zieht sich eine Verletzung am Kiefer zu, als er den Schlüssel herumdreht; aus seinem Mund fließt dabei »eine braune Flüssigkeit« (E 86 – Kafka hätte »Blut« schreiben können, aber das Wort »Flüssigkeit« betont nachdrücklich, wie fremd Gregors neuer Körper ist, und läßt ihn eher wie eine Art von Maschine erscheinen); ein Apfel, den sein Vater nach ihm geworfen hat, bleibt in seinem Rücken stecken, verfault dort und läßt ihn langsam dahinsiechen. Andererseits heilen manche seiner Wunden schnell, und er hat neue Fähigkeiten hinzu erhalten; so kann er z.B. an der Decke umherkriechen. Wie F.D. Luke in einem ausgezeichneten Aufsatz gezeigt hat [89], ist seine neue Verfassung in mancher Hinsicht von Infantilismus geprägt: Er findet Freude an kindischen Beschäftigungen, z.B.

daran, mit den Speisen zu spielen oder zwischen dem abgestellten Gerümpel umherzukriechen, was er »mit wachsendem Vergnügen« tut (E 126). So benutzt Kafka die Verwandlung dazu zu zeigen, wie Gregors physisches Sein in zunehmendem Maße seine Identität bestimmt. Doch da Gregor seine Identität bis zum Tode erhalten bleibt – selbst noch, als seine Familie ihn zur Unperson erklärt hat –, bleibt die ganze Erzählung hindurch zugleich die Aussage bestehen, daß personale Identität unabhängig vom Körper ist. Obgleich Kafka zeigt, wie die animalische Seite in Gregors Wesen sich immer stärker zur Geltung bringt, hat er ein viel geringeres Interesse als seine Zeitgenossen Rilke und Gottfried Benn daran zu erforschen, was es heißt, wie ein Tier zu leben. Es geht ihm vielmehr darum, Tiere zur Veranschaulichung bestimmter Aspekte des menschlichen Daseins heranzuziehen. Gregors tierischer Körper ist die lebendige Veranschaulichung eines der Lieblingsthemen Kafkas: der unüberbrückbaren Trennung von Sein und Bewußtsein.

Gregors Verwandlung erfüllt außerdem viele andere Funktionen. Sein Leben als Handlungsreisender wurde von der Uhr bestimmt, aber da er nun auf sein Zimmer beschränkt ist, verliert die Zeit für ihn ihre Bedeutung. Sein Leben in der Abgeschiedenheit scheint einige Monate zu dauern, und eines Tages vermutet er, Weihnachten müsse schon vorüber sein. Aber noch vor seinem Tod erhalten wir noch einen anderen Hinweis auf das Datum und erfahren, daß es jetzt Ende März ist. Seine Verwandlung befreit ihn also von der unpersönlichen, mechanischen und eingeteilten Zeit und eröffnet ihm den Weg in die private, zeitlose Welt der Phantasien und Erinnerungen. Außerdem ruft sie den Künstler in ihm wach. Vor der Verwandlung hatte er kein Interesse an der Musik, obwohl er vorhatte, seiner Schwester das Musikstudium am Konservatorium zu ermöglichen. Danach entwikkelt er – wie zum Ersatz für das verlorene Sprachvermögen – Verständnis für die Musik. Als seine Schwester auf der Violine spielt, hören die Zimmerherren ihr nur mit schlecht verhohlener Langeweile zu, aber Gregor ist hingerissen:

> War er ein Tier, da ihn Musik so ergriff? Ihm war, als zeige sich ihm der Weg zu der ersehnten unbekannten Nahrung (E 130).

Musik ist zunächst ein Ersatz für Sprache. Kafka teilte mit vielen seiner Zeitgenossen den Sprachskeptizismus, wie er durch Fritz Mauthner in *Beiträge zu einer Kritik der Sprache* (1901–1902) vertreten wurde.[90] Der erste der oben zitierten Sätze ist, wie Fingerhut aufzeigt, zweideutig, denn er läßt ein »Ja« wie ein »Nein« als Antwort zu. [91] Wenn »Ja« gemeint ist, dann deutet Kafka darauf hin, daß Gregor bei der Annäherung an die tierische Daseinsweise die systematisch irreführende Kommunikationsform, wie sie unter menschlichen Wesen üblich ist, hinter sich läßt und statt dessen lernt, auf eine andere, unmittelbarere Kommunikationsform zu reagieren. Der Forscherhund in *Forschungen eines Hundes* wird in ähnlicher Weise von der Musik überwältigt. Aber beide, Gregor wie der Hund, müssen Hungers sterben, um die Musik vernehmen zu können. Musik ist nicht nur ein Ersatz für die Sprache, sondern auch für die Nahrung. F.D. Luke hat diese Zusammenhänge sehr gut formuliert:

> Ist er unter das menschliche Dasein herabgesunken oder darüber hinausgelangt – ist er zu reiner Kindlichkeit zurückgekehrt oder hat er einen Vollendungszustand erreicht, der die übliche Vorstellung von Vollendung übersteigt? Oder ist Siechtum nicht eine Art von Heiligkeit, und ist nicht die gequälte, ursprüngliche Phantasie die Substanz der Kunst und der Religion, und kann nicht die ungezähmte Triebenergie den erhabensten Zielen dienen? [92]

Man darf jedoch auch nicht übersehen, daß die Musik Gregors Liebe zu seiner Schwester vergrößert und einen Ausweg aus seiner Isolation zu bieten scheint. Er überläßt sich einer seltsamen, abstoßenden Phantasievorstellung, nämlich, sie zu bitten, sie möge doch mit ihrer Violine in sein Zimmer kommen, um sie dann nicht mehr herauszulassen, wenigstens, solange er lebte. Seine Schreckgestalt würde alle Angreifer vertreiben; »die Schwester aber sollte nicht gezwungen, sondern freiwillig bei ihm bleiben« (E 130) – ein scharfer Einblick in den zwischen Zwang und Freiwilligkeit changierenden, latenten Doppelcharakter der besitzorientierten Liebe. Er würde dann ihren Hals küssen (wie Josef K. in *Der Prozeß* Fräulein Bürstners Hals küßt). Diese Vorstellung ist nicht allein schrecklich wegen ihrer Anklänge an *La belle et la bête*, sondern weil Gregor durchaus ein blutgieriges Insekt sein kann (wie Kafka sich selbst mit einem blutsaugenden Ungeziefer in H 222 vergleicht); sie hebt aber auch Gregors Einsamkeit hervor, da er in seiner Phantasie immer noch menschliche Gefühlsregungen zu empfinden vermag. Ironischerweise ist es die Schwester, die sich kurz danach dafür entscheidet, daß er verschwinden müsse, und Gregor zeigt seine Ergebenheit, indem er dieser Entscheidung mit seinem Wunsch zu sterben geradezu entgegenkommt: »Seine Meinung darüber, daß er verschwinden müsse, war womöglich noch entschiedener als die seiner Schwester« (E 136).

Während die Verwandlung ihn in die Lage versetzt, seine inneren Möglichkeiten zu erkunden, läßt sie ihn andererseits in Hilflosigkeit und Abhängigkeit von seinen Familienangehörigen geraten, und zwar in körperlicher und gefühlsmäßiger Hinsicht. Als er sie mit seinen Einkünften unterstützte, nahmen sie diese Unterstützung nach kurzer Zeit als selbstverständlich hin. Als sie nun für sich selbst sorgen müssen, stellt sich heraus, daß sie über Rücklagen verfügen, von denen Gregor nichts wußte. Dennoch müssen sich alle eine Arbeit suchen, und seltsamerweise scheint es ihnen dadurch über das rein Wirtschaftliche hinaus besser zu gehen. Der vorher kränkelnde Herr Samsa gewinnt seine Lebenskraft zurück. Grete, das verwöhnte Kind der Familie, nimmt eine Stelle als Verkäuferin an und entwickelt sich zu einem bestimmenden, kraftvollen Wesen. Gregor, der früher für den Unterhalt aller sorgte, wird zum einzigen Familienmitglied, das von den anderen abhängig ist. Parallel zur Umkehrung der wirtschaftlichen Verhältnisse kommt es auch zu einer Veränderung des Kräfteverhältnisses innerhalb der Familie. Das drückt sich darin aus, daß Gregor dahinsiecht, während die Vitalität der übrigen zunimmt. Im Verlauf der Geschichte wird die Schwester anstelle des Vaters zur bestimmenden Figur. Zu Beginn verfügt Herr Samsa noch über eine gewisse Autorität, während Grete, ein labiles und schüchternes Mädchen, Gregors wichtigste Bundesgenossin ist. Immer mehr entwickelt sie sich jedoch zu seiner Hauptgegnerin – eine Veränderung, die Kafka durch das wiederholt auftretende Motiv der Faust anzeigt. Als Gregors Familie zum erstenmal in Erscheinung tritt, klopfen die Angehörigen an jede der drei Türen seines Schlafzimmers. Grete klagt dabei nur leise, des Vaters Pochen dagegen ist »schwach, aber mit der Faust« (E 75). Bei Gregors erstem Erscheinen in Käfergestalt heißt es: »Der Vater ballte mit feindseligem Ausdruck die Faust« (E 87). Aber als er zum zweiten Male auftaucht, ist es seine Schwester, die die Faust hebt, um ihn zurückzuscheuchen: »›Du, Gregor!‹ rief die Schwester mit erhobener Faust« (E 114). Als sie den Anspruch erhebt, Gregor allein versorgen zu dürfen, bearbeitet sie mit ihren kleinen Fäusten den Tisch. Nach Gregors drittem Ausbruchsversuch eröffnet sie die Beratung in der Familie, indem sie mit der Hand auf den Tisch schlägt. Kafka zeigt auf diese Weise, daß in der Familie ein labiles Kräfteverhältnis herrscht. Die Familie stellt keinen Zufluchtsort vor den Bedrängnissen der Außenwelt dar, sondern sie ist überzogen von einem Netz politischer und wirtschaftlicher Kräfte, das auch die

Gesellschaft im großen bestimmt. Man sollte jedoch nicht das Kind mit dem Bade ausschütten, wie es der marxistische Kritiker Hermsdorf tut, wenn er behauptet, das Verhalten der Samsas enthülle »die kleinbürgerliche Familie in der ganzen Gräßlichkeit ihrer wirklichen Erscheinung«. [93] Solche Ausdrücke zu gebrauchen, heißt, für Kafkas Einsichten blind zu sein. Nicht nur in der kleinbürgerlichen Familie gibt es Egoismus, Besitzstreben und Herrschsucht. Es ist schwierig, sich überhaupt ein System emotionaler Beziehungen vorzustellen, das nicht in irgendeiner Weise von diesen Verhaltensweisen beeinträchtigt wäre. Kafka läßt es erst recht nicht zu, ein emotional begründetes gruppendynamisches Kräfteverhältnis auf ein ökonomisch begründetes Kräfteverhältnis zu verkürzen. Gregors Schwester, nicht sein Vater, nimmt letzten Endes die entscheidende Position in der Familie ein. Kafka begreift Macht eher als Ausdruck persönlicher Willenskraft, als eine Form von Charisma, fast als etwas Magisches. Sie erscheint in einem geheimnisvollen Licht im Roman *Der Prozeß*, wenn zum Beispiel Josef K. in rätselvoller Weise sagt: »Die Frauen haben eine große Macht« (P 253), und der Türhüter warnt den Mann vom Lande: »Merke aber: ich bin mächtig« (P 256). Kafkas Verständnis von Macht leitet sich aus der charismatischen Autorität her, die sein Vater ausstrahlte und die er im *Brief an den Vater* folgendermaßen schildert:

> In Deinem Lehnstuhl regiertest Du die Welt. [...] Du bekamst für mich das Rätselhafte, das alle Tyrannen haben, deren Recht auf ihrer Person, nicht auf dem Denken begründet ist (H 169).

Überdies ist die Analyse der Arbeit Gregors und ihrer Auswirkung auf ihn sicherlich ergiebig, aber sie dürfte nicht ohne weiteres mit der konventionellen marxistischen Sehweise in Einklang zu bringen sein. Gregors Tätigkeit kann entfremdete Arbeit genannt werden: Sie hinterläßt keine innere Befriedigung, und der Gewinn geht an seine Firma und an seine Familie. Aber sie ist unbefriedigend zum Teil wegen ihrer abstrakten Art. Gregor führt Muster vor und nimmt Bestellungen entgegen. Er ist ein Zwischenhändler, so wie es Karl Roßmanns Onkel auf einer weitaus höheren Stufe ist (V 66). Seine Arbeit ist nicht kreativ, sondern administrativ; unter diesem Aspekt ist sie typisch modern und korrespondiert mit der Beschreibung der modernen Arbeit von Rathenau in *Zur Kritik der Zeit*. Der Mensch der modernen Großstadt, sagt Rathenau, gehört einer sehr großen Zahl sozialer Kategorien an, z.B. als Bürger, Wähler, Steuerzahler, Mitglied der Kirchengemeinde, Arbeitnehmer oder Arbeitgeber, Hausbesitzer, Teilhaber, Besitzer eines Bankkontos und so fort. Er muß den damit gegebenen zahlreichen Verpflichtungen nachkommen, indem er sein Leben entsprechend dem in der modernen Gesellschaft herrschenden Prinzip, dem Prinzip der Mechanisierung nämlich, einrichtet. Dementsprechend muß sein Leben wahrscheinlich vorwiegend administrativ ausfallen, und es muß eher auf Effektivität als auf Imagination ausgerichtet sein. Seine Befriedigung rührt nicht aus dem Inhalt seiner Arbeit her, sondern aus dem Tempo, mit dem er sie erledigen kann: »mag ihm die Arbeit eine Freude sein, so ist sie nicht mehr eine Freude des Schaffens, sondern des Erledigens«. [94] Hier hat Rathenau in bewundernswerter Weise die dürftige, abstrakte Befriedigung beschrieben, die die administrativ ausgerichtete Arbeit noch gewährt. Man kann sich nur schwer vorstellen, wie man solche Arbeit so gestalten könnte, daß sie den Menschen innerlich ausfüllt; noch schwerer aber ist es sich vorzustellen, wie die komplexe moderne Gesellschaft ohne sie überleben könnte. Gregors Lebensumstände sind zweifellos seltsam bedrückend; sein Zentralproblem aber – eine Tätigkeit, die nur einen winzigen Teil des ganzen Menschen beansprucht – entsteht aus dem Wesen der modernen Zivilisation.

In diesem und dem voraufgehenden Kapitel habe ich zu zeigen versucht, wie sehr das erzählerische Werk Kafkas aus seiner ersten großen Schaffensperiode, dem Herbst 1912, sein Interesse an Problemen der modernen Gesellschaft spiegelt. Er war interessiert an der gesellschaftlichen Position von Juden wie ihm selbst, deren gesellschaftliche Einschätzung in schroffem Gegensatz stand zu der, die ihren weniger assimilierten Eltern zuteil wurde, und die deshalb Konflikten kaum aus dem Wege gehen konnten. Er wollte, wie sein Vorsatz, »das allermodernste New York« zu schildern, zeigt, das Wesen des Lebens in der großstädtischen, industrialisierten Welt seiner Zeit erkunden – insbesondere das Wesen der modernen Arbeit und ihrer Auswirkungen auf den Arbeiter. Genauso intensiv wollte er jedoch eine Reihe psychologischer und moralischer Probleme erforschen, die aus den Beziehungen innerhalb der Familie hervorgingen und viel mit seiner eigenen Erfahrung zu tun hatten. In *Der Verschollene* gelangt er noch nicht ganz zu einer Integration dieser beiden wichtigen Themen; in *Die Verwandlung* aber brachte er sie zu einer vollkommen gelungenen Synthese: Wir sehen, wie Gregors Arbeit und Gregors Umgebung in seinem Bewußtsein gebrochen und widergespiegelt werden, wir entdecken vorher nicht geahnte Schichten in seinem Innern und können gleichzeitig verfolgen, wie sich sein Verhältnis zu seiner Familie verändert. Diese Synthesis jedoch, zu der Kafka seine beiden Hauptthemen in *Die Verwandlung* hatte bringen können, hatte nur für eine kurze Zeit Bestand. Denn für die Zukunft stand er vor der Wahl, sich mit dem einen oder dem anderen dieser Themen intensiver zu beschäftigen. Er konnte sich entweder mit dem Blick nach außen der modernen Großstadtwelt zuwenden oder mit dem Blick nach innen zu einer eingehenderen Untersuchung der moralischen und psychologischen Probleme des Individuums zu gelangen suchen. Die zweite Möglichkeit war vielversprechender. Sie erlaubte Kafka, das weiterzuverfolgen, was im Grunde ein einheitliches Problem war, obgleich es sich in moralische und psychologische Aspekte aufgliedern ließ. In moralischer Hinsicht handelte es sich um das Verhältnis von Schuld und Unschuld, das er in *Das Urteil* und *Der Verschollene* erforscht hatte. Konnte jemand schuldig sein nur aufgrund der Tatsache, daß er war, nicht aufgrund dessen, was er getan hatte? Konnte jemand – wie Georg Bendemann – grundsätzlich »ein teuflischer Mensch« sein, so daß alle Handlungen, und seien sie noch so gut gemeint, mit Sicherheit letztendlich teuflische Auswirkungen hatten? Konnte man – wie Karl Roßmann – ein unschuldiges Kind sein, das dennoch ständig in Situationen geriet, in denen es nicht nur schuldig zu sein schien, sondern in denen eine vielleicht gar angeborene Schuld zutage trat, die immer wieder alle wohlgemeinten Anstrengungen ins Gegenteil verkehrte? Psychologisch gesehen, erschien dieser Sachverhalt als ein Konflikt zwischen dem Bewußtsein der Unschuld und der tatsächlichen Schuld. Es handelte sich um eine Version der Entzweiung von Sein und Bewußtsein. Vor seiner Verwandlung lebte Gregor in einem Bewußtsein, das ganz in Anspruch genommen war von seiner Tätigkeit als Handlungsreisender und seine physische Existenz nicht betraf. Diese Entzweiung von Sein und Bewußtsein besteht auch später noch fort, als er sich nicht darüber klarwerden kann, daß er im Körper eines Käfers gefangen ist. Gesetzt den Fall, daß es sich mit dem Bewußtsein immer so verhält, so daß es keine Rolle spielt, wieviel an Unbewußtem man verarbeitet, weicht dann das wahre Sein immer weiter zurück und entzieht sich dem nach innen gerichteten Blick? Nach zwei Jahren relativer literarischer Unproduktivität wandte sich Kafka in *Der Prozeß* diesem Problem zu und stellte es in den Mittelpunkt eines zutiefst tragischen Romans. Nur dann, wenn er bis in die

Tiefe dieser Thematik vorgedrungen war, war er in der Lage, wiederaufzutauchen und die Gesellschaft in den Blick zu nehmen. Das geschah nicht mehr mit den Konzessionen an eine realistische Schreibweise, wie sie in *Der Verschollene* vorliegen, sondern in der Art einer nüchtern-sachbezogenen Phantastik, wie sie in den zwischen 1914 und 1917 geschriebenen Erzählungen vorherrscht. Diese Erzählungen sollen im vierten Kapitel erörtert werden. Zunächst aber müssen wir uns der eingehenden Untersuchung der moralischen und psychologischen Probleme zuwenden, die sich Kafka in *Der Prozeß* vornimmt.

IN SCHULD VERSTRICKT

Der Prozeß

(1914)

Der Prozeß ist der bekannteste und zugleich umstrittenste Roman Kafkas. Beim literarisch interessierten Publikum gehört er zu den am besten bekannten Romanen überhaupt; das Ereignis, mit dem er beginnt – die nicht näher erklärte Verhaftung Josef K.s – ist für viele Leser zum Inbegriff des »Kafkaesken« geworden. Bei den Literaturwissenschaftlern jedoch, die sich mit ihm beschäftigt haben, gibt es bisher kein Anzeichen dafür, daß man zu einer einheitlichen Auffassung über den Roman kommen könnte. Stattdessen zeigt sich immer wieder die Tendenz, auf die Vielfalt der Interpretationen mit der Meinung zu reagieren – wie es erst vor kurzer Zeit Theo Elm getan hat –, *Der Prozeß* sei eine »Leerform«, eine Form ohne Inhalt oder ein Rätsel ohne Lösung. Es sei darauf angelegt, beim Leser eine auf das Verstehen seines Sinnes gerichtete Erwartungshaltung zu erzeugen, um ihn dann in eben dieser Erwartung zu enttäuschen. [1] Wenn ich auch den verlockenden Reiz von Anschauungen dieser Art durchaus nachempfinden kann – sie schwingen sich ja hoch über das Kampfgetümmel kritischer Auseinandersetzungen empor –, so halte ich sie doch für falsch. Ich werde eine entgegengesetzte Position einnehmen. Dabei stütze ich mich in besonderem Maße auf eine ältere Interpretation des Romans *Der Prozeß*, nämlich auf Ingeborg Henels richtungweisenden Aufsatz aus dem Jahre 1963. [2] Man hat ihm, wohl weil die Forschungsliteratur zu Kafka seither ein übergroßes Ausmaß angenommen hat, nicht die Aufmerksamkeit zukommen lassen, die er verdient.

Zunächst muß jedoch zugegeben werden, daß es beträchtliche Schwierigkeiten praktischer Art gibt, die den Versuch, den Roman zu verstehen, behindern. Wie Kafkas andere Romane ist er unvollendet geblieben. Die Textproblematik ist hier jedoch noch komplizierter, als es bei *Der Verschollene* und *Das Schloß* ohnehin schon der Fall ist. Kafka schrieb den Roman zwischen August 1914 und Januar 1915 in eine Reihe von Notizheften. Nach der Niederschrift teilte er sein Manuskript in einzelne Textpartien (nicht nur Kapitel) auf und legte sie jeweils in einen besonderen Umschlag. In dieser Form schenkte er im Jahre 1920 das Manuskript Max Brod. Es ist jetzt im Besitz der Inhaber von Brods Nachlaß in Israel. Zur Zeit gibt es keine für eine kritische Edition verfügbaren Unterlagen und Einsichtsmöglichkeiten in das Manuskript. Alles, was man über den *Prozeß* sagt, muß – wie es bei der Mehrzahl von Kafkas Werken der Fall ist – als vorläufig betrachtet werden.

Solange das Manuskript nicht zugänglich ist, sind die Möglichkeiten gering, sich mit Brods transskribierter Textfassung auseinanderzusetzen. Brods Nachwort zur zweiten, revidierten Ausgabe trägt darüber hinaus nicht dazu bei, diese Textfassung für zuverlässig zu halten. Brod legt dort dar, er habe sich bei der Korrektur von Kafkas Zeichensetzung durch seine Erinnerung an Kafkas Sprechrhythmus – seine »Sprachmelodie« – leiten lassen; daß er Kafkas Wortstellung und die zwei- und mehrfache Verwendung desselben Wortes im gleichen Satz »an vielen Orten« (!) beibehalten habe, klingt ebenfalls nicht gerade vertrauenerweckend. Eric Marson hat die erste und die zweite Ausgabe bis aufs letzte Detail miteinander verglichen und dabei 1778 Unterschiede zwischen beiden aufgedeckt. [3] Man kann nur hoffen, daß die zweite Ausgabe annähernd dem entspricht, was Kafka geschrieben hat. Die Erfahrungen, die ich selbst beim Vergleich von Brods Ausgaben von *Das Schloß* und *Der Verschollene* mit der jeweiligen kritischen Ausgabe gemacht habe, lassen vermuten, daß Brods Text ungefähr einen Fehler substantieller Art pro Seite enthält. Die wichtigste den Text betreffende Streitfrage beim Roman *Der Prozeß* liegt jedoch in der Reihenfolge der Kapitel. Es liegen neun abgeschlossene und sieben nicht abgeschlossene Kapitel vor; hinzu kommt noch die in sich abgeschlossene Episode »Ein Traum«, die in Kafkas Sammlung *Ein Landarzt* 1919 erschien. Brod nahm die unvollendeten Kapitel nicht in seine Ausgabe auf; bei der zweiten Ausgabe fügte er sie lediglich als Anhang hinzu. Mit Ausnahme des Kapitels 8, in dem erzählt wird, wie K. den Advokaten aufsucht, um ihm zu kündigen, sind sie in keine der Übersetzungen des Romans ins Englische übernommen worden. [4] Kafka hat jedoch diese Kapitel keineswegs endgültig aus dem Roman ausgeschieden; er hörte mit der Arbeit an ihnen ganz einfach auf und kam nicht mehr dazu, sie zum Abschluß zu bringen. Diese unvollendeten Kapitel müssen deshalb als integrierte Bestandteile des Romans angesehen werden. Infolgedessen ist *Der*

Prozeß in einem anderen Sinne unvollendet, als es bei Kafkas anderen Romanen der Fall ist. *Das Schloß* bricht vor dem Ende ab. *Der Verschollene* besteht aus einem Torso und einigen Fragmenten, ohne daß er zu Ende geführt wäre. *Der Prozeß* hat demgegenüber zwar ein Schlußkapitel, aber er weist auch große Lücken im Verlauf der Erzählung auf.

Vielleicht ist es unmöglich, mit einiger Sicherheit zu bestimmen, zu welchen Punkten des Erzählverlaufs die unvollendeten Kapitel gehören. Selbst die vollendeten Kapitel sind nicht leicht in eine überzeugende Reihenfolge zu bringen. Da Kafka sie nicht numeriert hat, gibt es zwei mögliche Kriterien: erstens die Reihenfolge, in der sie zusammengestellt waren, zweitens den inneren Zusammenhang der Erzählung. Die Tatsache, daß Kafka das Manuskript aufgeteilt hat, kann darauf hindeuten, daß er die Kapitel in einer anderen als der vorliegenden Zusammenstellung anordnen wollte; deshalb verdienen Argumente, die sich auf den inneren Zusammenhang beziehen, eine besonders sorgfältige Beachtung. Sie wurden in den fünfziger Jahren von Herman Uyttersprot vorgetragen, fanden aber nur geringe Zustimmung. Die Diskussion darüber ist inzwischen von Eric Marson und Hartmut Binder erneut aufgenommen worden.[5] Von ihren Vorschlägen zur Wiederherstellung der ursprünglichen Reihenfolge scheinen mir zwei zwingend zu sein; ich werde sie für den Rest dieses Kapitels als zutreffend betrachten. Erstens sollte das jetzige Kapitel 4, »Die Freundin des Fräulein Bürstner«, unmittelbar auf Kapitel 1 folgen. Es spielt an einem Sonntag fünf Tage nach K.s Verhaftung (P 94), wohingegen K. in Kapitel 2, »Erste Untersuchung«, feststellt, er sei »vor etwa zehn Tagen« (P 57) verhaftet worden.[6] Zweitens sollte das jetzige Kapitel 5, »Der Prügler«, auf Kapitel 2 folgen, weil es zeigt, wie schnell das Gericht auf K.s Klage gegen die zwei Wächter durch den Vollzug der Strafe an ihnen (vgl. P 57–58 und 104) reagiert hat, und weil in ihm ein Wechsel des Handlungsschauplatzes zwischen den Kapiteln 2 und 3 vorgenommen ist, die beide in den Sitzungsräumen des Gerichts liegen.[7] Ich möchte deshalb davon ausgehen, daß bei den ersten fünf abgeschlossenen Kapiteln des Romans folgende Reihenfolge vorliegt: 1. »Verhaftung«; 2. »Die Freundin des Fräulein Bürstner«; 3. »Erste Untersuchung«; 4. »Der Prügler«; 5. »Im leeren Sitzungssaal«. Diese Reihenfolge hat den Vorteil, daß das jetzige Kapitel 3 in den Vordergrund rückt; seine Schlußepisode bildet, wie ich noch näher ausführen werde, einen entscheidenden Wendepunkt im Umgang des Gerichts mit Josef K.

Es besteht noch eine zweite, weniger augenfällige Schwierigkeit, die man näher untersuchen muß, bevor mit der Interpretation von *Der Prozeß* begonnen werden kann. Es handelt sich dabei um das Problem der Gattungszugehörigkeit, das schon bei der Interpretation des Romans *Der Verschollene* eine Rolle gespielt hat. Bei der Lektüre jedes neuen literarischen Werkes muß man zunächst Vermutungen darüber anstellen, um welche Art von Werk es sich handelt – mit anderen Worten: Man überlegt, zu welcher literarischen Gattung es gehört. Dem bekannten Modell des hermeneutischen Zirkels entsprechend, geht man von einer vorläufigen Annahme über den Charakter des Werkes als ganzes aus; sie versetzt einen in die Lage, einen Sinn in den Teilen, aus denen es sich konstituiert, zu finden. Wenn man sich mit den Teilen vertraut gemacht hat, muß man diese Ausgangshypothese eventuell revidieren und durch einen genauer zutreffenden Gattungsbegriff ersetzen. (Wenn jemand zum Beispiel den *Prozeß* unter der Annahme zu lesen beginnt, es handle sich um einen Roman, der auf Wirklichkeitswiedergabe abzielt, wird er sich unter dem Eindruck des »Prügler«-Kapitels veranlaßt sehen, seine Annahme zu korrigieren und ihn eher mit den zeitgenössischen Phantasien eines Meyrink und Kubin in Verbindung bringen.) [8] Dieser Vorgang läßt sich nicht vermeiden, denn das Verstehen eines literarischen Werkes ist kumulativ und systematisch zugleich. Es ist kumulativ insofern, als jede frühere Lektüre dazu beiträgt, ein neues Werk, auf das man stößt, einzuordnen und zu bestimmen. Es ist systematisch insofern, als man jedes neue Werk einer Kategorie subsumiert, in die es sich einordnen läßt oder von der es abweicht. Gattungskategorien sind jedoch, wie ich im letzten Kapitel gezeigt habe, nicht zeitlos oder ahistorisch: Sie existieren als Erwartungen der Leser und als Intentionen der Autoren zu einem bestimmten geschichtlichen Zeitpunkt. Sie sind nicht immer deutlich erkennbar ausgeprägt; es kann eine schwierige Aufgabe sein, sie unter der Oberfläche zu erkennen. ein literarisches Werk kann – insbesondere, wenn es sich um ein bedeutungsreiches oder komplexes Werk handelt – Elemente verschiedener Gattungen in sich vereinigen, die in sehr unterschiedlichem Maße hervortreten. Man muß sich jedoch auf jeden Fall über die Gattungszugehörigkeit älterer Werke Klarheit verschaffen, da man jedes Werk nur auf der Basis eines – gewöhnlich unbewußten – Vorurteils über die Art, zu der es gehört, lesen kann und sein Verständnis möglicherweise beeinträchtigt wird, wenn man es einer falschen Gattung zuordnet. Ein großer Teil der derzeitigen Kafka-Interpreten geht, was die Gattungszugehörigkeit betrifft, von Voraussetzungen aus, die ich für falsch halte. Man ordnet einen Roman wie *Der Prozeß* der Art rätselhafter Dichtung zu, wie sie etwa bei Beckett und Robbe-Grillet vorliegt, und zieht dann daraus den Schluß, Kafka habe dem Leser lediglich den Verlust eines absoluten Sinns vor Augen führen wollen, wie er sich sowohl in seinen übrigen Schriften wie in der ihn umgebenden Welt zeige. [9]

Ich möchte demgegenüber behaupten, daß *Der Prozeß* zu einer literarischen Gattung gehört, deren bedeutendstes Beispiel Dostojewskis *Schuld und Sühne* darstellt. Man kann sie als metaphysischen (oder religiösen) Kriminalroman bezeichnen. Die Gattung hat ihre Vorläufer in der »Gothic fiction« – der grotesken psychologischen Dichtung des 18. Jahrhunderts; zu ihr zählen auch noch Conrads *The Secret Agent* (1907) und Greenes *Brighton Rock* (1938). Die entstehungsgeschichtliche Verwandtschaft dieser Romane steht außer Zweifel. Der Zusammenhang, der uns unmittelbar betrifft, nämlich der zwischen *Der Prozeß* und *Schuld und Sühne*, hat seinen guten Grund: Schon sehr früh, im September 1913 nämlich, zählte Kafka Dostojewski (neben Kleist, Grillparzer und Flaubert) zu den Schriftstellern, die er »meine eigentlichen Blutsverwandten« (F 460) nannte; er tat das in besonderem Maße wegen seiner Kenntnis von Dostojewskis Biographie. Er hatte allerdings zu diesem Zeitpunkt auch schon den *Doppelgänger* gelesen, und 1914 las er auch *Die Brüder Karamasoff* – über diesen Roman setzte er sich im Dezember desselben Jahres mit Max Brod auseinander (T 450–451) – und *Schuld und Sühne*. Der Einfluß von *Schuld und Sühne* auf den *Prozeß* ist so offensichtlich, daß W.J. Dodd sagen konnte, Kafka sei von »einem tiefen Bedürfnis, auf Dostojewskis Roman zu antworten«, angetrieben worden. [10] Seine Antwort lag darin, einen Roman derselben Art zu schreiben, wie er ja auch Dikkens eine Antwort gegeben hatte, indem er einen »Dickens-Roman« schrieb – eben *Der Verschollene*. Hier überschneiden sich, wie es ja oft der Fall ist, Gattungsfragen und Quellenfragen. Das trägt mit dazu bei, uns zu Bewußtsein kommen zu lassen, daß es sich bei den verschiedenen Übernahmen in Struktur, Thematik und Motivik aus *Schuld und Sühne* nicht um isolierte Entlehnungen handelt, die ebenso gut aus zwanzig verschiedenen Quellen hätten genommen werden können. Kafka fand sie bereits als miteinander zusammenhängende Merkmale einer Gattung vor. So waren zum Beispiel die dramatische Struktur und die verwahrlost wirkende Stadt als Handlungshintergrund im

Roman *Der Prozeß*, die anscheinend in keinem Zusammenhang stehen, bereits als miteinander verbundene Elemente des metaphysischen Kriminalromans vorgegeben.

Man hat die Beziehungen zwischen den einzelnen Werken, die einer literarischen Gattung angehören, mit den Beziehungen innerhalb einer Familie verglichen. [11] Alle haben Kennzeichen, die aus einer gemeinsamen Quelle – dem Grundbestand der Gattung – herrühren, aber es gibt kein Kennzeichen, das bei allen Repräsentanten der Gattung vorliegen muß. Anscheinend gehören die folgenden Kriterien zu den wichtigsten innerhalb des Bestandes, der dem metaphysischen Kriminalroman zugrunde liegt:

(1) Das Hauptinteresse richtet sich weder auf den Einfallsreichtum des Detektivs (wie in Poes *Purloined Letter* und im modernen Kriminalroman) noch auf die Psychologie des Verbrechers, so wichtig sie auch sein mag (wie z.B. in Schillers *Der Verbrecher aus verlorener Ehre* und Godwins *Caleb Williams*), sondern auf die metaphysische oder religiöse Thematik, die aus dem Tod des Verbrechers hervorgeht. Dostojewskis Raskolnikoff begeht zuerst einen Mord, dann sucht er seine eigenen Motive zu verstehen und wird schließlich von Sonja dazu gebracht, seinen napoleonischen Egoismus aufzugeben und sich auf den Weg ethischer und geistiger Erneuerung zu begeben. Greene verwendet demgegenüber in ganz ähnlicher Weise Pinkie und Rose, um extrem Gutes und Böses zu veranschaulichen. In *Der Prozeß* geht Kafka insofern über Dostojewski hinaus, als der Angeklagte bekannt ist, aber nicht sein Verbrechen, so daß der Leser gezwungen ist zu fragen, inwiefern K. schuldig ist und um welches Gesetz es sich handelt, nach dem er für schuldig befunden wird.

(2) Die Struktur dieser Romane ist dramatisch. Gewöhnlich entwickeln sie sich als eine Reihe dramatischer Konfrontationen, die sich auf eine Klimax zubewegen. Konstantin Mochulski beschrieb *Schuld und Sühne* als »eine Tragödie in fünf Akten mit einem Prolog und einem Epilog« und verglich Dostojewskis beschreibende Passagen mit Regieanweisungen. [12] *Der Prozeß* besteht ebenfalls aus Konfrontationen. Im Verlauf des ersten Kapitels wird K. der Reihe nach konfrontiert mit den Wächtern, dem Aufseher, Frau Grubach und Fräulein Bürstner. Kafka neigt jedoch leider dazu, die dramatische Spannung einer Szene aufzulösen, indem er die Monologe, die seine Figuren halten, zu lang werden läßt – eine Neigung, über die er in einigen späteren Werken völlig die Kontrolle verliert.

(3) Ihrem dramatischen Charakter entsprechend, nimmt die Handlung dieser Romane gewöhnlich nur eine kurze Zeitspanne ein. Die Kapitel 4–12 in Conrads *The Secret Agent* umfassen einen einzigen Tag. Die Zeitspanne, die *Der Prozeß* umfaßt, liegt genau fest: Sie beginnt mit K.s dreißigstem Geburtstag und endet am Vorabend seines einunddreißigsten Geburtstages; die ersten fünf Kapitel umfassen lediglich zweieinhalb Wochen.

(4) Die Haltung des Erzählers gegenüber dem erzählten Geschehen ist in der Regel distanziert und ironisch. Dostojewski behandelt das Elend der Familie Marmeladov mit groteskem Humor. Conrads Ironie macht nicht einmal halt vor der Ermordung Verlocs durch seine Frau. Ebenso wie Conrad scheint auch Greene als Erzähler in den Hintergrund zu treten und eine wie von selbst sich einstellende Folge von Ereignissen ablaufen zu lassen. Andererseits hebt er sehr deutlich die in religiös-spiritueller Hinsicht profilierten Hauptfiguren, nämlich Rose und Pinkie, hervor. Das bedeutet, daß sie, obwohl sie im Handlungszusammenhang als ausgesprochen passive Opfer erscheinen, dennoch Entscheidungen treffen können, die letztlich für ihre Erlösung oder ihre Verdammnis ausschlaggebend sind. In *Der Prozeß* gibt es faktisch keine andere Erzählerstimme außer der Josef K.s, obgleich Kafka aus Gründen, die später zu erläutern sind, den Leser dazu bringt, sich zumindest zeitweise von Josef K. zu distanzieren.

(5) Der Schauplatz ist die Großstadt; den Vordergrund bilden verwahrloste Elendsviertel, die bis ins Detail naturalistisch wiedergegeben werden. Kafkas Beschreibung der Gasse mit ihren einförmigen, von armen Leuten bewohnten Mietshäusern, wo K.s erstes Verhör stattfinden soll, kann durchaus beeinflußt sein von Dostojewskis Schilderung der Polizeistation, auf die Raskolnikow bestellt worden ist.

> Die Treppe war schmal, steil und naß von Spülwasser. Die Küchen der Wohnungen in allen vier Stockwerken gingen auf diese Treppe und standen fast den ganzen Tag offen. Daher rührte die drückende Schwüle. Hausknechte mit ihren Büchern unter dem Arm, Amtsboten und verschiedene Leute, Männer und Frauen, gingen da aus und ein – alles Besucher des Amtes. Auch die Tür zur Kanzlei stand weit offen. Raskolnikow trat ein und blieb im ersten Raum stehen. Außer ihm standen noch einige Männer da und warteten. Auch in diesem Zimmer war es ungemein schwül, und zudem schlug einem von dem stinkenden Firnis der neugetünchten Zimmer ein Geruch frischer, noch nicht ganz getrockneter Farbe entgegen, der fast einen Brechreiz verursachte. Nachdem er ein wenig gewartet hatte, hielt er es für besser, in das nächste Zimmer weiterzugehen. Alle Räume waren winzig klein und niedrig. [13]

Seit dem frühen 19. Jahrhundert war die moderne Großstadt zum bevorzugten Schauplatz für den Kriminalroman geworden. Sie bot ebenso viele Gefahren und geheimnisvolle Schlupfwinkel wie jeder exotische Schauplatz. Balzacs Vautrin vergleicht Paris mit einem Wald in Amerika, in dem kriegerische Indianerstämme leben. [14] Vor allem in den Slums lauern viele Gefahren. Conrads Professor, der stets eine Bombe in der Tasche mit sich herumschleppt und einen perfekten Zündungsmechanismus zu entwickeln sucht, lebt in einer »schäbigen Gasse, in der Stroh und schmutziges Papier herumlagen. Nach den Schulstunden trieb sich eine Horde zusammengelaufener Kinder umher und trug mit schrillem, bösem, rüpelhaftem Geschrei ihre Streitigkeiten aus.« [15] Josef K. muß sich in ähnliche Viertel begeben, die genauso von Kinderscharen wimmeln, und muß feststellen, daß in der Stadt fast alle in den Dachgeschossen gelegenen Räumlichkeiten vom Gericht in Anspruch genommen werden.

(6) Die Schauplätze erhalten eine symbolische Bedeutung, ohne daß sie dadurch in ihrer realistischen Authentizität beeinträchtigt werden. Donald Fanger hat im einzelnen die Beziehungen zwischen Raskolnikows quälenden Grübeleien und seinem engen, schlecht gelüfteten Zimmer aufgedeckt und gezeigt, wie in der verwirrenden Vielfalt von Gassen und Treppen der Petersburger Elendsviertel die verschiedenartigen, oft unbewußt sich einstellenden Beziehungen zwischen den Menschen, die hier leben, und den inneren Wesenszügen und äußeren Erscheinungen von Raskolnikows eigenem Leben zum Ausdruck kommen. [16] Kafka verzichtet auf eine wirklichkeitsgetreue Beschreibung von Schauplätzen zugunsten ähnlicher Raumdarstellungen von hoher symbolischer Aussagekraft: Die dicht bewohnten Viertel, die Dachstuben, die Rumpelkammer in der Bank, in der die Wächter bestraft werden – alles dies ist äußerer Ausdruck für den inneren Zustand Josef K.s. [17] Greene geht zur allegorischen Darstellung über, wenn er Pinkie Paradise Piece besuchen läßt, das Viertel, in dem er seine Kindheit verbracht hat und das er nun abgerissen vorfindet.

(7) Trotz der naturalistisch anmutenden Schauplätze spielen die üblichen gesellschaftlichen Beziehungen in diesen Romanen nur eine untergeordnete Rolle. Vorrang hat demgegenüber die Abhängigkeit des Helden von einer großen Organisation, deren Bedeutung es nur dunkel ahnt: die Polizei in *Schuld und Sühne*, das Gericht in *Der Prozeß*, die Kirche in *Brighton Rock*. Conrad dagegen zeigt, wie Verbrecher,

Diplomaten und Polizisten in so vielen Beziehungen zueinander stehen, daß sie de facto eine zusammenhängende Gruppe bilden, auch wenn ihnen eine gemeinsame Führung fehlt.

Wenn wir in diesen Merkmalen nicht Kafkas eigenständige Schöpfungen sehen, sondern sie eher als Gattungskriterien betrachten, schaffen wir uns die Möglichkeit, den Roman *Der Prozeß* in unsere Erfahrung von Literatur überhaupt einzuordnen – und das sogar mit einiger historischer Berechtigung. Wir schützen uns damit davor, vorschnelle Beziehungen herzustellen zwischen dem Werk und der Welt, in der Kafka selbst lebt. Das tut etwa Peter Demetz, wenn er das seltene Vorkommen von Naturschilderungen in den Werken Kafkas und anderer deutscher Schriftsteller in Prag zurückführt auf ihr angeblich auf ein Ghettodasein innerhalb der Stadt eingeschränktes Leben. [18] Wir können jetzt jedoch in der Stadt als Schauplatz des Romans *Der Prozeß* zuallererst ein Gattungskriterium sehen. Wir erkennen dadurch außerdem, daß verschiedene Aspekte im *Prozeß* – die dramatische Struktur, die metaphysische Thematik, der städtische Hintergrund – nicht eigentlich besondere Phänomene sind, als die eine werkimmanente Betrachtung sie gern darstellt, sondern daß sie als Kriterien dieser bestimmten Gattung schon in einem erkennbaren Verhältnis zueinander stehen.

Wenn nun allerdings höchst eindrucksvolle Parallelen zwischen *Der Prozeß* und seinem unmittelbaren Vorgänger, *Schuld und Sühne*, festzustellen sind, so liegen auch ebenso eindrucksvolle Unterschiede vor. Wir müssen uns deshalb jetzt den zwei Formen zuwenden, in denen Kafka das Gattungsmuster modifiziert hat.

Wenn sich *Schuld und Sühne* zum Teil als eine Form verstehen läßt, in der sich die »Gothic novel« den Forderungen nach Wahrscheinlichkeit anpaßt, macht Kafka diese Leistung Dostojewskis wieder rückgängig, indem er phantastische Elemente der »Gothic novel« wieder einführt. Es soll später ausführlich gezeigt werden, daß Elemente der »Gothic novel« den *Prozeß* insofern zutiefst prägen, als wir nie sicher sein können, ob K.s Widerpart – das Gericht – unabhängig von seiner eigenen Vorstellung existiert. Kafka macht eine weitere Anleihe bei der »Gothic novel«, indem er im »Prügler«-Kapitel das aus den Schauergeschichten vertraute Motiv des geheimnisvollen, verschlossenen oder leerstehenden Zimmers übernimmt. Zu der Rumpelkammer, in der K. die beiden Wächter vorfindet, als sie durch den Prügler ihre Strafe erleiden, gibt es zwei auffällige Parallelen in der zeitgenössischen Literatur. Die erste, die noch im Bereich des Wahrscheinlichen liegt, ist die Dachkammer in Musils *Die Verwirrungen des Zöglings Törleß* (1906), in der die Internatsschüler sadistische Quälereien vornehmen. Die zweite ist das angebliche Spukzimmer, in dem Pernath, der Hauptheld von Meyrinks *Der Golem* (1915), seine Identität verliert, als ihm der Golem als sein eigenes Spiegelbild gegenübersitzt. Das Zimmer ist durch ein verzweigtes System unterirdischer Gänge verbunden mit einem Raum in unmittelbarer Nähe von Pernaths eigenem Zimmer. Durch diesen Sachverhalt wird symbolisch auf den Wahnsinn verwiesen, dem er in seiner Jugendzeit verfallen war und den er verdrängt, aber nicht bewältigt hat. Die tiefe psychologische Bedeutung dieser Vorgänge und Sachverhalte hat Thomas Anz mit Begriffen beschrieben, die sich auch auf die Rumpelkammer-Episode in *Der Prozeß* beziehen lassen:

> Die grauenvolle Begegnung mit dem Golem ist das Bild der Begegnung mit sich selbst, mit einer vom Bewußtsein abgespaltenen Dimension der eigenen Existenz, die zwar einer lebensgeschichtlich vergangenen Episode angehört, in der aber immer noch »die Triebfeder« des »Denkens und Handelns« verborgen liegt. [19]

Die Menschen in der Rumpelkammer gehören in derselben Weise in einen Bereich aus K.s Leben, den er bisher als unwichtig betrachtet hat und den er unter Kontrolle zu haben glaubt. Die Kammer selbst repräsentiert zunächst einmal einen vergessenen Winkel seines Bewußtseins, in dem seine geheimen Phantasien sich abspielen. Darüber hinaus läßt die Kerze, die sie beleuchtet und die in deutlichem Kontrast zu dem außen brennenden elektrischen Licht steht, sie als Überbleibsel der urtümlich-primitiven Vergangenheit erscheinen. Die ganze Szene in der Kammer ist – wie Urbilder und andere Erinnerungen, die sich im Unbewußten speichern – in einem gewissen Sinne zeitlos: Als Karl vierundzwanzig Stunden später wieder die Kammertür öffnet, befinden sich der Prügler und die Wächter immer noch darin.

Außer durch die Übernahme des Phantastischen modifiziert Kafka die Gattung auch durch eine Erweiterung der Erzähltechnik, die er zum erstenmal in *Die Verwandlung* angewandt hatte. Wie wir im letzten Kapitel gesehen haben, setzte er den Leser von Anfang an in Distanz zu Gregor, indem er ihm von dessen Verwandlung erzählte, während Gregor selbst sich noch kein klares Bild darüber zu verschaffen vermochte. Erst danach gelangte der Leser aufgrund der monoperspektivischen Erzählweise in ein enges Verhältnis zu Gregors Gedanken und Wahrnehmungen, wobei er jedoch zugleich durch seinen höheren Wissensstand seine ironische Distanz zu Gregor beibehalten konnte. Die in *Der Prozeß* verwendete Erzählweise weicht nur geringfügig davon ab. Der berühmte Einleitungssatz – »Jemand mußte Josef K. verleumdet haben, denn ohne daß er etwas Böses getan hätte, wurde er eines Morgens verhaftet« (P 9) – läßt einen Eingriff des Erzählers nur dadurch erkennen, daß die Schlußfolgerung vor die Voraussetzung gestellt ist. Im übrigen sind alle Feststellungen eindeutig aus der Perspektive Josef K.s getroffen; sie stellen den ersten seiner vielen Versuche dar, für sich selbst eine Entschuldigung zu finden. [20] Danach ist bis zum allerletzten Kapitel die Stimme eines unabhängigen Erzählers so wenig zu hören, daß Beißners Feststellungen über Kafkas monoperspektivische Erzähltechnik – bis auf einen Punkt – immer noch zutreffen. [21] Sie müssen lediglich in dem Punkt modifiziert werden, den Ingeborg Henel beobachtet hat: Man kann nicht sagen, daß der Leser sich vollständig mit dem Helden identifiziert, sondern man muß eher sagen, daß ihm eine Perspektive, die mit der des Helden identisch ist, angeboten oder zur Verfügung gestellt wird. So kann der Leser Josef K.s Empfindungen nachvollziehen und zugleich einen Abstand beibehalten, der ihm die Möglichkeit zur Reflexion bietet. Dieser Abstand wird nun allerdings, wie Beißner richtig sagt, dem Leser tatsächlich nicht durch irgendwelche Eingriffe des Erzählers ständig bewußt gemacht; vielmehr distanziert sich stattdessen der Leser selbst allmählich mehr und mehr von Josef K., weil er dessen ständig wiederkehrende Äußerungen von Anmaßung, Selbstgerechtigkeit, Selbstwidersprüchen und Beschränktheit beobachten kann. Kafka hat hier abermals eine gleichsam schwebend-labile Verbindung von nachvollziehender und ironischer Identifikation zustande gebracht. Die Stimme des Erzählers läßt sich deutlich zu Beginn der meisten Kapitel vernehmen, aber nur, um dem Leser einige neutrale Informationen über K.s Lebensumstände (z.B. »In diesem Frühjahr...« P 27) oder seine augenblickliche Situation (z.B. »An einem Wintervormittag...« P 137) zukommen zu lassen. Gegen Ende des Romans hin werden diese bruchstückhaften Informationen dichter aneinandergedrängt oder verschachtelt, so daß der Eindruck entsteht, die Bewußtseinsabläufe in K.s Innerem würden zunehmend verwickelter. Das Schlußkapitel beginnt mit einer Information, die K. nicht zugänglich ist: Sie unterrichtet den Leser über das förmliche

Verhalten der Scharfrichter, bevor sie an K.s Tür klopfen. [23] Die Welt schrumpft danach auf K.s Bewußtseinshorizont zusammen; K. wird jetzt ein für allemal auf diese seine Bewußtseinsabläufe reduziert. Mit dieser kurzen, das Schlußkapitel einleitenden Abweichung von der Perspektive K.s – sie erfolgt, ohne daß dem Leser stattdessen irgendwelche anderen Identifikationsfiguren angeboten werden, denn die Scharfrichter sind praktisch Automaten – bringt der Erzähler den Leser in einen dauerhaften Abstand zu K. und zu seinen Henkern. Alle drei erscheinen so als Rollenfiguren in einer schon festliegenden dramatischen Handlung.

Wenn wir davon ausgehen, daß Kafka sich tatsächlich in die Gattung des metaphysischen Kriminalromans eingefügt hat, was wollte er dann mit dessen Hilfe ausdrücken? Vor der Beantwortung dieser Frage muß noch eine eng auf das Biographische beschränkte Sicht des Romans diskutiert werden. So hat zum Beispiel Hartmut Binder vor kurzer Zeit die Behauptung aufgestellt, *Der Prozeß* sei eine »Darstellung autobiographischer Probleme des Autors«, in der Kafka versucht habe, das Scheitern seiner Beziehung zu Felice Bauer erzählerisch zu bewältigen. [24] Da ohne Frage enge Verbindungen zwischen Kafkas Auffassung von seiner eigenen Existenz und seiner Dichtung bestehen, ist diese Sicht nicht ohne weiteres von der Hand zu weisen. Die deutlichsten Verbindungen liegen in seinen Schuldgefühlen wegen der Beendigung seiner Verlobung mit Felice und darin, daß er in diesem Zusammenhang den Bildkomplex von Prozeß und Strafe verwendet. Kafka und Felice hatten sich offiziell im Jahre 1914 verlobt; die Verlobungsfeier hatte zu Pfingsten im Hause Bauer in Berlin stattgefunden (30. Mai–1. Juni). Kafka schrieb unmittelbar nach seiner Rückkehr aus Berlin, wo er Dostojewskis Schilderung der Zwangsarbeit in Sibirien gelesen hatte, in sein Tagebuch: »War gebunden wie ein Verbrecher« (T 384). Zwei Jahre später erinnerte er sich: »die Verlobungsexpedition mit meinen Eltern war für mich eine Folterung Schritt für Schritt« (Br 139). Obgleich er Felice liebte, erschreckte ihn die Aussicht auf ein wohlgeordnetes bürgerliches Leben, in dem ihm niemals die Möglichkeit offenbliebe, seine Berufstätigkeit aufzugeben und in dem er die fürs Schreiben notwendige Einsamkeit schmerzlich vermissen würde. Felice war demgegenüber ganz und gar auf das Leitbild der bürgerlichen Lebensführung ausgerichtet. Sie wünschte, ganz gegen Kafkas Willen, eine feierliche Trauung in der Synagoge (F 620); sie nahm ihn in Berlin mit, um Möbel zu kaufen, schwere Möbel aus massivem Holz, die Kafka an Grabsteine erinnerten (F 650). Seine Anstrengungen, bei ihr Gefallen an den Dingen zu wecken, die er schätzte, wie etwa Literatur und Sport, sind anscheinend ergebnislos geblieben. »Vergiß übrigens nicht, daß zu Deiner Ausstattung in viel höherem Maße als Möbel und Wäsche das Schwimmen gehört«, schrieb er ihr während ihrer Verlobungszeit (F 590). Sie paßten einfach nicht zueinander; ihre Verlobung wurde dann auch auf Betreiben Felices in einer peinlichen Szene aufgelöst; Kafka nannte sie später einen »Gerichtshof« (T 407). [25]

Damit ist es klar, daß diese Vorgänge mit dazu beitrugen, den *Prozeß* zu schreiben, und daß ein Zusammenhang zwischen Kafka und Josef K. sowie zwischen Felice Bauer und Fräulein Bürstner besteht. Die Gemeinsamkeiten zwischen diesen beiden müssen allerdings über den Gleichklang ihrer Namensanfänge nicht unbedingt hinausgehen. *Der Prozeß* ist in keinem Sinne ein *roman à clef*. Ich würde sogar nur unter großen Bedenken Walter Sokel folgen, der ihn als eine Strafphantasie bezeichnet. [26] Biographische und psychoanalytische Interpretationen dieser Art lassen in der Regel die Tatsache außer acht, daß Schreiben für Kafka ein Weg war, Probleme zu objektivieren und Abstand zu ihnen zu gewinnen, um sie so in ihrer tatsächlichen Größenordnung erkennen zu können: »Hinausspringen aus der Totschlägerreihe, Tat-Beobachtung« (T 563). Ein Problem zu objektivieren – das heißt in der Kunst, ihm eine allgemeine Bedeutung abzugewinnen. Wenn dieses Ziel erreicht ist, dann haben die besonderen Umstände, die den Künstler veranlaßt haben, sich mit ihm zu beschäftigen, keine unmittelbare Bedeutung mehr. In Josef K. hat Kafka nicht sich selbst dargestellt; er hat einen typischen Charakter dargestellt, der sich von ihm selbst durchaus unterscheidet, und hat herauszufinden versucht, wie solch ein Charakter auf eine bis dahin nicht dagewesene Situation reagiert.

Eine andere Tendenz, den *Prozeß* zu interpretieren, hat in dem Versuch gelegen, ihn als prophetische Vorwegnahme totalitärer Herrschaftsformen im allgemeinen und des Nationalsozialismus im besonderen zu sehen. Dieses Verständnis war der Grund, weshalb Brecht Kafkas Werke schätzte:

> in ihm findet sich in merkwürdigen verkleidungen vieles vorgeahnte, was zur zeit des erscheinens der bücher nur wenigen zugänglich war, die faschistische diktatur steckte den bürgerlichen demokratien sozusagen in den knochen und kafka schilderte mit großartiger fantasie ... die kommenden

konzentrationslager, die kommende rechtsunsicherheit, die kommende verabsolutierung des staatsapparats, das dumpfe, von unzulänglichen kräften gelenkte leben der vielen einzelnen, alles erschien wie in einem alpdruck und mit der wirrheit und unzulänglichkeit des alpdruckes. [27]

Zweifellos ähneln der mysteriöse Justizapparat in *Der Prozeß*, das Eindringen der Wächter in K.s Wohnung am frühen Morgen, als er noch im Bett liegt, die Annahme des Gerichts, K. müsse schuldig sein, weil er verhaftet worden ist, das Verfahren, jemanden nach einem zum Schein erteilten Freispruch erneut zu verhaften – zweifellos ähneln alle diese Dinge neben vielen anderen Einzelheiten den in Polizeistaaten überall auf der Welt üblichen Praktiken, und insbesondere ähneln sie den Praktiken der Rechtsbeugung während der Zeit des Nationalsozialismus. [28] Gerade weil diese Interpretation auf den ersten Blick so überzeugend zu sein scheint, muß sich der gesunde Menschenverstand die Frage stellen, *wie* Kafka, der 1924 starb, politische Entwicklungen hätte voraussehen können, die nach seinem Tod eintraten.

Zwei Arten von Erklärungen hat man für diese Frage zu geben versucht. Die eine liegt darin, daß Kafka ein außergewöhnlich scharfer Beobachter seiner eigenen gesellschaftlichen Umgebung gewesen sei und daß er, wie Brecht behauptet, die faschistischen Tendenzen als schon in der Demokratie latent vorhandene wahrgenommen habe. Oder, wie J. P. Stern meint, die unsichere Position der Juden, die er ja selbst erfahren hatte – sie waren vom Gesetz her gleichberechtigt, wurden von der Gesellschaft jedoch nicht akzeptiert – ließ ihn ihr künftiges Schicksal vorausahnen. Oder – das ist Ernst Fischers Version – er habe in der Versicherungsgesellschaft, in der er tätig war, die mögliche Herrschaft einer allmächtigen Bürokratie über die gesamte Welt des kapitalistischen Westens vorgeformt gesehen. [29] Die meisten heutigen Leser werden meiner Meinung nach Brechts und Fischers gesellschaftsbezogene Erklärungsversuche mit einiger Skepsis betrachten. Stern geht zwar im Unterschied zu Brecht und Fischer nicht von dogmatischen Voraussetzungen aus, aber in seiner Einschätzung erhält das Gefühl der Unsicherheit, von dem vor dem Ersten Weltkrieg die assimilierten Juden in Österreich beherrscht sein sollen, anscheinend eine übermäßig hohe Bedeutung. Wenn wir jedoch diese Erklärungsversuche für Kafkas Fähigkeit, künftige Ereignisse vorauszusehen, nicht akzeptieren, dann bleibt als Alternative dazu nur noch die marxistische Vorstellung übrig, daß große Dichter über die Gabe der Prophetie verfügen, von der Lukács sagt, sie bestehe gerade nicht darin, politische Entwicklungen korrekt vorauszusehen, sondern sie bestehe darin, daß der Künstler »unbewußt über einen Weitblick verfüge, der von seinem eigenen Verständnis der Welt seiner Zeit nicht beeinträchtigt sei und über diese hinausreiche.« [30] Das klingt nach einer Restaurierung der romantischen Vorstellung vom Dichter als Seher – und diese Vorstellung ist sicherlich nichts anderes als eine Mystifikation.

Ich vermag deshalb auch beim besten Willen nicht zu sehen, wie *Der Prozeß* vernünftigerweise als eine prophetische Vorwegnahme interpretiert werden könnte. Es gibt außerdem keinerlei Aussagen in Kafkas Tagebüchern oder Briefen dieser Zeit, die uns veranlassen könnten, den Roman als Analyse der zeitgenössischen Gesellschaft zu verstehen. Kafka war sich selbstverständlich im klaren über die Existenz von Polizeistaaten: Aus Zeitungsberichten und aus seiner Kenntnis des Lebens Dostojewskis war er vertraut mit den Unterdrückungspraktiken, die im zaristischen Polizeistaat nur halbherzig und amateurhaft angewandt wurden, wenn man sie mit denen seines Nachfolgers vergleicht. Insbesondere den Berichten über Dostojewskis Leben in Sibirien hat Kafka den Bildkomplex von Unrecht und Verhaftung entnommen, aber er hat ihn auf eine andere Thematik übertragen, und zwar so, als habe er sich vorgestellt, er selbst sei vor Gericht gestellt und wegen seines Vergehens gegenüber Felice schuldig gesprochen worden. Sein Vorgehen dabei läßt sich vielleicht mit der Feststellung beschreiben, er habe Ausdrücke wie »das moralische Gesetz« im buchstäblichen Sinne verstanden. Könnte man sich dann nicht vorstellen, daß das moralische Gesetz nicht nur ein abstrakter Imperativ wäre, sondern ein wirkliches Gesetz, nach dem man verhaftet und für dessen Verletzung man angeklagt werden kann? Könnte man diesen Gedanken dann nicht damit weiterführen, daß hinter diesem Gesetz ein ganzes Rechtssystem steht, und zwar mit eigenen Gerichten, Richtern und Polizisten, sogar mit eigenen Gefängnisgeistlichen und professionellen Henkern? Und dürfen wir uns schließlich nicht weiter vorstellen, daß die Inhaber dieser Ämter, auch wenn sie im Dienste einer absoluten Instanz stehen, menschliche Schwächen haben und zu falschen Verhaltensweisen neigen? Aufgrund dieser oder ähnlicher Analogien dürfte die imaginäre Welt, wie sie im Roman *Der Prozeß* sich darstellt, zustande gekommen sein. Die Versuche, den Roman unmittelbar auf politische Verhältnisse zu beziehen und ihn daraus zu verstehen, nehmen der Metapher des Gerichts, die als Bedeutungsträger den ganzen Roman bestimmt, ihren Sinn. Sie gehen fälscherlicherweise davon aus, daß in bezug auf das Thema des Romans den Rechtsfragen oder politisch-gesellschaftlichen Sachverhalten dieselbe Bedeutung zukommt wie seiner Bildwelt. Die entgegengesetzte Interpretation, daß nämlich der Aussageschwerpunkt des Romans *Der Prozeß* auf der Verantwortlichkeit des Individuums liegt, muß jedoch ausführlich begründet werden. Zunächst muß gezeigt werden, daß Josef K. keineswegs ein bloßes Opfer ist, sondern daß er moralisch schuldig ist.

Weit verbreitet ist die Ansicht, Josef K. sei von Kafka mit Absicht als eine Figur ohne hervorstechende Merkmale gestaltet worden, und zwar »mit ebensowenig Körper und Seele wie die Strichmännchen, die er auf den Rand seiner Manuskripte zeichnete«.[31] Josef K. weist jedoch eine ganze Reihe verschiedener Charaktermerkmale auf, die zu seiner Position als Prokurist einer großen Bank passen. Sein Tagesablauf ist genau geregelt; er fühlt sich schon empfindlich gestört, als die Köchin – und das geschieht zum erstenmal überhaupt – nicht gegen acht Uhr das Frühstück bringt. Er beginnt früh mit seiner Arbeit, manchmal schon um sieben Uhr morgens, und er setzt sie gewöhnlich bis 9 Uhr abends fort; danach trifft er an einem Stammtisch mit älteren Kollegen zusammen. Seine wöchentlichen Besuche bei seiner Freundin Elsa sind ganz in den routinemäßigen Ablauf seiner Arbeit eingeordnet: Als er nicht bereit ist, einer Vorladung des Gerichts zu folgen, und stattdessen Elsa aufsucht, heißt es: »Die Gedanken an die Bank begannen ihn wieder, wie in früheren Zeiten, ganz zu erfüllen« (P 276). Er fühlt sich in der Bank mehr zu Hause als in seiner Mietwohnung und ist davon überzeugt, er wäre mit seiner Verhaftung besser fertiggeworden, wenn sie in der Bank erfolgt wäre. Die Beziehungen innerhalb der Familie schätzt und pflegt er nicht. Obgleich er seiner Mutter versprochen hat, sie an seinem Geburtstag regelmäßig zu besuchen, hat er es in den letzten zwei Jahren nicht getan und begnügt sich damit, von dritter Seite her zu erfahren, daß es ihr gesundheitlich besser geht oder daß sie doch wenigstens weniger klagt (P 277). Seiner Nichte Erna, die eine Internatsschule in der Stadt besucht, hat er bisher keine Beachtung geschenkt.

Die Beziehungen, die K. interessieren, sind geschäftlicher Art. Sie sind streng am gesellschaftlichen Rang der Partner ausgerichtet. Er macht Spaziergänge mit dem Bankdirektor und findet die Herren seines Stammtisches »außerordentlich achtungswürdig« (P 282), weil er aus hochrangigen Richtern und Staatsanwälten besteht und sein einflußreicher Freund Staatsanwalt Hasterer dazugehört.[32] Auch noch sehr junge Beamte und Advokatsgehilfen wurden zum Stammtisch zugelassen, aber sie durften am Gespräch nur teilnehmen, wenn besondere Fragen an sie gestellt wurden. Die hohen Beamten ergötzen sich daran, sie durch komplizierte Fragen in Verlegenheit zu bringen. Dementsprechend reagiert K. auf seine Verhaftung mit Ausdrücken, die der gesellschaftlichen Rangordnung entsprechen: So schickt er seine Wächter fort, weil er sie als unwissende Untergebene betrachtet; so freut er sich darauf, seine Angelegenheit mit einem Gleichrangigen (»einem mir ebenbürtigen Menschen«, P 15) klären zu können. Andererseits ist er sofort beleidigt, als er vom Aufseher getadelt wird: »K. starrte den Aufseher an. Schulmäßige Lehren bekam er hier von einem vielleicht jüngeren Menschen?« (P 22). Als er sich unerwartet mit den drei untergeordneten Bankangestellten, Rabensteiner, Kullich und Kaminer, konfrontiert sieht, ist er aufgrund seines inneren Widerstrebens nicht in der Lage, sie als Kollegen anzuerkennen.[33] Er legt nicht nur dem sozialen Rang Wert und Bedeutung bei, sondern sogar den Symbolen, an denen er sichtbar wird: So ist er stolz darauf, einen Bediensteten und zwei Telephone zu seiner Verfügung zu haben; insgeheim macht er sich über seine Verhaftung lustig, weil der Aufseher und der Wächter nicht in Uniform erscheinen.

Im Umgang mit anderen ist K. aggressiv und berechnend. Als er merkt, daß er sein Frühstück nicht bekommen kann, springt er aus dem Bett, um seine Zimmervermieterin zu Verantwortung zu ziehen. Gegen Ende seiner Unterredung mit dem Aufseher glaubt er, diesem überlegen zu sein, tritt drohend nahe an ihn heran und wird ausfällig. Der Satz: »Er spielte mit ihnen« (P 24), zeigt K.s unbegründete Meinung, er habe die Lage unter Kontrolle. Er versucht, wenn auch ohne Erfolg, den Aufseher zu beeinflussen, indem er ihm die Hand entgegenstreckt – in der Hoffnung, die Tatsache der Verhaftung ließe sich durch einen Händedruck aus der Welt schaffen.[34] Er verläßt sich auf seinen Verstand in einer Art, die an Georg Bendemanns eitle Hoffnung erinnert, »alles vollkommen genau zu beobachten« (E 64). Als er das Weggehen des Aufsehers und der Wächter nicht bemerkt hat, tadelt er sich selbst für seine Unachtsamkeit und nimmt sich vor, »sich in dieser Hinsicht genauer zu beobachten« (P 27). Selbst als er zur Hinrichtung geführt wird, vertraut er immer noch seinem »ruhig einteilenden Verstand« (P 269). Josef K. könnte geradezu als Fallstudie für den Gebrauch der »instrumentellen Vernunft« herangezogen werden – nämlich dafür, rationale Begründungen heranzuziehen, um irrationale Ziele zu erreichen. Die moderne Gesellschaft hat dieses Verhalten, wie die Soziologen der Frankfurter Schule erklären, aus der Aufklärung übernommen. [35]

Auch wenn K. sich bei seinen Handlungen und in seinen Verhaltensweisen keinen Skrupeln überläßt, so entspricht das dennoch nicht dem Bild, das er von sich selbst hat. Er hält sich eher für jemanden, der nicht gern aus Erfahrungen lernt oder Vorsorge für die Zukunft trifft: »Er neigte stets dazu, alles möglichst leicht zu nehmen, das Schlimmste erst beim Eintritt des Schlimmsten zu glauben, keine Vorsorge für die Zukunft zu treffen, selbst wenn alles drohte« (P 12). Hier handelt es sich, was man nachdrücklicher hätte hervorheben müssen, um K.s Einschätzung seiner selbst, nicht um eine Charakterisierung K.s durch den Erzähler. [36] Diese Einschätzung wird zu wiederholten Malen widerlegt durch K.s zunehmende Besorgnis über den Verlauf seines Prozesses. Widerlegt wird sie auch dadurch, wie Binder dargelegt hat, daß das Wort »Prokurist«, die Bezeichnung für seine Berufstätigkeit, die etymologische Entsprechung des Wortes »Vorsorge« darstellt, so daß K. von Berufs wegen zur »Vorsorge für die Zukunft« verpflichtet ist. [37]

K. ist sich weiterhin nicht klar darüber, wie weit seine berechnende Vernunft ihn von seinem physischen, sexuellen, kreatürlichen Sein entfremdet hat. Da er sich ständig zu Fräulein Bürstner hingezogen fühlt, liegt die Vermutung nahe, daß die Besuche, die er einmal pro Woche bei Elsa macht, nicht alle seine Bedürfnisse befriedigen. Ein Grund dafür, daß K. durch seine Verhaftung so sehr aus der Fassung gebracht wird, liegt darin, daß die Wächter in den intimen, physischen Bereich seines Lebens eindringen – sie beschäftigen sich mit dem, was er ißt, mit seiner Art zu schlafen, mit seinen sexuellen Phantasien. Sie verzehren sein Frühstück; sie prüfen sein Nachthemd, sagen ihm, daß er ein viel schlechteres Hemd werde anziehen müssen, und nehmen seine übrige Wäsche in Verwahrung. Der Tisch, an dem der Aufseher sitzt, um ihn über seine Verhaftung zu unterrichten, ist Fräulein Bürstners Nachttischchen. Die dauernde Anwesenheit der Wächter macht es K. schwer, seine Gedanken vernünftig zu ordnen. Obgleich K. sich andere Leute lieber vom Leibe hält – außer wenn er sie einschüchtern oder sonstwie beeinflussen will – verletzen die Wächter seine Intimsphäre, indem sie ihn ständig anstoßen: »in Gegenwart dieser Leute konnte er aber nicht einmal nachdenken, immer wieder stieß der Bauch des zweiten Wächters – es konnten ja nur Wächter sein – förmlich freundschaftlich an ihn« (P 12). [38]

Josef K. ist aus den angedeuteten Gründen ein Charakter, der einem unterscheidbaren, beschreibbaren Typus angehört. Berechnend, egozentrisch, aggressiv, autoritär – mit diesen Eigenschaften ist er jemand, der unter neurotischen Wunschvorstellungen und unterdrückten Bedürfnissen leidet und wesentliche Bereiche seiner Persönlichkeit aufgegeben hat, um sich ganz in das Organisationssystem des Unternehmens, dessen Angestellter er ist, einzugliedern. Wenn Gregor Samsa nicht eine Familie hätte unterhalten müssen, hätte er möglicherweise zu einer Person dieses Typs werden können. Beide haben sich selbst bis in die Mitte ihrer Person hinein auszehren lassen, indem sie dem Anpassungsdruck nachgegeben haben, den Kritiker der modernen Industriegesellschaft so oft verurteilt haben. Einer dieser Kritiker, Friedrich Nietzsche, beginnt seinen Aufsatz *Schopenhauer als Erzieher*, indem er die Feigheit und Trägheit anprangert, mit der die große Mehrheit der Bevölkerung sich einem Standardmuster anpassen läßt. Nur die Künstler, sagt Nietzsche, wagen es, die Menschen daran zu erinnern, daß sie einmalige Individuen sind:

> Die Künstler allein hassen dieses lässige Einhergehen in erborgten Manieren und übergehängten Meinungen und enthüllen das Geheimnis, das böse Gewissen von jedermann, den Satz, daß jeder Mensch ein einmaliges Wunder ist; sie wagen es, uns den Menschen zu zeigen, wie er bis in jede Muskelbewegung er selbst, er allein ist, noch mehr, daß er zu dieser strengen Konsequenz seiner Einzigkeit schön und betrachtenswert ist, neu und unglaublich wie jedes Werk der Natur und durchaus nicht langweilig. [39]

Ob Kafka diese Gedanken kannte oder nicht, spielt keine Rolle – er hätte ihnen auf jeden Fall zugestimmt. In einer langen, wohl 1916 geschriebenen Eintragung ins Notizheft beklagt er, daß – obwohl jedes Individuum »eigentümlich« sei – das Ziel der Erziehung in der Familie wie in der Schule darin liege, diese »Eigentümlichkeit zu verwischen«, um dem Kind die Anpassung an das Leben zu erleichtern (H 227–232). Josef K. hat sich diesem Prozeß mit solchem Erfolg unterzogen, daß er darüber nicht einmal mehr Bedauern empfinden kann. Der marxistische Kritiker Sánchez Vásquez sagt dazu: »K. hat einen solch extremen Grad der Entfremdung erreicht, daß er sein Leben nicht einmal mehr als zerrissen und zerbrochen erfährt. Er spürt keinen Gegensatz mehr zwischen seinem privaten und seinem öffentlichen Leben, weil er kein privates Leben mehr hat. Sein ganzes Dasein besteht in seiner Rolle als Bankangestellter.« [40] Er hat sich wie Thomas Manns Aschenbach von seinem eigenen Wesen entfremdet. Im Verlauf der Erzählung erfahren wir, wie er nach und nach von Mächten zerstört wird, die er nicht versteht und deren Zerstörungskraft darin liegt, daß sie sich nicht ausschließlich auf sein Verhältnis zur Außenwelt auswirken, sondern daß – wie es in Aschenbachs dionysischem Traum heißt – »ihr Schauplatz [...] vielmehr seine Seele selbst ist.« [41]

Obgleich jedoch die Sozialkritik, die wir in *Der Verschollene* und *Die Verwandlung* feststellen konnten, auch in *Der Prozeß* vorliegt, so ist damit doch nicht der Bereich bezeichnet, aus dem K.s Schuld herrührt. Das Verbrechen, das zu seiner Verhaftung geführt hat, liegt nicht darin, daß er als Prokurist an einer Bank tätig ist. Trotz seiner Ähnlichkeit mit Aschenbach ist sein Prozeß auch nicht eine gut gemeinte psychotherapeutische Übung, um seine verdrängten Triebregungen zu behandeln. Der Prozeß gegen K. ist wegen einer tief in ihm selbst liegenden Unzulänglichkeit angestrengt worden; K. gibt sie zu erkennen, wenn er sagt, er kenne das Gesetz nicht, nach dem er verhaftet worden sei. Der Wächter Franz bemerkt dazu: »Sieh, Willem, er gibt zu, er kenne das Gesetz nicht, und behauptet gleichzeitig, schuldlos zu sein« (P 15). Das bedeutet, daß Unkenntnis des Gesetzes unvereinbar ist mit Unschuld im Sinne des Gesetzes. Nun gibt es allerdings kein Rechtssystem, auf das eine solche Aussage zutrifft. Niemand ist jemals einfach nur deswegen angeklagt worden, weil er das Gesetz nicht kannte. Aber es gibt eine andere Art von Gesetz, das man schon bloß dadurch übertreten kann, daß man es nicht kennt: Es ist das moralische Gesetz. Bei einem erwachsenen Menschen ist die Unkenntnis moralischer Normen als solche bereits ein moralisches Vergehen. [42] In der Bemerkung, die Franz abgibt, liegt nichts Paradoxes oder Absurdes. Es erscheint lediglich absurd vom Standpunkt K.s aus, dessen erster Gedanke darin liegt, er lebe in einem »Rechtsstaat« (P 12), in dem alle Gesetze in Kraft seien. Es kommt ihm nicht in den Sinn, daß seine Ausweispapiere – erst seine Radfahrlegitimation, dann seine Geburtsurkunde –, die er den Wächtern vorlegen will, für deren Auftrag ohne jede Bedeutung sind. Der Leser jedoch wird, wie bereits gezeigt wurde, nicht auf K.s Standpunkt festgelegt, sondern er verfügt über eine Perspektive, die mit der K.s zwar kongruent ist, zugleich aber von einem höher gelegenen Standort aus sich auf die Vorgänge richtet, so daß er einerseits K.s Verwirrung nachempfinden, andererseits dessen Situation jedoch auch so zu begreifen vermag, wie er es selbst nicht kann. [43]

Die zentrale Idee, mit der *Der Prozeß* beginnt – daß nämlich K.s Unkenntnis des moralischen Gesetzes seine Schuld nach eben diesem Gesetz begründet – ist von zwingender Klarheit und Einfachheit, aber zutiefst beunruhigend in ihren Konsequenzen. Sie hat die elegante Konstruktion einer Falle, aus der es kein Entrinnen gibt. Wer aus dieser Begründung heraus verhaftet wird, ist *ipso facto* schuldig. Gerade dadurch, daß er behauptet, unschuldig zu sein, beweist er seine Schuld. Das ist der Grund dafür, daß das Gericht »für Beweisgründe unzugänglich ist« (P 184); das ist der Grund, auf den das Sprichwort gemünzt ist, das K.s Onkel zitiert: »Einen solchen Prozeß haben, heißt ihn schon verloren haben« (P 119). Ein Angeklagter kann niemals seine Schuld zugeben – sie besteht ja eben darin, daß er sich für unschuldig hält. Das ist der Typ des *huis clos*, auf den Kafka oft zurückkommt, zum Beispiel in einem Aphorismus aus dem Jahre 1920:

> Die Erbsünde, das alte Unrecht, das der Mensch begangen hat, besteht in dem Vorwurf, den der Mensch macht und von dem er nicht abläßt, daß ihm ein Unrecht geschehen ist, daß an ihm die Erbsünde begangen wurde (B 295–296).

Diese paradoxe Aussage steht dem *Prozeß* in ihrer Struktur und Thematik nahe. Der Mensch kann sich von der Erbsünde freimachen, wenn er sich eingesteht, daß er selbst es ist, der die Erbsünde begangen hat. In gleicher Weise begibt sich Josef K. durch seine Überzeugung, schuldlos zu sein, der Möglichkeit, schuldlos zu werden. Er müßte, um diesem geschlossenen Kreis zu entrinnen, sich – bildhaft gesprochen – an den moralischen Schlaufen seiner Stiefel aus ihm herausheben, oder er müßte, um Kafkas Anspielung auf Baron Münchhausen zu zitieren, »an den eigenen Haaren sich aus dem Sumpf gezogen haben« (H 71). Ein Aphorismus aus dem Jahre 1917 formuliert lapidar dasselbe: »Du bist die Aufgabe. Kein Schüler weit und breit« (H 83).

Dennoch ist das noch nicht die vollständige Erklärung für die Situation Josef K.s. Wenn sie es wäre, bestünde die dem Roman inhärente Ethik in einer Form des Sadismus. Ferner böte sie keine Möglichkeit zur Entwicklung einer Erzählung: Kafka müßte dann wieder und wieder dieselbe Situation darlegen, wie er es in *Der Verschollene* tatsächlich tut. Wilhelm Emrich und Ingeborg Henel haben gezeigt [44], daß der Grundgedanke des Romans *Der Prozeß* sich am besten mit Hilfe eines schwierigen Abschnittes verstehen läßt, den Kafka im Januar 1918 in sein Notizheft eintrug:

> Seit dem Sündenfall sind wir in der Fähigkeit zur Erkenntnis des Guten und Bösen im Wesentlichen gleich; trotzdem suchen wir gerade hier unsere besonderen Vorzüge. Aber erst jenseits dieser Erkenntnis beginnen die wahren Verschiedenheiten. Der gegenteilige Schein wird durch folgendes hervorgerufen: Niemand kann sich mit der Erkenntnis allein begnügen, sondern muß sich bestreben, ihr gemäß zu handeln. Dazu aber ist ihm die Kraft nicht mitgegeben, er muß sich daher zerstören, selbst auf die Gefahr hin, sogar dadurch die notwendige Kraft nicht zu erhalten, aber es bleibt ihm nichts anderes übrig, als dieser letzte Versuch. (Das ist auch der Sinn der Todesdrohung beim Verbot des Essens vom Baume der Erkenntnis; vielleicht ist das auch der ursprüngliche Sinn des natürlichen Todes.) Vor diesem Versuch nun fürchtet er sich; lieber will er die Erkenntnis des Guten und Bösen rückgängig machen (die Bezeichnung »Sündenfall« geht auf diese Angst zurück); aber das Geschehene kann nicht rückgängig gemacht, sondern nur getrübt werden. Zu diesem Zweck entstehen die Motivationen. Die ganze Welt ist ihrer voll, ja die ganze sichtbare Welt ist vielleicht nichts anderes als eine Motivation des einen Augenblick lang ruhenwollenden Menschen. Ein Versuch, die Tatsache der Erkenntnis zu fälschen, die Erkenntnis erst zum Ziel zu machen (H 102–103).

Um diese Aussage zu verstehen, muß man sich vor Augen führen, einen wie scharfen Trennungsstrich Kafka zwischen moralischem Bewußtsein und moralischem Verhalten zieht. Seit dem Sündenfall verfügt der Mensch über ein angeborenes, intuitives Bewußtsein. Wir brauchen überhaupt nicht zu erforschen, was Gut und was Böse ist – jeder von uns weiß es bereits längst. Aber das Wissen um Gut und Böse ist, um es einmal so auszudrücken, nicht vergleichbar etwa mit dem Wissen um historische oder arithmetische Sachverhalte. In seinem innersten Wesen ist das Wissen um Gut und Böse kein Gegenstand passiver Betrachtung, sondern es verlangt zwingend danach, in moralische Handlungen umgesetzt zu werden. Man muß ohne Rücksicht auf alles andere ein gutes Leben zu führen versuchen. Da jedoch kein Mensch stark genug ist, diese Forderung zu erfüllen, hat das zur Folge, daß man sich im ständig wiederholten Versuch, ihr nachzukommen, bis zur Selbstzerstörung aufzehrt. Doch auch das mindert nicht die Unerbittlichkeit dieses moralischen Imperativs. Kafka schreibt als ein moralischer Rigorist, dessen Anspruch einzig und allein die kompromißloseste moralische Haltung genügt.

Da die Ausrichtung des Lebens auf die Moral mit Anforderungen verbunden ist, die bis zur Selbstzerstörung reichen, versuchen die Menschen erst gar nicht, ein solches Leben zu führen. Weil sie sich jedoch nicht von ihrem moralischen Bewußtsein befreien können, suchen sie ihr Wissen um Gut und Böse zu überdecken, indem sie »Motivationen« erfinden. Das bedeutet: Sie berufen sich bei ihren Handlungen auf Motive und Ursachen und erfinden Entschuldigungen für ihr moralisch falsches Verhalten. Sie geben vor, keine klaren Maßstäbe für ihr Verhalten zu haben, und machen deshalb das Wissen um Gut und Böse zum Gegenstand ihres Nachdenkens. Es müßte jedoch umgekehrt, eben weil die Menschen seit eh und je schon darüber verfügen, der Ausgangspunkt aller ihrer Handlungen sein. Ein überzeugendes Beispiel für solches Verhalten ist K.s Versuch, eine für das Gericht bestimmte Verteidigungsschrift auszuarbeiten, in der er einen Überblick über alle wichtigen Handlungen, die er in seinem Leben vollzogen hat, geben und versuchen will, seine Gründe für jede von ihnen zu erläutern (P 137). [45] Allgemeiner gesehen, kann es uns helfen, Kafkas Vorstellung zu verstehen, wenn wir uns an Tolstois *Der Tod des Iwan Iljitsch* erinnern, und zwar insbesondere an die Gedanken, die ihm auf seinem Sterbelager durch den Kopf gehen:

> Und ihm war ferner der Gedanke gekommen, daß vielleicht seine kaum merklichen Versuche, gegen das, was von höhergestellten Personen für gut gehalten wurde, anzukämpfen, daß diese kaum bemerkbaren Versuche, die er jedesmal sofort aufgegeben hatte, daß vielleicht gerade sie das Wahre gewesen seien und alles übrige nicht das Wahre. Daß sowohl sein Dienst wie auch seine Lebensführung, seine Familie sowohl wie all diese Interessen der Gesellschaft und des Dienstes, daß all dies zusammen nicht das Wahre gewesen sein mochte.

Iwan Iljitsch – in seinem bisherigen Leben ein ebenso zufriedener, mittelmäßiger, auf irdische Güter ausgerichteter Mensch wie Josef K. – kommt nun zu der Erkenntnis, alles das, was er bisher getan habe, sei »ein entsetzlicher, ungeheurer Betrug gewesen [...], der das Leben und den Tod vor ihm verborgen gehalten hatte.« [46]

Kafkas Interesse gilt in ähnlicher Weise einer Figur, die in die Täuschung verstrickt ist. Josef K. mag ganz zu Beginn des Romans in moralischer Hinsicht noch unwissend sein – als erste Auswirkung seiner Verhaftung entsteht jedoch in ihm schon bald die Fähigkeit, Gutes und Böses zu unterscheiden. Zeichenhaft angedeutet wird das dadurch, daß er »einen schönen Apfel« ißt (P 17). Die sich daran anschließende Überlegung entspricht einem Aphorismus aus dem

Jahre 1917. Er lautet: »Ein erstes Zeichen beginnender Erkenntnis ist der Wunsch zu sterben« (H 81). K. wundert sich darüber, daß die Wächter ihn in seinem Zimmer alleingelassen haben, in dem er doch viele Möglichkeiten hat, sich umzubringen. dieser Gedanke läßt darauf schließen, daß er schon fast soweit ist, seine Schuld zuzugeben. Aber dieser Gedanke kommt ihm, wie wir erfahren, »aus dem Gedankengang der Wächter« (P 17): Er ist kein Bestandteil seines eigenen Denkens. Gleichzeitig setzt sich seine gewöhnliche Denkungsart wieder durch, und er beginnt, seine kurz aufblitzende Einsicht zu unterdrücken und zurückzuweisen, indem er sich klarmacht, daß ein ernsthafter Gedanke an Selbstmord sinnlos ist und daß die Wächter offenbar gar nicht verstehen, wovon sie reden. Bei einigen späteren Gelegenheiten kommt sein verdrängtes Schuldbewußtsein fast bis an die Oberfläche. Als ihm die Wächter nahelegen, einen schwarzen Rock anzuziehen, sagt er, ohne zu wissen, was er sagt: »Es ist doch noch nicht die Hauptverhandlung« (P 18). Am selben Abend verrät er sich selbst ein weiteres Mal, als er seiner Zimmervermieterin gegenüber bemerkt: »›Die Reinheit!‹ rief K. noch durch die Spalte der Tür, ›wenn Sie die Pension rein erhalten wollen, müssen Sie zuerst mir kündigen‹« (P 33). Das Gericht hat mit seiner Verhaftung schon bewirkt, daß K.s bisherige moralische Indifferenz erschüttert wird und er über sich selbst nachzudenken beginnt. Diese Selbsterkenntnis blitzt jedoch nur gelegentlich auf; seine fast unbegrenzte Fähigkeit, Unangenehmes zu verdrängen, läßt sie erst gar nicht voll aufkommen. Nichtsdestoweniger ist es dem Gericht jedoch schon durch seine Verhaftung gelungen, Josef K. aus dem Käfig des logischen Denkens, in dem er, ohne es selbst zu wissen, gefangen war, herauszuholen. Bis dahin war er schuldig im Sinne eines Gesetzes, das er nicht kannte, und war infolgedessen von der Vernunft her nicht in der Lage, seine Schuld zuzugeben, geschweige denn, sich von ihr zu befreien. Nun jedoch, da ihn das Gericht zu einem potentiell moralischen Wesen gemacht hat, wird die Befreiung von seiner Schuld nicht länger mehr durch die Vernunft behindert; sie ist allerdings übermenschlich schwer. Der Unterschied zwischen diesen beiden Bewußtseinslagen mag nur gering erscheinen; in Wirklichkeit ist er jedoch unendlich groß. Eine Lösung der ersten Aufgabe war von der Vernunft her unmöglich; eine Lösung der jetzigen Aufgabe ist für K. allein deswegen unmöglich, weil er ein physisch existierendes Wesen ist. Darin liegt der Grund für die Ironie des Trostes, wie ihn ein Aphorismus aus dem Jahre 1917 formuliert: »Das Mißverhältnis der Welt scheint tröstlicherweise nur ein zahlenmäßiges zu sein« (H 88).

Die Folgen davon, daß er diese Aufgabe nicht hat lösen können und sich in »Motivationen« hat verstricken lassen, werden Karl bei seinem zweiten Besuch in den Gerichtsräumen vor Augen geführt. Ein verwahrlostes hölzernes Treppenhaus ist der Zugang zu den Gerichtskanzleien; sie befinden sich auf dem Dachboden und sind durch einen langen Gang miteinander verbunden, in dem Angeklagte warten. Merkwürdigerweise bezeichnet K. diese Leute als seine »Kollegen« (P 81), aber ihr Verhalten entspricht dem seinigen in keiner Weise. Sie teilen seine Selbstsicherheit nicht, sondern sitzen oder stehen mit gebeugtem Rücken und geneigtem Kopf wie Bettler da und sind so verängstigt, daß sie kaum auf eine Frage antworten können. Sie gehören jedoch – wie K. selbst – offensichtlich zu »den höheren Klassen« (P 80) und haben sich nicht schon immer so unterwürfig verhalten. Einer von ihnen, der ältere Mann, den K. anspricht, wartet auf eine Antwort auf die »Beweisanträge«, die er an das Gericht gestellt hat. Er ist bereits in derartige Verfahren verwickelt, deren Ziellosigkeit im Verlauf des Romans ständig verdeutlicht wird. Was diese Episode darüber hinaus zeigt, ist, daß man sich selbst peinlichen Demütigungen aussetzt, wenn man sich dem Gericht und seinen verwickelten Prozeduren unterwirft. [47]

Nach K.s Verhaftung gliedert sich die Handlung des Romans, wie Marson im einzelnen gezeigt hat, in drei Phasen. In der ersten Phase (Kap. 1–5) steht das Gericht mit K. in enger Verbindung. Seine Abgesandten erscheinen in seiner Wohnung und in seinem Büro; er selbst sucht zweimal die Gerichtsräume auf. In der zweiten Phase (Kap. 6–8) hat sich das Gericht zurückgezogen. K. hat keinen unmittelbaren Kontakt mehr mit seinen Repräsentanten, wohl aber mit Mittelsmännern wie dem Advokaten und Titorelli. Das Gericht erscheint ihm hier ausschließlich als eine unermeßliche, unwirkliche, unbegreifliche Organisation. In den Kapiteln 9 und 10 tritt das Gericht wieder an K. heran, um ihm durch den Geistlichen eine letzte Warnung zukommen zu lassen, die er jedoch nicht beachtet; danach läßt es ihn hinrichten. In der ersten dieser Phasen verhält sich das Gericht K. gegenüber mit großer Höflichkeit und Zuvorkommenheit. Der Aufseher informiert ihn lediglich über seine Verhaftung, versichert ihm, er werde nicht festgenommen, sondern könne sein gewohntes Leben weiterführen, und läßt ihn sogar von drei seiner jüngeren

Kollegen zur Bank bringen, um seine Verspätung weniger auffällig zu machen. Seine erste Vernehmung wird auf einen Sonntag angesetzt, um ihn nicht in seiner beruflichen Tätigkeit zu stören. Als Josef K. sich über das Verhalten seiner Wächter beschwert, werden diese umgehend bestraft; als er sein Verhör mit dem Ausruf: »Ihr Lumpen, [...] ich schenke euch alle Verhöre« (P 63), beendet, scheint das Gericht ihn zu seiner eigenen Überraschung beim Wort zu nehmen und lädt ihn tatsächlich nicht wieder vor. Zugleich ist jedoch das betont höfliche Verhalten des Gerichts zutiefst beunruhigend. Der auf einen Sonntag gelegte Vorladungstermin schadet seinem Weiterkommen im Beruf insofern, als K. eine Einladung des Direktor-Stellvertreters ablehnen muß, die seinen gesellschaftlichen und beruflichen Ambitionen hätte nützlich werden können. Er ist verständlicherweise entsetzt, als er in einer Rumpelkammer der Bank die Wächter und die Prügler entdeckt. Beunruhigend ist es auch, daß das Gericht anscheinend auf K.s unausgesprochene Gedanken zu reagieren vermag. Da bei der Vorladung zum ersten Verhör kein genauer Zeitpunkt angegeben ist, entschließt sich K., möglichst schon morgens um 9 Uhr dazusein. Bei seiner Ankunft um fünf Minuten nach zehn wird er gehörig zurechtgewiesen, weil er eine Stunde und fünf Minuten nach dem von ihm selbst festgesetzten Zeitpunkt erschienen ist. [48] Er vertuscht seine Suche nach der Untersuchungskommission, indem er nach einem »Tischler Lanz« fragt – ein Name, der ihm gerade eingefallen ist. Offenbar wird er jedoch von der jungen Frau, die ihm die Tür zum Sitzungszimmer des Gerichts zeigt, sofort verstanden. Später, im Kapitel 9 nämlich, will K. einem Besucher aus Italien den Dom zeigen; als der Italiener nicht erscheint, wird K. von dem Geistlichen beim Namen gerufen, so daß der Eindruck entsteht, seine Verabredung mit dem Italiener sei irgendwie in Absprache mit dem Gericht erfolgt.

Da das Gericht so bereitwillig K.s Wünschen entgegenkommt, ist man versucht, in ihm lediglich eine Projektion K.s zu sehen, nämlich ein System von »Motivationen«, die aus seinem Unterbewußtsein emporsteigen, um zu verhindern, daß er sich mit seiner eigenen Schuld konfrontiert sieht. [49] In der Rede, die K. beim ersten Verhör hält, bezeichnet er sich selbst als eines von vielen Opfern einer großen Organisation, die Richter, Schreiber, Gendarmen und vielleicht sogar Henker unterhält, die durch und durch korrupt ist und deren einziger Zweck darin liegt, unschuldige Menschen zu verhaften und ihnen einen sinnlosen Prozeß zu machen. Diese Behauptungen gehen weit über K.s Wissensstand hinaus; sie sind eine paranoide Phantasievorstellung. Aus seiner bisherigen Erfahrung kann er sie jedenfalls wohl nur schwer begründen. Später aber hören wir von der Existenz einer unermeßlichen, unerschöpflichen Zahl von Beamten, die in einer hierarchisch geordneten Rangfolge stehen. Man kann sich fragen, ob sie ein wirkliches Dasein angenommen haben, um K.s Erwartungen zu erfüllen. So gesehen, würde die hierarchische Struktur des Gerichts die Rangordnung widerspiegeln, an die K. durch seine Tätigkeit in der Bank gewöhnt ist. Die sexuelle Begehrlichkeit des Untersuchungsrichters und der verwahrloste Zustand der Gerichtsräume entsprächen dann den Zonen der Verkommenheit in K.s eigenem Innern. Dies ist eine verlockende Interpretation, und zwar nicht zuletzt deshalb, weil sie daran erinnert, daß Kafka einen der beunruhigendsten Einfälle der »Gothic«-Dichtung übernimmt: ein Wesen zu gestalten, das als Projektion des Innern des Helden fungiert und doch erschrekkend, fremd und unkontrollierbar ist. Der wahnsinnige *Doppelgänger*, der Medardus in Hoffmanns *Die Elixiere des Teufels* verfolgt, oder Stevensons Mr. Hyde, der immer wieder auftaucht, wenn sein Schöpfer, Dr. Jekyll, beim Einschlafen die Kontrolle über sein Bewußtsein verliert, sind bekannte Beispiele. Dort, wo Kafka am deutlichsten der »Gothic novel« folgt, in der Prügler-Episode, wird das Schreckliche der Vorgänge für den Leser noch durch die Vorstellung gesteigert, K. blicke, als er die Tür zur Rumpelkammer öffnet, in einen verborgenen Winkel seines eigenen Innern. Diese Vorstellung liegt besonders nahe, weil die Rumpelkammer ebenso wie das Unbewußte bei Freud außerhalb der Zeit zu liegen scheint; der Prügler und die Wächter sind jedenfalls auch vierundzwanzig Stunden später noch dort.

Die Ansicht, das Gericht sei eine Projektion von K.s Innerem, sollte jedoch nicht überzogen werden, weil die Gefahr besteht, daß man sie nicht widerlegen kann und sie damit nichtssagend wird. Schließlich läßt sich alles als eine Projektion von K.s Unbewußtem erklären. Das Schreckliche, das das Gericht umgibt, scheint diese Zweideutigkeit eher zu behalten, insofern es in K.s Innerem, aber auch außerhalb von ihm existiert. Nach einigen Theorien trifft das auch für moralische Werte zu. Die Ethik, wie sie Franz Brentano entwickelt hat – mit ihr war Kafka wahrscheinlich vertraut –, behauptet, daß moralische Werte weder bloß subjektiv noch bloß objektiv sind; sie sind dem Menschen eingeboren und bestehen ebenfalls objektiv und absolut.[50] Dementsprechend befaßt sich Kafkas Gericht nicht mit irgendwelchen einzelnen Rechtsfragen, sondern mit Gut und Böse im absoluten Sinne. Es ist deshalb unwichtig, ob das Gericht eine bloße Projektion K.s ist oder unabhängig von ihm existiert. Kafka hat die Möglichkeit, diese Zweideutigkeit als Wirkungsfaktor ins Spiel zu bringen, denn in jedem Fall ist das Gericht die in der Beschränktheit des Wirklichen sich darstellende absolute Gerechtigkeit. K. macht den Fehler, sich durch die zuweilen grotesk unangemessene Art, in der das Gericht in Erscheinung tritt, über das Absolute, das es verkörpert, hinwegtäuschen zu lassen. Die Diskrepanz zwischen dem Absoluten und seiner – notwendigerweise – inadäquaten Erscheinungsweise in der Faktizität des Wirklichen tritt deutlich hervor, wenn Bilder erwähnt werden. Bei seinem zweiten Besuch im Sitzungszimmer des Gerichts erblickt K. auf dem Tisch des Untersuchungsrichters einige Bücher, die er für Gesetzesbücher hält. Es stellt sich jedoch heraus, daß es Bücher pornographischen Inhalts sind; sie enthalten lediglich in groben Umrissen gezeichnete obszöne Illustrationen. Möglicherweise hatte Kafka um 1914 bereits die Autobiographie Salomon Maimons gelesen, einschließlich der Auswahl aus der Lehre des Maimonides, die Maimon als Anhang beifügt. Hier legt Maimonides dar, daß die Geheimnisse der Religion zuweilen in Formen in Erscheinung treten, die dem nicht Eingeweihten unpassend, verletzend oder gar obszön zu sein scheinen. Er veranschaulicht diesen Sachverhalt durch eine Erzählung aus dem Talmud:

> Nach dieser Erzählung fanden die Feinde, die sich des Tempels bemächtigt hatten, im Allerheiligsten das Bildnis zweier Personen von beiden Geschlechtern in dem Vereinigungsakt begriffen – und entweihten dieses Heiligtum durch eine krasse Auslegung seines inneren Sinnes. – Dieses Bildnis sollte eine lebhafte sinnliche Vorstellung von der Vereinigung der Nation mit der Gottheit sein und mußte nur zur Verhütung des Mißbrauchs dem Auge des gemeinen Volkes, das nur beim Zeichen stehen bleibt, nicht aber in den inneren Sinn dringt, entzogen werden. [51]

Wenn man auch zunächst nicht unbedingt dem Bild, das K. erblickt, eine besondere Bedeutung beilegen möchte, so macht es dieser Abschnitt jedoch sehr wahrscheinlich, daß jede Interpretation, die K. an Bildern vornimmt, an ihrer tatsächlichen Bedeutung weit vorbeigeht. Bei zwei Gelegenheiten werden ihm Bilder von Richtern gezeigt – einmal von Leni und einmal von Titorelli. Jedesmal erfährt er, daß die Bilder nicht der Wirklichkeit entsprechen. Der Richter auf dem ersten Bild, der majestätisch auf einem Thronsessel sitzt, ist, wie Leni sagt, in Wirklichkeit ein winzig kleiner Mann, der auf einem Küchenstuhl sitzt, welcher mit einer Pferdedecke bedeckt ist (P 132). Den anderen Richter hat Titorelli gemalt, jedoch nicht nach dem Leben, sondern nach einem festen System von Vorschriften (P 176). Wenn auch diese Gemälde auf »Erfindung« (P 132, 176) beruhen, kann man sie deswegen dennoch nicht als falsch abtun. Obgleich sie im Sinne der Wirklichkeitstreue nicht wahr sind, so veranschaulichen sie doch das Amt, das die Richter innehaben, genau dadurch, daß sie das äußere Erscheinungsbild der Richter falsch wiedergeben.

K. jedoch verläßt sich auf das äußere Erscheinungsbild und vermutet sofort, ein Gericht mit verwahrlosten, auf Dachböden gelegenen Kanzleien und mit Beamten, die sich selbst unkorrekt verhalten, könne man nicht ernst nehmen. Von den beiden sich gegenseitig widersprechenden Reaktionen auf seine Verhaftung besteht deshalb die eine in lautstark verkündeter Selbstsicherheit, die andere in paranoider, argwöhnischer Unsicherheit. Im Gespräch mit seiner Vermieterin tut er zunächst so, als akzeptiere er ihre Ansicht, seine Verhaftung sei »etwas Gelehrtes«; dann rückt er in einem widersprüchlichen, nur scheinbar schlüssigen Gedankengang, wie er bei Kafkas Figuren immer wieder vorkommt, von dieser ihrer Einschätzung ab und verkehrt sie schließlich ins Gegenteil:

> Es ist gar nichts Dummes, was Sie gesagt haben, Frau Grubach, wenigstens bin auch ich zum Teil Ihrer Meinung, nur urteile ich über das Ganze noch schärfer als Sie und halte es einfach nicht einmal für etwas Gelehrtes, sondern überhaupt für nichts (P 30).

Bei seinem ersten Verhör gibt sich K. keinerlei Mühe, sich über das Gericht zu informieren oder den Grund seiner Verhaftung zu erfahren, sondern antwortet mit einer langen Schimpfrede (P 55–63) auf die ihn irritierende Frage des Untersuchungsrichters (»Sie sind Zimmermaler?«, P 54). Daraufhin belehrt ihn der Untersuchungsrichter in ruhigem Ton darüber, er habe sich durch sein Verhalten des möglichen Vorteils beraubt, den ein Verhör für den Verhafteten in jedem Falle bedeute. Bei seinem nächsten Besuch in den Gerichtsräumen schwelgt K. in Phantasievorstellungen, wie er das Gericht reformieren würde, wie er dem Untersuchungsrichter die Geliebte (die Frau des Gerichtsdieners) wegnehmen und den Studenten Berthold demütigen würde, indem er ihn vor Elsas Bett knien und um Gnade bitten ließe. Seine Phantasievorstellungen haben manches gemeinsam mit den Worten, die König Lear seinen Töchtern entgegenschleudert:

Ich will mir nehmen solche Rach an euch,
Daß alle Welt – will solche Dinge tun –
Was, weiß ich selbst noch nicht; doch solln sie werden
Das Graun der Welt... (II, 4)

Gleichzeitig jedoch läßt K. fortwährend seine Unsicherheit erkennen. Seine Sorge über die durch seine Verhaftung hervorgerufene »Unordnung« (P 28, 34) wandelt sich plötzlich in den Plan, Frau Grubach zu bestrafen – er argwöhnt, sie sei in irgendeiner Weise in das Ganze verwickelt –, indem er mit Fräulein Bürstner gemeinsame Sache machen und zusammen mit ihr die Wohnung kündigen würde. In einem anderen Fall fragt er voller Argwohn einen jungen Burschen aus, der Pfeife rauchend am Eingangstor des Hauses steht, in dem K. wohnt. Der erklärt ihm jedoch, er sei nur der Sohn des Hausmeisters. In einem gestrichenen Textabschnitt bemerkt K., daß ein Soldat vor seinem Hause auf und ab geht. Er zieht daraus sofort den Schluß, daß es sich um eine für ihn bestimmte Wache handelt. Diese Einschätzung gibt er jedoch sofort wieder auf, als er merkt, daß der Soldat ganz einfach auf seine Freundin wartet (P 305–306).

Seine Verhaftung bringt unvermittelt K.s »ruhig einteilenden Verstand« durcheinander, indem sie die sonst verdeckte, irrationale Seite seines Wesens bloßlegt. Das wird in der Szene mit Fräulein Bürstner besonders deutlich. K. glaubt, sich für die Unordnung in ihrem Zimmer entschuldigen zu müssen, obgleich sich diese darauf beschränkt, daß die Fotografien auf ihrem Nachttischchen durcheinandergeraten sind. Er wartet deshalb auf sie und besteht darauf, ihr die Auseinandersetzung mit dem Aufseher regelrecht vorzuspielen. Sein Ausruf »Josef K.«, mit dem er diese Darstellung abschließt, veranlaßt Frau Grubachs Neffen, der im Nebenzimmer schläft, an die Wand zu pochen. [52] Das Pochen scheint die letzten Hemmungen für K.s bereits seit längerem auf Fräulein Bürstner gerichtetes sexuelles Begehren zu beseitigen; wenige Augenblicke danach küßt er sie über das ganze Gesicht, »wie ein durstiges Tier mit der Zunge über das endlich gefundene Quellwasser hinjagt«, und schließlich auf den Hals, »wo die Gurgel ist« (P 42). Die ganze Szene enthält vielfältige emotionale Implikationen. [53] Ganz oberflächlich gesehen, nützt er ihre Müdigkeit aus, und sein lächerlicher Vorschlag, sie solle ihren guten Ruf durch die Erklärung zu erhalten suchen, K. habe sie überfallen, läßt seine Begehrlichkeit sehr deutlich werden. Er benutzt also sexuelle Sachverhalte als Mittel, sie unter Druck zu setzen und ihre Hilfe in seinem Prozeß zu erlangen. In einem tieferen Sinn ist das Bild des durstigen Tieres eine Anspielung auf die normalerweise unterdrückte animalische Schicht in K.s Wesen. Es läßt sein verzweifeltes Verlangen nach sexuellem Kontakt ahnen und verweist auf das Aggressionspotential, das auf Freisetzung drängt. Zugleich aber vermittelt es in Verbindung mit dem Bild vom Quellwasser sein unbewußtes Streben nach Reinheit, die er selbst nicht zu besitzen glaubt. Der abstoßende, an das Bild vom Vampir erinnernde Kuß auf »die Gurgel« des Mädchens verstärkt den Eindruck des aggressiven Verhaltens, das er an den Tag legt, und ruft zugleich die Vorstellung wach, er wolle seine eigene Lebenskraft steigern, indem er dem Mädchen Blut aussaugt. Insgesamt gesehen, verschmelzen in dieser Szene aggressive Brutalität und stilles Erdulden auf ergreifende Weise; eine ähnliche Verschmelzung heterogener Elemente liegt in der Schilderung der Liebesbegegnung K.s und Friedas im Roman *Das Schloß* vor.

Der Wendepunkt in seinem Umgang mit dem Gericht ist erreicht, als K. etwa zweieinhalb Wochen nach seiner Verhaftung zum zweiten Male die Gerichtsräume aufsucht. Dabei trifft er ein freundliches, gesprächsbereites Mädchen, das beim Gericht angestellt ist, und einen Beamten, der der »Auskunftgeber« genannt wird. Das Mädchen fragt ihn: »Was wünscht der Herr?« (P 84), aber K. versteht den Grund der Frage nicht. Er steht unentschlossen und stumm da, und, so heißt es, »wirklich sahen ihn das Mädchen und der Gerichtsdiener derartig an, als ob in der nächsten Minute irgendeine große Verwandlung mit ihm geschehen müsse, die sie zu beobachten nicht versäumen wollten« (P 85).[54] Aber es tritt keine Verwandlung ein; K. fühlt sich vielmehr immer unwohler. Das Mädchen bringt ihm deshalb einen Sessel und erklärt ihm, daß die Sonne ungehindert auf das Dachgerüst brenne, dessen heißes Holz die Luft dumpf und schwer mache; das sei unerträglich, wenn man daran nicht gewöhnt sei.[55] Sie setzt dann das Gespräch fort mit einem langen Bericht über die Funktion des Auskunftgebers. Sie betont dabei ausdrücklich: »er weiß auf alle Fragen eine Antwort, Sie können ihn, wenn Sie einmal Lust dazu haben, daraufhin erproben« (P 88). K. ist jedoch nicht in der Lage, ihren Erklärungen aufmerksam zuzuhören, und hat – wie der Auskunftgeber spöttisch, aber richtig bemerkt – nur noch den Wunsch, aus den Gerichtsräumen an die frische Luft geführt zu werden. Gestützt von den beiden Angestellten, gelangt er schwankend zum Ausgang; in der frischen Luft fühlt er sich sogleich wieder wohl.

Der symbolische Gehalt dieser Episode tritt in solcher Deutlichkeit hervor, daß jede Erklärung überflüssig zu sein scheint. [56] Dennoch muß hier in aller Kürze aufgezeigt werden, daß K. hier eine einzigartige Gelegenheit erhält, Fragen nach dem Wesen des Gerichts zu stellen und nach dem Ursprung seiner Schuld zu forschen. Was geschehen wäre, wenn er es getan hätte, läßt sich nicht sagen, aber es hätte zu einer »Verwandlung« kommen können, zu einer Transformation in ein bewußt moralisches Wesen, das in der Lage wäre, seine eigene Schuld einzusehen und sich somit von ihr zu befreien. Aber das geschieht eben nicht. Stattdessen verfällt K. in ein Unwohlsein, als ob die Nähe der Wahrheit zu schwer für ihn zu ertragen wäre. Dieser Vorgang ist eine Vorwegnahme der Bürgel-Episode in *Das Schloß*; dort gerät K. zufällig in das Zimmer eines Beamten, der autorisiert ist, sich mit seinem Fall zu befassen. K. aber ist zu schläfrig, um seine Aufmerksamkeit auf dessen – Bürgels – Erklärungen zu richten und aus ihnen Nutzen zu ziehen. In ähnlicher Weise finden auch die Erklärungen des Mädchens nicht das entsprechende Gehör; der Auskunftgeber stellt fest, K. könne die stickige Luft nicht ertragen – »Dem Herrn ist nur hier nicht wohl, nicht im allgemeinen« (P 88) – und schlägt vor, sie beide sollten ihn aus den Gerichtsräumen ins Freie führen. Die zweite Gelegenheit, bei der K. sich durch eine drückende, stickige Atmosphäre zutiefst beeinträchtigt fühlt, ergibt sich, als er sich in Titorellis Zimmer befindet. Dort wird er ein zweites Mal in höchst beunruhigender Weise mit der Wahrheit konfrontiert – daß nämlich nur ein »wirklicher Freispruch« dazu führen könnte, ihn von der gerichtlichen Verfolgung zu befreien. »Wirkliche Freisprüche« soll es zwar schon gegeben haben; die Erinnerung an sie ist jedoch nur in Legenden erhalten.

Die Episode mit dem Auskunftgeber zeigt einerseits, daß K. eine Gelegenheit erhält – und sie zugleich ungenutzt vorübergehen läßt – aus seinem »Denken in geschlossenem Kreis« herauszukommen, wie Marson es nennt [57], und nach dem Grund für seine Verhaftung zu forschen. Sie läßt sich jedoch auf zweierlei Weise interpretieren. Man kann sie verstehen als Veranschaulichung der Abgestumpftheit K.s, die selbst dann fortbesteht, wenn ihm jede nur mögliche Hilfe durch das ihm grundsätzlich wohlgesinnte Gericht angeboten wird. Dies ist anscheinend die Ansicht Marsons. Aber es gibt eine zweite, nicht so positiv orientierte Interpretationsmöglichkeit. Sie wird nahegelegt durch die oben auf S. (102–103) zitierte Notizhefteintragung vom Januar 1918 und durch die Parallelität dieser Szene mit der Bürgel-

Episode. Man kann zwar davon ausgehen, K. habe tatsächlich die Gelegenheit erhalten, die Mauer von Vorwänden und fadenscheinigen Begründungen niederzureißen, die er mühsam zwischen sich und der Wahrheit aufgerichtet hat: Wie aber verhält es sich, wenn die Menschen einfach nicht genug Kraft besitzen, eine solche Chance zu nutzen? Wie sieht es aus, wenn der in die Beschränkung seines Wesens gestoßene Mensch sich so in eine Welt der Unwahrheit und der falschen Begründungen verstrickt hat, daß er sich aus ihr nicht mehr herausarbeiten kann, und wenn er in der Luft, die die Wahrheit umgibt, nicht mehr atmen kann? In einem anderen Aphorismus stellt Kafka die Frage: »Kannst du denn etwas anderes kennen als Betrug? Wird einmal der Betrug vernichtet, darfst du ja nicht hinsehen oder wirst zur Salzsäule« (H 119). Kafka spielt damit an auf Lots Weib und ihren sehnsüchtigen Blick, den sie zurückwirft auf Sodom, während es vom Erdboden vertilgt wird. Und Bürgel sagt in *Das Schloß*: »Die Leibeskräfte reichen nur bis zu einer gewissen Grenze, wer kann dafür, daß gerade diese Grenze auch sonst bedeutungsvoll ist« (S. 425). Diese Aussage erklärt vielleicht, warum der Auskunftgeber ständig in ironisches Gelächter ausbricht und eigentlich keine einzige Auskunft gibt. Auskünfte gibt er nämlich nur dann, wenn er gefragt wird; er weiß jedoch, daß Angeklagte, die sich an ihn wenden, zu schwach sind, um aus der günstigen Gelegenheit für sich Nutzen zu ziehen.

Wenn diese Interpretation zutrifft, dann erreicht der erste Handlungsabschnitt des Romans *Der Prozeß* hier einen Höhepunkt, der wegen seiner Ironie zutiefst irritiert. Wenn man davon ausgeht, daß nicht sein individueller Mangel an Sensibilität K. daran gehindert hat, dem Auskunftgeber die richtigen Fragen zu stellen und sich über seine Schuld aufklären zu lassen, sondern seine mit der menschlichen Existenz überhaupt gegebene Eingeschränktheit, dann muß man zu folgendem Schluß kommen: Die Schwäche und Begrenztheit seines Wesens sind zwar nicht die Ursache der Schuld des Menschen, aber sie machen es ihm unmöglich, seine Schuld zu erkennen und anzuerkennen. Der Mensch ist deswegen nicht nur zu schwach, ein gutes Leben zu führen; er ist sogar auch zu schwach dazu, die ihm wesensmäßig eigene Fähigkeit, Gutes und Böses zu unterscheiden, zur Geltung kommen zu lassen und sich der Notwendigkeit, ein gutes Leben zu führen, entsprechend zu verhalten. Es ist die reine Schwäche, die ihm seine Energien darauf verschwenden läßt, zwischen sich und der Wahrheit »Motivationen« aufzuschichten. Der Mensch verfügt über moralische Autonomie, ist jedoch unfähig, ihr gemäß zu leben. In einem Brief an Walter Benjamin hat Gershom Scholem darauf hingewiesen, das Problem in *Der Prozeß* liege nicht darin, daß es keine geoffenbarte Religion gebe, sondern darin, daß es unmöglich sei, ihr entsprechend zu leben: »Die *Unvollziehbarkeit*« des Geoffenbarten ist der Punkt, an dem aufs Allergenaueste eine richtig verstandene Theologie [...] und das, was den Schlüssel zu Kafkas Welt gibt, ineinanderfallen.« [58] Die Lage des Menschen wird noch dadurch verschlimmert, daß durch seine Schwäche seine Schuld in keiner Weise gemindert wird. Eine derartige Entschuldigung glaubt zum Beispiel K. im Gespräch mit dem Geistlichen in Anspruch nehmen zu können: »Wie kann denn ein Mensch überhaupt schuldig sein. Wir sind hier doch alle Menschen, einer wie der andere« (P 253). Der Geistliche stimmt dem buchstäblichen, oberflächlichen Sinn der Feststellung K.s zu, weist aber ihren tieferen Anspruch zurück: »Das ist richtig [...], aber so pflegen die Schuldigen zu reden« (P 253). Das ist eine neue Formulierung des alten Dilemmas, in dem K. sich befindet: Indem er seine Unschuld beteuert, bestätigt er seine Schuld.

Der Verzicht K.s darauf, dem Auskunftgeber Fragen zu stellen, ist dementsprechend der Ausgangspunkt für zwei Entwicklungen, die die zweite Phase der Handlung einnehmen. Erstens verstrickt sich K. ganz in »Motivationen« – in seine Unternehmungen, seinen Prozeß voranzubringen. Tatsächlich verläßt er mit ihnen jedoch den einzigen wirklichen Weg, aus ihm herauszukommen. Zweitens zeigt das Gericht nun ein Verhalten, das sich vom bisherigen unterscheidet. Erwies es sich bisher als entgegenkommend und nachgiebig, so zieht es sich jetzt zurück und wird unzugänglich. K. erfährt vom Advokaten: »Die Rangordnung und Steigerung des Gerichtes sei unendlich und selbst für den Eingeweihten nicht absehbar« (P 144). In zunehmendem Maße tritt außerdem die Straffunktion des Gerichtes in den Vordergrund. Wie in *Der Verschollene* und *In der Strafkolonie* wird Gerechtigkeit identisch mit der Verhängung und dem Vollzug von Strafe.

Noch lehnt K. es bewußt ab, sich mit der Vorstellung, schuldig zu sein, vertraut zu machen oder in seinem Prozeß etwas anderes als »ein großes Geschäft« (P 152) zu sehen, wie er es oft zugunsten der Bank durchgeführt hat. Aber sein Prozeß nimmt ihn mehr und mehr in Anspruch; er greift seine innersten Vernunft- und Verstandeskräfte an, auf die er sich sonst verläßt, und lenkt ihn von seiner beruflichen Tätigkeit ab. Statt mit Klienten zu verhandeln, sitzt er untätig in seinem Büro, grübelt über den Prozeß nach oder starrt aus dem Fenster – ein Zeichen dafür, daß er nicht mehr in der Lage ist, sich auf einen bestimmten Sachverhalt zu konzentrieren. Es kommt jetzt nicht mehr zur unmittelbaren Konfrontation mit dem Gericht. Statt dessen sucht er Rat bei Mittelsmännern, beim Advokaten und bei Titorelli; selbst sein Kontakt mit diesen muß jedoch durch seinen Onkel beziehungsweise den Fabrikanten zustande gebracht werden. Diese beiden Mittelsmänner sind grundverschieden. Das zeigt sich daran, daß sie an den entgegengesetzten Enden der Stadt wohnen (P 121, 169); ferner wird es symbolisch angedeutet durch den Gegensatz von Helligkeit und Dunkel, der den Roman durchzieht: Der Advokat wohnt in »einem dunklen Haus« (P 121) mit einer offenen Gasflamme oberhalb der Tür, die stark zischend brennt, aber wenig Licht gibt; oberhalb von Titorellis Tür ist demgegenüber ein Oberlichtfenster; sie ist dadurch »verhältnismäßig hell beleuchtet« (P 171). Dementsprechend kann der Advokat K. Hilfsangebote nur zum Schein machen; Titorelli dagegen ist eine mitteilsamere Version des Auskunftgebers, der über möglicherweise wertvolle Kenntnisse verfügt, von denen K. allerdings keinen Vorteil hat und vielleicht auch gar keinen Vorteil haben kann. Eine kurze Charakteristik dieser beiden Figuren soll den zwischen ihnen bestehenden Gegensatz herausstellen.

Obgleich der Advokat wortreich von sich behauptet, großen Einfluß auf das Gericht zu haben, geht aus seinen langatmigen Äußerungen deutlich hervor, daß er K. in Wirklichkeit nicht helfen kann. Das Gericht läßt zwar Verteidiger zu, sieht aber keine Maßnahmen zur Unterstützung ihrer Arbeit vor. Alle Gerichtsakten einschließlich der Anklagepunkte werden vor dem Angeklagten und vor seinem Verteidiger geheimgehalten; die vom Advokaten vorbereitete Eingabe kann deshalb überhaupt nichts den Rechtsfall Betreffendes enthalten, es sei denn, es wäre zufällig hineingeraten. Dem Advokaten ist es nicht einmal erlaubt, den Angeklagten zu den Verhören zu begleiten. Statt dessen wartet er draußen vor der Tür, bis der Klient erscheint, fragt ihn über das Verhör aus und versucht, aufgrund der in diesem Gespräch erfahrenen Bruchstücke seine Verteidigung aufzubauen. Es ist kein Geheimnis, aus welchem Grund das Gericht die Verteidiger fernhalten will: »Man will die Verteidigung möglichst ausschalten, alles soll auf den Angeklagten selbst gestellt sein« (P 141): Der Angeklagte soll dem Gericht ohne Zwischeninstanz gegenüberstehen. Umgekehrt zieht nun allerdings der Advokat aus diesem Stand der Dinge den Schluß, auf eine Vermittlungsinstanz dürfe nicht verzichtet werden, obgleich seine eigenen Verteidigungs- und Vermittlungsversuche keinem gesetzlich vorgeschriebenen Verfahren folgen können. Er weiß ja nicht einmal, weswegen sein Klient angeklagt ist; deswegen kann er auch keine Vorstellung davon haben, wie er vorgehen soll. Seine Verteidigung beschränkt sich eigentlich darauf, die persönlichen Beziehungen zu den Gerichtsbeamten zu pflegen. Über diese Beziehungen äußert sich der Advokat in großsprecherischer Weise so, daß ihre Bedeutung sofort wieder zunichte gemacht wird: »Wirklichen Wert aber haben nur ehrliche persönliche Beziehungen, und zwar mit höheren Beamten, womit natürlich nur höhere Beamten der unteren Grade gemeint sind« (P 142). Deshalb sind, wie wir später erfahren, der Advokat und seinesgleichen lediglich unbedeutende Figuren im Vergleich zu den unermeßlich hochstehenden »großen Advokaten« (P 214); seine Beziehungen müssen tatsächlich wertlos sein. Statt des unmittelbaren Zugangs zu den Gerichtsbeamten, der ihm früher möglich war, kann K. sich jetzt nur noch quälend langsam über viele Stufen von Intrige und Haarspalterei einen Weg nach oben suchen.

Wenn der Advokat K. tatsächlich nicht wirklich helfen kann, was will er dann überhaupt erreichen? Es scheint so, als wolle der Advokat den Stumpfsinn und die Feigheit seiner Klienten ausnutzen, um seine eigene Bedeutsamkeit in hellerem Licht erstrahlen lassen zu können. Dieses Motiv wird im achten Kapitel greifbar, nachdem K. dem Advokaten mitgeteilt hat, er wolle auf seine Dienste verzichten. Der Advokat hält hier K. vor, er habe nicht genug Vertrauen zu ihm; dann läßt er einen anderen Klienten, nämlich den Kaufmann Block, hereinholen und zwingt ihn zu erniedrigenden Demutsbezeugungen. Block kniet vor dem Bett des Advokaten und küßt ihm die Hand; er versichert, daß er sich ausschließlich an ihn gebunden fühlt – obwohl er in Wirklichkeit fünf weitere Advokaten beschäftigt und mit einem sechsten gerade verhandelt. Er redet ihn untertänig mit »mein Advokat« (P 231) an. Das Mädchen Leni muß Blocks gutes Verhalten bestätigen. Es stellt sich heraus, daß Block den ganzen Tag, auf dem Bett kniend, im Dienstmädchenzimmer verbracht hat. Dabei hat er mit großer Emsigkeit gewisse Schriften rechtlichen Inhalts gelesen, sie aber wahrscheinlich kaum verstanden, zumal das Fenster des engen Dienstmädchenzimmers nur in einen Luftschacht führt und fast kein Licht gibt. K. ist erschrocken über Blocks Erniedrigung – »Das war kein Klient mehr, das war der Hund des Advokaten« (P 233) – und das mit gutem Grund: Aller Wahrscheinlichkeit nach erteilt der Advokat Block eine Lektion, um K. die Macht, über die er verfügt, nachdrücklich vor Augen zu führen. [59] Obgleich der Advokat vorgibt, der Diener seiner Klienten zu sein und sie auf seinen Schultern bis zum Urteil und noch darüber hinaus zu tragen, liegt sein wahres Ziel darin, sie zu seinen Sklaven zu machen. Deshalb warnt er den widerspenstigen K.: »es ist oft besser, in Ketten, als frei zu sein« (P 227).

Man hat in der Figur des Advokaten eine satirische Anspielung auf eine besondere Art von Bezugspersonen sehen wollen. Bereits 1947 verglich André Nemeth die Rolle des Advokaten mit der des Priesters und der des Psychoanalytikers. [60] Der erste dieser beiden Vergleiche besitzt die größere Überzeugungskraft. Emrich möchte im Advokaten zwar, wie er in allgemeineren und ziemlich unbestimmten Worten darlegt, die Verkörperung aller Kräfte der Gegenwart sehen, die sich dem Menschen aufdrängen, um ihm das eigene Denken abzunehmen. Dann betont er aber nichtsdestoweniger doch, daß sein Name, Huld, »Gnade« bedeutet, daß Lenis Name an Maria Magdalena denken läßt, daß die Eingaben des Advokaten zugunsten Blocks – sie werden »Schriften« genannt, was auch auf »Heilige Schrift« hindeuten kann – »sehr viel Latein« (P 212) enthalten und daß die Antworten, die Block auf Fragen parat hat, »wie eine Litanei« klingen (P 213). [61] Marson sieht in Blocks Bemühungen eine Travestie des Gebetes und der Beichte und glaubt, in der Szene, als Block vor dem Bett des Advokaten kniet, eine Parodie des katholischen Zeremoniells zu erkennen. [62] Man könnte hinzufügen, daß die schriftlichen Eingaben, die Anrufungen des Gerichts, Lobhudeleien auf einzelne Beamte und Selbsterniedrigungen des Advokaten enthalten, gewissermaßen wie Anrufungen von Heiligen klingen. Kafka läßt hier anscheinend ein Mißtrauen durchschimmern, das sich nicht nur gegen den Katholizismus richtet, sondern sich generell auf alle Religionen erstreckt, die versprechen, das dem einzelnen auferlegte Schicksal zu erleichtern, indem sie zwischen ihm und dem Absoluten vermitteln, statt ihn auf die in ihm vorhandenen eigenen spirituellen Kräfte zu verweisen. Am deutlichsten kommt seine Einschätzung dieser Sachverhalte in einer kleinen Erzählung über eine Gemeinschaft von Schurken zum Ausdruck. Er schrieb sie im Oktober 1917; wegen ihres geringen Umfanges kann sie hier vollständig wiedergegeben werden:

> Es war einmal eine Gemeinschaft von Schurken, das heißt, es waren keine Schurken, sondern gewöhnliche Menschen. Sie hielten immer zusammen.

> Wenn zum Beispiel einer von ihnen jemanden, einen Fremden, außerhalb ihrer Gemeinschaft Stehenden, auf etwas schurkenmäßige Weise unglücklich gemacht hatte, – das heißt wieder nichts Schurkenmäßiges, sondern so wie es gewöhnlich, wie es üblich ist, – und er dann vor der Gemeinschaft beichtete, untersuchten sie es, beurteilten es, legten Bußen auf, verziehen und dergleichen. Es war nicht schlecht gemeint, die Interessen der einzelnen und der Gemeinschaft wurden streng gewahrt und dem Beichtenden wurde das Komplement gereicht, dessen Grundfarbe er gezeigt hatte: »Wie? Darum machst du dir Kummer? Du hast doch das Selbstverständlichste getan, so gehandelt, wie du mußtest. Alles andere wäre unbegreiflich. Du bist nur überreizt. Werde doch wieder verständig.« So hielten sie immer zusammen, auch nach ihrem Tode gaben sie die Gemeinschaft nicht auf, sondern stiegen im Reigen zum Himmel. Im Ganzen war es ein Anblick reinster Kinderunschuld, wie sie flogen. Da aber vor dem Himmel alles in seine Elemente zerschlagen wird, stürzten sie ab, wahre Felsblöcke (H 80–81).[63]

Diese »Schurken« – wie Josef K. – leben nach einer reibungslos funktionierenden Moral und weichen keinen Schritt vom weltlichen Weg ab. Aber sie sind gleichzeitig in einer Gemeinschaft vereinigt, die im Austausch gegen Bekenntnis und Buße die prompte Vergebung der Sünden zu bieten hat und die den Tod überdauert. Im Angesicht des Absoluten jedoch erweist sich ihre »Kinderunschuld« als moralische Unwissenheit; sie beruht ebenso auf Selbsttäuschung wie die Unschuld, die Josef K. immer beteuert. Diese »Schurken« fallen zurück zur Erde; sie haben keine Seele, sondern bestehen aus demselben Stoff wie die Erde selbst.

Möglicherweise läßt sich eine noch eher in Frage kommende Quelle für Kafkas Advokaten in Dostojewkis Großinquisitor finden. Er las, wie wir sahen, *Die Brüder Karamasoff* im Winter 1914. In Iwan Karamasoffs Erzählung über den Inquisitor stellt Dostojewski den katholischen Klerus dar, der seine Aufgabe, zwischen Gott und dem Menschen zu vermitteln, dazu ausnutzt, die Christus zukommende Verehrung auf sich selbst zu lenken. Der Klerus ist zu der Ansicht gelangt, daß die moralischen Forderungen Christi nach Nächstenliebe nicht einlösbar sind, weil die Menschen zu schwach sind, um moralische Freiheit zu ertragen und den Geboten Christi zu gehorchen. Die Kirche ist deshalb dazu übergegangen, Christi Lehre zu korrigieren, indem sie die Gläubigen davon überzeugt, auf die ihnen ohnehin unwillkommene Freiheit zu verzichten und ihre Unzulänglichkeit einzugestehen. Als Gegengabe für ihren Gehorsam erteilt sie ihnen die Erlaubnis, glücklich zu sein und sogar zu sündigen, solange sie demütig ihre Verfehlungen bekennen. Sie verschafft sich den Gehorsam durch ihre Auffassung von Wunder, Geheimnis und Autorität; ihre Geistlichen, die den Fluch der Freiheit auf sich genommen haben, lassen sich verehren wie Götter. Kafkas Advokat hat ähnliche Ambitionen. Er erwartet von K., daß dieser ihm die gesamte Verantwortung für die Prozeßführung überläßt, warnt ihn vor der Freiheit und erwartet von seinen Klienten blinden Gehorsam. Seine Krankheit ist anscheinend eine Folge seines unermüdlichen Einsatzes zugunsten seiner Klienten. Kafka kann auf diese Vorstellung gekommen sein durch den Ausdruck »Dein leidender Inquisitor«, den Aljoscha Karamasoff benutzt, nachdem er Iwans Gedicht gelesen hat. [64] Im Kontext bezieht sich »leidend« auf die Erfahrung moralischer Unzulänglichkeit; aber da es gewöhnlich »physisch krank« bedeutet, kann es Kafka inspiriert haben, eine Figur zu schaffen, die in physischer wie moralischer Hinsicht gleichermaßen »leidend« ist, zumal die Krankheit des Advokaten in einem »Herzleiden« (P 122) besteht, was auf eine pervertierte Liebe zu seinen Klienten schließen läßt. Die Art, in der Blocks Demütigung vor sich geht, mag dadurch angeregt worden sein, daß der Großinquisitor den Menschen mit einem Tier gleichsetzt, das letztendlich erniedrigt werden will: »Dann aber wird das Tier zu uns herankriechen, und es wird uns die Füße lecken, und sie mit den blutigen Tränen seiner Augen netzen.« [65]

Die vom Großinquisitor vorgetragenen Vorstellungen haben eine unmittelbare Bedeutung für den *Prozeß*, denn Kafkas Roman ist, wie ich bereits dargelegt habe, eine skeptische Erforschung der menschlichen Autonomie und ihrer Grenzen. K.s Kündigung des Advokaten würde eine Wiederherstellung seiner Autonomie bedeuten, wenn auch nicht unbedingt eine erfolgreiche; das Kapitel, in dem er diesen Schritt tut, ist nämlich unvollendet, und außerdem ist bereits festgestellt worden (P 148), daß ein Klient das Vertrauen zu seinem Advokaten bewahren muß – ganz gleich, was auch immer geschieht. K. gibt jedoch sogleich seine Autonomie wieder preis, als er beschließt, eine Verteidigungsschrift für das Gericht auszuarbeiten, in der er über jedes irgendwie wichtigere Ereignis seines Lebens berichten und erklären will, aus welchen Gründen er so oder so gehandelt hat. In Kapitel 9 erzählt er dem Geistlichen, daß er mit dieser Verteidigungsschrift noch beschäftigt ist (P 252).

Es dürfte jetzt klar sein, daß die Thematik des Romans *Der Prozeß* letztlich religiöser Art ist, daß das Werk aber nicht vom Standpunkt einer bestimmten Religion aus geschrieben ist. Ein im Februar 1913 geschriebener Brief an Felice gibt einen wichtigen Hinweis auf das Wesen von Kafkas religiösen Vorstellungen:

> Wo ist Deine Frömmigkeit? Du gehst in den Tempel; aber in der letzten Zeit bist Du wohl nicht hingegangen. Und was hält Dich, der Gedanke an das Judentum oder an Gott? Fühlst Du – was die Hauptsache ist – ununterbrochene Beziehungen zwischen Dir und einer beruhigend fernen, womöglich unendlichen Höhe oder Tiefe? (F 289)

Hier unterscheidet Kafka zwischen einer bestimmten Religion – der jüdischen – und dem letzten Gegenstand der Religion, den er sich offensichtlich als etwas Absolutes, Unpersönliches, Nicht-Anthropomorphes vorstellt. Seine Verwendung des Wortes »Gott« scheint lediglich metaphorisch zu sein. In den Aphorismen aus der Zürauer Zeit trennt er in ähnlicher Weise zwischen der Vorstellung eines persönlichen Gottes und dem von ihm demgegenüber vorgezogenen Begriff »das Unzerstörbare« (H 90–91). In seiner Kritik der Darstellung der griechischen Religion in Brods *Heidentum, Christentum, Judentum* bezeichnet er die griechische Götterwelt als ein Mittel, mit dem die Griechen sich vor dem »entscheidend Göttlichen« schützten:

> Sie konnten das entscheidend Göttliche gar nicht weit genug von sich entfernt denken, die ganze Götterwelt war nur ein Mittel, das Entscheidende sich vom irdischen Leib zu halten, Luft zum menschlichen Atem zu haben (Br 279).

Eine bestimmte Religion, die einen privilegierten Zugang zum Absoluten besessen hätte, hat es anscheinend also für Kafka nicht gegeben. Obgleich die Ansprüche der katholischen Kirche, zwischen dem Menschen und dem Absoluten zu vermitteln, ihn veranlaßten, die katholische Glaubens- und Symbolwelt in allen drei Romanen mit einer gewissen Ironie zu behandeln, so fühlte er doch, daß religiöse Symbole grundsätzlich einander gleichwertig und deshalb austauschbar waren, so daß in Kapitel 9 des Romans der Dom und seine Einrichtung als Symbole dienen können, die auf das Absolute verweisen. Marthe Robert hat erläutert, wie eklektizistisch Kafkas Interesse an Religion gewesen ist:[66] Er las begierig jüdische und christliche Schriften: das Alte Testament und Maimonides, aber auch die Evangelien, Augustinus, Pascal, Kierkegaard, Tolstoi und die Biographie Erdmuthes, der Frau des Begründers der Herrnhuter Brüdergemeinde – ein Buch, aus dem er Zitate erbaulichen Inhalts an Felice sandte.[67]

Man kann aus diesen Gründen den *Prozeß* wohl am ehesten als einen Roman bezeichnen, in dem mehr und mehr das Absolute in Gegensatz tritt zur beschränkten und begrenzten Welt der »Motivationen«, in die K. verstrickt ist. Es gibt nur eine echte Möglichkeit, sich aus dieser Welt zu lösen; K. lernt sie durch Titorelli kennen, ohne jedoch Nutzen aus dieser Erfahrung zu ziehen. Es gibt, wie Titorelli sagt, drei Arten, sich von der gerichtlichen Verfolgung zu befreien: die wirkliche Freisprechung, die scheinbare Freisprechung und die Verschleppung. Er fährt fort:

> Die wirkliche Freisprechung ist natürlich das Beste, nur habe ich nicht den geringsten Einfluß auf diese Art der Lösung. Es gibt meiner Meinung nach überhaupt keine einzelne Person, die auf die wirkliche Freisprechung Einfluß hätte. Hier entscheidet wahrscheinlich nur die Unschuld des Angeklagten. Da Sie unschuldig sind, wäre es wirklich möglich, daß Sie sich allein auf Ihre Unschuld verlassen. Dann brauchen Sie aber weder mich noch irgendeine andere Hilfe (P 184).

Das ist im wesentlichen derselbe Ratschlag, den K. bereits im ersten Kapitel vom Aufseher erhalten hat: »so kann ich Ihnen doch raten, denken Sie weniger an uns und an das, was mit Ihnen geschehen wird, denken Sie lieber mehr an sich« (P 21). Der Angeklagte darf keine Hilfe bei anderen suchen, sondern muß sich auf seine eigene Kraft verlassen. Die rätselhafte und offenbar sinnlose Frage, die Titorelli an K. richtet – »Wollen Sie Bilder kaufen oder sich selbst malen lassen?« (P 174) – deutet möglicherweise in dieselbe Richtung. Mit ihr wird K. nämlich dazu angehalten, mehr sich selbst zum Gegenstand der Betrachtung zu machen und weniger in den vorgefertigten Kategorien zu denken, die er normalerweise heranzieht. In rigoroser Erforschung des eigenen Selbst könnte der einzige Weg bestehen, die Mauer von »Motivationen« niederzureißen, die ihn von seinem unterdrückten moralischen Bewußtsein trennt. K.s Hoffnungen schwinden jedoch, als er auf weiteres Nachfragen erfährt, nur in Legenden werde die Erinnerung an wirkliche Freisprüche wachgehalten; ihre Existenz sei eine Sache des Glaubens, nicht des nachprüfenden Verstandes: »man kann sie glauben, nachweisbar sind sie aber nicht« (P 186). Als Prokurist einer Bank ist K. nicht interessiert an Dingen, die sich nicht nachprüfen lassen; obgleich Titorelli andeutet, daß die Legenden durchaus hörenswert seien, verliert K. jedes Interesse, als er erfährt, daß man sich auf sie vor Gericht nicht berufen kann. Um den Wert dieser Legenden für sich selbst erfahrbar zu machen, hätte K. sich von seinen vertrauten Denkgewohnheiten trennen und irgendwie einen

Übergang von der vernunft- und funktionsbestimmten Welt, in der er lebt, in einen Bereich der Imagination und Intuition finden müssen. Das funktionale, zweckorientierte Denken ist jedoch so tief in ihm verwurzelt, daß er zu einem ganz anderen Wesen hätte werden müssen, um sich, wenn auch nur für eine kurze Zeit, von ihm lösen zu können. In Kapitel 9 wird seine skeptische Haltung so weit überwunden sein, daß er bereit ist, eine Legende, die ihm der Geistliche erzählt, anzuhören; aber auch dort hindert ihn seine gewohnte Denkungsart daran, ihre Aussage zu verstehen.

Da eine wirkliche Freisprechung nicht in Frage kommt, liegen die Alternativen in einem scheinbaren Freispruch, bei dem man jederzeit erneut verantwortlich gemacht und verhaftet werden kann, oder in der Verschleppung, bei dem das Verfahren soweit wie möglich in die Länge gezogen wird. Keine dieser beiden Alternativen findet bei K. Anklang, denn sie führen dazu, wie er richtig bemerkt, daß man nicht verurteilt, aber ebensowenig jemals wirklich freigesprochen wird. Sie machen es möglich, im Schatten des Gerichts ein langes Leben zu führen; das bedeutet: Sie lassen den Menschen in die Welt der Motivationen verstrickt bleiben. Da die drei von Titorelli aufgezeigten Möglichkeiten entweder nicht erreichbar oder nicht annehmbar sind, sind sie in K.s Augen gleichermaßen wertlos. Diese allen gemeinsame Wertlosigkeit wird symbolisch durch die drei inhaltsgleichen Bilder verdeutlicht, die Titorelli K. aufdrängt. Sie tragen alle den Titel »Heidelandschaft« und zeigen einen vielfarbigen Sonnenuntergang im Hintergrund einer Heidelandschaft. K. kauft diese Bilder; bei der Rückkehr in sein Büro schließt er sie in der untersten Lade seines Schreibtisches ein, um sie vor den Blicken des Direktor-Stellvertreters in Sicherheit zu bringen. Weil er sehr darauf bedacht ist, daß der Direktor-Stellvertreter nichts von seinem Prozeß erfährt, bestätigt er mit seinem Verhalten die Bedeutung der Bilder. [68]

An einem gestrichenen Abschnitt des unvollendeten Kapitels »Das Haus« zeigt sich der Wert, den Titorelli für K. hätte haben können. Hier überläßt sich K., auf der Couch liegend, einem Tagtraum, in dem Titorelli ihn bei der Hand nimmt und davonträgt:

> Gleich waren sie im Gerichtsgebäude und eilten über die Treppen, aber nicht nur aufwärts, sondern auf und ab, ohne jeden Aufwand von Mühe, leicht wie ein leichtes Boot im Wasser. Und gerade, als K. seine Füße beobachtete und zu dem Schlusse kam, daß diese schöne Art der Bewegung seinem bisherigen niedrigen Leben nicht mehr angehören könne, gerade

> jetzt, über seinem gesenkten Kopf, erfolgte die Verwandlung. Das Licht, das bisher von hinten eingefallen war, wechselte und strömte plötzlich blendend von vorn. K. sah auf, Titorelli nickte ihm zu und drehte ihn um. Wieder war K. auf dem Korridor des Gerichtsgebäudes, aber alles war ruhiger und einfacher. Es gab keine auffallenden Einzelheiten, K. umfaßte alles mit einem Blick, machte sich von Titorelli los und ging seines Weges (P 294–295).

Dieser in der Phantasie erlebte Vorgang übersteigt K.s normales Leben aufgrund der traumhaften Leichtigkeit und Schnelligkeit, mit der er und Titorelli sich bewegen, und aufgrund der mit dem Licht sich vollziehenden »Verwandlung« (vgl. P 85). Das Wesen dieses Lichts wird nicht näher erläutert; es kann aber wohl gleichgesetzt werden mit dem Licht, das in der Legende vom Türhüter vom Gesetz ausgeht. Zunächst war es von hinten auf K. gefallen. Das legt die Vermutung nahe, er habe sich bisher, was das Gericht angeht, in die falsche Richtung bewegt und sich damit weiter und weiter von der einzig wirklichen Quelle der Erleuchtung entfernt. Nun strömt es jedoch plötzlich von vorn auf ihn ein; er schaut auf, aber Titorelli dreht ihn sofort um und schickt ihn zurück in sein bisheriges Leben. Wenn man bedenkt, daß seine künstlerische Tätigkeit Titorelli einen bevorrechtigten Zugang zur Wahrheit zu verschaffen mag, dann läßt sich die Bedeutung erkennen, die der folgende, im Januar 1918 geschriebene Aphorismus hat:

> Die Kunst fliegt um die Wahrheit, aber mit der entschiedenen Absicht, sich nicht zu verbrennen. Ihre Fähigkeit besteht darin, in der dunklen Leere einen Ort zu finden, wo der Strahl des Lichts, ohne daß dies vorher zu erkennen gewesen wäre, kräftig aufgefangen werden kann (H 104).

Titorelli hat K. so nah wie möglich an die Wahrheit herangeführt; gewöhnliche Menschen können ihr Licht jedoch nur für einen Augenblick ertragen. Deshalb muß K. in sein alltägliches Leben zurückkehren. Es hat sich hier zwar sein Leben nicht in den Einzelheiten verändert, aber in seiner gesamten Atmosphäre ist es »ruhiger und einfacher« geworden. Die Verwandlung, die Kafka bildhaft veranschaulicht, reicht in einer Hinsicht tief in das Ganze des Lebens hinein, in anderer Hinsicht berührt sie jedoch nur seine Oberfläche. Da es sich um eine Verwandlung des Bewußtseins handelt, läßt dieses die vertraute Welt hinter sich – und sieht dann doch nur wieder soviel wie zuvor. Das Ergebnis einer solchen Erfahrung ist im folgenden Aphorismus festgehalten: »›Dann aber kehrte er zu seiner Arbeit zurück, so wie wenn nichts gesehen wäre.‹ Das ist eine Bemerkung, die uns aus einer unklaren Fülle alter Erzählungen geläufig ist, obwohl sie vielleicht in keiner vorkommt« (H 123). In diesem Zusammenhang läßt sich ein tiefsinniger chassidischer Ausspruch über die zukünftige jenseitige Welt anführen: »alles wird sein wie hier – nur ein ganz klein wenig anders.« [69] Beide Aussagen lassen erkennen, daß der Unterschied zwischen der erlösten und der unerlösten Welt nur geringfügig sein wird, vielleicht gar nicht bestimmbar, und doch entscheidend.

Kafka hat sich dafür entschieden, diese Licht-Episode wegzulassen. Sie hätte die innere Entwicklung des Romans gestört, die mehr und mehr auf K.s Verurteilung zuläuft. Einige überaus klare Anzeichen dafür finden sich in einem Gemälde, das K. in Titorellis Atelier sieht. Es zeigt einen Richter; er trägt einen buschigen schwarzen Vollbart, hält die Seitenlehnen seines Thronsessels umklammert und ist im Begriff, sich mit drohender Gebärde zu erheben. Malcolm Pasley hat gezeigt, daß Kafka eine Anregung für dieses Gemälde durch Freuds kurz zuvor veröffentlichten Aufsatz über die Moses-Statue von Michelangelo erhalten hat. [70] Sie paßt als Vorbild des Gemäldes insofern, als Moses die Gesetzestafeln in der Hand hält und sich anschickt, die Israeliten zu schelten, weil sie das goldene Kalb anbeten. Die drohende Haltung des Richters scheint sich gegen Josef K.s unverbesserliche, auf weltliche Dinge beschränkte Gesinnung zu richten. Sie verweist zugleich darauf, daß K. verurteilt und bestraft werden wird; dasselbe drückt die Figur aus, die K. nach und nach auf der Rückenlehne des Thronsessels ausmacht. Es handelt sich bei ihr um eine allegorische Darstellung der Gerechtigkeit; die Flügel an ihren Fersen deuten jedoch darauf hin, daß sie auch die Siegesgöttin ist; als K. sie eingehender betrachtet, sieht sie immer mehr wie die Göttin der Jagd aus. Die Bedeutung ist klar: Die im Gericht in Erscheinung tretende Gerechtigkeit wird K. jagen und zur Strecke bringen. Seine unbarmherzige Verfolgung ist nicht der Ausdruck von Boshaftigkeit oder Rachsucht, sondern sie ist die Verwirklichung der reinen, durch Erbarmen nicht abgemilderten Gerechtigkeit. Ein Beispiel für die Gerechtigkeit des Gerichts lag bereits vor mit der brutalen Bestrafung der Wächter, die, wie der Prügler sagt, »ebenso gerecht wie unvermeidlich« war (P 104). Ein im November 1917 geschriebener Aphorismus spricht aus, was K. bevorsteht: »Noch spielen die Jagdhunde im Hof, aber das Wild entgeht ihnen nicht, so sehr es jetzt schon durch die Wälder jagt« (H 89). Wenn bei K. Schuld in objektivem Sinn vorliegt, dann verdient er Bestrafung selbst dann – und das ist der schockierendste Aspekt in Kafkas Überlegungen – wenn er, von außen her gesehen, nicht in der Lage gewesen ist, dem Gesetz Folge zu leisten. Absolute Gerechtigkeit kann, gerade weil sie absolut ist, keine Zugeständnisse an die Schwäche des Menschen machen. Das wird gezeigt an der Gemeinschaft von Schurken; noch drastischer wird es demonstriert in einem etwa einen Monat später notierten Aphorismus:

> Die Krähen behaupten, eine einzige Krähe könnte den Himmel zerstören. Das ist zweifellos, beweist aber nichts gegen den Himmel, denn Himmel bedeuten (sic) eben: Unmöglichkeit von Krähen (H 86).

Solange die beiden Bereiche, der absolute und der Bereich der Endlichkeit, getrennt bleiben, können die ganz dem endlichen Bereich zugehörenden Geschöpfe – die Schurken, die Krähen oder auch Josef K. – in Allmachtsphantasien schwelgen. K. malt sich aus, er könne, wenn er zu Hause bliebe und sein gewohntes Leben führe, jeden Gerichtsbeamten mit einem Fußtritt aus dem Wege räumen (P 75). Solche Vorstellungen lassen sich nicht widerlegen, weil sie immer bloße Wunschvorstellungen bleiben müssen. Wenn die beiden Bereiche jedoch aufeinanderstoßen, wird der Bereich des Endlichen mit Sicherheit durch das Absolute vernichtet werden. K.s Hinrichtung ist deshalb das unvermeidliche Ende des Romans.

Vor seiner Exekution ergeht jedoch noch eine letzte Warnung an Josef K. Die von einem angeblichen italienischen Geschäftsfreund nicht eingehaltene Verabredung zur Besichtigung des Doms erweist sich nach der Aussage des vom Gericht angestellten Gefängniskaplans als Vorladung. Bevor der Kaplan ihn anruft – und zwar in einer Weise, die dem Ruf des Aufsehers in Kap. 1 entspricht – schaut sich K. im Dom um. Wieder treten Kafkas bedeutungsschwere Bilder von Licht und Dunkelheit in den Vordergrund. K., der eine Zeitlang, wenn auch nur aus geschäftlichen Gründen, Mitglied des Vereins zur Erhaltung städtischer Kunstdenkmäler gewesen ist, untersucht die Altarbilder des Doms. Da der Himmel jedoch dicht mit Wolken bedeckt ist und der Dom lediglich durch drei am Hochaltar brennende Kerzen beleuchtet wird, muß K. seine Taschenlampe benutzen. Er betrachtet längere Zeit ein Gemälde, das die Grablegung Christi darstellt. Seine Taschenlampe wirft einen zu schmalen Lichtkegel, so daß er das Bild als ganzes nicht in den Blick bekommt. Deshalb muß er es Zoll für Zoll absuchen; dabei behindert das über dem Gemälde angebrachte Licht seine Untersuchung mehr, als daß es ihm nützt: »Störend schwebte das ewige Licht davor« (P 246). Kafka hat hier auf engstem Raum die Unvereinbarkeit zweier entgegengesetzter Bereiche dargestellt: Hier der Bereich der beschränkten, vernunftorientierten Erkenntnis Josef K.s, die durch den Lichtkegel seiner Taschenlampe symbolisiert wird, der ihn den religiösen Sinn der Altarbilder nicht erkennen läßt – dort der Bereich des Absoluten, der symbolisiert wird durch das Ewige Licht, das störend in den Lichtstrahl der Taschenlampe hineinflackert. Der Bereich des Absoluten ist ein zweites Mal repräsentiert in den am Hochaltar brennenden Kerzen, die im Verlauf des Kapitels verlöschen und das Innere des Doms in nahezu völlige Finsternis versinken lassen. Es kann keine Verbindung geben zwischen Josef K.s verstandesbestimmter Welt und dem Absoluten. Wenn diese beiden Bereiche sich berühren, kann Josef K. das, was er sieht oder hört, lediglich falsch verstehen. Die Bilder religiösen Inhalts bedeuten ihm ebensowenig wie die Legenden, die Titorelli ihm erzählen wollte.

Die symbolische Bildwelt, die Kafka hier verwendet, läßt sich mit einiger Wahrscheinlichkeit auf eine bestimmte Quelle zurückführen: auf eine der bekanntesten Passagen im Werk Nietzsches. Im Abschnitt 125 in *Die fröhliche Wissenschaft* erzählt er von einem »tollen Menschen«, der am hellichten Vormittag eine Laterne anzündet und ausruft, die Menschen hätten Gott getötet. Seither sei die Erde von ihrer Bahn abgekommen und stürze in ständig zunehmende Kälte und Finsternis.

> Ist es nicht kälter geworden? Kommt nicht immerfort die Nacht und mehr Nacht? Müssen nicht Laternen am Vormittage angezündet werden? Hören wir noch nichts von dem Lärm der Totengräber, welche Gott begraben? [71]

Kafka hat aus diesem Abschnitt die Motive der zunehmenden Dunkelheit, der Notwendigkeit, tagsüber künstliches Licht zu gebrauchen (K.s Taschenlampe), und des Begräbnisses Gottes übernommen. Später löscht Nietzsches toller Mensch seine Laterne; auch die kleine Lampe, die der Geistliche Josef K. überreicht hat, verlischt – ein Symbol für K.s Unfähigkeit, die Warnung zu begreifen. Die Frage des tollen Menschen – »Was sind denn diese Kirchen noch, wenn sie nicht die Grüfte und die Grabmäler Gottes sind?« [72] – kann ebenso zu Kafkas Wahl des Schauplatzes der Handlung des 9. Kapitels beigetragen haben; in Verbindung mit den anderen Übernahmen gibt sie ihm die Möglichkeit, die sich ständig verbreiternde Kluft zwischen den beiden Bereichen der Wirklichkeit, dem Bereich des Absoluten und dem Bereich des Menschlichen, zum Ausdruck zu bringen. Der Rest des Kapitels zeigt K.s Unfähigkeit, sich aus seiner Verstrickung in »Motivationen« zu befreien und sich auf die Forderung auszurichten, der er sich gegenübersieht, nämlich Gut und Böse im absoluten Sinne zu verstehen.

Wie sehr K. durch die Beschränkungen seines Bewußtseins eingeengt ist, wird deutlich an der Art, wie er das Gespräch mit dem Kaplan beginnt. K. besteht auf der Behauptung, alle an seinem Verfahren Beteiligten hätten ein Vorurteil gegen ihn: er brauche die Hilfe anderer, insbesondere die der Frauen; das Gericht sei durch und durch korrupt, und selbst er, der Geistliche, verstehe nichts vom Wesen des Gerichts. Je mehr K. seine Unwissenheit offenbar werden läßt, um so mehr nimmt die Dunkelheit zu. Schließlich fährt ihn der Geistliche mehr oder weniger unfreiwillig voller Zorn an: »Siehst du denn nicht zwei Schritte weit?« (P 254). Offensichtlich ist K.s Blindheit – die falsche Einschätzung des Gerichts und seiner eigenen Situation – so ausgeprägt wie eh und je. Nach einem langen Schweigen steigt der Geistliche von der Kanzel herab und streckt ihm die Hand entgegen – eine Geste menschlicher Zusammengehörigkeit, zu der K. im ersten Kapitel den Aufseher vergeblich zu veranlassen gesucht hatte. Jetzt jedoch freut sich K., daß ihm eine solche Geste entgegengebracht wird; sie läßt sein Vertrauen zum Geistlichen wachsen. Aber dieses Vertrauen ist selbst wieder eine Täuschung; um ihn auf das Wesen dieser Täuschung hinzuweisen, erzählt der Geistliche Josef K. die Legende des Mannes vom Lande. Diese Legende ist überaus berühmt; sie braucht hier nicht erneut wiedergegeben zu werden. Vielleicht bildet sie den Höhepunkt in Kafkas dichterischem Schaffen überhaupt, und zwar wegen ihrer ans Alte Testament gemahnenden Klarheit und Kürze und wegen ihrer im letzten Satz enthaltenen Schlußwendung, die das gesamte bis dahin erreichte Verständnis des Lesers umschlagen läßt. Dieser Peripetie – die Mitteilung des Türhüters an den sterbenden Mann, die Tür sei sein Leben lang für ihn und nur für ihn allein bestimmt gewesen – ist ein wesentlicher Bestandteil der Bedeutung der Erzählung. In der Erzählung gewinnt für den Leser nämlich genau jener Bewußtseinswandel Gestalt, jene Loslösung aus der vernunftorientierten Wirklichkeitserfahrung, die den Übergang zu einem neuen Verständnis der Welt ermöglicht. Josef K. ist auf diesen Bewußtseinswandel angewiesen, wenn er sich von der gerichtlichen Verfolgung befreien will – er ist jedoch nicht imstande, ihn zu vollziehen. Auch der Mann vom Lande kann ihn nicht mehr vollziehen: Die Mitteilung des Türhüters ist das Letzte, was er vor seinem Tode hört.

Worin besteht die Täuschung, die durch die Erzählung veranschaulicht werden soll? K. kommt in einer für ihn charakteristischen Weise zu dem voreiligen Schluß, der Mann sei durch den Türhüter getäuscht worden – genauso, wie er sich selbst als Opfer der Nachstellungen des Gerichts sieht. In der folgenden Erörterung – die Informierteren unter Kafkas frühesten Lesern erkannten in ihr den Stil des Talmud [73] – werden verschiedene Deutungsmöglichkeiten der Erzählung vorgestellt; der Geistliche teilt Josef K. jedoch nie die richtige mit, sondern überläßt es ihm, sich mit ihr weiterzubeschäftigen und sie für sich auszuwerten. – Der Türhüter war weit davon entfernt, den Mann zu betrügen; er hat sogar seine Verpflichtungen ihm gegenüber erfüllt, indem er sich freundlich zu ihm verhielt; es kann jedoch auch sein, daß er selbst über das Innere des Gesetzes nicht unterrichtet war. Das Verhältnis, das zwischen dem Mann vom Lande und dem Türhüter besteht, läßt verschiedene Deutungsmöglichkeiten offen: Einerseits ist der Mann frei, der Türhüter steht jedoch im Dienste des Gesetzes und ist deshalb dem Mann untergeordnet; andererseits kann man dieses Dienstverhältnis, auf welch niedriger Ebene es auch liegt, als etwas ansehen, was unendlich höher einzuschätzen ist als die bindungslose Freiheit des Mannes. Auf seinen Fall bezogen, bedeutet das, daß Josef K. sich täuscht, indem er die Erfahrung der Gemeinsamkeit überschätzt, die er beim Geistlichen und sich selbst feststellen zu können glaubt. Der Geistliche ist und bleibt ein Bediensteter des Gerichts; dagegen ist Josef K. noch ein freier Mann, der immer noch durch eine eigene Entscheidung die gerichtliche Verfolgung außer Kraft setzen kann. Wie der Mann vom Lande verläßt sich Josef K. jedoch auf andere Menschen und schenkt ihren Berichten über die sich bis ins Unermeßlich erstreckende hierarchische Rangordnung des Gerichts Glauben, genauso, wie der Mann vom Lande dem Bericht des Türhüters Glauben schenkt, daß hinter dem Eingang zum Gesetz immer schrecklichere Türhüter aufeinander folgen. Jeder von beiden sucht seinen Widerpart in eine Situation zu locken, die mit einer Zwickmühle vergleichbar ist. Der Türhüter formuliert eine solche Entscheidungssituation mit den Worten: »Wenn es dich so lockt, versuche es doch, trotz meinem Verbot hineinzugehen« (P 256). Hier liegt die einzige Anweisung vor – der einzige Satz in imperativischer Aussageweise –, die der Türhüter an den Mann richtet. Seine übrigen Bemerkungen sind einfache Feststellungen: daß der Mann das Gesetz nicht betreten darf und daß sich darin schreckliche Türhüter befinden. Diese Feststellungen haben selbstverständlich für den Mann die Aussagekraft von Befehlen; der einzige wirkliche Befehl hingegen, den der Türhüter ihm erteilt, klingt eher rhetorisch – im Sinne von »Tue es lieber nicht«. Die darin ausgedrückte Zweideutigkeit ließe sich am ehesten in den drei Wörtern »Gehorche mir nicht« zusammenfassen. Josef K. befindet sich also in einer widersprüchlichen Lage: Er kann seine Unschuld nur nachweisen, indem er seine Schuld anerkennt. Ein Ausweg könnte nur in einer grundsätzlichen Umkehrung des Bewußtseins liegen; dazu können sich jedoch weder Josef K. noch der Mann vom Lande durchringen. Beide bleiben der Welt der Motivationen verhaftet – dem System vordergründiger Verbindlichkeiten, das sie sich gerade deswegen zurechtlegen, um sich nicht mit der eigenen moralischen Autorität konfrontiert zu sehen. Die Auseinandersetzung zwischen K. und dem Geistlichen bestätigt in aller Deutlichkeit K.s Beschränkung auf seine eigene, ichbezogene Mentalität; als das Gespräch dem Ende zugeht, heißt es: »Die Lampe in seiner (K.s) Hand war längst erloschen« (P 264). In einer gestrichenen Passage ist K.s geistige Orientierungslosigkeit symbolisiert durch den Rauch, der aus der Lampe steigt, bevor sie verlischt (P 310).

Die Legende vom Türhüter erinnert aufgrund ihrer Funktion, die sie im Roman einnimmt, an Dostojewskis Erzählung vom Großinquisitor. Beide sind in die jeweiligen Romane eingeordnet als Erzählungen, die von einer der Romanfiguren einer anderen mitgeteilt werden. Beide unterbrechen die Romanhandlung, um das bloßzulegen, worum es in dem Werk jeweils letztlich geht. In beiden Romanen muß dieser tiefste Sinngehalt jeweils vom Leser selbst konstituiert werden, da er nicht mit ausführlichen Worten im Text selbst fixiert ist. Iwans Erzählung zielt darauf ab, Anklage gegen Gott zu erheben, weil er eine vom Bösen erfüllte Welt geschaffen hat. Sie soll möglichst überzeugend die Absicht des Großinquisitors rechtfertigen, das Werk Christi dadurch zu korrigieren, daß das Glück der Menschen gesichert werden soll – wenn auch auf Kosten ihrer Freiheit. Aber Iwans Angriff führt, wie Mochulsky sagt, zu einem »Beweis durchs Gegenteil«. Indem Christus dem Großinquisitor wortlos durch einen Kuß antwortet, drückt er aus, daß seine Absichten den Menschen in seiner

Würde herabsetzen und verletzen, und legt dadurch ein Zeugnis ab für das Ideal spiritueller Freiheit. [74] Daraus resultiert Aljoschas überraschte Antwort: »Dein Poem ist ein Lob Jesu, aber keine Schmähung.« [75] Der Sinn der Erzählung kann nicht als ein fester Bestandteil des Textes betrachtet werden; er muß sich in der Auseinandersetzung des Lesers mit ihm herausbilden. Während jedoch Dostojewski dem Leser mit der Figur Aljoschas, der stellvertretend für ihn am Geschehen teilnimmt, eine Verstehenshilfe bietet, gibt Kafka ihm eine solche Hilfe nicht. Josef K.s Reaktion auf seinen Prozeß müßte darin liegen, sich seiner eigenen moralischen Autonomie bewußt zu werden; einen Hinweis darauf gibt ihm jedoch niemand. Anscheinend soll er aus eigener Kraft – nur durch Andeutungen aufgefordert – zu einer Lösung seines Falles kommen. Die Legende vom Türhüter ist der detaillierteste Hinweis, den er bekommt; aber auch hier erhält er keine genauen Anweisungen. Man kann annehmen, daß er nur durch die eigene Erfahrung zur Klarheit über das Wesen der Täuschung, in der er sich befindet, gelangen soll. K. verbleibt im Zustand der Täuschung; der Leser jedoch braucht diese Täuschung nicht mit ihm zu teilen. Von der Erzähltechnik her gesehen, bietet *Der Prozeß* dem Leser eine Perspektive, die identisch ist mit der Josef K.s, die aber zugleich darüber hinausreicht. Deshalb kann der Leser sich in K.s ausweglose Situation hineinversetzen; er vermag jedoch zugleich den Ausweg zu sehen, der von K.s Standpunkt aus unsichtbar bleibt. Wie der Zuschauer im Theater Brechts befindet sich der Leser des Romans *Der Prozeß* auf einer höheren Verstehensebene als die fiktionale Hauptfigur. Deshalb könnte er in ähnlicher Weise sagen: »Das Leid dieses Menschen erschüttert mich, weil es doch einen Ausweg für ihn gäbe.« [76] Da der Ausweg im Roman selbst nicht gezeigt wird, muß der Leser ihn finden; er erhält deshalb – im Unterschied zu Josef K. – einen Standort, von dem aus er dazu in der Lage ist. Es liegt eine tiefe Ironie darin, wenn manche Interpreten in letzter Zeit festgestellt haben, der Leser des Romans *Der Prozeß* vollziehe die bestürzende Ausweglosigkeit Josef K.s in reiner Identifikation nach. Um aus seiner scheinbar ausweglosen Situation einen Ausweg zu finden, müßte Josef K. sein Bewußtsein von Grund aus verändern; er müßte sich an den Standort begeben, den der Leser bereits innehat – er müßte ebenso, wie er der Held seiner eigenen Geschichte ist, deren Leser werden.

Es gibt noch eine zweite, nicht so offen zutage tretende Art, in der die Legende vom Türhüter eine von der Bewußtseinswelt Josef K.s deutlich unterschiedene geistige Welt repräsentiert. Die Legende ist der einzige Teil des Romans, der eine Reihe unzweideutiger Anspielungen auf das Judentum enthält. Es wäre überraschend, wenn das eingehende Interesse, das Kafka in der Zeit von 1911–1912 an jüdischer Kultur hatte, um 1914 vollständig erloschen wäre. Trotz mancher durchaus begründeten Vermutungen ist es jedoch schwierig, in jüdischen Vorstellungen eine Leitidee für den Roman als Ganzes zu sehen. Wie bereits gesagt, findet Josef K.s erstes Verhör zehn Tage nach seiner Verhaftung statt; im jüdischen Kalender sollen die zehn Tage zwischen dem Neujahrstag (Rosch Haschanah) und dem Versöhnungstag (Yom Kippur) dem Menschen Gelegenheit geben, seine Sünden zu bereuen, bevor er vor einem Gerichtshof zur Rechenschaft gezogen wird. [77] So verlockend es auch ist, beide Sachverhalte miteinander gleichzusetzen, so steht dem doch die Tatsache entgegen, daß K.s Verhaftung im Frühjahr stattfindet, während das jüdische neue Jahr im Herbst beginnt. An eine gewollte allegorische Parallelisierung ist hier deswegen kaum zu denken. Andererseits wiederum erinnern die Sitzungsräume des Gerichts an die Talmud-Schulen, die Kafka aus Schilderungen Löwys kannte. Sie waren in der Regel »in einem alten unbrauchbaren Gebäude untergebracht« (T 236) und unerträglich heiß und muffig. K. stellt sich vor, daß die Teilnehmer an seinem ersten Verhör die damit verbundenen Vorfälle »nach Art von Studierenden« besprechen (P 63) – ein Ausdruck, der an Talmud-Schüler denken läßt. Sie alle tragen, wie es bei Ostjuden üblich ist, lange Bärte, die »steif und schütter« (P 62) sind. [78] Wenn es sich hier tatsächlich um Anspielungen auf jüdische Sachverhalte handelt, dann sind sie anscheinend zum größten Teil zufällig und unsystematisch.

Bei der Legende vom Türhüter treten die Dinge jedoch viel klarer zutage. Das Gesetz, zu dem der Mann vom Lande den Eingang sucht, läßt sofort an die Thora denken, während das Licht, das von ihm ausgeht und das der Mann nur im Augenblick seines Todes wahrnimmt, seinen Ursprung in der Kabbala haben dürfte. Die Aufsatzsammlung *Vom Judentum*, die 1913 vom Bar Kochba herausgegeben worden war und die Kafka besaß, enthielt einige Auszüge aus dem Zohar, dem wichtigsten Buch der Kabbala. Einer davon, »Das Licht des Urquells«, besagt, daß Gott das Urlicht vor den Augen der sündigen Menschen verborgen hat und es erst wieder erstrahlen läßt, wenn die verschiedenen Welten, in die sich die Schöpfung aufgeteilt hat, wieder vereinigt sein werden. [79] Daraus mag für Kafka das Bild des Glanzes hervorgegangen sein, den der Mann vom Lande im Sterben aus der Türe des Gesetzes hervorbrechen sieht.

Der Ausdruck »Mann vom Lande« selbst stellt eine Entsprechung zum hebräischen *Am-ha'arez* dar. Dieser Ausdruck wurde ursprünglich zur Bezeichnung der Landbevölkerung Palästinas verwendet, die mit den verwickelten Vorschriften des Gesetzes, so wie es von den Rabbinern systematisiert worden war, nicht mehr zurechtkamen. Kafka war diesem Ausdruck bereits in seiner Lektüre begegnet. [80] Er kannte auch die jiddische Ableitung *amorez*, die die Bedeutung »ignoramus« erhalten hatte; er benutzt sie in seinem Tagebuch (»Amhorez«, T 177). Dies unterstreicht den Unterschied zwischen den verwickelten Schwierigkeiten, die das Gesetz aufweist, und der schlichten Einfachheit des Mannes vom Lande; es gibt zugleich einen Hinweis darauf, daß dieser sich auf diese seine Schlichtheit verlassen und den Geltungsanspruch des Gesetzes nicht bis ins letzte kennen kann. Ebenso wie den Türhüter hat man ihn häufig als Ostjuden angesehen. Am nachdrücklichsten tut das Giuliano Baioni, der folgende Unterscheidungsmerkmale hervorhebt, die Ostjuden im Vergleich zu orientalischen Juden kennzeichnen sollen:

> Die den Ostjuden im Vergleich zu den orientalischen Juden gemeinsamen Kennzeichen waren in der Tat die rituellen Locken an den Schläfen, der lange zweigeteilte Bart, den Kafka in seiner Parabel den »tartarischen Bart« nennt, der Pelz und die Pelzmütze. [81]

Das ist ein wenig übertrieben: Der Türhüter hat einen Pelzmantel, aber keine Pelzmütze; es ist auch nichts von Locken an den Schläfen gesagt, wie Baioni es annimmt. Aber sein Pelzmantel, sein langer Bart und seine »große Spitznase« (P 256) lassen ihn einem Ostjuden ähneln; ebenso ist es mit seiner Stellung als Türhüter. Sicherlich darf man die Kenntnis jüdischer Lebensverhältnisse, die Kafka sich um 1914 angeeignet hatte, nicht überschätzen; von Löwy könnte er jedoch durchaus etwas über die ehrenvolle, an Formen der Hofhaltung erinnernde Stellung gehört haben, die chassidische *Wunderrabbis* oder *Zaddikim* innehatten. Man glaubte von diesen charismatischen Persönlichkeiten – im folgenden Kapitel soll mehr über sie gesagt werden –, sie seien mit der Kraft, Wunder zu wirken, begabt; deshalb pflegten sie zahlreichen Bittstellern regelrechte Audienzen zu gewähren. Um ihre Angelegenheiten ungestört mit ihnen besprechen zu können, beschäftigte der *Zaddik* einen Türhüter oder *Gabbai*, der in der Regel jeden Bittsteller nach seinem Namen, seinem Beruf und seinem Geburtsort fragte, dann sein Geld entgegennahm und ihn zum *Zaddik* vorließ. Nicht nur der *Zaddik*, sondern auch der *Gabbai* erwartete Bezahlung, und der Besucher mußte häufig mit mehreren dieser Vermittler verhandeln. Sie waren wegen ihrer Bestechlichkeit berüchtigt. In einem seiner szenischen Entwürfe über das Leben in Osteuropa schildert Karl Emil Franzos die »Gaboim«, die vor der Tür des berühmten *Zaddiks* von Sadagora Wache hielten. Erst wenn der Bittsteller in ihre ausgestreckten Hände einen Geldbetrag gelegt hatte, pflegten sie ihn in einen Vorraum eintreten zu lassen, wo zwei weitere Wächter ihrer Art ein Geldgeschenk erwarteten. Wenn er diese zufriedengestellt hatte, gelangte der Besucher gewöhnlich vor die Türe des *Zaddiks* selbst, vor der wiederum Türhüter standen: »An der Türe dieses Allerheiligsten stehen neue Pförtner, die natürlich abermals ihren Zoll fordern.«[82] Kafka selbst verwendete 1916 das Wort »Gabim« zur Bezeichnung der Diener des *Zaddiks* von Belz und erwähnte ihren schlechten Ruf (Br 144). Solche Leute ähneln den Türhütern in *Der Prozeß* so sehr, daß man annehmen darf, Kafka sei bereits 1914 über die *Gabbaim* unterrichtet gewesen, und zwar sehr wahrscheinlich durch Löwy. Deshalb kann man auch wohl davon ausgehen, daß er seinen Türhüter nach chassidischen Vorbildern gestaltet hat. Zu der Welt, wie sie sich im Roman *Der Prozeß* darstellt, würde es genauestens passen, daß religiöse Geheimnisse von jemandem bewacht werden, der in seinem menschlichen Wesen sehr beschränkt und zudem auch noch bestechlich ist.[83] Wenn der Türhüter nach einem *Gabbai* gestaltet ist, dann entspricht er sogar noch mehr den bestechlichen Beamten, wie Josef K. sie antrifft.

Die Legende vom Türhüter scheint unter diesen Aspekten ein Fenster zu sein, das einen Ausblick auf die Welt der jüdischen Kultur gewährt, welche Kafka selbst zu erforschen begonnen hatte. Bei Josef K. ist allerdings jedes Gefühl für deren Bedeutung verlorengegangen; für ihn gibt es keine andere Lösung als die Hinrichtung. Es wäre töricht, die schreckliche Härte des letzten Kapitels abmildern zu wollen. Selbst wenn man davon ausgeht, das Gericht sei die Verkörperung der absoluten Gerechtigkeit, ist die Strafe, die es verhängt, entsetzlich. Die Henker sind groteske Figuren; K. kann so gut wie keine Beziehung zu ihnen herstellen. Mit ihren wichtigtuerischen Vorbereitungen, ihren beflissenen Umgangsformen und ihren Höflichkeitsfloskeln, die für jemanden, der ein Fleischermesser in K.s Brust stoßen soll, absolut unpassend sind, nehmen sie seinenm Tod auch noch jegliche Würde. Josef K. weiß, daß er das Messer nehmen und sich selbst ins Herz bohren soll – als letztes Zeichen autonomer Eigenständigkeit. Das wäre jedoch lediglich eine bittere Travestie der Eigenständigkeit, die er längst zuvor hätte beweisen müssen. Selbst jetzt noch, im Angesicht des Todes, bringt er es nicht fertig, auch nur eine Spur von Würde zu zeigen; er stirbt wie ein Hund – in einer Weise, die an die demütigende Erniedrigung des Kaufmanns Block zum »Hund des Advokaten« erinnert (P 233).

Da Josef K. stirbt, ohne seine Schuld zu begreifen, ist man fast versucht zu sagen, sein Tod sei nicht einmal tragisch, weil ihm keine Anagnorisis – keine Einsicht in die Schuld – vorausgeht. Aber in Josef K. entwickelt sich unmittelbar vor dem Sterben – auch wenn es bereits zu spät ist, um ganz zur Entfaltung zu kommen – doch noch etwas, was ihm bis dahin abging: ein Sinn für das Dasein als Mensch, das ihm mit anderen gemeinsam ist. Selbst noch im 9. Kapitel hatte das Gericht von der Überheblichkeit, die K. ihm gegenüber gezeigt hatte, abgesehen, um diesen Sinn für menschliche Zusammengehörigkeit in seinem Wert deutlich werden zu lassen. Das kam darin zum Ausdruck, daß der Geistliche ihm die Hand reichte, obgleich es K. nicht klar geworden war, eine wie große Kluft ihn, einen freien Mann, vom Geistlichen, einem Bediensteten des Gerichts, trennte. Jetzt, auf dem Weg zu seiner Hinrichtung, kommt er, wenn auch nur in Form einer dunklen Ahnung, zu einer vagen Einsicht in die Unzulänglichkeiten seines Lebens: »Ich wollte immer mit zwanzig Händen in die Welt hineinfahren und überdies zu einem nicht zu billigenden Zweck. Das war unrichtig« (P 269). Unmittelbar vor seinem Tod läßt der Anblick einer menschlichen Gestalt, deren Schattenbild im erleuchteten Fenster eines nahegelegenen Hauses sichtbar wird, seinen Willen zum Leben wieder erwachen:

> Seine Blicke fielen auf das letzte Stockwerk des an den Steinbruch angrenzenden Hauses. Wie ein Licht aufzuckt, so fuhren die Fensterflügel eines Fensters dort auseinander, ein Mensch, schwach und dünn in der Ferne und Höhe, beugte sich mit einem Ruck weit vor und streckte die Arme noch weiter aus. Wer war es? Ein Freund? Ein guter Mensch? Einer, der teilnahm? Einer, der helfen wollte? War es ein einzelner? Waren es alle? War noch Hilfe? Gab es Einwände, die man vergessen hatte? Gewiß gab es solche. Die Logik ist zwar unerschütterlich, aber einem Menschen, der leben will, widersteht sie nicht (P 271–272).

Es ist die Logik einer absoluten Gerechtigkeit, die ein Urteil über K. gesprochen hat. Es beruht auf Begründungen, die unwiderlegbar, makellos objektiv – und zutiefst unmenschlich sind. Das kurze und zu spät kommende Erwachen von K.s Fähigkeit zu mitfühlender Anteilnahme am Mitmenschen läßt an das Ende von *Dantons Tod* denken, wo das Gefühl menschlicher Zusammengehörigkeit unmittelbar vor seinem Tod auf dem Schafott Dantons Zynismus durchbricht, der es bis dahin überdeckt hatte. Während andere Revolutionäre ihre letzten rhetorischen Phrasen von sich geben, spricht er zum Henker, der ihn grob von seinem Freund Hérault losreißt: »Kannst du verhindern, daß unsere Köpfe sich auf dem Boden des Korbes küssen?« [84]

Dantons letzte Worte sind Ausdruck menschlichen Zusammengehörigkeitsgefühls, aber ebenso ein Akt der Rebellion gegen den unpersönlichen Mechanismus der Revolution, der zu seiner Verurteilung geführt hat. Josef K.s kurz aufflackerndes Gefühl der Rebellion liegt auf derselben Ebene wie der Versuch der metaphysischen Revolte, den Iwan Karamasoff unternimmt gegen eine Welt, die so, wie sie ist, von Gott geschaffen ist. In dem Kapitel, das in der Übersetzung, die Kafka gelesen hatte, die Überschrift »Empörung« trägt, schildert Iwan Aljoscha seine unersättliche Lebensgier und sagt voraus, daß sie bis in sein dreißigstes Lebensjahr anhalten, dann aber einem Lebensüberdruß weichen wird:

> Ich habe mich oftmals gefragt: Gibt es wohl in der Welt eine Verzweiflung, die diesen rasenden, wütenden und vielleicht unanständigen Lebensdurst in mir besiegen könnte? – und ich bin zu der Überzeugung gekommen, daß es wahrscheinlich keine solche Verzweiflung gibt, das heißt wiederum nur bis zu meinem dreißigsten Jahre, dann werde ich selbst nicht mehr wollen ... so scheint es mir wenigstens. [85]

In Josef K.s letzten Gedanken klingt eine andere Bemerkung nach, die Iwan kurz darauf macht: »Leben will man, Aljoscha, und ich lebe, wenn auch wider die Logik.« *Der Prozeß* verlangt – auch wenn manche Kritiker anderer Ansicht sind – keine bedingungslose Unterwerfung unter eine unmenschliche Weltordnung. [86] Umgekehrt: Die ursprüngliche, elementare Lebensgier, die K. zu Beginn des Romans dazu trieb, beruflich voranzukommen und hinter Frauen herzusein, erscheint jetzt als etwas möglicherweise Wertvolles, weil sie zum innersten Kern seines menschlichen Wesens gehört. Das Gesetz, das K. in den Tod treibt, ist absolut und deswegen abstrakt; diejenigen, die in seinem Dienst stehen, sind in gewissem Maße von dieser Abstraktheit geprägt: »Den Beamten fehlt der Zusammenhang mit der Bevölkerung«, erfahren wir im 6. Kapitel, »sie haben, weil sie fortwährend, Tag und Nacht, in ihr Gesetz eingezwängt sind, nicht den richtigen Sinn für menschliche Beziehungen« (P 143). Jetzt aber, als im letzten Augenblick in K. das Gefühl für die Zusammengehörigkeit der Menschen erwacht, scheint es so, als liege für Kafka im vitalen Kern des menschlichen Wesens das Potential für eine Rebellion gegen diese abstrakte Weltordnung – für eine Rebellion, die sich mit der Rebellion Iwan Karamasoffs vergleichen ließe. Die Tragik im Roman *Der Prozeß* liegt jedoch darin, daß Josef K.s Anteilnahme am Wesen des Mitmenschen erst in der letzten Minute seines Lebens erwacht.

Für Kafkas weitere Entwicklung ist dieses kurze Aufblitzen der Anteilnahme am Leben des anderen jedoch von großer Bedeutung, denn es zeigt einen Ausweg aus den Verstrickungen, in denen sich K. befand. Diesen Sachverhalten, die das Zentrum des Romans betreffen, ist bisher keine Aufmerksamkeit geschenkt worden. Äußerlich gesehen, war K. in sein Schicksal verstrickt, weil seine Schuld gerade in seinem Unvermögen bestand, seine Schuld zu begreifen. Aus dieser Verstrickung gab es für ihn kein Entrinnen. Das Eingreifen des Gerichts führte zu einer ironischen Lockerung seiner Situation: An die Stelle dieser logisch begründeten Unentrinnbarkeit trat eine Situation, aus der es theoretisch tatsächlich eine Möglichkeit des Entrinnens gab, die in Wirklichkeit allerdings übermenschlich schwer zu finden und zu realisieren war. Der Grund für diese Schwierigkeit lag darin, daß das Individuum auf seine eigenen innersten geistig-moralischen Kräfte zurückverwiesen und gezwungen wurde, die es selbst umgebenden Mauern von Motivationen abzutragen, um seiner eigenen moralischen Autonomie gewahr werden zu können. Vielleicht gab es nicht einen einzigen Menschen, der dazu die Kraft hatte. Welche Möglichkeiten ergaben sich jedoch, wenn der einzelne sich nicht nur auf seine eigene Kraft verlassen mußte? Wie sah es aus, wenn ein dauernd verfügbarer Ausweg in der Zuwendung zum Mitmenschen lag? Wenn man sich der Wesensgleichheit und Zusammengehörigkeit des Menschen bewußt wurde, einer Wesensgleichheit, die nicht erst herbeigeführt werden mußte, sondern die bereits in der Wirklichkeit des menschlichen Daseins vorgegeben war, dann konnte man möglicherweise irgendwie im Schatten des Absoluten weiterleben. Vielleicht würde sich das Absolute anders darstellen, wenn man ihm als Angehöriger einer Gemeinschaft und nicht als isoliertes Einzelwesen gegenübertrat. Die von Kafka im Winter 1917–1918 in Zürau zusammengestellten Aphorismen entwickeln diese Vorstellungen. Sie fassen den moralischen Rigorismus in Worte, der dem Roman *Der Prozeß* zugrunde liegt; aber sie erkunden auch die Möglichkeiten, die mit der Zugehörigkeit zur Gemeinschaft der Menschen gegeben sind, und gelangen möglicherweise zu einer dialektischen Synthese beider Bereiche. Bevor wir jedoch dazu übergehen, diese tiefsinnige und überaus schwierige Aphorismensammlung zu untersuchen, müssen wir festzustellen versuchen, wie Kafkas Bewußtsein von menschlicher Zusammengehörigkeit sich in seinem konkreten Leben entwickelte, und zwar durch seinen Kontakt mit der zionistischen Bewegung und mit den Juden Osteuropas, und wie sich dieses Bewußtsein in den Schriften spiegelt, die er von 1914 bis 1917 verfaßt hat.

VERANTWORTUNG

Die kleinen Erzählungen

(1914–1917)

Den Ausbruch des Ersten Weltkrieges vermerkte Kafka in seinem Tagebuch lediglich mit den Worten: »Deutschland hat Rußland den Krieg erklärt. – Nachmittag Schwimmschule« (T 418). Zu diesem Zeitpunkt war er zu sehr mit dem Scheitern seiner Verlobung beschäftigt, als daß er politischen Vorgängen große Aufmerksamkeit hätte schenken können. Der »Gerichtshof« im Hotel Askanischer Hof in Berlin hatte am 23. Juli 1914 stattgefunden, an dem Tag, an dem Österreich – als Antwort auf die Ermordung des Erzherzogs Franz Ferdinand und seiner Gemahlin einen Monat zuvor – Serbien ein Ultimatum gestellt hatte. Als seine Bedingungen, die bewußt so gestellt waren, daß sie unannehmbar wurden, zurückgewiesen worden waren, erklärte Österreich am 28. Juli Serbien den Krieg. Rußland trat an der Seite Serbiens, Deutschland an der Seite Österreichs in den Krieg ein. Währenddessen – am 26. Juli – kehrte Kafka nach Prag zurück. Er war ganz ausgefüllt von den Schwierigkeiten seiner privaten Situation; am 28. Juli trug er in sein Tagebuch ein: »Wenn ich mich nicht in einer Arbeit rette, bin ich verloren« (T 411). Am folgenden Tage erscheint zum erstenmal der Name Josef K. (T 414). Während der nächsten sechs Monate setzte sich Kafka mit seinem Schuldgefühl auseinander; er versenkte sich ganz in das Wesen der Schuld und suchte sie wiedergutzumachen, indem er den Roman *Der Prozeß* schrieb.

Der Krieg ließ sich jedoch nicht aus dem Bewußtsein verdrängen. Kafkas Schwäger, Josef Pollak und Karl Hermann, wurden beide eingezogen. Josef Pollak kam im November von der Front auf Urlaub nach Hause; er berichtete in geradezu hysterischer Weise von seinen Erfahrungen – unter anderem, daß er anscheinend durch ein von Gott gesandtes Zeichen nur um Haaresbreite dem Tod entgangen war (T 442). Später erkrankte er an Ischias; man schickte ihn zur Behandlung nach Teplitz (Teplice) (F 632–633). Karl Hermann, der andere Schwager, diente in den Karpaten. Beide überlebten den Krieg,

Kafka selbst wurde – ebenso wie Max Brod – für dienstuntauglich erklärt; er war lediglich tauglich für die Miliz. Als Angestellter der Arbeiter-Unfall-Versicherungsanstalt galt er jedoch als unabkömmlich und wurde auch davon freigestellt. Kafka war über diese Freistellung keineswegs erbaut; er hatte, wie er mehrfach Felice berichtete, auf seine Einberufung gehofft (F. 636, 638). Er hätte sich selbstverständlich auch freiwillig zum Militärdienst melden können; seine Erklärung dafür, daß er es nicht getan hat, lautet in dunklen Worten: »Mich freiwillig zu melden, hindert mit manches Entscheidende, zum Teil allerdings auch das, was mich überall hindert« (F 633).

Warum legte Kafka einerseits Wert darauf, einberufen zu werden, und warum sträubte er sich andererseits dagegen, sich freiwillig zu melden? Schlichter Patriotismus gehörte jedenfalls nicht zu seinen Beweggründen: Er gibt seiner Abneigung gegen Demonstrationen patriotischer Gesinnung, die aus kommerziellen Interessen hervorgingen und im frühen Stadium des Krieges täglich vorkamen, deutlichen Ausdruck (T 420–421). Trotz seiner Aversion gegenüber einem vulgären Chauvinismus hatte ihm jedoch seine Reise durch Deutschland im Juli 1914 die naive Vorstellung vermittelt, dem deutschen Volk sei aufgrund seiner Kraft, seiner geraden Gesinnung und seines Mutes der Sieg sicher. [1] Im Dezember 1914 äußerte er sein Befremden über die inkompetente Führung der österreichischen Armee im südlichen Frontabschnitt (T 449). Nichtsdestoweniger waren die Gründe für seinen Wunsch, einberufen zu werden, hauptsächlich privater Natur. Anscheinend hat er sich vorgestellt, der Militärdienst würde ihn vor seiner unbefriedigenden beruflichen Tätigkeit und seinem Gefühl, ein Versager zu sein, befreien und würde den Konflikt zwischen seiner Berufung als Dichter und seiner Gefühlsbindung an Felice lösen, indem er ihn von beidem trennte. Mit anderen Worten: Er hoffte, seine augenblicklichen Probleme ließen sich durch eine Einwirkung von außen her beseitigen – selbst, wenn an ihre Stelle körperliche Strapazen treten würden. Sein Verzicht darauf, sich freiwillig zu melden, zeigt jedoch, daß er sich in einem gewissen Maße über den illusionären Charakter dieser Hoffnungen im klaren war. Das in ihnen enthaltene Moment des Phantastischen geht in aller Deutlichkeit aus einer Eintragung in das erste Oktavheft vom Februar 1917 hervor. Hier beschreibt Kafka das Gefühl der Befriedigung, das er empfindet, als er ein Paar Militärstiefel angezogen hat. Er hatte sie ursprünglich in der Annahme gekauft, eingezogen zu werden: »In den schweren

Stiefeln, die ich heute zum erstenmal angezogen habe (sie waren ursprünglich für den Militärdienst bestimmt), steckt ein anderer Mensch« (H 63).

Kafkas Wunschvorstellung, Soldat zu werden, verweist auf ein Muster, das sein Phantasieleben durchgehend bestimmt: auf die Faszination, die große Führergestalten, insbesondere Napoleon, auf ihn ausübten. [2] Sein Interesse an Napoleon läßt sich bis in den September 1911 zurückverfolgen, als er in der Galerie des Batailles in Versailles ein Bild sah, das Napoleon im Biwak auf dem Schlachtfeld von Wagram darstellte (T 619). Im Oktober 1911 las er eine Sammlung von Anekdoten über Napoleon (T 103–104); im November besuchte er einen Vorleseabend, der unter dem Titel »La légende de Napoléon« im Rudolfinum stattfand. Dabei hatte er eine Vision Napoleons, der den Saal betrat und die ganze Zuhörerschaft niederdrückte (T 156–159). Im Jahre 1915 war er ganz gefesselt, als er sich mit Darstellungen von Napoleons Rußlandfeldzug beschäftigte; er machte ausführliche Exzerpte aus den entsprechenden Büchern; sie sind allerdings nur in der englischen Übersetzung seiner Tagebücher abgedruckt. [3] Diese Faszination, die von Napoleon auf ihn ausging, darf man sicherlich in Beziehung setzen zu der Bewunderung, die er für Dichter wie Goethe, Hebbel, Balzac und Dickens empfand, deren Energie und überströmende Schöpferkraft für ihn in einem scharfen Gegensatz standen zu seiner eigenen Unentschlossenheit und seinen eigenen Schwierigkeiten beim Schreiben. [4] Napoleon war, von seiner Energie und Entschlußkraft abgesehen, ihm noch zusätzlich dadurch überlegen, daß er ein Mann der Tat und nicht ein Literat war. Es gibt allerdings auch Hinweise auf eine mehr persönliche Identifikation mit Napoleon. Kafka zitiert Napoleons Klage über seine Aussicht, kinderlos zu sterben, berichtet davon, daß er keine Freunde hatte (F 221), und zeigt Interesse an seinem vermutlich beeinträchtigten Sexualleben (F 271). [5] Mehr noch: Er stellt mehrfach bewußt weit hergeholte Vergleiche an zwischen der Laufbahn Napoleons und seinem eigenen Leben. In einem Brief, den er im September 1917 aus Zürau an Max Brod schreibt, spricht er über das Scheitern seiner Verlobung mit Felice und beschreibt die Selbsterkenntnis, die seine kurz zuvor diagnostizierte Tuberkulose ihm vermittelt hat, als

> Erkenntnis der ersten Stufe. Der ersten Stufe jener Treppe, auf deren Höhe mir als Lohn und Sinn meines menschlichen (dann allerdings nahezu napoleonischen) Daseins das Ehebett ruhig aufgeschlagen wird. Es wird

nicht aufgeschlagen werden und ich komme, so ist es bestimmt, nicht über Korsika hinaus (Br 161).

Vier Jahre später – nach dem Ende seiner Beziehung zu Milena Jesenská – hält er sich mit ähnlichen Ausdrücken vor, er sei sogar zu schwach, einen Brief von ihr zu beantworten:

> So kommt zu dem Leid noch die Schande, es ist etwa so wie wenn Napoleon zu dem Dämon, der ihn nach Rußland rief, gesagt hätte: »Ich kann jetzt nicht, ich muß noch die Abendmilch trinken« und wenn er dann, als der Dämon noch fragte: »Wird denn das lange dauern?« gesagt hätte: »Ja, ich muß sie fletschern« (Br 318). [6]

Sich mit Napoleon zu vergleichen, war für Kafka offenbar nichts Unübliches; manchmal allerdings wirkt es lächerlich, so etwa, wenn er eine Reise von zwei Tagen nach Berlin als eine Großtat angesehen wissen will, die mit Napoleons Feldzug nach Rußland vergleichbar sei (Br 447; vgl. M 32, O 40). Bei anderen Gelegenheiten jedoch ist es kennzeichnend für Kafka, daß er die inneren Anstrengungen, die jemand unternimmt, als solche für wertvoll hält, und zwar ohne Rücksicht darauf, ob sie sich auf der großen Bühne der Weltgeschichte oder auf dem engen Podium des Alltagslebens abspielen. Als er gegenüber Milena seinen Brief an den Vater, in dem er sein Verhältnis zu ihm zu klären sucht, erwähnt, fügt er hinzu: »einer kämpft eben bei Marathon, der andere im Speisezimmer, der Kriegsgott und die Siegesgöttin sind überall« (M 165). Denselben Gedanken enthält einer seiner Zürauer Aphorismen: »Sein Ermatten ist das des Gladiators nach dem Kampf, seine Arbeit war das Weißtünchen eines Winkels in einer Beamtenstube« (H 86).

Die letzten Zitate zeigen, daß Kafka, auch wenn Napoleon nicht ausdrücklich erwähnt wird, sein Leben gern mit Kriegsbildern beschreibt. »Kampf« gehört zu seinen Lieblingswörtern seit der *Beschreibung eines Kampfes* – jener rätselvollen Geschichte, die er wohl schon im Jahre 1902 zu schreiben begonnen hat. [7] Im Jahre 1920 sagt er, er fühle jetzt zu Felice »die Liebe eines unglücklichen Feldherrn zu der Stadt, die er nicht erobern konnte« (Br 285). Sein Leben ist ein »stehendes Marschieren« (T 560), sein Schreiben bestenfalls ein »Ansturm gegen die Grenze« (T 553), schlechtestenfalls »eine mit Nägeln aufgekratzte Deckung im Weltkrieg« (Br 374). Außer Napoleon kommen in seinen Tagebüchern und Briefen noch weitere Feldherren und Führergestalten vor: Alexander der Große (H 87), Moses (T 545, 565), Abraham (Br 333); sich selbst bezeichnet Kafka 1922 als »Feldherr[n]« (T 572–573). Die andere Seite der Münze ist jedoch ebenso sichtbar: Er stellt sich gern als unbedeutende Person dar, die zufällig in weltbewegende Ereignisse verwickelt wird – so wie es dem anonymen Griechen widerfährt, der in die Weltgeschichte hineinstolpert, weil er an der Belagerung Trojas beteiligt ist (Br 313–314), oder wie jener unbekannte, schon ausgediente Soldat, den ein Zittern befällt beim Anblick eines Spielzeuggewehrs, der aber plötzlich feststellen muß, daß er »einberufen zu dem großen welterlösenden Kampf« ist (M 36).

Innerhalb dieses Bildkomplexes gibt es zwei bemerkenswerte Entwicklungen. Eine besteht in der Tendenz, die Figur des Feldherrn in der des Volksführers aufgehen zu lassen. Beide sind verschmolzen in dem »Feldherr[n]«, der die Volksmenge über das Gebirge führen muß:

> Du führst die Massen, großer langer Feldherr, führe die Verzweifelten durch die unter dem Schnee für niemanden sonst auffindbaren Paßstraßen des Gebirges (T 572).

Kafka schrieb diese Sätze zu Beginn seiner Arbeit am Roman *Das Schloß*; das Bild des Feldherrn enthält deshalb nicht nur politische Vorstellungen, sondern es repräsentiert seine eigene Beziehung zur Gesellschaft. Es ist deshalb der Gipfelpunkt auch der zweiten Entwicklungslinie in Kafkas vom Krieg geprägter Bildwelt: Diese Bilder entwickeln sich aus Vergleichen, die Selbstvorwürfe enthalten und Momente des Versagens in seinem persönlichen Leben betonen, zu Ausdrucksmitteln für seinen zunehmenden Sinn für Verantwortung gegenüber der Gesellschaft. In einer eingehenden Untersuchung dieser Entwicklung hat Malcolm Pasley auf die Zweideutigkeit des Wortes *Verantwortung* hingewiesen. Dieses Wort war Kafkas ursprünglicher Titel für die Sammlung von Erzählungen, die 1919 als *Ein Landarzt: Kleine Erzählungen* erschien. Einige dieser Erzählungen müssen in diesem Kapitel erörtert werden.[8] *Verantwortung* kann die »Rechenschaft« bedeuten, die jemand für seine Pflichtversäumnisse ablegen muß – darin liegt die Thematik der den Begriff der Schuld umkreisenden frühen Erzählungen Kafkas – und es kann die »Verantwortung« bedeuten, die jemand für etwas übernehmen muß. In diesem doppelsinnigen Wort wird somit klar der Wechsel sichtbar, der sich in Kafkas eigenem Verhältnis zur Gesellschaft vollzieht.

Das Bild des Feldherrn ist nicht das einzige, durch das Kafka sein Verantwortungsgefühl ausdrückt. Ein zweites ist das des Wächters oder Hüters. Es erscheint bereits 1914, und zwar in Kapitel 9 von *Der Prozeß*; dort untersucht K. ein Altarbild, das die Grablegung Christi darstellt. Was jedoch in erster Linie K.s Aufmerksamkeit erregt, ist eine kleinere Figur auf dem Bild – ein Ritter, der sich am äußersten Rande des Bildes auf sein Schwert stützt, als ob er dazu bestimmt sei, Wache zu halten. Diese Figur kann in mehr als einem Sinn interpretiert werden. Wie ich im vorigen Kapitel dargelegt habe, bezieht sich der Gegenstand des Bildes auf die Thematik des Religionsverfalls, die auf den folgenden Seiten des Romans durch das Verlöschen der Lichter im Dom symbolisiert wird. Der Ritter, der diesen Vorgang beobachtet, ohne einzugreifen, erscheint deshalb im Text wie ein Stellvertreter des Autors Franz Kafka. Der Satz: »Es war erstaunlich, daß er so stehenblieb und sich nicht näherte« (P 246), könnte auch auf Kafkas Erzählweise passen, bei der sich kein Erzähler in das Geschehen einmischt. Unter dieser Voraussetzung würde der unmittelbar folgende Satz – »Vielleicht war er dazu bestimmt, Wache zu stehen« – Kafkas Auffassung seiner Aufgabe als Dichter ausdrücken, nämlich mit einer nicht näher bestimmten Verantwortung, die ein aktives Eingreifen nicht erfordert, Vorgänge zu beobachten und festzuhalten.

Eine andere Wächter-Figur erscheint zwei Jahre später in dem Helden von Kafkas einzigem erhaltenen szenischen Stück *Der Gruftwächter*. [9] Der Held hat dreißig Jahre lang die Gruft Herzog Friedrichs bewacht. Obgleich die Hofleute meinen, seine Aufgabe sei rein nomineller Art – »wirkliche Bewachung unwirklicher, dem Menschlichen entrückter Dinge« (B 303) – scheint sie in Wirklichkeit bedeutsam und anstrengend zu sein. Der Gruftwächter steht auf der »Grenze zwischen dem Menschlichen und dem Anderen« (B 303), als beschütze er die Menschheit vor dunklen, vielleicht übernatürlichen Gefahren. Nachts, so erklärt er, steigen all die toten Edlen aus dem Grabgewölbe; Herzog Friedrich führt sie an und ringt mit dem Wächter. Die anderen stehen derweilen im Kreis um sie herum und verhöhnen und demütigen ihn, indem einer hinten seine Hosen aufschlitzt und sie alle mit seinem Hemdzipfel spielen. Immer bleibt der Wächter jedoch Sieger in diesem Ringkampf, obwohl er zu guter Letzt am Ende seiner Kräfte ist.

Diese tief in der Nacht stattfindenden Ringkämpfe lassen zuallererst an Kafkas eigenes Schreiben denken. Seine Briefe an Felice bezeichnet er als »Nachrichten aus der Unterwelt« (F 443); in seinen

Tagebüchern klagt er demgegenüber darüber, seine schöpferischen Kräfte seien viel zu wechselhaft, als daß man sich auf sie verlassen könne, und deshalb sei sein Schreiben »leider kein Tod, aber die ewigen Qualen des Sterbens« (T 420). Daß die Gespenster den Wächter am Hemdzipfel zupfen, ist offenbar ein verhüllender Ausdruck für eine sexuelle Stimulation und läßt sich damit in Verbindung bringen, daß im Schreiben sonst tabuisierte Phantasievorstellungen freigesetzt werden: Kafka nennt bei anderer Gelegenheit sein Schreiben auch ein »Hinabgehen zu den dunklen Mächten, diese Entfesselung von Natur aus gebundener Geister« (Br 384). Die Gestalt des Gruftwächters verkörpert jedoch eine nicht nur private Auffassung von der Aufgabe des Schriftstellers. Man kann zwar nicht sicher sein, was mit dem Ausspruch gemeint ist, er stehe auf der Grenze zwischen den Menschen und »dem Anderen« [10], aber die Gruft, aus der die Geister emporsteigen, steht im Zusammenhang mit anderen Bildern, die Kafka in der Zeit von 1914 bis 1917 gebraucht, z. B. mit dem alten, dunklen Gebäude, in dem der alte Kommandant in *In der Strafkolonie* begraben liegt, und mit dem Schweinestall, aus dem der Stallknecht und die überirdischen Pferde in *Ein Landarzt* auftauchen. Diese Bilder veranschaulichen zunächst einmal bloß die Dominanz des Vergangenen über das Jetzige, »die Macht der früheren Zeiten« (E 235). Gestalten wie Herzog Friedrich oder der alte Kommandant, die Autorität verkörpert haben, mögen zwar tot sein – ihre Macht haben sie dennoch nicht verloren. Sie stellen darüber hinaus jedoch auch eine enge Verbindung dar zwischen Obszönität, elementarer Vitalität und schöpferischer Kraft. Kafka betont diesen letzten Aspekt in einer Tagebucheintragung, in der er seine Unfähigkeit zu schreiben beklagt, sich jedoch zugleich mit Bildern aus *Ein Landarzt* selbst tröstet: »es kann erfahrungsgemäß aus Nichts etwas kommen, aus dem verfallenen Schweinestall der Kutscher mit den Pferden kriechen« (T 563). Wir können daraus vorläufig den Schluß ziehen, daß seine schöpferischen Fähigkeiten den Schriftsteller mit den Kräften in Kontakt bringen, die die Gesellschaft verdrängt oder unterdrückt. Seine Aufgabe liegt dann darin, die Rückkehr dieses Unterdrückten unter Kontrolle zu bringen, indem er die elementaren Energie in den literarischen Schaffensprozeß hineinlenkt; sie würden sonst ihn und möglicherweise auch die Gesellschaft zerstören.

Die Verantwortung dafür, die Gesellschaft vor den primitiven Elementarkräften zu schützen, ist das Thema der Erzählung *Ein altes*

Blatt, die Kafka im März 1917 schrieb. Sie spielt in einem quasi mythisch dargestellten China – in einem Land, das auf Kafkas Vorstellungskraft einen solchen Reiz ausübte, daß er im Mai 1916 erklärte: »im Grunde bin ich ja Chinese« (F 657). Nomaden aus dem Norden sind in die Hauptstadt eingedrungen; sie lagern auf dem Platz vor dem Palast und bedecken ihn mit Unrat. [11] Sie selbst, aber auch ihre Pferde, verzehren rohes Fleisch; einmal verschlingen sie einen lebendigen Ochsen. Verständigen kann man sich mit ihnen nicht, denn sie scheinen keine artikulierte Sprache zu besitzen: Sie schreien wie Dohlen und schneiden schreckliche, aber bedeutungslose Grimassen. Der Kaiser ist nicht in der Lage, ihnen Widerstand zu leisten; er hat sich ins Innere des Palastes zurückgezogen; seine Wächter kauern hinter vergitterten Fenstern. Die Angehörigen der unteren Stände, die Handwerker und Geschäftsleute, die bisher ihren Geschäften nachgehen konnten, ohne sich um die Angelegenheiten des Staates zu kümmern, stellen plötzlich fest, daß der Schutz ihres Landes vernachlässigt worden ist und daß – da die Instanzen, die bisher für sie die Autorität des Staates verkörperten, versagen – sie selbst vor der Aufgabe stehen, es vor den Nomaden zu retten. Aber die Verantwortung dafür ist zu groß, als daß sie sie tragen könnten, und sie ist ihnen lediglich infolge eines Mißverständnisses zugefallen: »Ein Mißverständnis ist es, und wir gehen daran zugrunde« (E 158).

Weitaus nachdrücklicher als in *Der Gruftwächter* wird hier der Verfall der Autorität – der das Gemeinschaftsleben tragenden Wertordnung – gezeigt; sie ist in die Hände gesetzloser Figuren gefallen, die kaum noch menschliche Züge tragen. Ungewöhnlich deutlich wird es hier, wie stark zeitgeschichtliche Ereignisse die Erzählung beeinflußt haben. Der Einleitungssatz: »Es ist, als wäre viel vernachlässigt worden in der Verteidigung unseres Vaterlandes« (E 155), enthält einen angesichts des bereits drei Jahre dauernden Krieges selbstverständlichen oder doch naheliegenden Gedanken. Selbst vor dem Krieg hatte Kafka jedoch schon das Gefühl, daß Österreich bereits im Verfall begriffen war: Im April 1914 bezeichnete er Wien als »dieses absterbende Riesendorf« (F 545); in einem Brief aus dem Sanatorium in Matliary verglich er 1921 seine eigene Situation als Kranker mit dem Verfall des Reiches vor Kriegsbeginn:

> Sie (meine augenblickliche innere Situation) erinnert ein wenig an das alte Österreich. Es ging ja manchmal ganz gut, man lag am Abend auf dem Kanapee im schön geheizten Zimmer, das Thermometer im Mund, den

> Milchtopf neben sich und genoß irgendeinen Frieden, aber es war nur irgendeiner, der eigene war es nicht. Eine Kleinigkeit nur, ich weiß nicht, die Frage des Trautenauer Kreisgerichtes war nötig und der Thron in Wien fing zu schwanken an (Br 288–289). [12]

In einem noch umfassenderen Sinn, als Claude David dargelegt hat, enthält Kafkas Dichtung eine pessimistische Deutung der Geschichte als eines Verfallsprozesses. [13] So erfahren wir in *Ein Hungerkünstler*, daß das goldene Zeitalter der Hungerkünstler in der Vergangenheit liegt, oder in den *Forschungen eines Hundes*, daß die Urahnen der Hundegemeinschaft im Besitz der Wahrheit waren, die die Vorfahren der jetzigen Hunde verloren haben. Man kann nur schwer feststellen, inwieweit Kafkas Erfahrung des Verfalls aus dem intellektuellen Umfeld des *fin de siècle* herrührt und wie weit es aus der Beobachtung der ihn umgebenden Gesellschaft hervorgeht – sofern sich beides überhaupt unterscheiden läßt. Das zweite jedenfalls, das Bewußtsein des politischen Niedergangs Österreichs, scheint in die Erzählung *Ein altes Blatt* eingegangen zu sein. Der Ausbruch elementarer Energien, wie sie sich im Bild der Nomaden darstellen, entstammt jedoch einem anderen Vorstellungsbereich Kafkas. Er selbst war – wahrscheinlich mit nachteiligen Folgen für seine Gesundheit [14] – ein engagierter Vegetarier. Häufig verknüpfte er das Fleischessen mit der Vorstellung von Brutalität und Bedrohlichkeit und stellt es dem asketischen Verhalten der Helden seiner Erzählungen gegenüber: Erinnert sei an die Zimmerherren in *Die Verwandlung*, die ausgiebig speisen, während Gregor hungert, und an den Kannibalen, den Kafka ursprünglich seinem Hungerkünstler gegenüberstellen wollte, den er dann aber durch einen Panther ersetzte. Im Umfeld der Erzählung *Ein altes Blatt* erhält das Fleischessen der Nomaden eine solche Bedeutung: Es verweist auf die gewaltsamen, irrationalen Energien, die in der Zeit einer gesellschaftlichen Umwälzung zum Ausbruch kommen. Kafka verfügte aus seiner Schulzeit noch über gute Kenntnisse des Griechischen; von daher wußte er möglicherweise, daß Euripides in seinem Drama *Die Bakchen* dieses Motiv aufnimmt, indem er die Mänaden lebendiges Weidevieh in Stücke reißen läßt. [16] Ganz gewiß ist er sich jedenfalls im klaren darüber, wie verletzlich die zivilisierte Welt in bezug auf die elementaren Energien ist, die sie unter Kontrolle zu halten versucht.

Unter dem Blickwinkel der Erzählung *Ein altes Blatt* scheint der Mensch, sofern er überhaupt seine Verantwortung für die Gesellschaft anerkennt, mit Aufgaben konfrontiert zu werden, die seine Kräfte weit übersteigen. Wäre es unter diesen Umständen nicht besser, sich ganz zurückzuziehen und Verantwortung überhaupt abzulehnen? Dies ist die Möglichkeit, der Kafka in der Erzählung *Der neue Advokat* nachgeht. Sie stammt aus dem Jahre 1917 und ist ein Beispiel dafür, wie Kafka eine heroische Vergangenheit einer mittelmäßigen Gegenwart gegenüberstellt und wie er ihren grundsätzlichen Unterschied dadurch herausarbeitet, daß er zwei verschiedenartige Zeitebenen übereinanderschiebt. Das Streitroß Alexanders des Großen hat sein Leben bis in die Gegenwart hinein fortgeführt; zwar ist es hier nicht ganz am rechten Ort, aber es wird entgegenkommend behandelt und ist als Advokat unter dem Namen »Dr. Bucephalus« zugelassen: »Mit erstaunlicher Einsicht sagt man sich, daß Bucephalus bei der heutigen Gesellschaftsordnung in einer schwierigen Lage ist und daß er deshalb, sowie auch wegen seiner weltgeschichtlichen Bedeutung, jedenfalls Entgegenkommen verdient« (E 145). Kafkas Verwendung der Behördensprache läßt auf hervorragende Weise deutlich werden, daß die Gegenwart eine stumpfsinnige, von gesichtslosen Bürokraten bevölkerte Welt ist. Sie hat nicht nur keine einzige große Gestalt wie Alexander aufzuweisen, sondern sie hat ausschließlich seine schlechten Eigenschaften übernommen: »Zu morden verstehen zwar manche; auch an der Geschicklichkeit, mit der Lanze über den Bankettisch hinweg den Freund zu treffen, fehlt es nicht« (E 145) – eine Anspielung darauf, daß Alexander im Rausch bei einem Gastmahl seinen Freund Kleitos erstochen hat.[17] Wenn man die Gegenwart für verkommen hält, dürfte es am klügsten sein, sich ins Privatleben zurückzuziehen, wie es Bucephalus tut, und sich dem Studium der Bücher zu widmen, die aus alten Zeiten auf uns gekommen sind.

Kafkas Technik, verschiedene Zeitebenen übereinanderzulegen, dient dazu, ihre scharfen Konturen zu verwischen und das an ihnen ineinander übergehen zu lassen, was sonst in einem zu krassen Gegensatz stünde. Für einen großen Teil der Erzählung bewegen wir uns in der zeitgenössischen Gegenwart mit ihren Advokaten, dem »Barreau« (d.i. die Anwaltskammer in Frankreich) und dem Pferderennen. Im zweiten Abschnitt sind wir jedoch anscheinend in Makedonien nach dem Tod Alexanders, und wir könnten mit keinem anderen sonst das Volk, das Makedonien zu eng findet, zur Freiheit führen. Neben dieser Verschmelzung verschiedener Zeitebenen benutzt Kafka noch eine weitere Art der Überlagerung, indem er andere historische Gestalten durch die Gestalt Alexanders hindurch sichtbar werden läßt. Heute, so erfahren wir, gibt es keinen Alexander mehr, »niemand, niemand kann nach Indien führen« (E 145): Das erinnert daran, daß Kafka von Napoleon fasziniert war, der ebenfalls plante, Indien zu erobern. Der Nachdruck dagegen, der mehr auf der Führungskraft als auf der Kriegsführung liegt – das Königsschwert dient nur dazu, die Richtung anzugeben – läßt Alexander einem Volksführer ähnlich werden, der sein Volk aus der Gefangenschaft zu führen vermag; darin liegt hinwiederum ein Hinweis auf Moses. Die Tore Indiens, die sogar zur Zeit Alexanders unerreichbar waren, obwohl die Richtung bekannt war, in der sie lagen, bezeichnen weniger einen geographischen Ort als ein spirituelles Ziel. Niemand kann jetzt den Weg dorthin zeigen; viele Menschen halten Schwerter in der Hand, sie fuchteln jedoch nur nutzlos mit ihnen herum – ein Hinweis auf die Auflösung und den Zerfall der gültigen Orientierungskategorien in modernen Staaten. Der Gegenwart fehlen solche gültigen Orientierungskategorien; sie bedarf jedoch in dieser Situation nicht so sehr eines politischen Führers (Alexander), sondern eher eines geistlichen (Moses).

Durch dieses Verfahren der indirekten Andeutung vermittelt Kafka in diesen Erzählungen ein mehrdimensionales Bild des Zustandes, in dem sich die gegenwärtige Welt befindet. Althergebrachte Wertordnungen verlieren ihren Autoritätsanspruch, die Gesellschaft ist im Verfall begriffen: Im günstigsten Fall fehlen ihr Führergestalten, die Orientierungsfunktionen übernehmen können, im ungünstigsten Fall ist sie durch primitive Gewalttätigkeit und Anarchie bedroht. Der Mensch verlangt nach ethisch-spiritueller Orientierung – aber niemand ist da, der sie vermitteln könnte. Stattdessen ist die Aufgabe, die Gemeinschaft im inneren und äußeren Sinne zu sichern, in die Hände gemeiner Schwächlinge geraten, die ihr nicht gewachsen sind. Der beste Ausweg könnte tatsächlich darin liegen, sich in ein zurückgezogenes Gelehrtendasein zu flüchten. Wenn man jedoch die Verantwortlichkeit des einzelnen für die Gesellschaft anerkennt, dann liegt der einfachste Weg, ihr gerecht zu werden, in der politischen Betätigung. Mit dieser Überlegung scheint eine Erklärungsmöglichkeit für Kafkas Interesse an aktuellen politischen Bewegungen gegeben zu sein. Wenn man von der zu Anfang dieses Kapitels zitierten Tagebucheintragung absieht, hat er sich normalerweise für Politik in einem Ausmaß interessiert, das man bei einem gebildeten Menschen erwarten darf. Sein Schulfreund Hugo Bergmann teilt mit, Kafka habe als Primaner den Verlauf des Burenkrieges verfolgt und enthusiastisch Partei für die Buren ergriffen. Wir erfahren von ihm ferner, Kafka habe im Alter von sechzehn Jahren Sympathien für den Sozialismus gezeigt und begonnen, eine rote Nelke im Knopfloch zu tragen. Bei einem Treffen des *Altstädter Kollegentags*, der national gesinnten deutschen Studentenverbindung, zu der die Schüler des Altstädter Gymnasiums gehörten, wurden Kafka und Bergmann ausgeschlossen, weil sie sich weigerten, *Die Wacht am Rhein* mitzusingen. [19] Das reicht allerdings nicht aus, um auf ein echtes, spezifisches Interesse am Sozialismus zu schließen. Man kann dieses Interesse ebenfalls nicht aus seiner späteren Angewohnheit ableiten, den Volksreden tschechischer Politiker zuzuhören; er fühlte sich nämlich nicht nur von sozialistischen Rednern wie Soukup und Klofác angezogen, sondern ebenso von Masaryks liberaldemokratischer Realistenpartei. [20] Wenn unter den Büchern, die er besonders bewunderte, Lily Brauns *Memoiren einer Sozialistin* waren, so hatte das seinen Grund in dem sozialen Gewissen der Autorin, in ihrer Selbstlosigkeit und in ihrer entschiedenen Ablehnung der heuchlerischen Moral ihrer Klasse (Br 282; F 638). Seine programmatische Skizze einer asketischen, nur Männern vorbehaltenen Gemeinschaft besitzloser Arbeiter (»Die besitzlose Arbeiterschaft«, H 126–127) kann durchaus, wie Eduard Goldstücker darlegt, vom prämarxistischen utopischen Sozialismus abhängig sein, sie ist jedoch offensichtlich kein Entwurf einer neuen sozialistischen Gesellschaft, zumal sie festlegt, daß die Arbeiter auch in kapitalistischen Betrieben beschäftigt werden können. [21]

Kafka ist jedoch ständig in eine enge Verbindung zu einer Prager Anarchistengruppe gebracht worden, dem *Klub mladých* (»Club der Jungen«), zu dessen Mitgliedern die Schriftsteller Stanislaw Kostka Neumann und Jaroslav Hašek gehört haben sollen. Den wichtigsten Nachweis dafür bildet ein detaillierter Bericht des Anarchisten Michal Mareš, den Wagenbach publiziert hat. Er besagt, daß Kafka häufig bei Sitzungen dieser Gruppe zugegen gewesen sei, wenn er auch niemals etwas gesagt habe, und daß er an Veranstaltungen, wie z.B. einer Gedächtnisfeier für die Pariser Commune, an einer Antikriegsdemonstration und an einer Demonstration gegen die Hinrichtung des französischen Arbeiterführers Liabeuf im Jahre 1912 teilgenommen habe. [22] Brod erfuhr von Kafkas Beteiligung zum erstenmal etwas um 1930, und zwar von Michal Kácha, einem weiteren

Mitglied dieser Gruppe.[23] Diese Berichte müssen mit Skepsis betrachtet werden. Sowohl Mareš wie Kácha gelten bei denen, die sie kannten, als unzuverlässige Informanten.[24] Da der Club im Oktober 1910 von der Polizei aufgelöst wurde und sich die Mitglieder danach insgeheim treffen mußten, ist es nur schwer vorstellbar, daß sie einen Besucher zuließen, der ständig nur dabeisaß, ohne etwas zu sagen, und der nach allem, was sie wußten, auch ein Spitzel hätte sein können. Kafka kannte Mareš zwar tatsächlich, er spricht jedoch selbst von einer nur oberflächlichen Bekanntschaft (»eine Gassenbekanntschaft«, M 306, vgl. M 137). Schließlich: Wenn Kafka tatsächlich an diesen Zusammenkünften teilgenommen hat, so ist es äußerst unwahrscheinlich, daß Brod davon nichts gewußt haben soll. Aus allen diesen Gründen sieht Kafkas Teilnahme an Anarchistenversammlungen sehr nach einer Legende aus. Dasselbe gilt für seine angebliche Freundschaft mit Jaroslav Hašek.[25] Hašek war wahrscheinlich überhaupt kein Mitglied des *Klub mladých*; er scheint allerdings nach seiner Gefängnisstrafe wegen Aufruhrs im Jahre 1907 in loser Verbindung mit der anarchistischen Bewegung gestanden zu haben. Die Partei, die er im Jahre 1911 gründete, die »Partei für gemäßigten Fortschritt innerhalb der gesetzlichen Grenzen«, deren Veranstaltungen Kafka und Brod angeblich besucht haben, scheint ein Schabernack gewesen zu sein und nicht, wie Mareš behauptete, ein Deckmantel für eine anarchistische Organisation. Jedenfalls kann man sich kaum zwei weniger wesensgleiche Menschen vorstellen als Kafka und den trunksüchtigen Tunichtgut Hašek.

Es scheint deshalb keinerlei tragfähige Gründe zu geben, Kafka mit sozialistischen oder anarchistischen Richtungen in Verbindung zu bringen. Wenn man nach Kafkas politischer Einstellung fragt, ist es geradezu irreführend, in Begriffen zu denken, die auf dem üblichen Gegensatz von »rechts« und »links« beruhen. Der angemessene Denkrahmen wäre eine Bewußtseinsform, die Michael Löwy als »romantischen Antikapitalismus« bezeichnet und folgendermaßen zusammengefaßt hat:

> Im romantischen Denken verschmolzen die Aversion gegen die Aufklärung, die französische Revolution und das von Napoleon eingeführte Rechtssystem mit der Ablehnung des bürgerlichen Gesellschaftssystems, des wirtschaftlichen Liberalismus und sogar der Industrialisierung. Unter dem Eindruck der Entwicklung des Kapitalismus, der in zunehmendem Maße den Menschen auf eine abstrakte, kalkulierbare Größe reduziert und strikt quantitätsorientierte Denkformen mit sich bringt, tritt das romantische

> Denken leidenschaftlich für konkrete, qualitätsbezogene, intuitive Bewußtseins- und Lebensformen ein und sucht die persönlichen, konkreten Beziehungen der Menschen untereinander zu erhalten, die in den vom Kapitalismus noch nicht bestimmten Bevölkerungsschichten (der Landbevölkerung, dem Kleinbürgertum, dem Adel) noch lebendig waren. [26]

Romantischer Antikapitalismus – um Löwys Ausdruck zu übernehmen, obgleich »Anti-Industrialismus« zutreffender wäre – trat in mancherlei Versionen auf, von denen einige später in diesem Kapitel eingehender untersucht werden sollen. Als eine generelle Denkform jedoch ging es über den Gegensatz von »rechts« und »links« hinaus. Wie Löwy zeigt, wurden seine Grundannahmen geteilt von Konservativen – wie z.B. Thomas Mann in den *Betrachtungen eines Unpolitischen* (1918) – von Liberalen – wie Max Weber und Georg Simmel – und sogar von denen, die – wie Lukács und Bloch – auf den Ersten Weltkrieg und seine Nachwirkungen mit ihrer Hinwendung zur marxistischen Form des Antikapitalismus reagierten. Die einzige politische Bewegung, mit der Kafka definitiv in Verbindung gebracht werden kann, der Zionismus, läßt sich insgesamt nicht als rechts- oder linksorientiert einordnen; der romantische Antikapitalismus gibt jedoch den roten Faden ab, der sich durch die verschiedenartigen Manifestationen des Zionismus zieht, mit denen Kafka in Berührung kam. Wir sahen bereits im ersten Kapitel, daß er eine Anzahl von Veranstaltungen mehr kultureller als unmittelbar politischer Art besuchte, die vom Bar Kochba organisiert waren, aber er hielt sich von den engagierten Zionisten fern und durchlief darüber hinaus eine Phase, die er später »Antizionismus« nannte. Eines der Ziele des vorliegenden Kapitels liegt darin, Kafkas allmähliche Annäherung an den Zionismus von 1915 nachzuzeichnen. Dennoch muß von vornherein zugestanden werden, daß er immer am Rande der Bewegung blieb und es vermied, sich praktisch an ihr zu beteiligen, wenn er auch ihre Entwicklung mit großer Sympathie verfolgte. Zunächst möchte ich jedoch näher auf die Denkinhalte eingehen, die der Bar Kochba in den Jahren vor dem Ersten Weltkrieg entwickelte, und insbesondere den Einfluß untersuchen, der von Martin Buber auf ihn ausgeübt wurde, um deutlich werden zu lassen, daß doch etwas mehr von den Vorstellungen des Bar Kochba bei Kafka hängenblieb, als sein Ausdruck »Antizionismus« zunächst glauben macht.

Die Mitglieder des Bar Kochba waren gebildete, der Mittelschicht angehörige Juden, die – wie Kafka – von ihren Eltern in nahezu völliger Unkenntnis des Judentums erzogen worden waren und befürchteten, sich ganz an die westliche Gesellschaft zu assimilieren. Als Brod und Kafka mit dem Bar Kochbar in Kontakt traten, war dessen wichtigste ideologische Leitfigur nicht Theodor Herzl, dessen detaillierte Pläne zur Gründung eines jüdischen Staates nicht genügend emotionale Unterstützung fanden, sondern Achad Haam, der einen kulturellen Zionismus vertrat. Weil Palästina zu klein war, um mehr als nur einem Bruchteil der Juden der Welt Platz zu bieten, sollte es nach Achad Haams Vorstellung eher ein spirituelles als ein politisches Zentrum bilden. Er trat, wie es einige seiner Anhänger formulierten, nicht für einen jüdischen Staat, sondern für einen jüdischen Vatikan ein. Die in der Diaspora verbleibenden Juden sollten sich darauf ausrichten, ihr jüdisches Selbstverständnis zu entwickeln; darin war auch das Erlernen der hebräischen Sprache eingeschlossen. [27] Dementsprechend richtete sich das Hauptinteresse des Bar Kochba, wie es auch in der ersten Nummer seiner Zeitschrift *Selbstwehr* zum Ausdruck gebracht wurde, auf die »Belebung der jüdischen Idee« [28], d.h. auf Bewußtseinsbildung, und für einige Jahre zeigte der Bar Kochba ein relativ geringes Interesse an jüdischen Siedlungen.

Neben Achad Haams Bemühungen um das jüdische Selbstverständnis gab es jedoch noch andere, stärker politisch orientierte Denkrichtungen im frühen Zionismus. Eine, die möglicherweise auf den Bar Kochba – und damit auf Kafka – einwirkte, ging von Max Nordau aus, einem engen Freund Herzls und Autor des Buches *Entartung* (1892), das eine polemische Auseinandersetzung mit der westlichen Kultur der Gegenwart darstellte. In einer Rede, die Nordau auf dem Ersten Zionistischen Kongreß im Jahre 1897 in Basel hielt, überraschte er seine Zuhörer mit der Ansicht, das herkömmliche jüdische Ghetto, das die Juden in einer Stadt oder einem Dorf physisch zusammenhielt und kulturell isolierte, sei nicht als erniedrigende Abkapselung zu verstehen, wie es die westlich orientierten Juden gewöhnlich täten; es sei für die Juden vielmehr ein unersetzlicher Zufluchtsort gewesen, an dem sie ihre volle menschliche Kraft und Eigenart hätten entwickeln können:

> So lebten die Ghettojuden in sittlicher Hinsicht ein Volleben. Ihre äußere Lage war unsicher, oft schwer gefährdet, innerlich aber gelangten sie zur allseitigen Ausgestaltung ihrer Eigenart, und sie hatten nichts Fragmentarisches an sich. Sie waren harmonische Menschen, denen keins der Elemente des Normaldaseins eines Gesellschaftsmenschen fehlte. [29]

Im Gegenteil, so fuhr Nordau fort, es war der emanzipierte Westjude, der etwas Fragmentarisches an sich hatte; er vermochte weder Zuflucht im Ghetto noch Aufnahme in die christliche Gesellschaft zu finden und war deshalb zu einem Leben voller Unsicherheit und Mißtrauen gegen sich selbst verurteilt. Zur damaligen Zeit muß das wie eine gewollte Effekthascherei erschienen sein, aber im Anschluß an Nordau gelangten andere Zionisten dahin, in den jüdischen Gemeinden Osteuropas einen sozialen Zusammenhalt und ein unbefangenes Einverständnis mit der Tatsache, Jude zu sein, zu sehen, das als Modell einer künftigen jüdischen Gemeinschaft dienen konnte. Im Jahre 1912 besuchte Kafka eine Versammlung des Bar Kochba, auf der Nathan Birnbaum, der große Fürsprecher der jiddischen Sprache, einen Vortrag hielt. Er trat leidenschaftlich für die Ostjuden ein: »Die Ostjuden sind ganze, lebensfrohe und lebenskräftige Menschen«, erklärte er. [30] Die Aufsatzsammlung *Vom Judentum*, die der Bar Kochba 1913 herausgab und von der Kafka ein Exemplar besaß, enthielt einen Beitrag von Adolf Böhm, in dem dieser Nordaus Loblied auf das Ghetto wiederholte und hervorhob, im Ghetto seien alle Teilbereiche des Lebens von religiösem Geist durchdrungen:

> Im Ghetto war das Gemeinschaftsleben ein vollständiges, es umfaßte nicht nur Religion, sondern auch Sitte, Recht, Sprache, Familienleben, in vollständiger Einheit. [...] Das ›Judentum‹ war keine bloße Konfession, nicht allein Individualreligion, sondern umfaßte die Gesamtheit aller durch Gesetz und Tradition geheiligten Formen des Gemeinschaftslebens in ihrer bestimmten Eigenart. [31]

Diese Version des romantischen Antikapitalismus mit ihrem Ideal einer festgefügten, von lebendiger Religiosität erfüllten Gemeinschaft, wie sie am deutlichsten von den Ostjuden repräsentiert wurde, fand ihren wirkungsvollsten Ausdruck durch Martin Buber. Obgleich Bubers religionsphilosophisches Werk noch in der Zukunft lag, war er doch schon in verschiedener Hinsicht bekannt geworden: Er war seit 1898 in der zionistischen Bewegung hervorgetreten; er hatte das Interesse seiner Zeitgenossen am Mystizismus wachgehalten, indem er die Anthologie *Ekstatische Konfessionen*, eine Sammlung von Zeugnissen mystischer Erfahrungen, herausbrachte; zudem hatte er mit seinen Nacherzählungen ostjüdischer Geschichten begonnen, um die Westeuropäer auf die jüdischen Gemeinden im Osten und auf ihre religiösen Traditionen aufmerksam zu machen. Er hielt in den Jahren 1909 und 1910 vor dem Bar Kochba drei Vorträge; wahrscheinlich war beim dritten Vortrag Kafka unter seinen Zuhörern. Diese Reden hatten zumindest bei einigen seiner Zuhörer einen nachhaltigen Einfluß, weil in ihnen Bubers Begriff des jüdischen Volkswesens formuliert war.

Bubers Begriff des Volkswesens wurzelt in seinem Mystizismus, den er in der Einleitung seines Buches *Ekstatische Konfessionen* erläutert. Buber geht davon aus, daß das Individuum normalerweise in stärkerem oder geringerem Maße von seiner sozialen Umgebung entfremdet ist. Im mystischen Erlebnis akzeptiert der Ekstatiker die Konsequenzen dieser Entfremdung, indem er sich in die Tiefen seines Selbst zurückbegibt. In einer Hinsicht gelangt er dabei zur Erfahrung der All-Einheit. Das Ich befreit sich aus den Schranken der Individualität und kommt zur Einheit mit dem »Welt-Ich« und dadurch mit der Menschheit überhaupt. Gott – das ist für den frühen Buber einfach eine imaginäre Vorstellung, die dazu dient, das Ziel und den Gehalt des ekstatischen Erlebnisses zu umschreiben. Dieser verweltlichte Mystizismus rührt so, wie er ist, wohl von Schopenhauer her; er behauptet, der Wille des Ich habe einen unmittelbaren Zugang zum *Ding an sich*, weil er selbst Teil des *Dings an sich* sei. Eine zweite Quelle dürfte im Begriff der dionysischen Ekstase liegen, den Nietzsche in der Einleitung zu seiner Abhandlung *Die Geburt der Tragödie* entwickelt. [33]

Da hier keine Rede ist von der Erfahrung der Einheit mit einem transzendentalen Gott, brauchte Bubers Mystizismus lediglich in soziale Begriffe übertragen zu werden, um als romantische Lehre vom Volkswesen wiederzuerscheinen. Die Entfremdung des Individuums von der Gesellschaft, die Buber als gegeben ansieht, nimmt eine weitaus konkretere Gestalt an als die Entfremdung des Westjuden von der christlichen Gesellschaft und als die Entfremdung des Möchtegern-Zionisten von den Juden seiner Umgebung, die verzweifelt, aber ohne Erfolg, versuchen, sich ihrer christlichen Umgebung anzupassen. Ohne Hilfe von außen, ganz allein für sich, muß jeder einzelne sein Judesein in sich selbst entdecken. Buber zitiert einen berühmten Ausspruch des Journalisten Moritz Heimann: »Was ein auf die einsamste, unzugänglichste Insel verschlagener Jude noch als ›Judenfrage‹ erkennt, das ist sie.« [34] Wenn der Jude im mystischen Erlebnis in die Tiefen seines eigenen Wesens hinabsteigt, wird er dort auf eine geheime jüdische Identität stoßen, die ihn aus seiner Isolation erlöst und ihn mit seinem Volk vereint. Auf dieser nur mystisch-intuitiv zugänglichen Ebene gibt es keine Trennung mehr zwischen dem

Individuum und dem Volk, dem es angehört. Man wird zu der Erfahrung kommen: »Meine Seele ist nicht bei meinem Volke, sondern mein Volk *ist* meine Seele.« [35]

Was ein Volk zusammenhält, sind nicht oberflächliche wirtschaftliche oder religiöse Bindungen: Es ist das Blut. »Ein Volk wird zusammengehalten durch primäre Elemente: das Blut, das Schicksal – soweit es auf der Entwicklung des Blutes beruht – und die kulturschöpferische Kraft – soweit sie durch die aus dem Blut entstandene Eigenart bedingt wird.« [36] Diese Blutsbande wirken normalerweise im Bereich des Intuitiven, unterhalb der Schwelle des Bewußtseins; aber selbst für jemanden, der von seinem volk abgetrennt ist, können sie ein Gefühl organischer Einheit hervorrufen, und zwar nicht nur mit den jetzt lebenden Volksgenossen, sondern auch mit vergangenen und zukünftigen Generationen. Der Bar Kochba nahm diese Lehren nicht nur begierig auf, sondern fand sie in geradezu prototypischer Weise ausgedrückt in Richard Beer-Hofmanns *Schlaflied für Mirjam* (1897) [37], das die Entfremdung des Menschen vom Menschen in Worte faßt und sie in der letzten Stanze der gefühlshaft-intuitiven Einheit von Individuum und Volk gegenüberstellt:

> Schläfst du, Mirjam? – Mirjam, mein Kind,
> Ufer nur sind wir, und tief in uns rinnt
> Blut von Gewesenen – zu Kommenden rollt's,
> Blut unsrer Väter, voll Unruh und Stolz,
> *In* uns sind *Alle*. Wer fühlt sich allein?
> Du bist ihr Leben – ihr Leben ist dein –
> Mirjam, mein Leben, mein Kind – schlaf ein!

Um sich selbst ganz verwirklichen zu können, muß der einzelne jedoch unmittelbar in der Gemeinschaft verwurzelt sein. In ihr können die zerstörerischen Auswirkungen des modernen Lebens dadurch vermieden werden, daß man die Verbindungen zu den Ursprüngen der Vergangenheit aufrechterhält. Die Juden können deshalb nicht eher zum Wesen ihres eigenen Volkes zurückfinden, bis sie aus dem Exil zurückgekehrt sind und den Kontakt mit dem Boden Palästinas wiedergewonnen haben:

> Die schöpferische Größe unserer Urzeit ist einst aus diesem Boden erwacht; seine Säfte haben sie genährt, sie wuchs im Schatten seiner Berge, und wenn sie ermattete, legte sie sich an sein Herz und wurde wieder stark. [38]

Die Juden müssen also wieder Hebräisch, ihre althergebrachte Sprache, lernen. Wenn einmal ihre geographischen und sprachlichen Bindungen an die ferne Vergangenheit erneuert sein werden, werden ihre Schöpferkraft und ihre Kultur sich wieder einstellen.

Bubers Vorstellungen über die aktuelle Organisation der jüdischen Gemeinschaft bleiben undeutlich. Bei ihm ist nichts spürbar vom Reiz und der Freude, eine neue Gemeinschaft bis ins einzelne zu planen, wie es bei Herzl in *Der Judenstaat*, in seinen Tagebüchern und in seinem utopischen Roman *Altneuland* der Fall ist. In einer Gedenkrede beklagte Buber Herzls Neigung, sich in politische Einzelheiten zu verstricken, statt herauszustellen, daß die Problematik des Judentums ihren Mittelpunkt in der gefühlshaft-seelischen Beziehung zwischen dem einzelnen und dem *Volk* habe. Buber geht dabei allerdings davon aus, daß die neue Gemeinschaft in einem Agrarstaat leben wird, der auf dem Kontakt mit dem Boden und dem natürlichen Wechsel der Jahreszeiten beruht. In bezug auf die soziale Strukturierung dieser Gesellschaft denkt er an eine schöpferische Elite, die er »die Schaffenden« nennt – ein Ausdruck, den er aus Nietzsches *Zarathustra* übernommen hat. Diese »Schaffenden« werden weder Intellektuelle noch Künstler sein, sondern die besten Eigenschaften beider miteinander verbinden. Anscheinend werden einige von ihnen ihre schöpferische Kraft in der Führung des Volkes zur Geltung bringen – als »Schaffende, die ihr Werk aus Menschenseelen, aus Völkern und Kulturen bilden.« [39]

Bubers soziale Vorstellungen haben offenbar wenig zu tun mit einer heutigen demokratischen Gesellschaft. Zu seinen Lieblingswörtern gehören »Blut«, »Boden«, »Volkstum« und »Wurzelhaftigkeit« – Ausdrücke, die aus gutem Grund aus dem modernen politischen Sprachgebrauch verbannt worden sind. Außerdem hat er eine Vorliebe für Wörter, die mit der Vorsilbe »Ur-« beginnen. Allein sein Aufsatz *Mein Weg zum Chassidismus* (1917) enthält die Wörter »Urmenschliches«, »Urjüdisches«, »Uraltes« und »Urkünftiges«. [40] Die Hauptthemen seiner zionistischen Schriften ergeben kein geschlossenes Programm; um sie in ihrem eigentlichen Sinn zu verstehen, muß man sich darüber klar sein, daß Buber mit leidenschaftlicher Überzeugung immer wieder auf Klischeevorstellungen des romantischen Antikapitalismus zurückgreift, um allgemein verbreitete, stereotype Vorstellungen über die Juden abzubauen und sie durch alternative Bilder zu ersetzen. Mit Nordau hat er die ablehnende Haltung gegenüber den Westjuden gemeinsam; er geht jedoch mit seiner Überzeugung, die Westjuden seien entartet und zutiefst krank, noch darüber hinaus.[41] Das typische Produkt der Diaspora sei der jüdische Intellektuelle: ein passiver, krankhaft introspektiver Charakter, ein für das praktische Leben völlig ungeeigneter »Problematiker«.[42] Solche eine Person verfüge über keine echte Produktivität, obgleich sie zu einer brillanten, aber rein äußerlichen »Scheinproduktivität« fähig sei.[43] Diese stereotype Vorstellung vom Juden ist unter Antisemiten – und nicht nur unter ihnen – weit verbreitet: Die deutsche Literatur des 19. und frühen 20. Jahrhunderts ist voll von Darstellungen des unschöpferischen, aus überzüchteter Intellektualität lebenden Juden, der seine Bindungen an das Instinktive aufgegeben hat, der sich jeder Umgebung anzupassen weiß, da er keine echte Identität zu verlieren hat, dessen Übernahme der westlichen Kultur jedoch oberflächlich und rollenhaft bleibt. Wagner stellt in *Das Judentum in der Musik* fest, Juden seien keiner echten Leidenschaft fähig und könnten deshalb nicht singen.[44] Nietzsche lastet in *Der Antichrist* den Juden an, sie seien »die radikale *Fälschung* aller Natur, aller Natürlichkeit«.[45] Treitschke erklärte, die Bauern in den *Schwarzwälder Dorfgeschichten* Berthold Auerbachs, eines vollständig assimilierten Juden, müßten künstliche Figuren sein, weil ein Jude niemals eine echte Beziehung zu Ackerbauern haben könne.[46] Der von Buber in besonderem Maße angeprangerte Typ, der überzüchtete Intellektuelle, erscheint in der Literatur mehrfach; ein Beispiel ist der dekadente Edward Nieberding in Wassermanns *Die Juden von Zirndorf* (1897). Er erklärt einer Frau, er könne sie nicht im echten Sinne lieben, bevor sie mit irgendeinem anderen verheiratet und ihm deshalb nicht mehr zugänglich sei.[47] Es liegt eine bittere Ironie darin, daß gerade dieses Bild des übertrieben vernunftorientierten, anpassungswilligen Juden im 18. Jahrhundert von jüdischen Schriftstellern verbreitet worden ist, und zwar am intensivsten von Moses Mendelssohn, der damit nachweisen wollte, die Juden hingen nicht abergläubischen Ritualen an, sondern sie könnten ganz in den Dienst der Ideale der Aufklärung treten.[48] In Reaktion auf die Aufklärung – eine Reaktion, der Buber mit seiner Bezeichnung der Aufklärung als »eines blutlosen Menschheitsideals« ganz beipflichtete[49] – nahm man die Vorstellung ernst, der vernunftorientierte Jude werde zunehmend mit Mißbilligung betrachtet; Buber selbst suchte deshalb nachzuweisen, die Juden verfügten über ebenso tiefe Gemütskräfte wie die Deutschen.

Bubers zionistische Schriften hängen in ganz bestimmter Weise mit dem romantischen Anitkapitalismus zusammen. Sie setzen den Gegensatz von *Gemeinschaft* und *Gesellschaft* voraus, der – wie George Mosse gesagt hat – ein Geheimplatz im deutschen Denken der Jahrhundertwende war. [50] Dieses Gegensatzpaar hat seinen Herkunftsort eindeutig in den Schriften des Soziologen Ferdinand Tönnies. Er stellte die *Gemeinschaft*, ein traditionsverhaftetes Gemeinwesen, das auf Beziehungen blutsverwandtschaftlicher Art und überkommenen Bräuchen beruht, der *Gesellschaft* gegenüber, einem aus isolierten Einzelnen bestehenden sozialen Gebilde, dessen Angehörige nur durch vernunftbegründetes Selbstinteresse zusammengehalten werden. [51] Tönnies, der aus einem Dorf in Schleswig-Holstein stammte und mit Beunruhigung die überaus rasche Industrialisierung Deutschlands beobachtete, zeigt eine entschiedene Vorliebe für die *Gemeinschaft*. Seine Gegenüberstellung gab der von Herder und den deutschen Romantikern herrührenden weit verbreiteten Bewußtseinshaltung neue Impulse, die sich im Namen des *Volkes* gegen den Liberalismus und Kapitalismus des Bürgertums wandte und von der Vorstellung ausging, das *Volk* sei eine von Natur aus schöpferische, intuitionsbegabte, traditionsbewußte organische Gemeinschaft, die vorwiegend aus Bauern und Handwerkern bestehe. Zweifellos war das *völkische* Denken rückwärtsgewandt und wirklichkeitsfern, und zwar vor allem, weil es die Tatsache außer acht ließ, daß man die Industriegesellschaft nicht einfach wieder auflösen konnte; es gab auf ein reales Problem falsche Antworten. Die überzogene Polemik Paul de Lagardes zum Beispiel richtet sich unmittelbar gegen die das Wesen des Menschen bedrohenden Auswirkungen der Industrie: »die industrie unserer tage braucht menschen überhaupt nur da, wo sie maschinen nicht anstellen kann, und sie braucht die menschen möglichst als maschinen, das heißt, sie entkleidet sie ihres charakters als menschen.« [52] Mit seiner Vision, daß kraftvolle Bauern Palästinas Boden pflügen, überträgt Buber schlicht und einfach Lagardes Vision norddeutscher Bauern auf den Nahen Osten. [53] Im Einfluß des *völkischen* Denkens ist überdies auch eine Erklärung zu sehen für Bubers eilfertige Identifikation mit dem deutschen Volksgeist und für die Begeisterung, mit der er – wie die Mehrzahl der deutschen und österreichischen Intellektuellen – sich mit dem Ersten Weltkrieg einverstanden erklärte. Im Dezember 1914 versicherte er seinem aus Berliner Zionisten bestehenden Auditorium, mit ihrer Teilnahme am Krieg befreiten sich die Juden aus ihrer Wurzellosigkeit und fänden

Zugang zur Blutsgemeinschaft; dadurch erneuere sich das jüdische Volk: »Sie werden ihre Einheit als Juden fühlen und erkennen lernen. Sie werden ihr Gemeinschaftserlebnis vertiefen und aus ihm ihr Judentum neu aufbauen.« [54] Diese Haltung erregte bei vielen Zionisten Anstoß; sie war eine jüdische Variante der »Ideen von 1914«, die – wie T.J. Reed bemerkt hat – »die Mehrzahl der Intellektuellen, die etwas auf sich hielten, prägte.« [55]

Bubers *völkisches* Denken hätte jedoch weit weniger Überzeugungskraft gehabt, wenn er nicht auf die in der zeitgenössischen Gegenwart vorfindbare, lebendige Verkörperung seiner Ideale in Osteuropa hätte verweisen können. Für seine Vorstellungen vom jüdischen *Volk* fand er ein Modell in den dortigen chassidischen Gemeinden. Der Chassidismus, eine im 18. Jahrhundert entstandene Erneuerungsbewegung innerhalb des dortigen Judentums, war in dieser Zeit unter den Ostjuden noch weit verbreitet. Wir müssen unsere Aufmerksamkeit auf den Chassidismus richten, weil diese Bewegung von großer Bedeutung für Kafka war. [56] Der Begründer des Chassidismus, Israel ben Eliser, wurde um 1700 in der Nähe von Kamenez-Podolsk geboren, einer Stadt, die im Südwesten der heutigen Ukraine liegt. Nachdem er, ohne eine Berufsausbildung erhalten zu haben, verschiedene Tätigkeiten ausgeübt hatte, wurde er ein *Baal-Schem* – das ist die übliche Bezeichnung für einen umherziehenden Heilkundigen. Als solcher behandelte Israel körperliche Krankheiten, aber er trieb auch böse Geister aus und vertrieb heilkräftige Amulette. In zunehmendem Maße ging er dazu über, Elemente des religiösen Glaubens als Heilmittel in seine Behandlung einzubeziehen. Wie Simon Dubnow in seiner *Geschichte des Chassidismus* bemerkt hat, hat er wie Jesus von Nazareth sich zunächst einen guten Ruf als Wunderheiler verschafft, um dann erfolgreich eine neue religiöse Lehre verkünden zu können. [56] Etwa zwischen 1740 und 1745 ließ sich Israel in der ukrainischen Stadt Miedžybož nieder. Dort scharten sich seine Anhänger um ihn, denen er seine Lehre in Form von Gleichniserzählungen und Sinnsprüchen vermittelte. Zu seinen überzeugtesten Anhängern gehörte Dow Bär, der Große Maggid (Prediger) von Meseritsch, der nach Israels Tod die Führung der chassidischen Bewegung übernahm. Israel ben Elieser ist allgemein einfach als der *Baal-Schem* oder der *Baal-Schem-Tow* (»Meister des Guten Namens«) bekannt, was oft zum Akronym *Bescht* verkürzt wird. Nach seinem Tod im Jahre 1760 wurden einige Sammlungen seiner Aussprüche veröffentlicht; die wichtigste von ihnen ist die zweibändige Sammlung *Keter Schem Tow* (»Krone des Guten Namens«, 1784 und 1795). Sein Leben ist dargestellt im *Schibche ha'Borscht* (»Lobpreisung des Borscht«, 1815). Als historische Quellen sind diese Bücher selbstverständlich nicht mehr und nicht weniger glaubwürdig als die Evangelien.

Die Lehre des Baal-Schem soll im einzelnen in den nächsten beiden Kapiteln erörtert werden; seine Hauptthemen scheinen die folgenden gewesen zu sein: Das Zentrum seiner Lehre, die zuweilen nicht ganz genau mit dem Begriff Pantheismus bezeichnet wird, lag tatsächlich im Panentheismus. Obgleich der Schöpfer nicht – wie im Pantheismus – mit Schöpfung identisch ist, ist er doch mitten in ihr gegenwärtig. Die erschaffene Welt ist so eine bloße Hülle Gottes, die der fromme Gläubige zu durchdringen vermag, um zur freudetrunkenen *Debekut*, der Vereinigung mit Gott, zu gelangen. Da Gott allgegenwärtig ist, kann der Mensch voller Vertrauen auf ihn und voller Freude sein und sein Leben von der *Debekut* völlig durchdringen lassen. Während die Kabbala die *Debekut* als Lohn äußerster spiritueller Anstrengung betrachtet, macht der Chassidismus sie allen ohne Mühe zugänglich und hebt damit die Trennung zwischen Sakralem und Profanem auf. Der Mensch kann jederzeit zur Einheit mit Gott gelangen, und zwar nicht nur im ekstatischen Gebet, sondern selbst in den gewöhnlichsten Verrichtungen seines alltäglichen Lebens. Deshalb lautet der Ausspruch eines chassidischen Heiligen: »Ich bin nicht zum Maggid von Meseritsch gegangen, um von ihm die Thora zu lernen, sondern um zu sehen, wie er die Schuhriemen bindet und löst.« [58] Das für das orthodoxe Judentum im Mittelpunkt stehende Studium der Thora erhält einen geringeren Wert; es gilt als wertvoll nur, wenn es in einer Haltung demütiger Frömmigkeit erfolgt.

Nach dem Tode des Baal-Schem verbreiteten seine Anhänger den Chassidismus in weiten Teilen Osteuropas und riefen dabei heftigen, aber weithin erfolglosen Widerstand der orthodoxen Juden hervor. Die chassidische Bewegung wurde von einer geistlichen Elite getragen: den *Zaddikim* oder den »Gerechten«. Anders als der orthodoxe Rabbi, der schlicht ein Gelehrter ist, galt der *Zaddik* als Vermittler zwischen Gott und Menschen. Man traute ihnen die Kraft zu, Wunder zu wirken, und glaubte, sie hätten unmittelbaren Umgang mit Gott selbst; deshalb besaßen sie bei ihren Anhängern eine charismatische Autorität. Das Amt des *Zaddiks* vererbte sich bald vom Vater auf den Sohn; weil die *Zaddikim* aus ihrer Position heraus zu großem

Wohlstand gelangen konnten, ist es kaum überraschend, daß der Chassidismus bereits um die Mitte des 19. Jahrhunderts sich ein gutes Stück von den Idealen seines Gründers entfernt hatte.

Buber kam mit dem Chassidismus zum erstenmal in Berührung, als er während seiner Kindheit den Sommer auf dem Gut seines Großvaters in der Bukowina in der Nähe des Städtchens Sadagora verbrachte. Sadagora war der Sitz einer berühmten Dynastie von *Zaddikim.* Sie war von Israel Rushin Friedmann begründet worden, dem Urenkel des Maggid von Meseritsch, der sich in Sadagora auf österreichischem Hoheitsgebiet niedergelassen hatte, nachdem er Schwierigkeiten mit der russischen Polizei gehabt hatte. Er residierte in einem prachtvollen, von einem Park umgebenem Palast; das Gut hatten seine Anhänger für ihn erworben; sie versorgten ihn und seine Nachkommen mit solcher Großzügigkeit, daß er über größere Reichtümer verfügte als die Großgrundbesitzer dieser Gegend. Der *Zaddik*, mit dem Buber in Berührung kam, dürfte Israel, der Enkel des Begründers der Dynastie, gewesen sein. [59] Trotz seines effektvollen Auftretens hinterließ der *Zaddik* aufgrund seiner Autorität, die er bei seinen Anhängern besaß, bei Buber einen überaus großen Eindruck. Später schilderte er einen Auftritt des Zaddiks folgendermaßen:

> Der Palast des Rebbe, in seiner effektvollen Pracht, stieß mich ab. Das Bethaus der Chassidim mit den verzückten Betern befremdete mich. Aber als ich den Rebbe durch die Reihen der Harrenden schreiten sah, empfand ich: »Führer«, und als ich die Chassidim mit der Thora tanzen sah, empfand ich: »Gemeinde«. Damals ging mir eine Ahnung davon auf, daß gemeinsame Ehrfurcht und gemeinsame Seelenfreude die Grundlagen der echten Menschengemeinschaft sind. [60]

Kurz nach Vollendung seines zwanzigsten Lebensjahres gab Buber zeitweilig seine zionistischen Aktivitäten auf und widmete sich vier Jahre lang einem intensiven Studium des Chassidismus. Dessen erste Ergebnisse waren zwei Sammlungen chassidischer Erzählungen: *Die Geschichten des Rabbi Nachman* (1906) und *Die Legende des Baalschem* (1908). Sie fanden großen Widerhall bei Deutschen jüdischer Herkunft, die sich sonst – wie Walter Rathenau und Hugo von Hofmannsthal – ihren Ursprüngen entfremdet fühlten. Georg Lukács war von ihnen so betroffen, daß er träumte, er stamme vom Baalschem ab. Sie veranlaßten Arnold Zweig, sich wieder jüdischen Problemen zuzuwenden, nachdem er sich durch die Rhetorik der Zionisten abgestoßen gefühlt hatte. Dem Verleger Salman Schocken gaben sie zum erstenmal das Gefühl, selbst ein Jude zu sein. [61] Das war sicherlich die Wirkung, die Buber erhofft hatte. Die Erzählungen waren der Beweis dafür, daß die Juden – genausogut wie die Deutschen – eine schöpferische *Volksseele* besaßen, deren Schöpfungen die jüdische Entsprechung zu den Märchen der Brüder Grimm darstellten. Sie trugen dazu bei, ein anderes Bild der Juden entstehen zu lassen, ein Bild, mit dem sich Westjuden allzu gern identifizierten. Man muß ausgeprägte Identifikationsbedürfnisse dieser Art berücksichtigen, wenn man den Erfolg der Erzählungen erklären will, zumal Buber sie in einem preziösen Stil nacherzählt hatte, der von allem, was man sich in der Regel unter Ursprünglichkeit vorstellt, weit entfernt war. Diesen Stil fand schließlich ein Leser, nämlich Kafka, »unerträglich« (F 260). Zwar milderte Buber in den folgenden Ausgaben seine stilistischen Übertreibungen ab – seine Legenden standen jedoch nach wie vor zur Welt des Chassidismus in derselben Beziehung, in der Lady Gregorys *Cuchulain of muirthemne* zur frühen irischen Heldensage stehen.

Nicht nur der Stil, sondern auch die inhaltliche Substanz von Bubers Darstellung des Chassidismus, wie sie in diesen und anderen Werken vorliegt, ist als irreführend kritisiert worden. Gershom Scholem hat darauf hingewiesen, daß es im Chassidismus außer den Legenden und Sinnsprüchen der *Zaddikim* einen ebenso reichhaltigen Bestand an homiletischer Literatur, an Bibelkommentaren und Abhandlungen zu religiösen Themen gibt, die Buber fast gänzlich außer acht läßt. [62] Mehr noch: Die legendenhaften Erzählungen entstammen in der Regel dem 19. Jahrhundert, während die mehr theoretischen Schriften in der Blütezeit des Chassidismus zwischen 1770 und 1815 entstanden sind und deshalb weitaus zuverlässigere Informationen über die Bewegung enthalten. Buber hat seinerseits immer daran festgehalten, daß die Legenden als Produkte schöpferischer Art in einem »tieferen« Sinn wahr seien als die rein verstandesmäßigen Darstellungen. In seiner Vorrede zur *Legende des Baalschem* behauptete er, die Bande des Blutes, die ihn mit den ursprünglichen Erzählern verknüpften, seien die Garantie dafür, daß er sie authentisch wiedergegeben habe. [63] Blickt man jedoch unvoreingenommen auf Bubers Werk, so stellt man fest, daß er den Chassidismus als positives Gegenbild zur westlichen Gesellschaft gestaltet hat. Chassidische Gemeinden reizten ihn aus mehreren offenkundigen Gründen. Erstens waren sie durchdrungen von Religiosität; die westliche Gesellschaft war demgegenüber säkularisiert. Zweitens handelte es sich bei ihnen um organische Gebilde; der Westen unterlag demgegenüber dem mechanisierenden Einfluß der *Gesellschaft.* Drittens repräsentierte die vom *Zaddik* ausgehende charismatische Autorität das Ideal der Führungskraft, das Buber seiner schöpferischen Elite zusprach. Viertens schien ihm die chassidische Tradition, die Lehre in legendenhaften Gleichnissen zu vermitteln, als eine mythenbildende Kraft, die zum dürren Intellektualismus des Westens und insbesondere der Westjuden in schroffem Gegensatz stand. Und schließlich schienen die Chassidim Buber eine ursprünglich-vitale Lebenskraft bewahrt zu haben, die aus der überzüchteten Intellektualität des Westens fast überall verschwunden war.

Bubers Gemisch aus Mystizismus, *völkischem* Denken und Betonung des Ursprünglichen fand ein begeistertes Echo beim Bar Kochba. Den nachhaltigsten Eindruck hinterließ hier seine dritte Rede, »Die Erneuerung des Judentums«. In ihr umriß Buber die Wesenszüge des jüdischen Charakters und ermahnte seine Zuhörer, diese zur Entfaltung zu bringen und dadurch zu einem »positiven Volksbewußtsein« zu kommen. [64] Manche seiner Zuhörer waren von seiner Rede geradezu elektrisiert, andere ließ sie jedoch kalt. Zur zweiten Gruppe scheint Kafka gehört zu haben, vorausgesetzt, dies ist die Situation, über die er spricht, wenn er in einem Brief an Felice über Buber schreibt: »ich habe ihn schon gehört, er macht auf mich einen öden Eindruck« (F 252). Man muß sich jedoch vor Augen halten, daß er auf direkte und auf indirekte Weise mit Bubers Gedanken in Berührung kam, weil unter seinen zionistischen Freunden ständig über sie gesprochen wurde. Die intellektuelle Atmosphäre, die im Bar Kochba herrschte, läßt sich aus der Aufsatzsammlung *Vom Judentum* erschließen, die die Verbindung 1913 herausgab und von der Kafka ein Exemplar besaß. Unter den Beiträgern waren sechs Mitglieder des Bar Kochba, eine Anzahl prominenter Zionisten einschließlich Buber, Birnbaum und Moses Calvary, und einige, die mit der Bewegung sympathisierten, ohne ihr anzugehören, wie zum Beispiel Jakob Wassermann und Karl Wolfskehl. Es herrschte ein entschieden radikaler Ton vor; er erinnert an expressionistische Manifeste dieser Zeit. In seiner Einleitung ruft Hans Kohn die Jugend zur Revolte gegen eine mechanisierte und kapitalistisch ausgerichtete Zivilisation auf, die ihre Daseinsbestimmung aus den Augen verloren und dem Materialismus die Möglichkeit gegeben hat, geistige Werte zu unterdrücken. Er und andere Beiträger schließen sich dem Wirtschaftswissenschaftler Werner Sombart an, der dieses System vornehmlich als eine Schöpfung der Juden betrachtet:

> Kalt und leer, rastlos und sinnlos, ohne Erhebung und Weihe schwingt das Leben zwischen seinen Polen, zwischen Gott und dem zweckverfangenen Ich, immer gottferner, seelenloser, mutloser. Die Juden haben diese Mechanisierung mit herbeigeführt; durch die Notwendigkeit der Geschichte waren sie es in erster Linie, die, da sie ihren Gott verloren, ihre Seele mißachtet hatten, das Netz der Unfreiheit und Bedingtheit immer dichter spannten. [65]

Dementsprechend ist der durch die Zivilisation hervorgebrachte Menschentyp am deutlichsten in den modernen Westjuden ausgeprägt; er stellt in charakteristischer Weise den oberflächlichen Materialisten ohne Sinn für die Gemeinschaft dar. Der Bar Kochba verkündet stattdessen eine neue Art des Juden und »ein rein völkisches Judentum«. [66] Dieses Ideal ähnelt sehr dem expressionistischen Konzept des Neuen Menschen, der – wie Eustache de Saint Pierre in Kaisers *Die Bürger von Calais* (1914) – bereit ist, sich der Gemeinschaft unterzuordnen und sich sogar für sie zu opfern. Die neue Gemeinschaft, wie sie der Bar Kochba sich vorstellt, wird nach dem Muster Bubers durch Blutsbande zusammengehalten. Das hat jedoch nichts mit rassistischen Theorien im biologischen Sinn zu tun, sondern es hat seinen Grund in einer gefühlshaft-mystischen Einheitserfahrung. Die Verfasser lehnen den dürren Rationalismus, der den Juden so oft zugesprochen worden ist, ab und suchen einen Zugang zu den irrationalen, mythenbildenden, schöpferischen Tiefen der jüdischen Seele; sie sind sich darin einig, daß diese Kräfte nur in einer neu geschaffenen jüdischen Gemeinschaft zur Blüte gelangen können. Sie setzen Jugend gegen Alter, Mystizismus gegen Rationalismus, den Orient gegen den Okzident – und *Gemeinschaft* gegen *Gesellschaft*.

Kafkas Antwort auf den Zionismus Bubers und des Bar Kochba läßt sich, wie ich meine, in der Erzählung *In der Strafkolonie* finden, die er im Oktober 1914 schrieb. Das mag als überraschende These erscheinen, denn die Erzählung steht in einer besonders deutlichen Beziehung zu Kafkas eigenen Phantasievorstellungen. Er machte kein Geheimnis aus seiner Neigung, seine eigenen Schmerzempfindungen auszukosten und zu steigern: »Die Lust, Schmerzliches möglichst zu verstärken, haben Sie nicht?« Die leicht überrascht klingende Frage stellte er Grete Bloch in einem Brief; darin läßt er gleichzeitig sein bis in die Einzelheiten gehendes Interesse an den Zahnschmerzen erkennen, die Felice gehabt hatte (F 478). Er macht auch keinen Hehl aus seinem Hang, sich in der Phantasie noch schlimmere Schmerzen auszumalen. »Ja, das Foltern ist mir äußerst wichtig«, schreibt er an Milena, »ich beschäftige mich mit nichts anderem als mit Gefoltertwerden und mit Foltern« (M 290). Dazu paßt es, daß er sich einmal bereitfand, für ein Bild des Malers Ernst Ascher Modell zu stehen; es sollte den von Pfeilen zu Tode getroffenen heiligen Sebastian darstellen (T 242). [67] In seinen Tagebüchern stellt er sich vor, er stürze sich durch eine Glasscheibe hindurch und schnitte sich mit einem Fleischermesser das Fleisch in Streifen vom Körper (T 213; 305). Man kann verstehen, warum sein Lieblingsgedicht Justinus Kerners *Der Wanderer in der Sägemühle* war, in dem eine Tanne, als die Säge in sie eindringt, zum Wanderer spricht:

Die Tanne war wie lebend,
In Trauermelodie
Durch alle Fasern bebend,
Sang *diese* Wort sie:

»Du trittst zur rechten Stunde,
O Wanderer! hier ein,
Du bist's, für den die Wunde
Mir dringt ins Herz hinein.« [68]

Ein Zusammenhang zwischen Kafkas masochistischen Phantasievorstellungen und der Hinrichtungsmaschine liegt sicherlich vor. Kafka selbst deutet jedoch Zusammenhänge von größerer Reichweite an. Als Antwort auf Vorhaltungen seines Verlegers Kurt Wolff, die Erzählung sei »zu peinlich«, schrieb Kafka:

> Zur Erklärung dieser letzten Erzählung füge ich nur hinzu, daß nicht nur sie peinlich ist, daß vielmehr unsere allgemeine und meine besondere Zeit gleichfalls sehr peinlich war und ist und meine besondere sogar noch länger peinlich als die allgemeine (Br 150).

Die Analogie, die Kafka zwischen seiner eigenen Erfahrung und der Erfahrung der Gesellschaft herstellt, wird noch deutlicher, wenn man einen Blick auf die weniger seriösen literarischen Quellen wirft, die seinen Phantasien Nahrung gaben. Offensichtlich hat er Octave Mirbeaus *Le jardin de supplices* (1899) gelesen. Der darin erscheinende Erzähler erforscht Strafanstalten des Fernen Ostens und besucht dabei einen Foltergarten. Dieser untersteht einem genialen Folterer, der das Absinken des Strafvollzugs auf routinemäßige Standardformen beklagt, die die kruden Techniken des Massenmords mit sich gebracht hätten. »Unter dem Vorwand der Zivilisation« hätten die ganz im technischen Denken befangenen Angehörigen der westlichen Kultur diese Techniken eingeführt. [69] Hier treffen Kafkas persönliche Zwangsvorstellungen mit einem zu seiner Zeit verbreiteten Gemeinplatz zusammen: dem Gegensatz von *Kultur* und *Zivilisation.* Der zweite dieser beiden Begriffe diente zur Beschreibung der von Vernunft und Technik geprägten Bewußtseinsformen der modernen Gesellschaft, die mit dazu beitrugen, sie zu einer *Gesellschaft* im Sinne von Tönnies zu machen. Eine präzise Formulierung dieses Gegensatzes findet sich in Thomas Manns *Betrachtungen eines Unpolitischen.* Dort heißt es: »Deutschtum, das ist Kultur, Seele, Freiheit, Kunst und *nicht* Zivilisation, Gesellschaft, Stimmrecht und Literatur.« [70]

In der Erzählung *In der Strafkolonie* geht es um den Gegensatz von *Gemeinschaft* und *Gesellschaft.* Der Reisende aus Europa trifft die Strafkolonie in einem Übergangszustand zwischen einer alten und einer neuen Ordnung an. In der Vergangenheit wurde die Kolonie vom alten Kommandanten geleitet; er war Soldat, Richter, Konstrukteur und Zeichner in einer Person; der Hinrichtungsapparat war seine Erfindung. Als der alte Kommandant noch lebte, wurden die Exekutionen in Gegenwart der gesamten Bevölkerung der Kolonie, einschließlich der Kinder, durchgeführt. Sie verfolgten die zwölfstündige Zeremonie mit scheuer Ehrfurcht und in der Gewißheit, daß vor ihren Augen absolute Gerechtigkeit geschehe: »alle wußten: Jetzt geschieht Gerechtigkeit« (E 218). Seitdem der neue Kommandant die Leitung übernommen hat, gibt es nur noch einen überzeugten Verfechter der Hinrichtungsmaschine, den Offizier. Da er keine Ersatzteile mehr beschaffen kann, fällt die Maschine schließlich auseinander. Wenn auch der neue Kommandant die Benutzung der Maschine nicht untersagt hat, so versuchen doch er selbst und eine Menge ihn bewundernder Damen, die Härte des Vollzugs abzumildern, indem sie an den Verurteilten herantreten und ihm Süßigkeiten zu essen geben, die der Gefangene allerdings nicht bei sich behalten kann, da seine Nahrung bisher aus stinkendem Fisch bestanden hat. Seine größte Aufmerksamkeit richtet der neue Kommandant jedoch auf den Ausbau des Hafens.

Der grundsätzliche Gegensatz ist deutlich: Auf der einen Seite ist die eng verbundene Gemeinschaft der Vergangenheit, die sich zusammengehalten fühlte durch die Hinrichtungszeremonie, in der Gerechtigkeit in einer Atmosphäre religiöser Ehrfurcht geschah; auf der anderen Seite ist die Gesellschaft der Gegenwart, in der religiöse Angelegenheiten nur noch eine marginale Bedeutung haben. Sie sieht nicht einmal mehr im freiwilligen Tod eines Gläubigen einen Sinn – der Offizier, der sich selbst unter die Maschine legt, wird nicht verklärt, sondern einfach aufgespießt – und verbindet halbherzige, fruchtlose Bemühungen um menschenfreundlicheres Verhalten mit menschenunwürdiger, ehrfürchtiger Bewunderung großangelegter technischer Unternehmungen. Kafkas *Gemeinschaft* ist – wie die Gemeinschaft Bubers – geprägt von Religiosität. Es ist inzwischen üblich geworden, darauf hinzuweisen, daß der alte Kommandant an Jehova erinnert oder daß das Urteil, das die Maschine auf den Leib des Gefangenen schreibt und das als ein »Gebot« bezeichnet wird (E 205), an die Zehn Gebote denken läßt oder daß die darum herum eingeritzten Schnörkel möglicherweise auf die übergenauen Kommentare verweisen, mit denen die Talmudisten die Thora versehen haben. Malcolm Pasley, der als erster auf manche Andeutungen dieser Art aufmerksam gemacht hat, weist darüber hinaus darauf hin, wie sehr Kafka von der Religionskritik beeinflußt ist, die Nietzsche in *Zur Genealogie der Moral* übt. Das zentrale Bild der Erzählung, die Hinrichtungsmaschine, hängt wahrscheinlich damit zusammen, daß Nietzsche die religiöse Ausdeutung des Leidens als »Heils-Maschinerie« beschreibt. Nietzsche läßt mit seinem religionsphilosophischen Überblick, in dem er die Grausamkeit als einen integralen Bestandteil der Religion, als Anstoß zur Veranstaltung festlicher Schauspiele und als unerläßliches Mittel zur Einprägung moralischen Verhaltens darstellt, deutlich werden, wie beschränkt das Erinnerungsvermögen des Menschen in bezug auf die religiöse Funktion des Leidens ist.[71] Kafkas Offizier spricht davon, daß das Sterben auf der Maschine beim Delinquenten um die sechste Stunde zum Verständnis seines Vergehens führt (was möglicherweise als Anspielung auf die Kreuzigung Jesu zu sehen ist; vgl. Mk. 15,33): »Verstand geht dem Blödesten auf« (E 212). Äußerstes Leiden gibt damit tatsächlich dem Tod einen Sinn und führt zu einem Verstehen, zu dem man vielleicht auf andere Weise nicht gelangen kann. Trotz ihrer grausamen Härte ist die organisch gewachsene, autoritätsgebundene Gemeinschaft, in der eine Einrichtung dieser Art bestehen kann, möglicherweise einer Gesellschaft vorzuziehen, in der religiöse Werte sich aufgelöst haben und lediglich eine von der Technik bestimmte Mentalität (»Hafenbauten, immer wieder Hafenbauten« – E 224) an ihre Stelle getreten ist.

Es müßte deutlich geworden sein, daß ich Roy Pascals Ansicht nicht akzeptieren kann, daß das Prinzip, das im alten Kommandanten und seinem Anhänger zum Ausdruck komme, einzig und allein in einer »Strafe grausamster Art« liege und daß der Reisende in der Exekution »eine befremdliche *Parodie* des religiösen Glaubens« sehe.[72] Eine Interpretation dieser Art steht in Widerspruch zu Kafkas Ansicht, daß Grausamkeit ein essentieller Bestandteil der Religion ist und daß eine in diesem Sinne verstandene religiöse Orientierung möglicherweise der humanitär ausgerichteten Haltung der Gegenwart vorzuziehen ist. Ferner bin ich nicht davon überzeugt, daß der Offizier als ein unzuverlässiger Zeuge der alten, religiös orientierten Ordnung anzusehen ist, und weiterhin glaube ich auch nicht, die Reaktionen des Reisenden, insbesondere sein nicht den Idealen der Menschlichkeit entsprechendes Verhalten, bildeten den Mittelpunkt der Erzählung. Weder der Offizier noch der Reisende ist als unglaubwürdig dargestellt; die Zuverlässigkeit des Reisenden wird sogar, wie Ingeborg Henel beobachtet hat, durch eine Feststellung des Erzählers hervorgehoben: »er war im Grunde ehrlich und hatte keine Furcht« (E 225).[73] Pascal überträgt anscheinend seine eigenen liberalen Ansichten auf Kafka, und zwar nicht nur in dieser Hinsicht, sondern auch mit seiner Vermutung, der Reisende verkörpere Kafkas eigene unentschiedene Haltung gegenüber dem Ersten Weltkrieg.[74] Kafkas Haltung zum Krieg, wie sie zu Beginn dieses Kapitels dargelegt worden ist, macht eine solche Annahme höchst unwahrscheinlich. Dennoch veranschaulicht Pascal auf hervorragende Weise ein schwieriges Problem der Kafka-Interpretation. Aufgrund der ausgeprägten Bedeutungsoffenheit der Erzählungen Kafkas und aufgrund seines Verzichts, durch Eingriffe des Erzählers den Verstehensprozeß zu beeinflussen, ist für den Leser die Verlockung groß, Kafka nach seinem eigenen Bilde zu formen und außer acht zu lassen, wie sehr er bestrebt war, sich mit religiösen Vorstellungen vertraut zu machen, die heutzutage kaum noch etwas bedeuten und die wir zutiefst irritierend finden müssen. Ein treffendes Beispiel dafür ist die Überzeugung des Offiziers, der Vollzug der Strafe durch die Maschine sei kein unmenschliches, sondern eigentlich »das menschlichste und menschenwürdigste« (E 221) gesetzliche Verfahren. Jemandem Schmerz zuzufügen, ist ohne Frage inhuman, aber muß es auf jeden Fall inhuman sein? Kann es nicht unter bestimmten Umständen ein Ausdruck der Anerkennung der Würde des Menschen sein? Und wenn der Schmerz tatsächlich der einzig gangbare Weg wäre, der zur Einsicht in den Sinn eines Geschehens führt, wie könnte man dann seine Beseitigung rechtfertigen? Man muß hier daran denken, wie Thomas Manns Naphta immer wieder auf den Wert des Schmerzes, der Krankheit und der Strafe für den Menschen hinweist. Wenn es in einem der Sanatorien, in denen Kafka sich aufgehalten hat, ein Paar wie Naphta und Settembrini gegeben hätte und wenn es ihm – wie Hans Castorp – vergönnt gewesen wäre, ihren Auseinandersetzungen zu folgen – ich glaube, er hätte sich auf Naphtas Seite gestellt. [75]

Bei der Beschäftigung mit dieser Thematik ging Kafka von den Vorstellungen über die Gesellschaft aus, die Buber vor dem Bar Kochba vorgetragen hatte. Obgleich er sich von der nationalistischen Mentalität, die in ihnen zum Ausdruck kam, abgestoßen fühlte, teilte er doch Bubers Annahme eines Gegensatzes zwischen der religiös gebundenen *Gemeinschaft* und der säkularisierten, utilitaristischen *Gesellschaft*; dabei neigte er mehr der ersteren zu. Die *völkische* Begeisterung des Bar Kochba war zu dieser Zeit jedoch noch rein theoretischer Art. Sie sollte jedoch aufgrund der Ergebnisse des Ersten Weltkrieges bald konkretere Formen annehmen. Im ersten Winter des Krieges überrannten die russischen Armeen Galizien und drangen bis zu den Pässen der Karpaten vor. Viele tausend Bürger flohen vor ihnen nach Westen; die meisten von ihnen waren Juden. Bisher hatte man in Prag Ostjuden nur selten zu sehen bekommen; seit Mitte Januar 1915 waren dort jedoch fünfzehntausend galizische Flüchtlinge eingetroffen. Man bildete in aller Eile Komitees, die Spenden zu ihrer Unterstützung zusammenbringen sollten. Ein Mitglied der Prager zionistischen Bewegung, Dr. Alfred Engel, eröffnete eine Schule, in der über zweitausend Flüchtlingskinder unterrichtet wurden. [76] Zu den an ihr tätigen Lehrern gehörte Max Brod; auch er war an allen Umständen des Lebens der galizischen Juden sehr interessiert; er besuchte ihre Rabbis und lernte ihre Volkslieder. Als er im Unterricht mit galizischen Schülern Homer behandelte, spürte er, daß er mit Angehörigen einer lebendigen Volksgemeinschaft in Berührung gekommen war, deren frische, ursprüngliche Spontaneität ihnen zu einem intuitiven Verständnis Homers verhalf. »Ich habe ein Volk, eine Gemeinschaft vor mir«, schrieb er, »nicht zersiebte Individuen. Ein Volk, das im höchsten Sinne geistig und dabei dennoch volkstümlich, also ungekünstelt, unverbraucht ist.« [77] Andere Zionisten machten an anderen Stellen Europas ähnliche Entdeckungen. Die meisten von ihnen hatten, anders als Brod, noch keine Berührung mit Ostjuden gehabt, bevor sie sie als Flüchtlinge kennenlernten oder sie unmittelbar in ihren alten jüdischen Gemeinden während des Ostfeldzuges antrafen. Sie sahen mit eigenen Augen, daß es tatsächlich fest in sich geschlossene jüdische Gemeinden gab, die als Modell für einen künftigen jüdischen Staat dienen konnten. Walter Preuss, der später nach Palästina emigrierte, formulierte seine Eindrücke von den Ostjuden so:

> In Tomaszow, einer hübschen Stadt von 40000 Einwohnern, malerisch an der Pilica gelegen, lebten fast nur Juden. Hier, in Tomaszow, ging mir zuerst auf, wie anders als wir Westjuden es uns hochmütig vorgestellt hatten, die jüdische Wirklichkeit in Polen aussah, wieviel natürlicher die soziale Gliederung war als in Deutschland, wo die Judenheit nur noch aus Bourgeoisie und Intellektuellen bestand, wieviel jüdischer und traditionsverbundener sie noch war. [78]

Ähnliche Erfahrungen brachten Sammy Gronemann, einen zionistischen Rechtsanwalt aus Berlin, der ebenfalls nach Palästina übersiedeln wollte, zu der Überzeugung, die litauischen Juden besäßen eine »Kultur«, die der »Zivilisation« der deutschen Eroberer weit überlegen sei. [79] Selbstverständlich gab es auch anders lautende Stimmen. Die Flüchtlinge in Prag – in der Mehrzahl waren es arme Dorfjuden – machten häufig einen erbärmlichen Eindruck. Man veranstaltete eine Reihe von Gesprächsabenden, um Ost- und Westjuden einander näherzubringen, aber die Gespräche blieben oberflächlich und ohne weiterführende Ergebnisse; Kafka beschreibt ein solches Gespräch in Ausdrücken, die wenig Begeisterung verraten (T 465–466). Kafka besuchte einige Male die Klassen, in denen Brod Homer behandelte (T 468); er selbst schreibt mit Sympathie über die Ostjuden. Anscheinend bewunderte er vor allem »das selbstverständliche jüdische Leben« (T 468): Genauso wie die jiddischen Schauspieler, mit denen er sich einige Jahre zuvor angefreundet hatte, waren sich die Ostjuden in keiner Weise der Tatsache, Juden zu sein, bewußt.

Die begeisterte Anteilnahme, die die Prager Zionisten den Ostjuden entgegenbrachten, ebbte nach einiger Zeit natürlich wieder ab. In einem Brief an Buber vom 11. Mai 1915 wies Hugo Bergmann darauf hin, die Berührung mit den Ostjuden ließe eigentlich die Aufgabe, eine nationale Gemeinschaft der Juden zu formen, schwieriger erscheinen. Sie habe den Zionisten klargemacht, daß sie untrennbar mit der deutschen Kultur verbunden seien und daß sie nicht einfach aus ihrer Haut schlüpfen und sich in eine ostjüdische Gemeinschaft einfügen könnten. Was sie brauchten, sei eine jüdische Gemeinschaft, die es ihnen erlaube, ihre Identität als Deutsche beizubehalten. [80] Eine solche Gemeinschaft gab es nicht; deshalb bestand die nächstliegende Aufgabe darin, sie zu schaffen. Bergmann griff dieses Thema im April 1916 im ersten Heft der von Buber herausgegebenen Zeitschrift *Der Jude* wieder auf. Hier beklagte er sich darüber, daß der Zionismus sich bisher im luftleeren Raum bewegt habe und ihm so etwas wie Disziplin fehle, die praktische Aufgaben mit sich gebracht haben würden. Nur in Palästina seien die Juden mit konkreten Problemen wie Landgewinnung und Arbeitsbeschaffung in Anspruch genommen. Könnten die Westjuden etwas Ähnliches tun? »Es kommt eben auf den Versuch an, ob nicht auch im Westen ehrliche Volksarbeit und ein wirkliches Volksleben möglich ist.« [81]

Bergmanns Aufsatz veranschaulicht eine Bewußtseinsveränderung, die sich in der zionistischen Bewegung in Prag und anderswo vollzogen hat. Sie ist das Ergebnis des Zusammentreffens mit den Ostjuden und des Erwachens eines echten Gemeinschaftsgefühls. Vor dem Krieg war, wie wir sahen, das jüdische Selbstverständnis, zu dem der Bar Kochba durch Buber gelangt war, das Gegenstück zu deutschen nationalistischen, *völkischen* Ideen. Als diese Vorstellungen ihre Anziehungskraft verloren und die Zionisten durch den Militärdienst und die bei der Flüchtlingsbetreuung anfallenden Aufgaben ernüchtert waren, begann sich in der Bewegung ein humanistischer Sozialismus durchzusetzen. [82] Buber, Gershom Scholem und Arnold Zweig nahmen an diesem Bewußtseinswandel teil. Arnold Zweig führt in seinem romantisch verklärenden, aber anregenden Aufsatz *Das ostjüdische Antlitz* (1920) aus, die traditionelle jüdische Gesellschaft sei ihrem Wesen nach sozialistisch, da sie eher auf Zusammenarbeit als auf Wettbewerb beruhre. Er gibt seiner Erwartung Ausdruck, junge jüdische Intellektuelle aus Osteuropa würden einen naturhaft-organischen Sozialismus schaffen, der den von Marx herrührenden mechanistischen Lehren überlegen sein werde. [83]

Diese neuen Ideale wurden mit sehr großem Erfolg von dem Medizinstudenten Siegfried Lehmann in die Wirklichkeit umgesetzt. Er richtete im Mai 1916 in einem Elendsviertel im Osten Berlins das Jüdische Volksheim ein, in dem sich jüdische Einwanderer trafen. Es wurde von jungen jüdischen Studenten aufgesucht und von Berufstätigen; ihm angeschlossen waren ein Kindergarten, Jugendheime, Werkstätten und Siedlungen auf dem Land. Zweihundert bis zweihundertfünfzig Kinder aus der Umgebung besuchten es jeden Tag.

Oblgeich es nicht ausgesprochen zionistischen Zielvorstellungen folgte, scheint es doch bei allen Beteiligten ein echtes Gemeinschaftsgefühl hervorgerufen zu haben, und es diente als Muster für ähnliche Einrichtungen in Wien und Prag. [84] Kafka war begeistert davon; er drängte Felice, die anfangs zögerte, dort zu arbeiten, indem er auf die Bedeutung dieser Einrichtung und auf den selbstlosen Idealismus ihrer Organisatoren hinwies (F 673).

Es gab dort zunächst jedoch einige Anfangsschwierigkeiten. Lehmann, ein glühender Anhänger Bubers, wollte das Volksheim auf die Entwicklung eines jüdischen Nationalbewußtseins ausrichten und gleichzeitig die ästhetische Sensibilität der Westjuden mit der religiösen Innerlichkeit der Ostjuden verschmelzen. [85] Als Gershom Scholem an einem Gesprächsabend, der unter den Organisatoren und Mitarbeitern des Volksheims stattfand, teilnehmen wollte, lauschten diese gerade – die Mädchen, unter ihnen Felice Bauer, in malerischen Posen auf dem Fußboden lagernd – Siegfried Lehmann, der laut Gedichte Werfels vortrug. Diese und ähnliche schwärmerischen Beschäftigungen mit der Dichtung kamen Scholem trivial vor; bei einer späteren Gelegenheit schlug er während einer hitzigen Debatte vor, sie sollten stattdessen lieber Hebräisch lernen. [86] Als Felice von dieser Diskussion Kafka berichtete, der ständig auf Neuigkeiten über das Volksheim erpicht war, äußerte er dazu, er neige dem Vorschlag Scholems zu, gerade weil er das Äußerste verlange und »an sich nicht unausführbar« sei (F 703–704). Obgleich Scholems Vorschlag keinen großen Anklang fand, hat das Volksheim sich später anscheinend von Lehmanns Versuchen, mit Hilfe der Literatur zu einer neuen Kultur zu gelangen, abgewandt und sich praktischen Zielen zugewandt, wie sie von den anderen Mitarbeitern der Zeitschrift *Der Jude* vertreten wurden. Diese neue Ausrichtung auf das praktische Leben ist überaus klar in einem weiteren Aufsatz des ersten Heftes des *Juden* herausgearbeitet; er trägt den programmatischen Titel »Arbeit«. Sein Verfasser A.D. Gordon gehörte zu den wegweisenden Gestalten in Palästina und war der Führer der Partei *Hapoël Hazaïr* (»Der junge Arbeiter«). Mit aller Schärfe griff er die Kultur der Diaspora an, und zwar wegen ihrer aufs Abstrakte beschränkten Denkweise, ihrer Entfremdung von der Natur und ihrer Geringschätzung der praktischen Arbeit; die Westjuden tat er als Parasiten ab:

> Charakteristisch genug ist der Satz: »Solange Israel den Willen Gottes tut, arbeiten andere für es.« Das ist nicht bloß ein Wort. Dieser Gedanke ist –

> bewußt oder unbewußt – in uns zu einem instinktiven Gefühl, einer zweiten Natur geworden. [87]

Stattdessen, so fährt er fort, brauchten die Juden einen Begriff von Kultur, der die Ganzheit des Lebens umfasse und auch der manuellen und technischen Arbeit einen geachteten Platz einräume. Als die Aussichten, in Palästina einen neuen Staat zu errichten, realistischer wurden, verschärften sich die Angriffe auf die Westjuden. Lehmanns Bruder Alfred, für den Kafka trotz gewisser Vorbehalte einen erstaunlichen Respekt empfand, griff die verstädterten Westjuden an, wobei es schwer zu entscheiden ist, ob er das Wort »Boden« im buchstäblichen oder im metaphorischen Sinne meint:

> Die Juden in Westeuropa verloren die ureigene volkliche Bindung und konnten, soweit sie sich noch jüdisch fühlen, eine lückenlose neue Bindung mit den sie umgebenden Völkern, sollte es ehrlich zugehen, noch nicht eingehen. *Sie* bauen, zum Geist erwachend, nicht auf einem Boden weiter, der von Menschen ihrer besonderen Art in der Vergangenheit bestellt wurde. [88]

Diese polemischen Äußerungen müssen Kafka nicht nur oberflächlich betroffen haben. Sie appellierten vor allem an seinen Sinn für Verantwortung und machten ihm bewußt, daß er sie lediglich stellvertretend wahrnahm, indem er Felice veranlaßte, im Volksheim zu helfen, und indem er die Biographien von Personen las und sie Felice zur Lektüre empfahl, die sich selbst aufopferten, wie die Sozialistin Lily Braun und die Pietistin Erdmuthe Gräfin von Zinzendorf (vgl. z.B. F 638; 677). Es stimmt zwar, daß seine berufliche Tätigkeit ihm Möglichkeiten bot, Aufgaben wohltätiger Art zu übernehmen: Gegen Ende des Jahres übertrug ihm die Anstalt die Aufgabe, nervenkranke Kriegsinvaliden zu betreuen. Er half dabei mit, das Geld aufzubringen, mit dem im Mai 1917 die Deutsche Krieger- und Volks-Nervenheilanstalt eröffnet werden konnte. Aber Aufgaben dieser Art hatten nichts spezifisch Jüdisches an sich, und Kafka war sich nicht nur klar bewußt, ein Jude zu sein, sondern er spürte, daß er genau den Typ des degenerierten westjüdischen Intellektuellen repräsentierte, gegen den sich die polemischen Äußerungen Bubers, Lehmanns, Gordons und vieler anderer Zionisten richteten.

Kafkas Gefühl des »jüdischen Selbsthasses« verdient Aufmerksamkeit. Man versteht es am besten, wenn man einen langen Brief heranzieht, den er im Jahre 1921 an Brod schickte und in dem er sich kritisch zu Karl Kraus' Stück *Literatur oder Man wird doch da sehn* äußert. Das Stück von Kraus ist ein Angriff auf Werfel, der seinerseits eine Polemik gegen Kraus in seinem Stück *Der Spiegelmensch* (1920) untergebracht hatte. Die Strategie des Gegenangriffs von Kraus liegt darin, die überladene, pseudogoethesche Sprache des *Spiegelmenschen* zu parodieren und die Vorstellung zu erwecken, die einzige andere Sprache, über die Werfel verfüge, sei das *Mauscheldeutsch* seiner kaum assimilierten Vorfahren. Für Kafka bezog sich dieses Stück anscheinend haargenau auf die Situation jüdischer Schriftsteller, die die deutsche Sprache verwendeten. Ihre Verwendung des Deutschen bedeutete immer eine widerrechtliche Aneignung, »die laute oder stillschweigende oder auch selbstquälerische Anmaßung eines fremden Besitzes« (Br 336); bei der Literatur, die daraus hervorging, konnte es sich bestenfalls um eine »Zigeunerliteratur« (Br 338) handeln, die keine sprachliche Heimat hatte. Karl Kraus selbst war ein Beispiel für diese Problematik, wie Kafka einmal im Gespräch mit Brod bemerkte: »Karl Kraus sperrt die jüdischen Autoren in seine Hölle, gibt gut acht auf sie, hält strenge Zucht. Er vergißt nur, daß er in diese Hölle mit hineingehört.« [91] Diese Bemerkungen richten sich selbstverständlich auch gegen Kafka selbst; sie zeigen, daß er um 1921 die zionistische Anschauung, Juden könnten in Westeuropa kein ihnen wesensgemäßes Leben führen, ganz und gar übernommen hatte. In seinen Äußerungen über Kraus überträgt er sein Verständnis von der Lage der Juden in der westlichen Gesellschaft auf die Literatur. Psychoanalytische Erklärungsversuche dieses Problems lehnt er ab; er formuliert es lieber in Ausdrücken, die sich auf die gesellschaftliche Situation beziehen:

> Besser als die Psychoanalyse gefällt mir in diesem Fall die Erkenntnis, daß dieser Vaterkomplex, von dem sich mancher geistig nährt, nicht den unschuldigen Vater, sondern das Judentum des Vaters betrifft. Weg vom Judentum, meist mit unklarer Zustimmung der Väter (diese Unklarheit war das Empörende), wollten die meisten, die deutsch zu schreiben anfingen, sie wollten es, aber mit den Hinterbeinchen fanden sie keinen neuen Boden. Die Verzweiflung darüber war ihre Inspiration (B 337).

Kafkas Verwendung des Wortes »Boden« zeigt, wie genau diese verhüllte Selbstanalyse mit der üblichen Einschätzung durch die Zionisten übereinstimmt. Das Wort »Boden« war sowohl in metaphorischem wie in seinem eigentlichen Sinn immer wieder auf den Boden Palästinas bezogen worden, seitdem Nordau den Westjuden auf dem Ersten Zionistischen Kongreß mit folgenden Worten beschrieben hatte: »Er hat keinen Boden unter den Füßen und er hat keinen Anschluß an die Gesamtheit, in die er sich als willkommenes, vollberechtigtes Mitglied einfügen konnte.«[92]

Kafka hingegen hat niemals den Boden Palästinas betreten, und man weiß nicht, wie ernst sein Wunsch, dorthin auszuwandern, gemeint war. Seine eigene Inspiration stammte, wie er selbst erklärt, aus der verzweifelten Lage, in der er sich als Westjude befand – nämlich in einem Schwebezustand zwischen dem Ghetto der Vergangenheit und dem Israel der Zukunft. Während der Zeit seines Heranwachsens hatte er ein ausgeprägtes Gespür für die unterschiedlichen sozialen Typen entwickelt, die sich unter den Westjuden je nach dem Grad ihrer Assimilation an die christliche Gesellschaft herausgebildet hatten. Das geht beispielsweise aus seiner Schilderung des Schriftstellers Ernst Weiß hervor; sie ist im Juni 1913 geschrieben:

> Vorvorgestern mit Weiß, Verfasser der *Galeere*. Jüdischer Arzt, Jude von der Art, die dem Typus des westeuropäischen Juden am nächsten ist und dem man sich deshalb gleich nahe fühlt. Der ungeheure Vorteil der Christen, die im allgemeinen Verkehr die gleichen Gefühle der Nähe immerfort haben und genießen, zum Beispiel christlicher Tscheche unter christlichen Tschechen (T 306–307).

Offensichtlich bildeten die Christen für Kafka eine homogene Gruppe mit einem von selbst sich einstellenden Zusammengehörigkeitsgefühl. Das lag nicht etwa daran, daß bei ihnen keine Unterschiede in bezug auf Nationalität oder Klassenzugehörigkeit vorgelegen hätten, sondern es lag daran, daß sie sich nicht, wie die Juden, dem Grad ihrer Assimilation entsprechend unterscheiden ließen. Kafka und seine Zeitgenossen fühlten sich ständig veranlaßt, ihre Bekannten nach dieser Leitlinie zu klassifizieren. Er selbst glaubte zum Beispiel im Jahre 1911, sich von einem Juden innerlich distanzieren zu müssen, der mit ihm im selben Eisenbahnabteil saß und in peinlicher Weise erkennen ließ, daß ihm westliche Umgangsformen fremd waren (T 589). Andererseits fühlte er sich abgestoßen von Juden, die getauft und fast ganz assimiliert waren, aber ihre Herkunft nicht verleugnen konnten, wie es bei den reichen Touristen der Fall war, denen er 1920 in Meran begegnete. Sie veranlaßten ihn zu der Bemerkung: »was für abscheuliche jüdische Kräfte können bis ans Bersten in einem getauften Juden leben, erst in den christlichen Kindern der christlichen Mütter glättet es sich« (Br 269). Die Angewohnheit, sich von solchen jüdischen Zeitgenossen zu distanzieren, führte dazu, daß Kafka sich gelegentlich ziemlich geschmacklose antijüdische Witze erlaubte: In einem Brief, den er im Oktober 1917 aus Zürau an Max Brod schrieb, beschreibt er scherzhaft die Ziegen, die er gerade gefüttert hatte, als »vollkommen jüdische Typen, meistens Ärzte, doch gibt es auch Annäherungen an Advokaten, polnische Juden und vereinzelt auch junge Mädchen« (Br 176). Die Juden, bei denen er sich wie zu Hause fühlte, waren assimilierte, gebildete Menschen wie Ernst Weiß oder die Helfer im Volksheim; über sie schrieb er an Felice, sie seien in »dem Zustand des gebildeten Westjuden unserer Zeit, Berlinerischer Färbung und, auch das sei zugegeben, dem vielleicht besten Typus dieser Art« (F 697). Andererseits fühlte er sich jedoch auch wohl unter gänzlich unassimilierten Ostjuden wie den jiddischen Schauspielern, die sich niemals den Kopf darüber zerbrochen hatten, ob und inwieweit sie Christen ähnelten.

Kafka übernahm nicht nur das zionistische Bild des Westjuden, sondern bezog es, seinem selbstquälerischen Wesen entsprechend, mit äußerster Strenge auf sich selbst. In seinen Briefen an Milena hebt er nachdrücklich hervor, wie tief die Juden in der westlichen Gesellschaft in ihrem ganzen Wesen verunsichert worden seien, und er führt sich selbst als typisches Beispiel dafür an:

> Wir kennen doch beide ausgiebig charakteristische Exemplare von Westjuden, ich bin, soviel ich weiß, der westjüdischste von ihnen, das bedeutet, übertrieben ausgedrückt, daß mir keine ruhige Sekunde geschenkt ist, nichts ist mir geschenkt, alles muß erworben werden, nicht nur die Gegenwart und Zukunft, auch noch die Vergangenheit (M 294).

Diese Stelle erinnert an eine kurze Eintragung ins Notizheft von Anfang 1920:

> Alles, selbst das Gewöhnlichste, etwa das Bedientwerden in einem Restaurant, muß er sich erst mit Hilfe der Polizei erzwingen. Das nimmt dem Leben alle Behaglichkeit (H 419).

Hier stilisiert sich Kafka selbst vielleicht, mit Sicherheit aber in dem Brief, zum Musterbild des angepaßten Juden. Seine Beziehung zu Milena, die Christin war, hat anscheinend seinen ganzen »jüdischen Selbsthaß« noch verstärkt. Das zeigt sich zum Beispiel an seiner Bemerkung Milena gegenüber, seiner Meinung nach benötige ein christliches Mädchen, das einen Juden heirate, mehr Courage als Jeanne d'Arc (M 25), oder es zeigt sich, wenn er sich selbst, als er an Brod über Milena schreibt, gequält als »der krumme Westjude«

bezeichnet (Br 317). Der deutlichste Ausdruck seines »jüdischen Selbsthasses« liegt in dem Ausbruch vor:

> [...] manchmal möchte ich sie eben als Juden (mich eingeschlossen) alle etwa in die Schublade des Wäschekastens dort stopfen, dann warten, dann die Schublade ein wenig herausziehen, um nachzusehn, ob sie schon alle erstickt sind, wenn nicht, die Lade wieder hineinschieben und es so fortsetzen bis zum Ende (M 61).

Die masochistische Haltung, wie sie in der Wendung »mich eingeschlossen« zum Ausdruck kommt, und die abstoßende Detailliertheit, mit der Kafka sich den Vorgang vorstellt, veranschaulichen deutlich seine Neigung, in den Briefen an Milena – wie in der früheren Korrespondenz mit Felice – mehr seinen eigenen neurotischen Zwangsvorstellungen freien Lauf zu lassen als auf die Individualität seines Gesprächspartners einzugehen. Insbesondere aus den siebenhundert eng beschriebenen Seiten der *Briefe an Felice* läßt sich nur ein sehr oberflächliches Bild von Felices Persönlichkeit gewinnen. Kafkas Briefe an Frauen, zu denen er keine sexuelle Beziehung hatte, wie z.B. Minze Eisner, oder zu Freunden, wie Max Brod und Robert Klopstock, sind voller Urteilsvermögen, Humor, Nachdenklichkeit und Interesse für das, was ihn umgibt. Manche von ihnen, wie die Briefe an Minze, sind geradezu zauberhaft. Die Briefe an Felice und Milena jedoch legen die selbstquälerische Seite der Persönlichkeit Kafkas bloß. Das bedeutet: Man muß seine offenkundig antisemitischen Äußerungen wie die oben zitierte – auch wenn sie zweifellos Aufschluß über ihn selbst geben – als Ausbrüche lesen, deren Hauptziel Kafka selbst ist; ganz gewiß aber sind sie kein Ausdruck seiner bewußten und überlegten Haltung zum Problem der Juden.

Ein um so größeres Gewicht muß man deshalb Kafkas vielschichtiger, gequält wirkender Stellungnahme zu Hans Blühers Schrift *Secessio Judaica* beimessen, die er im Juni 1922 las. Er begann seine Ansicht dazu aufzuzeichnen (T 582–583), konnte diese Aufzeichnung aber nicht zu Ende führen, weil er für diese subtile Aufgabe nicht genug von einem Talmudisten in sich spürte, um Blühers Einsichten von seinen Irrtümern zu untescheiden (Br 380). In dieser unvollendet gebliebenen Stellungnahme – sie ist in einem behutsam-vorsichtigen, fast gewundenen Stil verfaßt – nimmt er zunächst scheinbar Blühers Anspruch für bare Münze, ein »Antisemit«, aber kein »Judenfeind« zu sein. Blüher gibt mit diesem Anspruch vor, die Juden aus rein verstandesmäßigen Gründen abzulehnen, ohne irgendeine gefühlsmäßige Abneigung gegen sie zu empfinden. Im nachhinein erweist sich diese Unterscheidung als falsch; Blühers Arbeit ist in Wirklichkeit trotz ihrer Kürze eine widerwärtige Darstellung. Blüher schreibt aus einer feindseligen Haltung gegenüber der Weimarer Republik, legt die Tatsache, daß sie überhaupt existiert, den Juden zur Last und erklärt, das Deutsche Reich müsse wiederhergestellt und die Juden ausgerottet werden. Ihre einzige Aufgabe in der Geschichte habe darin bestanden, die Voraussetzungen für die Geburt Christi zu schaffen. Seitdem sie ihn getötet hätten, habe ihr Schuldgefühl sie krank werden lassen, und zwar nicht als Einzelpersonen, sondern als Volk: »Daher ist jeder Jude in der Substanz krank: was bei keinem anderen Volke vorkommt.« [93] Auf andere Völker hätten sie immer einen zersetzenden Einfluß ausgeübt; zur Zeit seien sie dabei, die Deutschen durch solche Mittel wie den Sozialismus oder die Freudsche Psychologie innerlich zu zerstören. Eheschließungen zwischen Juden und Deutschen müßten unterbunden werden, da diese beiden Rassen sich nicht vermischen ließen: »Die Liebe der jüdischen Männer zu deutschen Frauen mag unantastbar sein, aber die Ehe zwischen ihnen geht gegen das deutsche Blutgesetz.« [94] Auch bei Aussagen dieser Art glaubt Blüher den Anspruch erheben zu können, leidenschaftslos eine objektive Tatsache festzustellen. Diejenigen Juden, die über einen weiterreichenden Blick verfügten, hätten immer die Notwendigkeit einer Trennung von Juden und Deutschen gesehen; ihre größte Hoffnung liege im Zionismus, der ihnen die Möglichkeit eröffne, auf eigenem Boden Wurzeln zu schlagen und eine geschichtliche Zukunftsperspektive zu finden. Im übrigen jedoch seien ihre Aussichten trübe: Blüher stellt mit Befriedigung die Zunahme des Antisemitismus und die wachsende Beliebtheit des Hakenkreuzes fest und registriert mit Genugtuung die Angst der Juden vor diesen Entwicklungen: »Der psychische Hauptvorgang ist die Angst.« Er schließt seine Abhandlung mit der Ankündigung eines »Weltpogroms.« [95]

Man muß nicht die später tatsächlich eingetretenen Entwicklungen kennen, um erst im Nachhinein über dieses Buch entsetzt zu sein. Dennoch: Kafka muß in mancherlei Hinsicht mit ihm einverstanden gewesen sein. Er war sich darüber im klaren, daß Blüher mit seinem Hinweis auf das Anwachsen des Antisemitismus recht hatte: Er selbst war im November 1920 in Prag Zeuge antisemitischer Ausschreitungen gewesen (M 288), hatte antisemitische Hetzschriften in der tschechischen Presse gelesen (M 291) und kannte die kurz zuvor erschienen *Protokolle der Weisen von Zion* (Br 273). [96] Die Zerschlagung der Münchner Räterepublik, die in erster Linie von Juden (Eugen Leviné, Gustav Landauer, Ernst Toller, Erich Mühsam) geleitet worden war, hatte ihn schon spüren lassen, daß Juden und Deutsche nicht zueinander paßten (Br 274). Auch er war der Ansicht, der Westjude sei nicht nur feige, sondern auch krank (Br 417), eheliche Verbindungen zwischen ihnen und Christen seien letztlich problematisch, Juden müßten den Kontakt zum Boden zurückgewinnen, und ihre größte Hoffnung liege im Zionismus. Zwar teilte er selbstverständlich nicht Blühers deutsch-nationale Gesinnung oder seine rassistischen Anschauungen, aber er war mit seiner Diagnose des Zustandes der Westjuden zum großen Teil einverstanden.

Schon lange bevor er auf Blüher gestoßen war, war Kafka jedoch selbst zu einem ähnlichen Befund gelangt und hatte ihn in zwei Erzählungen dichterisch zum Ausdruck gebracht. Sie waren im Oktober und November 1917 unter der Überschrift »Zwei Tiergeschichten« in der Zeitschrift *Der Jude* erschienen. Diese Erzählungen, *Schakale und Araber* und *Ein Bericht für eine Akademie*, sind beide vom zionistischen Standpunkt aus gesehene Satiren auf den Westjuden. Sie wurden von den Zeitgenossen auch so verstanden: Im Januar 1918 schrieb Brod, *Ein Bericht für eine Akadmie* sei die brillanteste Satire, die jemals auf die jüdische Assimilation geschrieben worden sei. [97]

Erst vor kurzer Zeit hat Jens Tismar an Beispielen von Hebbel, Grillparzer und Stifter gezeigt, daß der Schakal ein verbreitetes Bild für den Diasporajuden war; man sah in ihm jemanden, der unfähig zu manueller Tätigkeit war und auf eine parasitäre Existenz auf Kosten der Wirtsgesellschaft angewiesen war. Tismar hat ferner darauf hingewiesen, daß Gordons Kennzeichnung des Westjuden als Parasit im ersten Heft der Zeitschrift *Der Jude* mit dazu beigetragen hat, daß Kafka dieses Bild in *Schakale und Araber* verwendete. [98] Kafkas Schakale leben in einem arabischen Land, aber sie verabscheuen den Schmutz der Araber und ihre Angewohnheit, Tiere zu schlachten, statt sie eines natürlichen Todes sterben zu lassen: »ruhig soll alles Getier krepieren; ungestört soll es von uns leergetrunken und bis auf die Knochen gereinigt werden. Reinheit, nichts als Reinheit wollen wir« (E 163). Kafka spielt damit zum ersten anscheinend auf die Forderung an, daß Tiere, die von einem jüdischen Schächter getötet werden, durch Ausbluten sterben sollen, und auf Bestimmungen der Thora, die die rituelle Reinheit betreffen. Die Schakale ähneln den Juden zum zweiten darin, daß sie »unserer alten Lehre« folgen

(E 161) und Hoffnungen messianischer Art haben. Sie tragen ständig eine rostige Schere mit sich herum, bieten sie jedem Reisenden an und bitten ihn, mit ihr den Arabern die Kehlen durchzuschneiden und so »den Streit [zu] beenden, der die Welt entzweit« (E 163). Dies ist eine sehr skeptische Bezugnahme auf die messianische Tradition; wie wir in Kap. 6 sehen werden, forscht Kafka ihr weitaus tiefgehender in seinem Roman *Das Schloß* nach. Sie paßt zu der Darstellung der Schakale als Parasiten: Sie wünschen eine Verbesserung ihrer Lebensbedingungen, sind aber nicht in der Lage, das Selbstvertrauen zu entwickeln, das Gordon fordert, und erwarten von der Ankunft des Messias die Lösung ihrer Probleme.

Ein Bericht für eine Akademie ist eine Satire, die das Problem des Westjudentums noch weitaus schärfer in den Brennpunkt rückt. Sie enthält Anspielungen, die sich auf mehrere Sachbereiche beziehen lassen, und ist dementsprechend unterschiedlich interpretiert worden. Walter Sokel hat sie in sehr allgemeiner Weise als Darstellung des Zivilisationsprozeses verstanden, in dem die ursprünglichen, »naturgegebenen« Instinkte in ein kultiviertes Sozialverhalten umgewandelt werden müssen. [99] Kafka hebt ähnlich wie Nietzsche und Freud das mit diesem Prozeß verbundene Leiden hervor, indem er schon zu Beginn die beiden Wunden erwähnt, die dem Affen von den Jägern, die ihn fangen, zugefügt werden: eine in der Wange, die andere unterhalb der Hüfte. Es liegt jedoch auch nahe, an Schillers Aussage zu denken, der Fortschritt der Kultur habe mit seiner notwendigen Kanalisierung und Spezialisierung der menschlichen Anlagen der Menschheit eine Wunde beigebracht: »Die Kultur selbst war es, welche der neuern Menschheit diese Wunde schlug.« [100] Erst vor kurzer Zeit hat Margret Norris diese *kulturgeschichtliche* Interpretation weitergeführt. Zunächst beschreibt sie, daß Nietzsche Darwins Begriff der Anpassung als Vorsorge zu verstehen sucht, als eine Strategie, die dem Schwachen im Kampf mit dem Starken Schutz bietet. Dann erläutert sie, daß Kafka in seinem Bericht über die Anpassung des Affen an die menschliche Kultur »die Anpassungsfähigkeit des Tieres und die theatralische Darstellung in eine unmittelbare Beziehung zueinander setzt – als Strategien nämlich, die im evolutionären Kampf ums Dasein die Überlebenschancen vergrößern.« [101]

Norris läßt jedoch außer acht, daß unter Kafkas Zeitgenossen der von Darwin verwendete Begriff »Mimikry« häufig auf den Prozeß der Assimilation der Juden an ihr Gastland bezogen wurde. Er besagte, daß die Juden während dieses Prozesses ihre jüdischen Merkmale aufgaben und zu ihrem Schutz die in ihrer neuen Umgebung üblichen Verhaltensweisen als eine Art von Tarnung übernahmen, die – wie sie hofften – schließlich zur zweiten Natur werden würden. Theodor Herzl erinnert sich, wie er am Anfang seines Tagebuches schreibt, daran, er habe im Jahre 1893 noch geglaubt, der Antisemitismus werde die Juden dazu bringen, sich ganz an eine neue Umgebung durch Übernahme der in ihr üblichen Verhaltensweisen anzupassen:

> Erzogen wird man nur durch Härten. Es wird die Darwinsche Mimikry eintreten. Die Juden werden sich anpassen. Sie sind wie Seehunde, die der Weltzufall ins Wasser warf. Sie nahmen Gestalt und Eigenschaften von Fischen an, was sie doch nicht sind. Kommen sie nun wieder auf festes Land und dürfen da ein paar Generationen bleiben, so werden sie wieder aus ihren Flossen Füße machen. [102]

In seinem Grußwort an den Ersten Zionistischen Kongreß beschrieb Nordau voller Verachtung die Bemühungen der emanzipierten Juden, sich durch Formen von »Mimikry« in die westliche Gesellschaft einzufügen. [103] Damit bekommen wir Einblick in den historischen Kontext, aus dem heraus Kafka sein der Sprache der Evolutionstheorie entstammendes Bildmaterial verwendet, und damit werden wir in die Lage versetzt, allmählich die Stoßrichtung zu erkennen, die seine Satire zur Zeit ihres Erscheinens hatte. Die Interpretation der Erzählung, die ich entwickeln möchte, muß keineswegs in Widerspruch zu den in ihr enthaltenen kulturgeschichtlichen Implikationen stehen, die Sokel und Norris in ihr gefunden haben; ebensowenig widerspricht sie Gerhard Neumanns feinsinniger Deutung der Erzählung: Er versteht sie als eine auf Kafka selbst bezogene Meditation über die Möglichkeiten der Anpassung durch Verhaltensübernahme. [104] Diese Anschauungen stehen zu meiner Interpretation deswegen nicht in Widerspruch, weil sie auf anderen Ebenen liegen: Sie geben von andersartigen Voraussetzungen aus und richten sich auf andere Aspekte der Erzählung. Nicht akzeptieren kann ich allerdings solche Interpretationen, die zu der Meinung kommen, der Affe gelange in seiner Entwicklung zu einer Art von triumphalem Erfolg. Sokel zum Beispiel hat den Affen unter Kafkas Künstler-Figuren eingeordnet und erklärt, er gelange – anders als die meisten von ihnen – wenigstens zu einem in Teilbereichen gelungenen Kompromiß mit seinem Publikum. [105] Ein solches Verständnis gibt der Erzählung einen falschen Akzent und verfehlt ihren ironischen Sinn.

Kafkas satirische Intention wurde nicht nur von seinen zeitgenössischen Lesern bemerkt, sondern auch von späteren Interpreten. Zu ihnen gehört William C. Rubinstein. Er ist der Meinung, Rotpeter repräsentiere einen assimilierten Juden; daß er Schnaps zu trinken lerne, sei ein Symbol für die Heilige Kommunion und damit für seine Konversion zum Christentum. [106] Evelyn Torton Beck hat in ihrem Buch über Kafka und das jiddische Theater Rubinsteins Interpretation aufgenommen und darauf hingewiesen, der Affe sei nach Berele gestaltet, der Figur eines konvertierten Juden in einem der Stücke, die Kafka im Café Savoy gesehen hat. [107] Der Hinweis auf diese Quelle ist nicht sehr überzeugend, denn Berele wird durch die Intoleranz der Chassidim zum Übertritt veranlaßt, während Rotpeter durch die Jagdexpedition Hagenbecks gewaltsam von seinem Rudel getrennt wird. Nichtsdestoweniger halte ich diese Ansicht grundsätzlich für richtig; sie bedarf nur einer detaillierteren Begründung. Der Anfang dazu läßt sich möglicherweise damit machen, daß man die Goldküste, die ursprüngliche Heimat des Affen, nicht nur auf den Mythos vom Goldenen Zeitalter bezieht, sondern auf die ursprüngliche, elementare Lebenskraft, die die westlichen Zionisten den Ostjuden zuschrieben. Die Wunde des Affen verweist dann darauf, daß der in der westlichen Gesellschaft lebende Jude lahm oder behindert ist. Das wiederum ist ein unter den Zionisten verbreiteter Gemeinplatz. Kafkas Satire geht jedoch darüber hinaus: Sie enthält die Andeutung, daß der Affe durch die zweite Wunde, die er »unterhalb der Hüfte« davongetragen hat (H 186), sogar seine Männlichkeit verloren hat. Der Affe unterbricht an diesem Punkt seine Erzählung, um den in den Zeitungen gegen ihn erhobenen Vorwurf zurückzuweisen, er habe seine Affennatur noch nicht ganz unterdrückt, denn er ziehe vor den Besuchern in aller Öffentlichkeit seine Hosen aus: »Ich, ich darf meine Hosen ausziehen, vor wem es mir beliebt; man wird dort nichts finden als einen wohlgepflegten Pelz und die Narbe nach einem – wählen wir hier zu einem bestimmten Zweck ein bestimmtes Wort, das aber nicht mißverstanden werden wolle – die Narbe nach einem frevelhaften Schuß. Alles liegt offen zutage; nichts ist zu verbergen« (E 186). Durch die pedantische Genauigkeit, mit der der Affe darauf besteht, er habe nichts zu verbergen, erweckt er den Eindruck, es sei ihm etwas weggeschossen worden und man dürfe nicht allzuviel Aufhebens um das intime Verhältnis machen, das er zu einer Schimpansin unterhält. Später sagt er vage: »ich lasse es mir nach Affenart bei ihr wohlgehen« (E 196).

Nach seiner Gefangennahme steckt man den Affen in einen Käfig, der zu niedrig zum Aufrechtstehen und zu schmal zum Niedersitzen ist. In ihm hockt er mit angezogenen Knien und mit dem Gesicht zur Wand. Dies alles erinnert an die Situation der noch nicht assimilierten Juden in Europa vor ihrer Emanzipation: Sie sind beschränkt auf das Ghetto und lehnen den Kontakt mit der christlichen Welt draußen ab. Der Affe lernt danach von den Matrosen die Anfangsgründe des menschlichen Verhaltens – nämlich zu rauchen und Schnaps zu trinken – und erhält von ihnen aufgrund der roten Narbe auf seiner Wange den Namen Rotpeter. Er muß sich mit diesem Namen abfinden, auch wenn er ihn abstoßend und unpassend findet. Darin drückt sich nicht nur aus, daß er den Leuten, die ihn gefangen haben, hilflos ausgeliefert ist, sondern darin liegt ebenfalls eine Anspielung auf die jüngste Geschichte der Westjuden. Eine der ersten Maßnahmen bei der Emanzipation der deutschen und österreichischen Juden lag darin, daß sie durch ein Gesetz gezwungen wurden, anstelle der herkömmlichen patronymischen Bezeichnungen Familiennamen anzunehmen. Joseph II. erließ 1787 als erster ein diesbezügliches Edikt. Für Namen, die sich wohlklingend anhörten, wie Rosenthal, Goldstein oder Demant, hatte man eine Gebühr zu entrichten; arme Juden erhielten dagegen häufig lächerlich klingende oder beleidigende Namen. Alfred Döblin notierte sich bei einem Gang durchs Warschauer Ghetto im Jahre 1924 folgende Namen von Geschäftsinhabern: »Waiselfisch, Klopfherd, Blumenkranz, Brandwain, Farszantdig, Goldkopf, Gelbfisch, Gutbesztand.«[108] Kafka selbst erwähnt in seinen Reisetagebüchern einen böhmischen Juden mit Namen Puderbeutel (T 676); er hat sicherlich auch von dem Prager Kohlenhändler namens Notdurft gehört, der schließlich seinen Namen in Northof änderte.[109]

Nach seiner Ankunft in Hamburg hat Rotpeter zu wählen zwischen dem Zoologischen Garten und dem Vartieté. Der Zoologische Garten würde für ihn nur eine neue Art von Gitterkäfig bedeuten; deshalb entscheidet er sich fürs Varieté und arbeitet fieberhaft, um sich für eine Karriere als Unterhaltungskünstler auszubilden, indem er sich »die Durchschnittsbildung eines Europäers« (E 195) aneignet. Er wird eine Berühmtheit, und – seiner eigenen Meinung nach – ist er ein Mensch geworden. Selbstverständlich liegt der Grund für seine Berühmtheit genau darin, daß er kein Mensch ist – er ist ein Affe, der einen Menschen mit erstaunlicher Wirklichkeitstreue nachzuahmen versteht. Zwar hat er sich mit seinen Bemühungen Einlaß in die menschliche Gesellschaft verschafft – dennoch hat man ihn nicht als menschliches Wesen akzeptiert, sondern eigentlich nur als einen Fremden, der über eine außergewöhnliche Imitations- und Anpassungsfähigkeit verfügt. Je mehr sein Ruhm wächst, desto weiter ist er davon entfernt, ein volles Mitglied der menschlichen Gesellschaft zu werden. Darin drücken sich Kafkas Anschauungen über die Situation der Juden aus. Der Jude kann sich in die westliche Gesellschaft nur einfügen, indem er ihre Sitten und Gebräuche übernimmt. Wenn er seine Rolle geschickt genug spielt, darf er Umgang mit den Christen haben und sich einbilden, seine Schauspielerei habe vollen Erfolg gehabt. Für die Nichtjuden um ihn herum bleibt es allerdings völlig klar, daß er ein Schauspieler ist; sie schätzen seine Rolle, ohne sie jedoch jemals mit der Wirklichkeit zu verwechseln. In Brods erstem Roman, *Schloß Nornepygge* (1908), gibt es eine jüdische Figur dieser Art; es ist Polledi. Er stammt zwar aus einer armen, im Ghetto beheimateten Familie, aber er gelangt zu gesellschaftlicher Anerkennung, weil er sich jeder Umgebung anzupassen versteht und er in der besseren Gesellschaft als Clown willkommen ist. Mit anderen Worten: Man toleriert ihn als Unterhaltungskünstler, und tatsächlich ist sein Nachahmungstalent so groß, daß seine erfolgreichsten Nummern darin bestehen, Kainz und andere Schauspieler zu imitieren – er ist also ein Imitator aus zweiter Hand. [110]

Rotpeter und Polledi repräsentieren einen Typ des Westjuden, wie ihn sich Zionisten und Antisemiten in gleicher Weise vorstellen: Demnach hat der Jude keine »Tiefe«, er hat keine tiefreichenden Gefühle, keine schöpferischen Kräfte, keine Bindungen an seinen Herkunftsbereich. Jede Art von Verkleidung paßt zu ihm, weil er selbst keine profilierte Persönlichkeit ist. Tatsächlich ist er jedoch entschlossen, sich um jeden Preis und auf jede erdenkliche Weise in der Gesellschaft durchzusetzen. Houston Stewart Chamberlain erklärt die abnorm entwickelte Willenskraft zum typischen Kennzeichen des Juden; als Beispiel führt er einen jüdischen Akademiker an, der, weil er in seinem Beruf nicht zu Geld kommen konnte, Seifensieder wurde, bis ihn die Konkurrenz zwang, sein Unternehmen aufzugeben; danach wurde er Bühnenschriftsteller und verdiente damit ein Vermögen. Er verdankte seinen Erfolg keineswegs einer besonderen Geschäftstüchtigkeit oder einer besonderen schriftstellerischen Begabung, sondern ausschließlich seiner Willenskraft. [111] Wagner entwirft in seiner Schrift *Das*

Judentum in der Musik eine Porträtskizze des gebildeten Juden, die nahezu vollkommen auf Rotpeter passen könnte:

> Der gebildete Jude hat sich die undenklichste Mühe gegeben, alle auffälligen Merkmale seiner niederen Glaubensgenossen von sich abzustreifen: in vielen Fällen hat er selbst es für zweckmäßig gehalten, durch die christliche Taufe auf die Verwischung aller Spuren seiner Abkunft hinzuwirken. Dieser Eifer hat den gebildeten Juden aber nie die erhofften Früchte gewinnen lassen wollen: er hat nur dazu geführt, ihn vollends zu vereinsamen, und ihn zum herzlosesten aller Menschen in einem Grade zu machen, daß wir selbst die frühere Sympathie für das tragische Geschick seines Stammes verlieren mußten. Für den Zusammenhang mit seinen ehemaligen Leidensgenossen, den er übermütig zerriß, blieb es ihm unmöglich, einen neuen Zusammenhang mit der Gesellschaft zu finden, zu welcher er sich aufschwang. [112]

Um alle Merkmale, an denen er als Affe zu erkennen ist, verschwinden zu lassen, hat Rotpeter genau dieselben Anstrengungen unternommen, die Wagner beschreibt. In seiner Einstellung zu anderen Affen weist er dieselbe Gefühlskälte auf, wie sie nach Wagner der assimilierte Jude den anderen Juden gegenüber zeigt. Voller Feindseligkeit spricht er von dem dressierten »Affentier« Peter, das unlängst »krepiert« ist – welch bezeichnende Wortwahl! – um die Kluft, die sie angeblich beide trennt, zu verdeutlichen (E 186). Genauso herzlos verhält er sich auch der halbdressierten Schimpansin gegenüber, mit der er die Nächte verbringt: Tagsüber kann er es nicht ertragen, wie sie ihn anschaut – sie erinnert ihn offensichtlich an das, was er wirklich ist: Diese Schimpansin und der Affe Peter sind lediglich dressiert; Rotpeter spricht demgegenüber von sich in Ausdrücken, die eine menschliche Ausbildung kennzeichnen (»ich lernte«, E 194), und nennt seine Ausbilder Lehrer statt Dompteure. Hieran läßt sich die Überempfindlichkeit erkennen, mit der assimilierte Juden auf das ihnen peinliche Verhalten der weniger assimilierten reagierten.

Es ist sicherlich befremdlich zu sehen, wie Kafka mit der Absicht zu verletzen ein Bild wie das des Affen benutzt, um den Westjuden darzustellen, zumal sich *Ein Bericht für eine Akademie* nicht als ein spontaner Gefühlsausbruch bezeichnen und damit in seiner Wirkungsabsicht herunterspielen läßt. Um diese Erzählung – und ebenso *Schakale und Araber* – unter der angemessenen Perspektive sehen zu können, muß man sich vor Augen führen, daß sie zu einer Gruppe von Werken solcher Autoren gehören, die Bilder aus der Tierwelt benutzen, um ihre emotionale Einstellung zum jüdischen Volk auszudrükken – letztlich natürlich, um dessen aus ihrer Sicht würdeloses Verhalten bloßzustellen. Ein Beispiel dafür, Heines Gedicht »Prinzessin Sabbat«, ist gut bekannt; es erzählt von einem Prinzen namens Israel, der in einen Hund verwandelt worden ist. Die Woche hindurch lebt er in Schmutz und Unrat; für die Dauer des Sabbats jedoch erhält er seine menschliche Gestalt zurück:

> Hund mit hündischen Gedanken,
> Kötert er die ganze Woche
> Durch des Lebens Kot und Kehricht,
> Gassenbuben zum Gespötte.
>
> Aber jeden Freitag Abend,
> In der Dämmrungsstunde, plötzlich
> Weicht der Zauber, und der Hund
> Wird auf's neu ein menschlich Wesen.
>
> Mensch mit menschlichen Gefühlen,
> Mit erhobnem Haupt und Herzen,
> Festlich, reinlich schier gekleidet,
> Tritt er in des Vaters Halle. [113]

Im Gesamtzusammenhang unserer Darstellung muß auf den Gegensatz hingewiesen werden, der in Heines Gedicht zwischen den Gedanken eines Hundes und den Gefühlen eines Menschen besteht. Während der Woche, heißt das, muß der Jude keinen Intellekt einsetzen, um im Daseinskampf überleben zu können; die Beschränkung auf Willenskraft und zielgerichtete Rationalität, die H.S. Chamberlain später den Juden vorhielt, sind ihm also durch seine Lebensumstände aufgezwungen. Seine Gefühle aber machen ihn in Wahrheit zum Menschen, obgleich er sie nur am Sabbat zeigen kann. Heine nimmt damit rund sechzig Jahre zuvor die Polemik der Zionisten gegen das Stereotyp des auf die Rationalität beschränkten Juden vorweg. Dennoch tritt er nicht ohne jeden Vorbehalt für die Juden ein: Mit der bitter klingenden Nebenbemerkung »reinlich schier gekleidet« deutet er an, daß der Jude selbst am Sabbat nicht vollständig sauber sein kann. Mit ihr läßt Heine sein eigenes ambivalentes Verhalten den Juden gegenüber erkennen. S.S. Prawer hat dazu bemerkt: »Es handelt sich hier um ein von außen her gesehenes Bild: ein in Vorurteilen befangener europäischer Beobachter schaut auf einen nicht assimilierten Juden.« [114]

»Prinzessin Sabbat« hat dazu beigetragen, den klassischen jiddischen Dichter Mendele Mocher Sforim zu seinem allegorischen Roman *Die Klatsche* (1873) anzuregen. [115] Diese bedeutende Satire richtet sich gegen zwei Sachverhalte: gegen das Elend, in dem die

Juden im russisch beherrschten Siedlungsgebiet von ihren Unterdrükkern gehalten wurden, und gegen die wirklichkeitsfernen und wirkungslosen Versuche der *Maskilim*, die die Lage der Juden durch Erziehungsprojekte statt durch Sozialreformen verbessern wollten. Ihr Wortführer in Sforims Roman, Srulik, ist ein kluger junger Mann: Er beschließt, sich aus dem Elend, in dem die Juden leben, durch ein Universitätsstudium herauszuarbeiten. Das Kapitel, in dem er zu diesem Entschluß kommt, trägt die Überschrift »Srulik will werden ein Mensch«. Darin liegt eine doppelte Ironie: Der Autor Mendele Mocher Sforim meint die menschenunwürdige Lage der Juden; seine Romanfigur Srulik jedoch sieht in seinen jüdischen Glaubensgenossen Wesen, die noch nicht zur Menschlichkeit gelangt sind, und glaubt deshalb, sich in die christliche Gesellschaft eingliedern zu müssen, um überhaupt den Status des Menschen erlangen zu können. Er ist genauso herzlos wie Rotpeter darauf ausgerichtet, auf der sozialen Stufenleiter höher zu kommen. Er tritt jedoch, wie es sich für einen gebildeten Menschen gehört, der Tierschutzgesellschaft bei. Als er sieht, wie einige Jungen ein abgemagertes, zusammengebrochenes Pferd mißhandeln, versucht er einzugreifen – wenn auch in charakteristischer Weise ohne jeden Erfolg. Als Srulik endlich mit dem Tier allein ist, spricht es ihn an, verweist, um sein Erstaunen darüber zu verringern, auf Balaams Esel als Präzedenzfall und gibt sich ihm als ein Prinz zu erkennen, der durch einen Zauber in ein Pferd verwandelt worden ist und seither die Welt durchstreift hat. Deswegen hat es den Spitznamen »die Ewige Klatsche« – in Anspielung auf den »Ewigen Juden« heißt es also »die Ewige Mähre«. Ständig leidet es unter der Ausnutzung und Mißhandlung durch die Gerechten. Mit dieser satirischen Darstellung des jüdischen Schicksals versucht Mendele ebensowenig wie Heine oder Kafka ein schmeichelhaftes Bild der Juden zu malen: Sein Wort *Klatsche*, Mähre, könnte genauso mit »Reitpferd« wiedergegeben werden. Er zeigt jedoch mit aller Deutlichkeit, daß es die Christen sind, die die Juden verfolgen: Wenn sie sich im Elend befinden, so haben sie sie hineingestoßen.

Das Genre der jüdischen Tiererzählung ist immer noch lebendig. Ein erst vor kurzer Zeit entstandenes, hervorragendes Beispiel bildet die Geschichte »The Evolution of the Jews« in Clive Sinclairs *Hearts of Gold* (1979). Sie wird in der Ich-Form erzählt, und zwar von einer Giraffe, die Jiddisch spricht. Diese vier Werke von Heine, Mendele, Kafka und Sinclair drücken alle gemeinsam eine zwiespältige Gefühlshaltung ihrer Autoren gegenüber den Juden aus, wenn sie im einzelnen auch deutliche Unterschiede in der Zielrichtung der satirischen Darstellung aufweisen: Mendeles Mähre und Heines Hund repräsentieren den Juden aus dem Ghetto. Kafkas Affe vertritt dagegen den vermeintlich assimilierten Juden derselben Art, den auch Mendeles Srulik verkörpert. In allen drei Erzählungen liegt die in bezug auf den Autor aufschlußreiche Ich-Erzählperspektive vor; sie ist ein bevorzugtes Ausdrucksmittel des Satirikers; auch E.T.A. Hoffmann verwendet sie in seinen Tiergeschichten, die zu Kafkas Quellen gehören. [116] In ähnlicher Weise, wie es beim Hund, beim Pferd und der Giraffe der Fall ist, ist der Affe mit seinem Bericht an die Akademie das Medium einer komplexen, ambivalenten Gefühlshaltung; sie macht es sehr unwahrscheinlich, daß Kafka jemals ein überzeugter, vorbehaltloser Parteigänger des Zionismus gewesen sein soll.

Kafkas distanzierte, undogmatische Haltung zum Zionismus wird in einer Äußerung gegenüber Felice im Brief vom 12. September 1916 deutlich:

> Wie Du mit dem Zionismus zurechtkommst, das ist Deine Sache, jede Auseinandersetzung (Gleichgiltigkeit wird also ausgeschlossen) zwischen Dir und ihm, wird mich freuen. Jetzt läßt sich darüber noch nicht sprechen, solltest Du aber Zionistin einmal Dich fühlen [...] und dann erkennen, daß ich kein Zionist bin – so würde es sich bei einer Prüfung wohl ergeben – dann fürchte ich mich nicht und auch Du mußt Dich nicht fürchten, Zionismus ist nicht etwas, was Menschen trennt, die es gut meinen (F 697–698).

Offenbar betrachtete Kafka die zionistische Bewegung als weiträumig genug, um Menschen mit vielen unterschiedlichen Zielsetzungen aufnehmen zu können, vorausgesetzt, sie waren grundsätzlich mit ihr einverstanden. Der Zionismus stellte ein Medium dar, das dem einzelnen das Erlebnis, in einer lebendigen Beziehung zu einer größeren Gemeinschaft zu stehen, vermitteln konnte – selbst wenn dieser einzelne in ihm nur eine echte Randposition einnahm, wie es bei Kafka der Fall war. Was ihn von der Mehrzahl der Zionisten trennte, war seine Überzeugung, die neue Gemeinschaft, die der Zionismus zu schaffen versuchte, müsse eine religiöse Grundlage haben. Praktische Betätigungen, wie z.B. die Arbeit im Volksheim, zu der er Felice drängte, erschienen ihm nicht nur ihrer unmittelbaren Ergebnisse wegen als wertvoll, sondern auch wegen ihrer geistig-spirituellen Auswirkungen. Um Felice bei dieser ihrer Tätigkeit Rückhalt und Ansporn zu geben, schrieb er ihr:

> Es ist, soviel ich sehe, der absolut einzige Weg oder die Schwelle des Weges, der zu einer geistigen Befreiung führen kann. Und zwar früher für die Helfer, als für die, welchen geholfen wird (F 696–697).

In diesen Worten liegt die Erklärung, warum er so erpicht darauf war, Näheres über einen Vortrag zu hören, den Lehmann über das Thema »Das Problem der jüdisch-religiösen Erziehung« gehalten hatte. [117] In ihm schien ihm der zentrale Punkt, die »Kernfrage« (F 694) angesprochen zu sein, der sich der Zionismus über kurz oder lang unweigerlich würde stellen müssen. Diese Worte helfen auch dabei mit, das ausgeprägte und so charakteristisch eklektische Interesse an Religion zu erklären, das er in dieser Zeit zeigt. Im Sommer 1916 beschäftigte er sich mit dem Alten Testament, trug ihm wichtig erscheinende Stellen daraus in sein Tagebuch ein und fügte die delphisch-rätselhafte Bemerkung hinzu: »Nur das Alte Testament sieht – nichts darüber noch sagen « (T 504). Zur selben Zeit las er eine anthropologische Studie über primitive Religionen, *Das Werden des Gottesglaubens* von Nathan Söderblom, einem zur damaligen Zeit bekannten Theologen, und schrieb sich auf, wie sich afrikanische und australische Stämme die Gründer ihrer Religionen vorgestellt hatten (T 500–501).

Mehr über Kafkas höchst eigenwillige Haltung dem Zionismus gegenüber und über seine Einschätzung des Verhältnisses von Religion und Gesellschaft läßt sich aus der Erzählung *Beim Bau der chinesischen Mauer* erschließen. Er schrieb sie im März oder April 1917. Mit ihr beginnt eine Reihe von Werken, in denen Kafka die Position am Rande der Gesellschaft, die sein jeweiliger Held oder sein jeweiliger Erzähler einnimmt, untersucht und über den Ursprung sozialer Zusammengehörigkeit nachdenkt. Die kunstvoll strukturierte Gesellschaft im Roman *Das Schloß*, die »Hundeschaft« in *Forschungen eines Hundes* und das »Volk der Mäuse«, in dem Josefine eine so zwiespältige Rolle spielt – das sind die markantesten Beispiele für Gemeinschaften, wie sie Kafka in seinen späteren Werken darstellt. Eine ebenso große Tragweite wie die kulturgeschichtlichen Implikationen, die *Ein Bericht für eine Akademie* aufweist, haben Kafkas Reflexionen, die in der Erzählung *Beim Bau der chinesischen Mauer* enthalten sind. Sie gehen weit über die vordergründige Thematik der Erzählung hinaus. Ich möchte zeigen, daß seine Reflexionen – wie man es für diese Schaffensperiode erwarten darf – in der Erzählung *Beim Bau der chinesischen Mauer* sich nicht nur auf die Gesellschaft im allgemeinen, sondern auf die jüdische Gesellschaft im besonderen richten. Wie der Erzählerhund in den *Forschungen eines Hundes* steht auch der Erzähler in *Beim Bau der chinesischen Mauer* so weit außerhalb der Gesellschaft, daß er danach fragen kann, auf welchen Prinzipien sie eigentlich beruht. Weil er jedoch auch weiß, daß Fragen dieser Art die Grundlagen des sozialen Zusammenhalts erschüttern können, zieht er niemals zwingende Schlußfolgerungen aus seinen Ergebnissen. Seine Überlegungen gehen in zwei Richtungen; sie zielen jeweils auf eine der Einrichtungen, die die chinesische Gesellschaft zusammenhalten: Auf der einen Seite ist es der Bau der Großen Mauer, auf der anderen der Glaube an den Kaiser. Bei näherem Zusehen zeigt sich, daß jede dieser Einrichtungen auf einem Paradox beruht.

Der Erzähler ist offenbar die einzige Person, die sich verwundert die Frage stellt, worin der Zweck der Mauer bestehen soll und warum sie stückweise erbaut worden ist, in Teilmauern, die erst nach und nach verbunden wurden. Nach der offiziellen Lesart soll die Mauer China vor den Einfällen der Nomadenvölker des Nordens schützen. China ist jedoch so unermeßlich groß, daß der größte Teil des Landes, einschließlich des Gebietes im Südosten, in dem der Erzähler zu Hause ist, niemals von den Eindringlingen erreicht werden könnte. Jedenfalls impliziert die Methode, den Bau in Teilabschnitten zu errichten, die Vorstellung, daß die Mauer überhaupt erst nach ihrer Vollendung Schutz bieten kann. Der Erzähler vermutet deshalb, durch dieses methodische Verfahren habe bei den am Bau Beteiligten ein Gefühl der persönlichen Verantwortung für die Fertigstellung geweckt werden sollen. Man bildete Gruppen von etwa zwanzig Arbeitern, die eine Teilmauer von etwa fünfhundert Metern Länge zu errichten hatten. Diese konnte nach etwa fünf Jahren mit der Teilmauer, die von der entgegengesetzten Seite her auf sie zugebaut worden war, vereinigt werden. Während die Arbeiter noch voller Freude über die Fertigstellung eines tausend Meter langen Teilstücks der Mauer waren, schickte man sie schon zur Errichtung eines weiteren Teilstückes in eine andere Gegend. Ihre Hingabe an das »Volkswerk« (B 70) vermittelte den Erbauern wie der übrigen Bevölkerung ein Gefühl nationaler Zusammengehörigkeit:

> Jeder Landmann war ein Bruder, für den man eine Schutzmauer baute, und der mit allem, was er hatte und war, sein Leben lang dafür dankte. Einheit! Einheit! Brust an Brust, ein Reigen des Volkes, Blut, nicht mehr eingesperrt im kärglichen Kreislauf des Körpers, sondern süß rollend und doch wiederkehrend durch das unendliche China (B 71).

Diese Idealvorstellung von Arbeit erinnert an Gordons Aufsatz »Arbeit«, während Wörter wie »Blut«, »Volk« und »Einheit« zum Sprachgebrauch gehören, der in der Zeitschrift *Der Jude* üblich ist. Kafka läßt anscheinend durchblicken, daß Gemeinschaftsunternehmungen, wie Gordon sie fordert, weniger als solche einen Wert haben, sondern daß ihre Bedeutung darin liegt, ein Gefühl nationaler Einheit hervorzubringen. Diesem Ziel kann allerdings ein unzweckmäßig durchgeführtes Unternehmen wie das der Errichtung der Mauer in Teilstücken durchaus dienen. Es gibt aber noch eine andere, sonderbare Vermutung – daß nämlich die Mauer als Fundament eines neuen babylonischen Turmes dienen sollte. Das heißt, daß das Gefühl nationaler Zusammengehörigkeit sich auch in den Dienst despotischer, frevlerischer Zwecke nehmen und somit mißbrauchen ließ. Doch selbst wenn der tatsächliche Zweck der Mauer nicht mit dem identisch ist, den man vorgibt, bedeutet das immer noch nicht, daß es sich beim Bau ausschließlich um einen raffiniert ausgedachten Betrug handelt, um ein künstliches Gemeinschaftsgefühl hervorzurufen, wie es etwa in Orwells *Neunzehnhundertvierundachtzig* mit Hilfe eines ständig geführten Krieges geschieht. Der Erzähler teilt jetzt nämlich mit, die Mauer sei von einer unbekannten »Führerschaft« (B 72) geplant worden; er vermutet, diese Führer hätten keine menschliche Existenz, sondern sie und auch den Beschluß, die Mauer zu errichten, habe es von jeher gegeben. Zwar stellt er vorsichtig keine weiteren Spekulationen mehr an; dennoch läßt er die Vorstellung aufkommen, daß der Mauerbau, wie er tatsächlich vor sich geht, mit einer geheimnisvollen, überzeitlichen Realität zusammenhängt. Der praktische Wert des Unternehmens ist fragwürdig, vielleicht sogar eine bloße Illusion; sein wirklicher Zweck liegt jedoch darin, das Gefühl einer nationalen Einheit zu erzeugen, dessen Grundlage letztlich religiöser Art ist. Es ist auffällig, daß der Erzähler die Bedeutung, die hinter dem System, die Mauer in Teilstücken zu erbauen, liegt, als »eine Kernfrage des ganzen Mauerbaues« beschreibt. Kafka sah ja, wie wir festgestellt haben, in der Beziehung zwischen Nationalgefühl und Religion die »Kernfrage«, der sich der Zionismus gegenübersah (F 694). In der Erzählung *Beim Bau der chinesischen Mauer* geht er dieser Frage nach und zeigt, daß er in keiner Weise daran dachte, die nationalistische Rhetorik der Zionisten für bare Münze zu nehmen, daß er sich aber durchaus mit dem Ideal einer *Gemeinschaft*, die auf Religion gegründet war, einverstanden erklärte.

Von der Frage nach der Bedeutung der Großen Mauer geht der Erzähler auf die Frage nach dem Kaiser über. Das Reich ist so groß, daß niemand in der Provinz, in der der Erzähler lebt, nach Peking gelangt ist, ja, daß niemand überhaupt weiß, wer den Kaiserthron innehat. Die Bevölkerung dieser Provinz vermag nicht zwischen Geschichte und Sage zu unterscheiden; selbst schon gewisse in der Nachbarprovinz verwendete Formen der Schrift kommen ihr altertümlich vor. Niemals kann eine Botschaft des Kaisers den einzelnen erreichen; jeder muß sie für sich selbst finden: »Du aber sitzt an Deinem Fenster und erträumst sie Dir, wenn der Abend kommt« (B 79). Deshalb ist der Glaube des Volkes an die Existenz des Kaisers schwach. Das Paradox aber liegt in Folgendem: Weil dieser Glaube in jeder einzelnen der fünfhundert Provinzen Chinas schwach ist, trägt gerade diese Schwäche mit dazu bei, das chinesische Volk zusammenzuhalten: Er ist »geradezu der Boden, auf dem wir leben« (B 83). Eine kritische Betrachtung dieses Zustandes würde die eigentlichen Grundlagen ihrer Gesellschaft ins Wanken bringen.

In beiden Teilen der Erzählung findet sich eine Anzahl versteckter Anspielungen auf das jüdische Volk. Die deutlichste Anspielung erfolgt zu Beginn: Wir erfahren, daß die Mauer das Werk zweier großer Arbeiterheere ist, »des Ost- und des Westheeres« (B 67); darin liegt ein offensichtlicher Bezug auf »die Ost- und Westjuden«. Die Chinesen erscheinen als Volk von außergewöhnlicher »Sittenreinheit« (B 82), was an die Ideale des Judentums denken läßt. Die »Führerschaft«, deren Baupläne für die Mauer es bereits »seit jeher« (B 76) gegeben hat, dürfte Kafka durch die jüdische Sage nahegelegt worden sein, die ihm durch seine Lektüre bekannt war und in der Gott mit einem Architekten verglichen wird und die Thora mit den Plänen, die er der Erschaffung der Welt zugrunde gelegt hat. Da es vor der Schöpfung Schriftstücke noch nicht gab, war die Thora auf Gottes Arm geschrieben.[118] Das Bild der Mauer selbst ist allerdings der beste Beleg für die genannte Beziehung. Kafka wußte aus seiner Lektüre der jüdischen Geschichte, daß die Rabbiner, die an der Autorität der mündlichen Überlieferung festhielten, die sie im Talmud kodifiziert sahen und für eine unverzichtbare Ergänzung der Thora hielten, das zum Teil deswegen taten, weil sie während der Zeit des Hellenismus fremde Einflüsse fernhalten wollten. Ihre Parole lautete: »Machet einen Zaun um die Thora!«[119] Der Talmud war in seiner Funktion als ein solcher Schutzzaun gedacht. Kafka wußte auch, daß es in Osteuropa jüdische Gemeinden gab, die buchstäblich von Zäunen umgeben waren. Orthodoxen Juden war es untersagt, am Sabbat Traglasten aus ihren Wohnsiedlungen herauszutragen; deshalb war jedes Dorf oder jede Stadt mit einem Draht umgeben, der *ajruv* hieß, so daß man die ganze Stadt als eine in sich geschlossene Siedlung bezeichnen konnte. Löwy teilte Kafka mit, die frommen Juden Warschaus hätten die Fernmeldetechniker durch Bestechung dazu gebracht, die Telephon- und Telegraphendrähte so miteinander zu verbinden, daß sie einen geschlossenen Kreis um die Stadt bildeten, der einen *ajruv* darstellte. So bildete für die orthodoxen Juden die ganze Stadt Warschau ein abgegrenztes Wohngebiet (T 178). Das unterstützt Clement Greenbergs Annahme, die Große Mauer sei eine Anspielung auf den Talmud; die ganze Erzählung sei unter anderem eine kritische Darstellung der Juden, da sie sich selbst aus dem Fortschritt der Geschichte ausgeschlossen hätten.[120] Das Bild der Großen Mauer in China lasse schon als solches sofort eine solche Aussageabsicht erkennen. Im Deutschen kann das Wort »Chinese« bedeuten, daß jemand »hinter der Gegenwart zurückgeblieben ist«; Nietzsche bezeichnet in diesem Sinn zum Beispiel Kant als den »große[n] Chinese[n] von Königsberg«.[121] Otto Weininger hatte bereits in *Geschlecht und Charakter* einen Vergleich zwischen den Juden und den Chinesen gezogen.[122] Später wurde das Bild der Großen Mauer unabhängig davon von Arnold Zweig in *Das ostjüdische Antlitz* auf die Thora und den Talmud bezogen. Mit Bezug auf die peinliche Genauigkeit, mit der die orthodoxen Juden das Gesetz beachteten, sagt er: »Jede seelische Vorsichtsregel ist hier erlaubt, wo es gilt, das Gebäude, die chinesische Mauer um das Volk zu stützen.«[123]

Diese Anspielungen und Analogien enthalten eine deutliche Kritik Kafkas daran, daß sich die Juden vom geschichtlichen Prozeß fernhalten. Sie führen »ein Leben, das unter keinem gegenwärtigen Gesetze steht und nur der Weisung und Warnung gehorcht, die aus alten Zeiten zu uns herüberreicht« (B 82). Kafka macht jedoch die Dinge nicht nur dadurch komplizierter, daß er Anspielungen in seine Erzählung einflicht, sondern auch noch dadurch, daß er die Technik der Überlagerung einer historischen Epoche durch eine andere verwendet – eine Technik, die sich schon in *Der neue Advokat* beobachten ließ. Wenn die gerade erörterten Zusammenhänge an die Entstehung des Talmud erinnern, die in den Jahrhunderten nach Beginn des Exils vor sich ging, dann scheint die wiederholte Hervorhebung der unermeßlichen Größe Chinas und der enormen Weiten, die ein Gebiet vom anderen trennen, durchaus auf das Leben der Juden in der Diaspora zu passen. Mit seiner Aussage, die generelle Ungewißheit in bezug auf die Person des Kaisers gebe den »Boden« ab, auf dem die Chinesen lebten, greift Kafka offenbar die metaphorische Verwendung des Wortes »Boden« auf, die – wie bereits gezeigt worden ist – im Sprachgebrauch des Zionismus vorkommt. Er deutet damit an, daß für die Juden die tiefe Unsicherheit des Lebens in der Diaspora an die Stelle einer wirklich sicheren Grundlage ihres bisherigen Lebens getreten ist. Gleichzeitig legt der Hinweis auf die Heere von Arbeitern zu Beginn der Erzählung die Vorstellung nahe, die Ost- und Westjuden könnten in der Zionistischen Bewegung zusammenarbeiten. So verwirrend diese Technik der Überlagerung verschiedener geschichtlicher Zeitebenen auch sein mag, so entspricht sie dennoch dem Gegenstand, den Kafka darstellt, insofern, als sie den Leser dazu zwingt, die Vorstellung nachzuvollziehen, die die Chinesen ganz beherrscht: daß Vergangenheit und Gegenwart untrennbar ineinander übergehen. Die Erzählung vermittelt Einblicke in weite, grenzenlos ineinander übergehende Zeiten und Räume. Diese Atmosphäre der Ungewißheit wird noch verstärkt durch den Gebrauch der Pronomina: Der Erzähler spricht manchmal von »wir«, zuweilen von »man«, selten von »ich«; die ganze Erzählung von der Botschaft des Kaisers richtet sich an ein nicht näher bestimmtes »du«.

So stellt sich die Erzählung *Beim Bau der chinesischen Mauer* als eine nachdenkliche Betrachtung über die Ursprünge sozialer Zusammengehörigkeit dar, wobei der besondere Nachdruck auf der Geschichte der Juden liegt. Wenn sich ein Ergebnis dieser Betrachtung annäherungsweise formulieren läßt, dann liegt es darin, daß die Grundlage der Gesellschaft von religiöser, vielleicht mystischer Art ist und auf jeden Fall jenseits der Grenze liegt, die dem vernunftorientierten Nachforschen gesetzt ist. Vielleicht gibt diese Aussage eine Erklärung dafür, warum Kafka sich in den ausgesprochen politischen Aktivitäten der Prager Zionisten nicht beteiligte und Felice mit geheimnisvollen Worten wissen ließ, der Zionismus sei »nur der Eingang zu dem Wichtigern« (F 675). Das Wichtigere lag für ihn darin, eine mögliche religiöse Grundlage einer Gemeinschaft wiederzuentdecken. Dementsprechend hielt er sich – so wie er sich 1911 und 1912 nicht an den theoretischen Überlegungen des Bar Kochba beteiligt und sich stattdessen in die lebendige Kultur der Ostjuden versenkt hatte – während der Kriegsjahre von politischer Tätigkeit fern und spürte allem nach, was er über das religiöse Leben der Ostjuden und insbesondere über den Chassidismus auffinden konnte.

Die wertvollste Hilfe für diese Nachforschungen erhielt Kafka von Jiři (Georg) Langer. Man hat seine Bedeutung für Kafkas Leben bisher weithin außer acht gelassen. [124] Sie lernten sich Anfang 1915 durch ihren gemeinsamen Freund Brod kennen. Kafka war allerdings bereits länger mit Langers Bruder František zusammengetroffen, der später ein bedeutender tschechischer Dramatiker wurde. Im Jahre 1914 veröffentlichte er Übersetzungen aus Kafkas Buch *Betrachtung* (Br 127). Die Langers lebten als eine vollständig assimilierte, tschechisch sprechende Familie in Prag; Jiřis Erziehung entsprach genauso den westlichen Vorstellungen und Gepflogenheiten wie die Kafkas. In seiner Jugend hatten ihn jedoch jüdische Denkweisen und jüdisches Selbstverständnis zutiefst beeindruckt. Er lernte Hebräisch, studierte den Talmud und begab sich 1913 im Alter von neunzehn Jahren nach Belz, einem Städtchen in Galizien, das fast ein Jahrhundert lang Sitz einer Dynastie chassidischer *Zaddikim* gewesen war. Belz war eines der Hauptzentren des Chassidismus; Langer selbst bezeichnet die Stadt als das jüdische Rom. [125] Der Belzer Rabbi war außergewöhnlich konservativ; die Belzer Chassidim waren berühmt wegen ihrer religiösen Strenge und ihrer langen, geringelten Schläfenlocken. Langer fand Zugang zum engsten Gefolge ihres damaligen Führers, Issachar Dow Rokeah; dort lernte er Jiddisch, studierte mit den Chassidim im *Beth-Hamidrasch* (»Haus der Forschung« = Lehrhaus und Betstube) den Talmud und nahm an ihren rituellen Tänzen teil. Als er nach einigen Monaten nach Hause zurückkehrte, trug er zum Schrecken seiner Familie Schläfenlocken und einen Kaftan; er folgte den chassidischen Sitten in einem solchen Ausmaß, daß er sich weigerte, einer Frau – nicht einmal seiner Mutter – ins Gesicht zu sehen. Zu der Zeit, als er Kafka kennenlernte, hatte Langer sein glaubensstrenges Verhalten ein wenig abgemildert, wenn er sich auch immer noch wie ein Chassid kleidete. Vermutlich ist er derjenige, der in Kafkas Tagebuch als »G. im Kaftan« und »der Westjude, der sich den Chassidim assimiliert hat«, erscheint (T 468). Langer war zum Militärdienst einberufen worden; man hatte ihn jedoch 1915 wieder entlassen; weil er es mit den orthodoxen jüdischen Verhaltensregeln sehr genau nahm, hatte er sich hartnäckig geweigert, am Samstag irgendeine Arbeit auszuführen. Danach verbrachte er einen großen

Teil der Kriegszeit im Gefolge des Belzer Rabbi, der wegen der russischen Invasion nach Ungarn flüchten mußte. Langer betrieb nicht nur Studien des Talmud und der Überlieferung des Chassidismus, sondern auch der Kabbala; nach dem Krieg wurde er Lehrer an der jüdischen Schule in Prag. Während dieser Zeit beschäftigte er sich intensiv mit Freuds Psychoanalyse. Das Ergebnis dieser Beschäftigung waren ein merkwürdiges Buch mit dem Titel *Die Erotik der Kabbala* (1923) und Aufsätze in der Zeitschrift *Imago*, in denen er die psychoanalytische Bedeutung der *mezuzah* (Kapsel mit Pergamentstreifen, der zwei Bibelabschnitte enthält; sie wird an den Türpfosten geheftet) und der Gebetsriemen untersucht. Außerdem gab er 1929 einen Band seiner in hebräischer Sprache verfaßten Gedichte heraus (*Gedichte und Lieder der Freundschaft*); es war das erste Buch mit hebräischen Versen, das nach einem ganzen Jahrhundert in Prag veröffentlicht wurde. Im Jahre 1937 erschien eine Sammlung chassidischer Legenden in tschechischer Sprache; später wurden sie ins Deutsche übertragen (*Neun Tore*). 1939 floh Langer vor den Nationalsozialisten zu Schiff über die Donau und gelangte nach Palästina. Die Strapazen dieser Flucht hinterließen dauernde gesundheitliche Schäden. Langer starb 1943 in Tel Aviv.

Die Erinnerungen an Kafka, die Langer 1941 in Israel veröffentlichte, sind von Anne Oppenheimer wiederaufgefunden und zugänglich gemacht worden. Sie bestätigen, daß die beiden enge Freunde waren. Als Kafka das Hebräische beherrschte, unterhielten sie sich gewöhnlich in dieser Sprache: »In der letzten Zeit, die wir zusammen verbrachten, sprachen wir immer hebräisch miteinander. Kafka, der ständig beteuerte, er sei kein Zionist, beschäftigte sich in der Mitte seines Lebens mit unserer Sprache, und er tat das mit Hingabe. Im Unterschied zu den anderen Zionisten in Prag sprach er schon bald fließend Hebräisch.« [126] Langer fügt das reizende Detail hinzu, Kafka habe sich immer gefreut, wenn er entdeckte, daß es im Hebräischen ein Wort für einen Gegenstand des 20. Jahrhunderts, wie z.B. Flugzeug, gab. Wahrscheinlich aber hatten ziemlich viele ihrer Gespräche eher esoterische Fragen zum Gegenstand, denn Kafka gibt in seinem Taschenbuch einige chassidische Legenden und andere Erzählungen, die er von Langer gehört hatte, wieder (T 482–484). Es handelt sich dabei wahrscheinlich nur um einen Bruchteil dessen, was er durch Langer kennengelernt hat, denn zweifellos gab es wohl niemanden in Prag und wohl nur ein paar Personen in Westeuropa überhaupt, die sich ebensogut wie Langer im Chassidismus und in der Kabbala auskannten.

Langer informierte Kafka nicht nur über den Chassidismus, sondern brachte ihn und Brod auch in persönlichen Kontakt mit chassidischen *Zaddikim*. Einer von ihnen war der Grodeker Rabbi, ein Flüchtling aus Galizien, der jetzt in der Prager Arbeitervorstadt Žižkow lebte. Das Leben schien die Kunst zu imitieren: Kafka, Brod und Langer mußten wie Josef K. bei seinem Besuch Titorellis ihren Weg durch Scharen von Kindern nehmen, die sich auf dem Bürgersteig, den Treppenstufen und an den Wänden des schlecht beleuchteten Korridors drängten, der zu dem Raum führte, in dem der Rabbi und seine Anhänger beteten. Der Rabbi sah ungepflegt und keineswegs sehr sauber aus, beeindruckte Kafka jedoch durch das »stärkste väterliche Wesen« (T 478); man kann diesem Ausdruck entnehmen, Kafka habe – wie auch Langer – in Gestalten dieser Art eine Vaterfigur gesucht, deren Autorität ihn mehr anzog, als es bei seinem eigenen Vater der Fall war. Auf dem Weg nach Hause bemerkte Kafka jedoch kühl: »Genau genommen war es etwa so wie bei einem wilden afrikanischen Volksstamm. Krasser Aberglauben.« [127]

Eine ähnlich zwiespältige Reaktion findet sich in dem langen Brief an Brod, in dem Kafka den Belzer Rabbi, Langers geistlichen Lehrer, schildert, der sich mit seinem Gefolge in Marienbad aufhielt, wo Kafka und Felice im Juli 1916 Urlaub gemacht hatten. Kafka blieb nach Felices Abreise noch weitere zehn Tage dort und schickte ihr eine Postkarte, die sein reges Interesse spüren läßt: er teilte ihr darauf die Anwesenheit des Rabbis mit und schilderte ihn als »den höchsten Kurgast von Marienbad« (F 666). Den Brief an Brod beginnt Kafka mit der klugen Vorbemerkung, er könne ihm die durch den Rabbi verkörperte Wahrheit nicht übermitteln, sondern könne lediglich die nebensächlichen Kleinigkeiten schildern, die er habe beobachten können: »Mehr als Kleinigkeiten kann man mit bloßem Auge dort, wo Wahrheit ist, nicht sehn« (Br 142). Vermutlich will er damit verhindern, daß Brod auf die Schilderung des Rabbis genauso reagiert, wie Josef K. auf die wenig attraktiven Gerichtsbeamten reagiert hat. Nach dieser Warnung folgt eine minutiöse Schilderung eines Abendspazierganges, den der Rabbi mit zehn seiner Anhänger, unter ihnen Kafka und Langer, unternimmt. Unterwegs stellt der Rabbi zahlreiche naiv klingende Fragen nach den Gebäuden, an denen sie vorbeikommen; seine Begleiter geben ihm diensteifrig Auskunft. Zwar läßt

Kafka keinerlei Zweifel daran aufkommen, daß der Rabbi selbst keinen lächerlichen Eindruck hinterläßt, ganz gewiß aber gibt er die possenhafte Beflissenheit seiner Begleiter mit hintersinniger Ironie wieder. Der Rabbi war ein recht beleibter, breitschultriger Mann, zu der Zeit etwa 62 Jahre alt; er war auf einem Auge blind. Er trug die langen, für die Belzer Gemeinde charakteristischen Schläfenlocken. Bei Kafka hinterläßt er den Eindruck des Würdevollen, sogar Majestätischen, und Kafka versichert Brod, seine Fragen seien von der Art, wie sie Staatsoberhäupter stellen, um ihren Gesprächspartnern die Befangenheit zu nehmen (Br 145). Der Brief bricht leider vor dem Ende der Schilderung ab, aber er zeigt doch mit hinreichender Deutlichkeit, daß Kafkas Einstellung zu dem Rabbi, auch wenn sie nicht so extravagant formuliert ist, Bubers Reaktion auf den Anblick des *Zaddiks* von Sadagora in bemerkenswerter Weise ähnelt.

Kafkas Interesse am Chassidismus führte bei ihm nicht zu dem Wunsch, sich am praktischen religiösen Leben der Juden zu beteiligen: Seine Erziehung in der Kindheit hatte ihm, wie wir im ersten Kapitel gesehen haben, zu nachhaltig die halbherzigen Zeremonien des Westjudentums verleidet. Er suchte nur selten die Synagoge auf, höchstens, um einmal an einer Hochzeitsfeier teilzunehmen; Feierlichkeiten dieser Art schienen ihm »nichts als Märchennachahmung« zu sein (Br 137; vgl. F 255). »Es fällt mir nicht ein, in den Tempel zu gehn«, teilte er Felice im September 1916 mit (F 700). Ein Jahr zuvor hatte der Anblick von Ostjuden auf dem Weg zum Abendgottesdienst am Yom Kippur-Fest für einen Augenblick in ihm die Vorstellung wachgerufen, es sei selbstmörderisch, nicht mit ihnen zu gehen (T 488). Seinen einzigen freiwilligen Besuch einer Synagoge, der aus dieser Zeit erwähnt wird, machte er, um einen Mischna-Vortrag zu hören (T 488). Sein Interesse am Chassidismus war Teil eines allgemeinen Interesses an der jüdischen Tradition; dabei richtete er, wie es auch die Art seines eigenen Schreibens erwarten läßt, seine besondere Aufmerksamkeit auf die volkstümlichen Erzählungen der Ostjuden. Obgleich Kafka sich von den chassidischen Erzählungen, die Buber der westlichen Gesellschaft zugänglich gemacht hatte, zunächst abgestoßen fühlte, bewunderte er doch Bubers spätere, in einfacherer Sprache erzählte Sammlung *Der große Maggid und seine Nachfolge* (1922). Zu einer regelrechten Entdeckung der volkstümlichen ostjüdischen Erzählungen kam es jedoch während der Kriegsjahre. Im November 1916 empfahl er Felice Perez' *Volkstümliche Erzählungen* (1913) als ein Buch, das sie gut den Kindern im Volksheim vorlesen könne (F 713). Außer den Erzählungen von Perez, die eher *Kunstmärchen* als echte Volkserzählungen sind, las er die von Micha Josef bin Gorion nacherzählten Legenden und die *Sagen polnischer Juden*, die Alexander Eliasberg aus dem Jiddischen übersetzt hatte. Er las weiterhin die in der jüdischen Presse erschienenen chassidischen Erzählungen, über die er im September 1917 an Brod schrieb: »die chassidischen Geschichten im Jüdischen Echo sind vielleicht nicht die besten, aber alle diese Geschichten sind, ich verstehe es nicht, das einzige Jüdische, in welchem ich mich, unabhängig von meiner Verfassung, gleich und immer zuhause fühle« (Br 172–173). Wie Anne Oppenheimer gezeigt hat, sind die Themen dieser kurzen, einfach erzählten, anekdotenhaften Geschichten eng verwandt mit den Aphorismen, die Kafka während des Winters von 1917 auf 1918 niederschrieb.[128] Sie behandeln die Diskrepanz zwischen der sinnlichen und der geistigen Welt und zeigen, daß das in der sinnlichen Welt wirkende Böse als notwendiger Bestandteil des göttlichen Schöpfungsplans hingenommen werden muß, das sich in seinem Sinn erst in der jenseitigen Welt erfüllt, die über das Erkenntnisvermögen des Menschen hinausreicht. Motive aus allen Arten dieser Geschichten erscheinen in Kafkas Erzählungen dieser Zeit. Darüber hinaus wandte er sich jüdischen Überlieferungen seiner engeren Heimat zu: Im Frühjahr 1916 finden sich in den Tagebüchern Entwürfe zu einer Erzählung über den Golem – den Menschen, der vom Hohen Rabbi Löw von Prag aus Lehm geschaffen wurde (T 497–498).[129] Das wichtigste Resultat seines Interesses dieser Zeit an chassidischen und anderen Überlieferungen ist jedoch die im Januar oder Februar 1917 entstandene Erzählung *Ein Landarzt.*

Ein Landarzt ist eine der befremdlichsten und irritierendsten Erzählungen Kafkas. In ihr steht offensichtlich das Problem der Verantwortung im Mittelpunkt. Der Landarzt steht im Spannungsfeld von beruflichen und privaten Verpflichtungen. Ein etwa zehn Meilen entfernt wohnender Kranker verlangt dringend nach ihm, aber gleichzeitig wird er sich allmählich auch einer andersartigen Verpflichtung bewußt, und zwar seiner Verpflichtung gegenüber dem Dienstmädchen, »diese[m] schöne[n] Mädchen, das jahrelang, von mir kaum beachtet, in meinem Hause lebte« (E 150). Kafka benutzt ein Wortspiel, um diese beiden Verpflichtungen als gleichrangig erscheinen zu lassen: Die Wunde des Kranken ist »rosa«, und Rosa ist auch der Name des Dienstmädchens. Die Entscheidung zwischen diesen sich ausschließenden Verpflichtungen wird ihm aus der Hand genommen, als sich die beiden geheimnisvollen Pferde aus einem unbenutzten Schweinestall seines Hofes hervordrängen. Sie werden an Stelle seines eigenen Pferdes, das in der Nacht zuvor gerade verendet ist, eingespannt und ziehen ihn unverzüglich zu seinem Patienten. Zusammen mit ihnen kommt auch noch ein Pferdeknecht aus dem Schweinestall hervor, ein brutaler Geselle, der sofort über Rosa herfällt, die Spuren seiner Zähne in ihrer Wange hinterläßt und zurückbleibt, um sie sich gefügig zu machen. Man kann in dieser Figur eine Projektion der sinnlichen Natur des Arztes sehen, weil ihm nur durch ihr Verhalten die sexuelle Attraktivität Rosas bewußt wird. Rosas Namen wird nicht erwähnt, erst der Pferdeknecht nennt ihn. Aber noch bevor der Arzt sich darüber klar wird, reißen ihn die Pferde schon mit sich fort, und Rosa bleibt ohne seinen Schutz zurück.

Bei der Untersuchung seines Patienten kann der Landarzt kein Zeichen einer Krankheit an ihm feststellen; schließlich lenken die Pferde mit ihrem Gewieher, das irgendwie »höheren Orts angeordnet« ist (E 150), seine Aufmerksamkeit auf eine handtellergroße Wunde, die auf der rechten Seite des Patienten in der Hüftgegend liegt und von Würmern wimmelt. Sie scheint mehr als nur eine körperliche Wunde zu sein, denn sie wird als »Blume« und als eine »schöne Wunde« bezeichnet. Der Arzt läßt durchblicken, daß viele Menschen gern eine solche Wunde hätten, daß sie ihnen aber niemals zugefügt wird: »Viele bieten ihre Seite an und hören kaum die Hacke im Forst, geschweige denn, daß sie ihnen näher kommt« (E 152). Ebenso wie es bei der Wunde Gregor Samsas, die ihm durch den Apfel, der in seinem Rücken steckengeblieben ist, zugefügt wurde, der Fall ist, macht auch diese Wunde den, der an ihr leidet, untauglich zu einem gewöhnlichen menschlichen Leben; denkbar erscheint es jedoch, daß sie ihm den Zugang zu einer anderen Daseinsform öffnet. Zwar freut sich der kranke Junge keineswegs darüber, eine solche Wunde zu haben; er möchte viel lieber geheilt werden. Der Arzt jedoch ist dieser Aufgabe nicht gewachsen. Die Wunde ist anscheinend etwas Übernatürliches; sie erfordert andere Fähigkeiten, als der Arzt sie besitzt, der »kein Weltverbesserer« ist (E 149). Er kümmert sich zwar gewissenhaft um seine Patienten, aber er kann nicht an die Stelle des Priesters treten, an dessen Autorität – einschließlich des Priesters selbst – kein Mensch mehr glaubt:

So sind die Leute in meiner Gegend. Immer das Unmögliche vom Arzt verlangen. Den alten Glauben haben sie verloren; der Pfarrer sitzt zu Hause und zerrupft die Meßgewänder, eines nach dem andern; aber der Arzt soll alles leisten mit seiner zarten chirurgischen Hand (E 151).

Hier wird die Erzählung transparent; durch das erzählte Geschehen hindurch wird die Vorstellung vom Kulturverfall sichtbar, wie sie nicht nur von Kafka, sondern auch von vielen anderen Schriftstellern her vertraut ist. Eine aussagekräftige Parallele findet sich in Ibsens *Die Wildente*. Hier ist der Pastor ein Trunkenbold. Den einzigen Ersatz für den verlorenen geistlichen Beistand bildet Dr. Relling, der die Selbstachtung der übrigen Figuren mit dem Hinweis auf das Lügengewebe zu stärken sucht, das allein die Gesellschaft zusammenhält. Auch in Kafkas Erzählung steht der Landarzt vor der Aufgabe, die Rolle der Kirche zu übernehmen und der Gemeinde geistlichen Beistand zukommen zu lassen. Da er jedoch nur ein Arzt ist, kann er dieser Aufgabe nicht gerecht werden. Die Dorfbewohner legen ihn zu dem kranken Jungen ins Bett, aber bei nächstbester Gelegenheit macht er sich davon in der Hoffnung, genauso schnell nach Hause zurückzugelangen, wie er hierhin gekommen ist. Er muß jedoch feststellen, daß die Pferde sich nicht mehr mit wunderbarer Schnelligkeit fortbewegen, sondern seinen Wagen wie alte Männer mühsam durch den Schnee schleppen. Mit der Aussicht, in der Schneewüste zu erfrieren, kommt er zu der Meinung, die Aufforderung, den Patienten zu besuchen, sei selbst schon ein Betrug gewesen, ein »Fehlläuten der Nachtglocke« (E 153).

Die Rolle des geistlichen Heilsbringers, der der Landarzt nicht gerecht werden konnte, hat ihre Quellen in zwei prototypischen Figuren, auf die Kafka bei seiner Lektüre gestoßen war: im christlichen Heiligen und im chassidischen *Zaddik*. Das Urbild des Heiligen, auf das der Landarzt zurückgeht, liegt in der *Légende de St. Julien l'Hospitalier* (1877) von Flaubert, der zu Kafkas Lieblingsautoren gehörte. Der Höhepunkt der Selbstaufopferung des Heiligen liegt darin, daß er sich zu einem Aussätzigen ins Bett liegt; glücklicherweise verwandelt sich dieser jedoch in Jesus Christus und trägt ihn auf seinen Armen in den Himmel. [130] Im Gegensatz dazu ist der Landarzt jedoch ein Heiliger, der versagt, und ebenso ein *Zaddik*, der seiner Berufung nicht nachkommen kann. Die Analogie zwischen dem Zaddik und einem Arzt gibt es häufig in dem, was Kafka las: So ist ihm beispielsweise sicherlich die Aufsatzfolge *Vom Gemeinschaftsleben der Juden* von S.A.

Horodezky bekannt gewesen. Sie war in der Zeitschrift *Der Jude* ein oder zwei Monate, bevor Kafka seine Erzählung schrieb, erschienen. Hier veranschaulicht Horodezky die geistliche Autorität eines *Zaddiks*, indem er die Worte eines Schülers des Baalschem zitiert:

> Ein treuer Arzt, der seinen Patienten liebt und ihm volle Heilung bringen will, muß vorerst die Wunden und kranken Glieder bloßlegen. Erst dann kann er mit der Heilung beginnen. Ebenso ist es mit der Zurechtweisung. Wer dem Gebote: Liebe deinen Nächsten wie dich selbst, nachleben will, muß die kranken Stellen, die Gebrechen der Seele aufdecken, um eine Heilung für sie zu finden. [131]

Die Analogie zwischen dem Arzt und dem geistlichen Führer war im Chassidismus von großer Bedeutung: Man identifizierte beide oft, und dem Baalschem und seinen Nachfolgern schrieb man ärztliche und geistliche Heilkräfte zu. In einer Geschichte aus Eliasbergs *Sagen polnischer Juden* – *Von der Macht des Geldes* – ist die Rede von der geistlichen Kraft des Arztes, und es heißt weiter, jeder Arzt sei von einem Engel begleitet. [132] Kafkas Arzt besitzt diese Kraft nicht: Er ist ein gewissenhafter Angestellter im öffentlichen Dienst, ein »Amtsarzt«, der »vom Bezirk angestellt« ist (E 153, 149). Mehr ist er nicht. Das, was ihm fehlt, wird durch die Wörter »retten« und »Rettung« angedeutet; Kafka gebraucht sie anderswo in der Bedeutung »Erlösung« (T 320, Br 340, H 83). Die Frage des Kranken: »Wirst du mich retten?« (E 151), bezieht sich dem äußeren Sinn nach auf die körperliche Heilung, sie zielt jedoch auch auf die spirituellen Kräfte des Arztes, der in Gedanken auch sofort darauf eine negative Antwort gibt. Als er nämlich mit dem Kranken alleingelassen ist, stellt er fest: »Aber jetzt war es Zeit, an meine Rettung zu denken« (E 153). Er gebraucht dabei das Wort »Rettung« lediglich in seiner physischen Bedeutung; er rafft seine Kleidungsstücke zusammen und macht sich davon.

Es gibt noch weitere Motive in Kafkas Erzählung, die chassidischen Ursprungs sind. Das Motiv der wunderbaren Reise findet sich in zwei Erzählungen aus der Sammlung Eliasbergs, nämlich in *Auferweckung einer toten Braut* – hier reist der Baalschem in einer einzigen Nacht von seinem Heimatort nach Berlin – und in *Rasche Reise nach Wien*; hier macht ein Rabbi eine noch schnellere Reise: Er gelangt nämlich innerhalb von zwei Stunden von Mogilew in Weißrußland bis nach Wien. [133] Pferde, die sich nicht zügeln lassen, gibt es auch in *Der zerstörte Sabbat* in Bubers *Legende des Baalschem*. [134] Alle diese Übernahmen aus chassidischen Quellen tragen mit dazu bei, der Erzählung eine Atmosphäre dichter Geheimnisfülle zu verleihen, wie es auch die Düsternis des Schauplatzes und die kraftstrotzende, animalische Körperlichkeit der unirdischen Eindringlinge tun. Hier nähert sich Kafka am engsten der Welt Isaac Bashevis Singers an, der ebenfalls ein tiefes, aus intensiver Kenntnis hervorgehendes Interesse an jüdischer Überlieferung hat. Die dämonischen Figuren, die Singers ins Überirdische hineinreichenden Geschichten bevölkern und gelegentlich sogar als deren Erzähler fungieren (wie in *The Destruction of Kreshev* und *The Last Demon*), gehören in ähnlicher Weise zu einer Welt, in der die irdischen Dinge bruchlos ins Unirdische übergehen.

Ein Landarzt ähnelt Singers Geschichten auch in der vorwärtsdrängenden Dynamik des Geschehens. Kafka behält das einmal gewählte Erzähltempo bei, indem er den Ich-Erzähler nach etwa einer Seite ins Präsens übergehen läßt; die Erzählung verläuft von da ab fast ganz im Präsens – von den wenigen Sätzen abgesehen, in denen der Aufbruch des Arztes vom Haus des Patienten beschrieben wird. Das bedeutet, wie Dorrit Cohn gezeigt hat, daß die Reflexionen des Arztes (z.B. »So sind die Leute in meiner Gegend« (E 151), die eigentlich auf der Zeitebene liegen, von der aus er seine Geschichte erzählt, in den Strom des erzählten Handlungsverlaufs hineingenommen werden. [135] Kafkas Verwendung der Tempora ist jedoch noch mehrdeutiger, als Cohn feststellt: Als nämlich der erzählte Vorgang in den nächsten Sätzen wieder ins Präsens übergeht, verwischt Kafka die Unterschiede zwischen Vergangenheit, Gegenwart und Zukunft in einer Weise, die an die Technik der Überlagerung und Verschmelzung verschiedener Zeitebenen erinnert, die sich in *Der neue Advokat* und *Beim Bau der chinesischen Mauer* beobachten ließ:

> Niemals komme ich so nach Hause; meine blühende Praxis ist verloren; ein Nachfolger bestiehlt mich, aber ohne Nutzen, denn er kann mich nicht ersetzen; in meinem Hause wütet der ekle Pferdeknecht; Rosa ist sein Opfer; ich will es nicht ausdenken. Nackt, dem Froste dieses unglückseligsten Zeitalters ausgesetzt, mit irdischem Wagen, unirdischen Pferden, treibe ich alter Mann mich umher (E 153).

Die Wiederaufnahme des Präsens bedeutet, daß diese Sätze die erzählte Handlung, die normalerweise im Präteritum erscheinen würde, fortzuführen scheinen und daß sie zugleich die Gegenwartsebene angeben, von der aus der Erzähler die Geschichte mitteilt. Mehr noch: Der erste dieser Sätze – »Niemals komme ich so nach Hause« –

hat eine nahezu futurische Bedeutung (d.h. »Ich werde unter diesen Umständen niemals nach Hause kommen«), so daß der Arzt in den nächsten Sätzen entweder andeuten könnte, was voraussichtlich geschehen wird, oder schildern könnte, was im gegenwärtigen Augenblick geschieht. Weiterhin läßt sich nicht eindeutig klären, ob die präsentischen Verbformen einen Verlauf oder einen Zustand angeben, das heißt, ob sie sich auf Aktionen beziehen, die Glieder in einer Kette von Aktionen sind (wie es in der eigentlichen Erzählung der Fall ist) oder ob sie sich auf Zustände beziehen, die endlos fortbestehen können. Wenn das zweite zutrifft, dann hat sich die augenblickliche Lage des Arztes, nämlich dem Frost ausgesetzt zu sein, in einen permanenten Zustand überhaupt verwandelt, wie es die Metapher »dem Froste dieses unglückseligsten Zeitalters« auch beinhaltet. Herausgerufen aus seiner alltäglich-irdischen Existenz und mit einer Aufgabe betraut, die seine Kräfte übersteigt, sieht sich der Arzt jetzt einem geistlich-spirituellen Winter ausgesetzt, dessen Frost er bisher nicht gespürt hat, weil er sich ganz der Alltagsroutine überlassen hat.

In der Erzählung *Ein Landarzt* hat Kafka also auf westeuropäische und osteuropäisch-chassidische Vorlagen zurückgegriffen, um darstellen zu können, wie in einer Zeit der Auflösung des Transzendenzbezuges der Mensch in eine Verantwortung berufen wird, obwohl er nicht mehr über die Voraussetzungen verfügt, sie zu übernehmen. Die Erzählung stellt dieses Problem anschaulich vor Augen; eine Lösung bietet sie jedoch nicht. Das gilt auch für die anderen kurzen Erzählungen, die unter dem Titel *Ein Landarzt: Kleine Erzählungen* 1919 erschienen und die ursprünglich die Überschrift *Verantwortung* tragen sollten. Seine Werke aus den Kriegsjahren hinterließen für Kafka eine Reihe ungelöster Fragen, von denen zwei ihn besonders bedrängten: Wie war es möglich, die Gesellschaft auf einer religiösen Grundlage neu zu errichten? Und: Wie sollte der einzelne Mensch, das isolierte Individuum, seiner ihm wesensmäßig zukommenden Verantwortung gegenüber der Gemeinschaft gerecht werden? Der letzte Winter des Krieges bot ihm Gelegenheit, in der Abgeschiedenheit von Zürau diesen Fragen nachzugehen. Das literarische Medium, in dem er das tat, war zum überwiegenden Teil nicht die erzählende Dichtung, sondern der philosophische Aphorismus. Das große Corpus von aphoristischen Notizen, das Kafka in Zürau zusammengestellt hat, hat bisher viel zu wenig Beachtung bei den Kafka-Forschern gefunden. Es soll Gegenstand des folgenden Kapitels sein.

DIE ERFAHRUNG DER »WUNDE«

Die Zürauer Aphorismen

(1917–1918)

Am frühen Morgen des 13. August 1917 bemerkte Kafka beim Erwachen, daß sein Mund voller Blut war. Er hatte einen Blutsturz erlitten. Dieser Vorgang war das erste Anzeichen der Krankheit, die wenige Wochen danach als Lungentuberkulose diagnostiziert wurde. Anscheinend hat Kafka diese Entwicklung mit großer Gelassenheit aufgenommen; er bemerkt in einem Brief an seine Schwester Ottla, er habe seit dem Blutsturz besser geschlafen und seine unerträglichen Kopfschmerzen hätten gänzlich aufgehört (O 40). Seine Vorgesetzten gewährten ihm einen dreimonatigen Genesungsurlaub, und am 12. September brach er von Prag aus nach Zürau (jetzt Siřem) auf, einem Dorf in Nordwestböhmen. Dort wohnte Ottla; sie arbeitete auf einem Gut, das der Familie ihres Schwagers Karl Hermann gehörte. Hier blieb Kafka bis zum April des nächsten Jahres; lediglich Ende Oktober kehrte er zu einem kurzen Besuch nach Prag zurück; auch die Zeit von Weihnachten bis Neujahr verbrachte er in Prag.

Als unmittelbare Reaktion auf die Tuberkulose stellte sich bei Kafka das Gefühl ein, es gehe ihm gesundheitlich besser. Während der ersten Wochen seines Aufenthaltes in Zürau nahm er sehr schnell an Körpergewicht zu und empfand die Krankheit »mehr als Schutzengel denn als Teufel« (Br 168). Er verbrachte, wenn die Witterung es zuließ, möglichst viel Zeit an der frischen Luft, legte sich in die Herbstsonne, arbeitete in Ottlas Gemüsegarten oder ging spazieren, wobei ihm allerdings eine leichte Kurzatmigkeit hinderlich war. An Milena schrieb er 1920, die Zeit in Zürau erscheine ihm aus der Rückschau als die beste Zeit seines Lebens (M 36); dieser Eindruck wird durch die langen, anschaulichen, humorvollen Briefe bestätigt, die er seinen Freunden in Prag schickte. Natürlich hatte das Landleben auch seine Schattenseiten: Geräusche, auf die Kafka überaus empfindlich reagierte, gab es dort andauernd: Das Vieh des Gutshofes ließ »das gesammelte Geschrei der Arche Noah« ertönen (Br 160–161), das einzige Piano, das es in der ganzen Gegend gab, stand ausgerechnet im Haus gegenüber, und sein Schlafzimmer wurde von Mäusen unsicher gemacht. Aber er freute sich darüber, daß er mit seiner Lieblingsschwester zusammensein konnte, und es machte ihm Spaß, im Garten zu arbeiten, die Ziegen zu füttern, Kartoffeln auszugraben oder Hagebutten zu sammeln. Er nahm am Dorfleben teil, indem er Nachbarn aufsuchte, bei einem Begräbnis zugegen war, eine Predigt anhörte und zum Wochenmarkt ging. Ein Bewohner des Dorfes, der über jeden Einwohner einige Verse zu machen pflegte, widmete auch Kafka ein Reimpaar; er fand es, von dem mißglückten Reim abgesehen, »tröstlich«:

> Der Doktor ist ein guter Mon
> Gott wird sich seiner erborm (Br 234).

Nicht der letzte Grund für Kafkas vergleichsweises Wohlbefinden war jedoch die endgültige Auflösung seiner Verlobung mit Felice. Sie besuchte ihn am 21. September in Zürau und ein zweites Mal zu Weihnachten in Prag; bei dieser Gelegenheit kam es zum endgültigen Abbruch ihrer Beziehung und damit auch ihres Briefwechsels, der für beide in den letzten fünf Jahren wahrscheinlich eher eine Qual als eine Quelle des Glücks gewesen war.

So brachte der Ausbruch der Tuberkulose für Kafka die scharfe Trennung von seinem früheren Leben, die er von der Einberufung zum Militärdienst erhofft hatte. Befreit von dem Druck der Berufstätigkeit und seiner Bindung an Felice, fand er jetzt die Muße, über seine äußere und vor allem über seine innere Lage nachzudenken. Bereits in seiner ersten Tagebucheintragung nach dem Blutsturz war er sich über diese Möglichkeit klargeworden:

> 15. September. Du hast, soweit diese Möglichkeit überhaupt besteht, die Möglichkeit, einen Anfang zu machen. Verschwende sie nicht. Du wirst den Schmutz, der aus dir aufschwemmt, nicht vermeiden können, wenn du eindringen willst. Wälze dich aber nicht darin. Ist die Lungenwunde nur ein Sinnbild, wie du behauptest, Sinnbild der Wunde, deren Entzündung F. und deren Tiefe Rechtfertigung heißt, ist dies so, dann sind auch die ärztlichen Ratschläge (Licht, Luft, Sonne, Ruhe) Sinnbild. Fasse dieses Sinnbild an (T 529).

Kafka zeigt hier, daß er sich der Gefahren bewußt ist, die mit der Erforschung des eigenen Ich verbunden sein können. Der Ekel vor einem selbst, das Sichwälzen im eigenen Schmutz können auf eine perverse Weise lustvoll sein. Die Korrespondenz mit Felice belegt in zahlreichen Beispielen Kafkas Neigung zu dieser Art von Masochismus; ein Beispiel dafür ist der Brief vom 16. Juni 1913, in dem er einem Heiratsvorschlag eine ausführliche Liste seiner Unzulänglichkeiten folgen läßt (F 399–403). Jetzt allerdings war er sich darüber klargeworden, daß ein solches Verhalten eine Form der Eitelkeit war. Sofern sein Schreiben seiner persönlichen Situation Ausdruck gab, sah er in ihm jetzt die Form, in seinen eigenen »Gemeinheiten« zu schwelgen, sie unter dem Vorwand, es handle sich um Kunst, vor der Welt auszubreiten und sich damit eine privilegierte Position zu verschaffen als »der einzige Sünder, der nicht gebraten wird« (F 755–756). Die Entdeckung, daß die Selbstanklage in Form des Schreibens in Wirklichkeit eine Art von Eitelkeit war, empfand Kafka als so wichtig, daß er sie nicht Felice mitteilte, sondern sie auch in sein Tagebuch eintrug (T 534–535) und in einen Brief an Brod aufnahm (Br 178).

Kafkas Schreiben durfte deshalb nicht länger ein rein persönliches Schreiben sein. Und dennoch mußte der Ausgangspunkt sein durch die Krankheit zutiefst betroffenes Leben sein – die Wunde, die, wie er später Milena schrieb, ihren ersten literarischen Ausdruck in der Erzählung *Das Urteil* gefunden hatte: »damals brach die Wunde zum erstenmal auf in einer langen Nacht« (M 235). Das Nachdenken über die Wunde bedeutete jetzt eine Form des Suchens nach ihrer moralischen und religiös-spirituellen Bedeutung mit dem Ziel der »Rechtfertigung«. Was Kafka mit diesem Wort meint, bedarf der Erläuterung. Daß er es gebraucht und wie er es gebraucht, kennzeichnet eine tiefgreifende Veränderung seiner künstlerischen Ziele, die sich darin ankündigt, daß er die Erzählung *Ein Landarzt* – und mit ihr seine ganze frühere Dichtung – verwirft und ein neues Ziel seines dichterischen Schaffens formuliert: »die Welt ins Reine, Wahre, Unveränderliche heben« (T 534). Hier geht Kafka ab von einem auf Ausdruck der Subjektivität bezogenen Kunstbegriff und wendet sich einem mimetisch orientierten Kunstverständnis zu. Damit ist gemeint, daß seine Kunst zwar von der empirischen Wirklichkeit ausgeht, aber nur, um sie in Geistige zu verwandeln: Ihr Ergebnis soll nicht eine Abbildung der bestehenden Welt sein, sondern eine Welt, die durch das Empirisch-Materielle hindurch das ihr immanente Geistige, Überzeitliche sichtbar werden läßt. Dieses Ziel sollte im Roman *Das Schloß* verwirklicht werden, wie das nächste Kapitel zeigen soll. Um zu diesem Ziel zu gelangen, wandte sich Kafka fast ganz von der erzählenden Dichtung ab und einer anderen literarischen Form zu – dem Aphorismus. In Zürau setzte er alle seine schöpferischen Kräfte und intellektuellen Fähigkeiten ein, um seine ethischen und metaphysischen Überlegungen in eine große Anzahl geschliffener, anschaulicher, prägnanter Aphorismen zusammenfassen zu können. Sie sind aufgezeichnet in zwei kleinen Oktavheften; eingestreut sind kurze Bemerkungen über das alltägliche Leben in Zürau und einige kurze Erzählungen, wie z.B. die, denen Brod später die Überschriften »Das Schweigen der Sirenen«, »Die Wahrheit über Sancho Pansa« und »Eine alltägliche Verwirrung« gab.[1] Genau genommen, sind sie skizzenhafte Illustrationen der Themen, die Kafka sonst in aphoristischer Form behandelte. Die Aphorismen sind in der Forschung in der Regel außer acht gelassen oder bestenfalls als Randbemerkungen zu seiner Dichtung betrachtet worden. Man wird ihnen eher gerecht werden, meine ich, wenn man sie als eine für Kafkas Werk zentrale Ausdrucksform betrachtet und dementsprechend in Kafka selbst einen Autor sieht, der sich verschiedener Ausdrucksmöglichkeiten bedient: Er ist nicht ausschließlich ein erzählender Dichter, sondern gehört zu der nur schwer zu klassifizierenden Gruppe von Schriftstellern, die sich verschiedener literarischer Genres bedienen, und zwar insbesondere des Aphorismus', wie es zum Beispiel bei Lichtenberg, Novalis, Nietzsche und Kraus der Fall ist.

Der Zweck, dem die Aphorismen dienen sollten, wurde nur in der Zeit klar, in der sie niedergeschrieben wurden. In einem Brief an Brod vom November 1917 hebt Kafka noch ein völliges Versagen in jedem Bereich seines Lebens hervor, spricht versuchsweise vom neuen »Ausweg« (Br 195), der sich eröffnet hat, und ist sich lediglich darin sicher, daß er sich den Blick freihalten muß, um weitere Entwicklungen erkennen zu können. Bei seinem Besuch in Prag im Dezember hatte sich seine Vorstellung von seiner Aufgabe so präzisiert, daß er Brod sagen konnte: »Was ich zu tun habe, kann ich nur allein tun. Über die letzten Dinge klar werden. Der Westjude ist darüber nicht klar und hat daher kein Recht zu heiraten.« [2] Zwei Monate später zeigt eine Tagebucheintragung, daß ihm jetzt das Wesen der Verantwortung, die ihm auferlegt war, klargeworden war:

> Es ist nicht Trägheit, böser Wille, Ungeschicklichkeit – wenn auch von alledem etwas dabei ist, weil »das Ungeziefer aus dem Nichts geboren wird« – welche mir alles mißlingen oder nicht einmal mißlingen lassen: Familienleben, Freundschaft, Ehe, Beruf, Literatur, sondern es ist der Mangel des Bodens, der Luft, des Gebotes. Diese zu schaffen ist meine Aufgabe, nicht damit ich dann das Versäumte etwa nachholen kann, sondern damit ich nichts versäumt habe, denn die Aufgabe ist so gut wie eine andere. Es ist

> sogar die ursprünglichste Aufgabe oder zumindest ihr Abglanz, so wie man beim Ersteigen einer luftdünnen Höhe plötzlich in den Schein der fernen Sonne treten kann. Es ist das auch keine ausnahmsweise Aufgabe, sie ist gewiß schon oft gestellt worden. Ob allerdings in solchem Ausmaß, weiß ich nicht. Ich habe von den Erfordernissen des Lebens gar nichts mitgebracht, so viel ich weiß, sondern nur die allgemeine menschliche Schwäche. Mit dieser – in dieser Hinsicht ist es eine riesenhafte Kraft – habe ich das Negative meiner Zeit, die mir ja sehr nahe ist, die ich nie zu bekämpfen, sondern gewissermaßen zu vertreten das Recht habe, kräftig aufgenommen. An dem geringen Positiven sowie an dem äußersten, zum Positiven umkippenden Negativen, hatte ich keinen ererbten Anteil. Ich bin nicht von der allerdings schon schwer sinkenden Hand des Christentums ins Leben geführt worden wie Kierkegaard und habe nicht den letzten Zipfel des davonfliegenden jüdischen Gebetsmantels noch gefangen wie die Zionisten. Ich bin Ende oder Anfang (H 120–121).

Zwar kann Kafka immer noch nicht darauf verzichten, die Bereiche aufzuzählen, in denen er versagt zu haben glaubt, aber er begründet sie jetzt doch weitaus weniger mit seiner persönlichen Unzulänglichkeit, sondern führt sie auf die für ihn ungünstigen Zeitumstände zurück. Sowohl seine Bemerkung gegenüber Brod wie auch der Ausdrucksgehalt der gerade zitierten Stelle zeigen, daß er sich auf die Situation der Westjuden bezieht, wie sie sich aus der Sicht der Zionisten darstellt. Das Wort »Boden« wurde, wie wir gesehen haben, von Zionisten ständig, von Kafka manchmal gebraucht, um die tragende, organische Gemeinschaft zu bezeichnen, die die Westjuden nicht mehr hatten; »Luft« verwendete man in einem ähnlichen Sinn. [3] Das Wort »Gebot« verdeutlicht Kafkas Überzeugung, daß die Religion die »Kernfrage« sei, der sich der Zionismus zu stellen habe (F 694). Es erinnert zugleich daran, wie er die Zeit, in der der Alte Kommandant in der *Strafkolonie* herrschte, dargestellt hat: In ihr herrschte letztlich – wenn auch vielleicht zu einem nicht annehmbaren Preis – Gewißheit über letzte Werte religiös-absoluter Art. Der Westjude gehört nicht mehr der Gemeinschaft seiner Ahnen an, in der er Geborgenheit fand; er gehört noch nicht der noch fernen organischen Gemeinschaft der Zukunft an. Es fehlt ihm die religiöse Orientierung; deswegen lebt er im Zustand der Unsicherheit in bezug auf die letzten Dinge und die gültigen, absoluten Wahrheiten der Religion. In diesem Zustand ist er nicht in der Lage, die Aufgabe, eine Ehe einzugehen und eine Familie zu gründen, zu übernehmen – eine Aufgabe, die in Kafkas Augen einen religiösen Wert hat. Als einem mustergültigen Vertreter des Westjudentums – »der westjüdischste von ihnen«, wie er später an Milena schrieb (M 294) – fehlt Kafka eine verbindliche Wertordnung von religiöser Valenz in extremem Maße. Anders, als es bei Kierkegaard oder den Zionisten noch der Fall war, ist er in seiner Jugend nicht mit den noch vorhandenen Werten des Christentums oder des Judentums in Berührung gekommen, auch wenn sie schon in zunehmendem Maße ihre Gültigkeit verlieren. Er lebt in einer Zeit, in der die Überlieferungen der Religion den Höhepunkt ihrer Geltung überschritten haben und im Verfall begriffen sind – und verkörpert die negativen Aspekte dieser Zeit. In seiner großen Schwäche liegt jedoch seine Stärke: Weil er sich vollständig aus der Geborgenheit der religiösen Gemeinschaft gelöst hat, muß er sie von Grund auf neu zu errichten suchen. Eine solche Aufgabe dürfte, auch wenn sie ihrer Art nach nicht einmalig ist, doch einmalig in ihrer Größe sein. Diese Aufgabe soll durch die Aphorismen erfüllt werden: In ihnen erwägt Kafka die letzten Fragen der Religion, um die Grundlagen zu schaffen, auf denen die neue Gemeinschaft der Zukunft errichtet werden soll.

Auf den ersten Blick mag das als eine überaus unrealistische, ja fast lächerliche Vorstellung erscheinen. Aber das Jahr 1917 war in politischer Hinsicht ein Jahr des Zusammenbruchs, das jedoch gleichzeitig neue politische Entwicklungsmöglichkeiten eröffnete: In Rußland hatte die Revolution begonnen; Österreich-Ungarn befand sich unter dem neuen Kaiser Karl, der im November 1916 den Thron bestiegen hatte, offensichtlich in einer Phase politischer Labilität. Inmitten dieses Zerfalls herkömmlicher politischer Ordnungen konnte eine auf Etablierung einer neuen Ordnung ausgerichtete Bewegung wie der Zionismus möglicherweise zu jetzt noch nicht absehbaren Ergebnissen gelangen, insbesondere nachdem die britische Regierung durch die Balfour-Deklaration vom November 1917 ermächtigt worden war, für die Juden in Palästina eine nationale Heimstatt zu schaffen. Die politischen Voraussetzungen zur Konstitution einer neuen Gesellschaft waren durchaus gegeben; wenn man wie Kafka der Meinung war, diese Gesellschaft könne nur auf einer religiösen Grundlage errichtet werden, dann mußte darin für jemanden wie ihn, der in religiösen Kategorien zu denken pflegte, eine legitime Aufgabe liegen. Kafka wurde in dieser Überzeugung bestärkt durch die Lektüre des Aufsatzes *Luther und der Protestantismus* des Theologen Ernst Troeltsch, der im Oktober 1917 in *Die neue Rundschau* erschienen war. Hier legt Troeltsch dar, daß dem Protestantismus sowohl destruktive wie schöpferische Kräfte zu eigen seien. Er zerstörte die einheitliche Kirche des Mittelalters und bildete damit gleichzeitig einen Übergang zu der in vielerlei Hinsicht säkularisierten, pluralistischen, unüberschaubar komplexen Welt der Gegenwart. Gleichzeitig verschaffte er sich jedoch die Möglichkeit, in dieser säkularisierten Welt als religiöse Gemeinschaft weiterzuleben, indem er die Legitimation dieser Gemeinschaft nicht aus der Nachfolge der Apostel ableitete, sondern sich unmittelbar auf das in der Schrift geoffenbarte Wort Gottes berief. Er gab dem Christentum damit seine Grundlage in der Gemeinschaft einer unsichtbaren Kirche – einer Gemeinschaft von Gläubigen, die sich durch ihre Bindung an die Schrift zusammengehalten fühlte; von dieser unsichtbaren Gemeinschaft aus ließ sich dann in der Zukunft eine sichtbare Gemeinschaft neu schaffen: »Die Heilsanstalt hat sich in das Wunder der Schrift zusammengezogen und wächst aus ihr wieder hervor.« [4] Diese Gemeinschaft wird keine klerikale Organisation sein wie die mittelalterliche Kirche und auch kein politisches Gebilde; Troeltsch bezeichnet sie deswegen behutsam als eine »Heilsanstalt«. Kafka übernahm dieses Wort, als er sich über Brods *Das große Wagnis* äußerte. In diesem Roman gründet eine Gruppe von Idealisten im Niemandsland zwischen Schützengräben der Westfront eine – wenn auch nur kurzlebige – freie Gesellschaft mit Namen Liberia. Der Roman zielt nach Kafkas Eindruck mit seinem positiven Schluß auf etwas Einfaches, nämlich auf »die Aufrichtung einer Kirche, einer Heilsanstalt, also etwas, was fast zweifellos kommen wird und sich schon im Tempo unseres Zerfallens um uns aufbaut« (Br 218). Weil eine solche Gemeinschaft mit Sicherheit kommen wird, gibt es kaum dringlichere Aufgaben, als dabei zu helfen, die Grundlagen zu erarbeiten, auf denen sie beruhen soll.

Die Aphorismen, in denen sich Kafka diesen Aufgaben zuwendet, behandeln zwei zentrale Probleme, mit denen er sich schon jahrelang beschäftigt hatte und die bereits in seinen Erzählungen dargestellt waren. Sie sind eng aufeinander bezogen, und beide stehen in einem offenkundigen Gegensatz zueinander; gerade dieser Gegensatz muß jedoch irgendwie überbrückt werden. Das erste Problem ist die Kluft zwischen Sein und Bewußtsein, das bereits im Zusammenhang des Romans *Der Prozeß* erörtert worden ist; dort besteht Josef K.s Schuld zunächst in seiner Überzeugung, unschuldig zu sein, so daß es für ihn unmöglich ist, mit Hilfe der Vernunft zur Einsicht in seine Schuld zu gelangen. Sobald aber das Gericht in K. das Bedürfnis, Gut und Böse unterscheiden zu können, wachgerufen hat, steht er vor einer moralischen Aufgabe, nämlich seine Schuld freizulegen, die unter dem Berg von Selbstrechtfertigungen verschüttet liegt, den sein Bewußtsein über sie aufgehäuft hat. Wenn auch diese Aufgabe die Kräfte K.s übersteigt, so ist es aber doch grundsätzlich möglich, durch eine rigorose Erforschung des eigenen Ich zur Selbsterkenntnis und zur Tilgung der Schuld zu gelangen. Das führt jedoch sofort zu dem zweiten Problem, das Kafka betrifft und beunruhigt: Eine solche Selbsterforschung könnte nur in der gesellschaftsfernen Absonderung von den Mitmenschen erfolgen. In dieser um der eigenen Befreiung von der Schuld willen erstrebten Isolation würde man seine Verantwortung gegenüber den Mitmenschen aus dem Blick verlieren und die Möglichkeit der Erlösung zunichte machen. Das Problem liegt also darin, das Bild einer Gemeinschaft zu entwerfen, die sich mit dem moralisch-spirituellen Integritätsanspruch des einzelnen vereinbaren läßt.

Beim Nachdenken über diese Probleme kam es Kafka zugute, daß er sehr viel las. Während seines Aufenthalts in Zürau las er das Alte Testament, Kierkegaard, Schopenhauer, Tolstois Tagebücher und zahlreiche autobiographische Werke. Unter den letzteren hebt er besonders die Autobiographie Salomon Maimons hervor, die er als »eine äußerst grelle Selbstdarstellung eines zwischen Ost- und Westjudentum gespenstisch hinlaufenden Menschen« (Br 203) bezeichnet; an ihm entdeckte er wahrscheinlich Ähnlichkeiten mit seiner eigenen, außerhalb der etablierten Gemeinschaft liegenden Position. Sein Freund Oskar Baum gab ihm zwei kurz zuvor erschienene Bücher von Martin Buber; wahrscheinlich handelte es sich um *Die Rede, die Lehre und das Lied* und um *Ereignisse und Begegnungen*, die beide gegen Ende 1917 erschienen.[5] Kafkas Stellungnahme zu ihnen ist ein wenig problematisch, denn er nennt sie »abscheuliche, widerwärtige Bücher« (Br 224), eine Reaktion, die sicherlich in ihrem gesuchten, von ihm als abstoßend empfundenen Stil begründet liegt. Dennoch aber scheint letztendlich einer der Hauptgedanken Bubers, wie wir noch sehen werden, auf Kafkas Denken eingewirkt zu haben. Es lassen sich außerdem noch Einflüsse anderer Autoren nachweisen; insbesondere die Einflüsse Schopenhauers und Tolstois sind bis ins einzelne untersucht worden.[6] Man muß sich jedoch deutlich vor Augen führen, daß »Einflüsse« bei Kafka niemals in der passiven Aufnahme von Materialien bestehen: Er ist ein erstaunlich unabhängiger Kopf, der Gelesenes kritisch verarbeitet und es in ein gedankliches System integriert, das von seinem Inhalt und seiner Form her seine Persönlichkeit widerspiegelt und ein ungewöhnlich hohes Anspruchs- und Reflexionsniveau aufweist. Unter Berücksichtigung dieser Sachverhalte können wir jetzt einen Blick auf zwei Bereiche werfen, von denen zu dieser Zeit wichtigere Einflüsse auf Kafkas Denken ausgegangen sind. Erst dann können wir seine Gedanken im einzelnen untersuchen. Bei dem einen dieser Bereiche handelt es sich um Kierkegaard, bei dem anderen um die jüdische Mystik.

Kafka hatte bereits 1913 eine Anthologie aus Kierkegaards Tagebüchern mit dem Titel *Buch des Richters* gelesen; in den Ähnlichkeiten zwischen seiner eigenen Beziehung zu Felice und Kierkegaards nur kurzer Verlobung mit Regine Olsen hatte er sich selbst bestätigt gefunden (T 318). Kurz vor November 1917 las er *Furcht und Zittern.* Oskar Baum, der ihn im Januar 1918 in Zürau besuchte, ermutigte ihn, sich noch mit weiteren religiösen und philosophischen Werken Kierkegaards zu beschäftigen. Bis Anfang März hatte er *Entweder-Oder*, *Der Augenblick* und *Wiederholung* gelesen, außerdem eine Auswahl aus Kierkegaards nachgelassenen Papieren mit dem Titel *Sören Kierkegaard und sein Verhältnis zu »ihr«* und eine Biographie Kierkegaards von O. P. Monrad. Von all diesen Werken scheint *Furcht und Zittern* ihn am nachhaltigsten beeindruckt zu haben, und zwar insbesondere der Begriff der »Bewegung des Glaubens« und der Gegensatz zwischen dem »Ritter der Unendlichkeit« und dem »Ritter des Glaubens« (Br 238). Der »Ritter der Unendlichkeit« ist der tragische Held, der seinen eigenen Neigungen widersteht und sich statt dessen einem universalen Prinzip unterwirft. Obgleich er dafür Schmerz und sogar den Tod in Kauf nehmen muß, liegt der Trost für ihn darin, zu wissen, daß er in Übereinstimmung mit einem universalen Prinzip gehandelt hat und – wie Miltons Samson – zur »Ruhe des Geistes« gelangen kann, wenn »die Leidenschaften sich gelegt haben«. Kierkegaards Beispiel für den tragischen Helden ist Äschylos' Agamemnon, der von der Göttin gezwungen wird, seine Tochter Iphigenie als Opfer darzubringen. – In scharfem Gegensatz dazu steht der »Ritter des Glaubens«, den Kierkegaard in *Furcht und Zittern* hervorhebt und namentlich in Abraham verkörpert sieht, der ohne Zögern Gottes Gebot, seinen Sohn Isaak zu opfern, befolgte. Diese Tat widersprach nicht nur Abrahams persönlichen Neigungen, sondern auch einem universalen Prinzip. Nach jedem dem Menschen vertrauten Gebot handelte es sich um eine unmoralische, ja sogar frevelhafte Tat. Im Vergleich dazu stand der tragische Held vor einer leichten Aufgabe, weil er nur der ersten Bewegung des Glaubens nachzukommen hatte, die ihn in die Sicherheit und Geborgenheit des Universalen gelangen ließ. Die zweite, schwierigere Bewegung des Glaubens jedoch reißt den »Ritter des Glaubens« aus der Geborgenheit und läßt ihn in der Einsamkeit zurück, in der nichts außer seinem Glauben an Gott ihm die Gewähr geben kann, richtig gehandelt zu haben. Er findet keine Ruhe in der tragischen Ergebenheit in den Willen Gottes, sondern er muß seinen Glauben durch die Tat ständig neu bewähren. Weil sein Glaube ausschließlich in der vom Innersten ausgehenden, dem Sagbaren entzogenen Beziehung des einzelnen zu Gott besteht, kann kein anderer jemals Anteil daran erhalten.

Eine Zeitlang war Kafka fasziniert von dieser persönlichen, nur dem einzelnen zugänglichen, von der Gemeinschaft losgelösten Glaubensverständnis. Nachdem er ihre gedanklichen Konsequenzen durchdacht hatte, faßte er sie im März 1918 in einem Brief an Brod folgendermaßen zusammen:

> Denn das Verhältnis zum Göttlichen entzieht sich zunächst für Kierkegaard jeder fremden Beurteilung, vielleicht so sehr, daß selbst Jesus nicht urteilen dürfte, wie weit derjenige gekommen ist, der ihm nachfolgt (Br 239).

Bereits am 30. November 1917 stellt Kafka Überlegungen darüber an, daß ein solcher nur vom einzelnen getragener Glaube schon als solcher, da er ja für jeden einzelnen realisierbar ist, die Ankunft des Messias bewirken wird, und am 4. Dezember gelangt er zu der Schlußfolgerung: »Der Messias wird erst kommen, wenn er nicht mehr nötig sein wird, er wird erst einen Tag nach seiner Ankunft kommen, er wird nicht am letzten Tag kommen, sondern am allerletzten« (H 90). Das heißt: Wenn jedermann einen solchen Glauben erlangt hat, wird der Messias überflüssig sein, denn dann existiert das Reich Gottes bereits. Noch am selben Tag jedoch betrachtete er diese ganz auf den einzelnen beschränkte Glaubenshaltung aus ironischer Distanz und formuliert sie in dem Aphorismus: »A. ist ein Virtuose und der Himmel ist sein Zeuge« (H 90). Der Sinn dieser metaphorischen Formulierung bezieht sich auf Kierkegaards Glaubensparadox; das sinntragende sprachliche Bild scheint dagegen Grillparzers Novelle *Der arme Spielmann* entnommen zu sein, die Kafka sehr bewunderte. Grillparzers Spielmann widmet sich ganz der Violine, aber er besitzt groteskerweise keinerlei musikalische Begabung. Ihm selbst erscheint sein Spiel als Ausdruck des göttlichen Wesens der Musik, für andere ist es jedoch ein schrilles Gekreische. In ähnlicher Weise verletzt der Gottesglaube Abrahams, so wie Kierkegaard ihn auffaßt, alle Prinzipien, die seine Mitmenschen anerkennen. Indem er solch einen für andere nicht nachvollziehbaren Glauben mit den schrillen Mißtönen des Spielmanns gleichsetzt, gibt Kafka seiner skeptischen Beurteilung beider Ausdruck. Während ihre aus der Glaubensgewißheit herrührende Gleichgültigkeit gegenüber der Meinung anderer sie zu heroischen Gestalten werden läßt, kann man sich, wenn man sie von außen betrachtet, kaum des Gefühls erwehren, daß sie exzentrische, wunderliche Figuren sind.

Kafka bezweifelte die Gültigkeit der Glaubenshaltung Abrahams immer mehr und sprach diese Zweifel Ende Februar 1918 auch aus. Zunächst gibt es eine kurze Notiz, die lediglich »Hintergedanke Abrahams« lautet [7]; später gelangt Kafka zu der Ansicht, Abrahams verborgener Beweggrund sei das Verlangen, seine gesamte vergängliche Existenz einschließlich seiner Besitztümer in die Welt der Ewigkeit zu überführen:

> Die vergängliche Welt reicht für Abrahams Vorsorglichkeit nicht aus, deshalb beschließt er mit ihr in die Ewigkeit auszuwandern. Sei es aber, daß das Ausgangs-, sei es, daß das Eingangstor zu eng ist, er bringt den Möbelwagen nicht durch. Die Schuld schreibt er der Schwäche seiner kommandierenden Stimme zu. Es ist die Qual seines Lebens« (H 125).

Zu solchen Zweifeln an Abrahams Beweggründen ist Kafka möglicherweise durch einen Abschnitt in Monrads Biographie veranlaßt worden, in dem der Verfasser – zweifellos unbeabsichtigt – den Eindruck entstehen läßt, Abraham habe es fertiggebracht, sich ausschließende Dinge unter einen Hut zu bringen:

> Abraham wählt aber ohne Bedenken das Religiöse! und [...] weil er Glauben wählte und nicht Resignation, bekam er alles (den Sohn, das vorige Hauswesen usw.), und zwar unverändert, aber doch in der höheren Sphäre des Glaubens neu und verklärt wieder! [8]

Einem so verstandenen Abraham ähnelt durchaus Josef K. mit seinem berechnenden Wesen und seiner Unfähigkeit, eine Schuld für das Mißlingen seiner Pläne bei sich selbst zu suchen; statt dessen weist er diese Schuld den Instanzen zu, die ihn vorgeladen haben. – Es folgen noch weitere Bemerkungen Kafkas über Abraham, in denen er Kierkegaards Begriff »Ritter des Glaubens« kritisch betrachtet. Kafka vermutet, Abraham wolle sich ganz von der Welt abwenden, weil er sie als langweilig und eintönig empfinde, und sich ausschließlich auf

Gott ausrichten. Man brauche jedoch nur einen Blick auf die Welt zu werfen, um zu sehen, daß sie keineswegs eintönig, sondern ungemein abwechslungsreich sei; Abrahams Problem müsse deshalb wohl darin liegen, daß er sich bereits von der Welt abgewandt habe. Seine Langeweile müsse ihn deshalb geradezu veranlassen, sich der Mannigfaltigkeit des Lebens wieder zuzuwenden; sie müsse »ein Sprungbrett in die Welt« sein (H 125).[9] Kafkas Meditationen über *Furcht und Zittern* haben also zu einer Schlußfolgerung geführt, die der Anschauung Kierkegaards zuwiderläuft. Kierkegaard bewundert Abraham, weil er sich von der menschlichen Gesellschaft völlig abgekehrt und sich selbst vorbehaltlos und unbedingt der Gemeinschaft mit Gott anheimstellt. Nach Kafkas Anschauung handelt Abraham falsch, wenn er aus zweifelhaften Beweggründen seine Einsamkeit vergrößert, statt sich aus ihr zu befreien und sich wieder in die menschliche Gemeinschaft einzugliedern. Im Unterschied zu Kierkegaard ist Kafka nicht der Meinung, der Weg zur Wahrheit führe immer tiefer in die Wildnis. Vielmehr könne und solle der Durchgang durch die Einsamkeit des Glaubens nur ein Teilstück eines längeren, kreisförmigen Weges sein, auf dem man möglicherweise wieder in die Gemeinschaft zurückgelangen könne.

In den folgenden Aufzeichnungen kritisiert Kafka Kierkegaard unmittelbar, indem er beklagt, Kierkegaard habe sich nicht allein auf die Überzeugungskraft seiner Argumente verlassen, sondern darüber hinaus durch den literarischen Reiz seiner Darstellung den Leser zu bezaubern versucht. Diese Verbindung von Argumentation und literarischer Bezauberung erdrücke den Leser eher, statt ihn zu überzeugen. Kierkegaards geistige Brillanz, so fügt er hinzu, lasse ihn zuweilen über die nur schwer oder gar nicht lösbaren Probleme hinwegsehen: »Er hat zu viel Geist, er fährt mit seinem Geist wie auf einem Zauberwagen über die Erde, auch dort, wo keine Wege sind« (H 126). Weil er die Erfahrungen anderer Menschen nicht zu seinen eigenen gemacht habe, wirke er hochmütig und anmaßend, selbst wenn er sie demütig bitte, seinem Weg zu folgen. In einem Brief, den er wenige Tage später an Brod schreibt, stellt Kafka erneut fest, Kierkegaards fast ein wenig unecht wirkende geistige Brillanz (»Kierkegaard, der das unlenkbare Luftschiff so wunderbar dirigiert«) lasse erkennen, wie weit entfernt er sich von allen anderen fühle (»aus dem Zimmernachbar ist irgendein Stern geworden«), und er wiederholt seinen Vorwurf, Kierkegard sehe über die Probleme gewöhnlicher Menschen hinweg: »den gewöhnlichen Menschen [...] sieht er nicht und malt den ungeheueren Abraham in die Wolken« (Br 234–236). Aus all dem geht hervor, daß Kafka in Hinsicht auf die in *Furcht und Zittern* enthaltene Aussage grundsätzlich anderer Meinung als Kierkegaard war und daß er ihn jetzt und später mit einer Mischung aus Faszination und Skepsis betrachtet hat. Mit noch größerer Deutlichkeit lassen das die befremdlichen, irritierenden Anfangssätze einer unvollendet gebliebenen Erzählung erkennen; sie ist nicht datiert, aber wohl mit Sicherheit erst nach dem Zürauer Aufenthalt entstanden. Der in ihr auftretende Sprecher ist ein Hund:

> Ich bin ein Jagdhund. Karo ist mein Name. Ich hasse alle und alles. Ich hasse meinen Herrn, den Jäger, hasse ihn, trotzdem er, die zweifelhafte Person, dessen gar nicht wert ist (H 273).

Kafka ist zu diesem Erzählanfang möglicherweise durch einen Abschnitt in Kierkegaards Tagebuchaufzeichnungen inspiriert worden. Kierkegaard vergleicht sich hier mit einem Hund (»Jagdhund«), der seinem Herrn aufs Wort gehorcht und sogar hinnimmt, daß andere Menschen ihn mißhandeln, solange der Blick seines Herrn ihm zu verstehen gibt, er solle diese Mißhandlungen über sich ergehen lassen. Auf ein Zeichen seines Herrn greift er jedoch seine Peiniger an.[10] Kafka hat dieses Bild anscheinend übernommen, um Abrahams Widerwillen gegen die Welt zu verspotten und die Reinheit seines Gottesglaubens in Zweifel zu ziehen. Die »kommandierende Stimme«, mit der Abraham angerufen wurde, könnte mit dazu beigetragen haben, Gott mit einem Jäger zu vergleichen. Insgesamt gesehen, scheint Max Brods bekannte und folgenreiche Versicherung nur eine sehr geringe Beweiskraft zu haben, Kafka habe sich auf Kierkegaard bezogen und dessen Lehre von der Innkommensurabilität des göttlichen und menschlichen Gesetzes in seinen Roman *Das Schloß* eingearbeitet.[11] Jeder Einfluß, den Kierkegaard auf Kafka ausgeübt haben mag, war eher von negativer Art; S.S. Prawer beschreibt ihn als »Anreiz zu Ablehnung und Widerspruch.«[12]

Positiv jedoch reagierte Kafka auf das, was ihm vom Bestand des Kabbala genannten mystischen jüdischen Gedankenguts bekannt geworden war. Seine Kenntnisse stammten allerdings wohl aus sekundären Quellen, und er bezieht sich nur selten und zufällig darauf (T 178, 553). Im Jahre 1921 bat er Brod, er möge ihm eines der kabbalistischen Werke mit nach Matliary bringen, die dieser gerade im Zusammenhang mit seinen Vorarbeiten für seinen Roman *Rëubēni, Fürst der Juden* las (Br 303). Kafkas Hebräischkenntnisse reichten jedoch wahrscheinlich damals noch nicht aus, um viel damit anfangen zu können; jedenfalls stellt Brod in einem Aufsatz über Kafka, den er im November 1921 veröffentlichte, unzweideutig fest, er habe niemals kabbalistische Literatur gelesen. [13] Einige Begriffe aus der Kabbala, die Kafka kannte, dürften ihm durch den Chassidismus vermittelt worden sein, für den die Kabbala die geistige Grundlage bildete. Mit größter Wahrscheinlichkeit stammen sie aus seinen Gesprächen mit Langer, dessen Werk *Die Erotik der Kabbala* zeigt, wie tief dieser mit der mystischen Tradition vertraut war. Es geht insbesondere um zwei Begriffe, die im chassidischen Gedankengut vorkamen und in Kafkas Aphorismen eine besondere Rolle zu spielen scheinen. Bei dem einen handelt es sich um den mysteriösen Begriff der Entwicklung; Kafka spielt auf ihn an bei der Bestimmung des Bösen als einer »Notwendigkeit eines Augenblicks unserer ewigen Entwicklung« (H 91) und als einer »Ausstrahlung des menschlichen Bewußtseins in bestimmten Übergangsstellungen« (H 102). Beim zweiten Begriff handelt es sich um das *Kawanna* genannte Element chassidischer Spiritualität, das Scholem mit »mystische Intention« wiedergibt. [14]

Was Kafka mit dem Wort »Entwicklung« meint, läßt sich wenigstens in Umrissen verdeutlichen durch eine kurze Darstellung des Begriffs der Entwicklung des Menschen, wie er sich in der lurianischen Kabbala vorfindet. Das ist der Name, den man den Lehren des Isaak Luria (1534–1572) gegeben hat; sie wurden im jüdischen Volk durch seine Anhänger verbreitet und bildeten möglicherweise die geistige Grundlage des Chassidismus. Nach Lurias Vorstellung waren die zehn *Sefiroth*, die von Gott ausströmenden Lichter, ursprünglich in besonderen Gefäßen aufbewahrt. Die Lichter der sieben unteren *Sefiroth*, die alle auf einmal hervorströmten, erwiesen sich als zu kraftvoll für die Gefäße und ließen sie bersten und auseinanderfallen. Die Scherben dieser Gefäße sind der Ursprung dessen, was wir das Böse nennen. Während ein Teil des göttlichen Lichtes zu seinem Ursprung zurückkehrte, wurde der Rest von den Kräften des Bösen eingefangen und wird noch immer als Funken in ihnen gefangengehalten. Das Ziel des heilsgeschichtlichen Prozesses (*Tikkun*) liegt in der Befreiung dieser Funken und in der Wiederherstellung der ursprünglichen göttlichen Ordnung. Dieser Entwicklungsprozeß vollzieht sich in der menschlichen Geschichte ebenso wie in der Schöpfung überhaupt; an sein Ziel gelangen wird er mit dem Erscheinen des Messias. Jeder einzelne kann an diesem heilsgeschichtlichen Prozeß mitwirken, denn sein Gebet trägt dazu bei, das Kommen des Messias zu beschleunigen. Das erklärt die große Anziehungskraft der lurianischen Kabbala; Scholem sagt dazu: »Sie lehrte ein Judentum, das auch in seinen volkstümlichen Aspekten voll von messianischer Spannung war. Jeder Jude wurde auf eine vorher ganz unerhörte Weise von der neuen Lehre für die Beendigung des großen Werkes des *Tikkun*, der messianischen Restitution, in Anspruch genommen.« [15] Hierin liegt auch eine Erklärung für das Böse und das Leiden; zur Zeit Lurias war eine solche Erklärung unbedingt notwendig, denn die Vertreibung der Juden aus Spanien im Jahre 1492 war eine Katastrophe, die noch nicht aus der Erinnerung entschwunden war. Das Böse kann nun als eine notwendige Zwischenstufe in den heilsgeschichtlichen Prozeß eingeordnet werden. Diese optimistische Weltsicht wurde vom Chassidismus übernommen. Einer der bekanntesten Aussprüche des Baalschem lautet: »Das Böse ist nur die unterste Stufe des Guten.« [16]

Der Anteil des einzelnen am *Tikkun* ist nicht auf seine jeweilige Lebenszeit eingeschränkt. Die Lehre von der Seelenwanderung, die nur selten und nur als eine Form der Strafe im früheren Kabbalismus eine Rolle gespielt hatte, wurde von Luria neu interpretiert und erhielt eine zentrale Bedeutung in seinem gedanklichen System. Man glaubte jetzt, die Seelenwanderung betreffe alle und sei ein notwendiger Bestandteil des heilsgeschichtlichen Prozesses. Auch diese Auffassung fand Eingang in den Chassidismus: »Alle Menschen sind die Stätten wandernder Seelen«, sagt Buber in seiner Darstellung der Lehren des Baalschem. »In vielen Wesen wohnen sie und streben von Gestalt zu Gestalt nach Vollendung.« [17] Auch Kafka spielt zuweilen mit dieser Vorstellung; in einer Eintragung vom 24. Februar 1918 ins vierte Oktavheft erwägt er Beweismöglichkeiten für die Präexistenz: »Beweise für ein wirkliches Vorleben: Ich habe dich schon früher gesehn, die Wunder der Vorzeit und am Ende der Tage« (H 120).

Die Lehre von der Seelenwanderung scheint auch Eintragungen wie der folgenden zugrunde zu liegen:

> Die Freuden dieses Lebens sind nicht die seinen, sondern unsere Angst vor dem Aufsteigen in ein höheres Leben; die Qualen dieses Lebens sind nicht die seinen, sondern unsere Selbstqual wegen jener Angst (H 108).

An einer anderen Stelle bezeichnet er in einer Art, die sehr an Lurias *Tikkun* erinnert, die Welt als eine Zwischenstufe, als einen »Übergang« (H 118). Es ist jedoch nicht ersichtlich, ob Kafka hier einem buchstäblichen Glauben an die Seelenwanderung Ausdruck gibt. Oft läßt der moralische Nebensinn, den er mit dieser Lehre verbindet, vermuten, daß er sie metaphorisch verwendet, wie es auch Goethe mit seinem Gebot »Stirb und werde!« in dem Gedicht *Selige Sehnsucht* tut. [18] Die Stufen des Entwicklungsprozesses bezeichnet Kafka auch als Stufen der »Erkenntnis« (H 110). Das Erreichen einer höheren Erkenntnisstufe ist eine Art von Tod, der jedoch nicht gleichzusetzen ist mit dem physischen Sterben: »Unsere Rettung ist der Tod, aber nicht dieser« (H 123). Daß Kafka die Seelenwanderungslehre in einem bildhaften Sinn gebraucht, geht aus seiner lakonischen Feststellung hervor: »Die Menschheitsentwicklung – ein Wachsen der Sterbenskraft« (H 123). Mit »Sterbenskraft« meint Kafka anscheinend etwas wie die geistig-spirituelle Selbstdisziplin, wie sie in George Herberts Gedicht *Mortification* geschildert wird. [19]

Wenn Kafka diese Lehre als Metapher in sein Denken einbringt, so übernimmt er den Begriff der *Kawanna* in einem eher wörtlichen Sinn. *Kawanna* meint die Form des Gebetes, durch das der Mensch den Prozeß des *Tikkun* voranbringen kann. Für Luria ist dieses Gebet kein kontemplatives, sondern ein aktives Tun. Für Scholem heißt das:

> Der Mensch soll in jeder Handlung seine innere Absicht darauf richten, die ursprüngliche Einheit wieder herzustellen, die durch den Urmakel – den Bruch der Gefäße – und jene von dort herkommenden Mächte des Bösen und der Sünde in der Welt gestört worden ist. Den Namen Gottes zu *einigen*, wie der Terminus lautet, ist nicht nur ein reiner Akt des Bekennens und Anerkennens der Majestät Gottes, es ist mehr als dies: es ist auch aktuelles Tun. [20]

Diese Forderung nach einer aktiven Ausrichtung des gesamten Seins eines Menschen auf das spirituelle, religiöse Ziel wird auch von Kafka erhoben: »Zwei Möglichkeiten: sich unendlich klein machen oder es sein. Das zweite ist Vollendung, also Untätigkeit, das erste Beginn, also Tat« (H 105). Scholem weist jedoch auch darauf hin, daß *Kawanna* nicht eine Aktivität im Sinne des Leistungsprinzips bedeutet. Es scheint viel eher darauf hinzudeuten, daß es einer völligen Abkehr von der Leistungsorientierung und eines Aufgebens des eigenen Willens bedarf, um – wie es in einem der letzten Aphorismen Kafkas heißt – die Welt dazu zu bringen, sich einem zu Füßen zu legen:

> Es ist nicht notwendig, daß du aus dem Hause gehst. Bleib bei deinem Tisch und horche. Horche nicht einmal, warte nur. Warte nicht einmal, sei völlig still und allein. Anbieten wird sich dir die Welt zur Entlarvung, sie kann nicht anders, verzückt wird sie sich vor dir winden« (H 124).

Kawanna steht auch in enger Beziehung zur Demut, dem Verhaltensmodus, durch den der Mensch zur Einheit mit der ganzen Schöpfung zu gelangen vermag. Auch für Kafka liegt in der Demut der Weg, ein enges Verhältnis zum Mitmenschen herzustellen:

> Die Demut gibt jedem, auch dem einsam Verzweifelnden, das stärkste Verhältnis zum Mitmenschen, und zwar sofort, allerdings nur bei völliger und dauernder Demut. Sie kann das deshalb, weil sie die wahre Gebetssprache ist, gleichzeitig Anbetung und festeste Verbindung (H 119).

Im Unterschied zu Kierkegaards gesellschaftsfernem Glaubensbegriff bietet die Haltung der Demut eine Lösungsmöglichkeit für das Problem, spirituelle Versenkung mit den Verpflichtungen, die der Mensch als Angehöriger einer Gemeinschaft hat, zu vereinbaren. Sie geht hervor aus der mystischen Überzeugung, daß alle Menschen eine Einheit bilden. Allerdings weist ein am 19. Februar 1918 niedergeschriebener Satz – »Wir alle haben nicht einen Leib, aber ein Wachstum« – darauf hin, daß die Menschen nicht eine Einheit bilden im Sinne des Christentums, nämlich Glieder eines Leibes zu sein (vgl. Röm. 12,5; 1. Kor. 12,12), sondern im Sinne ihrer Teilhabe an einem einheitlichen Entwicklungsprozeß – eine Vorstellung, die überaus deutlich an den lurianischen *Tikkun*-Begriff erinnert und dic wohl mit Sicherheit daraus abgeleitet ist.

Wir können nun mit der Überprüfung beginnen, wie diese Vorstellungen in das gedankliche System hineinpassen, das sich aus Kafkas Aphorismen erschließen läßt. Es dürfte am zweckdienlichsten sein, mit dem früher bereits angesprochenen Ausdruck »Rechtfertigung« zu beginnen. Er bezeichnete nämlich die moralische und religiöse Absicht, aus der heraus Kafka seine eigene »Wunde« erforschte, und den Punkt, von dem aus seine persönliche Problematik sich erweiterte und den Blick freigab auf Fragen, die für ihn selbst wie für seine Mitmenschen von Bedeutung waren. Um die Erforschung dieser Fragen ging es in den Zürauer Aphorismen. Kafka gibt für den Ausdruck »Rechtfertigung« eine Erklärung, die allerdings ihrerseits wiederum einer eingehenden Erläuterung bedarf:

> Niemand schafft hier mehr als eine geistige Lebensmöglichkeit; daß es den Anschein hat, als arbeite er für seine Ernährung, Kleidung und so weiter, ist nebensächlich, es wird ihm eben mit jedem sichtbaren Bissen auch ein unsichtbarer, mit jedem sichtbaren Kleid auch ein unsichtbares Kleid und so fort gereicht. Das ist jedes Menschen Rechtfertigung. Es hat den Anschein, als unterbaue er seine Existenz mit nachträglichen Rechtfertigungen, das ist aber nur psychologische Spiegelschrift, tatsächlich errichtet er

> sein Leben auf seinen Rechtfertigungen. Allerdings muß jeder Mensch sein Leben rechtfertigen können (oder seinen Tod, was dasselbe ist), dieser Aufgabe kann er nicht ausweichen (H 121).

Hier scheint das Wort »Rechtfertigung« aus dem theologischen Kontext übernommen zu sein, in dem es um die Rechtfertigung des Menschen vor Gott durch den Glauben oder durch Taten geht; anscheinend bedeutet es so etwas wie die Überzeugung, daß man ein gutes Leben führt. Die Gelegenheit, sich in diesem Sinne zu rechtfertigen, bietet die alltägliche Notwendigkeit, für die Nahrung und die Kleidung zu sorgen. Es verhält sich dabei jedoch nicht so, als ob jemand seine Rechtfertigung erst durch seine Arbeit, die er im Lebensvollzug verrichtet, verdienen müsse; ebenfalls kann man nicht auf sein Leben zurückblicken und es im nachhinein zu rechtfertigen suchen. Es ist aber so, daß die Überzeugung, ein gutes Leben zu führen, dem eigentlichen Lebensvollzug vorausliegt: Sie ist die Grundlage, von der aus man sein Leben führt. Es handelt sich dabei nicht um eine Überzeugung verstandesmäßiger Art, die man sich in einem Reflexionsprozeß aneignen könnte. Vielmehr ist die vitale Energie, der elementare Lebenswille also, gemeint, die jemanden in die Lage versetzt, in erster Linie mit den Aufgaben des Alltags fertigzuwerden.

An dieser Stelle drängen sich einige Schlußfolgerungen auf. Erstens: Hier läßt sich der Lebenswille wiedererkennen, der sich in Josef K. regte, als er zur Hinrichtung geführt wurde; er brachte ihn auf den Gedanken: »Die Logik ist zwar unerschütterlich, aber einem Menschen, der leben will, widersteht sie nicht« (P 272). Jetzt und hier jedoch hat Kafka dieser elementaren Lebensenergie eine moralische Bedeutung beigelegt. Er betrachtet sie als den Boden, auf dem religiöser Glaube gedeihen kann, wie der folgende Dialog zeigt:

> »Daß es uns an Glauben fehle, kann man nicht sagen: Allein die einfache Tatsache unseres Lebens ist in ihrem Glaubenswert gar nicht auszuschöpfen.«
> »Hier wäre ein Glaubenswert? Man kann doch nicht nicht-leben.«
> »Eben in diesem ›kann doch nicht‹ steckt die wahnsinnige Kraft des Glaubens; in dieser Verneinung bekommt sie Gestalt« (H 123–124).

Es muß ausdrücklich betont werden: Beim Glauben handelt es sich nicht um eine verstandesmäßig erworbene Überzeugung, zu der Theologen einen bevorzugten Zugang hätten; er ist vielmehr das elementare Potential an Vitalität, das das Leben jedes einzelnen, auch des völlig unreflektierten Menschen, erst möglich macht.

Zweitens: Es ist evident, daß für Kafka Glaubenskraft sich im Lebensvollzug selbst darstellt, und zwar insbesondere in den alltäglichen Verrichtungen, wie sie die Beschaffung des Lebensunterhalts notwendig macht. Man fühlt sich hierbei an Hegels Mahnung erinnert: »Trachtet am ersten nach Nahrung und Kleidung, so wird euch das Reich Gottes von selbst zufallen.«[21] Die Vorstellung, man könne sein Leben rechtfertigen, indem man es schlicht und einfach lebt, ist hilfreich, wenn man erklären will, warum Kafka gern und oft eine Bemerkung anführte, die Flaubert machte, nachdem er eine Familie mit vielen Kindern besucht hatte: »Ils sont dans le vrai.«[22] Das Idealbild, von dem Kafka ausgeht, ist das des gewöhnlichen Menschen, der seine alltäglichen Aufgaben erfüllt, der seine Arbeiten erledigt, der für seine Familie sorgt. Das letzte Ziel, das er vor Augen hatte, war eine Gemeinschaft, in der jeder einzelne »dans le vrai« leben könnte und würde. Menschen, die ein solches Leben führten, bedürften keiner Religion mehr, denn eine Religion ist der Versuch, noch aus der Ferne in Verbindung zu bleiben mit einem Gut, das man schon verloren hat und das einem schon fremd geworden ist. Darauf zielt Kafka mit seiner Frage: »Ist die Tatsache der Religionen ein Beweis für die Unmöglichkeit des Einzelnen, dauernd gut zu sein?« (H 84), und er fügt hinzu: »Der Gründer reißt sich vom Guten los« (H 84–85).

Drittens: Kafkas Lob des unreflektierten Lebenswillens kennzeichnet ihn als Menschen seiner Zeit. Wenn überhaupt irgendein Begriff in der deutschsprachigen Welt in den ersten Jahren des zwanzigsten Jahrhunderts vorherrschend war, dann war es *das Leben.* Wolfdietrich Rasch hat gesagt, dieser Begriff habe auf eine noch ausschließlichere Weise die Zeit beherrscht, als es der Begriff der Vernunft in der Aufklärung getan habe.[23] Es dürfte jedoch weitaus einfacher sein, ein Lob auf *das Leben* im Sinne der amoralischen Vitalität zu finden, als auf das moralisch verstandene Leben, wie es bei Kafka anzutreffen ist. Die engste Parallele zu Kafkas Lebensauffassung liegt vielleicht im Lebensverständnis des jungen Hofmannsthal: Für ihn ruft *das Leben* den Menschen aus dem künstlichen Paradies des unverbindlichen Ästhetizismus und konfrontiert ihn mit seinem Ernst und seinem Leid.

Die vierte und letzte Überlegung, die durch Kafkas Bemerkungen zur »Rechtfertigung« ausgelöst wird, richtet sich auf einen scheinbar in ihnen enthaltenen Widerspruch. Wenn die Rechtfertigung in der bloßen Faktizität des Lebens liegt, wie kann sie dann problematisch sein? Wie kann jemand Zweifel an der Rechtfertigung seines Daseins haben, wenn er sie schon besitzt?

Hier liegt nur scheinbar ein Widerspruch vor. Was die Rechtfertigung zu einem Problem werden läßt, ist die schon erwähnte Kluft zwischen Sein und Bewußtsein. Jemandes Rechtfertigung kann in seinem Dasein – aber außerhalb seines Bewußtseins – verborgen liegen. Er wird deshalb von einem Schuldgefühl gequält – oder er weist, wie es Josef K. tut – schamlos jede Schuld von sich. Sein Schuldgefühl ist darin begründet, daß er die vitale und moralische Energie unterdrückt, die sein Sein bestimmt, die er aber nicht in sein Bewußtsein gelangen läßt. Dieses innerste Prinzip, diese elementare Lebensenergie, die das Zentrum des menschlichen Seins ausmacht, erscheint bei Kafka oft als »das Unzerstörbare«:

> Der Mensch kann nicht leben ohne ein dauerndes Vertrauen zu etwas Unzerstörbarem in sich, wobei sowohl das Unzerstörbare als auch das Vertrauen ihm dauernd verborgen bleiben können. Eine der Ausdrucksmöglichkeiten dieses Verborgenbleibens ist der Glaube an einen persönlichen Gott (H 90–91).

Wahrscheinlich läßt sich diese Vorstellung mit Gedanken des mittelalterlichen Mystikers Meister Eckehart in Verbindung bringen, den Kafka schon früh gelesen hat (Br 20). Dieser sagt, der Punkt, an dem Gott und Mensch sich berühren könnten, liege »in dem Reinsten, was die Seele zu bieten vermag, in ihrem Edelsten, in dem Grunde, kurz: in dem *Wesen* der Seele«. [24] Inzwischen ist Meister Eckeharts Einfluß auf Kafka jedoch überlagert worden durch Gedanken Schopenhauers, wie sie insbesondere das Kapitel »Über den Tod und sein Verhältnis zur Unzerstörbarkeit unseres Wesens an sich« aus *Die Welt als Wille und Vorstellung* enthält. Hier erklärt Schopenhauer, das eigentliche Wesen des Menschen bestehe im Willen; dieser sei eine fundamentale Schicht der Realität schlechthin; an ihm hätten alle Geschöpfe Anteil, und er werde durch den Tod des Individuums nicht berührt. [25] Der Wille ist keine Abstraktion, sondern – wie »das Unzerstörbare« – eine vitale Kraft, die dem Leben des einzelnen Durchsetzungsvermögen und Antrieb verleiht. Kafka hat hier möglicherweise auch noch Bubers im vorigen Kapitel dargelegte Vorstellung des mystischen Einheitserlebnisses aufgenommen; Buber versteht darunter die Versenkung in das Ich, die durch die absolute Einsamkeit zur Einheit mit dem »Welt-Ich« und darin zur Einheit mit der Menschheit überhaupt führt. [26] Die Grundstruktur dieses mystischen Einheitserlebnisses bei Buber stammt allerdings ihrerseits von Schopenhauer.

Wenn jedoch »das Unzerstörbare« mit dem dem Leben des einzelnen zugrunde liegenden Sein übereinstimmt, dann ist es von seinem Bewußtsein getrennt. Als ein Ergebnis dieser Trennung kann die Vorstellung entstehen, das Leben des einzelnen werde von einer überindividuellen Kraft bestimmt, zum Beispiel von einem persönlichen Gott. Wir sahen im dritten Kapitel bereits, daß Kafka das Wort »Gott« ausschließlich metaphorisch gebraucht hat und der Meinung war, das Wesen seiner religiösen Erfahrung ließe sich eher beschreiben als Beziehung zu »einer beruhigend fernen, womöglich unendlichen Höhe oder Tiefe« (F 289). Tolstoi formuliert in seinen Tagebüchern, die Kafka während seines Aufenthaltes in Zürau mit Interesse gelesen hat, ebenfalls eine nicht-anthropomorphe Gottesvorstellung: »Man sagt, man müsse Gott als eine Person verstehen. Darin liegt ein Mißverständnis: Person heißt Begrenztheit.« [27] Dora Dymant, mit der Kafka in seinem letzten Lebensjahr zusammenlebte, war sich sicher, daß er nicht an einen persönlichen Gott glaubte. [28] Selbst wenn Kafka jedoch ein Atheist war, so war er doch gleichzeitig ein tief religiöser Mensch; der Gegenstand seiner religiösen Anschauungen war nicht ein übernatürliches Wesen, sondern das gemeinsame Sein der Menschheit, dem als Einheit »das Unzerstörbare« zugrunde liegt.

> Das Unzerstörbare ist eines; jeder einzelne Mensch ist es und gleichzeitig ist es allen Menschen gemeinsam, daher die beispiellos untrennbare Verbindung der Menschen (H 96–97).

Es wäre deshalb irreführend, Kafkas religiöse Vorstellungen in theologischen Begriffen zu erörtern, denn er hatte keinen Glauben an einen Gott und deswegen auch keine Theologie. [29] Martin Bubers Behauptung, Kafkas Glaube habe sich in spezifisch jüdischer Weise auf einen *deus absconditus* gerichtet, läßt sich kaum mit seinen eigenen Aussagen vereinbaren. [30] Noch weniger läßt sich die in der Literatur über Kafka hier und da anzutreffende abwegige Meinung begründen, Kafka habe in einer Art manichäischen Glaubens an einen bösen Gott geglaubt. [31] Es wäre zutreffender, Kafka mit Feuerbachs Gottesbegriff in Verbindung zu bringen; er besagt, daß Gott mit seiner Allmacht, seiner Vollkommenheit etc. eine Projektion des menschlichen Wesens ist, das dem Menschen der Gegenwart verlorengegangen ist oder von dem er sich entfremdet hat, so »daß sich folglich der Mensch in der Religion im Verhalten zu Gott zu *seinem eigenen Wesen* verhält«.[32] Aber wenn auch – für Kafka wie für Feuerbach – der Glaube an Gott ein Ausdruck der Entfremdung ist, so ist »das Unzerstörbare« nichts, das noch für das Leben des Menschen wiedergewonnen oder erst noch verwirklicht werden müßte: Es liegt seinem Leben bereits zugrunde, und zwar als Lebenskraft, die das Leben trägt und vorantreibt. Die ideale Beziehung zwischen ihr und dem Bewußtsein des einzelnen bestünde nicht in der Einheit, sondern im Gleichgewicht: »Theoretisch gibt es eine vollkommene Glücksmöglichkeit: An das Unzerstörbare in sich glauben und nicht zu ihm streben« (H 96). Ein bedingungsloser Glaube an »das Unzerstörbare« würde den Menschen in die Lage versetzen, mit dessen Wesen ganz eins zu werden: »Glauben heißt: das Unzerstörbare in sich befreien, oder richtiger: unzerstörbar sein, oder richtiger: sein« (H 89). Er wäre dann »dans le vrai«; er wäre fähig, seinem alltäglichen Leben in einem Gefühl der Selbstgewißheit nachzugehen – und es würde nicht einmal etwas bedeuten, wenn das, was diese Selbstgewißheit ausmacht, im Unbewußten verbliebe: »Nicht jeder kann die Wahrheit sehn, aber sein« (H 94).

Im Herbst 1917 glaubte Kafka jedoch, denkbar weit von einem solchen Zustand entfernt zu sein. Manchmal kam es ihm unmöglich vor, eine ausgewogene Beziehung zwischen dem »Unzerstörbaren« und dem menschlichen Leben zu finden – als suchte man eine Aufgabe, die sich von selbst löste: »Du bist die Aufgabe. Kein Schüler weit und breit« (H 83). Paradoxien dieser Art sind jedoch in Kafkas Denken keineswegs so häufig, wie man zuweilen vermutet hat.[33] Kafka bemüht sich, wie es z.B. im *Prozeß* der Fall ist, logische Probleme in moralische einmünden zu lassen, die im Prinzip lösbar sind, selbst wenn die geforderten Anstrengungen im Lebensvollzug über die Möglichkeiten des Menschen hinausgehen. In ähnlicher Weise überträgt er in seinen Aphorismen den Gegensatz zwischen Sein und Bewußtsein in den Gegensatz zwischen der geistigen und der sinnlichen Welt und behauptet, die Trennung dieser beiden sei eine Täuschung:

> Es gibt nicht anderes als eine geistige Welt; was wir sinnliche Welt nennen, ist das Böse in der geistigen, und was wir böse nennen, ist nur eine Notwendigkeit eines Augenblicks unserer ewigen Entwicklung (H 91).

Hier übernimmt Kafka das Welt- und Geschichtsbild des *Tikkun*, um das Böse als eine notwendige Übergangsstufe in einem größeren Entwicklungsprozeß erklären zu können, und verbindet es mit der chassidischen, im letzten Kapitel dargestellten Anschauung, daß Gottes Gegenwart die ganze Welt erfüllt und daß sie jederzeit wahrgenommen werden kann, wenn man sich nur von den Täuschungen der Sinne befreit. Diese nur Gott mögliche Sicht der Dinge ist jedoch dem nicht möglich, der in die materielle Welt verstrickt ist. Obgleich Kafka dieses Problem unter verschiedenen Aspekten behandelt – unter moralischen, spirituellen und erkenntnistheoretischen – bleibt seine Grundstruktur konstant. Auf der einen Seite gibt es eine Wirklichkeit, die in sich geschlossen, sich selbst genügend und deshalb unfähig zur Erkenntnis ihrer selbst ist, denn Selbsterkenntnis setzt eine Trennung von Subjekt und Objekt voraus. Eine solche Wirklichkeit muß indifferent sein gegenüber der außerhalb ihrer vorhandenen Welt. So erklärt Kafka, »daß auch die Seele von sich selbst nichts weiß« (H 93), und behauptet: »Das Böse weiß vom Guten, aber das Gute vom Bösen nicht« (H 94), und weiter: »Wahrheit ist unteilbar, kann sich also nicht selbst erkennen; wer sie erkennen will, muß Lüge sein« (H 99). Auf der anderen Seite haben wir Bewußtsein; das Bewußtsein ist *per definitionem* von seinem Gegenstand getrennt. Sich des Guten und des Wahren bewußt zu sein, heißt demnach, vom Guten und Wahren getrennt und damit böse und lügnerisch zu sein. Wenn jemand »dans le vrai« wäre, wüßte er es nicht: »Selbsterkenntnis hat nur das Böse« (H 84). Von der Wahrheit getrennt zu sein, bedeutet jedoch nicht notwendigerweise, daß jemandes Erkenntnis falsch ist. Sabina Kienlechner, deren Interpretation der Zürauer Aphorismen die bei weitem beste ist von denen, die ich gelesen habe, scheint zu irren, wenn sie Kafkas Feststellung: »Wer sie (sc. die Wahrheit) erkennen will, muß Lüge sein«, als Paradox betrachtet. Ihre Paraphrase lautet: »Nur wer *Lüge* ist, kann Wahrheit erkennen, aber wer Lüge ist, kann *Wahrheit* nicht erkennen.« [34] Was Kafka jedoch meint, ist, daß jemand »Lüge« sein *und* die Wahrheit erkennen kann: Dem Bewußtsein, das man hat, ist eine genaue Kenntnis der Wahrheit möglich, und gerade das kann zum Nachteil des Menschen sein, weil sein Wesen noch von Falschheit erfüllt sein kann.

Dieser Sachverhalt wird klarer werden, wenn wir einen Blick auf die Aphorismen werfen, die dieselbe gedankliche Struktur haben, den Nachdruck jedoch auf Gut und Böse legen. »Wenn man einmal das Böse in sich aufgenommen hat, spielt es keine Rolle mehr, daß man ihm glaube« (H 84). Man kann ein ungetrübtes Bewußtsein haben und doch vom Bösen ganz durchdrungen sein, wie es etwa bei Josef K.

und in einem gewissen Sinn auch bei Kleists Marquise von O. der Fall ist, die, ohne es zu wissen, schwanger geworden ist. Ihre Bitte, eine Hebamme herbeizuholen, veranlaßt ihre Mutter zu dem Ausruf: »Ein reines Bewußtsein, und eine Hebamme!«[35] Auch das Gegenteil ist möglich: Der Teufel verführt Adam und Eva mit dem Versprechen zur Sünde: »ihr werdet sein wie Gott und wissen, was gut und böse ist« (Gen. 3,5). Das brachte sie zu der Annahme, das Gute zu erkennen, sei wertvoller, als gut zu sein: »Der trostlose Gesichtskreis des Bösen: schon im Erkennen des Guten und Bösen glaubt er die Gottgleichheit zu sehn« (H 102).

Seine Gebundenheit an die sinnliche Welt nimmt dem Menschen demnach nicht grundsätzlich die Möglichkeit, die Wahrheit zu erkennen; sie nimmt ihm aber wohl die Möglichkeit, in seinem Dasein die Wahrheit als ganze zu verwirklichen. Die Welt, in der wir leben, ist so sehr durchtränkt vom Unwahren, daß dieses Unwahre nicht Stück für Stück beseitigt werden kann, wie man etwa einen Fehler nach dem anderen korrigiert, sondern es ließe sich nur als ganzes beseitigen, indem man eine »Welt der Wahrheit« an die Stelle der gegenwärtigen Welt treten ließe (H 108). Gelegentlich, besonders in den früheren Aphorismen, spricht Kafka davon, die Suche nach der Wahrheit sei ein paradoxes Unterfangen:

> Wirklich urteilen kann nur die Partei, als Partei aber kann sie nicht urteilen. Demnach gibt es in der Welt keine Urteilsmöglichkeit, sondern nur deren Schimmer (H 86).

Hier handelt es sich um ein Paradox, wie es jeden Tag vorkommt: Wenn jemand sich in ein Problem regelrecht verstrickt, wird er von ihm so eingenommen, daß er die Wahrheit nicht finden kann; läßt er sich auf dieses Problem jedoch nicht intensiv genug ein, so findet er aus Mangel an Sachkenntnis die Wahrheit nicht. Was an dieser paradoxen Alltagssituation interessant ist, ist, daß Kafka sich von ihr anregen ließ, einige unterhaltsame kurze Erzählungen zu schreiben; sie sollen zeigen, in welchem Ausmaß Verwirrung und Täuschung das alltägliche Leben bestimmen (»Eine alltägliche Verwirrung«) und daß jemand unerwartet aus einer Gefahr gerettet werden kann, weil die Täuschung in der Welt vorherrscht (»Das Schweigen der Sirenen«). In der zweiten Erzählung ist Odysseus nicht wie bei Homer als der Listenreiche dargestellt, sondern als ein Einfaltspinsel, der sich einbildet, er könne sich schon dadurch hinreichend vor dem Gesang der Sirenen schützen, daß er sich die Ohren mit Wachs verstopft und sich an den Mast ketten läßt. Nun haben aber die Sirenen eine noch schrecklichere Waffe als den Gesang, nämlich ihr Schweigen. Weil sie die Hälse drehen und wenden, glaubt Odysseus jedoch, sie hätten ihren Gesang angestimmt. Diese Täuschung rettet ihn, und er kommt unversehrt an ihnen vorbei.

Da die Welt des Bösen und der Täuschung nur eine Enklave innerhalb der geistigen Welt ist, müßte es einen Weg geben, aus ihr herauszugelangen. Kafka zieht zwei Möglichkeiten in Erwägung: Psychologie und Kunst.

In einem von Zürau aus an Felix Weltsch gerichteten Brief ließ er die durchaus zwiespältige Faszination erkennen, die von dem »verdammt psychologischen Theorienkreis, den Du nicht liebst, aber von dem Du besessen bist (und ich wohl auch)«, auf ihn ausging (Br 187). Er war vertraut mit zwei wichtigen psychologischen Theorien. Bei der einen handelt es sich selbstverständlich um Freuds Psychoanalyse. Kafka las darüber in *Die neue Rundschau* und vielleicht auch in *Imago*; er las Hans Blühers psychoanalystische Studie *Die Rolle der Erotik in der männlichen Gesellschaft*, traf mit dem Psychoanalytiker Otto Gross zusammen und äußerte sich aus intimer Kenntnis über Wilhelm Stekel, den »Wiener, der aus Freud kleine Münze macht« (Br 169); Stekel hatte *Die Verwandlung* in einem seiner Bücher erwähnt.[36] Als Theorie schien die Psychoanalyse Kafka nur im ersten Augenblick zufriedenzustellen (Br 197); ihr Anspruch, alles erklären zu können, bedeutete, daß sie auf Dauer gesehen gar nichts erklärte. Im therapeutischen Anspruch der Psychoanalyse sah er »einen hilflosen Irrtum«; sie war nicht in der Lage zu sehen, daß die Symptome, die sie zu behandeln vorgab, Ausdruck eines Bedürfnisses nach Sinngebung waren; »Verankerungen des in Not befindlichen Menschen in irgendwelchen mütterlichen Boden« (M 292), und daß sie deswegen tief in das Wesen des Menschen selbst hinabreichten. In seiner ablehnenden Haltung gegenüber Freuds Ideal psychischer Gesundheit fand er sich durch ein Wort Kierkegaards bestätigt: »Überhaupt leiblich und psychisch ganz gesund ein wahres Geistesleben führen – das kann kein Mensch« (Br 240).[37]

Genauso unzureichend erschien Kafka die zweite ihm bekannte psychologische Theorie, nämlich die empirische oder deskriptive Psychologie des Philosophen Franz Brentano. Während seines Studiums besuchte Kafka eine Vorlesung über »Grundfragen der deskriptiven Psychologie«, die Brentanos Schüler Anton Marty hielt, und von

1902 bis 1905 nahm er – ob regelmäßig ist nicht bekannt – an einem Diskussionzirkel teil, den eine Studentengruppe alle vierzehn Tage am Café Louvre veranstaltete. Die Versuche, die man unternommen hat, in Brentanos Philosophie den Schlüssel zur Gedankenwelt Kafkas zu sehen, haben keine Überzeugungskraft; sie wird aber immerhin im folgenden Abschnitt der Zürauer Notizhefte ausführlich erwähnt:

> Es gibt keine Beobachtung der innern Welt, so wie es eine der äußern gibt. Zumindest deskriptive Psychologie ist wahrscheinlich in der Gänze ein Anthropomorphismus, ein Ausragen der Grenzen. Die innere Welt läßt sich nur leben, nicht beschreiben. – Psychologie ist die Beschreibung der Spiegelung der irdischen Welt in der himmlischen Fläche oder richtiger: die Beschreibung einer Spiegelung, wie wir, Vollgesogene der Erde, sie uns denken, denn eine Spiegelung erfolgt gar nicht, nur wir sehen Erde, wohin wir uns auch wenden (H 72).

Weil das Ich zur geistigen und nicht zur empirischen Welt gehört, kann die empirische Psychologie lediglich der irdischen Welt entnommene Kategorien auf die geistige Welt übertragen. Anderswo sagt Kafka, Psychologie sei die Entzifferung einer Spiegelschrift – eine Aufgabe, deren Ergebnis im voraus bekannt sei, da jemand den Text erst geschrieben und ihn dann selbst umgewendet habe (H 122). Wenn Kafka die Möglichkeit der »Beobachtung der innern Welt« völlig abstreitet, ist das nicht unbedingt ein Beleg dafür, daß er mit Brentanos Werk sehr vertraut war: Brentano selbst ist ebenfalls der Meinung, Selbstbeobachtung sei nicht möglich, und nennt deshalb das methodische Verfahren seiner Philosophie nicht »innere *Beobachtung*«, sondern *»innere Wahrnehmung«*. [38] Wenn Brentano der Ansicht ist, wir könnten uns selbst in begrenztem Ausmaß im Akt des Denkens begreifen, leugnet Kafka selbst diese Möglichkeit und behauptet, als Geschöpfe der empirischen Welt vermöchten wir nichts zu sehen, wohin wir auch schauten. Die Versuche der Psychologen ähneln eher den Bemühungen James Thurbers, durch ein Mikroskop zu schauen: Nachdem er ein faszinierendes Muster von Spiralen und Pünktchen aufgezeichnet hatte, entdeckte Thurber, daß er die Linse so eingestellt hatte, daß sie ein Spiegelbild wiedergab – es war ihm gelungen, sein eigenes Auge aufzuzeichnen.

Das Bild des Lichts und des Widerscheins kommt in den beiden Aphorismen vor, in denen Kafka über die Kunst spricht. Wenn die Wahrheit ein in der Dunkelheit leuchtendes Licht ist, dann darf die Kunst ihr nicht zu nahe kommen, wenn sie sich nicht verbrennen will. Sie muß vielmehr einen Punkt finden, von dem aus sie den Lichtstrahl auffangen kann. So kann Kunst die Wahrheit andeutungsweise übermitteln, ohne selbst wahr zu sein, wie ein weiterer Aphorismus zeigt: »Unsere Kunst ist ein von der Wahrheit Geblendet-Sein: Das Licht auf dem zurückweichenden Fratzengesicht ist wahr, sonst nichts« (H 93–94). Kunst ist eine wahre Offenbarung des Unwahren. Wenn die Welt, in der wir leben, eine Welt der Täuschung ist, so kann die Kunst uns gerade den unwahren, trügerischen Charakter dieser unserer Welt vor Augen stellen; sie vermag es jedoch nicht, der Wahrheit eine Gestalt zu geben oder den Zugang zur Welt der Wahrheit wiederherzustellen oder freizulegen. Die Kunstform, die Kafka am meisten interessierte, war die Literatur. Literatur ist durch ihr Medium, die Sprache, an die sinnliche Welt gebunden:

> Die Sprache kann für alles außerhalb der sinnlichen Welt nur andeutungsweise, aber niemals auch nur annähernd vergleichsweise gebraucht werden, da sie, entsprechend der sinnlichen Welt, nur vom Besitz und seinen Beziehungen handelt (H 92).

Es ist nicht klar, woher Kafkas Ansicht stammt, die Wiedergabe der geistigen Welt übersteige das Ausdrucksvermögen der Sprache; was die zeitgenössischen Sprachtheorien angeht, so scheint sie dem extremen Nominalismus des Prager Philosophen Fritz Mauthner am nächsten zu kommen, dessen *Beiträge zur Kritik der Sprache* zu Beginn des Jahrhunderts in drei Bänden erschienen waren. Mauthner geht davon aus, daß Erfahrung aus Sinneswahrnehmungen besteht, und behauptet, Wörter reichten an die begriffliche Wahrheit nicht heran, weil diese keine von der Sprache getrennte Existenz besitze. Die Wörter gäben vielmehr Sinneseindrücke wieder, und zwar in Form von Metaphern. [39] Diese Lehre ließ sich entweder zur Legitimation von Kunst verwenden, insofern sie besagte, Kunst besitze einen ebenso hohen Fiktionsgrad wie die gewöhnliche Sprache, oder zur Entwertung der Kunst, insofern sie besagte, ihre Verwendung der Sprache unterscheide sich vom gewöhnlichen Sprachgebrauch nicht und könne deshalb den Anspruch, sie offenbare die Wahrheit, nicht rechtfertigen. Wenn Kafka irgendeine Kenntnis von Mauthners Sprachtheorie hatte, dann muß er sich der zweiten, pessimistischeren Schlußfolgerung angeschlossen haben, weil er meint, Kunst könne bestenfalls die Wahrheit zur Erscheinung bringen oder sie widerspiegeln, sie könne ihr aber keine konkrete Existenz geben.

Weder die Psychologie noch die Kunst bieten für Kafka eine Möglichkeit, den Gegensatz von Sein und Bewußtsein zu überbrücken.

Deshalb wendet er sich der Sprache des Mythos zu. In einer Reihe von Aphorismen macht er sich den Mythos des Sündenfalls zu eigen; er hofft in ihm ein Instrument zu finden, mit dem sich die Beziehung zwischen den beiden entgegengesetzten Welten erforschen läßt. Eine ähnliche Inanspruchnahme des Mythos vom Sündenfall für eigene Fragestellungen lag bereits vor in Kleists Abhandlung *Über das Marionettentheater*[40] und in den Abschnitten aus *Die Welt als Wille und Vorstellung*, in denen Schopenhauer die Erbsünde mit der Bekundung des Lebenswillens gleichsetzt.[41] Zuallererst sucht Kafka die Relation zwischen dem Sündenfall und dem »Unzerstörbaren« zu bestimmen:

> Wenn das, was im Paradies zerstört worden sein soll, zerstörbar war, dann war es nicht entscheidend; war es aber unzerstörbar, dann leben wir in einem falschen Glauben (H 97).

Der Sündenfall hätte nur dann ein entscheidendes Kriterium für das menschliche Leben sein können, wenn er das unzerstörbare Fundament des Wesens des Menschen betroffen hätte. Weil das *per definitionem* nicht möglich ist, haben wir unter einer falschen Glaubensvorstellung zu leiden, deren Charakter der folgende Aphorismus erläutert:

> Die Vertreibung aus dem Paradies ist in ihrem Hauptteil ein augenblicklicher ewiger Vorgang: Es ist also zwar die Vertreibung aus dem Paradies endgültig, das Leben in der Welt unausweichlich, die Ewigkeit des Vorganges aber (oder zeitlich ausgedrückt: die ewige Wiederholung des Vorgangs) macht es trotzdem möglich, daß wir nicht nur dauernd im Paradiese bleiben könnten, sondern tatsächlich dort dauernd sind, gleichgültig ob wir es hier wissen oder nicht (H 94; korrigiert nach MS).

In diesem Abschnitt bewegt sich Kafka geschickt zwischen zwei Bedeutungen des Wortes »ewig«. Ausgehend von dem Faktum, daß die Vertreibung aus dem Paradies ewig und unwiderruflich ist, kommt er zu der Aussage, daß sie ewig im Sinne der Zeitlosigkeit schlechthin ist. Der Sündenfall ist nicht ein einmaliges Ereignis in der Zeit, sondern ein zeitloser Zustand der Trennung vom Paradies, in dem sich die Trennung von Sein und Bewußtsein wiedererkennen läßt. Es ist durchaus möglich, daß unser Bewußtsein uns täuscht und daß das Paradies überall um uns herum liegt und uns so umschließt, wie die geistige Welt die sinnliche in sich schließt.

Das bedeutet, daß die Zeit eine Täuschung ist – eine weitere Täuschung, in die unser vom Sein getrenntes Bewußtsein uns führt – und daß Zeit und Ewigkeit sich zueinander verhalten wie Bewußtsein und Sein. Der Täuschungscharakter der Zeit ist ein häufig wiederkehrendes Thema der Aphorismen. »Die Tatsache, daß es nichts anderes gibt als eine geistige Welt, nimmt uns die Hoffnung und gibt uns die Gewißheit« (H 93): Wenn die Zeit ein trügerischer Schein ist, dann muß die Hoffnung, die sich vorwärts auf die Zukunft richtet, ebenfalls ein trügerischer Schein sein, denn eine Zukunft gibt es nicht; das stürzt uns jedoch nicht in Verzweiflung, sondern es gibt uns Gewißheit. Die Gewißheit besteht darin, daß in jedem Augenblick von uns eine Entscheidung verlangt wird:

> Der entscheidende Augenblick der menschlichen Entwicklung ist immerwährend. Darum sind die revolutionären geistigen Bewegungen, welche alles Frühere für nichtig erklären, im Recht, denn es ist noch nichts geschehen (H 73).

Revolutionäre Bewegungen messen mit Recht der Vergangenheit keine Bedeutung bei, denn eine Vergangenheit gibt es nicht; es gibt nur eine immerwährende Gegenwart, die eine Entscheidung von uns fordert. Aus dieser Vorstellung heraus kritisierte Kafka Brods Roman *Das große Wagnis*; in ihm haben die Romanfiguren eine einmalige, unumkehrbare Entscheidung zu treffen, ob sie sich dem neuen Staat Liberia zuwenden wollen oder nicht. »Vielleicht mißverstehe ich Dich«, schrieb er an Brod, »aber wenn es nicht zahllose Möglichkeiten der Befreiung gibt, besonders aber Möglichkeiten in jedem Augenblick unseres Lebens, dann gibt es vielleicht überhaupt keine« (Br 192).

Wenn unsere Vorstellung von der Zeit revidiert werden muß, muß auch unsre Vorstellung von der Ewigkeit revidiert werden. Kafka lehnt die gängige Vorstellung ab, Ewigkeit sei etwas, was nach dem Ende der Zeit einträte. Er stieß auf diese Vorstellung in einem Abschnitt in Kierkegaards *Der Augenblick*; dort beschwört Kierkegaard seine Leser, von der Habsucht und der Scheinheiligkeit abzulassen, denn in der Ewigkeit fänden sie dafür durch Gottes Gerechtigkeit ihre Strafe. [42] Kafkas Notiz vom 9. Februar 1918, zwei Tage, nachdem er begonnen hatte, den *Augenblick* zu lesen – »Ewigkeit ist aber nicht das Stillstehn der Zeitlichkeit« (H 112) – mutet wie eine Entgegnung auf Kierkegaards Ansicht an. Für Kafka ist die Ewigkeit nicht ein Gleis, das parallel zur Bahn der Zeit verläuft, sondern eine geistige Wirklichkeit, die die Zeit in sich einschließt. Wenn die Ewigkeit in Erscheinung tritt, wird die Zeit nicht vernichtet, sondern ihre »Rechtfertigung« in dem früher dargelegten Sinn wird offenbar werden:

> Wieviel bedrückender als die unerbittlichste Überzeugung von unserem gegenwärtigen sündhaften Stand ist selbst die schwächste Überzeugung von der einstigen, ewigen Rechtfertigung unserer Zeitlichkeit. Nur die Kraft im Ertragen dieser zweiten Überzeugung, welche in ihrer Reinheit die erste voll umfaßt, ist das Maß des Glaubens (H 113).

Ebenso, wie das Leben jedes einzelnen Menschen auf einer unbewußten Rechtfertigung beruht, verhält es sich auch mit der zeitlichen Welt ingesamt. Der Eintritt der Ewigkeit in die Zeit wird diese verborgene Rechtfertigung aufdecken und so Sein und Bewußtsein miteinander versöhnen. Das Ergebnis wird jedoch nicht eine neue Welt sein, sondern vielmehr »die vollendete, in ihrem Sinn erfüllte bisherige Welt« sein, um T.S. Eliot zu zitieren. Man wird hier an das bereits im dritten Kapitel zitierte chassidische Wort erinnert: »Alles wird sein wie hier – nur ein ganz klein wenig anders«, oder auch an die Notiz, in der Kafka eine solche Veränderung der Wirklichkeit vorwegzunehmen scheint: »An diesem Ort war ich noch niemals: Anders geht der Atem, blendender als die Sonne strahlt neben ihr ein Stern« (H 82).

Wie läßt sich dieser Zustand der Einheit erreichen? Zweifellos nicht dadurch, daß man den Sündenfall rückgängig macht. Wir können auf keinen Fall, um es so auszudrücken, die Spule zurücklaufen und den Film von vorn beginnen lassen. Wir können nur vorwärts gehen, der Weg nach vorn aber ist durch die im Alten Testament geschilderte Vertreibung Adams aus dem Garten Eden bestimmt. Das geschah nicht nur, weil er gelernt hatte, Gut und Böse zu unterscheiden, sondern auch, damit er »nicht ausstrecke seine Hand und breche auch von dem Baum des Lebens und esse und lebe ewiglich« (Gen. 3, 22). Darauf bezieht sich der folgende Aphorismus:

> Wir sind nicht nur deshalb sündig, weil wir vom Baum der Erkenntnis gegessen haben, sondern auch deshalb, weil wir vom Baum des Lebens noch nicht gegessen haben. Sündig ist der Stand, in dem wir uns befinden, unabhängig von Schuld (H 101).

Wir befinden uns deshalb im Stand der Sünde, nicht aber im Stand der Schuld, weil es sich um einen zeitlosen Stand handelt und nicht um das Ergebnis einer schuldbringenden Tat, die in der Vergangenheit verübt wurde. Um den Stand der Sünde zu überwinden, müssen wir uns dazu entscheiden, vom Baum des Lebens zu essen und zu einer höheren Entwicklungsstufe emporzusteigen. Was das bedeuten würde, erklärt der folgende Aphorismus:

»Wenn – – –, mußt du sterben«, bedeutet: Die Erkenntnis ist beides, Stufe zum ewigen Leben und Hindernis vor ihm. Wirst du nach gewonnener Erkenntnis zum ewigen Leben gelangen wollen – und du wirst nicht anders können als es wollen, denn Erkenntnis ist dieser Wille –, so wirst du dich, das Hindernis, zerstören müssen, um die Stufe, das ist die Zerstörung, zu bauen. Die Vertreibung aus dem Paradies war daher keine Tat, sondern ein Geschehen (H 105–106).

Dieser Aphorismus führt mit seiner Erklärung, wie der Aufstieg zur höheren Entwicklungsstufe gelingen kann, in die im engeren Sinne ethischen Bereiche von Kafkas Denken. Es wird deutlich, daß »Erkenntnis« ein doppeldeutiger Begriff ist. Sie ist einerseits ein Teil der vitalen Energie, die uns im Leben antreibt. In diesem Sinn ist sie nichts, worum wir uns ausdrücklich bemühen müßten, denn wir verfügen über alles Wissen, dessen wir bedürfen, infolge des Sündenfalls: »Erkenntnis haben wir. Wer sich besonders um sie bemüht, ist verdächtig, sich gegen sie zu bemühen« (H 104). Das heißt, beim Streben nach Erkenntnis handelt es sich wahrscheinlich um den verkappten Versuch, die Erkenntnis zu unterdrücken, über die man bereits verfügt. Die einzige sinnvolle Art, zur Erkenntnis zu gelangen, liegt darin, das bereits vorhandene, aber gleichsam schlafende Wissen um Gut und Böse zu wecken, wie es etwa bei Josef K. durch das Eingreifen des Gerichts geschieht. Wenn es dazu einmal gekommen ist, dann zeigt »Erkenntnis« ihr zweites Gesicht: Sie zeigt, daß man, um zum ewigen Leben zu gelangen, das im Wege stehende Hindernis zerstören muß. Dieses Hindernis ist der Erkennende selbst, denn er muß seine ihm tief eingewurzelte Neigung zur Unredlichkeit und Habgier ablegen, bevor er das ewige Leben erlangen kann. Wenn jemand mit seinem alten, ungeläuterten Ich in das ewige Leben zu gelangen sucht, wird es ihm gehen wie Abraham, von dem Kafka bildhaft sagt, sein Möbelwagen sei im Eingangstor der Ewigkeit eingeklemmt. Man muß vielmehr sein altes Ich ablegen, oder noch genauer, man muß es selbst zerstören. »Nicht Selbstabschüttelung, sondern Selbstaufzehrung« (H 105) – darin besteht der Weg, sich vom alten Adam zu befreien. Der Weg zum geistigen Leben führt durch den geistigen Tod.

Auf dem Weg zu diesem Ziel lauern viele Versuchungen. Ein Irrtum, dem man anfangs leicht unterliegt, liegt darin, den geistigen Tod mit dem körperlichen Tod zu verwechseln:

Ein erstes Zeichen beginnender Erkenntnis ist der Wunsch zu sterben. Dieses Leben scheint unerträglich, ein anderes unerreichbar. Man schämt sich nicht mehr, sterben zu wollen; man bittet, aus der alten Zelle, die man haßt, in eine neue gebracht zu werden, die man erst hassen lernen wird. Ein Rest von Glauben wirkt dabei mit, während des Transportes werde zufällig der Herr durch den Gang kommen, den Gefangenen ansehen und sagen: »Diesen sollt ihr nicht wieder einsperren. Er kommt zu mir« (H 81).

Ich würde mich gern der Ansicht anschließen, die Hans Joachim Schoeps zu diesem Aphorismus geäußert hat: »Ich weiß kein zweites Dokument aus neuerer Zeit, das so für die Macht der Hoffnung Zeugnis gibt und von einer solchen Urkraft messianischer Erwartung durchglüht ist wie dieser Satz.« [43] Seine theologische Blickrichtung hat Schoeps jedoch dazu verführt, eine wichtige Feststellung Kafkas zu übersehen: Im letzten oben zitierten Satz verurteilt Kafka geradezu das Verlangen, von der Aufgabe der Selbstzerstörung durch das Eingreifen Gottes befreit zu werden. Die beste Erläuterung des unmittelbar voraufgehenden Satzes liegt in Baudelaires Bemerkung, die meisten Menschen glichen Krankenhauspatienten, die glauben, geheilt zu werden, wenn man sie in ein anderes Bett legt. Dennoch führen diese Irrtümer insofern weiter, als sie auf das Erwachen der »Erkenntnis« verweisen. Eine wesentlich tiefer reichende Täuschung liegt darin, wenn jemand durch betäubende Geschäftigkeit die Einsicht zu verdrängen sucht, daß seine Abhängigkeit von der physisch-materiellen Welt auf seiner eigenen Entscheidung beruht. Kafka veranschaulicht diese Täuschung durch die gleichnishafte Erzählung von den Kurieren des Königs:

> Es wurde ihnen die Wahl gestellt, Könige oder der Könige Kuriere zu werden. Nach Art der Kinder wollten alle Kurier sein. Deshalb gibt es lauter Kuriere, sie jagen durch die Welt und rufen, da es keine Könige gibt, einander selbst die sinnlos gewordenen Meldungen zu. Gerne würden sie ihrem elenden Leben ein Ende machen, aber sie wagen es nicht wegen des Diensteides (H 89–90).

Im ziellosen Aktionismus dieser Art liegt eine so starke Anziehungskraft, daß Kafka die »Ungeduld« zu den menschlichen Hauptsünden zählt (H 72). Bloße Geschäftigkeit kann niemanden aus der Verstrikkung in die sinnliche Welt befreien; sie kann lediglich eine solche Befreiung vortäuschen:

> Je mehr Pferde du anspannst, desto rascher geht's – nämlich nicht das Ausreißen des Blocks aus dem Fundament, was unmöglich ist, aber das Zerreißen der Riemen und damit die leere fröhliche Fahrt (H 89).

Eine weitere gefahrvolle Versuchung liegt darin, sich auf eine offene Auseinandersetzung mit dem Bösen einzulassen. Eine solche Auseinandersetzung kann zur Kollaboration mit dem Bösen führen. Noch eine andere besteht in dem Versuch, die eigenen Gedanken und Regungen einer strengen Kontrolle zu unterwerfen; tatsächlich kann man nämlich nur einen winzigen, beliebig herausgegriffenen Titel seines geistigen Lebens kontrollieren (H 85–86).

Dennoch: Wenn man auf dem Weg zum Geistigen vorankommen will, müssen Hindernisse überwunden werden. Kafka deutet durch das Bild des brennenden Dornbuschs darauf hin (H 84). Die Begegnung mit dem wahren Gegner verleiht jedoch einen grenzenlosen Mut: »Vom wahren Gegner fährt grenzenloser Mut in dich« (H 83). Der wahre Gegner ist nicht das Böse, sondern das eigene Ich; deshalb muß man auf der Seite der Welt gegen das Ich Partei ergreifen (H 91). Der Glaube muß zum Fallbeil des Ich werden: »Ein Glaube wie ein Fallbeil, so schwer, so leicht« (H 104). Man muß sich selbst abtöten, sich selbst aushöhlen lassen, wie es mit einer Treppenstufe aus Holz geschieht, die sich abnutzt, weil sie ständig betreten wird: »Eine durch Schritte nicht tief ausgehöhlte Treppenstufe ist, von sich selbst aus gesehn, nur etwas besonders zusammengefügtes Hölzernes« (H 93, korrigiert nach MS). Wie dieser Aphorismus zeigt, kann man sich ebenso wenig wie die Treppenstufe der fortschreitenden geistigen Entwicklung bewußt werden und doch gleichzeitig auf dem richtigen Wege sein. Ein weiterer Aphorismus betrifft den Unterschied zwischen Erscheinung und Wirklichkeit, indem er zeigt, daß Gegensätzliches beim Beobachter den Eindruck des Identischen hinterlassen kann:

> Der Verzückte und der Ertrinkende, beide heben die Arme. Der erste bedeutet Eintracht, der zweite Widerstreit mit den Elementen (H 87).

Hier hat Kafka einen chassidischen Ausspruch übernommen und in komprimierter Form wiedergegeben, in dem der Baalschem allerlei Arm- und Körperbewegungen rechtfertigt, die seine Anhänger während des ekstatischen Gebetes ausführen:

> Wenn ein Ertrinkender in den Fluten des ihn wegspülenden Stromes allerlei Bewegungen macht, um sich vor dem Untergange zu retten, so werden sich diejenigen, die dies mit ansehen, über ihn und seine Bewegungen gewiß nicht lustig machen; ganz so ist es unangebracht, einen während der Andacht sich hin und her Wiegenden zu verspotten, da ja auch er sich aus Leibeskräften gegen reißende Gewässer wehrt, gegen die bösen Mächte und ablenkenden Gedanken, die seine andachtsvolle Sinnesrichtung zu überfluten drohen. [44]

Selbstzerstörung ist nicht Selbsterkenntnis, wenn das Gebot »Erkenne dich selbst« nicht in der Bedeutung »Verkenne dich! Zerstöre dich« (H 80) verstanden wird. Das bedeutet, daß man vor dem Betreten des Allerheiligsten nicht nur seine Schuhe und seine Kleidung, sondern seine Nacktheit und das, was unter der Nacktheit ist, ablegen muß (H 104–105). Nur wenn man sich diesem Gebot unterwirft, wird man Klarheit erhalten über den Zweck, dem es dient: »Um Dich zu dem zu machen was Du bist« (H 80).[45] Übrigbleiben wird der unzerstörbare Kern des menschlichen Wesens, das selbst wiederum ein Teil des »Unzerstörbaren« ist.

Zu fragen bleibt, wie dieser Prozeß der ständigen Selbstabtötung sich vereinbaren läßt mit dem aktiven Vorwärtsschreiten, das im Bild des Weges enthalten ist und das Kafka in verschiedenen Formen verwendet. Manchmal geht der wahre Weg über ein Seil, das knapp über den Boden gespannt worden ist, als ob es dazu bestimmt sei, jemanden stolpern zu lassen (H 70–71); manchmal ist er ein Pfad, der einen steilen Abhang hinaufführt und auf dem man ständig zurückgleitet (H 81). Dieses letzte Bild enthält etwas unerwartet Tröstliches, denn es bedeutet, daß das nur langsame Vorankommen eher auf die Schwierigkeit der Aufgabe, die jemandem gestellt ist, zurückzuführen ist als auf seine eigenen Unzulänglichkeiten. Schließlich jedoch verwendet Kafka ein Bild, das auf dialektische Weise die gegensätzlichen Aussagen über die geistigen Anstrengungen auf der einen und über den Verzicht auf Anstrengungen auf der anderen Seite miteinander versöhnt:

> So fest wie die Hand den Stein hält. Sie hält ihn aber fest, nur um ihn desto weiter zu verwerfen. Aber auch in jene Weite führt der Weg (H 83).

Man muß so passiv sein wie der Stein, indem man sich einer höheren Autorität unterwirft und aus dieser Unterwerfung Gewißheit und Sicherheit erhält. Da *verworfen* sowohl »fortgeworfen« wie »mit Verachtung fortgewiesen« bedeutet, führt dieses Verhalten zur Demut. Das Bild des Steines, der geworfen wird, zeigt aber, daß es diese Demut ist, die den Menschen auf seinem Weg voranbringt und daß seine Selbstverleugnung somit dabei hilft, in der geistigen Entwicklung weiterzukommen. Es ist genau diese Verbindung von Aktivität und Passivität, von ganz auf das geistige Ziel ausgerichteter Intention und zugleich ganz gelöster Offenheit, die den Inhalt des chassidischen Begriffes *Kawanna* ausmacht.

Wir sahen bereits, daß es Kafka mit Hilfe des Begriffs *Tikkun* gelungen war, den Gegensatz von Sein und Bewußtsein zu überbrücken. Dieser Gegensatz war nicht starr und unveränderbar, sondern er enthüllte sich als Stufe eines geistigen Entwicklungsprozesses, der letztendlich zur Versöhnung beider führte. Der Begriff der *Kawanna* versetzt Kafka darüber hinaus in die Lage, den zweiten der ihn bedrängenden Gegensätze auszugleichen, nämlich den Gegensatz zwischen dem Anspruch des einzelnen auf spirituelle Integrität und seiner Verantwortung gegenüber der Gesellschaft. Weil »das Unzerstörbare« allen Menschen gemeinsam ist, sind der Rückzug in die Einsamkeit und die rigorose Selbstabtötung, die auf die Offenlegung des unzerstörbaren Kerns des eigenen Wesens gerichtet sind, der Weg zur einzig wahren Einheit mit der Gesamtheit der Menschen. Diese Einheit muß in der Demut und im Gebet ihre Grundlage haben:

> Das Verhältnis zum Mitmenschen ist das Verhältnis des Gebetes, das Verhältnis zu sich das Verhältnis des Strebens; aus dem Gebet wird die Kraft für das Streben geholt (H 119).

Sich aus der Gemeinschaft der Menschen auszuschließen, ist selbstmörderisch: Man würde dem Mann gleichen, der die Brosamen ißt, die von seinem eigenen Tisch fallen, und der vor Hunger stirbt, wenn keine Krümel mehr herunterfallen (H 97). Den Menschen verbindet jedoch nicht nur das Gebet mit seinen Mitmenschen, sondern auch das gemeinsame Leiden. So lautet ein weiterer Aphorismus:

> Du kannst dich zurückhalten von den Leiden der Welt, das ist dir freigestellt und entspricht deiner Natur, aber vielleicht ist gerade dieses Zurückhalten das einzige Leid, das du vermeiden könntest (H 117).

Diese Aussage hebt nachdrücklich die Bedeutung hervor, die Kafka dem Leiden beimißt. Er geht sogar noch weiter, wenn er sagt: »Das Leiden ist das positive Element dieser Welt, ja es ist die einzige Verbindung zwischen dieser Welt und dem Positiven« (H 108). Man fühlt sich an das Wort erinnert, das Büchner drei Tage vor seinem Tod ausgesprochen haben soll: »Wir haben der Schmerzen nicht zu viel, wir haben ihrer zu wenig, denn durch den Schmerz gehen wir zu Gott ein!« [46] Für Kafka jedoch ist der Schmerz nicht das Mittel, zu Gott einzugehen; wohl aber ist er das Medium, das den Menschen mit seinen leidenden Mitmenschen verbindet:

> Alle Leiden um uns müssen auch wir leiden. Christus hat für die Menschheit gelitten, aber die Menschheit muß für Christus leiden. Wir alle haben nicht einen Leib, aber ein Wachstum, und das führt uns durch alle Schmerzen, ob

> in dieser oder in jener Form. So wie das Kind durch alle Lebensstadien bis zum Greis und zum Tod sich entwickelt – und jedes Stadium in Verlangen oder in Furcht im Grunde dem früheren unerreichbar scheint –, ebenso entwickeln wir uns (nicht weniger tief mit der Menschheit verbunden als mit uns selbst) durch alle Leiden dieser Welt gemeinsam mit allen Mitmenschen (H 117; korrigiert nach MS).

Kafka erwähnt hier Christus nicht etwa, weil er sich irgendwie in Affinität zum Christentum sieht, sondern weil er die Vorstellung zurückweisen möchte, Gott sei in die Welt gekommen, um die Leiden der Menschheit auf sich zu nehmen. In Wirklichkeit nimmt die Menschheit das Leiden auf sich, nicht Christus. Das Bild der Seelenwanderung erscheint erneut: Es besagt, daß jeder alle Formen des Schmerzes im Verlauf des Entwicklungsprozesses der Welt erdulden muß. Selbst wenn man die Seelenwanderung als ein Bild für die geistig-spirituelle Entwicklung des einzelnen während seiner individuellen Lebenszeit versteht, erscheint es als Ausdruck einer zutiefst pessimistischen Anschauung; es vermittelt jedoch auch die Vorstellung, daß die Teilhabe am Leid aller anderen den einzelnen in ein so inniges Verhältnis zu den Mitmenschen bringt, wie er es nur noch zu sich selbst hat. Mehr noch: Das Leiden und der Schmerz haben ihren tiefsten Grund darin, daß wir im Zustand der Trennung, der Entfremdung vom Sein als Ganzem leben; in einer anderen Welt – wenn das Ziel des weltgeschichtlichen Entwicklungsprozesses erreicht sein wird – wird sich dieser Zustand ändern:

> Nur hier ist Leiden Leiden. Nicht so, als ob die, welche hier leiden, anderswo wegen dieses Leidens erhöht werden sollen, sondern so, daß das, was in dieser Welt leiden heißt, in einer andern Welt, unverändert und nur befreit von seinem Gegensatz, Seligkeit ist (H 108).

Diese eigentümliche, dunkle Aussage besagt, daß das Leiden sich aus zwei Teilbereichen zusammensetzt, die sich zueinander verhalten wie Sein und Bewußtsein. Der Leidende ist sich nur seines Schmerzes und seiner Vereinzelung bewußt, aber seine Leiden haben den Sinn, sein bisheriges Ich zu zerstören und ihn selbst näher an die Gemeinschaft der Mitmenschen heranrücken zu lassen, in der das wahre Sein besteht. In einer Welt, in der Sein und Bewußtsein nicht mehr im Gegensatz zueinander stehen, wird die Gemeinschaftserfahrung weiterbestehen, und zwar ohne den Schmerz, der jetzt noch den Gegensatz zu ihr bildet, aber der einzige Weg ist, auf dem sie vermittelt werden kann. Das ist das letzte Ziel des dialektischen Prozesses, den Kafka in den Aphorismen der Zürauer Zeit herausgearbeitet hat.

Kafka formuliert in diesen Aphorismen nicht nur die Grundsätze, nach denen eine künftige Gemeinschaft errichtet werden soll – indem er sie niederschrieb, wurde er der ihm auferlegten Verantwortung gegenüber der Gesellschaft gerecht und überwand so gewissermaßen die Entfremdung, die zwischen ihr und ihm bestand. Einer der letzten Aphorismen lautet: »Der Weg zum Nebenmenschen ist für mich sehr lang« (H 131); die Aphorismen selbst sind dieser lange, kreisförmige Weg, auf dem Kafka zu seinen Mitmenschen gelangt. Andererseits war seine Entfremdung von der Gesellschaft zu einem wesentlichen Teil auf sein Gefühl zurückzuführen, im Schreiben seine Bestimmung erfüllen zu müssen. Die Aphorismen sind, worin auch immer die Bedeutung liegen mag, ihrerseits selbst Literatur; man könnte deshalb einen Satz aus einer bekannten Parabel Kafkas gegen ihn selbst richten und sagen, die Überwindung seiner Isolation sei »leider nur im Gleichnis« erfolgt (B 96). Kurz vor dem Ende des zweiten Notizheftes, das die Aphorismen enthält, befindet sich »Die besitzlose Arbeiterschaft«: Kafkas Entwurf einer asketischen Männergesellschaft, die offenbar für Palästina gedacht ist, da ihre Angehörigen sich von Brot, Wasser und Datteln ernähren sollen. Vielleicht hängt dieser Entwurf in irgendeiner Weise mit dem zusammen, was Kafka über die essenischen Mönchsgemeinschaften gelesen hatte, die in Palästina während der Besetzung des Landes durch die Römer lebten und deren Ziel in der »Abtötung der Sinnlichkeit durch Übung größtmöglicher Enthaltsamkeit zum Zwecke seelischer Erhebung« lag[47]. Wenn es sich so verhält, dann war Kafkas Entwurf nicht ganz so wirklichkeitsfremd, wie er auf dem Papier erscheint.

Bei den bisherigen Erläuterungen lag der Schwerpunkt mehr auf dem Inhalt als auf der Form von Kafkas Aphorismen. Es lohnt sich jedoch, einen Blick auf eine Denkfigur zu werfen, für die er eine besondere Vorliebe hatte. Sie besteht in der Technik, dem Leser in einer scheinbar hoffnungslosen Situation doch noch dadurch eine positive Aussicht zu eröffnen, daß ihm durch einen plötzlichen Gedankensprung oder eine abrupte dialektische Volte die Möglichkeit geboten wird, diese Situation aus einer anderen Perspektive zu überschauen. Als Beispiel kann die Schlußfolgerung dienen, die Kafka zieht, nachdem er begründet hat, daß die Seele für das Bewußtsein unerreichbar ist: »Sie muß also unbekannt bleiben. Das wäre nur dann traurig, wenn es etwas anderes außer der Seele gäbe, aber es gibt nichts anderes« (H 93). Mit anderen Worten: Es spielt keine Rolle, ob die geistige Welt der Erkenntnis zugänglich ist, denn es gibt nur eine geistige Welt; in einem allerdings noch nicht näher erklärten Sinn haben wir das bereits gewußt. Hier handelt es sich um die Art der abrupten Wende in der Gedankenführung, durch die – weil sie zu einer Bewußtseinsveränderung führt – Josef K. hätte gerettet werden können. Sie kommt bemerkenswert häufig im Talmud und in volkstümlichen Erzählungen der Juden vor. Ein sehr gutes Beispiel dafür liegt in einer Erzählung über den Baalschem, die Kafka von Langer gehört hat:

> Einem Zaddik soll man mehr gehorchen als Gott. Baalschem sagte einmal einem seiner liebsten Schüler, er solle sich taufen lassen. Er ließ sich taufen, kam zu Ansehn, wurde Bischof. Da ließ ihn Baalschem zu sich kommen und erlaubte ihm, zum Judentum zurückzukehren. Er folgte wieder und tat wegen seiner Sünde große Buße. Baalschem erklärte seinen Befehl damit, daß der Schüler wegen seiner ausgezeichneten Eigenschaften vom Bösen sehr verfolgt gewesen sei und daß die Taufe den Zweck gehabt habe, den Bösen abzulenken. Baalschem warf den Schüler selbst mitten ins Böse, der Schüler tat den Schritt nicht aus Schuld, sondern auf Befehl, und für den Bösen schien es hier keine Arbeit mehr zu geben (T 482).

Der Abfall vom Glauben, sonst eine der schwersten Sünden, wird hier umgewandelt in die Tugend des Gehorsams gegenüber dem Gebot des Baalschem. Andere Beispiele für diese Denkfigur finden sich in der Stellungnahme des Baalschem zu Elischa ben Abuja, dem eine Stimme vom Himmel mitgeteilt hatte, er werde nicht erlöst werden: »In wie glücklicher Lage war doch Elischa ben Abuja. Gerade er hätte wie kein anderer jemals mit voller Uneigennützigkeit Gott dienen können«[48]; oder in Rabbi Elimelechs Prophezeiung, er werde erlöst werden, weil sein Geständnis vor dem göttlichen Richter, er habe weder die Schrift studiert noch Gebete verrichtet und gute Werke getan, seine Erlösung als Belohnung für seine Wahrhaftigkeit gewährleiste[49]; oder in dem Satz, in dem Rabbi Akiba seine Zuversicht, erlöst zu werden, damit begründet, daß es den Bösen wohlergeht: »Wenn Gott es zuläßt, daß diejenigen, die seinen Willen nicht achten, auf Erden ein glückliches Leben führen, wie unermeßlich groß muß dann das Glück sein, das er in der kommenden Welt denen bereitet, die seine Gebote achten.«[50] Das weitaus treffendste Beispiel ist jedoch ein chassidischer Ausspruch, der dem *Zaddik* Schneur Salman von Ladi zugeschrieben und von Buber nacherzählt wird. Um ihn verstehen zu können, muß man wissen, daß ein »Mitnaged« ein orthodoxer Gegner des Chassidismus ist:

> Einer fragte den Raw scherzend: »Wird der Messias ein Chassid oder ein Mitnaged sein?« »Ich denke, ein Mitnaged«, sagte er. »Denn würde er ein Chassid sein, die Mitnagdim würden ihm nicht glauben. Die Chassidim aber werden ihm glauben, was immer er sei.«[51]

Daß Kafkas Aphorismen mit der Überlieferung jüdischen Gedankengutes in Zusammenhang stehen, liegt mehr an dieser scharfsinnigen Methode, eine überraschende Schlußfolgerung zu ziehen, als an ihrem Inhalt.

Die Problematik, mit der sich die Aphorismen beschäftigen, war nicht nur rein gedanklicher Art, sondern sie betraf Kafka als Person. Sie ließ sich deshalb dadurch, daß er sie in Aphorismen niederschrieb, nicht ein für allemal und für alle verbindlich lösen. Da jedoch, wie Kafka sagt, etwas Tröstliches darin liegt, die Situation eines Menschen zu verstehen, selbst wenn es sich um eine schmerzliche Situation handelt, kann das Schreiben den Menschen über sein Leid erheben, so wie Münchhausen sich selbst am eigenen Zopf aus dem Sumpf gezogen hat (H 71). Aber dieses Kunststück mußte mehrmals vollbracht werden; deshalb erscheinen in Kafkas Werk wiederholt Bilder der Gefangenschaft ohne erkennbaren, manchmal ohne vorstellbaren Ausweg. Ein besonders eindrucksvolles Bild dieser Art ist der folgende Aphorismus aus der späteren, im Jahre 1920 geschriebenen Reihe »Er«: »Sein eigener Stirnknochen verlegt ihm den Weg, an seiner eigenen Stirn schlägt er sich die Stirn blutig« (B 292). Hier handelt es sich um eine bearbeitete, verdichtete Version einer früheren kurzen Erzählung, in der ein Herr auf der Fahrt in seiner Kutsche an eine lange, weiße Mauer gelangt, die sich seitwärts und oben langsam wölbt und die sein Kutscher schließlich als eine Stirn identifiziert (H 153). Hiebel weist darauf hin, es müsse sich hier um die Innenseite der Stirn und damit um die Grenze der subjektiven Welt handeln, aus der es keinen Ausweg gibt.[52] Kafka stellt jedoch diesen Bildern der Beschränkung auf die Subjektivität Bilder der Verantwortung für die Mitmenschen gegenüber; das geschieht etwa in dem Aphorismus über den Mann, der sich einer unbekannten Familie und einem unbekannten Gesetz gegenüber verantwortlich fühlt (B 295), oder auch in der kurzen Szene mit der Überschrift »Nachts«, die ebenfalls aus dem Jahre 1920 stammt:

> Versunken in die Nacht. So wie man manchmal den Kopf senkt, um nachzudenken, so ganz versunken sein in die Nacht. Ringsum schlafen die Menschen. Eine kleine Schauspielerei, eine unschuldige Selbsttäuschung, daß sie in Häusern schlafen, in festen Betten, unter festem Dach, ausge-

> streckt oder geduckt auf Matratzen, in Tüchern, unter Decken, in Wirklichkeit haben sie sich zusammengefunden wie damals einmal und wie später in wüster Gegend, ein Lager im Freien, eine unübersehbare Zahl Menschen, ein Heer, ein Volk, unter kaltem Himmel auf kalter Erde, hingeworfen wo man früher stand, die Stirn auf den Arm gedrückt, das Gesicht gegen den Boden hin, ruhig atmend. Und du wachst, bist einer der Wächter, findest den nächsten durch Schwenken des brennenden Holzes aus dem Reisighaufen neben dir. Warum wachst du? Einer muß wachen, heißt es. Einer muß da sein (B 116).

Wie in *Der neue Advokat* und *Beim Bau der chinesischen Mauer* benutzt Kafka die Technik, verschiedene Zeitebenen übereinander zu schichten. Die Wendung »wie damals einmal« verweist auf die Israeliten, die auf ihrem Zug ins Gelobte Land in der Wüste lagern. Das gesamte Bild braucht jedoch nicht nur als auf dieses historische Ereignis beschränkt verstanden zu werden, sondern es gilt eher für die dauernde Lage des Menschen. Der von einer unbekannten Instanz berufene Wächter (»Einer muß wachen, heißt es«) erinnert an Moses – eine Gestalt, die Kafka in seinen späteren Lebensjahren in zunehmendem Maße faszinierte. Es scheint hier jedoch auch ein Nachklang des Bildes vorzuliegen, das Napoleon auf dem Schlachtfeld von Wagram darstellt; Kafka hat es 1911 in Versailles gesehen und so beschrieben: »Napoleon sitzt allein, das eine Bein auf einen niedrigen Tisch gelegt. Hinter ihm ein rauchendes Lagerfeuer« (T 619). – Das Problem der Verantwortlichkeit gegenüber dem Mitmenschen beschäftigt Kafka weiterhin. Verschiedene Möglichkeiten, dieser Verantwortung gerecht zu werden, untersuchte er im Roman *Das Schloß*, der in der ersten Hälfte des Jahres 1922 entstand. Er ist Gegenstand des nächsten Kapitels.

DIE LETZTE IRDISCHE GRENZE

Das Schloß

(1922)

Der Roman *Das Schloß* ist der ehrgeizige Versuch Kafkas, das künstlerische Ziel zu erreichen, das er im September 1917 neu formuliert hatte: »die Welt ins Reine, Wahre, Unveränderliche heben« (T 534). In diese seine Zielvorstellung ist wahrscheinlich in gewisser Weise Schopenhauers Definition der Aufgabe des Künstlers als »reine, wahre und tiefe Erkenntnis des Wesens der Welt« eingegangen.[1] Kafka geht damit jedoch auch über Schopenhauer hinaus, denn er betrachtete – wie wir im letzten Kapitel gesehen haben – »Erkenntnis« nicht als ein Ziel, sondern als Ausgangspunkt. Philosophen wie Schopenhauer hatten die Welt interpretiert – Kafka will sie verändern. Seine Berufung zum Dichter legt ihn darauf fest, seine Intentionen, die Welt zu verändern, »im Gleichnis« zu realisieren: Er will der Welt des Falschen, des Unwahren, wie er sie in den Zürauer Aphorismen bloßgelegt hat, entgegentreten, indem er ihr eine fiktionale Welt gegenüberstellt, die – gerade weil sie eine fiktionale Welt ist – sich vom Trug der wirklichen Welt löst und sich der Wahrheit annähert.

Ein Roman, der auf solchen Voraussetzungen beruht, kann keine wie auch immer geartete Widerspiegelung der empirischen Welt sein. Er kann kein Spiegel sein, der das wiedergibt, was tatsächlich geschieht – nicht einmal ein Zerrspiegel, wie es *Die Verwandlung* und *Der Prozeß* sind. Er muß vielmehr eine in sich geschlossene Welt darstellen, deren Relation zur empirischen Welt – um die Ausdrücke zu gebrauchen, die Roman Jakobson in seinem Spätwerk vorgeschlagen hat – keine metonymische, sondern eine metaphorische ist.[2] Der realistische Roman tendiert nach Jakobsons Ansicht zum metonymischen Pol der Sprache; er stellt sich nämlich als Nachahmung der Welt dar, die zwar von ihm getrennt ist, aber doch unmittelbar an ihn angrenzt. Der moderne Roman tendiert demgegenüber in zunehmendem Maße dahin, referentielle Bezüge zugunsten einer metaphorischen, autonomen Bildwelt aufzugeben (vgl. etwa George Eliots *Middlemarch* mit Virginia Woolfs *The Waves*). Ebenso ist der Film metonymisch, das

Theater metaphorisch: Wir fassen die Bühne als ein in sich geschlossenes Bild der Welt auf, wie es in der Redewendung *theatrum mundi* zum Ausdruck kommt. Von diesem Gegensatzpaar aus gesehen, ist *Das Schloß* eindeutig metaphorisch. Während seiner Arbeit an diesem Roman vergleicht sich Kafka selbst mit einem Theaterdirektor, der das ganze Theater von Grund auf selbst schaffen und sogar die Schauspieler erst zeugen muß (T 574). Dementsprechend ist die Welt des Romans eine in einem selbst für die phantastische Literatur ungewöhnlichem Ausmaß in sich geschlossene Welt. Die »Traumstadt« in Kubins Roman *Die andere Seite* liegt irgendwo in Zentralasien; die Frage, wo Kafkas Schloß liegt oder welche Straße zu ihm führt, kann man jedoch nicht einmal stellen. Friedas Vorschlag, sie und K. sollten gemeinsam nach Spanien oder Südfrankreich auswandern (S 215), gibt dem Leser zwar für einen Augenblick einen Denkanstoß, aber er löst keine Spekulationen über die Entfernung aus, die bei dieser Reise ans Mittelmeer zu überwinden wäre. Das Erstaunliche dabei ist, daß Kafka auf dieser imaginären Bühne eine festgefügte, sorgsam strukturierte Gesellschaft dargestellt hat; Walter Sokel hat sie sogar, wenn auch ein wenig übertreibend, mit Dickens' London oder Flauberts Yonville verglichen. [3] Man könnte sie eher mit der undurchschaubaren Welt in Peaks Gormenghast-Trilogie vergleichen; die Personen, die in dieser Gesellschaft leben, sind – wie es im Roman *Der Prozeß* noch der Fall ist – keine abstrakten Schemen mehr, die lediglich in ihrer funktionalen Beziehung zum Helden oder als Projektion seines Inneren Bedeutung haben. Der Roman *Das Schloß* weist vielmehr dreidimensional angelegte Figuren auf: Sie stehen in vielfältigen Beziehungen zur Außenwelt und verfügen über ein tiefes Gefühlsleben. Im *Prozeß* lebte der Held als Gegenstand eines moralischen Experiments isoliert in einem abgeschlossenen Raum, in dem er nur sich selbst einen Schaden zufügen konnte. Sein Gegenstück im Roman *Das Schloß* hingegen wird in risikoreiche, widersprüchliche Situationen gestellt, die in viel stärkerem Maße den alltäglichen Erfahrungen entsprechen. Er kann sich nicht nur selbst schaden – er kann auch anderen unheilbare Wunden beibringen. Wir haben die beschränkte und begrenzte Welt, wie sie *Der Prozeß* repräsentiert, hinter uns gelassen und uns in eine weiträumigere, weniger überschaubare Welt begeben.

Diese Welt zu erschaffen – das war für Kafka der Weg, den Kontakt zur Gesellschaft wiederherzustellen, nachdem seine Beziehungen zu den Mitmenschen offensichtlich in eine Krise geraten waren. In der zweiten Januarwoche des Jahres 1922 erlitt er einen Nervenzusammenbruch, der wahrscheinlich durch die Belastung, unter der sein Verhältnis zu Milena Jesenská stand, mitverursacht wurde. Zwar standen sie noch in Verbindung miteinander, ihre sexuelle Beziehung zueinander hatte allerdings schon ein Jahr zuvor ein Ende gefunden. Kafka litt seither erneut unter der Vorstellung, er sei mit seinen Versuchen, zu heiraten und eine Familie zu gründen, schmählich zum Scheitern verurteilt. Zweifellos hatte auch sein permanent schlechter Gesundheitszustand, der ihn dazu zwang, einen großen Teil seiner letzten Lebensjahre im Sanatorium zu verbringen, ebenfalls zu seinem Zusammenbruch beigetragen. Aus der Rückschau beschrieb er seine Erfahrung als ein Leben, das sich gleichzeitig nach zwei verschiedenen zeitlichen Maßstäben richten mußte: »Die Uhren stimmen nicht überein, die innere jagt in einer teuflischen oder dämonischen oder jedenfalls unmenschlichen Art, die äußere geht stockend ihren gewöhnlichen Gang« (T 552). Bei weiterer Überlegung empfand er jedoch diese hektische gedankliche Aktivität lediglich als Steigerung der schonungslosen Selbstbeobachtung, der er sich ständig unterzog. Er führte dieses zwanghafte Verhalten auf seine ständige Einsamkeit zurück und befürchtete, gerade dies werde ihn in eine noch tiefere Einsamkeit führen: »Dieses Jagen nimmt die Richtung aus der Menschheit« (T 552). Im Schreiben sah er das ihm verfügbare Mittel, den Kontakt mit den Mitmenschen wiederherzustellen; es war allerdings ein gefährliches Mittel, denn der Schriftsteller stand ständig unter dem Verdacht, lediglich seiner eigenen Eitelkeit zu frönen. Der einzige Weg, dieser Gefahr zu entgehen, lag darin, das Schreiben als Möglichkeit zu betrachten, seiner Verantwortung gegenüber den Mitmenschen gerecht zu werden, wie Kafka es in den Zürauer Aphorismen getan hatte.

Das Verantwortungsbewußtsein, aus dem heraus Kafka die Arbeit am Roman *Das Schloß* begann, läßt sich aus einigen Tagebucheintragungen dieser Zeit ersehen, in denen er sich mit der ihm gestellten Aufgabe auseinandersetzt. Eine von ihnen stammt vom 21. Januar 1922 – rund eine Woche also vor dem Beginn der Arbeit am Roman:

> So schwer war die Aufgabe niemandes, soviel ich weiß. Man könnte sagen: es ist keine Aufgabe, nicht einmal eine unmögliche, es ist nicht einmal die Unmöglichkeit selbst, es ist nichts, es ist nicht einmal so viel Kind wie die Hoffnung einer Unfruchtbaren. Es ist aber doch die Luft, in der ich atme, solange ich atmen soll (T 557).

Hier scheint Kafka die Aufgabe um seiner selbst willen auf sich nehmen zu wollen; in ihr sieht er die einzige Möglichkeit, um weiterleben zu können. Am 27. Januar 1922 traf er im Kurort Spindlermühle im Riesengebirge ein; aller Wahrscheinlichkeit nach begann er noch am gleichen Tag mit der Arbeit am *Schloß*. [4] In einer weiteren Tagebucheintragung, nämlich der vom 10. Februar, greift Kafka das Bild der Luft wieder auf; hier jedoch scheint es eher darauf hinzuweisen, daß er seine Aufgabe zugunsten einer größeren Gemeinschaft auf sich nehmen will:

> Es ist klarer als irgend etwas sonst, daß ich, von rechts und links von übermächtigen Feinden angegriffen, weder nach rechts noch links ausweichen kann, nur vorwärts, hungriges Tier, führt der Weg zur eßbaren Nahrung, atembaren Luft, freiem Leben, sei es auch hinter dem Leben. Du führst die Massen, großer langer Feldherr, führe die Verzweifelten durch die unter dem Schnee für niemanden sonst auffindbaren Paßstraßen des Gebirges. Und wer gibt dir die Kraft? Wer dir die Klarheit des Blickes gibt (T 572).

Dieser Abschnitt erinnert an die im vorangehenden Kapitel erörterte Notizbuch-Eintragung aus dem Jahre 1918, in der Kafka seine Aufgabe darin sieht, Boden, Luft und Gebot zu schaffen, und zwar nicht nur als Lebensgrundlage für sich selbst, sondern für die Menschen des Zeitalters, in dem er lebt (H 120). Jetzt, im Jahre 1922, ist diese Aufgabe noch dringlicher geworden; Kafka empfindet sich selbst als einen Feldherrn, der eine Menge verzweifelter Menschen durch ein verschneites, ödes Gebirge führt.

Hier liegt eins von mehreren Bildern vor, mit denen Kafka den Auftrag umschreibt, der ihm seinem eigenen Empfinden nach anvertraut ist. Sie alle verweisen auf eine Führungsaufgabe geistig-spiritueller Art; bei einigen tritt die Vorstellung in den Vordergrund, diese Führungsaufgabe müsse sich in Form eines sprachlichen Gemeinschaftserlebnisses erfüllen lassen. Sie alle schließen die Möglichkeit nicht aus, daß der Auftrag jemandem erteilt worden ist, dessen Fähigkeiten in einem grotesken Mißverhältnis zur Größe der Aufgabe stehen, oder – noch schlimmer – daß dieser vermeintliche Führer einer Berufung gefolgt ist, die eigentlich an einen anderen ergangen war. [5]

Das erste dieser Bilder, das Bild des Feldherrn, geht selbstverständlich aus der Faszination hervor, die Gestalten wie Napoleon oder Alexander seit langem auf Kafka ausüben. Die Kennzeichnung als »großer langer Feldherr« ist eine ironische Selbstdarstellung Kafkas, der ein dünner, schlaksiger Mann mit einer Körpergröße von 1,82 m war und der sich dieser seiner Größe wohlbewußt war. Dadurch, daß der Feldherr »Massen« führt – es handelt sich wohl eher um Zivilisten als um Soldaten – erhält er Ähnlichkeit mit einem Volksführer wie Moses, für den Kafka sich in zunehmendem Maße interessierte. In einer Tagebucheintragung vom Oktober 1921 geht er dem Gedanken nach, warum es Moses nicht erlaubt wurde, das Gelobte Land zu betreten; er kommt zu dem Schluß, das Gelobte Land sei ein zu großes Ziel, als daß es innerhalb der Begrenztheit des menschlichen Lebens erreicht werden könne (T 545). Dasselbe Problem hatte bereits Brod in seinem Buch *Heidentum, Christentum, Judentum* (1921) behandelt; Kafka las das Buch schon, bevor es überhaupt erschienen war (Br 279). Hier erörtert Brod die in 4. Moses 20 geschilderte Episode, in der Moses auf Geheiß des Herrn aus einem Felsen Wasser hervorquellen lassen soll, indem er den Fels anredet; Moses jedoch ist ganz darauf konzentriert, den Durst seines Volkes zu stillen, so daß er den Fels mit seinem Stab schlägt. Dadurch erregt er das Mißfallen des Herrn. Nach Brods Interpretation erfährt Moses seine Situation als ein tragisches Dilemma; er schätzt seine Verpflichtung gegenüber dem Volk höher ein als die Gehorsamspflicht gegenüber dem Herrn. Deswegen wird es ihm lediglich erlaubt, Kanaan aus der Ferne zu sehen. [6] Diese Interpretation mag Kafka mit dazu veranlaßt haben, Moses als Beispiel für Konflikte anzuführen, die mit der Erfüllung einer Sendung verbunden sein können. In Brods Darstellung ist die allzu starke Bindung Moses' an sein Volk der Grund dafür, daß er nicht mit ihm gemeinsam die langersehnte Erfüllung erleben darf. Im Falle Kafkas ist es seine Berufung, der Menschheit durch seine Dichtung einen Dienst zu erweisen, die ihn nicht zu unmittelbarer Gemeinschaft mit den Mitmenschen gelangen läßt, selbst wenn diese Berufung ihm – in Form einer symbolischen Ersatzhandlung – auf einer anderen Ebene die Erfahrung der Gemeinschaft mit den Mitmenschen ermöglichte.

Ein anderes Bild, das in den »Feldherrn«-Abschnitt eingegangen zu sein scheint, ist das des Forschers. In Verbindung mit der Kraft, die den Feldherrn in die Lage versetzt, seine Aufgabe mit der »Klarheit des Blickes« zu erfüllen, entwickelt Kafka die Vorstellung, die Reise in das schneebedeckte Gebirge sei auch eine Expedition nach der Wahrheit. Er kannte fast mit Gewißheit den Abschnitt aus *Zur Genealogie der Moral*, in dem Nietzsche das Bild eines Nordpolfahrers verwendet, um die Suche nach der Wahrheit um ihrer selbst willen zu veranschaulichen:

> Man sieht einen traurigen, harten, aber entschlossenen Blick – ein Auge, das *hinausschaut*, wie ein vereinsamter Nordpolfahrer hinausschaut (vielleicht um nicht hineinzuschauen? um nicht zurückzuschauen?...). Hier ist Schnee, hier ist das Leben verstummt; die letzten Krähen, die hier laut werden, heißen ›Wozu?‹, ›Umsonst!‹, ›*Nada!*‹ [7]

Nietzsches Nordpolfahrer läßt alle Fragen nach Sinn und Bedeutung hinter sich und widmet sich ganz der immer fruchtloser werdenden Aufgabe der reinen Forschung. Wie Nietzsche sieht auch Kafka keinen Sinn darin, der reinen, auf sich selbst beschränkten Erkenntnis nachzujagen. Erkenntnis ist für ihn vielmehr die Vorbedingung wirkungsvollen Handelns. Deshalb darf sein »Feldherr« den ihm geschenkten klaren Blick nicht dazu benutzen, sein Volk in die schneebedeckte Wüste mit ihren Anmutungen von metaphysischer Trostlosigkeit hineinzuführen, sondern er muß ihm den Weg weisen in ein bewohnbares Land. Nietzsches arktische Wüste dürfte mit dazu beigetragen haben, das Bild der Landschaft entstehen zu lassen, die das Schloß umgibt. Auch um das Schloß fliegen Krähen. Allerdings gab es die schneebedeckte Landschaft bereits seit 1914 in Kafkas Dichtung (»Erinnerung an die Kaldabahn«, T 422–435); ihr Erscheinungsbild im *Schloß* hat sicherlich etwas zu tun mit der tatsächlichen Landschaft um Spindlermühle, wo Kafka seinen Genesungsprozeß durch Rodeln und Skifahren voranzubringen suchte.

Die von Werfel in seinem Schauspiel *Schweiger* (1922) entwickelte Vorstellung von Führertum lehnte Kafka ab. Sie veranlaßte ihn sogar dazu, einen Protestbrief zu schreiben. Obgleich dieser Brief und ein noch entschiedener formulierter Briefentwurf (H 275–278) im Dezember 1922 geschrieben worden sind, nachdem Kafka bereits die Arbeit am *Schloß* aufgegeben hatte, ist er so eng bezogen auf Kafkas Konzeption vom Schriftsteller als einem spirituellen Führer, daß es gerechtfertigt erscheint, aus ihm Rückschlüsse darauf zu ziehen, wie Kafka seine eigene Aufgabe in bezug auf *Das Schloß* verstand. Werfels Stück spielt in einer Provinzstadt im Österreich der Nachkriegszeit. Schweiger, sein Hauptheld, ist ein Mann von unerklärlicher spiritueller Ausstrahlung. Vertreter verschiedener zeitgenössischer Bewußtseinsströmungen – des Sozialismus, der *völkischen* Bewegung, des Christentums – sehen in ihm einen potentiellen Führer und suchen ihn auf ihre Seite zu ziehen, aber er weist alle ihre Annäherungsversuche ab und geht an seinen seelischen Traumata zugrunde. Kafka war enttäuscht von dem Stück und fühlte sich angewidert. Statt an und mit Schweiger einer orientierungslosen Zeit neue geistig-spirituelle Möglichkeiten aufzuzeigen, hatte Werfel ihn zu einem psychiatrischen Fall degradiert und so das Vertrauen der Generation, die in ihm eine wegweisende Gestalt sah, enttäuscht:

> Sie sind gewiß ein Führer der Generation, was keine Schmeichelei ist und niemandem gegenüber als Schmeichelei verwendet werden könnte, denn diese Gesellschaft in den Sümpfen kann mancher führen. [...] Und nun dieses Stück. Es mag alle Vorzüge haben, von den theatralischen bis zu den höchsten, es ist aber ein Zurückweichen von der Führerschaft, nicht einmal Führerschaft ist darin, eher ein Verrat an der Generation, eine Verschleierung, eine Anekdotisierung, also eine Entwürdigung ihrer Leiden (Br 424–425).

Um zu verstehen, warum Kafka die Unzulänglichkeiten von Werfels Stück so ernst nahm, muß man sich vor Augen halten, daß es die Zweifel verstärkte, die sich bei ihm gegenüber einem Schriftsteller eingestellt hatten, den er weit mehr bewunderte als Brod oder irgendeinen anderen zeitgenössischen Schriftsteller in Prag. Zeitweilig war es ihm klar (F 300), daß seine Freundschaft mit Brod ihn dessen Werk zu hoch einschätzen ließ, aber Werfel gegenüber verspürte er eine demütige Ehrfurcht. Werfel war sieben Jahre jünger als Kafka; er hatte seine erste Sammlung ekstatischer, hymnischer Gedichte, *Der Weltfreund*, im Alter von einundzwanzig Jahren veröffentlicht und galt deshalb als das junge Genie des Prager Kreises. [8] Er erschien Kafka als »ein Wunder« (F 178) und aufgrund seiner überwältigenden schöpferischen Kraft als »ein Ungeheuer« (T 286); seine frühen Gedichte und Stücke empfand er als »fortreißend« (T 444), wobei es nichts ausmachte, ob er sie für sich privat las oder sie von Werfel vorgetragen hörte, der alle seine Gedichte auswendig konnte (F 281). Seine späteren Stücke erfüllten jedoch die in sie gesetzten Hoffnungen nicht. Kafkas Bemerkung zum *Bocksgesang* (1921) – »Äußerst interessant ist es. Dieser Kampf mit den Wellen und immer wieder kommt er hervor, der große Schwimmer« (Br 363) – ist bereits ironisch-distanzierter. Stärkere Vorbehalte sind in einer Prosaskizze enthalten, deren Anfang lautet: »›Der große Schwimmer! Der große Schwimmer!‹ riefen die Leute« (H 319). Der große Schwimmer gibt bei seiner Rückkehr von den Olympischen Spielen in Antwerpen (1920) bekannt, obwohl er einen Weltrekord aufgestellt habe, könne er eigentlich gar nicht schwimmen. Wenn hierin ein versteckter Hinweis auf

Werfel liegt, bestätigt das, daß Kafka in Werfels Werken etwas Unechtes zu spüren begann.

Eine weitere, bei aller Behutsamkeit der Formulierung doch abschätzige Anspielung auf Werfel erscheint im Jahre 1921 in dem berühmten Brief an Robert Klopstock, in dem Kafka seine Gedanken über die Gestalt Abrahams äußert. Obwohl er Kierkegaards Auffassung dieser biblischen Erzählung ablehnte, stellte Abraham, wie er in der Bibel erscheint, für Kafka nach wie vor das Musterbeispiel eines Menschen dar, an den der Ruf Gottes ergangen ist. In seinem Brief betrachtet Kafka verschiedene Versionen Abrahams. Da gibt es zunächst »die oberen Abrahame« (Br 333), die den Ruf Gottes ignorieren und den Verdacht erwecken, daß sie, »– um ein sehr großes Beispiel zu nennen – das Gesicht in magischen Trilogien verstecken, um es nicht heben zu müssen und den Berg zu sehn, der in der Ferne steht«. Bei dem großen Beispiel handelt es sich um Werfel, dessen Schauspiel *Spiegelmensch: Magische Trilogie* ein Jahr zuvor erschienen war. Kafka hatte es an einem einzigen Nachmittag gierig zu Ende gelesen (M 283); bei weiterem Nachdenken wurde ihm jedoch deutlich, daß es eine Abkehr von der Verantwortlichkeit darstellte, die er von einem bedeutenderen Schriftsteller erwartete. Wenn Männer wie Werfel sich anschickten, ihrer Berufung nicht zu folgen, dann mußten weniger bedeutende Menschen wie Kafka ihr nachkommen, selbst wenn es kaum möglich zu sein schien, daß die Berufung wirklich an sie gerichtet war, und sie sich wahrscheinlich als Narren darstellen würden, wenn sie ihr folgten. Das war z.B. bei dem zweiten, weniger bedeutenden Abraham der Fall, über den Kafka jetzt seine Vorstellungen fortführt:

> Aber ein anderer Abraham. Einer, der durchaus richtig opfern will und überhaupt die richtige Witterung für die ganze Sache hat, aber nicht glauben kann, daß er gemeint ist, er, der widerliche alte Mann und sein Kind, der schmutzige Junge. [...] Er fürchtet, er werde zwar als Abraham mit dem Sohne ausreiten, aber auf dem Weg sich in Don Quixote verwandeln (Br 333).

Wie die kleinen Geschäftsleute in der Erzählung *Ein altes Blatt* fühlte Kafka sich verpflichtet, eine Verantwortung zu übernehmen, die bedeutendere Leute abgelehnt hatten.

Eine weitere bildhafte Vorstellung für diese Verbindung von Demut und höchstem Verantwortungsgefühl liegt in dem Ausdruck »Führer der Generation«, den Kafka in seinem Brief an Werfel verwendet. Er ist das wörtliche Äquivalent des hebräischen Ausdrucks *Rosch ha-Dor*, den der Baalschem häufig gebrauchte und den Gershom Scholem folgendermaßen bestimmt: »Er ist der Mann, der in Gemeinschaft mit Gott lebt, aber seine Macht benutzt, um seine Mitmenschen mit sich nach oben zu ziehen.« [9] Kafka wußte von dieser Vorstellung durch Jiři Langer, der ihm vom »Zaddik Hador« (T 482) erzählte, einem obersten *Zaddik*, der in jedem Jahrhundert erscheint. Eine solche Person übt ihre geistigen Kräfte im verborgenen und tritt nicht als religiöser Führer hervor. Im frühen achtzehnten Jahrhundert war der *Zaddik Hador* ein zur selben Zeit wie der Baalschem lebender einfacher Kaufmann aus der galizischen Stadt Drohobycz. Kafka wußte auch von den Lamed Waw, den sechsunddreißig Gerechten in jeder Generation, auf denen die Welt ruht, auch wenn es niemandem zu wissen erlaubt ist, wo sie sich befinden. [10] In diesen Gestalten, die ihre geistlichen Aufgaben in völliger Verborgenheit erfüllten, fand Kafka Vorbilder für seine eigene Rolle als verantwortungsvoller Dichter.

Diese Anspielungen zeigen, daß Kafka zu dieser Zeit beträchtliche Kenntnisse über jüdische und insbesondere über chassidische Überlieferungen erworben hatte. Seit Beginn des Jahres 1917 hatte er auch begonnen, Hebräisch zu lernen. Er legte anfangs Moses Raths Lehrbuch des klassischen Hebräisch zugrunde, aber weil er, auf lange Sicht gesehen, vorhatte, nach Palästina auszuwandern, lernte er bei mehreren Lehrern auch die moderne hebräische Umgangssprache: bei Langer, bei dem Schriftsteller und Philosophen Friedrich Thieberger und bei Puah Bentovim, einem neunzehnjährigen Mädchen, das in Palästina aufgewachsen war, von Kindheit an ständig hebräisch gesprochen hatte und zum Studium nach Prag gekommen war. [11] Dora Dymant, die er im Juli 1923 kennenlernte, war beeindruckt davon, wie gründlich und treffsicher im sprachlichen Ausdruck er das Hebräische beherrschte. Sie konnte sich durchaus ein solches Urteil erlauben, da sie von Kindheit an mit dem Hebräischen vertraut war; bei einem ihrer ersten Gespräche mit Kafka las sie ihm aus Isaias einen Abschnitt im Original vor. [12] Während ihres Zusammenlebens in Berlin lasen sie aus der hebräischen Bibel und aus Raschis mittelalterlichem Kommentar zum Pentateuch – einem grundlegenden Text, den man in jüdischen Schulen häufig verwendete. [13] Außerdem kämpfte sich Kafka durch zweiunddreißig Seiten eines modernen hebräischen Romans von Josef Chajim Brenner (Br 453, 456). [14]

Wir dürfen sicher sein, daß er gerade zu Beginn des Jahres 1922, als er seine Arbeit am Roman *Das Schloß* aufnahm, über eine umfassende Kenntnis des Hebräischen verfügte. Sie stellte ebenso wie die Tatsache, daß er mit jüdischer Überlieferung vertraut war, eine der Voraussetzungen dar, die er für seine Arbeit am Roman brauchte; das geht auch aus der folgenden Tagebucheintragung vom 16. Januar 1922 hervor:

> Diese ganze Literatur ist Ansturm gegen die Grenze, und sie hätte sich, wenn nicht der Zionismus dazwischengekommen wäre, leicht zu einer neuen Geheimlehre, einer Kabbala entwickeln können. Ansätze dazu bestehen. Allerdings ein wie unbegreifliches Genie wird hier verlangt, das neu seine Wurzeln in die alten Jahrhunderte treibt oder die alten Jahrhunderte neu erschafft und mit all dem sich nicht ausgibt, sondern jetzt erst sich auszugeben beginnt (T 533).

Dieser Abschnitt bedarf einer kurzen Erläuterung. Kafka war gerade erst zu der Einsicht gelangt, seine zur Gewohnheit gewordene Einsamkeit habe ihn übertrieben selbstquälerisch werden lassen und ihn noch mehr von anderen Menschen isoliert; der Nervenzusammenbruch, den er gerade erlitten hatte, sei lediglich eine Steigerung dieses Zustandes gewesen. Andererseits darf man diesen Selbstzweifel nicht als neurotische Selbstquälerei betrachten, sondern, positiver formuliert, als einen »Ansturm gegen die letzte irdische Grenze« (T 533), der dem Versuch dient, sich über sie hinaus einen Weg in noch unerforschte Bewußtseinszonen zu erkämpfen. Diese Kennzeichnung – so führt Kafka seine Überlegungen fort – ließe sich auf sein Schreiben überhaupt beziehen. Als ständig wiederholter Versuch, neues Land für die Literatur zu gewinnen, liefe es Gefahr, diese der Kabbala ähnlich werden zu lassen, und zwar nicht in inhaltlicher Hinsicht – wir sahen im letzten Kapitel, daß Kafka über die Kabbala keine Kenntnisse aus erster Hand hatte – wohl aber darin, daß sie gänzlich esoterisch und nur Kafka selbst sowie einigen auserwählten Eingeweihten zugänglich werden könnte. »Ansätze dazu bestehen«, so gesteht er ein: Man kann dabei an *Elf Söhne* denken, ein Werk, das überhaupt rätselhaft geblieben wäre, hätte Kafka selbst nicht Brod gegenüber erwähnt, die »Söhne« seien elf Geschichten, an denen er gerade arbeite. [15]

Was Kafkas Schriften davor bewahrt hat, völlig hermetisch zu werden, ist der Zionismus. Auch das bedarf der Erklärung. Wie wir im vierten Kapitel gesehen haben, interessierte der Zionismus Kafka nicht unter alltäglichen oder tagespolitischen Aspekten, sondern als »der Eingang zu dem Wichtigern« (F 675), als die Möglichkeit, eine neue religiöse Gemeinschaft zu bilden. Dazu mußten nicht nur die Probleme der Religion erneut durchdacht werden, wie Kafka es in den Zürauer Aphorismen getan hatte, sondern es mußten in gewisser Weise auch die Überlieferungen der Vergangenheit in den Blick genommen werden. Daher rührte Kafkas Interesse an Gestalten wie dem Belzer Rabbi; daher kam es zur Übernahme von Motiven aus der Erzählliteratur des Chassidismus in seine eigenen kurzen Erzählungen, wie es insbesondere bei *Ein Landarzt* der Fall ist. In dem gerade zitierten Abschnitt zeigt sich jedoch sein Verlangen, noch mehr als das zu tun, nämlich, Wurzeln in die vergangenen Jahrhunderte hinabzusenken oder vergangene Jahrhunderte neu zu erschaffen. Das heißt, daß er seine Kenntnis der jüdischen Überlieferung viel mehr vertiefen will, als er es bisher getan hat. Obgleich *Das Schloß* bis zu einem gewissen Grad ein dunkles Werk bleiben wird – Kafka will ja in ihm einen weiteren »Ansturm gegen die letzte irdische Grenze« unternehmen und in metaphysisch-religiöse Bereiche vordringen – soll es auf diese Weise doch vor einer völligen hermetischen Unzugänglichkeit bewahrt werden, indem es nämlich Überlieferungen aufnimmt, die außer Kafka selbst auch anderen Menschen bekannt sind.

Das bedeutet nun in der Tat, daß Kafkas Kenntnis hebräischer und jüdischer, besonders chassidischer Überlieferungen es ihm ermöglichte, eine Fülle von Anspielungen aus diesem Kulturkreis in das Werk einzuarbeiten. Wenn man sie einmal erkannt hat, lassen diese Anspielungen bestimmte Episoden des Romans in einem helleren Licht erscheinen und lassen gleichzeitig neue Bedeutungsebenen in anderen Episoden sichtbar werden. Das wichtigste Ziel der folgenden Seiten liegt darin, diese Anspielungen aufzuzeigen und nach ihren Implikationen für die Interpretation des Romans zu fragen. Es müssen an dieser Stelle jedoch auch gewisse Vorbehalte gemacht werden. Zunächst einmal darf nicht die Vorstellung aufkommen, diese Anspielungen bildeten eine Art von Code, den man lediglich aufzulösen brauche, um zu zeigen, daß der Bedeutungsgehalt des Romans *Das Schloß* schon immer etwas vollkommen Einfaches gewesen sei. Etwas ganz anderes ist der Fall: Ihre Funktion liegt nicht darin, die Komplexität und den Bedeutungsreichtum von Kafkas Text zu vermindern, sondern sie zu vergrößern. Zweitens: Diese Anspielungen werfen Licht auf bestimmte Episoden, aber sie geben nicht so etwas wie einen

Hauptschlüssel für den Roman als ganzen ab – es sei denn, diese Möglichkeit sei meiner begrenzten Kenntnis entgangen. Und schließlich: Selbst wenn Kafka *Das Schloß* vor hermetischer Unzugänglichkeit bewahrt hat, bleibt es dennoch eines der dunkelsten seiner Werke. In großen Zügen ist sein Bedeutungsgehalt zwar klar, und zwar vor allem dank der Arbeit von Richard Sheppard, aber zahlreiche Passagen und viele Details geben dennoch ihren Sinn nicht preis. Es bedarf einer kurzen Überlegung, warum das so ist.

Der Hauptgrund dafür liegt meiner Meinung nach darin, daß *Das Schloß* ein nicht in jeder Hinsicht geglücktes Kunstwerk ist. Es wäre zwar ungerecht, es zu tadeln, weil ihm die dramatische Intensität abgeht, die *Der Prozeß* aufweist; es ist ja als ein umfassenderes Werk konzipiert, in dem der Held die Gelegenheit bekommt, sich in verschiedenartigen gesellschaftlichen Milieus umzusehen. Aber dennoch: Es war, wie wir im ersten Kapitel gesehen haben, der Kontakt zum Drama, der Kafka in seiner Schreibart weiterkommen ließ. Mit der Entwicklung einer weniger konzentrierten Erzählweise lief er Gefahr, sich zu verzetteln und die Kontrolle über den Erzählverlauf zu verlieren. Infolgedessen enthält *Das Schloß* leider einige *longueurs*, besonders den langen Exkurs innerhalb der Geschichte der Barnabasfamilie und das spätere Gespräch zwischen Barnabas und Pepi, das, um die Sache noch schlimmer zu machen, wie ein verlaufsgetreues Sitzungsprotokoll in indirekter Rede wiedergegeben ist. Die Bildwelt des Romans ist weniger anschaulich, als es im *Prozeß* der Fall ist, und ihr Bedeutungsgehalt ist geringer. Der Roman leidet nicht nur darunter, daß er unvollendet geblieben ist, sondern auch an Ungenauigkeiten im einzelnen. Das bedeutet, daß einige seiner Erzählansätze nicht zu Ende geführt werden. So kündigt K. beispielsweise im Eingangskapitel an, er werde den Lehrer anrufen; er löst aber diese Ankündigung im Folgenden nirgendwo ein. Graf Westwest wird zu Beginn unter dem Anschein großer Bedeutsamkeit erwähnt, um für den Rest des Romans vergessen zu werden. [16] Im Gegensatz dazu wurde *Der Prozeß* mit peinlichster Sorgfalt komponiert: Staatsanwalt Hasterer etwa wird gleich zu Anfang als ein guter Freund K.s erwähnt, und er erscheint dann auch zum passenden Zeitpunkt in einem unvollendeten Kapitel.

Diese kritischen Vorbehalte beeinträchtigen den positiven Gesamteindruck, den der Roman *Das Schloß* hinterläßt, jedoch keineswegs. Neben der bewegenden Schilderung der Beziehung zwischen Frieda und K. enthält er einerseits prägnant geschilderte Episoden, wie z.B. K.s ersten Versuch, zum Schloß zu gelangen, oder die ironisch dargestellte Unterredung mit Bürgel, und andererseits einige der schönsten komischen Szenen, die es in Kafkas Werken gibt. Aber gerade sie setzen den Interpretationsmöglichkeiten Grenzen. Bei dem Versuch herauszufinden, welchen Sinn etwa die nur spärlich vorhandenen Verweise auf Graf Westwest haben, ist man nicht auf einen Hinweis oder auf eine Information von außen angewiesen, um den Text interpretieren zu können, sondern man ist eher auf den Text selbst und zugleich auf einen Hinweis oder einen Beleg von außen angewiesen, um Kafkas nur unvollständig realisierte Intentionen erschließen zu können – ein spekulatives, unbefriedigendes Verfahren, bei dem größte Vorsicht geboten ist. Irgendwo bietet Kafka Informationsbruchstücke an, die eine Schlüsselfunktion für das, was er meint, zu haben scheinen – letztlich aber erweisen sich diese Angebote als Ablenkungsmanöver. Insbesondere die Namen der Romanfiguren haben zu vielen geistreichen Vermutungen geführt. [17] Brod teilt uns jedoch mit, Kafka habe Namen aufs Geratewohl den Büchern entnommen, die er gerade las: »Bertuch« entstammt einem Buch über Goethe und ist der Name eines Verlegers in Weimar; »Galater« und »Barnabas« entnahm er dem Neuen Testament; auf den Namen »Gerstäcker« kam er dagegen durch die Abenteuergeschichten Friedrich Gerstäckers, die seine Eltern in ihrem Bücherschrank hatten. [18] Selbstverständlich ist es möglich, daß Kafkas Auswahl der Namen durch unterschwellige Assoziationen beeinflußt worden ist, so daß Richard Sheppard nicht unbedingt fehlgeht, wenn er »Bertuch« mit *Bahrtuch* und »Gerstäcker« mit *Gottesacker* in Verbindung bringt, aber dennoch gibt das nur eine schwache Grundlage für die Interpretation ab. [19] Ich möchte eher bezweifeln, daß *Das Schloß* mehr als eine Handvoll *sprechender Namen* enthält.

Wir können uns jetzt den vier wichtigsten Komponenten des Romans zuwenden, indem wir jede in der ihr eigenen inneren und äußeren Aussagekraft genauer untersuchen.

Der Landvermesser

K.s Beruf als Landvermesser verlangt geradezu nach einer Interpretation, und tatsächlich sind auch zahlreiche Versuche dieser Art unternommen worden. Viele Interpreten haben in der Bezeichnung »Landvermesser« eine Anspielung auf die »Vermessenheit« gesehen, mit der K. das Schloß herausfordert. [20] Wilhelm Emrich bezeichnet die Landvermessung als einen revolutionären Akt, weil sie die Überprüfung der gegenwärtigen Boden- und Besitzverhältnisse bedeute. [21] Hulda Göhler hat vor einiger Zeit die Aufmerksamkeit auf Ezech. 40 gelenkt; dort vermißt ein Mann mit einer Meßrute die Größe und die Größenverhältnisse des Tempels. Göhler ist der Ansicht, K.s Auftrag liege darin, beim Wiederaufbau Zions zu helfen. [22] Wenn man auch keine dieser Vorstellungen ganz zurückweisen kann, so müssen sie doch der Hauptbedeutung des Wortes »Landvermesser« untergeordnet werden. K.s Berufsbezeichnung stellt ein Wortspiel dar, das sich auf zwei fast identische hebräische Wörter bezieht, nämlich auf *maschoach* = »Landvermesser« und *maschiach* = »Messias«. [23] Bei einem solchen Wortspiel kamen Kafka nicht nur seine Kenntnisse des Hebräischen zugute, sondern er übernahm auch eine Technik des Wortspiels, die in der hebräischen Bibel vorkommt. Es gibt Stellen in der Bibel, die in der Übersetzung unverständlich bleiben, weil ihre Bedeutung von Wortspielen abhängt, die im Original gegeben sind. Eine solche Stelle liegt zum Beispiel im ersten Kapitel Jerem. vor:

> Und es geschah des Herrn Wort zu mir und sprach: Jeremia, was siehst du? Ich sehe einen Mandelzweig, Und der Herr sprach zu mir: Du hast recht gesehen; denn ich will wachen über mein Wort, daß ich's tue. (Jer. 1, 11-12)

Der Herr gibt hier mit Hilfe eines Wortspiels zwischen *schaked* = »Mandelbaum« und *schoked* = »wachen« das Versprechen, über sein Volk zu wachen. [24] Kafkas ähnlich geartetes Wortspiel dient dazu, zwischen seinem Text und der jüdischen Überlieferung eine assoziative Verbindung herzustellen und damit eine weitere Bedeutungsebene zu konstituieren; sie ist jedoch nicht privater Art, sondern ist jedem zugänglich, der über ähnliche Kenntnisse des Hebräischen verfügt wie er. Weil dieses Wortspiel an exponierter Stelle erscheint, gibt es einen entscheidenden Hinweis auf den Bedeutungsgehalt des Romans *Das Schloß*. Um ihn verstehen zu können, müssen wir zunächst die Vorstellungen zu rekonstruieren versuchen, die für Kafka mit dem Ausdruck »Messias« verbunden waren; dazu stellen wir uns die zahlreichen, den Messias betreffenden Episoden vor Augen, die ihm bekannt waren.

Wie seine Tagebücher zeigen, war Kafka mit der Bibel vertraut und dürfte die den Messias betreffenden Prophezeiungen in den Büchern Isaias, Jeremias und Michas gekannt haben. Aus seiner religionsgeschichtlichen Lektüre wußte er auch, daß messianische Erwartungen unter der weniger gebildeten Bevölkerung Palästinas in der Zeit zwischen dem Makkabäer-Aufstand (167 v.Chr.) und der Zerstörung des Tempels (70 n.Chr.) weit verbreitet waren. In seinem Werk *Heidentum, Christentum, Judentum* ordnete Brod Jesus in das Denkschema des jüdischen Messianismus ein.[25] Die damit verbundenen chiliastischen Hoffnungen gipfelten in dem von Bar Kochba geleiteten Aufstand gegen die Römer; der Schriftgelehrte Rabbi Akiba begrüßte ihn tatsächlich als den Messias. Nach der Niederwerfung des Aufstandes im Jahre 135 n.Chr. verurteilte das Rabbinat strikt alle messianischen Bewegungen und verwies dabei auf die höher einzustufende Bedeutung des Studiums der Thora und des Talmud.[26] Denjenigen, die sich nicht damit zufriedengaben, die Ankunft des Messias abzuwarten, sondern die sie durch eigene Anstrengungen beschleunigen wollten, warf man vor, sie wollten das Ende gewaltsam herbeiführen.

Der Gegensatz zwischen den gelehrten Rabbinern und dem einfachen Volk mit seiner Anfälligkeit für messianische Erwartungen blieb bestehen und spitzte sich im Verlauf der jüdischen Geschichte nach jeder größeren Katastrophe erneut zu. Die Vertreibung der Juden aus Spanien im Jahre 1492 ließ durch Messiaserwartungen bedingte Unruhen aufkommen. Zwei der daran in wichtiger Funktion beteiligten Figuren, der selbsternannte Messias David Re'uveni und sein Jünger Salomon Molcho, erscheinen in Brods Roman *Rëubēni, Fürst der Juden* (1925). Re'uveni trat 1524 in Venedig auf, erklärte, aus einem jüdischen Königreich in Zentralasien zu kommen, und ersuchte verschiedene europäische Herrscher um Hilfe zur Wiedereroberung des von den Türken besetzten Palästina. Während seiner Verhandlungen mit dem König von Portugal fand er einen Gefährten in Diego Pires, einem jungen Mann jüdischer Herkunft, der sich beschneiden ließ und den Namen Salomon Molcho annahm. Re'uveni und Molcho betrieben ihre messianischen Verkündigungen noch einige Jahre weiter; schließlich aber wurden sie von der Inquisition zu Tode gebracht. Brod hat seinen Roman zwar erst nach Kafkas Tod veröffentlicht; er betrieb jedoch die notwendigen historischen Forschungen und schrieb auch die ersten vier Kapitel noch zu Kafkas Lebzeiten. Deshalb dürfte Kafka, wenn er auch mit den originalen Quellen nicht vertraut war, doch aus zweiter Hand etwas über diese Zeit gewußt haben.

Eine weitaus folgenreichere messianische Bewegung als die Re'uvenis entstand als Reaktion auf die Massaker an ukrainischen Juden, zu denen es im Jahre 1648 beim Kosakenaufstand Chmielnickis gekommen war. Die in der ganzen jüdischen Welt darüber empfundene Erschütterung trägt mit dazu bei zu erklären, warum das Auftreten des Sabbatai Zewi als Messias einen so begeisterten Widerhall fand. Sabbatai (1626–1676) war ein gebildeter Jude und stammte aus Smyrna; er litt schwer unter manisch-depressiven Gemütsschwankungen. Sein exzentrisches Verhalten fand bis 1665 über seine engere Umgebung hinaus keine größere Beachtung. Da hatte jedoch ein junger Rabbi, Nathan von Gaza, eine Vision, in der Sabbatai als Messias erschien. Nathan redete ihm ein, die wunderlichen Verhaltensweisen, die er während seiner manischen Phasen an den Tag legte, entstammten gottgegebenen Erleuchtungen. Sabbatais Anspruch, er sei der Messias, wurde weithin akzeptiert. Etwa ein Jahr lang wurden die jüdischen Gemeinden in Europa und Asien von apokalyptischer Hysterie geschüttelt. Isaac Bashevis Singer hat diese Ereignisse anschaulich in seinem Roman *Satan in Goray* geschildert. Viele Juden gaben ihre Häuser und ihre beruflichen Tätigkeiten auf und bereiteten ihre Auswanderung nach Palästina vor. Im September 1666 führte man Sabbatai jedoch in Adrianopel dem Sultan Mohammed IV. vor; der stellte ihn vor die Wahl, entweder als Messias den Märtyrertod zu erleiden oder seinen Anspruch, der Messias zu sein, zu widerrufen und zum Islam überzutreten. Sabbatai entschied sich für die zweite Möglichkeit und erhielt eine Sinekure als Hüter der Tore des Sultanspalastes. [27] Trotz seines Abfalls bestanden messianische Bewegungen unter den Juden Osteuropas im siebzehnten und achtzehnten Jahrhundert fort; die größte war die frankistische Bewegung. Ihr Führer, Jakob Frank (1726–1791), glaubte an die Erlösung durch Sünde; er und seine Anhänger begingen deshalb die beiden frevelhaftesten Delikte, die Juden möglich waren: Sie gaben ihre Religion zugunsten des Katholizismus auf und beschuldigten dann die Juden, das Blut von Christen für rituelle Zwecke zu verwenden. Anstatt das Ende zu finden, das er verdient hätte, starb Frank als Besitzer eines Schlosses in Frankfurt am Main, nicht ohne zuvor den

Titel Baron von Offenbach erhalten und ein luxuriöses Leben geführt zu haben, das ihm seine polnischen und böhmischen Freunde mit ihren Spenden ermöglicht hatten. Er dürfte jedoch von der poetischen Gerechtigkeit ereilt worden sein; er ist nämlich mit seinen Charakterzügen eingegangen in die Figur des Moritz Spiegelberg, des schurkischen Juden in Schillers *Die Räuber.* [28]

Kafka kannte die sabbatianische und die frankistische Bewegung aus verschiedenen Quellen. Die Reaktion deutscher Juden auf Sabbatais Selbstproklamation zum Messias ist im »Vorspiel« von Jakob Wassermanns Roman *Die Juden von Zirndorf* geschildert; Kafka besaß diesen Roman. [29] Jakob Frank erscheint in der Erzählung »Der Hirt« in Bubers *Legende des Baalschem.* Von diesen Bewegungen hatte Kafka auch etwas im Gespräch mit Langer (T 482) gehört; Langer geht ausführlich in seinem Werk *Die Erotik der Kabbala* auf sie ein. Kafka kannte auch die Haltung, die der Baalschem gegenüber dem Messianismus einnahm. Dieser lehnte den Messianismus ab, griff ihn aber nicht offen an – vielleicht aus der Überlegung heraus, es handle sich hier um eine zu zählebige Form des jüdischen religiösen Lebens, als daß man es ausrotten könne. Die Leistung des Baalschem bestand demgegenüber in dem, was Gershom Scholem die Neutralisation der messianischen Impulse nennt. [30] Er beschwor seine Anhänger, ihre Energie nicht länger durch die Sehnsucht nach der Ankunft des Messias aufzehren zu lassen, sondern sie darauf zu richten, ihr persönliches Leben zu heiligen. Wenn einst jeder zu einer solchen Heiligung seines Lebens gelangt sei, werde es nicht mehr notwendig sein, auf den Messias zu warten, da er dann bereits in ihrem Herzen und ihrem Sinn wohne. Der Baalschem hat diese Vorstellung in einer Erzählung ausgedrückt, die man als das Manifest des Chassidismus ansehen kann; sie schildert seinen mystischen Aufstieg zum Himmel. Während dieser Erfahrung der Entrückung gelangt der Baalschem zur Halle des Messias:

> Und ich fragte den Messias: wann wird der Herr kommen? Und er erwiderte nur: »Daran sollst du es erkennen: wenn deine Lehre weitbekannt und du der Welt offenbart sein wirst, und deine Quellen nach außen verströmen, was ich dich gelehrt und du erfaßt hast, und auch sie Einungen und Aufstiege werden vollbringen können wie du; dann wird die böse Macht vernichtet und eine Zeit der Gnade und Hilfe sein.« [31]

Diese Auffassung von der bewegenden Kraft der Messiaserwartung war Kafka offensichtlich bekannt; sie erscheint nämlich in den Notizheften der Zürauer Zeit. Dort entwickelt er die Vorstellung, sobald jeder einzelne für sich zum Glauben gelangt sei, werde der Messias *de facto* schon erschienen sein. Deshalb schreibt er: »Der Messias wird erst kommen, wenn er nicht mehr nötig sein wird« (H 90).

Der Baalschem gehörte zu den einflußreichsten Gestalten unter den europäischen Juden des achtzehnten Jahrhunderts. Eine andere, wenn auch ganz anders geartete dieser großen Gestalten war Moses Mendelssohn, unter dessen Einfluß die messianische Tradition eine andersartige Auslegung erfuhr. Das Erscheinen des Messias wurde in diesseitsbezogenen Vorstellungen und Begriffen erneut verstanden als letzte Stufe innerhalb einer optimistischen, vernunftgeleiteten Konzeption des Geschichtsprozesses. Im neunzehnten Jahrhundert erhoben die Anführer des reformorientierten Judentums diese Anschauung zu einer Leitidee, indem sie die Emanzipation der Juden zum Vorspiel eines tausendjährigen, diesseitigen Reiches deklarierten. In ähnlicher Weise schrieb 1862 der Kommunist Moses Heß:

> Denn das Ende der Tage, von welchem das Judentum seit dem Anfange der heiligen Geschichte, in seinen guten und bösen Tagen, stets geweissagt hat, ist nicht, wie andere Völker es mißverstanden haben, das Ende der Welt, sondern die Vollendung der Entwicklungsgeschichte und Erziehung des Menschengeschlechts. [32]

Obwohl man in der Schlußwendung dieser Aussage Lessing zu hören glaubt, hatte sich Heß zu dieser Zeit bereits von dem aufklärerischen Ideal der Assimilation der Juden abgewandt; er war vielmehr zu der Einsicht gelangt, daß es für die Juden keine Hoffnung gab, in der westlichen Gesellschaft aufzugehen, und er folgerte daraus, sie sollten ihre Bestrebungen auf nationale Autonomie richten, wie es andere europäische Völker ebenfalls taten. Seine Abhandlung – *Rom und Jerusalem* (1862) – gehört zu den frühesten Zeugnissen des Zionismus – einer Bewegung, in der messianische Vorstellungen niemals tief unter der Oberfläche lagen. Theodor Herzl berief sich darauf, er sei im Traum mit dem Messias zusammengetroffen, der ihm gesagt habe: »Geh und verkünde den Juden, daß ich bald kommen und große Wunder und große Taten für mein Volk und die ganze Welt verrichten werde!« [33] Herzl verglich sich selbst auch mit Sabbatai Zewi, einer Gestalt, die ihn faszinierte und die in seinem Roman *Altneuland*, der in einem jüdischen Staat der Zukunft spielt, dargestellt ist. Eine Gruppe von Personen, die eine Oper über Sabbatai besucht hatte, beurteilte seinen Fall mit Nachsicht und kam zu dem Schluß, die Juden seien lediglich insofern irregeleitet, als sie ihr Heil eher von einer Person als von der Wiedererweckung ihres Volksgeistes erwarteten. [34]

Der Roman *Das Schloß* hängt sehr eng mit Kafkas Kenntnis der Tradition der Messias-Vorstellungen zusammen. In der Gestalt K.s läßt Kafka das messianische Vorstellungspotential zum Ausdruck kommen, unterzieht es einer kritischen Prüfung und verwirft es schließlich. K. ähnelt den falschen Messiasgestalten, wie sie in der Geschichte aufgetreten sind, und zwar nicht nur in dem mit seiner Berufsbezeichnung gegebenen Wortspiel, sondern auch in vier seiner charakteristischen Merkmale.

Das erste von ihnen liegt darin, daß die Art seiner beruflichen Tätigkeit suspekt ist. Da es sich bisher bei allen, die als Messias aufgetreten sind, um Betrüger gehandelt hat, liegt es nahe, K.s Beglaubigungsnachweise als Landvermesser als fragwürdig zu betrachten. Als er im Brückenhof von Schwarzer geweckt worden ist, behauptet er, sich ins Dorf verirrt zu haben und nichts von einem Schloß zu wissen; unmittelbar darauf jedoch bezeichnet er sich selbst als den Landvermesser, den der Graf Westwest habe kommen lassen. Die Schloßbehörden bestätigen zu seiner eigenen Überraschung seinen Status, nachdem sie zunächst bestritten hatten, ihn überhaupt zu kennen. Später legt der »Gemeindevorsteher« dar, er habe K. bereits seit langer Zeit erwartet, und er unterrichtet ihn darüber, daß er tatsächlich berufen worden sei, allerdings infolge eines Irrtums der Verwaltung. Obgleich es keine Möglichkeit gibt, diese Zweideutigkeiten zu klären, handelt es sich hier nicht um rein willkürliche Mystifikationen; sie drücken auch nicht einfach abermals Kafkas Befürchtungen aus, wenn man einer Berufung folge, dränge man sich unverschämt in etwas hinein, was einen nicht angehe, oder reagiere auf das »Fehlläuten der Nachtglocke« (E 153). Eine solche nicht eindeutig klärbare Lage ist vor allem ein wesentliches Kennzeichen der Rolle K.s als Landvermesser bzw. als Messias.

In ähnlicher Weise sind zwei der hervorstechendsten Eigenschaften K.s, nämlich seine Aggresivität und sein rücksichtsloser Durchsetzungswille, keine zufälligen Kennzeichnungen seiner Persönlichkeit, sondern integrale Bestandteile seiner verborgenen Rolle als Messias. Die oben beschriebenen messianischen Bewegungen stellten notwendigerweise eine Herausforderung für die jeweils bestehende Ordnung dar; gewöhnlich fanden sie ihren ersten Gegner im orthodoxen Rabbinat, das Recht und Überlieferung zu bewahren trachtete. Es ist deshalb nicht verwunderlich, daß K. auf eine Auseinandersetzung mit den Schloßbehörden geradezu versessen ist. »Kampf« und »Sieg« gehören zu seinen Lieblingswörtern; es paßt dazu, daß er seine Militärdienstzeit als »diese glücklichen Zeiten« in Erinnerung hat (S 31). Als er von seiner Ernennung zum Landvermesser hört, vermutet er, das Schloß habe den Kampf mit ihm aufgenommen (S 12); als er zum erstenmal mit Frieda zusammentrifft, geht er ganz grundlos davon aus, sie sei in einen »Kampf« mit dem Schloß verwickelt (S 63). Er sieht in sich selbst den »Angreifer« (S 93) und stellt sich vor, viele andere, ihm unbekannte Menschen stünden im Kampf mit dem Schloß. Er erinnert sich daran, wie er als Junge in seinem Heimatstädtchen die Kirchhofsmauer erklettert hat, eine kleine Fahne zwischen den Zähnen, und nachher erfüllte ihn das »Gefühl dieses Sieges« (S 50). Er trägt einen Sieg davon über Momus, Klamms Sekretär, indem er sich nicht davon abbringen läßt, im Hofraum auf Klamm zu warten. Als er im Zimmer Bürgels einschlummert, träumt er, daß er mit einem nackten Beamten kämpft. Aber alle diese Siege sind fragwürdig. Der erste war »überraschend leicht« (S 49); er wurde errungen auf einem Platz, der von einem ungewöhnlichen Licht überflutet war. Das läßt an das Eingreifen einer gleichsam göttlichen Macht denken und erinnert an die gestrichene Passage in *Der Prozeß*, in der Josef K. und Titorelli sich ohne eigene Anstrengung einem blendenden Licht entgegentragen lassen (P 294–295). Der zweite ist »ein Sieg, der keine Freude machte« (S 168); er ist eine reine Willensbekundung ohne weiteren Zweck. Der dritte erscheint als ein lächerlicher Ersatz für einen Sieg, der in Wirklichkeit nicht zu erringen ist. Diese illusorischen, sinn- und ergebnislosen Siege verdeutlichen, daß Aggression nicht als Mittel taugt, ein Ziel zu erreichen; sie sind geradezu eine Illustration zu einem Aphorismus Kafkas: »Eines der wirksamsten Verführungsmittel des Bösen ist die Aufforderung zum Kampf« (H 74).

Kafka führt seine Kritik des Messianismus weiter, indem er zeigt, daß K. bereit ist, ohne jede Rücksicht andere Menschen auszunutzen, wenn es darum geht, seine ehrgeizigen Ambitionen durchzusetzen. Dieser Sachverhalt sollte ausführlich im ersten Teil des Romans beschrieben werden, und zwar in dem später entfernten Abschnitt, der mit den Worten beginnt: »Der Wirt begrüßte den Gast«; hier teilt der noch namenlose Fremde dem Stubenmädchen Elisabeth – an dessen Stelle später Frieda tritt – folgendes mit:

Ich habe eine schwere Aufgabe vor mir und habe ihr mein ganzes Leben gewidmet. Ich tue es fröhlich und verlange niemandes Mitleid. Aber weil es alles ist was ich habe, diese Aufgabe nämlich unterdrücke ich alles was mich bei ihrer Ausführung stören könnte, rücksichtslos. Du, ich kann in dieser Rücksichtslosigkeit wahnsinnig werden (SA 116).

In diesem Entwurf ist die Rücksichtslosigkeit schon angedeutet, die K. anderen gegenüber zeigt. Als sein Verhältnis mit Frieda in die Brüche geht, wirft diese ihm vor, er habe sich an sie nur herangemacht, um mit ihrer Hilfe an Klamm heranzukommen (S 244); wenn das auch nicht die ganze Wahrheit sein kann, so wird es doch bestätigt durch die Hoffnungslosigkeit, die K. befällt, als Frieda sich von Klamm mit dem Ruf lossagt: »Ich bin beim Landvermesser!« (S 69), ferner durch die Begehrlichkeit, die er im Augenblick des Zusammentreffens mit Pepi, Friedas Nachfolgerin als Schankmädchen, verspürt (S 160), und schließlich durch zahlreiche Paralipomena, in denen K. niederträchtige und selbstsüchtige Beweggründe zugesprochen werden (SA 185, 240, 272–274). Wer mit dem Anspruch auftrat, der Messias zu sein, zog schon immer – in krassem Gegensatz zum angeblichen Erlösungscharakter seiner Sendung – den Verdacht auf sich, aus purem Egoismus zu handeln. K. hat kaum Interesse daran, anderen etwas Gutes zukommen zu lassen; einige Personen, insbesondere die Angehörigen von Barnabas und Brunswick, erwarten irgendeine Art von Hilfe von ihm. Selbst die Bauern, die K. lästig werden und ihn anstarren, scheinen irgend etwas von ihm zu erwarten, ohne es in Worte fassen zu können: »vielleicht wollten sie wirklich etwas von ihm und konnten es nur nicht sagen« (S 44). Wenn K.s Sendung darin zu sehen ist, anderen Wohltaten zu erweisen, dann muß seine Bereitschaft, andere auszunutzen, weitere Zweifel an der Echtheit seiner Berufung entstehen lassen.

Das vierte Kennzeichen, das K. mit anderen, die als Messias auftreten, gemeinsam hat, liegt darin, daß ein Prophet ihre Sendung ankündigt und bezeugt. Bar Kochba wurde von Rabbi Akiba als Messias verkündet, Re'uveni von Salomon Molcho, Sabbatai von Nathan von Gaza. K.s wahres Wesen wird nur von einem Jungen, von Hans Brunswick nämlich, vorausgeahnt: Er glaubt, »jetzt sei zwar K. noch niedrig und abschreckend, aber in einer allerdings fast unvorstellbar fernen Zukunft werde er doch alle übertreffen« (S 237). Kafka spielt hier mit der Zukunftsvision des jungen Hans wohl auf die Tradition messianischer Prophezeiungen an; wenn K. meint, Hans sei »fast ein energischer kluger weitblickender Mann« (S 225), und ihn einen »vorsichtigen kleinen Mann« (S 251) nennt, liegen anscheinend ebenfalls spielerische Anklänge an seine prophetische Begabung vor.

Das in der Bezeichnung »Landvermesser« verborgene Wortspiel ist unter diesen Aspekten mehr als eine flüchtige Spielerei. Es läßt deutlich werden, daß Kafkas Darstellung K.s über den ganzen Roman hin von der Konzeption K.s als einer Messiasgestalt bestimmend ist. Mit dieser seiner kritischen Darstellung K.s ordnete sich Kafka ein in eine zentrale, umstrittene, in sich widersprüchliche jüdische Tradition. Der Messianismus war eine die jüdische Geschichte vorantreibende Kraft; er führte darüber hinaus jedoch auch zu Auseinandersetzungen und Feindseligkeiten innerhalb der jüdischen Welt: Das orthodoxe Judentum ist ihm in der Regel entgegengetreten – selbst heute noch gibt es Gruppierungen orthodoxer Juden, die den Staat Israel als frevlerischen Versuch, das Reich des Messias zu errichten, verurteilen – und von einem anderen Standpunkt aus gilt dasselbe für den Chassidismus. Gershom Scholem ist in einer berühmten Abhandlung der Entwicklung der messianischen Idee sorgfältig nachgegangen. Er erklärt, der Messianismus habe die Menschen darauf ausgerichtet, ihre Hoffnung auf eine Erlösung zu setzen, die erst in ferner Zukunft erfolgen soll, und habe ihm damit die Motivation genommen, irgendeinen Wert in der Gegenwart selbst zu sehen. Er reduziere die Gegenwart auf eine sinnleere Zeit des Wartens, in der jede Unternehmung lediglich einen provisorischen Charakter haben könne und selbst der einzelne Mensch nicht in seinem vollen Wert zu würdigen sei: »Die messianische Idee«, so faßt Scholem seine Gedanken zusammen, »ist die wirkliche antiexistentialistische Idee.«[35] Im Roman *Das Schloß* kritisiert Kafka den Messianismus in ähnlicher Weise. K. wendet sich von Frieda ab, weil seine Anstrengungen fast ausschließlich einem in ferner Zukunft gelegenen Ziel gelten, das jedoch nicht einmal er selbst näher bestimmen kann: Auf die Frage, warum er Klamm kennenzulernen wünsche, muß er zugeben: »was ich von ihm will, ist schwer zu sagen« (S 137); später gesteht er sich selbst ein, daß Klamm nicht sein letztes Ziel ist:

> [...] denn nicht Klamms Nähe an sich war ihm das erstrebenswerte, sondern daß er, K., nur er, kein anderer mit seinen, mit keines andern Wünschen an Klamm herankam und an ihn herankam, nicht um bei ihm zu ruhen sondern um an ihm vorbeizukommen, weiter, ins Schloß (S 176).

Es gibt natürlich auch nichtjüdische Vorbilder für K.s unersättliches Streben. Das augenfälligste wird durch ein weiteres Wortspiel gekennzeichnet, nämlich durch die Redewendung »auf eigene Faust« (S 138, 144), das die Aufmerksamkeit auf die Ähnlichkeiten zwischen K. und Goethes Faust lenkt. Beide erstreben ein unerreichbares Ziel, beide lassen gefühllos die Frauen im Stich (Frieda, Gretchen), denen sie begegnen. [36] Ein anderes Vorbild ist Michael Kohlhaas, der Held aus Kafkas Lieblingserzählung – er schrieb Felice im Februar 1913, er habe sie gerade zum zehntenmal gelesen (F 291). [37] Als ohne jede rechtliche Grundlage durch den Junker Wenzel von Tronka zwei seiner Pferde konfisziert worden waren, nimmt Kohlhaas schließlich seine Zuflucht zur Gewalt, um sie wiederzubekommen, und stürmt die Burg des Junkers. Hierin ist der aggressive Zug in K.s Wesen vorgebildet. Aber Kohlhaas' Ziele werden immer verschwommener. Er läßt sich auch durch die Wiederherstellung seiner Pferde nicht zufriedenstellen und versteigt sich schließlich zu einer Forderung nach absoluter Gerechtigkeit, die die ihn umgebende Welt in ihrer Unvollkommenheit nicht aufweist. Wie der Leser – nicht allerdings K. – von Bürgel lernen kann, ist K.s Drang, ins Schloß zu gelangen, genau so wenig realisierbar.

Diese seine Zwangsvorstellung führt dazu, daß K. die Alternative nicht wahrnimmt, die ihm offensteht – das Leben in der Ehe mit Frieda nämlich. Um verstehen zu können, was diese seine Entscheidung bedeutet, müssen wir Kafkas Darstellung des Schlosses untersuchen und dann die positive Alternative näher in den Blick nehmen, die K. offengestanden hat.

Das Schloß

Wenn K. nicht in der Lage ist, sein Ziel genau zu bestimmen, dürfte der Grund dafür ganz einfach in der Schwierigkeit liegen, die Bedeutung des Schlosses zu verstehen. Die inzwischen vorliegenden Interpretationen weichen außerordentlich weit voneinander ab. Die auf der einen Seite des Spektrums angesiedelten Interpreten verstehen es als ein religiöses Sinnbild mit einer festen Bedeutung, wie es etwa bei Brod der Fall ist, wenn er es als »genau das, was die Theologen ›Gnade‹ nennen«, erklärt. [38] Am anderen Ende befindet sich Klaus-Peter Philippi, wenn er es lediglich als ein sinnleeres Zeichen betrachtet, als »etwas, eine Chiffre, das durch seine Existenz nur mehr auf den Verlust der echten Identität von Sache und Bedeutung verweist.« [39] Die Wahrheit liegt meiner Meinung nach irgendwo zwischen diesen extremen Positionen. Das Schloß ist kein Sinnbild und auch keine Chiffre. Kafka bezieht sich vielmehr mit Sicherheit auf eine allegorische Tradition, in der eindeutige Bilder verwendet werden; ein kurzer Blick auf diese Tradition wird zeigen, wie sehr er ihr einerseits mit einigen Bedeutungskomplexen, die dem Schloß assoziativ zugeordnet sind, verpflichtet ist, und wie weit er sich andererseits von ihr fortbewegt, indem er dem Schloß keine feste religiöse Bedeutung mehr beilegt.

Das Urbild des Schlosses ist das alttestamentarische Zion, das sowohl als Burg wie auch als Stadt bezeichnet wird: »Aber David gewann die Burg Zion, das ist Davids Stadt« (2. Sam. 5,7). Dieser Satz scheint der Ursprungsort des ambivalenten Erscheinungsbildes von Kafkas Schloß zu sein: Nur aus der Entfernung erscheint es tatsächlich als ein Schloß; wenn man es aus größerer Nähe betrachtet, erweckt es den Anschein, »nur ein recht elendes Städtchen, aus Dorfhäusern zusammengetragen«, zu sein (S 17). Kafkas Abhängigkeit von dem genannten Satz wird noch deutlicher sichtbar in einem fragmentarischen Dialog, der eine Stadt in der Ferne zum Gegenstand hat. Er endet mit den Worten:

> O ja, ich sehe es, es ist ein Berg mit einer Burg oben und dorfartiger Besiedelung auf den Abhängen.
> Dann ist es jene Stadt, du hast recht, sie ist eigentlich ein großes Dorf (H 333).

Im Alten Testament wird die Burg oder Stadt als ein Bild für den Wohnsitz Gottes verwendet. Sie bildet damit den Ausgangspunkt der Tradition eines Bildkomplexes, den Kafka auch bei Maimonides antraf. Er kannte Maimonides aus einer sekundären Quelle, nämlich aus Salomon Maimons Autobiographie, die – wie Kafka mit offensichtlichem Interesse erwähnt (Br 203) – einen Abriß des theologischen und philosophischen Werkes des Maimonides enthält, den *Führer der Verirrten*. Dieser Abriß enthält eine lange allegorische Darstellung, in der Maimonides Gott mit einem König vergleicht, der, umgeben von seinen Untertanen, in seinem Palast sitzt:

> Der König, sagt er, wohnt in seinem Palast. Von seinen Untertanen sind einige in seiner Residenz; andere wiederum außer derselben. Von den ersteren gibt es einige, die dem königlichen Palast den Rücken zukehren und sich von demselben entfernen. Andre gehn zwar nach dem Palast mit dem Vorsatz, dem König aufzuwarten, gelangen aber nie dahin. Andere gelangen zwar dahin, können aber den Eingang nicht finden. Einige kom-

men in den Vorhof, einige sind sogar schon in dem Palast, können aber dennoch den König nicht so leicht zu sehen oder zu sprechen bekommen, bis sie durch viele Mühe endlich dazu gelangen. [40]

Es handelt sich hier um eine Allegorie, die auf aufeinander bezogenen Gruppen basiert; jede dieser Gruppen ist eine Bildhälfte und verweist als solche auf eine ihr entsprechende Sach- bzw. Bedeutungshälfte: Die Gruppe außerhalb der Residenz besteht aus Menschen, die weder eine natürliche noch eine geoffenbarte Religion haben, wie es bei den Tartaren und den Mohren der Fall ist. Diejenigen, die zwar innerhalb der königlichen Residenz sind, aber dennoch dem Palast den Rücken zukehren, haben zwar eine Religion, aber eine auf falschen Meinungen beruhende Religion; diejenigen, die sich anstrengen, in den königlichen Palast zu gelangen, ihn aber dennoch nie erblicken, haben zwar die wahre Religion, aber üben sie mechanisch aus, ohne sie zu verstehen; diejenigen, die zum königlichen Palast gelangt sind, aber seinen Eingang nicht finden können, sind die Talmudisten, die die religiöse Wahrheit zwar verstehen, aber niemals über die fundamentalen Grundsätze der Religion nachgedacht haben. Diejenigen dagegen, die sich mit den Grundlagen der Religion abgeben, sind bereits im Vorhof, und diejenigen, die sich im Palast befinden, sind auf dem Weg, eine gründliche Erkenntnis Gottes zu erlangen. *Das Schloß* ist zwar ein mit großer Bedachtsamkeit strukturierter, feingliedrig komponierter Roman; dennoch dürfte die Allegorie des Maimonides mit dazu beigetragen haben, das Bild von K.s Annäherungsversuchen an das Schloß und von der hierarchisch strukturierten Gesellschaft von Dorfbewohnern, Schankwirten, Sekretären und Beamten entstehen zu lassen, die es umgibt.

Eine andere Allegorie, die Kafka offensichtlich bekannt war, ist *Das Labyrinth der Welt und das Paradies des Herzens* (1631) des tschechischen Humanisten Johann Amos Comenius. Sie enthält zwei Schlösser von gleichnishafter Bedeutung. Eines ist das Schloß der Fortuna; Menschenmengen gehen darum herum und suchen den Eingang. Das zweite ist der Palast der Weisheit, der Königin der Welt; er ist nur den privilegierten Mitgliedern einer hierarchisch gegliederten Beamtenschaft zugänglich:

Und sieh, die Burg erstrahlte in dem Glanz der herrlichsten Gemälde, welche die Außenwände schmückten. Das Tor jedoch fand ich von Wachtposten besetzt, und niemand wurde eingelassen, der nicht Amt und Würden in der Welt bekleidete. Denn nur die Diener der Königin und die Vollstrekker ihrer Befehle gingen hier ein und aus; ein jeder andere, der die Burg

> besichtigen wollte, konnte es nur von außen tun. Denn die Geheimnisse, hieß es, durch die die Welt regiert werde, dürfe nicht jedermann erfahren. [41]

Es handelt sich hier um eine ironisch gebrauchte Allegorie; in ihr wirkt das Schloß, ein weltliches Gebäude, anziehend nur auf die Weltkinder. Es steht im Gegensatz zur Kirche, in der Comenius' Pilger später den Zugang zum Göttlichen findet. Das trägt bei den Interpreten von Kafkas Schloß sicherlich mit zu der Einsicht bei, daß es eine vergebliche Mühe ist, eine unzweideutige religiöse Bedeutung des Schlosses finden zu wollen.

Kafka war auch mit philosophischen Werken vertraut, die das Bild des Schlosses verwenden. Schopenhauer benutzt es, um zu verdeutlichen, daß empirische Forschung niemals einen Zugang zum »Wesen der Dinge« verschaffen kann: »Man gleicht Einem, der um ein Schloß herumgeht, vergeblich einen Eingang suchend und einstweilen die Fassaden skizzierend«. [42] Kierkegaard verwendet das Bild, um seine Behauptung zu bekräftigen, der Mensch solle die sozial Höherstehenden einfach als Mitmenschen betrachten und ihnen mit Selbstachtung und Würde gegenübertreten:

> Auch von der Herrlichkeit des königlichen Schlosses soll er sich keine abenteuerliche, märchenhafte Vorstellung machen; er soll sich getrauen, auch in des Königs Saal mit zuversichtlicher Würde einzutreten. Nicht daß er mir nichts dir nichts von der Gasse weg in des Königs Saal stürmen dürfte. [43]

Das Verhalten, das Kierkegaard verurteilt, ähnelt dem, das K. an den Tag legt: Ohne Rücksicht darauf, sich irgendwie bloßzustellen, dringt er, blind vor Begier, Zutritt zum Schloß zu erhalten, in die Gänge des Herrenhofes ein, bis er vom Wirt und der Wirtin hinausgewiesen wird. Außer diesen Schloß-Bildern aus philosophischen Schriften kannte Kafka auch einige Schlösser aus seiner Lektüre literarischer Werke: die Tronkenburg aus *Michael Kohlhaas* und das Schloß der Prinzessin in Božena Němcovás *Babička* (»Großmutter«) mit seiner faulen, unehrlichen Dienerschaft. [44] Es ist auch häufig erörtert worden, welches der Schlösser, die er tatsächlich in Böhmen gesehen hat, am ehesten einen Einfluß auf *Das Schloß* ausgeübt haben könnte. [45] Hier droht die Suche nach Quellen jedoch in die Banalität bloß biographischer Erklärungsversuche abzugleiten; es ist deshalb besser, sie einzustellen.

Der unterschiedlichen Herkunft und Art von Kafkas Quellen entspricht die Bedeutungsvielfalt des Schlosses. Mit ihm verbundene Assoziationen religiöser Art, die im einzelnen noch kurz zu erörtern sind, erinnern zuweilen an die Wohnsitze Gottes im Alten Testament und an den *Führer der Verirrten*; andererseits läßt das Verhalten seiner Beamten und Diener das Schloß ebenso fragwürdig erscheinen wie Comenius' Palast der Weltlichen Weisheit oder ebenso bedrückend wie Kleists Tronkenburg. Nicht nur seine übertragene Bedeutung bleibt im ungewissen – dasselbe gilt für sein konkretes, tatsächliches Erscheinungsbild. Kafka läßt es uns ganz bewußt mit K.s Augen sehen:

> Im Ganzen entsprach das Schloß, wie es sich von der Ferne zeigte, K.s Erwartungen. Es war weder eine alte Ritterburg, noch ein neuer Prunkbau, sondern eine ausgedehnte Anlage, die aus wenigen zweistöckigen, aber aus vielen eng aneinanderstehenden niedrigen Bauten bestand; hätte man nicht gewußt daß es ein Schloß ist, hätte man es für ein Städtchen halten können (S 17).

Diese unzusammenhängende Beschreibung vermittelt anscheinend eher einen Einblick in K.s innere Verfassung als einen Eindruck vom Erscheinungsbild des Schlosses. Das Schloß erfüllt K.s Erwartungen, aber wir erfahren fast gleichzeitig, es sei einem Schloß so wenig ähnlich, daß man es für ein Städtchen hätte halten können, wenn man nicht schon vorher gewußt hätte, um was es sich tatsächlich handelt. Man ist versucht, der Ansicht Philippis zuzustimmen, daß es nämlich nur wie ein Schloß aussieht, weil K. darauf fixiert ist, es als solches zu sehen: »Ein Schloß ist es nur, weil K. es aufgrund seiner Erwartungen dafür hält; weil er es dafür halten *will*, denn auf den zweiten Blick muß er seinen Eindruck wieder zurücknehmen.« [46] Diese Ansicht wäre vertretbar, wenn Kafka geschrieben hätte, »daß es ein Schloß sei«; das steht tatsächlich in der Textausgabe, die Philippi seinerzeit als einzige zur Verfügung stand. Jetzt aber liegt Kafkas authentischer Text in der Kritischen Ausgabe vor; aus ihm geht hervor, daß er nicht den Konjunktiv gesetzt hat, der einen Zweifel ausdrücken würde, sondern den Indikativ – »daß es ein Schloß ist«. Der Indikativ macht deutlich, daß der Erzähler eingreift, um dem Leser gegenüber der Romanfigur K. einen Informationsvorsprung zu verschaffen und damit zu bekräftigen, daß es sich tatsächlich trotz seines Erscheinungsbildes um ein Schloß handelt.

Die Kritische Ausgabe entkräftet auch die noch radikalere Ansicht, wie sie noch von Ingeborg Henel vertreten wird, das Schloß – und damit die ganze Romanwelt – existiere lediglich als eine Projektion von K.s Einbildungskraft.[47] Sie weist darauf hin, daß der Einleitungsabschnitt des Romans, der vom Standpunkt K.s aus erzählt sei, dessen Überzeugung ausdrücke, das Schloß müsse existieren; tatsächlich zu sehen sei nämlich infolge des Nebels und der Dunkelheit von ihm nichts. Was Kafka geschrieben hat, lautet jedoch folgendermaßen:

> Es war spät abend als K. ankam. Das Dorf lag in tiefem Schnee. Vom Schloßberg war nichts zu sehn, Nebel und Finsternis umgaben ihn, auch nicht der schwächste Lichtschein deutete das große Schloß an. Lange stand K. auf der Holzbrücke die von der Landstraße zum Dorf führt und blickte in die scheinbare Leere empor (S 7).

Es kommt hier entscheidend auf das Wort »führt« an. Frühere Ausgaben hatten das Präteritum »führte«; es wäre dann richtig, wenn dieser Abschnitt tatsächlich ganz von K.s Standpunkt aus erzählt würde. Die Präsensform »führt« jedoch paßt zu einem Erzähler, dessen Perspektive sich von der K.s unterscheidet und der sich dafür verbürgen kann, daß das, was K. umgibt, tatsächlich existiert. Die Tatsache, daß der Abschnitt von der Stimme eines Erzählers gesprochen wird, der von K. nicht abhängig ist, berührt insbesondere die Interpretation des Wortes »scheinbar«. Nach Henels Lesart käme dieses Wort von K. und kennzeichnete dessen *a priori* vorhandene Überzeugung, es müsse hier ein Schloß geben und die offensichtliche Leere sei nur »scheinbar«. Nach der Lesart, die Kafkas authentischer Text erfordert, stammt das Wort vom Erzähler; es garantiert die unabhängige Existenz des Schlosses, obwohl es »scheinbar« nicht vorhanden ist. Das Wesen und die Bedeutung des Schlosses bleiben weiterhin im ungewissen, letzten Endes aber hat Kafka uns so die Gewißheit gegeben, daß dort oben etwas existiert. Wie beim *Ding an sich* können wir uns der Existenz des Schlosses sicher sein – selbst wenn wir uns über nichts anderes, was das Schloß betrifft, sicher sein könnten.

Diese Gewißheit gilt nun ebenfalls für die geistige Wirklichkeit, von der Kafka in den Zürauer Aphorismen spricht. Sie läßt sich nicht von außen her, durch den Intellekt also, erkennen; man kann sie nur von innen heraus erfahren – dadurch, daß man in einer bestimmten Weise lebt und ganz in ihr aufgeht. »Nicht jeder kann die Wahrheit sehn, aber sein« (H 94). In einem gewissen Sinn lebt jeder bereits in der geistigen Welt, denn deren Substanz, »das Unzerstörbare«, ist zugleich auch die Substanz der Existenz jedes einzelnen, die ihn zudem mit der Menschheit überhaupt verbindet. Die meisten Menschen jedoch haben sich vom unzerstörbaren Kern ihres Wesens durch Selbsttäuschung entfremdet; eine Form der Selbsttäuschung liegt in dem Versuch, die geistige Welt vom Intellekt aus begreifen zu wollen. Genau darum handelt es sich vermutlich, wenn K. von unten her das Schloß zu erkennen versucht; genau das aber ist vermutlich auch der Grund dafür, daß es seinem suchenden Blick sich nicht in festen Umrissen darbietet. Man kann es nicht von außen her begreifen, noch weniger kann man sich ihm nähern: Als K. sich auf den Weg zum Schloß macht, führt die Straße, die geradewegs zu ihm zu führen scheint, endlos im Kreise um das Schloß herum. Dadurch, daß er sich im Dorf befindet, ist K. jedoch in einer wichtigen Hinsicht bereits im Schloß. Schwarzer teilt ihm mit: »Dieses Dorf ist Besitz des Schlosses, wer hier wohnt oder übernachtet, wohnt oder übernachtet gewissermaßen im Schloß« (S 8, vgl. 20, 309). Im Dorf kann man den Anforderungen des Schlosses entsprechend leben; eine Notwendigkeit, immer weiter zu ihm hinzustreben, besteht nicht. In ähnlicher Weise kann man nicht von außen her in Berührung mit dem »Unzerstörbaren« kommen, weil es schon in einem selbst ist; der Versuch, es zu erreichen, gleicht deshalb dem Versuch, über den eigenen Schatten zu springen. Es ist jedoch keineswegs nötig, einen solchen Versuch überhaupt zu unternehmen: »Theoretisch gibt es eine vollkommene Glücksmöglichkeit: An das Unzerstörbare in sich glauben und nicht zu ihm streben« (H 96). Darin besteht nun gerade die Lektion, die K. zu lernen hat; wenn er sie überhaupt lernt, dann lernt er sie erst dann, als es zu spät für ihn ist, um daraus noch einen Nutzen zu ziehen.

Was ich im Augenblick darzulegen versuche, läuft deshalb auf die Feststellung hinaus, daß die Voraussetzungen, auf denen der Roman *Das Schloß* beruht, dieselben sind, die auch den Zürauer Aphorismen zugrunde liegen. Das Schloß kann deshalb mit dem identifiziert werden, was dort »das Unzerstörbare« heißt und was im vorigen Kapitel als Begriff von zentraler Bedeutung für Kafkas Gedankenwelt dargestellt worden ist. Das Schloß kann jedoch nicht »das Unzerstörbare« in der Weise repräsentieren, in der der Palast in der Allegorie des Maimonides den Wohnsitz Gottes darstellt. Weil Kafka davon ausgeht, daß das Sein dem Bewußtsein nicht zugänglich ist und daß »das Unzerstörbare« ein Teil des Seins ist, kann er kein eindeutiges, festes Bild verwenden, um »das Unzerstörbare« in Erscheinung treten zu lassen. Das Schloß kann deshalb lediglich ein Bild von schillernder

Mehrdeutigkeit sein, ein Bild, das sich dem Betrachter immer wieder anders darbietet, sobald er es fest in den Blick zu nehmen versucht. Wir können noch weiter gehen, als es im letzten Kapitel bereits geschehen ist: Das »Unzerstörbare« läßt sich nicht mit dem Gegenstand identifizieren, der in irgendeiner Religion bewußt zum Gegenstand kultischer Verehrung gemacht wird, obwohl es selbst sowohl der Ursprung wie der konkrete Gegenstand des religiösen Dranges der Menschen ist. Weil aber Religion *per definitionem* eine Form der Entfremdung vom »Unzerstörbaren« ist, muß dieses – als ihr eigentlicher Gegenstand – aus ihr durch Fiktionen wie die eines persönlichen Gottes aus ihr ausgeschlossen bleiben. Religion ist für Kafka kein bloßes Produkt der Einbildungskraft, wie Freud annahm; für ihn ist das religiöse Bedürfnis ein essentieller Bestandteil des menschlichen Wesens – aber sie unterliegt immer der Täuschung. Deshalb hat die Bildwelt der Religion ihre Berechtigung als Ausdruck des religiösen Bedürfnisses, aber sie führt als eine Auslegung dieses Bedürfnisses in die Irre. Kafka sieht deshalb keine Möglichkeit, die religiöse Bildwelt in solch unmittelbarer Weise zu übernehmen, wie er es bei Maimonides und in seinen anderen Quellen vorfand: Er kann sie lediglich in abgewandelter Form verwenden. Eine Art der Abwandlung liegt im Eklektizismus, wie er im *Prozeß* festzustellen war. Wenn Kafka ein religiöses Bild verwendet, muß er sofort dessen Anspruch auf religiöse Glaubwürdigkeit relativieren, indem er auf dieses Bild ein weiteres, einem anderen Traditionsstrang entnommenes Bild folgen läßt. Obgleich Kafkas Eklektizismus, wie noch zu zeigen ist, keineswegs gänzlich unparteiisch ist, erklärt er doch, warum bestimmte Bilder, die er im Roman *Das Schloß* verwendet, einen Bedeutungsgehalt besitzen, der überaus dicht und tief und obendrein überaus schwer zu fassen ist.

Ganz zu Beginn des ersten Kapitels distanziert sich Kafka selbst von der Bildwelt der überkommenen Religion, indem er K. das Schloß mit dem Kirchturm seiner Heimatstadt vergleichen läßt:

> Und er verglich in Gedanken den Kirchturm der Heimat mit dem Turm dort oben. Jener Turm, bestimmt, ohne Zögern, geradenwegs nach oben sich verjüngend, breitdachig abschließend mit roten Ziegeln, ein irdisches Gebäude – was können wir anderes bauen? – aber mit höherem Ziel als das niedrige Häusergemenge und mit klarerem Ausdruck als ihn der trübe Werktag hat (S 18).

Im Unterschied zum Kirchturm läßt sich das Schloß nur aus der Entfernung als eigenständiges, konturenscharfes Gebäude erkennen.

Als K. näherkommt, sieht er, daß die Mauerzinnen »unsicher, unregelmäßig, brüchig wie von ängstlicher oder nachlässiger Kinderhand gezeichnet« sind (S 18); der Stein scheint zu zerbröckeln. Wenn man sich nochmals vor Augen führt, wie Kafka in der Erzählung *In der Strafkolonie* den Zerfall der Religion durch das Auseinanderfallen der Hinrichtungsmaschine veranschaulichte, ist man geneigt, mit dem verfallenen, konturlosen Schloß ähnliche Vorstellungen zu verbinden. Aber man muß sich ebenso an die Notizheft-Eintragung erinnern, in der Kafka sagt, er sei zu spät geboren, um noch Anteil zu haben an den Überlieferungen des Judentums oder des Christentums, und er sei »Ende oder Anfang« (H 121). Wenn man davon ausgeht, daß er in seinem Roman *Das Schloß* das in den Zürauer Aphorismen begonnene Bild weiterführt, nämlich zu erkunden, ob und wie religiöses Leben neuer Art sich auf »das Unzerstörbare« gründen läßt, dann ist es berechtigt, das dominierende Bild des Romans mit der Vorstellung des Verfalls, aber auch – aufgrund des Wortes »Kinderhand« – mit der Vorstellung der Erneuerung zu verbinden.

Der Kirchturm in K.s Heimat symbolisiert weiterhin eine klare Trennung zwischen Sonntag und Werktag, zwischen den religiösen und den weltlichen Aspekten des Lebens. Selbst wenn das Alltagsleben tatsächlich so armselig und ziellos gewesen ist, wie es der Ausdruck »das niedrige Häusergemenge« erscheinen läßt, so deutete der Kirchturm doch unmißverständlich auf ein höheres, ein transzendentales Ziel. Die Ähnlichkeit des Schlosses mit einem Städtchen deutet jedoch darauf hin, daß solche Unterscheidungen sich aufgelöst haben; zugleich aber läßt Kafkas bildhafte Darstellung diese gängige Unterscheidung von religiösem und alltäglich-profanem Bereich als fragwürdig erscheinen.

Die anderen Bedeutungsfelder, die sich mit dem Bild des Schlosses verbinden, sind von unterschiedlicher oder gar sich ausschließender Art; diese ihre Unvereinbarkeit läßt sich jedoch als Bestandteil dessen, was Kafka ausdrücken will, verstehen: Der jedem Bild inhärente Bedeutungsgehalt soll ironisch gebrochen und relativiert werden, indem er mit einem unerwarteten Bedeutungsgehalt des ihm folgenden Bildes kontrastiert wird. Ein Beispiel dafür bieten K.s Versuche, telefonisch Verbindung mit dem Schloß aufzunehmen. In der Hörmuschel vernimmt er ein Summen, das wie der »Gesang fernster, allerfernster Stimmen« klingt (S 16); später wird es beschrieben als »Rauschen und Gesang« (S 116), die miteinander verschmelzen und eine einzige, machtvolle Stimme zu bilden scheinen. Auch wenn man nichts verstehen kann, enthält dieser Klang mehr Wahrheit als jede in Worten erteilte Antwort; bei ihr könnte es sich nämlich nur um den belanglosen Scherz eines übermüdeten Beamten handeln; das Summen rührt dagegen daher, daß im Schloß unablässig telefoniert wird. Das Telefon ermöglicht es so, die Ratschläge unbedeutender Beamter zu überhören, obwohl man dem, was man hört, eine spezifische Bedeutung nicht entnehmen kann. Malcolm Pasley glaubt, aus dieser Beschreibung einen Anklang an Ezech. 10,5 heraushören zu können: »Und man hörete die Flügel der Cherubim rauschen bis heraus vor den Vorhof, wie eine Stimme des allmächtigen Gottes, wenn er redet.« Er hat weiterhin darauf hingewiesen, daß Nietzsche – in *Zur Genealogie der Moral* – in seine Untersuchung der asketischen Ideale den an Wagner gerichteten Vorwurf einfließen läßt, er habe der Musik den Status eines religiösen Orakels gegeben, er habe sie zum »Telephon des Jenseits« gemacht. [48] Möglicherweise hat Kafka hier nicht nur die in dem Ezechiel-Abschnitt enthaltene Atmosphäre des Numinosen mit Nietzsches kritischem Skeptizismus kontrastieren, sondern auch beide unter den bei einigen jüdischen Bibelkommentatoren gefundenen Leitgedanken subsumieren wollen, ein unartikulierter Klang sei als Verständigungsmittel zwischen Gott und Mensch verläßlicher als die Sprache: Unsere Entfremdung von Gott komme etwa darin zum Ausdruck, daß wir seine Sprache vergessen hätten, und der wortlose Klang des *Schofar*, des am Neujahrstag geblasenen Widderhorns, sei das beste Mittel, mit ihm wieder in Verbindung zu treten. [49]

Eine nicht so stark ins Auge fallende Mehrdeutigkeit kennzeichnet die Art, in der Kafka Barnabas, den vom Schloß an K. geschickten Boten, darstellt. Zahlreiche Kommentatoren haben auf die religiösen Untertöne verwiesen, die die Schilderung prägen, in der Kafka ihn einführt:

> Er war fast weiß gekleidet, das Kleid war wohl nicht aus Seide, es war ein Winterkleid wie alle andern, aber die Zartheit und Feierlichkeit eines Seidenkleides hatte es. Sein Gesicht war hell und offen, die Augen übergroß. Sein Lächeln war ungemein aufmunternd; er fuhr mit der Hand über sein Gesicht, so als wolle er dieses Lächeln verscheuchen, doch gelang ihm das nicht. »Wer bist Du?« fragte K. »Barnabas heiße ich«, sagte er, »ein Bote bin ich.« (S 38–39)

Kafka kannte zweifellos die Bedeutung von »Barnabas« als »Sohn des Trostes« aus dem Neuen Testament (Apostelgesch. 4,36); aber er wußte sicherlich auch, daß *mal'ach*, die hebräische Entsprechung des Wortes »Bote« – dieses Wort hebt er durch eine auffällige syntaktische Inversion hervor – sowohl »Engel« wie »Bote« bedeutet. Selbst wenn er bei seinen Studien des Hebräischen nicht darauf gestoßen wäre, wäre es ihm durch einen Abschnitt in Maimons Autobiographie bekannt geworden, in dem die übertriebene Spitzfindigkeit verurteilt wird, die die Talmudisten bei der Interpretation des Alten Testamentes an den Tag legen. Als Beispiel dafür wird angeführt, wie sie dieses Wort behandeln:

> Wenn es z.B. im ersten Buch Mosis heißt: Jakob schickte Boten an seinen Bruder Esau usw., so gefiel es den Talmudisten vorzugeben, daß diese Boten Engel gewesen. Denn obgleich das Wort Malachim im Hebräischen sowohl Boten als Engel bedeutet, wählten diese Wunderhäscher doch lieber die zweite Bedeutung, da die erste nichts Wunderbares in sich enthält. [50]

Kafka hebt den Doppelsinn dieses Wortes noch weiter hervor, indem er K., nachdem dieser Barnabas eingeholt hat, die Worte »wie Du fliegst« sagen läßt (S 47). K. ist jedoch von Barnabas' Funktion als Bote so beeindruckt, daß er seine wirkliche Botschaft falsch versteht. Im Glauben, er werde, wenn er Barnabas begleite, zum Eingang des Schlosses gelangen, sieht er sich statt dessen zu Barnabas' Wohnung geführt – das erste von vielen Zeichen, daß der eigentliche Gegenstand seiner Anstrengungen nicht das Schloß, sondern die Integration in das häusliche Familienleben ist.

Aus diesem Grund ist nicht nur der Versuch, mit dem Schloß Verbindung aufzunehmen, ein Irrweg, sondern die Bilder, die Kafka für diese Kommunikationsversuche verwendet, das Telephon und der Bote, sind als solche darauf angelegt, den unachtsamen Leser in die Irre gehen zu lassen. Man könnte deshalb erwarten, daß Graf Westwest, der Besitzer des Schlosses, dessen Fahne über dem Herrenhof weht, von einer Fülle mehrdeutiger Assoziationsmöglichkeiten umgeben wäre. Doch selbst wenn die Hinweise auf ihn weniger spärlich wären, bliebe es ein vertracktes Problem, diese Gestalt interpretieren zu wollen. Es gibt einige Vorformen für ihn in Kafkas früheren Schriften; dazu gehört der Kaiser in *Ein altes Blatt*, der nicht in der Lage ist, sein Volk vor den Nomaden zu schützen, und sich in das Innere seines Palastes zurückgezogen hat. Eine weitere dieser Vorformen stellt der Graf dar, der in einem grotesk anmutenden Fragment aus dem Jahre 1917 auftritt:

> Es war schon spät nachts, als ich am Tor läutete. Lange dauerte es, ehe, offenbar aus der Tiefe des Hofs, der Kastellan hervorkam und öffnete. »Der Herr läßt bitten«, sagte der Diener, sich verbeugend und öffnete mit geräuschlosem Ruck die hohe Glastür. Der Graf in halb fliegendem Schritt eilte mir von seinem Schreibtisch, der beim offenen Fenster stand, entgegen. Wir sahen einander in die Augen, der starre Blick des Grafen befremdete mich (H 159–160).

Hier trifft der Fremde, ebenso wie in *Das Schloß*, in der Nacht ein. Der Graf sitzt noch, obwohl es bereits tief in der Nacht ist, an seinem Schreibtisch; er gleicht einem überarbeiteten Büroangestellten. Mit seinem »halb fliegenden Schritt« erinnert er an einen engelhaften Boten wie Barnabas; der »starre Blick« ruft die Vorstellung des Todes hervor. Im Roman *Das Schloß* sind Züge dieser beiden Gestalten in Untergebene des Grafen eingegangen; den Anklang an den Tod haben zahlreiche Interpreten im Namen »Westwest« zu hören geglaubt. Manche kommen von dieser Vorstellung aus, wie Politzer es beispielsweise tut, zu der Behauptung, daß »der Westen des Westens den Untergang des Untergangs, das heißt: einen Aufgang«, bedeute, so daß der Name also eine Anspielung auf Wiederauferstehung und ewiges Leben sei.[51] Das scheint sehr weit hergeholt zu sein; noch weiter geht allerdings Marthe Robert mit ihrer Vermutung, der Name verweise auf Kafkas nicht geglückte Integration als Jude in die westliche Gesellschaft, »am äußersten westlichen Horizont, dessen Zivilisation der Graf Westwest verkörpert.«[52] Alle diese Interpretationen sollten mit Vorsicht aufgenommen werden, da Kafka anscheinend zurückhaltend in der Verwendung *sprechender Namen* gewesen ist. Es dürfte angebrachter sein, den Namen nicht als ein lösbares Rätsel zu betrachten, sondern als einen möglichen Schlüssel zu dem, was Kafka selbst gelesen hat, und von da aus weiter zu den Dingen, mit denen er sich beschäftigt hat, als er die ersten Kapitel des Romans *Das Schloß* schrieb.

Ein Buch, das bei Kafka wenige Jahre zuvor einen nachhaltigen Eindruck hinterlassen hatte, war *Das Werden des Gottesglaubens* von Nathan Söderblom. Kafka hat Auszüge daraus in sein Tagebuch des Jahres 1916 eingetragen (T 500–501). Es hat vieles gemeinsam mit dem bekannter gewordenen Werk *Das Heilige* (1917) von Rudolf Otto, in dem dieser den Begriff des Numinosen entwickelt; vieles hat es aber auch gemeinsam mit den Forschungen über die Kabbala, mit denen Gershom Scholem zu Beginn der zwanziger Jahre begann. Auf unterschiedlichen Wegen wandten sich Söderblom, Otto und Scholem gegen die rationalistische Interpretation der Religion, die seit der Aufklärung üblich geworden war. Anders jedoch als Kierkegaard und Barth, die ebenfalls diese Erklärungsversuche ablehnten, suchten sie die Grundlage der Religion nicht in der existentiellen Situation des modernen Individuums, sondern umgekehrt in der Erfahrung von Mystikern und primitiven Völkern. Das wesentliche Element der Religion, so erklärt Söderblom, ist kein Gegenstand intellektueller Reflexion, sondern ein Gegenstand unmittelbarer Erfahrung:

> Das, was entscheidend dafür ist, wie weit wirkliche Religiösität zu finden ist oder nicht, ist nicht die Ausgestaltung eines Gottesglaubens, sondern die wirkliche Empfindung des Göttlichen; mit andern Worten: die Befruchtung des Sinnes durch das Heilige. [53]

Er findet dieses wesentliche Element, wenn auch nur noch rudimentär, in primitiven Glaubensvorstellungen vor. Der Animismus, der Bäumen und Steinen Seelen zusprach, ließ die Vorstellung aufkommen, daß auch der Mensch eine Seele besitzt; der primitive Glaube an eine übernatürliche Kraft, an das *Mana*, von dem einzelne Menschen berührt werden, entwickelt sich dagegen zum Begriff des Heiligen. Elementare Denkformen dieser Art sind noch bis auf den heutigen Tag lebendig und sind insbesondere noch in volkstümlichen Bräuchen zu erkennen. Man darf sie nicht als Überreste einer barbarischen Urzeit ansehen, sondern in ihnen treten sonst verborgene mentale Inhalte zutage, die der »primitive« mit dem »modernen« Menschen gemeinsam hat: »Volkssitte und Volksbräuche geben nicht ohne weiteres Kunde von grauer heidnischer Vorzeit, wohl aber legen sie Zeugnis ab für die Unausrottbarkeit primitiver Mentalität.« [54] Aussagen dieser Art dürften Kafka in seiner Überzeugung bestärkt haben, daß der Drang zum Religiösen dem Wesen des Menschen angeboren ist; sicherlich haben sie sein Interesse an den ursprünglichen Manifestationen dieses Dranges noch wachsen lassen. Ein Aphorismus aus der Zürauer Zeit hat den geradezu nachdenklich-versonnen klingenden Wortlaut: »Was ist fröhlicher als der Glaube an einen Hausgott!« (H 96).

Sein besonderes Interesse richtet Söderblom auf die Denkform des Tabus. So schildert er z.B. Tabus, die bestimmte afrikanische Herrscher umgeben; diese sind gehalten, in strikter Absonderung von ihren Untergebenen zu leben, weil man den König als »die zentrale Kraftquelle des Stammes oder Reiches« betrachtet. [55] Im Roman *Das Schloß* finden sich zwei Hinweise darauf, daß Kafka sich den Grafen

Westwest als einen solchen durch Tabus abgesonderten und geschützten Herrscher vorgestellt haben könnte. Als K. den Lehrer nach dem Grafen fragt, antwortet dieser in offensichtlicher Verlegenheit auf französisch: »Nehmen Sie Rücksicht auf die Anwesenheit unschuldiger Kinder« (S 20). Karin Keller hat bemerkt, dies ließe die Vorstellung aufkommen, der Graf sei umgeben von einem »Tabu des Heilig-Verruchten«. [56] Unmittelbar vor dieser Szene hatte K. das Schloß zum erstenmal zu Gesicht bekommen und die brüchigen, unregelmäßigen Konturen seiner Mauerzinnen oben am ganzen Gebäudekomplex beobachtet:

> Es war wie wenn irgendein trübseliger Hausbewohner, der gerechterweise im entlegensten Zimmer des Hauses sich hätte eingesperrt halten sollen, das Dach durchbrochen und sich erhoben hätte, um sich der Welt zu zeigen (S 18).

Diese merkwürdige Aussage, die meines Wissens nirgendwo zufriedenstellend erklärt worden ist, trägt nicht dazu bei, das Schloß anschaulich vor Augen treten zu lassen; sie erweckt jedoch – vor allem, wenn man sie mit der Feststellung, der Turm sei »zum Teil gnädig von Epheu verdeckt« (S 18), in Verbindung bringt – durchaus den Eindruck, das Schloß hätte verborgen bleiben sollen, sei aber jetzt in seinem Dasein offengelegt worden, und zwar so, als sei dabei ein Tabu gebrochen worden.

Eine Quelle für das Bild des »Hausbewohners« und ein weiterer Beleg für Kafkas Interesse an ursprünglich-primitiver Religiösität liegt in Werfels Schauspiel *Bocksgesang*, das Kafka, wie wir gesehen haben, im Jahre 1921 mit ausgesprochener Bewunderung gelesen hat. Dass Stück handelt von einem greulichen Monster, einer Mischung von Bock und Affen, das die Frau eines Großbauern in Serbien zur Welt gebracht hat; es verbringt sein Leben in einem Schuppen auf dem bäuerlichen Hof. Als es durch Zufall freigekommen ist, sucht es Zuflucht hinter dem Altar einer Kirche; dort wird es für die Bauern ein Gegenstand religiöser Verehrung. Sie versammeln sich in der Kirche und feiern ein ekstatisches Fest, auf dessen Höhepunkt ein Mädchen hinter den Altar geht und sich dem Monster hingibt. Der Titel – ein Hinweis auf die wörtliche Bedeutung des Begriffs »Tragödie« – deutet darauf hin, daß Werfel die orgiastischen religiösen Feiern wiederbeleben will, aus denen die Tragödie sich entwickelt haben soll. Ein Gefühl scheuer Ehrfurcht entsteht für den Zuschauer dadurch, daß er das monströse Wesen nie zu sehen bekommt; er erfährt nur, daß es größer als ein Mensch, daß es ein halb tierisches Mischwesen und daß es von großer sexueller Potenz ist. Sicherlich dürfen wir keine dieser Eigenschaften dem Grafen Westwest zuschreiben, aber wir können doch zusammenfassend sagen, daß Kafka das Schloß und seine Eigentümer eher zum Gegenstand einer elementaren religiösen Erfahrung als zum Objekt einer reflektierten religiösen Verehrung machen wollte und daß er sich über den Zusammenhang dieser elementaren religiösen Erfahrung mit triebhafter Geschlechtlichkeit durchaus im klaren war. Auf diesen Zusammenhang wird im Roman *Das Schloß* wiederholt verwiesen, insbesondere bei der Schilderung des Festes des Feuerwehrvereins, wo Amalia mit ihrer schönen Erscheinung die sexuelle Begehrlichkeit Sortinis erweckt.

Ein weiterer Hinweis auf das Wesen des Grafen Westwest liegt in einem Abschnitt, den Kafka sich aus demjenigen Kapitel in sein Tagebuch übertrug, in dem Söderblom schildert, daß zahlreiche primitive Völker ihre religiöse Verehrung auf einen göttlichen oder halbgöttlichen Stifter religiöser oder kultureller Einrichtungen richten. Bestimmte Stämme in Australien glauben an eine Gruppe von Wesen, die es zu Urzeiten gab; das größte unter ihnen heißt Bäjämi:

> Es wird als ein mächtiger Medizinmann geschildert, der einst von Westen kam, Menschen, Tiere, Bäume, Flußläufe, Gebirge machte, die heiligen Zeremonien einsetzte und bestimmte, aus welchem Klan ein Mitglied eines bestimmten andern Klans sein Weib nehmen sollte, d.h. die festen Eheregeln einführte. Als er das alles fertig gebracht hatte, ging er davon. Die Medizinmänner können an einem Baum oder Seil zu ihm hinaufsteigen und Kraft holen. [57]

Sicherlich darf man im Namen des Grafen Westwest eine Nachwirkung dieses Abschnittes sehen. Dabei ließe sich die Verdoppelung der Silbe »West« so erklären, wie Kafka selbst die Silbe »mann« im Namen »Bendemann« aus der Erzählung *Das Urteil* erklärt hat, nämlich als »eine für alle noch unbekannten Möglichkeiten der Geschichte vorgenommene Verstärkung« (T 297). Weiter darf man allerdings wohl nicht gehen, wenn man nicht Gefahr laufen will, eine Fülle von bildhaften Vorstellungen überzuinterpretieren, die im Roman *Das Schloß* anscheinend Spuren hinterlassen haben, ohne sich zu einem geschlossenen Bedeutungsgefüge zu verfestigen. Ein Zusammenhang assoziativer Art scheint vorzuliegen zwischen Söderbloms Medizinmann und dem Abschnitt, in dem K., als er hört, Hans Brunswicks Mutter sei krank, durchblicken läßt, er selbst verfüge über einige medizinische Kenntnisse:

> Nun habe er, K., einige medicinische Kenntnisse und was noch mehr wert sei, Erfahrung in der Krankenbehandlung. Manches was Ärzten nicht gelungen sei, sei ihm geglückt. Zuhause habe man ihn wegen seiner Heilwirkung immer das bittere Kraut genannt (S 299).

Von diesem Abschnitt aus führen Assoziationen in etliche Richtungen: zur unglücklichen Mission des Arztes in *Ein Landarzt*, zum Spiel mit den medizinischen und spirituellen Bedeutungen des Wortes »heilen«, das bei Kafka (z.B. M 293) wie bei Nietzsche in *Zur Genealogie der Moral* vorliegt, und zu den bitteren Kräutern, die die Kinder Israels zum Passah-Mahl (Exod. 12,8) essen sollen, und von da aus wieder zurück zu Kafkas Interesse an Moses. [58] Diese Vorstellungen geben jedoch, selbst wenn man sie zusammennimmt, noch immer keine Grundlage ab für die Interpretation dieser Teile des Romans. Entweder enthalten sie Anspielungen auf noch unbekannte Sachverhalte, oder sie sind unwillkürlich in den Roman eingeflossene Bestandteile, die lediglich die vergleichsweise schwach ausgeprägte thematische Disziplin des Autors zum Ausdruck kommen lassen.

So wenig man diese Anspielungen auch interpretieren kann, so veranschaulichen sie doch den eklektizistischen Umgang Kafkas mit religiösen Bildern: Er verwendet sie als mehr oder weniger irreführende, verwirrende Metaphern, deren letzter Zielpunkt – »das Unzerstörbare« – nichtsdestoweniger eine außerhalb jeder Frage stehende Wirklichkeit ist. Sie ist genau so wirklich, wie die hinter seinem äußeren, kaum greifbaren Erscheinungsbild verborgene wahre Wirklichkeit des Schlosses, der vom Erzähler ein Platz in der äußersten Randzone der erzählten Welt zugewiesen ist. Die in diesem Abschnitt erörterten Anspielungen sind ein Zeichen für Kafkas Bereitschaft, sich intensiv mit ursprünglicheren Formen religiöser Erfahrung zu befassen. Der nächste Abschnitt soll weitere Belege bringen für seine skeptische Haltung gegenüber mehr von der Reflexion geprägten Formen der Religion, in denen sich ein hochentwickeltes Gedankengebäude als theologische oder hieratische Superstruktur zwischen den Gläubigen und die elementare Grundlage des Religiösen geschoben hat.

Die Beamten

Wenn Graf Westwest Assoziationen an Ursprünglich-Elementares wachruft, so verbindet sich mit den Beamten ein weitaus größerer Komplex assoziativer Vorstellungen, dessen ganze Spannweite in der Schilderung Bürgels sichtbar wird:

> Es war ein kleiner, wohl aussehender Herr, dessen Gesicht dadurch einen gewissen Widerspruch in sich trug, daß die Wangen kindlich rund, die Augen kindlich fröhlich waren, aber die hohe Stirn, die spitze Nase, der schmale Mund, dessen Lippen kaum zusammenhalten wollten, das sich fast verflüchtigende Kinn gar nicht kindisch waren, sondern überlegenes Denken verrieten (S 404–405).

Die den Beamten eigenen Attribute des Kindlichen treten am deutlichsten kurz vor dem Ende des Romans hervor, und zwar besonders in der komischen Szene, als Akten verteilt werden, und zwar in einer Atmosphäre aufgeregter Fröhlichkeit, die, wie verschiedentlich gesagt wird, an Kinder erinnert, die sich auf einen Ausflug vorbereiten, oder an das Federvieh, das mit dem erwachenden Tag in seinem Stall munter wird. Ihre Intellektualität wird im ersten Kapitel hervorgehoben, als K. das Porträt eines »Kastellans« betrachtet, das hauptsächlich seine »hohe lastende Stirn« erkennen läßt (S 15). Es bietet sich an, diesen Aspekt der Intellektualität zuerst zu erörtern, danach die eher spielerisch-verspielten Verhaltensweisen zu untersuchen, um dann schließlich auf die verblüffende, sie am meisten kennzeichnende Eigenschaft einzugehen, nämlich auf ihre sexuelle Geilheit, wie sie Klamm, Sortini und andere, die ungenannt bleiben, an den Tag legen.

Die Intellektualität der Verwaltungsbeamten des Schlosses wird bereits in der kleinen, im September 1920 geschriebenen Prosaskizze »Poseidon« vorweggenommen. Hier erfahren wir, daß der göttliche Herrscher über die Ozeane keinerlei Ähnlichkeit mit seinem in der traditionellen Ikonographie überlieferten Bild hat, das ihn zeigt, »wie er etwa immerfort mit dem Dreizack durch die Fluten kutschiere« (B 98). Er hat die Fluten nicht nur nicht wirklich durchfahren, er hat sie sogar – wenn man von flüchtigen Augenblicken beim Aufstieg zum Besuch Jupiters absieht – überhaupt nicht gesehen. Sein Verhältnis zum Ozean ist ein abstraktes: Anstatt wie ein feudaler Monarch über ihn zu herrschen, verwaltet er ihn wie ein Bürokrat. Ständig sitzt er an seinem Arbeitstisch; obwohl ein großer Stab von »Hilfskräften« ihm zur Seite steht, kann er es nicht unterlassen, alle Kalkulationen nachzurechnen, so daß dieser Stab nicht zur Verringerung seiner Arbeitsbelastung beiträgt. Obgleich seine Tätigkeiten frustrierend und mühevoll sind, läßt schon der bloße Gedanke an eine Tätigkeit außerhalb des Wassers seinen ehernen Brustkorb schaudernd erbeben. Im übrigen denkt niemand ernsthaft daran, ihn in einen anderen Tätigkeitsbereich zu versetzen, denn »seit Urbeginn war er zum Gott der Meere bestimmt worden und dabei mußte es bleiben« (B 97).

Es gibt einige Ähnlichkeiten zwischen Poseidon und den Beamten, die das Gut des Grafen Westwest verwalten. Sie sind ständig beschäftigte Bürokraten, die nicht nur Unmengen von Akten produzieren, sondern auch gegenseitig ihre Arbeiten mit peinlicher Genauigkeit kontrollieren, obwohl man es für unmöglich hält, daß sie Fehler machen. Sie pendeln in Hast und Eile zwischen dem Schloß und dem Dorf hin und her und studieren unterwegs sogar noch ihre Akten. Aber auch diese hektischen Aktivitäten sind anscheinend ziellos. Da es fast unmöglich ist, mit dem Schloß telefonisch Verbindung aufzunehmen, und da es eine zentrale Vermittlungsstelle nicht gibt, erscheint ihre Tätigkeit auf sich selbst beschränkt, sich selbst perpetuierend und ohne einen übergeordneten Zweck. Man fühlt sich an die Kuriere erinnert, die im Dienste eines nicht existierenden Königs umherjagen (H 89–90).

Wie die Kuriere und wie Poseidon sehen die Beamten anscheinend die Notwendigkeit ihrer Arbeiten als selbstverständlich an, und ebenso fraglos wird ihre Autorität von den Dorfbewohnern hingenommen. Als K. erklärt, er wünsche mit Klamm noch einiges über seine Hochzeit zu besprechen, gibt Gardena – die Keller treffend als die »Hüterin des Bestehenden« bezeichnet [59] – ihrer Empörung mit enthüllenden Worten Ausdruck: »Der Herr Landvermesser hat mich gefragt, und ich muß ihm antworten. Wie soll er es denn sonst verstehen, was uns selbstverständlich ist, daß Herr Klamm niemals mit ihm sprechen wird, was sage ich ›wird‹, niemals mit ihm sprechen kann« (S 79). Mit dem Gebrauch des Wortes »wird«, das sie schnellstens durch »kann« ersetzt, läßt sie erkennen, wie wenig begründet ihre Ansichten sind. Vielleicht wird Klamm sich tatsächlich weigern, mit K. zu sprechen; das bedeutet aber nicht, daß ein Gespräch *a priori* unmöglich ist. Gardena nimmt zwar den jetzigen Stand der Dinge so sehr als gegeben hin, daß sie ihn für unveränderbar hält; im tiefsten Herzen weiß sie aber dennoch, daß es sich anders verhält. Sie muß schließlich sogar zugeben, daß die Aussprache, die K. wünscht, tatsächlich möglich ist, wenn es auch »ganz gegen die Vorschriften und ganz gegen das Althergebrachte« (S 84) ist. Durch ihre Bitte an K., nicht mit Klamm zu sprechen, gibt sie unausgesprochen zu erkennen, daß eine solche Begegnung möglich, aber gefährlich ist. Sie gibt damit K.s kühner Vermutung recht, eine solche Begegnung könne für Klamm gefährlicher sein als für ihn selbst: »Sie fürchten doch nicht etwa für Klamm?« (S 91). Später bietet der »Gemeindevorsteher« K. den Posten des Schuldieners genau deswegen an, weil er befürchtet, K. könne etwas »auf eigene Faust« (S 144) unternehmen. Autorität beruht in dieser Gesellschaft auf schwachen Grundlagen; einer Herausforderung durch einen Außenstehenden dürfte sie nicht lange standhalten.

Wenn die Beamtenschaft des Schlosses irgendwelche religiösen Konnotationen auslöst, dann hinterläßt sie den Eindruck einer Religion, die den Zustand abstrakter Intellektualität erreicht und den Kontakt mit der lebendigen, unmittelbaren Erfahrung verloren hat. Sie ist in ihrem Wesen zu einer Hierarchie von Funktionären geworden, deren einziger Zweck darin besteht, die Institution zu verwalten, die sie beschäftigt. Wir haben in Kap. 3 gesehen, daß die Hierarchie der Advokaten im Roman *Der Prozeß* einer ähnlich kritischen Betrachtung unterzogen wurde und in satirischer Absicht mit der Priesterschaft und dem Ritual des Katholizismus in Verbindung gebracht wurde. Einen leisen Anklang an antikatholische Satire gibt es auch im Roman *Das Schloß*: Die Frau des »Gemeindevorstehers« kniet, als sie alle Akten aus einem Schrank hervorgeholt hat, vor dem leeren Kasten und faltet ihre Hände wie zum Gebet, als sie einen Blick in Klamms Brief werfen kann (S 99, 113). Unwichtig ist sicherlich auch nicht, daß der »Gemeindevorsteher« – ebenso wie der Advokat – bettlägerig ist und daß Nietzsche in *Zur Genealogie der Moral* den asketischen Priester als jemanden bezeichnet, der ärztliche Methoden anwendet, um eine Herde zu leiten, an deren Krankheit er selbst ebenfalls leidet. [60]

Diese Art von Satire gibt es im *Schloß* jedoch nur in einer kurzen Episode. Wenn Kafka irgendwo seiner Darstellung der Schloßbürokratie satirische Züge gibt, läßt er sie eher der orthodoxen jüdischen Rabbinerschaft ähnlich werden, wie sie vom Standpunkt des Chassidismus aus gesehen wird. Die Chassidim betrachteten die orthodoxen Rabbis als Lehrer, die einen falschen Weg eingeschlagen hatten, da sie, statt die Menschen in die Nähe Gottes zu führen, ihre Zeit damit vergeudeten, rituelle Vorschriften zu beobachten und spitzfindige Disputationen zu führen. Kafka wußte aus seiner Lektüre, daß es sogar schon in der Zeit vor der Zerstörung des Tempels eine Kontroverse zwischen den Rabbis und den *Am-ha'arez* (den »Leuten vom Lande«) gegeben hatte. Er wußte auch, daß sich beide Gruppen so feindselig gegenüberstanden, daß es einem Rabbi verboten war, die Tochter eines *Am-ha'arez* zu heiraten, ihn zu bitten, für ihn als Zeuge aufzutreten, in seiner Gesellschaft zu reisen oder gar in seiner Gegenwart die Thora zu studieren. [61] Diese Verhaltensweisen lassen sich mit der Arroganz vergleichen, die die Beamten gegenüber den Dorfbewohnern an den Tag legen, und mit der Sorgsamkeit, mit der diese ihnen aus dem Weg gehen. Beamte gelten als »empfindlich« (S 56); sie sind nicht in der Lage, den unerwarteten Anblick eines Fremden zu ertragen. Kafka wußte weiterhin, daß diese Differenzen zwischen den Gelehrten und dem einfachen, ungebildeten Volk in den jüdischen Gemeinden Osteuropas noch im 18. Jahrhundert fortbestanden und daß der Baalschem seine Lehre an eben dieses einfache Volk gerichtet hatte. Der bedeutendste Gegenspieler des Chassidismus, der Gaon Rabbi Elija von Wilna*, war ein Gelehrter, der in dem Ruf stand, sich Tag und Nacht intensiv dem Studium der Thora zu widmen. Einmal fand er eine schwer verstehbare Stelle im Jerusalemischen Talmud und dachte drei Tage hintereinander darüber nach, und während dieser Zeit kam keine Speise in seinen Mund. [62] Solche Meisterleistungen in der Gelehrsamkeit hat Kafka anscheinend bei der Gestaltung einer Figur wie der Sordinis vor Augen gehabt. Als er ihn charakterisiert, fügt er allerdings zu dessen Kennzeichnung noch eine groteske Übertreibung hinzu, wenn er sagt, daß aus Sordinis Zimmer ein fortwährendes, kurz aufeinander folgendes Poltern zu hören sei; die Aktenbündel, an denen Sordini gerade arbeite, seien nämlich zu Säulen aufeinandergestapelt, und diese stürzten immerfort zusammen, wenn den Bündeln Akten entnommen oder wieder eingefügt würden. Das autoritäre Verhalten, das die Beamten gegenüber den Dorfbewohnern zeigen, dürfte durch Maimons kritisch-abwertende Beschreibung des Rabbinats, wie es im 18. Jahrhundert sich in Polen darstellte, angeregt worden sein:

* *Gaon*, im rabbinischen Judentum Ehrentitel für die hervorragendsten Talmudgelehrten (Anm. d. Übers.)

> Die jüdische Nation ist [...] eine *unter dem Schein der Theokratie immerwährende Aristokratie*. Die Gelehrten, welche den *Adel* dieser Nation ausmachen, wußten sich seit vielen Jahrhunderten als das gesetzgebende Korpus bei den Gemeinden in solches Ansehen zu setzen, daß sie mit ihnen machen konnten, was sie wollten. [63]

Die Beamten sind, von K. aus gesehen, deswegen durchaus verwundbar, weil ihre Autorität einer kritischen Überprüfung keineswegs standhält. Außerdem lehnen sie, wie es alle orthodox gesinnten Juden zu allen Zeiten getan haben, jeden ab, der mit dem Anspruch auftritt, der Messias zu sein. Das Wort »Sekretär«, das für Beamten der unteren Ränge wie Momus oder Bürgel verwendet wird, enthält einen weiteren Hinweis auf ihren Status, denn es ist die im Deutschen übliche Übersetzung für das hebräische *gabbai*; es dient zur Bezeichnung des Assistenten eines Rabbi. Kafka selbst gebraucht dieses Wort zur Bezeichnung der Begleiter des Belzer Rabbi und erklärt es mit »die ›Nächsten‹, Angestellte, Sekretäre« (Br 144).

Die Schloßbeamten sind demnach keineswegs eine »Abteilung von gnostischen Dämonen«, um Erich Hellers übertreibende Kennzeichnung zu zitieren. [64] Sie mögen über das Dorf mit großer Selbstverständlichkeit herrschen, aber ihre Herrschaft hängt doch letztlich von der Bereitschaft der Menschen ab, sie – wenn auch irrtümlich – als naturgegebene Ordnung hinzunehmen. Sie erscheinen sogar aufgrund ihres verspielten, ausgelassenen Verhaltens kaum als dämonisch; sie zeigen diese Verspieltheit jedoch nicht innerhalb des Dorfes, sondern nur unter ihresgleichen. Wenn sie telefonisch eine Antwort geben, klingt ihre Stimme gebieterisch; wenn sie jedoch untereinander telefonieren, hört sich das an wie das »Summen zahlloser kindlicher Stimmen« (S 36). Bei der Verteilung der Akten im Gang des Herrenhofes – einem Vorgang, bei dem sie sich von keinem Außenstehenden beobachtet glauben – lärmen und verhalten die Beamten sich wie Kinder. Einer von ihnen imitiert das Krähen eines Hahnes, ein anderer leert eine ganze Waschschüssel über den Kopf eines Dieners aus, und selbst wenn sie sich ärgern, geht ihr Geschrei allmählich in ein Geräusch über, das wie »Kinderweinen« (S 437) klingt. Richard Sheppard scheint recht zu haben, wenn er meint, die Böswilligkeit der Schloßbeamten sei eine Täuschung, die dadurch zustande gekommen sei, daß K. seinen eigenen faustischen Willen auf sie projiziert habe; nach seiner Unterredung mit Bürgel sei er von seiner aggressiven Einstellung ihnen gegenüber befreit und deshalb in der Lage, das spielerisch-kindliche Verhalten nachzuvollziehen, das das eigentliche Wesen der Beamten ausmache.

Zwei Beamte sind für K. von besonderer Wichtigkeit; sie müssen deshalb gesondert betrachtet werden. Der eine, Klamm, ist sein Vorgesetzter; offensichtlich ist er mit übernatürlichen Eigenschaften ausgestattet. Olga erzählt K., Klamms äußeres Erscheinungsbild wechsle ständig; sie fügt allerdings hinzu, seine Fähigkeit, sich wie ein Proteus zu verwandeln, sei keine Hexerei, sondern sie hänge von der Intensität der Gefühle – etwa der Hoffnung oder der Verzweiflung – ab, mit denen die Dorfbewohner ihn betrachteten. Ihre Erklärung scheint auf den ersten Blick die Aura des Übernatürlichen, die Klamm umgibt, zu beseitigen, tatsächlich jedoch verstärkt sie sie, denn man fragt sich verwundert, was es eigentlich mit Klamm auf sich hat, wenn er solche Gefühle zu wecken vermag. Die Dorfbewohner sprechen in geheimnistuerischer Weise davon, Klamm sei für das Schloß wie für das Dorf unentbehrlich (S 380): Muß man hinzufügen, daß er hier wie da gewissermaßen immer zugegen ist, und zwar in einer Art, die an den Ausspruch des Baalschem erinnert, daß »alle Dinge in Gott sind und es nichts gibt, wo er nicht ist«? [65] Frieda verschafft sich bei den Schloßdienern Respekt, indem sie ihnen »im Namen Klamms« entgegentritt (S 66); die Nennung seines Namens scheint ein Gefühl ehrfürchtiger, fast frommer Scheu hervorzurufen. Man kann es als ein Anzeichen für die Außenseiterrolle oder aber auch für die Willenskraft K.s ansehen, daß er sich nicht beeindrucken läßt, als Momus sich mit folgenden Worten auf Klamm beruft: »Im Namen Klamms fordere ich Sie auf, meine Fragen zu beantworten« (S 176). Klamm verhält sich in der Regel schweigend: Er hat niemals ein Wort mit Frieda gewechselt, wenn man davon absieht, daß er sie bei ihrem Namen gerufen hat, wenn sie zu ihm ins Bett kommen sollte. Als Gardena Klamm mit einem Adler vergleicht, denkt K. an dessen »nur vielleicht von Schreien, wie sie K. noch nie gehört hatte, unterbrochene Stummheit« (S 183). Eine Eintragung Kafkas in sein Notizheft lautet: »Stummheit gehört zu den Attributen der Vollkommenheit.« [66] Man kann sie als Schlüssel für das Wesen Klamms betrachten. Allerdings erinnert sein Sekretär Erlanger, der K. aufsucht, mit seinem Hinken an den Pferdefuß des Teufels. Dasselbe Gebrechen hat aber auch der Kirchendiener, der im Roman *Der Prozeß* Josef K. zur Kanzel führt und damit dafür sorgt, daß er – wenn auch letztlich ohne Erfolg – die Warnung zu hören bekommt, die in der vom Geistlichen erzählten Legende liegt. Erlangers Aufforderung ist in ähnlicher Weise der indirekte Grund dafür, daß K. in das falsche Zimmer gerät und damit zu der entscheidenden Unterredung mit Bürgel kommt. In beiden Fällen zeigt der durch sein Hinken gekennzeichnete Böse den möglichen Weg zum Guten. Kafka wußte aus Roskoffs *Geschichte des Teufels*, daß viele primitive Völker eine dualistische Gottesvorstellung hatten, die aus einem guten und einem bösen Prinzip bestand. In seinem Tagebuch aus dem Jahre 1913 zitierte er den letzten Satz eines Abschnitts, in dem Roskoff auf diesen Dualismus eingeht:

> Bei den *Karaiben* finden sich zwei Arten von Wesen, wohlthätige, die ihren Sitz im Himmel haben, wovon jeder Mensch das seinige als Führer auf Erden hat; boshafte, die durch die Luft ziehen und ihre Lust daran finden, den Menschen Schaden zuzufügen. [...] Bei den jetzigen Karaiben gilt [...] »der, welcher in der Nacht arbeitet«, als der Schöpfer der Welt, auf den sie alles Gute zurückführen. [67]

Obwohl Kafka den letzten Satz wohl nicht ohne einen ironischen Bezug auf sein eigenes Schreiben in der Nacht zitiert hat (T 314), paßte er doch zu den bildhaften Vorstellungen, in denen er Götter zu Bürokraten werden ließ, wie es zum Beispiel bei Poseidon der Fall ist. Diese Bilder könnten sich in seiner Vorstellung so festgesetzt haben, daß sie zu seiner Schilderung Klamms als eines unnahbaren, quasi göttlichen Wesens führten, das eine böse, dem Irdischen verhaftete Komponente besitzt.

Einige Anzeichen finden sich dafür, daß Klamm die Personen, mit denen er zu tun hat, wohlwollend und fürsorglich behandelt. K. findet es anerkennenswert, daß Klamm für seine frühere Geliebte Gardena gesorgt und ihr einen Gatten und eine Lebensgrundlage verschafft hat, auch wenn sie selbst diese Dinge nicht so sehen will. Daß Klamm, wie man sagt, seine früheren Geliebten vergißt, tut er als »Legende« ab (S 136) und behauptet: »Der Segen war über Ihnen, aber man verstand nicht ihn herunterzuholen« (S 135). Ironischerweise läßt sich K.s an Gardena gerichteter Vorwurf auch auf ihn selbst beziehen. Frieda glaubt, Klamm habe es bewirkt, daß K. und sie selbst zueinander gefunden haben, und ruft aus: »gesegnet, nicht verflucht, sei die Stunde« (S 83–84). Der erste Brief, den Barnabas K. überbringt, gibt ihm die Gewißheit, daß Klamm ihn im Auge behalten wird; K.s verzweifelte Anstrengungen, eine tiefere Bedeutung auch noch in den kleinsten Details des Briefes zu entdecken, dürfen den Leser nicht davon abbringen, ihn in seinem offensichtlichen Wert zu sehen. Der zweite Brief, in dem K. angehalten wird, die gute Arbeit weiterzuführen, die er und seine Gehilfen begonnen hätten, darf wohl kaum im buchstäblichen Sinn verstanden werden, da K. überhaupt keine Landvermessungen durchgeführt hat. Diesmal neigt K. allerdings im Gegensatz zum ersten Brief dazu, ihn wörtlich zu verstehen. Wenn wir als Leser auch diesmal mit der Art, wie K. den Brief zu verstehen sucht, nicht einverstanden sind, liegt das daran, daß wir seinen Sinn nach den Leitlinien, die Sheppard vorgegeben hat, ermitteln können. Klamm versucht demnach nämlich, K. mit Frieda und den Gehilfen ein geordnetes Familienleben zu ermöglichen. In dieser Art der Lebensführung besteht eine positive Alternative zu seinen von falschen Voraussetzungen ausgehenden Versuchen, einen Zugang zum Schloß zu finden. Mit der im Brief angesprochenen guten Arbeit ist demnach gemeint, daß K. bereits eine engere Beziehung zu Frieda aufgenommen hat; Klamm ist dementsprechend schon damit zufrieden, daß K. seinen untergeordneten Status zu akzeptieren beginnt. Frieda glaubt – und Jeremias bestätigt sie später darin – daß die Gehilfen von Klamm geschickt worden sind, als ob er ihnen damit eine Art von Ersatzfamilie zur Verfügung habe stellen wollen. Die Bedeutung des Familienlebens – es erscheint im Roman *Das Schloß* als der zentrale Wert – soll im nächsten Abschnitt dargelegt werden; jetzt und hier soll daran erinnert werden, daß Kafka Ehe und Familie unter dem Aspekt geradezu heiliger Verantwortung gesehen hat (s.a. das fünfte Kapitel).

Wenn es stimmt, daß Klamm K. ständig zu veranlassen sucht, dieser Verantwortung nachzukommen, dann läßt sich erklären, warum K. niemals mit ihm zusammentrifft und warum Klamm ständig sein Erscheinungsbild ändert. Der religiöse, also auf die Ganzheit des Lebens ausgerichtete Antrieb des Menschen, der für Kafka seine Erfüllung am ehesten in der Übernahme der mit der Familie verbundenen Pflichten findet, entstammt der unzerstörbaren Grundsubstanz des Menschen. Wenn Klamm tatsächlich diesen Lebensantrieb verkörpert, dann ist er Teil des »Unzerstörbaren« und läßt sich wie dieses selbst nicht in einer beständig gleichbleibenden Form vom Beobachter wahrnehmen. Sein Erscheinungsbild hängt ab von der jeweiligen Gefühlslage des Beobachters, weil er selbst eine Projektion des menschlichen Fühlens ist. Unterstützt wird diese Ansicht durch Elisabeth Rajecs Annahme, daß sein Name von dem tschechischen Wort *klam* = »Illusion, Täuschung« abgeleitet ist (wie in *klam optický* =

»optische Täuschung«).[68] Klamms eigenständige Existenz ist eine Täuschung. K. hat letztlich Klamm bereits in sich selbst; der Weg, Klamms Wünschen zu entsprechen, wird durch den bereits früher zitierten Aphorismus gewiesen: »An das Unzerstörbare in sich glauben und nicht zu ihm streben« (H 96).

Ein Beamter, mit dem K. tatsächlich zusammentrifft, ist Bürgel, der »Verbindungssekretär« zu Friedrich: »ich bilde die stärkste Verbindung [...] zwischen Friedrich und dem Dorf« (S 407). Als K. aus einem Grund, der sich zu guter Letzt als trivial erweist, von Erlanger aufgefordert worden ist zu kommen, gerät er, ohne es zu wollen, in Bürgels Zimmer. Durch einen unwahrscheinlichen Zufall ist er durch die sorgsam von den Bürokraten gegen ihre Klienten errichteten Hindernisse hindurchgeschlüpft und auf einen Sekretär gestoßen, der nicht nur die Kompetenz besitzt, sich mit seinem Fall zu befassen, sondern der sich dazu noch in einem Zustand erhöhter Nachgiebigkeit befindet, in den die Beamten nachts geraten und in dem sie überaus sorgsam darauf bedacht sind, den Wünschen ihrer Klienten entgegenzukommen. Bürgel stellt sowohl aufgrund seines möglichen Einflußreichtums wie aufgrund seiner Funktion als Vermittler zwischen dem Schloß und dem Dorf eine ausnehmend wichtige Person dar. Kafka stattet ihn mit Kräften und Fähigkeiten aus, die andere Beamte nicht haben. Anscheinend richtet er damit seine Satire auf das orthodoxe Rabbinat und spielt dabei zugleich ständig auf dessen Widerpart, nämlich den chassidischen *Zaddik*, an. Ihm spricht man geistliche Autorität zu, die ihn befähigt, zwischen Gott und den Menschen eine Mittlerrolle einzunehmen. Alexander Eliasberg erläutert diese Zusammenhänge in einer Darstellung der *Zaddikim*, die Kafka kannte, und fügt hinzu: »Der Zaddik ist aber noch mehr als Priester: er ist beinahe ein Halbgott.«[69] Diese Aussage läßt Bürgels Fähigkeiten noch deutlicher hervortreten. Die Szene mit Bürgel erinnert an das Gespräch Josef K.s mit dem »Auskunftgeber« im Roman *Der Prozeß*. Dem Helden wird in dem einen Fall Auskunft angeboten, in dem anderen wird sie ihm tatsächlich erteilt, aber er ist zu erschöpft, um sie aufzunehmen. Bürgel erklärt K.s Mißgeschick folgendermaßen:

> Die Leibeskräfte reichen nur bis zu einer gewissen Grenze, wer kann dafür, daß gerade diese Grenze auch sonst bedeutungsvoll ist. Nein, dafür kann niemand. So korrigiert sich selbst die Welt in ihrem Lauf und behält das Gleichgewicht. Das ist ja eine vorzügliche, immer wieder unvorstellbar vorzügliche Einrichtung, wenn auch in anderer Hinsicht trostlos S 425).

Mit anderen Worten: K.s von messianischem Ehrgeiz getragenen Bemühungen, in das Schloß zu gelangen, waren der vergebliche Versuch, eine Grenze zu überschreiten, die für den Menschen unüberschreitbar ist. Die Anstrengung, die nötig ist, um an diese Grenze zu gelangen, ist so groß, daß er mit Sicherheit nicht mehr genügend Kraft hat, sie zu überqueren, wenn er sie erreicht hat. Dementsprechend gelingt es K. auch nicht, die gute Gelegenheit zu nutzen, die Bürgel ihm bietet, sondern er schläft an Bürgels Bett ein. Es ist so, als besäße die Welt einen ihren eigenen Lauf regelnden Mechanismus, der für das Gleichgewicht sorgt, nämlich insofern, als die Menschen immer wieder auf ihren Platz an der Grenze zwischen Sein und Bewußtsein zurückbefördert werden.

Bürgel übt, wie es scheint, einen spirituell-geistigen Einfluß aus und und hat zugleich Zugang zur Wahrheit. Damit hängt K.s Traum zusammen, in dem er gegen einen Schloßsekretär kämpft. Dieser ist nackt, ähnelt der Statue eines griechischen Gottes und piepst wie ein Mädchen, das gekitzelt wird. Dieser lächerliche Kampf macht deutlich, wie vergeblich K.s Aggressivität schon immer gewesen ist, insbesondere, als er sich in einem großen Raum allein gelassen sieht und sich suchend nach einem neuen Gegner umschaut, sich dabei aber lediglich selbst wehtut. In seinem Traum sieht er sich mit derjenigen Seite der Beamten konfrontiert, die ihm bisher verborgen war, und entdeckt, daß es sich bei ihr um nichts anderes handelt als um die Züge des Kindisch-Verspielten, die sich bereits im Gang des Herrenhofes gezeigt hatten. Dieser gleichsam kompensatorische Sieg heilt K. von seiner Aggressivität; infolgedessen verhält er sich in den restlichen Kapiteln den Leuten gegenüber, mit denen er zu tun hat, weitaus entgegenkommender als zuvor. Als er sieht, wie ein Papierchen, ein Zettel von einem Notizblock, übrigbleibt, nachdem alle übrigen Akten verteilt worden sind, und schließlich vom Diener zerrissen wird, geht es ihm durch den Kopf: »Das könnte recht gut mein Akt sein« (S 438) – eine Einsicht in seine eigene Bedeutungslosigkeit, die für ihn vorher unmöglich gewesen wäre. Das Zerreißen des Zettels deutet zweifellos an, daß das Schloß mit K. nichts mehr zu tun hat. Der Fehler in der Verwaltung, der in erster Linie zu seiner Berufung führte, ist durch das nicht ganz korrekte Verhalten des Dieners, durch das Zerreißen des Zettels nämlich, wieder rückgängig gemacht worden. Die Vorfälle, die sich in der Zwischenzeit ereignet haben, haben K. demütig werden lassen. Diese Demut hat er jedoch – und darin liegt seine Tragik – zu spät erlangt: Indem er sein Verhältnis zu Frieda seinem fehlgeleiteten Ehrgeiz opferte, hat er seine Chance verspielt, in Ehe und Familie Erfüllung zu finden. Jetzt steht ihm nichts mehr offen als die Aussicht, sich Pepi und den beiden anderen Mädchen anzuschließen und mit ihnen die winzige unterirdische Kammer zu teilen, in der es hohl klingt wie in einem Grab.

Die Frauen

Zu den Besonderheiten des Romans *Das Schloß*, die den Leser am meisten verblüffen, gehört die unverhohlene Geilheit der Beamten. Klamm, so lesen wir, ist »wie ein Kommandant über die Frauen« (S 309). Frieda wird zu seiner Geliebten, indem sie einem Antrag Folge leistet, der dieselbe grobe Eindeutigkeit besitzt wie der Antrag, den Sortini an Amalia richtet. Nichtsdestoweniger ist sie stolz darauf, seine Geliebte zu sein; Gardena schwelgt immer noch, obwohl sie nur dreimal von Klamm diesbezügliche Aufforderungen erhalten hat und seitdem zwanzig Jahre vergangen sind, in den Erinnerungen an dieses Ereignis. Anspielungen sexueller Art treten besonders drastisch im Kap. 17 auf; hier schildert Olga K. das Fest des Feuerwehrvereins, aus dessen Anlaß das Schloß eine neue Feuerwehrspritze gestiftet hat. Das Fest findet im Sommer vor dem Dorf am Bach statt; es steht damit in Kontrast zur Winterzeit, in der die Handlung des Romans spielt. Die zahlreichen Bezüge auf die Elemente Feuer und Wasser lassen es, wie Sheppard wohl mit Recht sagt, als »Zeugungs- und Erneuerungsfest« erscheinen. [70] Im deutschen Wort »Feuerspritze« verbinden sich die Motive des Feuers, des Wassers und des Sexuellen – *spritzen* kann auch die Bedeutung »ejakulieren« haben. Der verwirrende Lärm und eine rauschhafte Betäubung lassen den Eindruck entstehen, hier finde eine Orgie statt: Das Schloß hat den Feuerwehrverein auch noch mit Trompeten ausgestattet, die einen ohrenbetäubenden Lärm machen, und schließlich sind alle Dorfbewohner, mit Ausnahme der ernsten Amalia, »von dem süßen Schloßwein wie betäubt« (S 301).

Diese Episode enthält einige Anklänge an den Roman *Babička* (*Großmutter. Bilder aus dem Landleben*, erschienen 1855) von Božena Němcová. Unter den Dorffesten, die die Autorin schildert, gibt es eins, auf dem Wallfahrer bei der Heimkehr von kleinen Jungen mit Spielzeugtrompeten begrüßt werden. Außerdem wird eine Hochzeit geschildert, auf der die Braut eine Halskette aus Granaten trägt – wie das »Halsband aus böhmischen Granaten« (S 296), das Olga Amalia gibt und das die Aufmerksamkeit Sortinis erregt. Ein mehrfach auftauchendes Motiv in *Babička* liegt darin, daß Mädchen von zudringlichen Liebhabern belästigt werden. Eines dieser Mädchen ist Viktorka; sie gilt als stolz, weil sie alle Freier abgewiesen hat. Schließlich wird sie von einem Soldaten, dessen zudringlicher Gewalt sie nicht widerstehen kann, verführt; danach zieht sie sich, geistig und psychisch krank, zu einem Leben fern von allen Menschen in die Wälder zurück. Die Braut schließlich hat sich zunächst der Aufmerksamkeiten eines italienischen Dieners und dann noch der Zudringlichkeiten des Hausverwalters des Schlosses zu erwehren, zu dem das Dorf gehört. [71] Diese beiden Figuren sind zu dem Beamten mit dem italienisch klingenden Namen Sortini verschmolzen worden; Viktorka dagegen ist anscheinend das Vorbild, auf das Amalia zurückgeht.

Die Bedeutung dieser Motive im Kontext des *Schloß*-Romans läßt sich nur schwer erklären. Vielleicht gelingt der Anfang dazu am ehesten mit dem Hinweis darauf, daß die Anziehungskraft, die die Frauen des Dorfes auf die Schloßbeamten ausüben, sich in mancher Hinsicht mit der Anziehungskraft parallelisieren läßt, die vom Schloß auf K. ausgeht. Ebenso fragwürdig, wie es seine Beglaubigungen als Landvermesser sind, ist die Position der Frauen als Geliebte der Beamten. Gardena stellt es sogar in Frage, ob Frieda überhaupt Klamms Geliebte gewesen ist, und greift dabei zu dem Ausdruck »eine sehr übertriebene Bezeichnung« (S 81). Sicherlich ist es genauso übertrieben, das Wort »Geliebte« für eine Frau zu gebrauchen, die nur dreimal mit Klamm zusammengewesen ist. Von der Frage abgesehen, ob diese Beziehungen überhaupt bestanden haben, wird auch ihre Bedeutung als solche in Frage gestellt; sie scheinen deshalb – ebenso wie K.s Hinstreben zum Schloß – eher aus eigenwilligen, selbstbezogenen Fehldeutungen und Mißverständnissen der betroffenen Frauen hervorzugehen. Als Frieda voller Stolz darauf hinweist, sie sei Schankmädchen im Herrenhof, löst das bei K. die Vorstellung aus: »Ihr Ehrgeiz war offenbar toll« (S 62) – ein klarer Fall von *de te fabula*. Wir sahen bereits, daß der Vorwurf, den er Gardena wegen ihrer Obsession für Klamm macht, in ironischer Umkehrung auf ihn selber paßt. – Am härtesten betroffen von ihrer Bindung an das Schloß ist die Barnabas-Familie. Seit Amalia Sortinis Antrag zurückgewiesen hat, haben die übrigen Familienmitglieder mit allen Kräften – aber offensichtlich vergeblich – versucht, die Gunst des Schlosses wiederzugewinnen. Ihre Schwester Olga verbringt jede Nacht im Stall des Herrenhofs mit den Schloßdienern – in der Hoffnung, den Diener anzutreffen, der die Botschaft Sortinis überbracht hat, oder doch wenigstens etwas über ihn zu hören. Alle diese Anstrengungen haben jedoch zu nichts geführt: Das Schloß hinterläßt nach wie vor den Eindruck, es gebe für die Ablehnung des Antrags keine Verzeihung; Olga selbst gibt offen zu, sie wären längst schon wieder in die Gemeinschaft der Dorfbewohner aufgenommen worden, die sie jetzt wie Verfemte behandeln, wenn sie den ganzen Vorfall als ein Mißverständnis hätten darstellen können. Trotz seiner anfänglich skeptischen Einschätzung muß K. schließlich aber doch Olgas Tapferkeit, ihre Umsicht und Klugheit und ihre selbstlose Aufopferung für die Familie lobend anerkennen (S 366); er bemerkt dabei aber nicht, daß ihre fast besessenen Anstrengungen genauso irrational sind wie seine eigenen. Die Parallele wird noch deutlicher dadurch hervorgehoben, daß die Barnabas-Familie K. als eine für sie lebenswichtige Verbindung zum Schloß betrachtet – und umgekehrt liegt genau darin auch ihr Wert für ihn. Den *circulus vitiosus*, der sich daraus für sie ergibt, hat Philippi so beschrieben: »Jeder will mit Hilfe des anderen das erreichen, was auch dieser umgekehrt vom anderen erwartet. [...] Indem sie aber den anderen zum Mittel machen, um durch ihn zu erreichen, was dieser selbst nicht erreichen kann, verkehrt sich ihnen ihre Absicht unter den Händen in etwas Sinnloses.« [72]

Selbst wenn man jedoch die Funktion dieser Parallelen anerkennt, bleibt es dennoch verwunderlich, wieso Kafka die weibliche Sexualität so nachdrücklich in Analogie zum faustischen Streben K.s setzt. Seine negative Haltung gegenüber weiblicher Sexualität liegt sicherlich in den Tagebucheintragungen auf der Hand, in denen er Frauen angewidert als primär sexuelle, physische Wesen darstellt, wie es zum Beispiel in der Schilderung eines Ausflugs mit Felix Weltsch nach Rostock (jetzt Roztok) in der Nähe Prags der Fall ist:

> Mit Felix in Rostock. Die geplatzte Sexualität der Frauen. Ihre natürliche Unreinheit. Das für mich sinnlose Spiel mit dem kleinen Lenchen. Der Anblick der einen dicken Frau, die zusammengekrümmt in einem Korbstuhl, den einen Fuß auffällig zurückgeschoben, irgend etwas nähte und mit einer alten Frau, wahrscheinlich einer alten Jungfer, deren Gebiß auf einer Seite des Mundes immer in besonderer Größe erschien, sich unterhielt. Die

> Vollblütigkeit und Klugheit der schwangeren Frau. Ihr Hinterer mit geraden, abgeteilten Flächen, förmlich facettiert (T 314).

Die in der präzisen Formulierung und kühlen Beobachtung zum Ausdruck kommende kritische Distanz, die diesen Abschnitt prägt, verbindet ihn mit Figuren wie Leni in *Der Prozeß* und Klara in *Der Verschollene*; ebenso steht er in Beziehung zu Kafkas assoziativer Verknüpfung von Geschlechtlichem und Schmutzigem (z.B. M 196–199). Aber wenn seine Darstellung der Frauen im Roman *Das Schloß* auch offensichtlich etwas mit seinen eigenen Erfahrungen zu tun hat, so kommt er zu diesen Erfahrungen doch im Rahmen zeitgenössischer Denkmuster: Kafka befindet sich hier in enger Abhängigkeit von weitverbreiteten frauenfeindlichen Vorurteilen seiner Zeit. Eine Richtung des Antifeminismus hatte ihren einflußreichsten Sprecher in Otto Weininger. In *Geschlecht und Charakter* behauptet Weininger, Frauen seien, insofern in ihnen das weibliche Prinzip (W) dominant sei, primär sexuelle Wesen:

> Der Zustand der sexuellen Erregtheit bedeutet für die Frau nur die höchste Steigerung ihres Gesamtdaseins. *Dieses ist immer und durchaus sexuell. W geht im Geschlechtsleben, in der Sphäre der Begattung und Fortpflanzung, d.i. im Verhältnisse zum Manne und zum Kinde, vollständig auf*, sie wird von diesen Dingen in ihrer Existenz vollkommen ausgefüllt, während M *nicht nur* sexuell ist. [73]

Wenn diese Einschätzung der Frauen auf Kafka auch eine große Anziehungskraft ausgeübt haben mag, so kannte er aller Wahrscheinlichkeit nach Weiningers Arbeit doch wohl nur aus zweiter Hand. Unmittelbare Kenntnis von einer zweiten Form der Frauenfeindlichkeit hatte er jedoch durch seine Beschäftigung mit dem Werk Strindbergs erlangt, das er sehr bewunderte. In seinem Tagebuch aus dem Jahre 1915 hält er das »Wohlbehagen« fest, mit dem er Strindbergs *Am offenen Meer* (T 467) gelesen hatte, einen Roman über einen Wissenschaftler, der sich in eine junge Frau verliebt und sich eine Zeitlang nicht eingestehen will, daß sie ein oberflächliches, dummes Geschöpf ist, die nur mit ihren körperlichen Reizen auf ihn wirkt. Schließlich führt er die Auflösung ihrer Verlobung herbei, indem er ein Verhältnis zwischen ihr und seinem Assistenten begünstigt. Alleingelassen und auf sich selbst beschränkt, gelangt er jedoch zu der Einsicht, daß der Mann, auch wenn eine Frau ihm in moralischer und intellektueller Hinsicht nicht ebenbürtig sein kann, dennoch nicht ohne sie zu leben vermag, weil sie das Bindeglied darstellt zwischen dem Intellekt des Mannes und den unbewußten, vitalen Kräften der

Natur. Abgetrennt von diesen Naturkräften, verliert Strindbergs Held die Lebensfreude, siecht dahin und stirbt. Eines seiner letzten Worte lautet: »Das Weib ist des Mannes Wurzel in der Erde.« [74] – Weiningers Blick auf die Frau ist – sicherlich auch aufgrund seiner eigenen Homosexualität – noch stärker getrübt: Er sieht in ihr ein Übel, das notwendig ist, weil der Mann nicht in der Lage ist, mit seiner Sexualität allein fertigzuwerden. – Strindbergs Sicht der Frau jedoch wurde begeistert von Wedekind aufgenommen, der seine Heldin Lulu als geistlose, amoralische Inkarnation der Lebenskraft darstellt, während Karl Kraus in einem berühmten Aphorismus sich zu der Behauptung verstieg: »Des Weibes Sinnlichkeit ist der Urquell, an dem sich des Mannes Geistigkeit Erneuerung holt.« [75]

Weiningers extrem antifeministische Einstellung liegt anscheinend der Art zugrunde, in der Kafka Olga schildert, die ja keinerlei Skrupel hat, sich zu einem Sexualobjekt zu machen. Wenn sie Promiskuität verkörpert, repräsentiert Amalia das Gegenteil davon, nämlich Asketizismus. Der sie beherrschende Zug ist »ein fortwährendes, jedem anderen Gefühl überlegenes Verlangen nach Einsamkeit« (S 264), das in ihrem kalten, stolzen und verschlossenen Blick seinen Ausdruck findet, der an allem, was sie gerade beobachtet, vorbeizugehen scheint. Kraftvoll sind ihr Wille und ihr Verstand: Sie wirkt auf K. »herrisch« (S 270); im Kreis ihrer Familie trifft sie alle Entscheidungen, obgleich sie die Jüngste ist. Olga sieht in ihrer Zurückweisung Sortinis eine Konfrontation mit der Wahrheit: »Aug in Aug mit der Wahrheit stand sie« (S 331). Sicherlich darf man hier an Nietzsches Nordpolforscher erinnern, den seine selbstlose Suche nach der Wahrheit in die Schneewüste der Sinnlosigkeit führt. Amalias Wesen ist undurchschaubar. Da sie selbst nur selten spricht, erfahren wir Näheres über ihre Lebensumstände von Olga, aber auch sie muß eingestehen: »wir sind ihr fremd« (S 271) und muß darauf verweisen, daß man sie in ihrem Wesen nicht verstehen kann: »ihre Beweggründe hält Amalia in ihrer Brust verschlossen, niemand wird sie ihr entreißen« (S 312). Anscheinend gibt es keine Möglichkeit zu entscheiden, ob Amalia – wie es Camus gesehen hat – als Sünderin im existentiellen Sinne zu betrachten ist, die Gottes Gnade verscherzt hat, indem sie die eigene Ehre verabsolutiert hat, oder ob sie – wie Politzer meint – als Beispiel heroischer, existentieller Einsamkeit zu gelten hat. [76] Diese letztere Ansicht ist ein wenig fragwürdig, weil offensichtlich eine Parallele besteht zwischen Amalias Weigerung, mit den Mitmenschen in engeren Kontakt zu treten, und dem Gefühl der Isolation, das K. im verschneiten Schloßhof verspürt, als er sich zwar erfolgreich, aber letztlich doch zwecklos dem Willen des Schlosses, der sich in Gestalt des Sekretärs Momus ihm zeigte, entgegenstellte. In dieser Situation fand er sich allein mit dem Gefühl, es gebe »nichts Sinnloseres, nichts Verzweifelteres als diese Freiheit, dieses Warten, diese Unverletzlichkeit« (S 169).

Der Gegensatz zwischen Olga und Amalia läßt sich möglicherweise durch einen Rückgriff auf einen Abschnitt aus Brods *Heidentum, Christentum, Judentum* verständlich machen. Brod unterscheidet hier zwischen den unterschiedlichen Einschätzungen der Liebe, die bei diesen drei Religionen vorliegt. Wenn wir die jüdische Einschätzung der Liebe für einen Augenblick beiseite lassen, wird deutlich, daß heidnische und christliche Liebesvorstellungen einen extremen Gegensatz bilden. Die erste ist – ganz ohne Beziehung zum Bereich des Seelischen – auf das Sinnliche beschränkt, wogegen die zweite die Liebe vom Körperlichen zu lösen und auf das Seelische zu übertragen sucht und dabei den höchsten Wert der Sehnsucht nach einer unerreichbaren geliebten Person beimißt. Brod veranschaulicht diese Vorstellung am Beispiel von Dantes Liebe zu Beatrice und Kierkegaards Abwendung von Regina Olsen. Der Gegensatz zwischen heidnischer und christlicher Liebe entspricht genau dem zwischen Olga und Amalia. Indem Kafka die Motive Amalias im dunkeln läßt, läßt er die Möglichkeit offen, daß sie Sortini abgewiesen hat, um ihre Gefühle als spirituelle Gefühle erhalten zu können. Der Ausdruck, mit dem Brod diese Art christlicher Liebe zusammenfaßt, nämlich »geradezu spiritualer Egoismus« [77], ließe sich gut auf Amalia beziehen. Das bedeutet nun allerdings nicht, daß Kafka in verschlüsselter Form über die gleiche Thematik schreibt, die Brod behandelt; wohl aber bedeutet das, daß der von Brod herausgearbeitete Gegensatz ihm dabei geholfen hat, seiner eigenen Gegenüberstellung von Olgas Promiskuität und Amalias Asketizismus klare Konturen und eine wirkungsvolle Aussagekraft zu geben.

Man könnte nun jedoch zu Recht der Meinung sein, für Amalia habe es kaum eine andere Möglichkeit gegeben, als ein solch grobschlächtig-eindeutiges Ansinnen, wie es das Sortinis war, zurückzuweisen. Aber Kafka wußte, daß ein Bildträger in einem schroffen Gegensatz stehen kann zu der durch das Bild selbst intendierten Aussage. Ein schlagendes Beispiel ist der von Maimonides angeführte

Abschnitt aus dem Talmud, der bereits im Zusammenhang mit den pornographischen Bildern erwähnt worden ist, die K. in den Gerichtsräumen findet, und der auch als Motto für Langers Werk *Die Erotik der Kabbala* dient:

> Es sagte Rabbi Katina: Wenn die *Israeliten* an den drei Festen in den Tempel zu Jerusalem kamen, da öffnete man ihnen den Tempelvorhang und man zeigte ihnen die Cherubim, wie sie sich innig umschlungen hielten, und man sagte ihnen: Sehet, eure und Gottes gegenseitige Liebe ist wie die Liebe des Mannes und der Frau!
> Resch Lakisch sagte: Als die *Barbaren* den Tempel betraten, sahen sie die Cherubim, die sich innig umschlungen hielten. Sie schleppten sie auf den Markt hinaus und sagten: Sehet! Israel, dessen Segen ein Segen und dessen Fluch ein Fluch ist, beschäftigt sich mit derartigen Dingen?! Dann schmähten sie sie. [78]

Die jüdische Gedankenwelt enthält noch einige weitere Beispiele dafür, daß Bilder aus dem Bereich des Sexuellen in spiritueller Absicht verwendet werden. Brod verweist auf Rabbi Akiba, der das *Hohelied* für das heiligste Buch der Bibel erklärt hat, und weiterhin auf einen Schüler des Baalschem, der sagt, das *Hohelied* bilde als einziges von allen Büchern der Heiligen Schrift eine unmittelbare Verbindung, eine »Brücke« zwischen den Menschen und Gott. [79] Maimonides interpretierte es als ein Zwiegespräch zwischen Gott und der Seele. Viele Passagen im Sohar beschreiben die Beziehung des Menschen zu Gott in erotischen Sinnbildern; Langer faßt eine von ihnen folgendermaßen zusammen: »Gott ruht in dem, der sich reinen Gefühls mit seiner Frau geschlechtlich vereinigt: dies ist – nach »Sohar« – der wahre Sinn der ganzen Thora.« [80] Im Sohar erscheint die Schechina (die von der Gottheit ausgehende Gegenwart des Göttlichen in der Welt) bildhaft als das weibliche Element im Ganzen der Gottheit, und es heißt, ein Mann habe, wenn er nicht mit seiner Frau zusammensein könne, die Schechina als Liebespartner. [81] Noch kühnere Vergleiche finden sich in den Aussprüchen des Baalschem, der vom intensiven Gebet als einer geschlechtlichen Vereinigung spricht:

> Die Andacht ist die Paarung (des Menschen) mit der Schechina, und ebenso wie die Paarung mit dem Schaukeln beginnt, so soll sich der Mensch auch bei der Andacht zunächst schaukeln, worauf er dann ganz regungslos dastehen kann, mit der größten Innigkeit an die Schechina angeschmiegt. [82]

Die erotischen und religiösen Assoziationen, die sich mit dem Schloß verbinden, sind deshalb durchaus besser miteinander vereinbar, als es zunächst den Anschein hat, und Amalias *gran rifiuto* erscheint unter diesem Aspekt weniger eindeutig vertretbar zu sein. Mit dieser Mutmaßung möchte ich allerdings nicht einer Wiederbelebung der mit Bezug auf Kierkegaard vorgenommenen Interpretation Brods das Wort reden, der in Sortinis Antrag ein absolutes Gebot sieht, dessen Frevelhaftigkeit ganz einfach »die Inkommensurabilität irdischen und religiösen Tuns« veranschauliche. [83] Gebote, die eine frevelhafte Forderung enthielten und dennoch absolute Geltung beanspruchten, wurden auch von chassidischen *Zaddikim* erlassen; Kafka wußte darüber genau Bescheid. Im letzten Kapitel habe ich bereits die Anekdote zitiert, die Kafka von Langer erfahren hatte; in ihr wird erzählt, wie der Baalschem einem seiner Schüler befiehlt, zum Christentum überzutreten. Demnach steigen paradoxerweise die Verdienste, die man sich durch Gehorsam erwirbt, in Relation zur Schwere dessen, was sonst ein schändliches Vergehen gewesen wäre. In ähnlicher Weise könnte es sein, daß Amalia, indem sie ihren Willen gegen den des Schlosses durchsetzt, in anmaßender Weise etwas zurückweist, was einen religiösen wie einen menschlichen Wert haben könnte.

Kafkas Darstellung Amalias ist ein merkwürdiges Beispiel für den Triumph einer von Vorurteilen geprägten Denkweise über die Erfahrung. Alle für sein eigenes Leben wichtigen Frauen – nämlich Felice, Milena, Dora Dymant und seine Schwester Ottla – waren intelligent, geistvoll und unabhängig und zogen ihn gerade dieser Eigenschaften wegen an. Amalia dagegen, die intellektuellste und unabhängigste Frauenfigur im Roman *Das Schloß*, ist mit ausgesprochen geringem Wohlwollen behandelt worden, wogegen Frieda, die positive Parallelfigur, eine gewisse Affinität zum antifeministischen Bild der untergeordneten Frau besitzt, die dem Mann den Kontakt zu den elementaren Kräften des Lebens ermöglicht. Diese Affinität soll jedoch nicht überbetont werden. Frieda ähnelt Amalia in der Art ihres Blicks, eines Blicks »von besonderer Überlegenheit« (S 60), der später als »sieghaft« bezeichnet wird (S 62). Diese Aura von Überlegenheit, die sie umgibt, hindert sie jedoch nicht daran, sich K. gegenüber zuvorkommend zu verhalten: Sie läßt ihn durchs Guckloch einen Blick auf Klamm werfen, läßt ihn heimlich die Nacht im Herrenhof verbringen und verliebt sich schließlich mit einer Schnelligkeit in ihn, wie sie nur in der Phantasie eines Mannes möglich ist. Ihr Verhalten steht im

Kontrast zu Amalias frostiger Zurückhaltung und ebenfalls zu Olgas promiskuitiven Ansichten, denn sie bewahrt K. bis zum Scheitern ihrer Liebesbeziehung die Treue. Der Unterschied zwischen ihr und Olga wird in pointierter Zuspitzung deutlich, als sie die Diener mit einer Peitsche in den Stall treibt und Olga unter ihnen ist. Frieda bezeichnet die Diener als »Vieh« und treibt sie in dementsprechender Weise fort – wobei sie von ihnen noch unter Gebrauch des Neutrums in herabsetzender Weise als »das Verächtlichste und Widerlichste was ich kenne« (S 65) spricht. Diese Diener scheinen animalische Begier zu symbolisieren. Friedas Peitsche ist nicht ein Zeichen des Sadismus, wie Peter Cersowsky kürzlich gemeint hat [84]; sie versinnbildlicht das genaue Gegenteil dieser Perversion, nämlich die Kraft, über die sinnliche Begierde die Kontrolle zu behalten, der Olga hilf- und willenlos ausgeliefert ist. Frieda ist eine der wenigen Figuren, die offensichtlich einen sprechenden Namen tragen, denn Kafka legt dem Leser nahe, ihn mit »Frieden« zu verbinden. Er gebraucht dieses Wort nämlich bei drei Gelegenheiten (S 79, 128, 216) in unmittelbarer Nähe von Friedas Namen. An einer anderen Stelle steht der Name »Frieda« in der Nähe von »befriedigen« (S 241). Obgleich ihre erste Liebesvereinigung mit K. zwischen dem Schmutz und den Bierpfützen auf dem Fußboden des Schankraumes des Herrenhofes stattfindet, ist deren Schilderung die erste der eindrucksvollen, anrührenden Stellen, die Sheppard als »Stellen von lyrischer Ausdruckskraft« bezeichnet [85]:

> Dort vergiengen Stunden, Stunden gemeinsamen Atems, gemeinsamen Herzschlags, in denen K. immerfort das Gefühl hatte, er verirre sich oder er sei soweit in der Fremde, wie vor ihm noch kein Mensch, eine Fremde, in der selbst die Luft keinen Bestandteil der Heimatluft habe, in der man vor Fremdheit ersticken müsse und in deren unsinnigen Verlockungen man doch nichts tun könne als weiter gehn, weiter sich verirren (S 68–69).

K.s Eintritt in dieses fremde Land, dessen fremde Luft an das Bild der »atembaren Luft« aus Kafkas Tagebuch erinnert (T 572), ist der Beginn einer Erkundung neuer Gefühlsbereiche. Die Wiederholung des Wortes »gemeinsam« zeigt eine Veränderung der Gewohnheit K.s an, sich auf sich selbst zurückzuziehen. Der Rückverweis auf die im vorhergehenden Satz genannte »Besinnungslosigkeit, aus der sich K. fortwährend aber vergeblich zu retten suchte« (S 68), erinnert daran, daß K. den größten Teil des Romans hindurch sich immer wieder dazu durchringen muß, sich seiner selbst bewußt zu bleiben und die Kontrolle über sich selbst zu behalten. Zu guter Letzt gibt er diesen

Kampf auf, als er nämlich in Bürgels Zimmer einschläft, im Traum einen Sieg über einen Schloßsekretär erringt und – wie schon früher dargestellt – in seinem ganzen Wesen verwandelt aufwacht. Die abstoßende Umgebung, in der er und Frieda ihre Liebesvereinigung vollziehen, mindert den Wert der damit verbundenen Erfahrung nicht. Während seines Aufenthaltes mit Felice im Hotel »Schloß Balmoral und Osborne« in Marienbad im Juli 1916 trug Kafka eine Bemerkung in sein Tagebuch ein, die seine bittere Enttäuschung spiegelt: »Mühsal des Zusammenlebens. Erzwungen von Fremdheit, Mitleid, Wollust, Feigheit, Eitelkeit und nur im tiefen Grunde vielleicht ein dünnes Bächlein, würdig, Liebe genannt zu werden, unzugänglich dem Suchen, aufblitzend einmal im Augenblick eines Augenblicks« (T 503). So wie die Liebe sehr oft überlagert wird von den häßlichen Gefühlen, die den größten Teil unseres inneren Lebens ausmachen, so spielt sich die Liebesbegegnung K.s und Friedas in einer abstoßenden, engen und in grotesker Weise unpassenden Umgebung ab: Diese Umgebung ist äußerer Ausdruck für die irdischen Hindernisse, die der Liebe entgegenstehen. Wenn das ganze Erlebnis K. wie eine »Verirrung« erscheint, so liegt das an der durch seinen faustischen Ehrgeiz bedingten Verzerrung seines Erlebens, wie Sheppard zeigt: »Diese Liebesbegegnung entfremdet K. keineswegs von seinem wahren Wesen; vielmehr hilft sie ihm dabei, sich unbewußt darüber klarzuwerden, daß er sich selbst in Wahrheit nur im Frieden und der Zeitlosigkeit der Liebe zu einer Frau, wie es Frieda ist, finden kann.« [86]

In der Liebesbeziehung zwischen K. und Frieda liegt der zentrale Wert des Romans *Das Schloß*, die positive Alternative zu K.s Anstrengungen, in das Schloß zu gelangen. Bei der Gestaltung dieser Zusammenhänge konnte Kafka abermals auf seine Kenntnisse der jüdischen und insbesondere der chassidischen Überlieferung zurückgreifen. Wie wir gesehen haben, haben seine Freunde Brod und Langer in ihren Werken ausführlich dargestellt, daß das Judentum auch der sexuellen Liebe den Charakter des Heiligen zuspricht. In *Heidentum, Christentum, Judentum* untersucht Brod das *Hohelied*, um die jüdische Einstellung der erotischen Liebe gegenüber veranschaulichen zu können. Diese Einstellung schätzt er höher ein als die heidnische und christliche; er bezeichnete sie als ein »Diesseitswunder« – als eine ekstatische Erfahrung spiritueller Art, die im körperlichen Erleben zugänglich wird. [87] Der Chassidismus benutzt nicht nur die körperliche Liebe als Bild der Einheit von Gott und Mensch, sondern fand einen spirituellen Wert selbst in den einfachsten Dingen und Vorgängen des Alltagslebens. Weil Gott in der Welt allgegenwärtig war, bedurfte es keiner asketischen oder gelehrten Großtaten, um mit ihm in Berührung zu kommen. Man konnte statt dessen sein gewöhnliches Leben im Geiste der *debekut* (»Bindung an Gott«) fortführen, und zwar in dem Bewußtsein, daß die Wirklichkeit Gottes alle Dinge erfüllte. In einem Buch, das Kafka während seiner Arbeit am Roman *Das Schloß* las, faßte Buber diese Lehre in dem Ausdruck »die Heiligung des Alltags« zusammen und veranschaulichte sie durch folgende Anekdote: »Henoch war ein Schuhflicker. Mit jedem Stich seiner Ahle, der Oberleder und Sohle zusammennähte, verband er Gott und seine Schechina.« [88] Auch Barnabas und sein Vater sind Flickschuster, aber sie vernachlässigen ihren Beruf aufgrund ihrer aus falschen Vorstellungen hervorgehenden, ängstlich-besorgten Bemühungen, mit dem Schloß in Verbindung zu kommen.

K. erhält die Gelegenheit, das Ideal der »Heiligung des Alltags« dadurch in die Wirklichkeit umzusetzen, daß er mit Frieda eine Familie gründet. Obgleich er ursprünglich den Kontakt mit ihr sucht, um zu Klamm zu gelangen, verfehlen doch alle seine Unternehmungen ihr Ziel, und unversehens – als ob eine Art von Vorsehung ihn führe – wird ihm die Erfahrung der Liebe und Selbstlosigkeit zuteil. Den Widerspruch zwischen den neuen und den bisherigen Gefühlen in ihm, der am Morgen nach seiner ersten Begegnung mit Frieda spürbar wird, schildert Kafka in sehr feinfühliger Weise: K. ist »ängstlich-glücklich«, »denn es schien ihm, wenn Frieda ihn verlasse, verlasse ihn alles, was er habe« (S 69); als jedoch Frieda sich von Klamm lossagt, gerät er in Verzweiflung über das Scheitern seiner Pläne. Dennoch bleibt er jetzt an Frieda gebunden und wird sogar mit dem Posten des »Schuldieners« betraut, damit er für sie aufkommen kann. Ihre Haushaltsführung wird selbstverständlich mit lächerlich anmutenden Schwierigkeiten verbunden: Man erwartet, daß sie im Schulgebäude wohnen und dabei ständig in den Klassenraum umziehen, der gerade nicht gebraucht wird; zusammen mit den beiden Assistenten bilden sie eine Art von Familie; diese beiden allerdings benehmen sich wie halberwachsene, ungezogene Kinder. Daß Kafka K. gerade diese Tätigkeit ausüben läßt, dürfte damit zusammenhängen, daß der Baalschem – wie Kafka aus zwei Quellen wußte – in seiner Jugend als *Belfer*, als Schuldiener, gearbeitet hatte; diese Tätigkeit galt als besonders niedrig. [89] Dementsprechend wird K. von Schwarzer »mit unmäßiger Verachtung, wie sie einem Schuldiener gebührte«, behandelt (S 257).

Wenn man die übergeordneten Zusammenhänge berücksichtigt, die K.s Beziehung zu Frieda prägen, dann läßt sich die Mißachtung, mit der er ihr begegnet, nicht so leicht entschuldigen, wie es Walter Sokel tut, wenn er sagt: »Er kann, so sehr er auch möchte, den animalischen Komfort, das Simpel-Vitale und Geistlos-Hausbackene der Familiengründung mit Frieda nicht wirklich ernst nehmen.« [90] Der Grund, aus dem er letztlich die Beziehung zu Frieda nicht ernst nimmt, ist die zwanghafte Abhängigkeit, in der sich die Barnabas-Familie dem Schloß gegenüber fühlt. Die Angehörigen dieser Familie wirken auf K. wie eine Droge, von der man abhängig ist: Als jemand an die Tür des Klassenzimmers klopft, schreit er: »Barnabas!« und öffnet sie eilends; er trifft aber nur Hans Brunswick an. Später am Abend entschließt er sich, nur für ein kleines Weilchen, ohne auch nur ihr Haus betreten zu wollen (S 263), die Familie aufzusuchen, aber schließlich hört er doch bis tief in die Nacht hinein den »Schloßgeschichten« zu, die Olga zu erzählen hat (S 323). Es ist kaum überraschend, daß Frieda ihn verläßt, aber als sie danach zum erstenmal wieder zusammentreffen, wirkt sie fast leichenhaft »starr« (S 385); sie fühlt, daß sie ohne ihn keine Lebensgrundlage mehr hat: »wie brauche ich Deine Nähe, wie bin ich, seitdem ich Dich kenne, ohne Deine Nähe verlassen« (S 399), sagt sie. Als er sie endgültig verloren hat, gibt es für K. nach dem Gespräch mit Bürgel in ähnlicher Weise nahezu keine Lebensperspektiven mehr außer der Aussicht auf den Tod: Diese seine Lage illustriert Strindbergs bereits erwähnte Behauptung, die Erfahrung sexueller Einheit sei für den Mann, auch wenn sie seine geistigen Entfaltungsmöglichkeiten beeinträchtige, unverzichtbar als eine Quelle seiner vitalen Energie.

Man fragt sich, ob die Beziehung zwischen Frieda und K. durch die Gehilfen gefördert oder behindert wird – durch diese linkischen Gesellen mit ihren schwarzen Bärten und ihrem Hang zu kindischen Possen, die das Paar offenbar keinen Augenblick alleinlassen können. Es stellt sich heraus, daß sie während der ganzen Liebesnacht, die K. und Frieda im Schankraum verbracht haben, ebenfalls in diesem Raum gewesen sind. Als das Paar sie aus seiner Schlafkammer vertrieben hat, klettern sie durch das Fenster wieder dorthin zurück; immer wieder beobachten sie K. und benutzen dabei ihre Hände wie Fernrohre.

Binder hat gezeigt, daß sie wenigstens teilweise auf die Titelfigur in Franz Werfels gleichnamigen Stück *Spiegelmensch* (1921) zurückgehen. [91] Bei seinem ersten Auftritt springt Spiegelmensch genauso rastlos umher wie die Gehilfen; seine Funktion besteht darin, auf einige Charakterzüge des Helden hinzuweisen und sie lächerlich zu machen, wie es die Gehilfen ja auch bei K. tun. Mit ihrer Wichtigtuerei ahmen sie K. nach; ihr übertriebenes Frohlocken über das Gelingen unbedeutender Handlungen – zum Beispiel schließen sie eine mit Akten vollgestopfte Schublade – lenken den Blick auf die Absurdität der Unternehmungen K.s. – Sie verkörpern zugleich aber auch etwas, was K. in eklatanter Weise abgeht: die Fähigkeit, sich spontan zu freuen. Während K. mit Barnabas spricht, machen sie sich über seine Ernsthaftigkeit lustig, indem sie sich hinter Barnabas' Rücken zu verstecken und das Rauschen des Windes nachzuahmen suchen. Ihre lauten Bekundungen der Freude über Klamms zweiten Brief stehen in Kontrast zu den meisten Unternehmungen K.s, insofern sie keine tieferen Beweggründe haben: »K. sah vom Brief erst auf, als die viel langsamer als er lesenden Gehilfen zur Feier der guten Nachrichten dreimal laut Hurra riefen und die Laternen schwenkten. ›Seid ruhig‹, sagte er« (S 187).

Eine wichtigere, noch signifikantere Quelle für die Gehilfen hat man jedoch im jiddischen Theater entdeckt. [92] In einer Tagebucheintragung vom 4. Oktober 1911 schildert Kafka eine Aufführung von Lateiners *Der Meschumed*, in dem zwei komische Figuren auftreten, die – wie Artur und Jeremias – dauernd umherhüpfen und ihre Gefühle durch Grimassen ausdrücken. Solche als Paar auftretenden Clownsfiguren waren im jiddischen Theater häufig anzutreffen; sie konnten jedoch auch eine religiöse Bedeutung haben. Kafka beschreibt sie als »irgendwie aus religiösen Gründen bevorzugte Schnorrer« und als »Leute, die in einer besonders reinen Form Juden sind, weil sie nur in der Religion, aber ohne Mühe, Verständnis und Jammer in ihr leben« (T 80). Er muß entweder bei dieser Gelegenheit oder später Kenntnis von der Bedeutung erhalten haben, die solchen Figuren im Chassidismus beigelegt wurde. Wie wir bereits gesehen haben, war der Chassidismus ursprünglich in seiner Substanz eine Religion der Freude. Weinen sei überaus abträglich, sagte der Baalschem, da der Mensch seinem Herrn freudig dienen solle; nur wenn man vor Freude weine, seien Tränen zuträglich und deshalb erlaubt. [93] Eine der Lieblingsgeschichten des Baalschem hat Scholem folgendermaßen wiedergegeben:

> Diese talmudische Anekdote, für die der Baalschem offenbar besonders viel übrig hatte und die in der Tat einen echt chassidischen Klang hat, erzählte davon, daß Rabbi Beroka den Marktplatz seiner Stadt in Babylonien aufzusuchen pflegte und der Prophet Elias ihn dort besuchte. Einmal fragte er ihn: Sind jetzt auf diesem Marktplatz irgendwelche Kinder der künftigen Welt (das heißt Anwärter auf die ewige Seligkeit)? Während er fragte, gingen zwei Brüder vorüber, und der Prophet Elias sagte: Diese beiden. Er ging und fragte sie: Was macht ihr? Sie sagten: Wir sind Possenreißer. Ist jemand traurig, so suchen wir ihn aufzuheitern, und sehen wir Leute streiten, so suchen wir Frieden zwischen ihnen zu stiften. [94]

Die Vermutung, daß Kafka diese Geschichte kannte, läßt sich auf Jeremias' Erklärung stützen, er selbst und Artur seien tatsächlich, wie Frieda vermutet hatte, »Abgesandte Klamms« (S 219), und ferner darauf, daß sie von Galater, der damals gerade Klamm vertrat, mit den folgenden Instruktionen geschickt wurden:

> Als er uns zu Dir schickte, sagte er – ich habe es mir genau gemerkt, denn darauf berufen wir uns ja –: Ihr geht hin als die Gehilfen des Landvermessers. Wir sagten: Wir verstehn aber nichts von dieser Arbeit. Er darauf: Das ist nicht das Wichtigste; wenn es nötig sein wird, wird er es euch beibringen. Das Wichtigste aber ist, daß Ihr ihn ein wenig erheitert. Wie man mir berichtet, nimmt er alles sehr schwer (S 367–368).

Die Gehilfen sollen ein wenig Heiterkeit in das Leben des humorlosen, von seinem Ziel besessenen K. bringen; außerdem jedoch üben sie anscheinend einen guten Einfluß auf seine sexuelle Beziehung zu Frieda aus. Wenn sie, ohne daß K. es weiß, zugegen sind, vermag er während der Liebesbegegnung sogleich selbstvergessen von sich abzusehen, sind sie jedoch nicht zugegen, dann wird die sexuelle Begegnung als enttäuschende, rein animalische Tätigkeit geschildert (S 75). Ferner werden sie mit Kindheit in Beziehung gebracht: Frieda spricht von ihnen als »läppische Jungen«, fügt jedoch gleich hinzu, sie könne über ihr »kindisch-närrisches Benehmen« (S 218) nicht wirklich böse sein. Dadurch, daß er die Gehilfen vertreibt, tut K. deshalb den ersten Schritt zur Auflösung seiner Beziehung zu Frieda; zweifellos hat sie recht mit ihrer Befürchtung, seine Strenge ihnen gegenüber werde eine Begegnung mit Klamm unmöglich machen: »Wenn ich dann aber wieder bedenke, daß Du, wenn Du hart gegen sie bleibst, damit vielleicht Klamm selbst den Zutritt zu Dir verweigerst, will ich Dich mit allen Mitteln vor den Folgen dessen bewahren« (S 220).

Die Gehilfen sind somit aus dem Chassidismus stammende Figuren, die bildhaft einige der Eigenschaften repräsentieren, die K. in sein alltägliches Leben einbringen müßte. Ein weiteres chassidisches Bild erscheint im Eingangskapitel des Romans; es enthält eine Warnung, die K. jedoch nicht zur Kenntnis nimmt. K. ist zu Fuß unterwegs zum Schloß und entdeckt dabei, daß die anscheinend endlose Dorfstraße ihn seinem Ziel nicht näherbringt. Erschöpft, weil er durch hohen Schnee hat stapfen müssen, tritt er schließlich in das Haus eines Bauern – er heißt Lasemann – ein und sieht sich dort einer merkwürdigen Szene gegenüber:

> Es schien ein allgemeiner Waschtag zu sein. In der Nähe der Tür wurde Wäsche gewaschen. Der Rauch war aber aus der linken Ecke gekommen, wo in einem Holzschaff, so groß wie K. noch nie eines gesehen hatte, es hatte etwa den Umfang von zwei Betten, in dampfendem Wasser zwei Männer badeten (S 22–23).

Die Wichtigkeit des Bades wird noch dadurch unterstrichen, daß der Name »Lasemann« eine Anspielung auf das tschechische *lázeň* = »Bad« enthält. [95] Als ein Medium ritueller Reinigung stellt das Bad ein wesentliches Charakteristikum des Judentums dar. Eine besonders herausragende Bedeutung erhielt es in der Lehre des Baalschem; für ihn galt das Eintauchen in ein rituelles Bad als eine weit wirkungsvollere Übung als Formen der Askese, wie etwa das Fasten. In seiner Einleitung zu *Der große Maggid* geht Buber auf das Bad als Symbol spiritueller Erneuerung näher ein:

> Urzeitliches Symbol der Wiedergeburt (die wahrhaft nur ist, wenn sie Tod und Auferstehung umschließt), aus alten Überlieferungen, insbesondere der Essäer und »Morgentäufer«, in die kabbalistische Praxis aufgenommen, wird es von den Zaddikim mit einer hohen und freudigen Leidenschaft geübt, die nicht asketischer Art ist. [96]

Diese Sätze dürfen sicherlich als Bekräftigung angesehen werden für Sheppards Interpretation dieser Szene, die man intuitiv für richtig hält: Er sieht in ihr die bildhafte Darstellung einer »Reinigungserfahrung«, durch die man zur »Erneuerung« gelangen könne. [97]

Die Bedeutung des Bades wird noch vergrößert durch die Umgebung, in der es stattfindet. Es ist der Mittelpunkt des familiären Lebens bei den Lasemanns und den Brunswicks. Die Kinder rings um den Badezuber symbolisieren die kindliche Verspieltheit, die auch den Gehilfen und den Beamten eigen, die K.s Wesen jedoch fremd ist. Die natürliche Vitalität und die Lebensfreude, die aus der geschilderten Szene sprechen, antizipieren Olgas Schilderung des Feuerwehrfestes, das ja auch in der Nähe eines Wassers stattfindet. Selbst das Wort »Spritzer« kommt vor; es nimmt das später vorkommende »Spritze«

vorweg. Die einzige Person, die nicht in diese Umgebung paßt, ist die Frau im Lehnstuhl, die müde und krank aussieht – ganz im Gegensatz zu der Gesundheit und Lebenskraft der jungen Frau, die am Waschtrog steht:

> Die Frau beim Waschtrog, blond, in jugendlicher Fülle, sang leise bei der Arbeit, die Männer im Bad stampften und drehten sich, die Kinder wollten sich ihnen nähern, wurden aber durch mächtige Wasserspritzer die auch K. nicht verschonten immer wieder zurückgetrieben, die Frau im Lehnstuhl lag wie leblos, nicht einmal auf das Kind an ihrer Brust blickte sie hinab, sondern unbestimmt in die Höhe (S 23–24).

Wenn die Szenerie rings um das Bad sinnbildlich die positiven Werte, die der Roman vermitteln soll, in Erscheinung treten läßt, so wird deren Gegenteil durch die Frau im Lehnstuhl repräsentiert. Sie bildet die erste von mehreren Parallelen zu K.s zwanghafter Vorstellung, das Schloß erreichen zu müssen. Schließlich wird K. zwar erfahren, daß sie Frau Brunswick ist, Hansens Mutter, aber im jetzigen Augenblick nennt sie sich einfach »Ein Mädchen aus dem Schloß« (S 25). Das bleiche Licht gibt ihrem Kleid einen Schein wie von Seide – so wie das Gewand, das Barnabas trägt, ein Zeichen für seinen Status als Bote des Schlosses ist. Wenig später erfahren wir, daß sie »ein seidenes durchsichtiges Kopftuch« (S 25) trägt. Sie nimmt keinen Anteil an der Lebensfülle und Lebensfreude, die sie umgibt, sondern sie starrt in die Höhe, als suche sie mit ihrem Blick das Schloß. Dieser Blick ist »unbestimmt«, wie auch K.s Ziel unbestimmt ist; ihre Unaufmerksamkeit gegenüber dem Kind an ihrer Brust entspricht dem Desinteresse, das K. später gegenüber Frieda an den Tag legt. Die Szene als ganze stellt im kleinen die Ordnung der Welt dar, wie sie im ganzen Roman *Das Schloß* zur Sprache kommt. Sie zeigt die Alternativen auf, zwischen denen K. zu wählen hat: ein den Wünschen Klamms entsprechendes Leben im häuslichen Kreis der Familie zu führen – oder aber den eigentlichen Lebenssinn, nämlich in der Verantwortung für Frau und Kind aufzugehen, zu verfehlen um der zwanghaften Vorstellung willen, einen direkten Kontakt zu Klamm und einen unmittelbaren Zugang zum Schloß finden zu müssen.

Damit wird deutlich, daß Kafka sich in der Tat tief in vergangene Jahrhunderte hat versenken müssen, um K.s tragisches Scheitern erzählen zu können. In der jüdischen Überlieferung fand er eine Fülle von Anspielungen und Bildern, mit denen er diese Alternativen gestalten konnte. Dabei diente ihm insbesondere die Bildwelt des Chassidismus dazu, der ersten dieser Alternativen Ausdruck zu geben; die im Wort »Landvermesser« enthaltenen messianischen Anspielungen dienten der Veranschaulichung der zweiten. Um verstehen zu können, wie diese Bilder und Anspielungen ihre Aussagekraft entfalten, müssen wir uns einen Einblick in das Gesamtgefüge des Romans verschaffen, in das Kafka sie eingeordnet hat – das heißt, wir müssen die Art der literarischen Gattung näher zu bestimmen suchen, in der Kafka schreibt. Das bedeutet, daß wir uns mit dem heiklen Problem der Allegorie auseinandersetzen müssen.

Allegorie

Das Wort »Allegorie« geistert seit etwa 1930 in der kritischen Literatur über Kafka umher. Es wurde von Edwin Muir benutzt, als er in diesem Jahr die von ihm und seiner Frau besorgte Übersetzung des Romans *Das Schloß* der literarisch interessierten englischen Öffentlichkeit vorlegte. Statt damit einen Zugang zu einem besseren Verständnis des Romans zu öffnen, stiftete er Verwirrung: Eine Ursache dafür lag darin, daß er das Wort »Allegorie« in einem nicht festgelegten, halb privaten Sinn verwendete, eine andere darin, daß er Bunyans *Pilgrim's Progress* als Beispiel für sein Verständnis von Allegorie heranzog. Er hätte jedoch besser daran getan, die Aufmerksamkeit seiner Leser nicht auf Bunyans einfache Erzählweise zu lenken, in der sich Bild und Bedeutung Zug um Zug entsprechen, sondern eher auf ein komplexes allegorisches Werk wie Spensers *Faerie Queene*. So wie die Sache nun einmal lag, konnte der durch Muirs unangebrachten Vergleich angerichtete Schaden auch nicht dadurch beseitigt werden, daß er feststellte, Kafkas Allegorie sei »keine bloße Wiederholung oder Nachformung; sie bewege sich nicht in ausgefahrenen Gleisen; sie treibe das Denken in noch unbekannte Bereiche voran.« [98] – Der in einem noch stärker vereinfachenden Sinn, als Muir ihn vor Augen hatte, verstandene Begriff »Allegorie« wurde abgelehnt von Brod, Anders und Emrich. Emrich wies darauf hin, Kafkas Bildwelt gehe über Allegorie und Symbol hinaus, weil sie weder die Eindeutigkeit der Allegorie noch die Universalität des Symbols besitze. [99] Dennoch ist dieser Begriff seither in der Literatur zu Kafka wieder aufgetaucht. Bereits 1964 vertrat Sokel die Meinung, in Kafkas Werken lasse sich eine Entwicklung vom Symbol zur Allegorie feststellen, wobei der Wendepunkt in der Erzählung *In der Strafkolonie* liege. Ingeborg Henel beschrieb 1973 *In der Strafkolonie* als eine voll entwikkelte Allegorie, hielt sie aber für einzigartig im Werk Kafkas. In den letzten Jahren haben Gerhard Kurz und Hans Hiebel den Begriff großzügig auf das Gesamtwerk Kafkas bezogen. [100] Inzwischen gilt es unter den Theoretikern der Allegorie als sicher, daß zumindest einige der Werke Kafkas einen allegorischen Charakter haben. [101] Meiner Meinung nach haben sie damit recht, wobei ich glaube, daß die Unsicherheit, wie sie sich in der Forschung zeigt, eher aus einem falschen Verständnis der Allegorie als aus einem falschen Verständnis Kafkas hervorgeht. Wenn der Begriff »Allegorie« sinnvoll verwendet werden soll, muß er jedoch in einer präzisen, ausschließlichen Weise gebraucht und von falschen Vorstellungen, die man mit ihm immer noch verbindet, befreit werden. [102]

Eine dieser falschen Vorstellungen, nämlich, daß die Allegorie dem Symbol untergeordnet sei, beruht auf der Autorität Goethes und Coleridges. Beide meinen, ein allegorisches Bild sei deshalb weniger aussagekräftig, weil es – im Gegensatz zur Unausdeutbarkeit des Symbols – einen eindeutig fixierbaren Bedeutungsgehalt habe und von der Wirklichkeit, auf die es verweise, getrennt sei; das Symbol sei demgegenüber eine Synekdoche, die am Wesen ihres Gegenstandes teilhabe. [103] Erstens muß jetzt dargelegt werden, daß die zweite Behauptung nachweislich falsch ist. Wie Schopenhauer in einer der für ihn typischen scharfsinnigen Analysen ausführt, gibt es keine Form von Sprache, weder eine poetische noch irgendeine andere, die einen direkten Zugang zu ihrem Gegenstand herstellen könnte, ohne auf das Medium des Begriffs angewiesen zu sein. Tropen und Metaphern, die in unterschiedlicher Weise auf dem Abstand von Bild und Begriff beruhten, seien das eigentliche Material der Dichtung und von der Allegorie nur aufgrund ihrer Kürze getrennt. [104] Zweitens: Die von Goethe und Coleridge vorgelegten Definitionen sind normativ; sie geben nicht den üblichen Sprachgebrauch der damaligen Zeit wieder, in dem die Begriffe »Symbol« und »Allegorie« weithin austauschbar waren. In seinem *Gespräch über die Poesie* (1800) schrieb Friedrich Schlegel ursprünglich: »Das Höchste kann man, eben weil es unaussprechlich ist, nur allegorisch sagen«; er ersetzte jedoch in einer späteren Ausgabe das Wort »allegorisch« durch »symbolisch«. [105] Wenn die beiden Ausdrücke tatsächlich sinnvoll getrennt werden können, dann wäre es am besten, die Unterscheidung zwischen Metapher und Metonymie zu übernehmen, die zu Beginn dieses Kapitels dargelegt worden ist. Bei der Allegorie – die bereits in der antiken Rhetorik mit der Metapher in Verbindung gebracht worden ist – handelt es sich dann um eine Art des bildhaften Sprechens, bei dem keine notwendige oder innere Beziehung zwischen dem Bildträger und der Bedeutung besteht. Ein Symbol ist demgegenüber ein metonymisches Bild, dessen Bedeutung, wenn sie auch nicht mit dem Bildträger wesensgleich ist, man doch als mit ihm auf natürliche oder offensichtliche Weise zusammenhängend ansehen kann. Eine an der Kategorie der Wahrscheinlichkeit orientierte Dichtung tendiert zum symbolischen Sprachgebrauch, da sie die Welt in einer Weise zu schildern sucht, die sofort symbolische Implikationen wachruft. Eine am Phantastischen orientierte Literatur tendiert, obwohl für sie kein Hindernis besteht, sich der symbolischen Sprache zu bedienen, in stärkerem Maße zur allegorischen Aussageweise. [106]

Auf falsche Vorstellungen anderer Art kann man kürzer eingehen. Viele der Allegorie ablehnend gegenüberstehende Kritiker denken zuallererst und zuallermeist an allegorische Gemälde und stellen sich vor, eine typische Allegorie sei ein Bild eines einzelnen Gegenstandes, etwa das Bild des Ankers, der herkömmlicherweise für die Hoffnung steht. [107] Mit einer solchen Betrachtungsweise verwechselt man die Allegorie mit der Tradition des Emblems. Weil aber ein Emblem – und gemeint ist damit ein Bild mit einem erläuternden Untertitel – visuelle und verbale Aussageformen miteinander verbindet, können wir nicht eigentlich von literarischen Emblemen sprechen. Ebenso oft verwechselt man die Allegorie mit der Personifikation, wie sie etwa mit Christian, Ignorance, Giant Despair und den übrigen Figuren Bunyans gegeben ist. Die Personifikation hat jedoch nicht notwendigerweise einen allegorischen Charakter: Weil Ignorance ein unwissender Mensch ist, fallen in ihm die Person und die Bedeutung zusammen, und er ist deswegen metonymisch; man bezeichnet ihn deswegen am besten als eine symbolische Figur. Die Allegorie scheint sich aus der Personifikation entwickelt zu haben, und die Personifikation kommt häufig in allegorischen Werken vor; identifizieren darf man sie jedoch nicht.

Zu den angedeuteten Verwechslungen ist es wahrscheinlich dadurch gekommen, daß Quintilian die Allegorie als eine ausgeführte Metapher bezeichnet hat. Diese definitorische Bezeichnung ist insofern richtig, als die Allegorie aus der Metapher abgeleitet wird und als deren Ausführung als konstitutiv angesehen wird; in der Literatur wie in der Malerei ist eine Allegorie ja kein isoliertes Bild, sondern eine komplexe Erzählung oder malerische Darstellung. [108] Diese Ausführung nun unterscheidet die Allegorie von der Metapher insofern, als die beiden Bedeutungsebenen, die sich bei der Metapher nicht trennen lassen, sich bei der Allegorie zu einer beträchtlichen Unabhängigkeit voneinander entwickeln lassen. [109] Nicht alle Allegorien sind aus Einzelelementen zusammengesetzte Bilder wie der Palast bei Maimonides oder Almas Haus bei Spenser, bei denen es eine klare Zug-um-Zug-Entsprechung zwischen jedem bildhaften Einzelelement und seiner Bedeutung gibt. In vielen allegorischen Werken ist die Beziehung zwischen Bild und Bedeutung zeitweilig unterbrochen, fließend und mannigfaltig ausgeprägt. So sagt C.S. Lewis über *The Faerie Queene*: »Nicht alles in diesem Gedicht ist in gleicher Weise allegorisch oder überhaupt allegorisch. Wir werden sehen, daß Spenser es darauf anlegt, jedem Buch einen allegorischen Kern zu geben, der wie von einer Aura umgeben ist von dem, was man den ›Zauber der Bilder‹ nennt, und der dann übergeht in Zonen reiner Phantasie.« [110] Wenn man die Allegorie versteht als eine komplexe, subtile literarische Ausdrucksform, wird ersichtlich, daß *Das Schloß* ihr zuzurechnen ist. Um diese These zu bekräftigen, möchte ich noch auf einige wichtigere Grundzüge der allegorischen Darstellungsform eingehen, die sich auch im Roman *Das Schloß* vorfinden.

(1) Die Allegorie setzt eine Trennung zweier Realitätsebenen voraus. Bei Spenser ist die höhere Ebene eine christlich bzw. platonisch verstandene Wirklichkeit. In Melvilles allegorischem Roman *Moby Dick* besteht die höhere Ebene in der unerforschlichen geistigen Wirklichkeit, die hinter den »Pappmasken« der sichtbaren Welt verborgen liegt, aber durch zahllose Analogien mit ihr verbunden ist. [111] Kafka trennt scharf zwischen der geistigen Welt des »Unzerstörbaren« und der stofflichen Welt; er benutzt das Schloß als ein allegorisches Bild und Klamm sowie die Gehilfen als allegorische Figuren, die die materielle und die geistige Welt miteinander verbinden.

(2) Mit literaturwissenschaftlichen Termini ausgedrückt, stellt sich die Trennung dieser beiden Ebenen dar als die Relation zwischen dem Text und dem, was Maureen Quilligan seinen »pretext« nennt – einen Supertext, auf den das allegorische Werk durch Anspielungen verweist und aus dem es seinen eigentlichen Gültigkeitsanspruch herleitet. Für allegorische Dichter des Mittelalters und der Renaissance

war dieser Supertext die Bibel. Für einen allegorischen Dichter unserer Zeit, Thomas Pynchon, liegt er im Mythos und Ritual, zu denen jetzt Eliade und andere Mythosforscher einen Zugang geschaffen haben. [112] Für Kafka liegt der Supertext, der den Gültigkeitsanspruch seines eigenen Textes legitimiert, im Bestand der jüdischen und besonders der chassidischen Überlieferung, mit der er wieder in Verbindung treten will.

(3) Die Trennung zwischen den beiden Ebenen wird in sprachlicher Hinsicht durch das Wortspiel überbrückt. Spensers durch eine Fülle verschiedenartiger Zeichen geprägte Darstellungsform enthält im Buch 1 von *The Faerie Queene* Wortspiele etymologischer Art mit den Wörtern »error« und »wandering«. »Etymology« ist das erste Wort von *Moby Dick*; es steht über einer pseudo-gelehrten Liste von Wörtern für »Wal«, die vom Hebräischen bis zum Erromangoanischen reicht. Kafkas versteckte Sprachspiele mit »Landvermesser« und »Bote« sind für die Allegorie charakteristisch; dasselbe gilt für seine Skepsis in bezug auf die Möglichkeit, mit Hilfe der Sprache die geistige Realität wiederzugeben.

(4) Außer dem Supertext dient ein Bestand von anderen »pretexts« von unterschiedlicher Verbindlichkeit als Fundus für Anspielungen. Der allegorische Dichter ist – oder gibt vor, es zu sein – ein *poeta doctus*, der für eine kleine Gruppe gut informierter Leser schreibt. Daher kommt es, daß Spenser in großem Umfang die antike Mythologie verwendet, daß Melville Bezüge zur Bibel und zu anderen literarischen Werken herstellt; daher rührt auch der schon erwähnte Eklektizismus, mit dem Kafka verschiedene religiöse Bilder heranzieht.

(5) Die beiden Wirklichkeitsebenen lassen sich in sehr unterschiedlicher Weise in Beziehung zueinander setzen. Ein allegorisches Werk kann eine beträchtliche Menge realistischen Bildmaterials in sich enthalten, das keine höhere Bedeutung hat. Spensers Britomart repräsentiert die eheliche Liebe, aber diese Konzeption determiniert keineswegs die gesamte Darstellung ihres Charakters oder jede einzelne Episode ihrer Abenteuer. Melvilles allegorische Darstellungsform zeigt sich unübersehbar zum Beispiel in den Begegnungen der *Pequod* mit Schiffen, die bedeutungsvolle Namen tragen (die *Jungfrau*, die *Rachel*, die *Junggesell*), aber sie fehlt bei den realistischen Berichten über die Jagd, das Töten und Zerlegen des Pottwals völlig. In Kafkas Darstellung der Beziehung K.s zu Frieda tritt die allegorische Bedeutung häufig zugunsten des psychologischen Realismus zurück. Wenn

er vorkommt, kann der allegorische Sinn sehr verborgen und dunkel sein. Spensers allegorische Passagen erfordern eine gelehrte Exegese; die Bedeutung Moby Dicks ist – ebenso wie die des Schlosses absichtlich im dunkeln gelassen. Die Art, in der Kafka gewöhnlich die Allegorie verwendet, ist dadurch geprägt, daß er, statt emblematische Bilder anzubieten, Wortspiele gebraucht und Anspielungen macht, um damit dem Leser einen flüchtigen Einblick in fremdartige Sinnzusammenhänge zu ermöglichen. Gerhard Kurz nennt diese Darstellungsform eine »Allegorie, die nicht die semantische Geste ›dies bedeutet nur‹ erfüllt, sondern eine Tiefenperspektive an Bedeutungen evoziert.«[113]

Zum Abschluß möchte ich dem Leser die Entscheidung darüber überlassen, wieviel von Kafkas Dichtung als allegorisch im eigentlichen Sinn betrachtet werden kann; ich selbst neige dazu, der Ansicht Sokels zuzustimmen, der im Werk Kafkas einen allmählichen Übergang vom Symbol zur Allegorie sieht, bei dem es viele Zwischenstufen gibt. Auf der einen Seite finden sich Bilder wie das des Käfers in *Die Verwandlung*, deren vielfältiger Bedeutungsreichtum, so wie Kafka ihn nach und nach freilegt, sich als metonymisch erweist. Gregors zunehmende Isolation innerhalb der Familie, sein Kräfteverfall, seine Regression auf infantile Verhaltensweisen, die Dominanz des physischen Seins über sein geistiges Wesen, das Empfinden von Angst und Ekel vor sich selbst – all das geht unmittelbar und naturgemäß aus dem zentralen Bild hervor, ohne daß es mit einem davon losgelösten, übergeordneten gedanklichen Zusammenhang vermittelt werden müßte. – Auf der anderen Seite setzen große Teile des Romans *Das Schloß* die gedanklichen Zusammenhänge voraus, die in den Zürauer Aphorismen entwickelt worden sind; ebenso beziehen sich große Teile des Romans auf gedankliche Bestände der jüdischen Überlieferung. *Das Schloß* ist deshalb dem Leser nicht so ohne weiteres zugänglich wie *Die Verwandlung*. Einige von Kafkas späteren Tiererzählungen sind ebenfalls allegorisch, da sie nicht aus der Einsicht in das tierische Wesen und aus dessen Entfaltung hervorgehen, wie es in der *Verwandlung* der Fall ist, sondern in ihnen verwendet Kafka die Tiere metaphorisch, und zwar mit einer indirekten Beziehung auf das Leben des Menschen. Zwei solcher Geschichten, nämlich die *Forschungen eines Hundes* und *Josefine, die Sängerin oder das Volk der Mäuse* sollen noch kurz betrachtet werden. Diese Betrachtung soll mit dazu beitragen, die ganze Studie abzurunden.

EPILOG

Forschungen eines Hundes (1922) und *Josefine, die Sängerin oder das Volk der Mäuse* (1924)

Kafkas späte Erzählungen sind fast ausschließlich Werke unaufdringlicher, zurückhaltender Art. In ihnen gibt es kaum noch befremdliche, abstoßende Bilder, wie sie frühe Erzählungen wie *Das Urteil* und *Die Verwandlung* aufweisen, und sie besitzen auch nicht deren dramatische Intensität. Ihre Erzählweise – als Beispiel ließe sich *Beim Bau der chinesischen Mauer* nennen – ist geprägt von ausführlichen Reflexionen: Diese Erzählungen beginnen in der Regel mit dem Abschluß der in ihren Überschriften erwähnten Vorgänge – etwa mit der Fertigstellung der Großen Mauer, der Vollendung des Baus in der Erzählung *Der Bau* (1923) und dem Abschluß der Forschungen des Hundes – und der jeweilige Erzähler meditiert in einem Ton unschlüssiger, fast ratlos anmutender Nachdenklichkeit über die Rätsel, die nach dem Abschluß des jeweiligen Werkes ungelöst fortbestehen. Wegen der in ihnen vorherrschenden Stimmung hat Edwin Muir diese Erzählungen mit den Stücken aus Shakespeares später Schaffenszeit verglichen: »Die bedrohliche Atmosphäre, die die Romane *Das Schloß* und *Der Prozeß* beherrscht, hat sich aufgelöst; harte Auseinandersetzungen und leidenschaftliche Erregung gibt es nicht mehr. Was immer noch da ist, ist das Gefühl, daß ungeheure, unbegreifliche Mächte das Geschick des Menschen bestimmen, aber sie lasten nicht mehr mit solch schwerem Druck auf den Figuren der Erzählungen.« [1]

Kafka war bereits sehr krank, als er diese Erzählungen schrieb. Seine Tuberkulose brachte es mit sich, daß er sich vorwiegend im Sanatorium aufhalten mußte; im Sommer 1922 mußte er die *Arbeiter-Unfall-Versicherungs-Anstalt* verlassen und in Pension gehen. Durch diese Ereignisse wurde sein Wunsch, nach Palästina auszuwandern, noch drängender, und zwar insbesondere nach dem Winter 1922–1923, als er an Fieberanfällen und Magen- und Darmkrämpfen litt; als sie nachließen, folgten ihnen unerträgliche Schlafstörungen (0 145–146). Im April und Mai 1923 ließ ein Besuch Hugo Bergmanns, der seit 1920 in Palästina gewesen war, sein Verlangen, dorthin zu gehen, noch stärker werden. Ein unerwartetes, zufälliges Ereignis kam jedoch dazwischen. Im Juli 1923 reiste Kafka zusammen mit seiner Schwester Elli und deren Kindern nach Müritz, einem Badeort an der baltischen Küste. Dort hielt sich gleichzeitig eine Gruppe von Kindern des Jüdischen Volksheims aus Berlin auf. Kafkas Zuneigung zu Kindern wird mehrfach erwähnt[2]; die Freude, die er über die Anwesenheit dieser Kinder empfand, geht aus einem Brief an Hugo Bergmann hervor:

> 50 Schritte von meinem Balkon ist ein Ferienheim des Jüdischen Volksheimes in Berlin. Durch die Bäume kann ich die Kinder spielen sehn. Fröhliche, gesunde, leidenschaftliche Kinder. Ostjuden, durch Westjuden vor der Berliner Gefahr gerettet. Die halben Tage und Nächte ist das Haus, der Wald und der Strand voll Gesang. Wenn ich unter ihnen bin, bin ich nicht glücklich, aber vor der Schwelle des Glücks (Br 436).

Zu den Betreuerinnen dieser Kinder gehörte Dora Dymant, eine etwa fünfundzwanzigjährige junge Frau, die sich von ihrer chassidischen Familie in Polen getrennt und zunächst in Breslau, dann in Berlin gearbeitet hatte. Kafka muß, als er sie kennenlernte, sehr beeindruckt gewesen sein, und zwar vor allem von ihrer Entschlossenheit, ein eigenständiges Leben zu führen. Zehn Jahre zuvor hatte seine Freundschaft mit einem ähnlich unabhängigen Menschen, nämlich mit Jizchak Löwy, ihn den Mut finden lassen, sich von den Assimilationsbestrebungen seiner Familie loszusagen, indem er sich in die jiddische Kultur versenkte. Mit Doras moralischer Unterstützung brachte er es fertig, einen noch radikaleren Schritt zu tun, nämlich Prag überhaupt zu verlassen und im September 1923, zwei Monate, nachdem sie sich kennengelernt hatten, in Berlin im Bezirk Steglitz gemeinsam mit ihr eine Wohnung zu beziehen. Sie wohnten dort bis März 1924, als Kafka nach Prag zurückkehrte, um sich in ein Sanatorium in der Nähe Wiens einweisen zu lassen. Er starb am 3. Juni 1924 in einem Sanatorium in Klosterneuburg nordwestlich von Wien.

Die zusammen mit Dora in Berlin verbrachten Monate waren wahrscheinlich die glücklichsten im Leben Kafkas, wenn auch seine Krankheit sich verschlimmerte und die Inflation im Deutschland der Nachkriegszeit ihren notorisch höchsten Stand erreichte. Von seiner Familie und von seinen Freunden bekam er Lebensmittelpakete; er nahm sie zwar nur ungern an, war aber auf sie angewiesen. Wahrscheinlich hat ihn der Mangel an Brennstoff dazu veranlaßt, Dora zu bitten, eine große Anzahl seiner Manuskripte zu verbrennen; unter ihnen soll ein Drama und eine Erzählung über die Beilis-Affäre gewesen sein. Als Brod zwei Jahre später durch Dora von diesem Zerstörungswerk erfahren hatte, schrieb er tief erschreckt an Buber: »Wissen Sie, daß er im letzten Lebensjahr an 20 dicke Hefte durch seine Freundin hat in den Ofen werfen lassen? Er lag zu Bett und sah zu, wie die Manuskripte verbrannten.« [3] Zu eben dieser Zeit war Kafka ganz von einer jüdisch geprägten Atmosphäre umgeben. Dora besaß hervorragende Kenntnisse im Hebräischen wie im Jiddischen; sie hielt ihn dazu an, seine Hebräischstudien fortzusetzen. Dasselbe tat Puah Bentovim, wenn sie ihn und Dora gelegentlich besuchte. Zusammen lasen sie hebräische Texte; Kafka hörte Vorlesungen über den Talmud an der Hochschule für die Wissenschaft des Judentums. [4] Sie dachten nach wie vor daran, nach Palästina auszuwandern; dabei hatten sie die Vorstellung, in einem Restaurant zu arbeiten. Dora, meinten sie, könnte als Köchin und Kafka als Kellner arbeiten – aus der Rückschau allerdings wußte Dora nicht mehr mit Sicherheit zu sagen, ob es sich bei diesen Plänen um mehr als einen launigen Einfall gehandelt hatte.

Inwieweit Kafkas Zusammenleben mit Dora dem im Roman *Das Schloß* aufgezeigten Ideal des gemeinsamen häuslichen Lebens entsprach, läßt sich nicht sagen; sicherlich aber hat es ihn in dem Gefühl bestärkt, dem jüdischen Volk anzugehören. Das Verhältnis zwischen dem aufgrund seines Denkens oder seiner Kunst herausragenden einzelnen und der Gesellschaft, der dieser oder diese einzelne angehört, ist ein Thema, das beiden Erzählungen, die ich zur weiteren Erörterung ausgewählt habe, gemeinsam ist. In den im Sommer 1922 geschriebenen *Forschungen eines Hundes* ist diese Thematik den Forschungen untergeordnet, denen der Hund, auf sich allein gestellt, nachgeht. Der Doppeltitel der letzten Erzählung, *Josefine*, ist jedoch ein deutliches Anzeichen dafür, daß Kafka den Nachdruck in gleicher Weise auf die Heldin wie auf die Gemeinschaft, der sie angehört, legen wollte. Diese Erzählung entstand im März 1924 und erschien am 20. April in der *Prager Presse* unter dem Titel *Josefine, die Sängerin.* Kafka gab später, als er schon nicht mehr sprechen konnte, schriftlich die Anweisung, der Titel solle einen Zusatz erhalten, und fügte hinzu: »Solche Oder-Titel sind zwar nicht sehr hübsch, aber hier hat es vielleicht besonderen Sinn. Es hat etwas von einer Waage.« [6]

In den *Forschungen eines Hundes* betreibt der als Erzähler auftretende Hund seine Forschungen zwar nicht in der Isolation, wohl aber von einer Randposition der »Hundeschaft« aus, wie die Gemeinschaft der Hunde in der Regel genannt wird. Sein fruchtloses Suchen nach der Wahrheit ist häufig mit feierlichem Unterton interpretiert worden als Darstellung des vergeblichen Suchens des Menschen nach der absoluten Wahrheit, nach letzter Gewißheit, nach Gott. [7] Erst vor kurzer Zeit hat Horst Steinmetz diese Erzählung als »eine Art Schlüsselerzählung für das Gesamtwerk« bezeichnet. [8] Sie thematisiere das fortwährende ergebnislose Bemühen, eine fremde Wirklichkeit mit Ausdrücken zu interpretieren, die vertrauten Kategorien entnommen seien – ein Bemühen, das den Leser nach Ansicht von Steinmetz vor die Notwendigkeit stellt, sich um Kafkas Dichtung überhaupt zu bemühen. Gegen alle Verstehensversuche dieser Art möchte ich zwei Argumente vorbringen. Erstens: Wir haben bereits festgestellt, daß bei den Romanen *Der Prozeß* und *Das Schloß* die Perspektive des Erzählers nicht identisch ist mit der Perspektive des Helden; dadurch wird der Leser in die Lage versetzt, die Situation, in der sich der Held befindet, besser zu verstehen, als dieser selbst es kann. Die Erzählung *Forschungen eines Hundes* unterscheidet sich zwar von den Romanen dadurch, daß sie in der ersten Person erzählt wird; dennoch kann man sich auf ihren Erzähler ebensowenig verlassen, weil seine Perspektive genauso beschränkt ist wie die der beiden K.s und weil sie deshalb vom Leser ständig korrigiert werden muß. Zweitens: Die *Forschungen eines Hundes* entstanden unmittelbar nach dem Roman *Das Schloß*; sie haben mit ihm die Vorstellung von einer Grenze gemeinsam, die vom Bewußtsein nicht überquert werden kann. Wenn das Schloß der unzerstörbaren Substanz des menschlichen Lebens entspricht, dann sind K.s Bestrebungen, in das Schloß zu gelangen und »das Unzerstörbare« verstandesmäßig zu begreifen, genauso vergeblich wie der Versuch, über den eigenen Schatten zu springen. In ähnlicher Weise stoßen die Forschungen des Hundes immer wieder auf eine Schranke, durch die sie zur Vergeblichkeit verurteilt werden. Der Unterschied liegt lediglich darin, daß das Wesen der unpassierbaren Grenze im Roman *Das Schloß* geheimnisvoll bleibt und von Bürgel dem Leser nur andeutungsweise enthüllt wird; in den *Forschungen eines Hundes* wird es dem Leser jedoch in karikaturistischer Verzerrung deutlich vor Augen geführt. Wenn der Roman *Das Schloß* eine Tragödie ist, dann entsprechen die *Forschungen eines Hundes* dem Satyr-Spiel, das bei den Griechen eine tragische Trilogie jeweils abschloß.

Die Schranke, die den Forschungen des Hundes entgegensteht, und der Grund, aus dem er ein unzuverlässiger Erzähler ist, sind ein und dasselbe: Er weiß nichts von der Existenz der Menschen. [9] »Denn was gibt es außer den Hunden?« – so lautet seine rhetorische Frage. »Wen kann man sonst anrufen in der weiten, leeren Welt?« (B 255). Dadurch entsteht eine ironische Distanz zwischen Erzähler und Leser: Der Leser vermag zu sehen, daß alle Forschungsversuche des Hundes der Beschränktheit seines eigenen Denkens unterliegen und daß alle Rätsel, die den Hund irritieren, in der Macht des Menschen über die Welt der Hunde ihren Ursprung haben. So zerbricht er sich zum Beispiel den Kopf über den Widerspruch, daß die Hunde einerseits sich danach sehnen, in der heimeligen Wärme des Rudels zu leben (»die Sehnsucht nach dem größten Glück, dessen wir fähig sind, dem warmen Beisammensein«, B 242), daß sie andererseits jedoch in Wirklichkeit weit verstreut und ohne Kontakt zueinander leben und »Vorschriften, die nicht die der Hundeschaft sind« (B 242), gehorchen. Fingerhut interpretiert diesen Widerspruch als eine rigorose Entlarvung der heuchlerischen Mentalität der bürgerlichen Gesellschaft, durch die »die Phrase der menschlichen Solidarität entlarvt« werde »als eine sentimentale Verdeckung der totalen Zersplitterung der Gesellschaft und der vollkommenen Isolierung des einzelnen.« [10] Er läßt sich jedoch auch weniger gewichtig als ein Zeichen dafür erklären, daß der Erzähler sich der Tatsache nicht bewußt ist, daß Hunde ihren menschlichen Besitzern gehorchen müssen. Genauso einfach läßt sich auch der Widerspruch erklären zwischen dem Glauben der Hunde, sie erhielten ihre Nahrung von der Erde – und zwar entweder durch Bodenbearbeitung, d.h. durch Scharren, oder durch Rituale in Form von Tanz, Spruch und Gesang – und der empirischen Tatsache, daß das Futter von oben herabkommt; tatsächlich wird es von den Hunden ja oft aufgeschnappt, bevor es den Boden erreicht.

Die beiden denkwürdigsten Ereignisse im Leben des Hundes können ebenfalls damit erklärt werden, daß sie von Menschen verursacht sind. Das erste lag darin, daß der Hund nach langem Umherstreifen durch die Finsternis plötzlich an einen hellerleuchteten Ort gelangte (»überheller Tag«, B 243), der erfüllt war von aufregenden Gerüchen. Hier sah er, wie sieben Hunde auf ihren Hinterbeinen zur Musik, die sie begleitete, aus der Dunkelheit ins Licht traten. Für den Leser ist klar, daß der Hund in einen hell erleuchteten Raum gelangt ist, in dem eine Gruppe dressierter, tanzender Hunde vor einem

Publikum auftritt, das »voll durcheinander wogender, berauschender Gerüche« (B 243) ist; wenn unter den Gerüchen, die vom Publikum ausströmen, auch Tabakrauch wäre, würde das erklären, warum der Raum »ein wenig dunstig« ist (B 243); bei dem »Gewirr von Hölzern« (B 246), unter dem sich der Hund verkriecht, dürfte es sich um die Beine der Stühle handeln, auf denen die Zuschauer sitzen. Der als Erzähler fungierende Hund ist nicht in der Lage, das Ganze als eine Vorstellung zu erkennen; deshalb kann er auch nicht verstehen, warum die sieben Hunde gegen das Hundegesetz verstoßen, indem sie auf ihren Hinterbeinen gehen, und warum sie auf sein Bellen nicht antworten. Er schließt daraus, die Hunde befänden sich in der Privatsphäre ihres eigenen Hauses (»gewissermaßen in den eigenen vier Wänden«, B 249) und dürften sich deshalb nach eigenem Gutdünken benehmen. Das aber ist selbstverständlich das genaue Gegenteil der Wahrheit. – Der zweite bemerkenswerte Vorfall ereignet sich, als der Erzähler sich in ein abgelegenes Gebüsch zurückgezogen hat, um ein wissenschaftliches Experiment in Form eines Fastens durchzuführen. Dabei wird er von einem »Jäger« (B 286) gestört – offensichtlich handelt es sich um einen Apportier- oder Spürhund – der ihm darlegt, er müsse jagen und müsse, wenn auch gegen seinen Willen, seinen Artgenossen aus dem Jagdrevier vertreiben. Zwar sieht der Erzähler darin einen Widerspruch, in Wirklichkeit jedoch besteht ein solcher nicht, denn der Spürhund wird von seinem Herrn auf die Jagd geschickt, und zwar ohne Rücksicht auf sein eigenes Gefühl der Solidarität mit anderen Hunden. Diese beiden Vorfälle werden begleitet von einer fremdartigen, ohrenbetäubenden Musik, die im ersten Fall vermutlich von einem Orchester herrührt, das den Auftritt der Hunde untermalt; im zweiten Fall dürfte es sich um ein auf einem Jagdhorn geblasenes Signal handeln. [11] In diesen Fällen resultiert das abnorme Verhalten der Hunde aus dem Gehorsam gegenüber ihren Herren; der Erzähler allerdings vermag diese Zusammenhänge nicht zu überschauen und nimmt seine Zuflucht zu lächerlichen Spekulationen, um es zu erklären.

Kafka stellt somit den Erzähler in satirischer Weise dar, indem er zeigt, daß die Probleme, denen er nachforscht, aus den Beschränkungen seines eigenen Bewußtseins hervorgehen. Die Tatsache, daß der Hund nichts von der Existenz der Menschen weiß, ist anscheinend ebenso unumstößlich wie die Grenze zwischen Sein und Bewußtsein. Es kommen in dieser Erzählung noch weitere Sachverhalte vor, die in den Zürauer Aphorismen angesprochen werden: Der Erzähler hat, obgleich er sich bewußt ist, in einer »Welt der Lüge« (B 284) zu Hause zu sein, dennoch eine vage Ahnung davon, die von ihm gesuchte Wahrheit könne irgendwie in den Hunden selbst verkörpert sein. Wenn sie bloßgelegt werden könnte, könnte sie ihr Leben verwandeln: »Das Dach dieses niedrigen Lebens [...] wird sich öffnen und wir werden alle, Hund bei Hund, aufsteigen in die hohe Freiheit« (B 256). Wenn die Wahrheit jedoch bloßgelegt werden könnte, würde sie wie ein Gift wirken; die hartnäckige Schweigsamkeit des Hundes scheint, ohne daß er selbst es weiß, dazu bestimmt zu sein, die Wahrheit zu behüten, die sie alle am Leben erhält, solange sie unausgesprochen bleibt. Der Erzähler ahnt dunkel, daß irgendetwas aus ihrem »Hundeleben« (B 269; das Wort löst hier dieselben Konnotationen aus wie im alltäglichen Sprachgebrauch; es ist also in ironischer Absicht verwendet) verlorengegangen ist – als hätten ihre Urväter irgendwann in der Vergangenheit an einer Wegkreuzung eine falsche Richtung eingeschlagen. Jetzt aber, da der Sündenfall aus dem Sein in das Bewußtsein geschehen ist, gibt es kein Zurück mehr. Die Erzählung führt eindringlich vor Augen, daß der Versuch, die ursprüngliche Einheit von Sein und Bewußtsein durch vernunftorientiertes Forschen nach der Wahrheit wiederzugewinnen, zum Scheitern verurteilt ist.

Kafka spitzt seine Satire zu, indem er das Engagement des Hundes für die wissenschaftliche Forschung in den Vordergrund rückt. Bei den Hunden ist es durchaus üblich, Wissenschaft zu betreiben; zuweilen erinnert sie an das Talmudstudium, zum Beispiel, wenn wir von einem Disput zwischen zwei Weisen oder von Deutungen der Kommentatoren hören (B 281); manchmal scheint es sich jedoch auch um eine experimentelle Wissenschaft zu handeln. Der Erzähler sucht seinen Forschungen den Anschein einer strengeren Wissenschaftlichkeit zu geben, indem er im Zusammenhang mit ihnen Fremdwörter gebraucht; so spricht er zum Beispiel davon, er führe »ein ganz präzises Experiment« aus. Kafka selbst geht im übrigen mit Fremdwörtern in der Regel sehr sparsam um. Der Erzähler läßt seine Geringschätzung der schönen Künste dadurch zum Ausdruck kommen, daß er sich nicht mit den »Lufthunden« anfreunden kann. »Lufthunde« sind, wie es heißt, kleine, zarte Hündchen, die frei in der Luft schweben. Der Erzähler hat selbst noch nie einen zu Gesicht bekommen – nicht, weil sie unsichtbar sind, wie Emrich meint [12], sondern weil es sich bei ihnen um Schoßhunde handelt. Der Erzähler ist vermutlich noch nie in einem Haus gewesen, in dem man einen Schoßhund hält. Schoßhunde sind innerhalb der Hundewelt offenbar die Künstler und Intellektuellen: Man spricht im Zusammenhang mit ihnen von »Kunst und Künstlern« (B 261); sie haben »ein schönes Fell« (B 263) und lassen philosophische Weisheiten hören, denen der Erzähler allerdings jeden wissenschaftlichen Wert abspricht. Er ist empört über das »Lotterleben« (B 262), das sie führen. Eine ähnlich kritische Einstellung ihnen gegenüber enthält schon der Ausdruck »Lufthund« selbst; er scheint eine Anspielung auf das Wort *Luftmensch* zu sein. Die in dieser Anspielung enthaltene Kritik an den »Lufthunden« muß nicht ausschließlich durch die bornierte, spießbürgerliche Mentalität des Erzählers bedingt sein, sondern sie kann auch der Ansicht des Autors entstammen. Wenn es sich so verhält, dann dürfte Binder recht haben, wenn er meint, diese Kritik beziehe sich auf das Stereotyp des westjüdischen Intellektuellen – es ist im vierten Kapitel dargestellt worden – und wenn er selbstkritische Bemerkungen Kafkas wie die folgende damit in Zusammenhang bringt: »Der Schriftsteller in mir wird natürlich sofort sterben, denn eine solche Figur hat keinen Boden« (B 385); seine Ansicht wird besonders dadurch bekräftigt, daß die Bindung der anderen Hunde an den Boden wiederholt erwähnt wird.[13] Kafka kann aber auch an die wirklichkeitsfremden Gelehrten gedacht haben, die auf der fliegenden Insel Laputa in Swifts *Gulliver's Travels* wohnen. Auf dieses Buch spielt er in den Jahren 1921 und 1922 (Br 342–347; 405; 415) mehrfach an. In diesem Fall würde der Erzähler allerdings mit den genau so unnützen Projektemachern im folgenden Teil des Romans korrespondieren, die eifrig damit beschäftigt sind, das Königreich Balnibarbi mit ihren lächerlichen Entwürfen zugrunde zu richten.

Ebenso, wie es bei den dressierten Schaustellerhunden und dem Spürhund der Fall ist, irritieren den Erzähler auch die Schoßhunde, weil ihr fremdartiges Verhalten durch das Eingreifen des Menschen in ihr Leben zustande gekommen ist – ein Vorgang, den er nicht zu begreifen vermag. Die Erzählung *Forschungen eines Hundes* und der Roman *Das Schloß* ähneln einander in der Erzähltechnik, insofern in beiden dem Leser eine Perspektive zur Verfügung gestellt wird, die der des unzuverlässigen Protagonisten übergeordnet ist; sie ähneln einander in der Thematik, insofern sie beide den Gedanken enthalten, daß man zwar in Übereinstimmung mit der elementaren Wahrheit des Lebens leben, diese aber nicht reflektierend begreifen kann. Da die

Forschungen jedoch vorwiegend durch einen satirischen Ton bestimmt sind, dürften Versuche, aus dieser Erzählung verborgene metaphysische Botschaften abzuleiten, fehl am Platze sein.

Der Humor, der die Erzählung *Josefine* prägt – in ihr ist die Hauptfigur kein Wissenschaftler, sondern eine Künstlerin – ist noch subtiler und sarkastischer. In seinen Überlegungen zum Verhältnis zwischen Josefine und ihrem Volk gelangt der Erzähler zu einer ganzen Reihe paradoxer Aussagen. Das eigentliche Wesen ihrer Kunst bleibt fragwürdig, denn sie läßt außer einem Pfeifen nichts hören – und das ist der Ton, den alle Mäuse ganz selbstverständlich hervorbringen: »Pfeifen ist die Sprache unseres Volkes« (E 282).[14] Wie aber kommt es dann dazu, daß Josefine mit ihren Auftritten die Zuhörer in ihren Bann schlägt (E 268, 272) – und das sogar in Notzeiten, wenn sie in dauernder Gefahr schweben, von ihren Feinden angegriffen zu werden (E 283)? Die Erklärung dafür kann nicht in dem liegen, was Josefine selbst angibt; sie ist nämlich überzeugt davon, daß sie die Gemeinschaft mit ihrem Gesang oft aus schlimmen politischen oder wirtschaftlichen Lagen gerettet hat (E 276). Ihre Auftritte sind jedoch eher dazu geeignet, die Mäuse ihren Feinden zu verraten. Dieser Glaube an die Bedeutung ihrer Kunst für das Volk resultiert aus Josefines Eitelkeit. Die Eitelkeit ist es auch, die sie in Wut geraten läßt, wenn ihr das Publikum nicht groß genug zu sein scheint, und die sie fordern läßt, ihr Lebensunterhalt müsse aus der Staatskasse finanziert werden. Sie hat keine Ahnung davon, welche Mühen die Mäuse auf sich nehmen, um Josefines Selbstachtung keinen Schaden nehmen zu lassen, indem sie ein Publikum für sie zusammentrommeln. Noch weniger kann sie sich vorstellen, daß die Mäuse niemals diese Umstände machen würden, wenn sie tatsächlich keine Künstlerin wäre; denn da sie nun einmal in ständiger Gefahr leben, könnten sie sich die Zeit, künstlerische Vorstellungen zu besuchen, gar nicht leisten. »Möge Josefine beschützt werden vor der Erkenntnis«, sagt der Erzähler, »daß die Tatsache, daß wir ihr zuhören, ein Beweis gegen ihren Gesang ist« (E 279).

Diese Überlegungen, die die Frage nach Wesen und Wert der künstlerischen Darbietungen Josefines offen lassen, gehören zu einer Reihe von Meditationen über die Kunst, die Kafka in immer neuen Ansätzen seit dem Jahre 1917 angestellt hatte. Seit diesem Jahr wandte er sich, wie wir im fünften Kapitel gesehen haben, von einer expressiv orientierten Kunstauffassung ab und einer mimetisch orientierten Kunstauffassung zu. Sein Schreiben galt seither nicht mehr dem Ausdruck der eigenen Gefühle und der eigenen Befindlichkeit, denn Selbstdarstellung erschien ihm geradezu als eine Form der Eitelkeit. Das Ziel des Schreibens sollte es vielmehr sein, »die Welt ins Reine, Wahre, Unveränderliche [zu] heben« (T 534). Mimesis im Sinne Kafkas jedoch, nämlich eine ins Reine gehobene zweite Welt zu erschaffen, bringt ihre eigenen Probleme mit sich. Zwei dieser Probleme lassen sich einem Aphorismus aus dem Jahre 1920 entnehmen; in ihm läßt Kafka erkennen, daß er erneut Wünsche aufkommen läßt, die er schon viele Jahre zuvor gehegt hatte:

> Als wichtigster oder als reizvollster ergab sich der Wunsch, eine Ansicht des Lebens zu gewinnen (und – das war allerdings notwendig verbunden – schriftlich die anderen von ihr überzeugen zu können), in der das Leben zwar sein natürliches schweres Fallen und Steigen bewahre, aber gleichzeitig mit nicht minderer Deutlichkeit als ein Nichts, als ein Traum, als ein Schweben erkannt werde. Vielleicht ein schöner Wunsch, wenn ich ihn richtig gewünscht hätte. Etwa als Wunsch, einen Tisch mit peinlich ordentlicher Handwerksmäßigkeit zusammenzuhämmern und dabei gleichzeitig nichts zu tun, und zwar nicht so, daß man sagen könnte: »Ihm ist das Hämmern ein Nichts«, sondern »Ihm ist das Hämmern ein wirkliches Hämmern und gleichzeitig auch ein Nichts.« (B 293–294)

Dieser Abschnitt ist der Ausdruck des mimetischen Ideals, nämlich ein Abbild der Wirklichkeit zu schaffen, das ihr in jeder wesentlichen Hinsicht entspricht und das doch zugleich seinen Charakter als Kunstwerk, als »Traum«, zu erkennen gibt. Das erste Problem, das sich einstellt, liegt darin, daß der mimetische Künstler eigentlich eher ein Opfer seiner Eitelkeit werden kann als der expressive, denn er möchte sich in zweierlei Hinsicht anerkannt sehen. Da seine Tätigkeit zu den üblichen Tätigkeiten gehört wie das Tischlern oder das Nüsseknacken – dieses Beispiel wird in der Erzählung *Josefine* (E 270–271) benutzt – möchte er sich nach den Maßstäben anerkannt sehen, die für alle gelten. Da seine Tätigkeit gleichzeitig jedoch auch Kunst ist, möchte er auch nach speziell künstlerischen Maßstäben anerkannt werden, die ausschließlich für ihn gelten. Kafka sieht die Eitelkeit des Künstlers als Gegebenheit an, die nicht aus der Welt zu schaffen ist, und versichert, daß die Künstler in seinen Erzählungen dafür bestraft werden. Für den Hungerkünstler in der gleichnamigen Erzählung aus dem Jahre 1922 liegt die Strafe darin, daß er die das menschliche Maß übersteigenden Hungerleistungen erst dann vollbringen darf, als die Öffentlichkeit ihr Interesse an ihm bereits verloren hat. Josefines Strafe dagegen läßt sich der Überlegung des Erzählers entnehmen, daß ihre sogenannte Kunst lediglich eine übliche Tätigkeit ist, deren »eigentliches Wesen« (E 271) sie dadurch bloßlegt, daß sie sie *weniger* gut ausführt als die anderen – Josefine verdient deshalb weder in der einen noch in der anderen Hinsicht Anerkennung.

Das zweite Problem, das sich mit dem mimetischen Kunstwerk stellt, liegt darin, daß dieses Kunst überflüssig zu machen scheint. Wenn wir schon die Welt selbst haben – wozu brauchen wir dann noch ein Abbild von ihr? Kafka hat dieses Problem noch auf die Spitze getrieben, indem er Josefines Pfeifen vom gewöhnlichen Pfeifen sich nicht unterscheiden läßt, abgesehen davon, daß ihre Kraft für dieses gewöhnliche Pfeifen nicht einmal ganz hinreicht. Die Richtung, in der die Lösung dieses Problems zu suchen ist, hat er angedeutet. Es ist nicht Josefines Vortrag, auf den es ankommt, sondern es kommt auf die Tatsache des Zuhörens als solche an. Die Mäuse, die zusammenkommen, um ihr zuzuhören, tun das in dem Gefühl, eine »Volksversammlung« (E 277) zu bilden. Wenn man auch Josefine mit der bloßen Vermutung, ihre sogenannte Kunst sei lediglich ein Vorwand, um das Volk zusammenkommen zu lassen, auf den Tod verletzen würde, so liegt deren Wert dennoch offensichtlich in nichts anderem als in dem »Gefühl der Menge, die warm, Leib an Leib, scheu und atmend horcht« (E 274). Ihre Bedeutung ist demnach keine im vertrauten Sinn ästhetische Bedeutung. Sie hat auch keinen transzendentalen Sinn: Sie übermittelt keine Botschaft aus der Welt der Wahrheit. Josefines Vortrag ist vielmehr deswegen wertvoll, weil er gerade in seiner Gewöhnlichkeit und Unzulänglichkeit Ausdruck des Geistes ihres Volkes ist: »Dieses Pfeifen, das sich erhebt, wo allen anderen Schweigen auferlegt ist, kommt fast wie eine Botschaft des Volkes zu dem Einzelnen; das dünne Pfeifen Josefinens mitten in den schweren Entscheidungen ist fast wie die armselige Existenz unseres Volkes mitten im Tumult der feindlichen Welt« (E 278).

Die Erzählung *Josefine* ist somit eine tiefgreifende, feinsinnige Meditation über das Wesen und den Wert der Kunst; in ihren Ergebnissen entspricht sie den Ergebnissen des Nachdenkens über die Grundlagen des Religiösen, die Kafka in den Zürauer Aphorismen aufgezeichnet hat. Dort kam er zu dem Schluß, daß der wahre Gegenstand der Religion in dem unzerstörbaren Lebenskern liege, der allen Menschen gemeinsam ist, und daß der Glaube an einen persönlichen Gott eine Fiktion sei, hinter der sich »das Unzerstörbare« verberge. In der Erzählung *Josefine* erweisen sich die üblichen Vorstellungen von der Autonomie und dem Wertgehalt der Kunst, ja sogar die Vorstellung von der Existenz eines separaten ästhetischen Bereichs als illusorisch. Josefine selbst unterliegt, was ihre Kunst angeht, einer Illusion; die anderen Mäuse sorgen mit großem Eifer dafür, daß sie in dieser Illusion verbleibt. Wenn Josefine auch ihre Ansprüche aus falschen Gründen stellt, so sind ihre Auftritte doch das Medium, durch das der einzelne am gemeinsamen Geist des Volkes Anteil gewinnt. Kein englisches Wort kann die Ausdruckskraft des Wortes »Volk« wiedergeben, das mit solch emphatischem Nachdruck immer wieder in Kafkas Text gebraucht wird.

Damit sind wir anscheinend zum Ausgangspunkt zurückgekehrt. Bereits im ersten Kapitel haben wir ja gesehen, daß der Wert des jiddischen Theaters für Kafka darin lag, daß es unter seinen Zuschauern ein Gefühl der Zusammengehörigkeit und ein nationales Bewußtsein entstehen ließ. Die Frage, die sich deshalb jetzt stellt, ist die, ob die Mäuse das jüdische Volk repräsentieren. Sicherlich hat diese Erzählung eine universale Bedeutung, denn sie stellt – genauso wie die Erzählung *Beim Bau der chinesischen Mauer* – eine Meditation über die Herkunft nationaler Zusammengehörigkeit dar, die auch für jede andere Gesellschaft gelten könnte. Dennoch braucht man keine Bedenken zu haben, in ihr eine Reihe spezifischer Bezüge zu den Juden zu sehen. Gewiß, manche Interpreten haben bezweifelt, daß das möglich sei; sie begründen das – wie es Roy Pascal tut – mit der emphatischen Feststellung des Erzählers: »im allgemeinen vernachlässigen wir die Geschichtsforschung gänzlich« (E 277; vgl. E 291), und verweisen darauf, daß die Juden »mehr als alle anderen Völker die Erinnerung an die Helden der Vergangenheit, an Glück und Unglück beständig wachhalten und sich in dieser Erinnerung gleichsam zu Hause fühlen.« [15] Die Mäuse erhalten jedoch ebenfalls die Erinnerung an die Helden der Vergangenheit (E 291) in Liedern und Sagen lebendig (E 269). Es geht ihnen nicht etwa das Geschichtsbewußtsein als solches ab, sondern Geschichte im Sinne der Historiographie – und genau darin gleichen sie den Juden. Lionel Kochan hat im einzelnen gezeigt, daß es zwischen der Zeit des Flavius Josephus und dem neunzehnten Jahrhundert so gut wie keine jüdische Geschichtsschreibung gegeben hat. Die ferne, schon fast dem Bereich der Sage und der Legende zugehörige Vergangenheit bis zur Zerstörung des Tempels wurde aufgezeichnet; die darauf folgende jüdische Geschichte bestand jedoch lediglich aus einer Aufzählung von Verfolgungen; man betrachtete sie vornehmlich als ein Vorspiel für die Ankunft des Messias. Die Folge davon war, daß »man sich intensiv an die ferne Vergangenheit erinnerte und gleichzeitig die neuere Geschichte in relativ starkem Maße der Vergessenheit anheimfallen ließ«. [16] Leopold Zunz, der mit der Begründung der Wissenschaft des Judentums viel dazu beigetragen hat, die moderne jüdische Historiographie ins Leben zu rufen, schrieb zu Beginn des neunzehnten Jahrhunderts: »Wenn das jüdische Mittelalter keine Historiker oder keine historischen Forschungen aufzuweisen hat, sollten wir nicht überrascht sein. Eine Nation *in partibus* vollbringt keine Heldentaten.« [17] Im vorigen Jahrhundert hatte Salomon Maimon, dessen Autobiographie Kafka mit Begeisterung gelesen hat, zunächst vor, als seinen Beitrag zur jüdischen Aufklärung Basnages *Histoire des Juifs* ins Deutsche zu übertragen; dann kam er aber zu dem Schluß, dies würde kein vergeblicher Versuch sein, und schrieb dazu: »Auch gäbe es, die Wahrheit zu sagen, keine eigentliche Geschichte der Nation; denn diese stand beinahe niemals in einem politischen Verhältnis mit anderen zivilisierten Nationen; und außer dem alten Testament, dem *Josephus* und einigen Fragmenten von den Verfolgungen der Juden in den mittleren Zeiten finden wir davon nichts aufgezeichnet.« [18] Kafka dürfte aus dieser Quelle und durch seine Teilnahme an Veranstaltungen der Hochschule für Wissenschaft des Judentums mit dem Gedanken vertraut gewesen sein, daß es eine jüdische Historiographie nicht gab. Wenn die Mäuse sich den Sagen zuwenden und keinen Wert auf wissenschaftliche Beschäftigung mit der Geschichte legen, dann liegt gerade darin eine gezielte Anspielung auf die Juden.

In einem allgemeineren Sinn lassen die Weite des Gebietes, über das die Mäuse zerstreut sind, und die beständig vorhandenen Gefahren, denen sie ausgesetzt sind, an das jüdische Leben in der Diaspora denken: »die Gebiete, auf denen wir aus wirtschaftlichen Gründen zerstreut leben müssen, sind zu groß, unserer Feinde sind zu viele, die uns überall bereiteten Gefahren zu unberechenbar« (E 279). Sie ähneln den bekannten über die Juden verbreiteten Klischeevorstellungen in ihren hier und da erwähnten wirtschaftlichen Unternehmungen (E 276), in ihrer Lebenstüchtigkeit – »eine gewisse praktische Schlauheit, die wir freilich auch äußerst dringend brauchen« (E 268) – in ihrem kritischen Bewußtsein, das sie unfähig zu »bedingungslose(r) Ergebenheit« werden läßt (E 275), in ihrer scheinbaren Ängstlichkeit (E 277), in ihrem relativ geringen Interesse an Musik (E 268), darin, daß sie »leidensgewohnt« (E 277) sind und möglicherweise auch noch in ihrer Redseligkeit (E 276) und ihrem Humor (E 275). Die fortwährenden Bezugnahmen auf ihre Nationaleigenschaften bestätigen, daß das »Volk der Mäuse« genau so im Mittelpunkt der Erzählung steht wie Josefine.

Wenn man die Erzählung *Josefine* als Kafkas abschließende und damit als eine von zahlreichen persönlichen Implikationen geprägte Aussage zur Position des Künstlers in der Gesellschaft betrachten darf, dann zeigt sich, daß die selbstquälerische Mentalität der früheren Werke Kafkas abgelöst worden ist durch eine Form der Selbst-Auslöschung. Kafka leugnet keineswegs den Wert der Kunst, aber er vertritt immer entschiedener die Ansicht, daß ihr Wert in etwas anderem liegt – und vielleicht in etwas anderem liegen muß – als in dem, was der Künstler sich unter ihm vorstellt. Im Einklang mit seinem Aphorismus »Im Kampf zwischen dir und der Welt sekundiere der Welt« (H 91) hat Kafka sich auf die Seite des Volkes gegen den Künstler gestellt; mit dieser Parteinahme hat er das Verhältnis zwischen beiden zu einer dialektischen Lösung gebracht – und zwar in der Erzählung und in der Wirklichkeit. In der Erzählung ist die Künstlerin aufgrund ihrer Eitelkeit als Person tatsächlich sehr unbedeutend: Ihr Publikum, weit davon entfernt, ihr bedingungslos ergeben zu sein, nimmt ihre dünkelhaften Prätentionen so gelassen hin, als wäre sie ein verletzliches Kind, und möchte sie keineswegs missen. Tatsächlich aber lautet die allerletzte Nachricht, daß sie bereits verschwunden ist. Ihr Verschwinden bedeutet, daß der Widerspruch zwischen der Art, wie das Volk sie einschätzt, und der Art, wie sie selbst sich einschätzt, gelöst werden wird: Nach ihrem Tod nämlich wird sie zu den namenlosen Helden ihres Volkes gehören; sie wird nicht als eine geschichtliche Gestalt weiterleben, sondern in »gesteigerter Erlösung« (E 291) im Geist ihres Volkes aufgehen, oder, wie Pascal formuliert, »sie lebt fort in ihrem Volk, und zwar nicht als Person oder als geschichtliche Figur, denn dieses Mäusevolk pflegt nicht die Erinnerung an seine Geschichte, sondern sie ist eingegangen in das Sein, das Wesen und das Leben dieses Volkes. Als Person wird sie vergessen; unsterblich aber bleibt sie durch das, womit sie zum Fortbestehen ihres Volkes beigetragen hat.« [19]

Aber auch über die Erzählung hinaus oder eher durch sie hat Kafka eine Lösung gefunden, denn die Erzählung enthält seine grundsätzlichen Fragen nach dem Wesen und dem Wert der Kunst – und obendrein gehört sie fraglos zu seinen Meisterwerken. Sie ist nicht nur voll von feinsinnigen Gedanken und köstlichem Humor, sondern indem er die Mäuse in den Mittelpunkt rückt und anschaulich ihr Leben schildert, eröffnet er zugleich geschichtliche Perspektiven, die das ganze jüdische Leben in der Diaspora in den Blick kommen lassen. Schließlich stellt die Erzählung auch noch eine ungewöhnliche Leistung in allerpersönlichster Hinsicht dar. Als er sie schrieb, muß es Kafka klar gewesen sein, daß er nicht mehr lange zu leben hatte; mit dem Hinweis auf das Verschwinden Josefines scheint er auf seinen eigenen kurz bevorstehenden Tod hinzudeuten. Wenn es sich so verhält, dann ist das Fehlen jedes Selbstmitleids und die liebenswürdige, souveräne Ironie, mit der er Josefines Anspruch, unersetzlich zu sein, behandelt, nicht nur ein Zeugnis für seine Vollendung als Künstler, sondern zugleich auch für die einzigartige Lauterkeit des Wesens, die den Menschen Franz Kafka kennzeichnete.

ANMERKUNGEN

Abkürzungen von Zeitschriften

Annali	Annali dell' Istituto Universitario Orientale, Sezione Germanica
CL	Comparative Literature
DVjs	Deutsche Vierteljahrsschrift für Literatur und Geistesgeschichte
FMLS	Forum for Modern Language Studies
GQ	German Quarterly
JDSG	Jahrbuch der Deutschen Schiller-Gesellschaft
LBY	Leo Baeck Institute Year Book
MAL	Modern Austrian Literature
MLN	Modern Language Notes
MLR	Modern Language Review
OGS	Oxford German Studies
ZfdP	Zeitschrift für deutsche Philologie

Kafkas Hinwendung zum Judentum
Der Kontext der Erzählung Das Urteil *(1912)*

1 Felix Weltsch, »The Rise and Fall of the Jewish-German Symbiosis: The Case of Franz Kafka«, *LBY* 1 (1956), 276.
2 Emil Utitz, »Erinnerungen an Franz Kafka«, in: Klaus Wagenbach, Franz Kafka: *Eine Biographie seiner Jugend*, 1883–1912 (Bern 1958), 267.
3 Heinz Politzer, *Franz Kafka: Parable and Paradox*, 2. Aufl. (Ithaca, NY, 1966), 9. – Hier zitiert nach: H.P., *Franz Kafka. Der Künstler* (Frankfurt 1978), 27.
4 Die folgende Darstellung basiert auf Wagenbach, *Biographie*; Christoph Stölzl, *Kafkas böses Böhmen: Zur Sozialgeschichte eines Prager Juden* (München 1975); Gary B. Cohen, »Jews in German Society: Prague, 1860–1914«, *Central European History*, 10 (1977), 28–54; Hartmut Binder (Hrsg.), *Kafka-Handbuch* (2 Bde., Stuttgart 1979); Cohen, *The Politics of Ethnical Survival: Germans in Prague*, 1861–1914 (Princeton 1981).
5 Ich habe diese Schreibweise durchgehend gebraucht. Die von Klaus Wagenbach, *Franz Kafka: Bilder aus seinem Leben* (Berlin 1983) wiedergegebenen Zeugnisse zeigen jedoch, daß Kafkas Vater seinen Vornamen auf dreierlei Art schrieb: »Herman« (S. 24), »Hermann« (S. 33) und »Herrmann« (S. 36).

6 Zu *Mauscheldeutsch* vgl. Heinrich Teweles, *Der Kampf um die Sprache* (Leipzig 1884); Fritz Mauthner, *Prager Jugendjahre* (München 1918, repr. Frankfurt 1969), 30–31; Wagenbach, *Biographie*, 86; und – mit vielen wichtigen Informationen – Caroline Kohn, »Der Wiener jüdische Jargon im Werke von Karl Kraus«, *MAL* 8 (1975), 240–267.

7 Max Brod, *Jüdinnen* (Berlin 1911, neu aufgel. Leipzig 1915), 54. Vgl. Pavel Eisner, *Franz Kafka and Prague* (New York 1950), 27–38. Kurt Krolop, »Zur Geschichte und Vorgeschichte der Prager deutschen Literatur des ›expressionistischen Jahrzehnts‹«, in: Eduard Goldstücker (Hrsg.), *Weltfreunde: Konferenz über die Prager deutsche Literatur* (Prag 1967), 51, 75.

8 Wagenbach, *Biographie*, 19.

9 Vgl. Carl E. Schorske, *Fin-de-siècle Vienna: Politics and Culture* (Cambridge 1981), 146–175.

10 Vgl. Wagenbach, *Biographie*, 45; Binder (Hrsg.), *Kafka-Handbuch*, Bd. 1, 74–76; 280–286.

11 Hans Kohn, *Living in a World Revolution* (New York 1964), 37. Vgl. Weltsch, *Religion und Humor im Leben und Werk Franz Kafkas* (Berlin-Grunewald 1957), 35; Brod, *Streitbares Leben* (München 1960), 346–348.

12 S.H. Bergman (sic!), »Erinnerungen an Franz Kafka«, *Universitas*, 27 (1972), 742. Vgl. T 222.

13 Vgl. Wagenbach, *Bilder*, 33. Dort ist die von Kafkas Eltern mit dem Wort »Confirmation« versandte Einladungskarte wiedergegeben.

14 Hermann Kafkas Standpunkt ist kürzlich dargelegt worden von Nadine Gordimer in »Letter from his Father«, *Something out There* (London 1984), 39–56.

15 Vgl. Brod, *Über Franz Kafka* (Frankfurt 1966), 46, 276; Paul Raabe, »Franz Kafka und der Expressionismus«, ZfdP 86 (1967), 161–175.

16 Brod, *Über Franz Kafka*, 108.

17 Cohen, »Jews in German Society«, 29.

18 Das nützliche Buch von Stölzl kann leicht den gegenteiligen Eindruck hinterlassen. Es ist deshalb mit einiger Vorsicht zu lesen.

19 Lulu Gräfin Thürheim, Mein Leben: *Erinnerungen aus Österreichs großer Welt* (4 Bde., München 1913), Bd. II, 48.

20 Heine nimmt auf das Ereignis von Damaskus Bezug in: *Lutezia*, Erster Teil, in: Heinrich Heine, *Sämtliche Werke*, hrsg. v. Ernst Elster (7 Bde., Leipzig 1893), Bd. IV, 129–300. Vgl. auch Ludwig Rosenthal, *Heinrich Heine als Jude*, Frankfurt 1973), 204–205.

21 Rohling leitete seine Behauptung ab aus seinem pseudowissenschaftlichen antisemitischen Werk *Der Talmudjude* (Münster 1871), das ihm die Gunst des katholischen Establishments verschafft hatte. Er wurde im Jahre 1885 widerlegt durch den Wiener Rabbi Josef Bloch, der ihn aufforderte, jede Seite des Talmud zu lesen und korrekt zu übersetzen. Vgl. P.G.J. Pulzer, *The Rise of Political Anti-Semitism in Germany and Austria* (New York 1964), 163–164.

22 František Červinka, »The Hilsner Affair«, LBY 13 (1968), 147.

23 Über die Beilis-Affäre wurde ausführlich in der zionistischen Zeitschrift *Selbstwehr* berichtet, welche Kafka wohl vom Beginn des Jahres 1911 ab zu lesen begann. Vgl. Binder, »Franz Kafka und die Wochenschrift Selbst-

wehr«, DVjs 41 (1967), 283–304; Arnold J. Band, »Kafka and the Beiliss (sic) Affair«, CL 32 (1980), 168–183.

24 Brod, *Über Franz Kafka*, 177.

25 Zitiert bei Gerhard Neumann, *Franz Kafka, »Das Urteil«: Text, Materialien, Kommentar* (München 1981), 36.

26 Brod, *Über Franz Kafka*, 270; Weltsch 38; Klara P. Carmely, *Das Identitätsproblem jüdischer Autoren im deutschen Sprachraum* (Königstein 1981), 162–166.

27 Vgl. Brod, *Der Prager Kreis* (Stuttgart 1966), 111–112; Bergmann, »Erinnerungen«, 743.

28 Vgl. Brod, *Streitbares Leben*, 353.

29 Brod, *Über Franz Kafka*, 100.

30 Vgl. Helen Milfull, »Franz Kafka – The Jewish Context«, LBY 23 (1978), 227–238. Sie gibt eine gute Einführung in diesen Sachverhalt. Das gilt auch, trotz seines gekünstelten Stils, für Walter Jens, »Ein Jude namens Kafka«, in: Thilo Koch (Hrsg.), *Porträts deutsch-jüdischer Geistesgeschichte* (Köln 1961), 179–203. Die beste und gründlichste Studie über Kafka und das Judentum bietet Anne Oppenheimer, »Franz Kafka's Relation to Judaism« (D. Phil. thesis, Oxford 1977).

31 Martin Buber, *Briefwechsel aus sieben Jahrzehnten* (3 Bde., Heidelberg 1972–1975), Bd. 1, 473.

32 Den Ausspruch im zweiten Satz dieses Briefes – »etwas Nutzloseres als ein solcher Kongreß läßt sich schwer ausdenken« (Br 120) – hat man manchmal auf den Zionistischen Weltkongreß bezogen: z.B. Oppenheimer, 61. Vom Kontext her scheint es jedoch klar zu sein, daß Kafka ihn auf die Konferenz über Sicherheit in der Industrie bezieht, um erst im nächsten Satz auf den Zionistischen Kongreß zu sprechen zu kommen.

33 T 88; Brods Tagebuchnotiz ist zitiert bei Wagenbach, *Biographie*, 233.

34 Bei dieser Zahl kann es sich lediglich um eine Schätzung handeln, denn die Schwierigkeit, die Größe der jüdischen Bevölkerung festzustellen, ist in diesem Zeitraum besonders groß. Mit dem Assimilationsprozeß nimmt die Schwierigkeit festzustellen, wer als Jude gilt, zu. Außerdem wanderten die Juden ständig in sehr großer Anzahl nach Amerika aus. Vgl. dazu den Art. »Population« in der *Encyclopaedia Judaica* (16 Bde., Jerusalem 1971): »Im Verlauf von genau 24 Jahren, von 1890 bis 1914, verlegten etwa 30% aller osteuropäischen Juden ihren Wohnsitz in ein überseeisches Land, besonders in die Vereinigten Staaten« (Bd. 12, 893). Die russische Volkszählung von 1897 ergab für das europäische Rußland und Kongreß-Polen eine jüdische Bevölkerung von etwa 5190000, während im Jahre 1900 die jüdische Bevölkerung in Österreich/Ungarn 2069000, die in Rumänien 267000 betrug. Das ergibt insgesamt 7526000, von denen wir annehmen können, daß die Mehrzahl nicht assimiliert war.

35 Vgl. Samuel J. Citron, »Yiddish and Hebrew Drama«, in: Barrett H. Clarke und George Freedly (Hrsg.), *A History of Modern Drama* (New York 1947), 601–638.

36 Hutchins Hapgood, *The Spirit of the Ghetto*, hrsg. v. Moses Rischin (Cambridge/Mass. 1967), 137.

37 Alfred Döblin, *Reise in Polen* (Olten 1968), 146.

38 Vgl. Shlomo Avineri, *The Making of Modern Zionism* (London 1981), 23–35.

39 M. Pinès, *Histoire de la littérature judéo-allemande* (Paris 1910). Vgl. »Pinès, Meyer Isser«, *Encyclopaedia Judaica*, Bd. 13, 533–534.
40 Vgl. *The Diaries of Franz Kafka*, übers. v. Joseph Kresh (2 Bde., London 1948–1949), Bd. 1, 224–227.
41 Brief an Ernst Klein v. 29. August 1782, in: Moses Mendelssohn, *Gesammelte Schriften*, hrsg. v. J. Elbogen, J. Guttman und E. Mittwoch, Bd. VI: *Schriften zum Judentum* I, hrsg. v. Simon Rawidowicz (Berlin 1930), 279.
42 Theodor Herzl, *Gesammelte zionistische Werke* (5 Bde., Berlin und Tel Aviv 1934–1935) Bd. 2, 195.
43 Heinrich Heine, *Die romantische Schule*, in: Sämtliche Werke, hrsg. v. E. Elster (7 Bde., Leipzig 1893), Bd. V, 248.
44 Harold Bloom, *The Anxiety of Influence* (New York 1971).
45 Roy Pascal, *Kafka's Narrators: A Study of his Stories and Sketches* (Cambridge 1982), 48.
46 Gilles Deleuze/Félix Guattari, *Kafka: Pour une littérature mineure* (Paris 1975), 46–48; deutsche Ausgabe: G.D./F.G., *Kafka: Für eine kleine Literatur*. Aus dem Französischen übersetzt von Burkhart Kroeber (Frankfurt 1976).
47 Brod, *Über Franz Kafka*, 102.
48 Vgl. »A Friend of Kafka« in: Isaac Bashevis Singer, *Collected Stories* (London 1982), 277–286. Die letzten Lebenszeichen von Löwy stammen aus dem Warschauer Ghetto. Dort hat er hebräische Dichtungen vorgetragen, um den Überlebenswillen seiner Mitgefangenen zu stärken. Vgl. dazu Lucy Dawidowicz, *The War against the Jews* (London 1975), 257.
49 Als Beispiel für eine sehr überzeugende Untersuchung des literarischen Einflusses, nämlich von Kleists *Der Findling*, vgl. F.G. Peters, »Kafka and Kleist: A Literary Relationship«, OGS 1 (1966), 117–124. Die Suche nach literarischen Quellen verkommt jedoch zur bloßen Jagd nach Parallelen, wenn Urs Ruf, Franz Kafka: *Das Dilemma der Söhne* (Berlin 1974), 51, Ähnlichkeiten zwischen *Das Urteil* und Storms *Hans und Heinz Kirch* aufweist – einer Geschichte, die Kafka niemals erwähnt und wohl auch niemals gelesen hat.
50 Karlheinz Fingerhut, »Ein Beispiel produktiver Lektüreverarbeitung (Max Brods *Arnold Beer* und *Das Urteil*)«, in: Binder (Hrsg.), *Kafka-Handbuch*, Bd. 2, 278–282.
51 »Nachwort« in: Brod, Arnold Beer: *Das Schicksal eines Juden* (Berlin 1912), 175.
52 Spinells »zart angedeutete jüdische Herkunft«, wie Jost Hermand es in: *Der Schein des schönen Lebens: Studien zur Jahrhundertwende* (Frankfurt 1972), 182, ausdrückt, wird dadurch angezeigt, daß er den Namen eines Edelsteins trägt (vgl. jüdische Beinamen wie Goldstein, Diamant, Saphir) und aus Lemberg stammt, einer Stadt, in der die Mehrheit der Bevölkerung jüdisch war.
53 Brod, *Beer*, 133.
54 Ibid. 170.
55 Ibid. 149.
56 Ibid. 143.
57 Franz Werfel, »Die Riesin: Ein Augenblick der Seele«, *Herder-Blätter*, 1. IV–V (Oktober 1912), 41–43.

58 Binder (Hrsg.), *Kafka-Handbuch*, Bd. 2, 282.
59 Ingo Seidler, »*Das Urteil*: ›Freud natürlich‹? Zum Problem der Multivalenz bei Kafka«, in: Wolfgang Paulsen (Hrsg.), *Psychologie in der Literaturwissenschaft* (Heidelberg 1971), 188. Zu Kafkas Meinung über die Psychoanalyse vgl. S. 204 oben.
60 Vgl. Claudio Magris, *Weit von wo: Verlorene Welt des Ostjudentums*, aus dem Ital. übers. v. Jutta Prasse (Wien 1974), bes. S. 71.
61 Neumann, *»Das Urteil«*, 82–83.
62 Zur jüngeren Diskussion über Georgs Schuld und als Überblick über frühere Interpretationen vgl. H.H. Hiebel, *Die Zeichen des Gesetzes: Recht und Macht bei Franz Kafka* (München 1983), 117–120.
63 Gerhard Kurz, »Einleitung: Der junge Kafka im Kontext«, in: Gerhard Kurz (Hrsg.), *Der junge Kafka* (München 1983), 117–120.
64 E.T. Beck, *Kafka and the Yiddish Theater* (Madison/Wisc. 1971), Kap. 5. Für die Zusammenfassung der Handlung von *Gott, Mensch und Teufel* vgl. dort S. 72–74; für die Zusammenfassungen von *Die Schchite* und *Der wilde Mensch* vgl. Hapgood, 143–146.
65 Vgl. J.J. White, »Endings and Non-endings in Kafka's Fiction«, in: Franz Kuna (Hrsg.), *On Kafka: Semi-Centenary Essays* (London 1976), 146–166.

Die Welt der Stadt
Der Verschollene *(1912–1914) und* Die Verwandlung *(1912)*

1 Walther Rathenau, »Zur Kritik der Zeit«, in: *Gesammelte Schriften* (5 Bde., Berlin 1925), Bd. 1, 11.
2 Vgl. C.A. Macartney, *The Habsburg Empire 1790–1919* (London 1968), 616–619; 755–756.
3 Vgl. Norman Stone, *Europe Transformed, 1878–1919* (Glasgow 1983), 79–81.
4 Rathenau, Bd. 1, 13.
5 Georg Heym, »Die Stadt«, in: *Gesammelte Gedichte*, hrsg. v. Carl Seelig (Zürich 1947), 87. Vgl. dazu Heinz Rölleke, *Die Stadt bei Stadler, Heym und Trakl* (Berlin 1966), 127–131. Rölleke vergleicht Heym und Döblin auf S. 194.
6 Alfred Döblin, *Aufsätze zur Literatur* (Olten 1963), 66.
7 Rainer Maria Rilke, *Briefe*, hrsg. v. Karl Altheim (2 Bde., Wiesbaden 1950), Bd. 2, 483.
8 K.R. Mandelkow, *Orpheus und Maschine* (Heidelberg 1976), 102.
9 Vgl. Rilke, *Sämtliche Werke*, hrsg. v. Ernst Zinn (6 Bde. Frankfurt 1955–1966), Bd. 1, 46–47.
10 Sie sind wiedergegeben bei Wagenbach, *Biographie*, 281–337.
11 Vgl. den in einer Lokalzeitung erschienenen Bericht über eine solche Versammlung bei Anthony D. Northey, »Dr. Kafka in Gablonz«, *MLN* 93 (1978), 500–503.
12 Vgl. Wagenbach, *Biographie*, 148–149.
13 Brod, *Über Franz Kafka*, 76.
14 Ebda., 92. Vgl. Wolfgang Jahn, *Kafkas Roman »Der Verschollene«* (Stuttgart

1965), 63–66; Hanns Zischler, »Maßlose Unterhaltung: Franz Kafka geht ins Kino«, *Freibeuter*, 16 (1983), 33–47.

15 »Die Aeroplane in Brescia«, in: Brod, *Über Franz Kafka*, 365.

16 Ebda., 366.

17 Edwin Muir, »Introductory Note«, *America*, übers. v. Edwin und Willa Muir (London 1938); S. VII; wieder abgedr. in: Dieter Jakob, *Das Kafka-Bild in England: Eine Studie zur Aufnahme des Werkes in der journalistischen Kritik (1928–1966)* (2 Bde., Oxford und Erlangen 1971), Bd. 1, 109.

18 Klaus Hermsdorf, *Kafka: Weltbild und Roman* (Berlin 1961), 62.

19 Wilhelm Emrich, *Franz Kafka* (Bonn 1958), 227.

20 Politzer, 120. – Hier zit. nach H.P., *Franz Kafka. Der Künstler*, a.a.O., 198.

21 Politzer folgte dabei einer Vermutung von Th.W. Adorno, »Aufzeichnungen zu Kafka«, *Prismen* (Frankfurt 1955), 333.

22 Kafka hatte auch *Little Dorrit* (F 746) gelesen. Vgl. Mark Spilka, *Dickens und Kafka* (Bloomington, Ind., 1963).

23 Das gilt auch für den Einfluß von Whitman, den Alfred Wirkner feststellen zu können glaubt: *Kafka und die Außenwelt: Quellenstudien zum ›Amerika‹-Fragment* (Stuttgart 1976), 30–40. Wirkner vermutet, Kafka habe Whitmans Aufsätze zur amerikanischen Demokratie gelesen, die nur in englischer Sprache verfügbar waren. Kafka lernte 1906 tatsächlich etwas Englisch, um es in seiner Berufstätigkeit anwenden zu können, aber da das einzige Buch, von dem man weiß, daß er es in englischer Sprache gelesen hat, Macaulays *Lord Clive* ist (Br 33), scheint Wirkners Vermutung weit hergeholt zu sein.

24 Die folgende Information stammt von Northey, »The American Cousins and the *Prager Asbestwerke*«, in: Angel Flores (Hrsg.), The Kafka Debate (New York 1977), 133–146.

25 Johannes Urzidil, *Da geht Kafka* (Zürich 1965), 15.

26 Vgl. Binder, *Kafka: Der Schaffensprozeß* (Frankfurt 1983), 83.

27 Kafka spricht von diesem Gedicht als »Die Grine« (H 424), aber ein Gedicht dieses Namens ist von Rosenfeld nicht bekannt. Binder hat es identifiziert als das Gedicht »Di historische peklach« (»Die historischen Päckchen«); er druckt es in phonetischer Transskription ab in: *Kafka: Kommentar zu den Romanen, Rezensionen, Aphorismen und zum Brief an den Vater* (München 1976), 400–401.

28 Arthur Holitscher, *Amerika heute und morgen* (Berlin 1913). Vgl. dazu das (unvollständige) Verzeichnis der Bücher Kafkas bei Wagenbach, *Biographie*, 257. Zu Kafkas Verwendung Holitschers vgl. Jahn, 144–150, und Wirkner, 15–25. Eine weitere, jedoch weniger bedeutende Informationsquelle über Amerika war ein Vortrag des sozialistischen Politikers František Soukup, den Kafka am 1. Juni 1912 hörte (T 279). Seinen Inhalt kann man aus dem Buch über Amerika erschließen, das Soukup im gleichen Jahr in tschechischer Sprache veröffentlichte. Wirkner hat daraus lange Auszüge in Übersetzung abgedruckt; vgl. Wirkner, 50–51; 91–104.

29 Brod, *Über Franz Kafka*, 75. Vgl. seinen Angriff auf das Taylor-System in: »Zwei Welten«, *Der Jude*, 2. I–II (April–Mai 1917), 47–51.

30 Hermsdorf, 69.

31 Ebda., 62.

32 Zu diesem Motiv vgl. Claude David, »Kafka und die Geschichte«, in: C. D. (Hrsg.), *Franz Kafka: Themen und Probleme* (Göttingen 1980), 69–70.
33 Vgl. V 160, 210, 187, 224. Diese und andere Ungereimtheiten erwähnt Gerhard Loose, *Franz Kafka und Amerika* (Frankfurt 1968), 36, 81.
34 Emrich, 236.
35 H.C. Buch, *Ut Pictura Poesis: Die Beschreibungsliteratur und ihre Kritiker von Lessing bis Lukács* (München 1972), 233.
36 W.H. Sokel, *Franz Kafka: Tragik und Ironie* (München 1964), 59.
37 Kasimir Edschmid, *Frühe Manifeste* (Hamburg 1957), 32.
38 Buch, 238. Vgl. Jahn, 33–37.
39 Vgl. Jonathan Culler, *Structuralist Poetics* (London 1975), 193.
40 Martin Walser, *Beschreibung einer Form* (München 1961), 71.
41 Malcolm Pasley, »From Diary to Story«, Vortrag vom 25. Oktober 1983 in der Taylor Institution, Oxford. Vgl. z.B. Kafkas Beschreibung von Paris mit dem Titel »Das gestrichelte Paris« (T 619–620) oder die des jüdischen Goldarbeiters aus Krakau, mit dem er sich lange unterhielt (T 621). Kafkas Abhängigkeit von Flaubert in der Technik der Wiedergabe von Momenteindrücken ist auch dargelegt von Binder, *Motiv und Gestaltung bei Franz Kafka* (Bonn 1966), 253–262, und Kurz, in: *Der junge Kafka*, 25–32.
42 Georg Lukács, »Erzählen oder Beschreiben?«, *Schicksalswende* (Berlin 1948), 147.
43 Brod, »Nachwort zur ersten Ausgabe«, in: Franz Kafka, *Amerika* (Frankfurt 1953), 356–357.
44 Emrich, 247.
45 Zitiert bei Jahn, 148.
46 Kurz, Traum – Schrecken: *Kafkas literarische Existenzanalyse* (Stuttgart 1980), 158.
47 Jahn, 98.
48 Vgl. Jahn, 147–148. Erst kürzlich hat Binder, *Schaffensprozeß*, 90, aus einem Artikel in *Bohemia* zitiert, der über die ungewöhnlichen Reklameideen handelte, mit denen Barnum für seinen Zirkus warb.
49 Holitscher, 367.
50 Wirkner, 81.
51 Binder, *Kommentar zu den Romanen*, 148.
52 Als eine weitere realistische, jedoch weitaus optimistischere Interpretation vgl. Irmgard Hobson, »Oklahoma, USA, and Kafka's Nature Theater«, in: Flores (Hrsg.), *The Kafka Debate*, 273–278.
53 Bonaventura, *Nachtwachen*, hrsg. v. Wolfgang Paulsen, (Stuttgart 1964), 33.
54 Jahn, 14.
55 Dieser Satz ist bezeichnenderweise falsch zitiert von Ernst Fischer, *Von Grillparzer zu Kafka* (Wien 1962), 317, nämlich: »Alles in beiden Riesenstädten ist leer und nutzlos aufgestellt.« Fischer behauptet dann, dieser Satz vermittle die essentielle Wahrheit des Lebens in diesen Städten. Hätte er korrekt zitiert, hätte ihn die in Karls Beurteilung liegende Subjektivität gehindert, einen solchen Schluß zu ziehen.
56 Zitiert nach Binder, *Schaffensprozeß*, 92.
57 Jeffrey L. Sammons, »Land of Limited Possibilities: America in the Nineteenth-Century German Novel«, *Yale Review*, 68 (1978), 35–52.

58 Adorno, 333.

59 Gustav Janouch, *Gespräche mit Kafka* (Frankfurt 1951), 78. Zur Aufdeckung der Unzuverlässigkeit dieser »Gespräche« vgl. Goldstücker, »Kafkas Ekkermann? Zu Gustav Janouchs *Gespräche mit Kafka*, in: David (Hrsg.), *Franz Kafka*, 238–255. Vgl. Binders Beurteilung, in: *Kafka-Handbuch*, Bd. 2, 554–562.

60 Kafka muß diesen Roman bis spätestens November 1912 gelesen haben, denn sein Einfluß auf die Eingangsszene der *Verwandlung* ist offenkundig. Vgl. Mark Spilka, »Kafka's Sources for *The Metamorphosis*«, *CL* 11 (1959), 289–307.

61 Northrop Frye, *Anatomy of Criticism* (Princeton 1957), 48.

62 Politzer, 124.

63 Vgl. z.B. Jürgen Jacobs, *Wilhelm Meister und seine Brüder* (München 1972); Jerome Buckley, *Season of Youth: The Bildungsroman from Dickens to Golding* (Cambridge, Mass., 1974).

64 Zitiert nach Lothar Köhn, *Entwicklungs- und Bildungsroman* (Stuttgart 1969), 1.

65 Alastair Fowler, *Kinds of Literature: An Introduction to a Theory of Genres and Modes* (Oxford 1982), 37. Vgl. auch E.D. Hirsch, *Validity in Interpretation* (New Haven 1967), 68–126. Zur Verteidigung des taxonomischen Gebrauchs von *Bildungsroman* vgl. Martin Swales, *The German Bildungsroman from Wieland to Hesse* (Princeton 1978). Der Abschnitt »Gattungen des Erzählens« bei Heinz Hillmann, *Franz Kafka: Dichtungstheorie und Dichtungsgestalt* (Bonn 1964), 161–194, stellt eine taxonomische Klassifikation dar, die in keiner Relation zu dem Gattungskonzept steht, das hier zugrunde gelegt wird.

66 Vgl. Jürgen Pütz, *Kafkas »Verschollener« – ein Bildungsroman?* (Bern 1983), 27; 30.

67 Ebda., 69.

68 Fowler, 55–56.

69 Zu Kafkas Begriff von Gerechtigkeit als Disziplin vgl. Hiebel, 90–91.

70 Politzer, 125. – Hier zit. nach H.P.: *Franz Kafka. Der Künstler*, a.a.O., 203. Kurz, *Traum – Schrecken*, 153–156, stellt Karl als verschlagenen, ehrgeizigen Charakter dar. Seine Argumentation beruht jedoch auf einer höchst willkürlich vorgenommenen Auswahl der Belegstellen.

71 Robert Walser, *Jakob von Gunten* (Zürich 1950), 18. Walsers Einfluß auf Kafka ist dargestellt worden von Karl Pestalozzi, »Nachprüfung einer Vorliebe: Franz Kafkas Beziehung zum Werk Robert Walsers«, *Akzente*, 13 (1966), 322–344, und Bernhard Böschenstein, »Nah und fern zugleich: Franz Kafkas *Betrachtung* und Robert Walsers Berliner Skizzen«, in: Kurz (Hrsg.), *Der junge Kafka*, 200–212; keiner von beiden erwähnt jedoch das Wiedererscheinen Benjamentas in Kafkas Werken.

72 Vgl. Leopold von Sacher-Masoch, *Venus im Pelz* (1869; wieder abgedr. Frankfurt 1968), 136–138. Vgl. Peter Waldeck, »Kafka's *Die Verwandlung* and *Ein Hungerkünstler* as influenced by Leopold von Sacher-Masoch«, *Monatshefte*, 64 (1972), 147–152.

73 Vgl. Nike Wagner, *Geist und Geschlecht: Karl Kraus und die Erotik der Wiener Moderne* (Frankfurt 1982), 138.

74 Brief vom 8. Juli 1796, *Der Briefwechsel zwischen Schiller und Goethe*, hrsg. v. Emil Staiger (Frankfurt 1966), 239.
75 Zuerst veröffentlicht 1952 und jetzt – zusammen mit anderen Aufsätzen – wieder abgedruckt in: Friedrich Beißner, *Der Erzähler Franz Kafka* (Frankfurt 1983).
76 Vgl. John M. Ellis, *»Kafka: Das Urteil«, Narration in the German Novelle* (Cambridge 1974), 188–211.
77 Vgl. Hans Robert Jauß, »Interaktionsmuster der Identifikation mit dem Helden«, *Ästhetische Erfahrung und literarische Hermeneutik* I (München 1977), 212–258.
78 Fyodor Dostoyevsky, *Notes from the Underground: The Double*, übers. v. Jessie Coulson (Harmondsworth 1972), 127.
79 Vgl. Michail Bachtin, *Probleme der Poetik Dostoevskijs*, übers. v. Adelheid Schramm (München 1971), 53–86.
80 Georg Simmel, »Die Großstädte und das Geistesleben«, *Brücke und Tür* (Stuttgart 1957), 231.
81 W.H. Auden, *Collected Longer Poems* (London 1968), 119. (»Jeden Morgen zeigt ihnen ihr Spiegelbild einen Menschen, der einer unterdrückten Klasse angehört. Jeder erkennt darin wieder, was Lear sah und er und Thurber darstellten: den Schattenriß eines geschlechtslosen Wesens – das ist das typische Bild eines Fabrikarbeiters.«)
82 Vgl. Thomas Anz, *Literatur der Existenz: Literarische Psychopathographie und ihre soziale Bedeutung im Frühexpressionismus* (Stuttgart 1977), 85–89.
83 So geht Marthe Robert doch wohl zu weit, wenn sie – in: *Einsam wie Franz Kafka* (Frankfurt 1985), 20 – meint, Kafka habe auf die Bemerkung seines Vaters über Löwy: »Wer sich mit Hunden ins Bett legt, steht mit Wanzen auf« (T 139), damit reagiert, daß er sofort eine Erzählung geschrieben habe, deren Protagonist tatsächlich als ein Insekt das Bett verlassen habe. Damit simplifiziert sie sicherlich die Entstehung der Geschichte.
84 Elizabeth M. Rajec, *Namen und ihre Bedeutung im Werke Franz Kafkas* (Bern 1977), 58.
85 Emrich, 120.
86 Lukács, »Dostoevsky«, in: René Wellek (Hrsg.), *Dostoevsky: A Collection of Critical Essays* (Englewood Cliffs, NJ, 1962), 148.
87 Arthur Schnitzler, *Der Weg ins Freie*, in: *Die erzählenden Schriften* (2 Bde., Frankfurt 1961), Bd. 1, 957. Vgl. Hugo von Hofmannsthal, »Das Gespräch über Gedichte«, *Prosa II* (Frankfurt 1951), 97; »Vorspiel für ein Puppentheater«, *Dramen II* (Frankfurt 1954), 496; Alfred Kubin, *Die andere Seite* (München 1909; wieder abgedr. 1975), 148; ebenfalls Anz, 106–112 und Gotthart Wunberg, *Der frühe Hofmannsthal: Schizophrenie als künstlerische Struktur* (Stuttgart 1965).
88 Vgl. Peters, 124–133.
89 F.D. Luke, *»The Metamorphosis«*, in: Angel Flores und Homer Swander (Hrsg.), *Franz Kafka Today* (Madison, Wis., 1958), 25–44.
90 Vgl. H 92; Allan Janik und Stephen Toulmin, *Wittgenstein's Vienna* (New York 1973).
91 Karlheinz Fingerhut, *Die Funktion der Tierfiguren im Werke Franz Kafkas* (Bonn 1969), 256–257.

92 Luke, 40.
93 Hermsdorf, 154.
94 Rathenau, Bd. 1, 86–87.

In Schuld verstrickt
Der Prozeß *(1914)*

1 Theo Elm, *»Der Prozeß«*, in: Binder (Hrsg.) *Kafka-Handbuch*, Bd. 2, 424–425. Diese Auffassung geht zurück auf Walser, *Beschreibung einer Form*; am überzeugendsten hat sie vertreten Horst Steinmetz, *Suspensive Interpretation am Beispiel Franz Kafkas* (Göttingen 1977). Als kritische Stellungnahme dazu vgl. Robert Welsh Jordan, »Das Gesetz, die Anklage und K.s Prozeß: Franz Kafka und Franz Brentano«, *JDSG* 24 (1980), 333–334.
2 Ingeborg Henel, »Die Türhüterlegende und ihre Bedeutung für Kafkas *Prozeß*«, DVjs 37 (1963), 50–70.
3 Brod, »Nachwort zur zweiten Ausgabe«, Franz Kafka, *Der Prozeß* (Frankfurt 1950), 324–325; Eric Marson, *Kafka's Trial: The Case against Josef K.* (St. Lucia, Queensland 1975), 8. Hier sind die wichtigsten Abweichungen wiedergegeben und diskutiert; das Buch ist eine wertvolle Studie, die weniger Beachtung gefunden hat, als sie verdient.
4 *The Trial*, tr. Willa and Edwin Muir (London 1937); *The Trial*, tr. Douglas Scott and Chris Waller (London 1977). Die zweite dieser Übertragungen ist hervorragend, man kann sie einem Leser ohne Deutschkenntnisse wärmstens empfehlen.
5 Bibliographische Hinweise zu dieser Diskussion bei Peter U. Beicken, *Franz Kafka: Eine kritische Einführung in die Forschung* (Frankfurt 1974), 371–373. Die Thesen Uyttersprots sind im einzelnen diskutiert worden von Binder, *Kommentar zu den Romanen*, 160–174.
6 Vgl. Marson, 93. Offen bleibt dabei das Problem, daß die Kap. 2 und 4 an aufeinanderfolgenden Sonntagen spielen. Das ist jedoch nicht entscheidend, denn K.s Wort »etwa« zeigt, daß Kafka eher an ungefähren als an genauen Zeitangaben gelegen war.
7 Vgl. Binder, *Kommentar zu den Romanen*, 162–163.
8 Vgl. Peter Cersowsky, *Phantastische Literatur im ersten Viertel des 20. Jahrhunderts* (München 1983) als (manchmal zu weitgehende) Zusammenstellung der Ähnlichkeiten zwischen den Werken Kafkas, Kubins und Meyrinks.
9 Vgl. Steinmetz, 67–71; dort wird Kafka Beckett und Robbe-Grillet zugeordnet. Eine ähnliche Anschauung hat David H. Miles, »›Pleats, Pokkets, Buckles and Buttons‹: Kafka's New Literalism and the Poetics of the Fragment«, in: Benjamin Bennet, Anton Kaes und W.J. Lilliman (Hrsg.), *Probleme der Moderne* (Tübingen 1983), 331–342.
10 W.J. Dodd, »Varieties of Influence: On Kafka's Indebtness to Dostoevskii«, *Journal of European Studies*, 14 (1984), 262–263. Vgl. Wagenbach, *Biographie*, 254; Brod, *Über Franz Kafka*, 46. Die gründlichste Untersuchung, die über Kafkas Abhängigkeit von Dostojevski vorliegt, stammt von

Sissel Laegreid, *Ambivalenz als Gestaltungsprinzip: Eine Untersuchung der Querverbindungen zwischen Kafkas »Prozeß« und Dostojewskis »Schuld und Sühne«* (Bergen 1980).

11 Vgl. Fowler, 41–43.

12 Konstantin Mochulsky, *Dostoevsky: His Life and Work*, tr. Michael A. Minihan (Princeton 1967), 300, 290.

13 Fjodor M. Dostojewskij, *Schuld und Sühne*, übertragen v. Richard Hoffmann, München [8]1985 (dtv klassik 2024), 124.

14 Vgl. Donald Fanger, *Dostoevsky and Romantic Realism* (Chicago 1965), 42.

15 Joseph Conrad, *The Secret Agent* (London 1907), 87.

16 Fanger, 194–198. Vgl. Mochulsky, 290–292.

17 Vgl. Kurz, *Traum – Schrecken*, 191.

18 Peter Demetz, *René Rilkes Prager Jahre* (Düsseldorf 1953), 107–108. Vgl. Brod, *Über Franz Kafka*, 170.

19 Anz, 58–59. Zum Bezug des »Prügler«-Kapitels zur »Gothic Novel« vgl. S.S. Prawer, *The ›Uncanny‹ in Literature* (London 1965), 21–22.

20 Vgl. Kurz, *Traum – Schrecken*, 178; Hiebel, 180.

21 Vgl. Beißner, 42.

22 Henel, »Die Deutbarkeit von Kafkas Werken«, *ZfdP* 86 (1967), 250–266.

23 Vgl. Winfried Kudszus, »Erzählperspektive und Erzählhaltung in Kafkas *Prozeß*«, *DVjs* 44 (1970), 306–317.

24 Binder, *Kommentar zu den Romanen*, 187; vgl. 192.

25 Eine lesenswerte und detaillierte Darstellung dieser Vorgänge und ihrer Bedeutung für *Der Prozeß* findet sich bei Elias Canetti, *Der andere Prozeß* (München 1969).

26 Sokel, 140.

27 Zitiert nach Werner Mittenzwei, »Brecht und Kafka«, in: Eduard Goldstücker, František Kautmann und Paul Reimann (Hrsg.), *Franz Kafka aus Prager Sicht* (Prag 1965), 123.

28 Einige eindrucksvolle Parallelen nennt J.P. Stern, *»The Law of the Trial«*, in: Kuna (ed.), *On Kafka*, 22–41.

29 Fischer, 294.

30 Georg Lukács, *The Meaning of Contemporary Realism*, tr. John and Necke Mander (London 1963), 57.

31 Politzer, 166.

32 Diese Figur erinnert an die Vater-Figuren, die in Kafkas frühen Schriften erscheinen (vgl. S. 97–98 oben). Er ist »riesig« (P 284), geht Arm in Arm mit K. und ist in Anspruch genommen von »Damenbekanntschaften« (P 285). Einige Wochen lang wohnt ein ältliches, wenig attraktives »Frauenzimmer« bei ihm (P 286). K. und er plaudern in demselben Zimmer, in dem sie lesend im Bett liegt und darauf wartet, daß Hasterer ihr seine Aufmerksamkeit schenkt. Diese Szene erinnert an die Anzeichen von Voyeurismus bei Mack und Delamarche in *Der Verschollene*. In einem gestrichenen Abschnitt streichelt K. Titorellis Wangen (P 294); Titorelli könnte dadurch als eine weitere Vater-Figur erscheinen.

33 Politzer, 186, weist darauf hin, daß diese Bankangestellten ein Deutscher, ein Tscheche und ein Jude sind und daß sie so die drei Nationalitäten Prags repräsentieren; »Rabensteiner« enthalte das Wort »Rabe«, und *Rabenstein*

deute außerdem auf »Hinrichtungsstätte« hin (vgl. Goethe, Faust I, 4399). *Kulich* hingegen sei das tschechische Wort für »Käuzchen«, ein Vogel, der wie die Dohle *(kavka)* den Tod ankündige. Vgl. Rajec, 136. Hinzugefügt sei, daß der Name »Kaminer« nicht vom deutschen *Kamin* (»Feuerstelle«) abgeleitet ist, sondern von dem tschechischen kámen (»Stein«), so daß als mehrsprachiges Wortspiel Kulich und Kaminer dieselbe düstere Botschaft verkörpern, die auch Rabensteiner darstellt.

34 Eine bei den Kafka-Interpreten häufig anzutreffende Schwäche, nämlich gewöhnliche Vorgänge so zu behandeln, als seien sie bedeutungsvolle Zeichen, zeigt sich an Binders Bemerkung (*Kommentar zu den Romanen*, 205): »Die Verbundenheit der Hände war für Kafka ein Ausdruck menschlicher Zusammengehörigkeit.« Das Händeschütteln hat in Kafkas Schriften denselben ein- oder mehrdeutigen Bedeutungsumfang wie in seinem wirklichen Leben.

35 Vgl. Martin Jay, *The Dialectical Imagination: A History of the Frankfurt School and the Institute for Social Research 1923–1950* (London 1973).

36 Die falsche Deutung stammt von Keith Leopold, »Breaks in Perspective in Franz Kafka's *Der Prozeß*«, *GQ* 36 (1963), 36.

37 Binder, *Kommentar zu den Romanen*, 197.

38 Zum Gegensatz von physischem und rationalem Bereich, auf den durch das Wort »Bauch« verwiesen wird, vgl. Kurz, *Traum – Schrecken*, 178–179. Diese Hervorhebung des Physischen läßt die Unterscheidung, die Sokel zwischen dem »sozialen Selbst« und dem »reinen Selbst« bei Kafka vorzunehmen sucht, fragwürdig werden und macht es unwahrscheinlich, daß das Gericht K. zu veranlassen sucht, »die Existenzform des reinen Ichs« anzunehmen (Sokel, 141).

39 Friedrich Nietzsche, *Unzeitgemäße Betrachtungen*, Drittes Stück, § 1 (*Werke*, hrsg. v. Karl Schlechta, 3 Bde., München 1956) Bd. 1, 287.

40 Adolfo Sánchez Vázquez, *Art and Society: Essays in Marxist Aesthetics*, tr. Marc Riofrancos (London 1973), 147.

41 Thomas Mann, *Gesammelte Werke* (12 Bde., Frankfurt 1960), Bd. 8, 515.

42 Dieser Sachverhalt ist besonders klar von Jordan dargestellt worden; vgl. Emrich, 259.

43 In der Nichtberücksichtigung dieser Unterscheidung liegt der Grund dafür, daß der Roman *Der Prozeß* so unterschiedlich interpretiert wird. Sokel, 154, ist der Meinung, K. sei nicht von Anfang des Romans an schuldig, sondern werde es erst im Verlauf der Erzählung; Hiebel, 181–182, schafft K.s Schuld aus der Welt, indem er sie als ödipales Gefühl des Unrechthabens ansieht, das das Gericht dazu benutzt, um ihn in die Rolle des Schuldigen zu drängen; Politzer, 177, dagegen behauptet, für eine Schuld K.s gebe es keine Begründung und darin liege eine große Schwäche des Romans.

44 Vgl. Emrich, 181–182; Henel, »Die Türhüterlegende«.

45 Sokel, 141–142, ist dagegen der Ansicht, K.s Eingabe stelle die vom Gericht von ihm geforderte grundsätzliche Selbstüberprüfung dar.

46 Leo Tolstoi, *Der Tod des Iwan Iljitsch*, aus d. Russ. übertragen v. Johannes von Guenther (Stuttgart 1983), 87. Kafka hat diese Erzählung gelesen, aber vielleicht nicht vor Dezember 1921 (T 551).

47 Vgl. Walser, *Beschreibung einer Form*, 52–53. Marson, 157, meint, sie repräsentierten den positiven Wert der Demut.
48 Hier hat Kafka ein Motiv Dostojewkis aus seinem realistischen Konzept gelöst und übernommen. Als Raskolnikow das Polizeirevier aufsucht, tadelt ihn der Leutnant wegen seiner Verspätung: »Hier steht neun Uhr, und jetzt ist es schon zwölf!« (*Schuld und Sühne*, 127).
49 Das ist sehr überzeugend von I. Henel in den beiden bereits genannten Arbeiten dargelegt worden.
50 Franz Brentano, *Vom Ursprung sittlicher Erkenntnis*, hrsg. v. Oskar Kraus (Leipzig 1921), 8. Vgl. Jordan, 340–342.
51 Salomon Maimon, *Lebensgeschichte*, hrsg. v. Jakob Fromer (München 1911), 358–359. Auf diesen Abschnitt und seine mögliche Bedeutung für den *Prozeß* hat zuerst Malcolm Pasley hingewiesen, »Two Literary Sources of Kafka's *Der Prozeß*«, *FMLS* 3 (1967), 142–147.
52 Lanz ist offensichtlich – ebenso wie der Aufseher mit dem rötlichen Spitzbart, der seine Verhaftung überwacht – eine Projektion der unterdrückten Libido K.s. Vgl. Marson, 63.
53 Sie sind von Sokel, 167–168, klar herausgearbeitet worden.
54 Sokel, 173, meint, K.s »Verwandlung« gleiche der Verwandlung Gregor Samsas; sie sei eine Strafe für seine Neugier. Die bloße Wiederholung desselben Wortes rechtfertigt jedoch kaum eine so kühne Interpretation. Vgl. »Verwandlung«, P 294.
55 Kafkas Schilderung der Atmosphäre geht auf *Schuld und Sühne* zurück. Dort erleidet Raskolnikow einen Schwindelanfall im Polizeibüro (vgl. Binder, *Kommentar zu den Romanen*, 216). Überraschender ist ihre Verbindung mit Casanovas Schilderung seiner Haft in den Bleikammern Venedigs; vgl. dazu Brod, *Über Franz Kafka*, 92, und Michael Müller, »Kafka und Casanova«, *Freibeuter*, 16, (1983), 67–76.
56 Die ausführlichste Erklärung gibt Marson, 148–162.
57 Marson, 158.
58 Walter Benjamin und Gershom Scholem, *Briefwechsel 1933–1940*, hrsg. v. Gershom Scholem (Frankfurt 1980), 157–158.
59 In Einzelheiten erinnert Blocks Demütigung an die Behandlung, die »Gregor« in Sacher-Masochs *Venus im Pelz* widerfährt. Insbesondere läßt Blocks kleines, fensterloses Zimmer an das Hotelzimmer in Florenz denken, in dem »Gregor« als Sklave Wandas untergebracht ist: »ein schmales Zimmer ohne Kamin, ohne Fenster, mit einem kleinen Luftloch. Es würde mich – wenn es nicht so hundekalt wäre – an die venetianischen Bleikammern erinnern« (Sacher-Masoch, 77). Die Anspielung auf Casanovas Gefängnis hat sicherlich mit dazu beigetragen, daß diese Passage in Kafkas Erinnerung haftenblieb.
60 André Németh, *Kafka ou le mystère juif*, tr. Victor Hintz (Paris 1947), 112–113. Vgl. Marson, 193.
61 Emrich, 280.
62 Marson, 254–255.
63 Kafka ließ sich zu dieser Erzählung wahrscheinlich durch einen Abschnitt in *Furcht und Zittern* anregen, in dem Kierkegaard die Menschen anprangert, deren feige Angst in der Beziehung zu Gott sie glauben macht, sie

könnten ihre Aussichten auf Erlösung verbessern, wenn sie sich nach Art einer Sekte zusammmenschlössen. Er lautet im einzelnen:

Der Ritter des Glaubens ist als das Paradox der Einzelne, absolut nur der Einzelne, ohne alle Konnexionen und Weitläufigkeiten. Das ist das Entsetzliche, das der sektiererische Schwächling nicht ertragen kann. Anstatt nämlich daraus zu lernen, daß *er* das Große nicht ausführen *kann*, und dies dann frei zu gestehen (was ich natürlich nur billigen kann, da ich es geradeso mache), meint der Stümper, daß er es werde ausführen können, wenn er sich mit einigen anderen Stümpern verbinde. Da stolzierte denn so ein Dutzend Sektierer Arm in Arm einher. [...] Doch in der Welt des Geistes gilt kein Mogeln.

Sören Kierkegaard, *Furcht und Zittern; Die Wiederholung*, übers. v. H.C. Ketels, H. Gottsched und C. Schrempf, 3. Aufl. (Jena 1923), 76. Kafka hat es spätestens bis Nov. 1917 gelesen (Br 190).

64 F.M. Dostojewski, *Die Brüder Karamasoff*, übers. v. E.K. Rahsin (München 1914), 523. In dieser Übersetzung hat Kafka den Roman gelesen: vgl. Wagenbach, *Biographie*, 254.

65 Dostojewski, *Karamasoff*, 517.

66 Robert, 160.

67 Wilhelm Jannasch, *Erdmuthe Dorothea Gräfin von Zinzendorf, geborene Gräfin Reuß zu Plauen: Ihr Leben als Beitrag zur Geschichte des Pietismus und der Brüdergemeinde dargestellt* (Herrnhut 1915). Vgl. F 677.

68 Zur Interpretation der »Heidelandschaft« vgl. Emrich, 291; Hiebel, 219.

69 Zitiert nach Walter Benjamin, »In der Sonne«, *Schriften*, hrsg. v. Theodor W. Adorno und Gretel Adorno (2 Bde., Frankfurt 1955), Bd. 2, 97.

70 Vgl. Pasley, »Two Literary Sources«.

71 Nietzsche, *Die fröhliche Wissenschaft*, Drittes Buch, § 125 (Schlechta, Bd. 2) 127.

72 Ebenda, 128.

73 Vgl. die Übersicht von Ernst Weiß, wieder abgedruckt bei Jürgen Born (Hrsg.), *Franz Kafka: Kritik und Rezeption 1924–1938* (Frankfurt 1983), 96; Benjamin und Scholem, *Briefwechsel*, 169.

74 Mochulsky, 621.

75 Dostojewski, *Karamasoff*, 522.

76 Bertolt Brecht, »Vergnügungstheater oder Lehrtheater?«, *Gesammelte Werke* (20 Bde., Frankfurt 1967), Bd. 15, 265.

77 Vgl. R.St. Leon, »Religious Motives in Kafka's *Der Prozeß*, *Journal of the Australasian Universities Modern Language Association*, 19 (May 1963), 21–38. Vgl. *The Talmud: Selections*, tr. H. Polano (London, n.d.), 347. Wie Max Brod, *Über Franz Kafka*, 233, erzählt, besaß Kafka eine Talmudanthologie; wir wissen jedoch nicht, wann er sie erworben hat. Sein Wissen über die Lehre des Talmud zur Zeit der Arbeit an *Der Prozeß* darf sicherlich nicht überschätzt werden. Die Talmud-Zitate in seinem Tagebuch (T 173; 177–78) stammen aus Gordins *Die Schchite*.

78 Giuliano Baioni, *Kafka: romanzo e parabola* (Milano 1962), 164, identifiziert sie als eine Versammlung von Chassidim.

79 *Vom Judentum: Ein Sammelbuch* (Leipzig 1913), 281–284.

80 Vgl. Jakob Fromer, *Der Organismus des Judentums* (Charlottenburg 1909),

64. Kafka hat dieses Buch im Januar 1912 gelesen (T 242). Der Mann vom Lande ist von Politzer als ein »Am ha-'arez« identifiziert worden, 174–175; Urzidil, 33; Robert, 163.

81 Baioni, 180. Das Wort »tartarisch« scheint unpassend zu sein. Es kann Kafka jedoch aus einem Abschnitt in Maimons Zusammenfassung der Lehren des Maimonides nahegelegt worden sein. Maimonides überliefert eine allegorische Darstellung, in der verschiedene Grade religiösen Verstehens durch unterschiedliche Abstände vom Palast des Königs veranschaulicht werden. Bei den am weitesten von ihm Entfernten, die sogar noch außerhalb der Stadt des Königs leben, befinden sich »die herumstreifenden nordischen *Tataren*« (Maimon 460), weil sie weder eine natürliche noch eine geoffenbarte Religion haben. Sie repräsentieren deswegen den niedrigsten Grad der Menschlichkeit, »mit den unvernünftigen Tieren beinahe in gleichem Range« (ibid.). Der Türhüter befindet sich in ähnlicher Weise auf der niedrigsten Stufe einer Hierarchie; er darf nicht einmal das Gesetz betreten.

82 Karl Emil Franzos, »Der Ahnherr des Messias«, *Vom Don zur Donau: Neue Kulturbilder aus Halb-Asien*, 2. Aufl., (2 Bde., Stuttgart 1889), Bd. 2, 267. Vgl. Simon Dubnow, *Geschichte des Chassidismus*, übers. v. A. Steinberg (2 Bde., Berlin 1931), Bd. 2, 288.

83 Interessant ist Martin Bubers Bemerkung, Kafka habe ihn bei seinem Besuch in Berlin am 28. Februar 1914 um Auskunft gebeten über den orientalischen Mythos, auf den Psalm 82 zurückgeht. Nach diesem Mythos hat Gott die Lenkung der Welt Engeln anvertraut, die sich von ihm abgewandt haben und falsche Glaubensinhalte verbreiten. Nur der Mensch, der sich unmittelbar auf Gott ausrichtet, kann sich der Macht dieser unbotmäßigen Diener Gottes entziehen. Buber kann recht haben, wenn er sagt, Kafka habe diesen Mythos in seinen Roman *Der Prozeß* übernommen. Die Beamten des Gerichts sind jedoch nicht als übernatürliche Wesen dargestellt. Anscheinend hat dieser Mythos also nur bei der Konzeption des Romans eine Rolle gespielt und erscheint im Text selbst nicht.

84 Georg Büchner, *Werke und Briefe* (München 1965), 62.

85 Dostojewski, *Karamasoff*, 456.

86 Vgl. z.B. Günther Anders, *Kafka: Pro und Contra* (München 1951), 28; Stern, 35–36.

Verantwortung
Die kleinen Erzählungen (1914–1917)

1 Brod, *Streitbares Leben*, 135.

2 Vgl. Binder, »Kafka und Napoleon«, in: Ulrich Gaier und Werner Volke (Hrsg.), *Festschrift für Friedrich Beißner* (Bebenhausen 1974), 38–66. Einen Überblick über die Entwicklung von Kafkas Führerbild gibt Oppenheimer, 64–77.

3 Kafka, *Diaries* II, 132–138.

4 Zu Goethe vgl. T 248 und Kap. 1 oben; zu Hebbel F 274–275; zu Dickens T 60, 536; zu Balzac H 281.
5 Vgl. Binder (Hrsg.), *Kafka-Handbuch* I, 427–428. Hier verweist Binder auf Ergebnisse einer medizinischen Untersuchung Kafkas, die von Hugo Hecht, seinem Klassenkameraden und Facharzt für Geschlechtskrankheiten, vorgenommen worden war. Hecht ist der Auffassung, Kafka habe an Hypogonadismus (Unterentwicklung der Geschlechtsorgane) gelitten und sei erst um das 25. Lebensjahr zu geschlechtlicher Reife gelangt. Die Ergebnisse der Untersuchung Hechts teilt Klaus-Peter Hinze mit: »Neue Aspekte zum Kafka-Bild: Bericht über ein noch unveröffentlichtes Manuskript«, *MAL* 5 (1972), III–IV, 83–92.
6 »Fletschern« ist die Bezeichnung für eine Technik, die Nahrung mit größter Gründlichkeit zu kauen. Sie wurde von dem amerikanischen Gesundheitsprediger Horace Fletcher (1849–1919) empfohlen. Kafka folgte dieser Empfehlung gewissenhaft (F 671).
7 Vgl. Kafka, *Beschreibung eines Kampfes: Die zwei Fassungen*, hrsg. v. Ludwig Dietz (Frankfurt 1969); Sokel, 33–38; Jost Schillemeit, »*Kafkas Beschreibung eines Kampfes*: Ein Beitrag zum Textverständnis und zur Geschichte von Kafkas Schreiben«, in: Kurz (Hrsg.), *Der junge Kafka*, 102–133.
8 Vgl. Kafkas Brief an Buber, in: Buber, *Briefwechsel* I, 491–492; Pasley, »Kafka and the Theme of ›Berufung‹«, *OGS* 9 (1978), 139–149.
9 Der Text des Fragments *Der Gruftwächter*, wie er in B vorliegt, ist unzuverlässig. Eine authentische Textfassung ist von Pasley hergestellt worden, ist jedoch zur Zeit nur in der englischen Übersetzung verfügbar, in: Kafka, *Shorter Works* I, ed. and tr. Pasley (London 1973), 40–49.
10 Pasleys Übersetzung lautet: »this tomb represent the frontier of humanity«, *Shorter Works*, 41.
11 Wie Oppenheimer, 197, gezeigt hat, war man sich nahezu sicher, in diesen Nomaden die Eindringlinge sehen zu können, die, wie Jeremia sagt, von Mitternacht über Israel kommen werden (Jer. 6,22), die bewaffnet sind mit Pfeil und Bogen (Jer. 6,23) und deren Sprache man nicht versteht (Jer. 5,15).
12 Die Einrichtung eines Kreisgerichtes in Trautenau (heute Trutnov) war ein umstrittenes Projekt, für das in unrealistischer Weise sich die deutschen Parteien in Österreich im Sommer 1918 einsetzten, als der Krieg offenkundig bereits verloren war und die Westmächte die Nationalräte in den früheren Reichsprovinzen bereits anerkannt hatten.
13 Claude David, in: ders. (Hrsg.), *Franz Kafka*, 60–88. Zu Kafkas Dekadenzsymbolik vgl. Peter Cersowsky, *»Mein ganzes Wesen ist auf Literatur gerichtet«: Franz Kafka im Kontext der literarischen Dekadenz* (Würzburg 1983), 67–70.
14 Hugo Hecht war der Meinung, Kafkas Tuberkulose hätte geheilt werden können, wenn er seiner Gesundheit nicht durch vegetarische Lebensweise geschadet hätte: Hinze, 90–91.
15 Vgl. Pasley, »Ascetism and Cannibalism: Notes on an Unpublished Kafka Text«, *OGS* 1 (1966), 105–106.
16 Vgl. Euripides *Die Bakchen*, 735–747. Eine zufällige, aber bemerkenswerte Parallele dazu liegt in einem rituellen Geschehen, das früher jährlich in

Tanger stattfand; es wird mitgeteilt von E. R. Dodds, *The Greeks and the Irrational* (Berkeley 1951), 276: »Ein Stamm aus den Bergen steigt halbverhungert und in rauschhafter Verzückung hinab in die Stadt. Nach den üblichen eintönigen Tänzen zu Trommelwirbeln und schriller Flötenmusik treibt man ein Schaf auf die Mitte des Platzes; dort sammeln sich die Anhänger des Kultes, zerreißen das Tier Glied um Glied und verzehren es roh.«

17 Vgl. Binder, *Kafka: Kommentar zu sämtlichen Erzählungen* (München 1975), 207.

18 Bergman, »Erinnerungen«, 742.

19 Wagenbach, *Biographie*, 62.

20 Vgl. Br 80; Brod, *Über Franz Kafka*, 79.

21 Vgl. Goldstücker, »Über Franz Kafka aus der Prager Perspektive 1963«, in: Goldstücker, Kautman und Reimann (Hrsg.), *Franz Kafka aus Prager Sicht*, 40–41. Die banalen Bemerkungen über die im Kapitalismus herrschende Unterdrückung, wie sie Kafka von Janouch zugeschrieben werden, *Gespräche mit Kafka*, 2. Aufl. (Frankfurt 1968), 205–206, sind mit größter Wahrscheinlichkeit nicht authentisch, obgleich sie *ad nauseam* durch marxistische Interpreten zitiert worden sind, z.B. Sánchez Vázquez, 152; Lee Baxandall, »Kafka as Radical«, in: Flores (ed.), *The Kafka Debate*, 122; Evgeniya Knipovich, »Franz Kafka«, in: Kenneth Hughes (ed. and tr.), *Franz Kafka: An Anthology of Marxist Criticism* (Hannover, NH 1981), 189.

22 Michael Mareš, »Wie ich Franz Kafka kennenlernte«, in: Wagenbach, *Biographie*, 270–276.

23 Brod, *Über Franz Kafka*, 79.

24 Vgl. Goldstücker, op. cit., 41–42. Brod, *Der Prager Kreis*, 105, beschreibt Mareš als »zur Phantastik neigend«. Vgl. Binder (Hrsg.), *Kafka-Handbuch* I, 361–366.

25 Groß herausgestrichen wird diese Freundschaft von Wagenbach, *Franz Kafka in Selbstzeugnissen und Bilddokumenten* (Reinbek 1964), 49; Gertrude Durusoy, *L'Incidence de la littérature et de la langue tchèques sur les nouvelles de Franz Kafka* (Bern 1981). Eine skeptische Haltung empfiehlt Sir Cecil Parrott, *The Bad Bohemian: A Life of Jaroslav Hašek* (London 1978), 70–71; 109–115.

26 Michael Löwy, *Georg Lukács: From Romanticism to Bolchevism*, tr. Patrick Camiller (London 1979), 23.

27 Vgl. seine Ausführungen auf dem Ersten Zionistischen Kongreß, »Judenstaat und Judennot«, in: Achad Haam, *Am Scheidewege: Gesammelte Aufsätze*, übers. v. Israel Friedländer und Harry Torczyner (4 Bde., Berlin 1923), II, 45–67.

28 Zitiert nach Binder, »Kafka und *Selbstwehr*«, 283.

29 Max Nordau, *Zionistische Schriften* (Berlin 1923), 48. Vgl. Avinieri, 101–111. Zur Bedeutung der Begriffe »Ghetto« und »Ghettojude« sowie zu den Assoziationen, die sich mit ihnen verbinden, vgl. Steven Aschheim, *Brothers and Strangers: The East European Jew in German and German Jewish Consciousness*, 1800–1923 (Madison, Wisc. 1982) 5–7.

30 Zitiert nach Binder (Hrsg.), *Kafka-Handbuch* I, 392.

31 Adolf Böhm, »Wandlungen im Zionismus«, Vom Judentum, 143.
32 Martin Buber (Hrsg.), *Ekstatische Konfessionen* (Leipzig 1909), 5. XV.
33 Vgl. Arthur Schopenhauer, *Die Welt als Wille und Vorstellung*, hrsg. v. Julius Frauenstädt (2 Bde., Leipzig 1923), II, 218–219; Nietzsche, *Die Geburt der Tragödie*, § 1 (Schlechta I, 23–25). Bubers Abhängigkeit von Nietzsche hat Dietmar Goltschnigg in seiner wertvollen Studie über Bubers Mystizismus aufgezeigt: *Mystische Tradition im Roman Robert Musils: Martin Bubers »Ekstatische Konfessionen« im »Mann ohne Eigenschaften«* (Heidelberg 1974), 26–27.
34 Buber, »Das Judentum und die Juden«, in: *Der Jude und sein Judentum: Gesammelte Aufsätze und Reden* (Köln 1963), 16.
35 Ibid. 17.
36 Buber, *Die jüdische Bewegung: Gesammelte Aufsätze und Ansprachen* (2 Bde., Berlin 1920), I, 68–69.
37 Richard Beer-Hofmann, *Gesammelte Werke* (Frankfurt 1963), 654. Zur Popularität dieses Gedichtes vgl. Hans Kohn, *Martin Buber: Sein Werk und seine Zeit*, 2. Aufl. (Köln 1961), 96–97. Binder (Hrsg.), *Kafka-Handbuch* I, 374.
38 Buber, *Die Jüdische Bewegung* I, 191.
39 Ibid. I, 68. Vgl. Nietzsche, »Zarathustras Vorrede«, § 9 (Schlechta II, 289); *Zur Genealogie der Moral* II, § 17 (Schlechta II, 827). Das Bild des Künstlers, der Menschen formt, wurde auch von Mussolini verwendet: Vgl. J. P. Stern, *Hitler: The Führer and the people* (Glasgow 1975), 45.
40 Buber, *Werke* III, 961–973.
41 Buber, *Die jüdische Bewegung* I, 59, 74, 157; *Der Jude und sein Judentum*, 18.
42 Buber, *Die jüdische Bewegung* I, 199–200; vgl. *Briefwechsel* I, 246.
43 Buber, *Werke* III, 967.
44 Richard Wagner, *Sämtliche Schriften und Dichtungen* (Volksausgabe, 12 Bde., Leipzig o. J.) V, 72.
45 Nietzsche, *Der Antichrist*, § 24 (Schlechta II, 1184); Hervorhebung im Original.
46 Zitiert nach George L. Mosse, *Germans and Jews* (New York 1970), 43.
47 Jakob Wassermann, *Die Juden von Zirndorf* (München 1897), 239. Kafka besaß ein Exemplar dieses Buches: Wagenbach, *Biographie*, 261.
48 Vgl. Sander L. Gilman, »›Ebrew and Jew‹: *Moses Mendelssohn and the Sense of Jewish Identity*«, in: Ehrhard Bahr, Edward P. Harris und Laurence G. Lyon (Hrsg.), *Humanität und Dialog: Lessing und Mendelssohn in neuer Sicht* (Detroit und München 1982), 67–82.
49 Buber, *Die jüdische Bewegung* I, 59.
50 Mosse, 91.
51 Ferdinand Tönnies, *Gemeinschaft und Gesellschaft*, Neuauflage unter Zugrundelegung der 8. Aufl. 1935 (Darmstadt 1979); zuerst 1887 erschienen.
52 Paul de Lagarde, *Deutsche Schriften* (2 Bde., Göttingen 1878) I, 79. Vgl. Hans Kohn, *The Mind of Germany* (London 1961); Fritz Stern, *The Politics of Cultural Despair: A Study in the Rise of German Ideology* (Berkeley 1961).
53 Buber und Lagarde werden von Mosse, 85, verglichen. Zu Bubers *völkischem* Gedankengut vgl. Kohn, *Living in a World Revolution*, 62–67.

54 Buber zitiert seine früheren Äußerungen ohne jeden Vorbehalt in »Die Losung«, *Der Jude*, 1. I (April 1916), 2. Zu den Reaktionen darauf vgl. den Brief vom 12. Mai 1916 von Landauer, in: Buber, *Briefwechsel* I, 433–438. David Biale, *Gershom Scholem: Kabbalah and Counter-History* (Cambridge, Mass. 1979), 62–63.

55 T.J. Reed, *Thomas Mann: The Uses of Tradition* (Oxford 1974), 182.

56 Meine Darstellung folgt Simon Dubnow; Gershom Scholem, *Die jüdische Mystik in ihren Hauptströmungen* (Frankfurt/M. 1980); S. Ettinger, »The Hasidic-Movement – Reality and Ideals«, *Cahiers d'histoire mondiale*, 11 (1968), 251–266; Louis Jacobs, *Hasidic Prayer* (London 1972); Bernhard D. Weinryb, *The Jews of Poland* (Philadelphia 1973).

57 Dubnow I, 85. Vgl. Geza Vermes, *Jesus the Jew: A Historian's Reading of the Gospels* (London 1973).

58 Zitiert nach Scholem, *Hauptströmungen*, 377. Vgl. Scholem, »*Devekut*, or Communion with God«, *The Messianic Idea in Judaism* (London 1971), 203–227.

59 Vgl. Art. »Ruzhin, Israel«, *Encyclopaedia Judaica*, XIV, 526–532. Einen weniger verklärenden Bericht über die Dynastie gibt Franzos, *Vom Don zur Donau* II, 251–270.

60 Buber, »Mein Weg zum Chassidismus«, *Werke* III, 964. – *Rebbe* bezeichnet einen chassidischen Rabbi, der jedoch nicht notwendigerweise ein *Zaddik* sein muß. Diese Stelle ist als Ausdruck von Bubers innerstem Verlangen nach einem Ersatz für seinen Vater interpretiert worden, den er nur selten sah, weil seine Eltern seit seiner frühen Kindheit geschieden waren und er in der Regel bei seinem Großvater lebte: Vgl. Gilman, The Rediscovery of the Eastern Jews: German Jews in the East, 1890–1918«, in: David Bronsen (Hrsg.), *Jews and Germans from 1860 to 1933* (Heidelberg 1979), 346.

61 Vgl. die Gratulationen, in: Buber, *Briefwechsel* I, 243 (Hofmannsthal, 321–322 (Zweig), 356 (Schocken); Pamela Vermes, »The Buber-Lukács Correspondence (1911–1921)«, *LBY* 27 (1982), 369–377; Aschheim, 121–138.

62 Scholem, »Martin Buber's Interpretation of Hasidism«, *Messianic Idea*, 228–250.

63 Buber, *Die Legende des Baalschem* (Frankfurt 1908) 5. II. Vgl. seine Entgegnung auf Scholem in *Werke* III, 991–998, und seine Vorrede zur deutschen Übersetzung des *Kalevala*, wiederabgedruckt in: Buber, *Die Rede, die Lehre und das Lied* (Leipzig 1917). Dort nimmt Buber positiv Stellung zu Elias Lönnrots anfechtbarer Methode, ein »Nationalepos« zu schaffen. Lönnrot hatte eine Auswahl aus den attraktivsten Versionen der Lieder, die er von finnischen Volkssängern gehört hatte, zum »Epos« zusammengefügt.

64 Buber, »Die Erneuerung des Judentums«, in: *Der Jude und sein Judentum*, 43.

65 Kohn, »Der Geist des Orients«, *Vom Judentum*, 9. Vgl. Werner Sombart, *Die Juden und das Wirtschaftsleben* (Leipzig 1911).

66 Moses Calvary, »Das neue Judentum und die schöpferische Phantasie«, *Vom Judentum*, 107.

67 Vgl. Brod, »Notiz über einen jungen Maler«, *Herder-Blätter*, 1, III (Mai 1912), 56.

68 Zitiert nach: Jost Schillemeit (Hrsg.), *Epochen der deutschen Lyrik 7: 1800–1830* (München 1970), 358.

69 Auszüge aus der deutschen Übersetzung von *Le Jardin des supplices*, die bei der Veröffentlichung 1901 verboten wurde und deshalb jetzt nur sehr schwer greifbar ist, sind enthalten in: Kafka, *In der Strafkolonie. Eine Geschichte aus dem Jahre 1914*, hrsg. v. K. Wagenbach (Berlin 1975); das Zitat stammt von der Seite 83. Kafkas Abhängigkeit von Mirbeau ist zuerst von Wayne Burns festgestellt worden, »*In the Penal Colony*: Variations on a Theme by Octave Mirbeau«, *Accent*, 17 (1957), 45–51. Die Diskussion darüber ist weitergeführt worden von Binder, *Kommentar zu sämtlichen Erzählungen*, 174–181, und Cersowsky, *Phantastische Literatur*, 204–208. Auf andere Quellen ist vor kurzem verwiesen worden von W.J. Dodd, »Dostoyevskian Elements in Kafka's Penal Colony«, *German Life and Letters*, n.s. 37 (1983), 11-23.

70 Mann, XII, 31. Zur Herkunft und zur Entwicklung der Antithese von *Kultur* und *Zivilisation* vgl. Fritz K. Ringer, *The Decline of the German Mandarins* (Cambridge, Mass. 1969), 83, 90.

71 Nietzsche, *Zur Genealogie der Moral*, II, § 7 (Schlechta II, 809); Pasley, »Introduction«, Kafka, *Der Heizer, In der Strafkolonie, Der Bau* (Cambridge 1966), 17–21.

72 Pascal, 80, 82.

73 Vgl. Henel, »Kafkas *In der Strafkolonie*: Form, Sinn und Stellung der Erzählung im Gesamtwerk«, in: V.J. Günther u.a. (Hrsg.), *Untersuchungen zur Literatur als Geschichte: Festschrift für Benno von Wiese* (Berlin 1973), 480–504.

74 Pascal, 87–89.

75 Vgl. insbesondere das Kapitel »Operationes spirituales«, in: *Der Zauberberg*, Mann III, 608–647.

76 Diese Information stammt aus »Die Ostjuden in Prag«, *Das jüdische Prag* (Prag 1917; Nachdruck Kronberg 1978), 53–56; Moses Wiesenfeld, »Begegnung mit Ostjuden«, in: Felix Weltsch (Hrsg.), *Dichter, Denker, Helfer: Max Brod zum 50. Geburtstag* (Mährisch-Ostrau 1934), 54–57. Wiesenfeld ist zweifellos identisch mit ein »gewisser W.«, den Kafka erwähnt (T 465).

77 Brod, »Erfahrungen im ostjüdischen Schulwerk«, *Der Jude*, 1, I (April 1916), 34.

78 Zitiert nach S. Adler-Rudel, *Ostjuden in Deutschland 1880–1940* (Tübingen 1959), 50–51. Vgl. Aschheim, 187–189.

79 Sammy Gronemann, *Hawdoloh und Zapfenstreich: Erinnerungen an die ostjüdische Etappe 1916–18* (Berlin 1924), 50.

80 Buber, *Briefwechsel* I, 388–389.

81 Hugo Bergmann, »Der jüdische Nationalismus nach dem Krieg«, *Der Jude*, 1, I (April 1916), 9.

82 Vgl. Aschheim, 197–199.

83 Arnold Zweig, »Das ostjüdische Antlitz«, in: ders., *Herkunft und Zukunft* (Wien 1929), 142.

84 Vgl. den Bericht über das Volksheim in Adler-Rudel, 51–56.

85 Zu Lehmann und seinen Vorstellungen vgl. Aschheim, 194–195.
86 Scholem, *Von Berlin nach Jerusalem* (Frankfurt 1977), 102–104.
87 A.D. Gordon, »Arbeit«, *Der Jude*, 1, I (April 1916), 39.
88 Alfred Lemm, »Großstadtunkultur und Juden«, *Der Jude*, 1, V (August 1916), 322.
89 Die beste mir bekannte Darstellung des »jüdischen Selbsthasses« stammt von Peter Gay, *Freud, Jews and other Germans* (New York 1978).
90 Vgl. Roger Bauer, »Kraus contra Werfel: Eine nicht nur literarische Fehde«, in: ders., *Laßt sie koaxen, Die kritischen Frösch' in Preußen und Sachsen! Zwei Jahrhunderte Literatur in Österreich* (Wien 1977), 181–199.
91 Brod, *Über Franz Kafka*, 70. Vgl. Binder, *Motiv und Gestaltung*, 17–25.
92 Nordau, 51. Vgl. S. Lehnert, »Jüdische Volksarbeit«, *Der Jude* 1, II (Mai 1916), 110: »Wir wollen als Nationalisten nicht mehr wie bisher in diesem kalten luftleeren Raum leben, sondern wollen Boden unter unseren Füßen haben, wenn dieser Boden vorläufig auch nur ein Haus ist mit einer jüdischen Fahne darauf«; ferner Brod, *Beer*, 170; Robert Weltsch, »Theodor Herzl und wir«, *Vom Judentum*, 160; Kafka, Br 404, H 120, M 292.
93 Hans Blüher, *Secessio Judaica: Philosophische Grundlegung der historischen Situation des Judentums und der antisemitischen Bewegung* (Berlin 1922), 20.
94 Ibid. 38.
95 Ibid. 56, 57.
96 Diese offenkundige Fälschung erschien zuerst in Rußland als Teil eines Buches, das den Titel trug: *The Great in the Small: Antichrist Considered as an Imminent Political Possibility*; es stammte von einem geheimnisvollen Verfasser, Sergej Nilus, und erschien in deutscher Übersetzung im Januar 1920 unter dem Titel *Die Geheimnisse der Weisen von Zion*. Vgl. Norman Cohn, *Warrant for Genocide: The Myth of the Jewish World-Conspiracy and the Protocols of the Elders of Zion* (London 1967). Kafka las etwas über die *Geheimnisse* in einer katholischen Zeitung in Meran.
97 Zitiert nach Binder, »Kafka und *Selbstwehr*«, 301–302.
98 Jens Tismar, »Kafkas *Schakale und Araber* im zionistischen Kontext betrachtet«, *JDSG* 19 (1975), 306–323. Vgl. Oppenheimer, 266–268.
99 Sokel, 345–351.
100 Friedrich Schiller, *Über die ästhetische Erziehung des Menschen*, § 6 (*Werke*, hrsg. v. H.G. Göpfert, 3 Bde., München 1966), Bd. II, 455.
101 Margot Norris, »Darwin, Nietzsche, Kafka, and the Problem of Mimesis«, *MLN* 95 (1980), 1233.
102 Herzl, II, 12.
103 Nordau 50. Vgl. Rathenau, »Höre, Israel!« (1897), in: *Schriften*, hrsg. v. Arnold Harttung u.a. (Berlin 1965), 91; Döblin, *Jüdische Erneuerung* (Amsterdam 1933), 10; Manès Sperber, *Churban oder Die unfaßbare Gewißheit* (München 1983), 17.
104 Neumann, *Ein Bericht für eine Akademie*: Erwägungen zum Mimesis-Charakter Kafkascher Texte«, *DVjs* 49 (1975), 166–183.
105 Sokel, 341–342.
106 William C. Rubinstein, *»A Report to an Academy«*, in: Flores and Swander (eds.), *Franz Kafka Today*, 55–60.

107 Beck, 181–188.

108 Döblin, *Reise in Polen*, 74. Zur zwangsweisen Annahme von Nachnamen vgl. den faszinierenden Aufsatz von Franzos, ›Namensstudien‹, *Aus der großen Ebene: Neue Kulturbilder aus Halb-Asien* (2 Bde., Stuttgart 1888), I, 127–149; Benzion C. Kaganoff, *A Dictionary of Jewish Names and their History* (London 1978), 20–30.

109 Vgl. Eisner, 41.

110 Brod, *Schloß Nornepygge* (Berlin 1908), 139–141. Vgl. das Kapitel »Assimilation und Unsicherheit: Der *Graeculus* und der Clown«, in: Magris, 75–84.

111 Houston Stewart Chamberlain, *Die Grundlagen des neunzehnten Jahrhunderts* (2 Bde., München 1899) II, 241–244.

112 Wagner, *Sämtliche Schriften* V, 73–74.

113 Heine I, 433.

114 S.S. Prawer, *Heine's Jewish Comedy* (Oxford 1983), 555. Vgl. Gilman, »Nietzsche, Heine, and the rhetoric of antisemitism«, in: J. P. Stern (ed.), *London German Studies II* (London 1983), 76–93.

115 Eine englische Übersetzung unter dem Titel *The Mare* ist erschienen in: Joachim Neugroschel (ed. and tr.), *Great Works of Jewish Fantasy* (London 1976). Ich danke Dr. David Katz, der mir eine Kopie des jiddischen Textes überlassen hat. Ob *Die Klatsche* irgendeinen Einfluß auf Kafkas eigenes Werk ausgeübt hat, ist zweifelhaft: Er kannte es wahrscheinlich nur durch die Inhaltsangabe bei Pinès, 182–201; das reicht kaum aus, um Patrick Bridgewaters Meinung, Mendeles Geschichte habe »den Anstoß für Kafkas Erzählung« gegeben, gelten zu lassen: Vgl. »Rotpeters Ahnherren«, *DVjs* 56 (1982), 459.

116 Es handelt sich dabei um das *Schreiben Milos, eines gebildeten Affen, an seine Freundin Pipi in Nordamerika* und um die *Nachricht von den neuesten Schicksalen des Hundes Berganza*; beide in: E.T.A. Hoffmann, *Fantasie- und Nachtstücke*, hrsg. v. W. Müller-Seidel (München 1960). Vgl. Binder, *Motiv und Gestaltung*, 151–166. Kafka schätzte außerdem sehr Hoffmanns *Lebens-Ansichten des Katers Murr*; vgl. die Erinnerungen Dora Dymants, in: J.P. Hodin, *Kafka und Goethe* (London und Hamburg 1970), 28.

117 Den Titel des Vortrags nennt Scholem, *Von Berlin nach Jerusalem*, 102.

118 Micha Josef bin Gorion, *Die Sagen der Juden: Von der Urzeit* (Frankfurt 1913), 24–25; 27–28. Vgl. Wagenbach, *Biographie*, 256.

119 Zitiert nach M. Friedländer, *Die religiösen Bewegungen innerhalb des Judentums im Zeitalter Jesu* (Berlin 1905), 9. Kafka besaß dieses Buch: vgl. Wagenbach, *Biographie*, 255; über denselben Sachverhalt las er bei Fromer, 37–38; vgl. T 242.

120 Clement Greenberg, *»At the Building of the Great Wall of China«*, in: Flores and Swander (eds.), *Franz Kafka Today*, 77–81.

121 Nietzsche, II, 675.

122 Otto Weininger, *Geschlecht und Charakter* (Wien 1903). Kafkas einzige Bezugnahme auf Weininger (Br 320) läßt sein Interesse an einem Vortrag erkennen, den sein Freund Oskar Baum kurz zuvor über Weininger gehalten hatte; daraus geht hervor, daß er zumindest einige aus zweiter Hand erworbene Kenntnisse über Weiningers Gedanken besaß.

123 Zweig, 58.
124 Die folgende Darstellung stammt aus: Jiři Langer, *Nine Gates*, tr. Stephen Jolly (London 1961). Darin ist Langers eigener Bericht über seine Erfahrungen, die er bei den Chassidim gemacht hat, enthalten und außerdem eine Lebensbeschreibung František Langers über seinen Bruder: »My Brother Jiři«; vgl. auch Oppenheimer, 297–304.
125 Langer, *Nine Gates*, 4. Vgl. die Beschreibung von Belz bei Franzos als »eine Art Mekka der Juden in Podolien und Wolhynien«, in: *Vom Don zur Donau I*, 162. Zur Belzer Dynastie vgl. S. A. Horodezky, *Religiöse Strömungen im Judentum mit besonderer Berücksichtigung des Chassidismus* (Bern 1920), 180, und den Artikel »Belz« in: *Encyclopaedia Judaica* IV, 452–453.
126 Zitiert nach Oppenheimer, 303.
127 Brod, *Über Franz Kafka*, 137.
128 Vgl. Oppenheimer, 119–122.
129 Vgl. Binder, *Motiv und Gestaltung*, 38–55; Oppenheimer, 121–122. Zur Herkunft und zur Geschichte der Golem-Sage vgl. Sigrid Mayer, *Golem: Die literarische Rezeption eines Stoffes* (Bern 1975). 130 Die Parallele ist aufgezeigt worden von Bianca Maria Bornmann, »Tracce di una lettura flaubertiana in Kafka«, *Annali*, 20 (1977), II, 110.
131 S. A. Horodetzky (sic), »Vom Gemeinschaftsleben der Chassidim I«, *Der Jude*, 1, IX (Dezember 1916), 592–593. Oppenheimer, 161, zitiert diese Stelle im Kontext einer eingehenden Beschäftigung mit *Ein Landarzt* vor dem Hintergrund des Chassidismus, 155–159.
132 Alexander Eliasberg (Hrsg. u. Übers.), *Sagen polnischer Juden* (München 1916), 109; zit. nach Bluma Goldstein, »Franz Kafka's *Ein Landarzt*: A Study in Failure«, *DVjs* 42 (1968), 752, und Oppenheimer, 160.
133 Eliasberg, 40–44, 182–184.
134 Buber, *Die Legende des Baalschem*, 163–173.
135 Vgl. Dorrit Cohn, »Kafka's Eternal Present: Narrative Tense in *Ein Landarzt* and Other First-Person Stories«, *Publications of the Modern Language Association of America*, 83 (1968), 144–150.

Die Erfahrung der »Wunde«
Die Zürauer Aphorismen *(1917–1918)*

1 Pasley hat bemerkt, daß dieser Titel auf einer falschen Lesart von Kafkas Text beruht: Kafka schrieb »ein alltäglicher Heroismus«. Vgl. Kafka, *Shorter Works*, S. XII. Ich habe eine Interpretation von »Die Wahrheit über Sancho Pansa« bereits vorgelegt, in »Kafka und Don Quixote«, *Neophilologus*, 69 (1985), 17–24.
2 Brod, *Über Franz Kafka*, 147.
3 Vgl. z. B. Achad Haam II, 48. Vgl. Kap. 4, Fn. 91 oben.
4 Ernst Troeltsch, »Luther und der Protestantismus«, *Die neue Rundschau*, 28 (1917), 1302.
5 Vgl. den Brief vom 28. Nov. 1917, in dem Bergmann Buber für diese beiden Bücher dankt: Buber, *Briefwechsel* I, 514.

6 Vgl. T.J. Reed, »Kafka und Schopenhauer: Philosophisches Denken und dichterisches Bild«, *Euphorion*, 59 (1965), 160–172; Jost Schillemeit, »Tolstoj-Bezüge beim späten Kafka«, *Literatur und Kritik*, 140 (Nov. 1979), 606–619.

7 Diese Wörter stehen in Kafkas Notizheft; sie fehlen jedoch in der Übertragung H, die überhaupt viele andere größere oder kleinere Ungenauigkeiten enthält. Der wenig zuverlässige Zustand des Textes scheint z.T. dadurch bedingt zu sein, daß Kafka nachträglich eine Anzahl der Aphorismen abgeschrieben hat, als ob er sie gesondert hätte veröffentlichen wollen. Die bei dieser Auswahl vorgenommenen Korrekturen sind anscheinend in die Ausgabe Brods so übernommen worden, daß diese, wie Brod angibt, die Übertragung der originalen Notizhefte darstellt. Vgl. dazu Brods Bemerkung, H 437–438. Da mir an dem gelegen ist, was Kafka 1917–1918 tatsächlich geschrieben hat, habe ich die größten Fehler in Brods Übertragung korrigiert. Sehr dankbar bin ich Sir Malcolm Pasley für seine freundliche Erlaubnis, die Manuskripte in der Bodleian Library einzusehen.

8 O.P. Monrad, *Sören Kierkegaard: Sein Leben und seine Werke* (Jena 1909), 59.

9 Das Bild des Sprungbretts kann auf einen Satz zurückgehen, in dem Kierkegaard die Weiterentwicklung des Glaubens als ein akrobatisches Kunststück darstellt: »Ich kann den großen Trampolinsprung machen, durch den ich in die Unendlichkeit übergehe«, *Furcht und Zittern*, 32.

10 Sören Kierkegaard, *Buch des Richters: Seine Tagebücher 1833–1855*, übers. v. Hermann Gottsched (Jena 1905), 170. Oppenheimer, 114–115, vermutet, Kafka spiele hier auf Josef Karo an, der die Sammlung jüdischer Gesetze zusammenstellte, die den Namen *Schulcham-aruch* trägt. Aus Gründen, die ich weiter unten darlege, bezweifle ich, daß Kafka mit dem jüdischen Geistesleben und seiner Geschichte so eng vertraut war, wie es diese Annahme voraussetzt. Außerdem ist »Karo« ein im Deutschen ebenso gebräuchlicher Hundename, wie es »Diamond« im Englischen ist; der Name bedarf deswegen nicht unbedingt einer Erklärung.

11 Vgl. Brod, »Nachwort zur ersten Ausgabe«, Kafka, *Das Schloß* (Frankfurt 1951), 488. Anscheinend hat Brod in Kafkas Text etwas hineingelesen, mit dem er selbst sich schon vorher beschäftigt hatte: Vgl. *Heidentum, Christentum, Judentum* (2 Bde., München 1921), I, 143.

12 S.S. Prawer, *Comparative Literary Studies* (London 1973), 69.

13 Brod, »Der Dichter Franz Kafka«, wieder abgedr. in: Jürgen Born (Hrsg.), *Franz Kafka: Kritik und Rezeption zu seinen Lebzeiten 1912–1924* (Frankfurt 1979), 158. Brod hat diesen Aufsatz mit geringen Abweichungen selbst veröffentlicht in: Gustav Krojanker (Hrsg.), *Juden in der deutschen Literatur* (Berlin 1922). Oppenheimer, 114, versteht Brods Aussage falsch und schätzt infolgedessen Kafkas Kenntnis der Kabbala viel zu hoch ein. Hulda Göhler, *Franz Kafka: »Das Schloß«* (Bonn 1982), 163, nimmt Bezug auf »seine kabbalistischen Studien«, verzichtet aber auf den Nachweis dafür, daß diese Studien überhaupt stattgefunden haben; Werner Hoffmann, *Kafkas Aphorismen* (Bern 1975), 109, spricht dagegen von der »in seinem Wesen verankerte(n) Beziehung zur jüdischen Mystik« und erweckt damit die Vorstellung, Kafka habe die Kabbala gekannt, ohne sie zur Kenntnis nehmen zu müssen.

14 Scholem, *Hauptströmungen*, 301.
15 Ibid. 312.
16 Zitiert nach Dubnow, I, 95.
17 Buber, *Baalschem*, 24.
18 Der Vergleich stammt von I. Henel, »Kafka als Denker«, in: David (Hrsg.), *Franz Kafka*, 54–55.
19 *The Metaphysical Poets*, ed. Helen Gardner (Oxford 1961), 103–104.
20 Scholem, *Hauptströmungen*, 301.
21 Zitiert nach Benjamin, *Schriften* I, 495.
22 Brod, Über Franz Kafka, 89.
23 Wolfdietrich Rasch, *Zur deutschen Literatur seit der Jahrhundertwende* (Stuttgart 1967), 17.
24 *Meister Eckeharts Schriften und Predigten*, übers. v. Herman Büttner (Leipzig 1903), 34.
25 Schopenhauer, II, 528–583. Vgl. Reed, »Kafka und Schopenhauer«, 165–166.
26 Die Einleitung zu Bubers Sammlung *Ekstatische Konfessionen*, »Ekstase und Bekenntnis«, wurde erneut abgedruckt in: Buber, *Die Rede, die Lehre und das Lied*, das Kafka wahrscheinlich in Zürau gelesen hat.
27 Leo N. Tolstoj, *Tagebuch 1895–1899* (München 1917; neu aufgelegt Jena 1923), 54. Vgl. Schillemeit, »Tolstoj-Bezüge«, 611. Mit Bezug auf alltägliche Redewendungen und literarische Metaphern gibt Binder, in: ders. (Hrsg.), *Kafka-Handbuch I*, 499–500, eine nur sehr wenig überzeugende Darstellung der religiösen Vorstellungen Kafkas.
28 Diese Information entstammt einem Brief von Marianne Lask, der Tochter Dora Dymants, an Mr. und Mrs. George Steiner, den Mrs. Steiner mir freundlicherweise übersandt hat. Ich habe daraus zitiert in: »Edwin Muir as Critic of Kafka«, *MLR* 79, (1984), 641.
29 Die Studie von Helen Millfull, »The Theological Position of Franz Kafka«, *Seminar* 18 (1982), 168–183, vermittelt in Einzelheiten neue Einsichten, basiert im ganzen jedoch auf fragwürdigen Voraussetzungen.
30 Vgl. Buber, *Werke* I, 774–779.
31 Diese Vorstellung ist offensichtlich von Erich Heller mit seinem Aufsatz »The World of Franz Kafka«, *Cambridge Journal*, 2, I (Oktober 1948), 11–32, in die Welt gesetzt worden; der Aufsatz ist ohne große Veränderungen wiederabgedruckt worden in: *The Disinherited Mind*, 4th edn. (London 1975) und unter dem Titel »The Castle« in: *Franz Kafka* (London 1974) erneut erschienen (deutsch in: *Franz Kafka*, München 1974, S. 91–116). Sie erscheint auch bei Anders, 87, wo ein Abschnitt überschrieben ist: »Kafka ist Marcionist. Er glaubt nicht an keinen Gott, sondern an einen schlechten.« Dies ist jedoch nicht buchstäblich gemeint, denn weder Heller noch Anders glauben, Kafka habe tatsächlich die Lehren des Gnostikers Marcion (2. Jh. n.C.) gekannt. Die Feststellung, Kafka sei unmittelbar vom Gnostizismus beeinflußt, begegnet bei Fischer, 309, und taucht wieder auf bei William M. Johnston, *The Austrian Mind: An Intellectual and Social History, 1848–1938* (Berkeley 1972), und zwar innerhalb der These, daß eine gnostische Bewegung, die in Prag zwischen 1890 und 1930 zur Blüte gelangt sei und sich in den Werken Rilkes, Meyrinks und Mahlers spiegelt

und mit größter Begeisterung unterstützt worden sei von Kafka, Brod, Werfel sowie den Dramatikern Paul Kornfeld und Paul Adler, Ähnlichkeiten aufweise mit der Lehre Marcions, so daß der Ausdruck »Prager Marcionismus« zu einem Gemeinplatz der Moderne geworden sei (S. 270–271). Obgleich nicht ganz klar ist, was Johnston hier vor Augen hat, und obgleich er keine Beweismittel für seine Behauptungen über den Gnostizismus anführt, wird der Kern seiner Aussagen mit feierlichem Ton wiederholt von Franz Kuna, *Kafka: Literature as Corrective Punishment* (London 1974), 45–46.

Ich habe zwar selbst den Ursprüngen dieser Anschauungen nicht weiter nachgeforscht, aber es stimmt jedenfalls, daß Marcion für Kafkas jüdische Zeitgenossen von einigem Interesse war, weil er das Alte Testament verworfen, das in ihm enthaltene Gesetz als Werk eines bösen Gottes bezeichnet und die Paulus-Briefe in einer antisemitischen Weise interpretiert hatte. Seine Ideen wurden bekannt durch das Buch *Marcion: Das Evangelium vom fremden Gott* (Leipzig 1921) des berühmten protestantischen Theologen Harnack. Sie waren sicherlich auch Brod und Weltsch bekannt; sie würden es berichtet haben, wenn Kafka irgendein Interesse an diesen Ideen gezeigt hätte. Stattdessen haben beide Anders' und Hellers Versuche zurückgewiesen, *Das Schloß* mit dem Gnostizismus in Verbindung zu bringen: Vgl. dazu Weltsch, *Religion*, 62–63, und Brod, *Über Franz Kafka*, 305, 380–381. Brod (ibid. 71) zeichnet sogar ein Gespräch auf, in dem Kafka eine Parallele, die Brod zwischen dem Gnostizismus und einem Gedanken Kafkas zu sehen glaubte, nicht anerkannte.

32 Ludwig Feuerbach, *Das Wesen des Christentums*, in: *Werke in sechs Bänden*, hrsg. v. Erich Thies (Leipzig 1841; Frankfurt 1976), Bd. 5, 31. Kafkas Begriff der Entfremdung ist wohl zu voreilig mit dem marxistischen Entfremdungsbegriff gleichgesetzt worden von Zbigniew Świątlowski, »Kafkas ›Oktavhefte‹ und ihre Bedeutung im Werk des Dichters«, *Germanistica Wratislavensia*, 20 (1974), 97–116.

33 Besonders von Neumann, »Umkehrung und Ablenkung: Franz Kafkas ›Gleitendes Paradox‹«, *DVjs* 42 (1968), 702–744. Vgl. dazu die Stellungnahme von Henel, in: David (Hrsg.), *Franz Kafka*, 50.

34 Sabina Kienlechner, *Negativität der Erkenntnis im Werk Franz Kafkas* (Tübingen 1981), 17.

35 Heinrich von Kleist, *Sämtliche Werke und Briefe*, hrsg. v. Helmut Sembdner (2 Bde., München 1961), II, 122.

36. Vgl. Pasley, »Introduction«, Kafka, *Short Stories* (Oxford 1963), 19; Binder, *Motiv*, 92, 114; Lawrence Ryan, »›Zum letztenmal Psychologie!‹ Zur psychologischen Deutbarkeit der Werke Franz Kafkas«, in: Paulsen (Hrsg.), *Psychologie*, 157–173.

37 Die Zitate stammen aus: Kierkegaard, *Buch des Richters*, 122.

38 Franz Brentano, *Psychologie vom empirischen Standpunkt* (Leipzig 1874), 35; auch zitiert bei Binder, *Motiv*, 79. Übertrieben und wenig überzeugend sind die Versuche, Brentanos Einfluß auf Kafka nachzuweisen, die Wagenbach, *Biographie*, 107–116, und Peter Neesen, *Vom Louvrezirkel zum Prozeß: Franz Kafka und die Psychologie Franz Brentanos* (Göppingen 1972) gemacht haben. Vgl. Binder (Hrsg.), *Kafka-Handbuch* I, 286–289.

39 Vgl. Fritz Mauthner, *Beiträge zu einer Kritik der Sprache* (3 Bde., Stuttgart 1901–1902); Gershom Weiler, *Mauthner's Critique of Language* (Cambridge 1970).
40 Kleist, II, 342–345. Vgl. Ralf R. Nicolai, »Kafkas Stellung zu Kleist und der Romantik«, *Studie Neophilologica*, 45 (1973), 80–103.
41 Schopenhauer, II, 666, 693 und besonders 698.
42 Kierkegaard, *Der Augenblick*, übers. v. C. Schrempf, 3. Aufl. (Jena 1923), 137–139.
43 Hans Joachim Schoeps, »Theologische Motive in der Dichtung Franz Kafkas«, *Die neue Rundschau*, 62 (1951), 37. Zu Schoeps' eigener theologischer Position vgl. Mosse, 108.
44 Dubnow, I, 96–97.
45 Zitiert nach dem MS. Der originale Wortlaut bei Kafka stützt die Vermutung Reeds, hier liege eine Anspielung auf den Untertitel von Nietzsches *Ecco Homo*: »Wie man wird, was man ist«, vor, vgl. Nietzsche, II, 1963, und Reed, »Nietzsche's Animals: Idea, Image and Influence«, in: Pasley (ed.), *Nietzsche: Imagery and Thought* (London 1978), 216.
46 Aus dem Tagebuch von Caroline Schulz, in: Büchner, 321.
47 Friedländer, 121.
48 Zitiert nach Brod, *Heidentum*, I, 142.
49 Vgl. die Erzählung »Wahrheit«, in: Buber, *Der große Maggid und seine Nachfolge* (Frankfurt 1922), 55–56.
50 *The Talmud*, tr. Polano, 277.
51 »Vom Messias«, in: Buber, *Maggid*, 93.
52 Hiebel, 46.

Die letzte irdische Grenze
Das Schloß *(1922)*

1 Schopenhauer, I, 316.
2 Vgl. dazu »The Metaphoric and Metonymic Poles«, in: Roman Jakobson and Morris Halle, *Fundamentals of Language* (The Hague 1956), 76–82, und zur weiteren Anwendung dieser Typologie auf die Literatur David Lodge, *The Modes of Modern Writing* (London 1977).
3 Sokel, 397.
4 SA 63. Vgl. Binder, *Schaffensprozeß*, 306–321.
5 Vgl. Pasley, »Kafka and ›Berufung‹«, 146.
6 Brod, *Heidentum*, I, 142–145.
7 Nietzsche, *Zur Genealogie der Moral*, III, § 26 (Schlechta, II, 895).
8 Vgl. Brod, *Streitbares Leben*, 12–15. Brods Anspruch, er habe Werfel den Beginn seiner Karriere ermöglicht, ist neuerdings stark bezweifelt worden von Karl S. Guthke, *Das Abenteuer der Literatur* (Bern 1981), 295–309. Zu Kafka und Werfel vgl. Roger Bauer, »K. und das Ungeheuer: Franz Kafka über Franz Werfel«, in: David (Hrsg.), *Franz Kafka*, 189–209.
9 Scholem, *Von der mystischen Gestalt der Gottheit* (Zürich 1962), 122.

10 Vgl. Brod, *Heidentum*, I, 318; Scholem, »The Tradition of the Thirty-Six Hidden Just Men«, *Messianic Idea*, 251–256.
11 Vgl. Friedrich Thieberger, »Erinnerungen an Franz Kafka«, *Eckart*, 23 (Okt. 1953), 52; Brod, *Der Prager Kreis*, 98; Binder, »Kafkas Hebräischstudien: Ein biographisch-interpretatorischer Versuch«, *JDSG* 11 (1967), 527–556; Oppenheimer, 302–303; Clive Sinclair, »Kafka's Hebrew Teacher«, *Encounter*, 64, III (Mar. 1985), 46–49.
12 Brod, *Über Franz Kafka*, 172.
13 Weltsch, *Religion*, 38.
14 Jetzt in Englisch zugänglich unter Yosef Haim Brenner, *Breakdown and Bereavement*, tr. Hillel Halkin (Ithaca, NY 1971).
15 Brod, *Über Franz Kafka*, 122. Vgl. Pasley, »Two Kafka Enigmas: *Elf Söhne* and *Die Sorge des Hausvaters*«, *MLR* 59 (1964), 73–81; Breon Mitchell, »Franz Kafka's *Elf Söhne*: A New Look at the Puzzle«, *GQ* 47 (1974), 191–203; Peter Hutchinson, »Red Herrings or Clues?«, in: Flores (ed.), *The Kafka Debate*, 206–215.
16 Brod, *Streitbares Leben*, 281, geht auf Diskrepanzen in der Chronologie des Romans und der Darstellung Amalias ein, die zunächst als Blondine (S. 52–53) geschildert ist und später als schwarzhaarig (S. 370, 387) erscheint.
17 Vgl. Rajec, 152–172.
18 Brod, *Streitbares Leben*, 281.
19 Richard Sheppard, *On Kafka's Castle* (London 1973), 76, 105.
20 Z.B. Heller, *Franz Kafka* (München 1976), 104.
21 Emrich, 300.
22 Göhler, 12, 52.
23 Vgl. Beck, 195, und W.G. Sebald, »The Law of Ignominy: Authority, Messianism and Exile in *The Castle*«, in: Kuna (ed.), *On Kafka*, 42–58.
24 Zu diesem und anderen Beispielen vgl. G.B. Caird, *The Language and Imagery of the Bible* (London 1980), 47–48.
25 Brod, *Heidentum*, II, 126.
26 Vgl. Friedländer, S. XV.
27 Vgl. Scholem, *Sabbatai Sevi, the Mystical Messiah* (London 1973).
28 Vgl. P.F. Veit, »Moritz Spiegelberg«, *JDSG* 17 (1973), 273–290. Zu Franz vgl. Scholem, »Redemption through Sin«, *Messianic Idea*, 78–141.
29 Wassermann, 3–86.
30 Vgl. Scholem, »The Neutralization of the Messianic Element in Early Hasidism«, *Messianic Idea*, 176–202.
31 Zitiert nach Horodezky, 66.
32 Moses Hess, *Rom und Jerusalem* (Leipzig 1862), 4–5.
33 Zitiert nach Joseph Nedava, »Herzl and Messianism«, *Herzl Year Book*, 7 (1971), 12.
34 Herzl, V, 227–228.
35 Scholem, »Towards an Understanding of the Messianic Idea in Judaism«, *Messianic Idea*, 35.
36 Vgl. Sheppard, 127–188.
37 Vgl. Peters, 133–148.
38 Brod, »Nachwort zur ersten Ausgabe«, *Das Schloß*, 484.

39 Klaus-Peter Philippi, *Reflexion und Wirklichkeit: Untersuchungen zu Kafkas Roman »Das Schloß«* (Tübingen 1966), 215.

40 Maimon, 459; zitiert und diskutiert von Pasley, »Zur Entstehungsgeschichte von Franz Kafkas Schloßbild«, in: Goldstücker (Hrsg.), *Weltfreunde*, 244, und Karin Keller, *Gesellschaft in mythischem Bann: Studien zum Roman »Das Schloß« und anderen Werken Franz Kafkas* (Wiesbaden 1977), 230.

41 Johann Amos Comenius, *Das Labyrinth der Welt und das Paradies des Herzens* (Luzern und Frankfurt 1970), 189. Kafkas Abhängigkeit von diesem Buch ist dargestellt von Politzer, 233–234, und Pasley, op. cit. 243–244.

42 Schopenhauer, I, 118. Vgl. Reed, »Kafka und Schopenhauer«, 168.

43 Kierkegaard, *Furcht und Zittern*, 61.

44 Kafka hat diesen klassischen tschechischen Roman in früher Jugend gelesen: vgl. M 22 und Wagenbach, *Biographie*, 44. Seinen Einfluß auf Kafka hat Brod – wahrscheinlich übertrieben – dargestellt in: *Über Franz Kafka*, 371–374; vgl. dazu Aloisio Rendi, »Influssi letterari nel *Castello* di Kafka«, *Annali*, 4 (1961), 80–81; Reed, »Kafka und Schopenhauer«, 171–172.

45 Vgl. Wagenbach, »Wo liegt Kafkas Schloß?«, *Kafka-Symposion* (Berlin 1965), 161–180.

46 Philippi, 210.

47 Henel, »Die Deutbarkeit«, 259–260.

48 Pasley, op. cit.; vgl. Nietzsche, II, 845.

49 Vgl. Jonathan Webber, »Some Notes on Biblical Ideas about Language: An Anthropological Perspective«, *European Judaism*, 15, I (1981), 21–25.

50 Maimon, 99.

51 Politzer, 365. Vgl. Emrich 310; Kurz, *Traum-Schrecken*, 161.

52 Robert, 65.

53 Nathan Söderblom, *Das Wesen des Gottesglaubens*, hrsg. v. R. Stübe (Leipzig 1916), 211.

54 Ibid. 64.

55 Ibid. 207.

56 Keller, 33.

57 Söderblom, 115–116.

58 Vgl. Reinhard H. Friedrich, »K.s ›bitteres Kraut‹ and *Exodus*«, *GQ* 48 (1975), 355–357.

59 Keller, 60.

60 Nietzsche, *Zur Genealogie der Moral*, III, § 15 (Schlechta, II, 867).

61 Friedländer, 83–85.

62 Horodezky, 48.

63 Maimon, 321–322; zitiert und diskutiert von Keller, 8.

64 Heller, *Franz Kafka*, 110.

65 Zitiert nach Jacobs, 9.

66 Aus dem dritten Oktavheft. Brod übergeht sie bei der Transkription nach H, zitiert sie jedoch in: *Über Franz Kafka*, 313.

67 Gustav Roskoff, *Geschichte des Teufels* (2 Bde., Leipzig 1869), I, 29.

68 Rajec, 159. Vgl. Politzer, 369.

69 Eliasberg, 20.

70 Sheppard, 105.
71 Der Roman ist ins Englische übersetzt von Edith Pargeter: *Granny* (Prag 1962); deutsche Übersetzungen: K. Eben, *Großmütterchen*, Olmütz 1924; H. u. P. Demetz, *Die Großmutter. Eine Erzählung aus dem alten Böhmen* (Zürich 1959).
72 Philippi, 73.
73 Weininger, 112. Zum Verhältnis Kafkas zu Weinberger vgl. Politzer, 311–315. Vgl. Sacher-Masoch, 57.
74 August Strindberg, *Am offenen Meer*, übers. v. Emil Schering (Leipzig 1912), 300. Vgl. Rendi, 89–91.
75 Karl Kraus, *Beim Wort genommen* (München 1955), 13. Vgl. Wagner, *Geist und Geschlecht*; J.L. Hibberd, »The Spirit of the Flesh: Wedekind's Lulu«, *MLR* 79 (1984), 336–355.
76 Albert Camus, *Le Mythe de Sisyphe*, 2e ed. (Paris 1948), 183; Politzer, 419.
77 Brod, *Heidentum*, II, 10.
78 M.D. Georg Langer, *Die Erotik der Kabbala* (Prag 1923), 7.
79 Brod, *Heidentum*, II, 11–12.
80 Langer, *Erotik*, 24.
81 Jacobs, 61.
82 Zitiert bei Jacobs, 60; auch bei Dubnow, I, 96.
83 Brod, »Nachwort zur ersten Ausgabe«, *Das Schloß*, 488.
84 Cersowsky, *Phantastische Literatur*, 221.
85 Sheppard, 94–105.
86 Ibid. 96.
87 Brod, *Heidentum*, II, 11.
88 Buber, »Geleitwort«, *Maggid*, pp. XXVIII, XXVII; Kafka hat dieses Buch im Mai 1922 (T 580) mit Freude gelesen.
89 Fromer, 10; Eliasberg, 10.
90 Sokel, 439.
91 Binder, *Kommentar zu den Romanen*, 293.
92 Diese Beziehung wurde zuerst von Németh festgestellt, 46.
93 Dubnow, I, 98.
94 Scholem, *Von der mystischen Gestalt*, 123.
95 Vgl. Rajec, 156.
96 Buber, *Maggid*, p. XXXIV.
97 Sheppard, 44.
98 Edwin Muir, »Introductory Note«, Kafka, *The Castle*, tr. Willa and Edwin Muir (London 1930), p. IX, wiederabgedr. in: Jacob, I, 87. Ich habe Muirs Vorstellung über »Allegorie« zu erläutern versucht, in: »Muir as Critic«, 644–646.
99 Emrich, 77–81; vgl. Brod, *Über Franz Kafka*, 169–170; Anders, 39.
100 Sokel, 122–123; Henel, »Kafkas *In der Strafkolonie*«; Kurz, *Traum-Schrecken*, 132–135; Hiebel, 40–45; vgl. Fingerhut, 102.
101 Z.B. Sokel, 122–123; Henel, »Kafkas *In der Strafkolonie*«; Kurz, *Traum-Schrecken*, 132–135; Hiebel, 40–45; vgl. Fingerhut, 102.
102 Von den neueren Arbeiten zur Allegorie verdanke ich am meisten Maureen Quilligan, *The Language of Allegory* (Ithaca, NY, 1979); Heinz Schlaffer, *»Faust Zweiter Teil«: Die Allegorie des 19. Jahrhunderts* (Stuttgart 1981); Gerhard Kurz, *Metapher, Allegorie, Symbol* (Göttingen 1982).

103 Beide Definitionen sind zitiert bei Kurz, *Metapher*, 52, 70.
104 Schopenhauer, I, 283–284.
105 Zitiert nach Paul de Man, »The Rhetoric of Temporality«, *Blindness and Insight*, 2nd edn. (London 1983), 190.
106 Mit dieser Unterscheidung folge ich Kurz, *Metapher*, 72.
107 Dieses bereits abgenutzte Beispiel verwendet Schopenhauer, I, 282, und Brod, *Über Franz Kafka*, 169.
108 Zu den Spielarten der visuellen Allegorie vgl. Göran Hermerén, *Representation and Meaning in the Visual Arts* (Lund 1969), 103–125.
109 Vgl. Kurz, *Metapher*, 35–36.
110 C.S. Lexis, *The Allegory of Love* (Oxford 1936); 334.
111 Herman Melville, *Moby-Dick*, ed. Harrison Hayford and Hershel Parker (Norton Critical Edition, New York 1967), 144, 264.
112 Vgl. Quilligan, 100.
113 Kurz, *Traum-Schrecken*, 132.

Epilog

Forschungen eines Hundes *(1922) und* Josefine, die Sängerin oder das Volk der Mäuse *(1924)*

1 Edwin Muir, »Introductory Note«, Kafka, *The Great Wall of China*, tr. Willa and Edwin Muir (London 1933), p. XII; wiederabgedruckt in: Jakob, I, 94.
2 Vgl. die entzückende Schilderung in: Brod, *Über Franz Kafka*, 338–339.
3 Brod, Brief vom 25. Januar 1927, in: Buber, *Briefwechsel*, Bd. II, 278.
4 Vgl. Brod, *Über Franz Kafka*, 176.
5 Weltsch, *Religion*, 39.
6 Brod, *Über Franz Kafka*, 179–180.
7 Vgl. Emrich, 152–167: Fingerhut, 188; John Winkelman, »Kafka's *Forschungen eines Hundes*«, *Monatshefte*, 59 (1967), 204–216.
8 Steinmetz, 122.
9 Vgl. Brod, B 350. Die Konsequenzen arbeitet im einzelnen Winkelman heraus.
10 Fingerhut, 184.
11 Vgl. Steinmetz, 125.
12 Emrich, 166.
13 Binder, *Kommentar zu sämtlichen Erzählungen*, 278–280.
14 Das übliche deutsche Wort für Laute, die Mäuse von sich geben, ist »piepsen«. Kafka gebraucht es auch, und zwar zusammen mit dem weniger gebräuchlichen »zischen«, aber er wendet beide anscheinend speziell auf die von jungen Mäusen hervorgebrachten Laute an: »[...] die unübersehbaren Scharen unserer Kinder, fröhlich zischend oder piepsend, solange sie noch nicht pfeifen können« (E 280). In einem Brief benutzt er das Verb »pfeifen« zur Bezeichnung des Lautes, wie er normalerweise von Mäusen hervorgebracht wird (Br 198: »leise gepfiffen«); obschon er später auch

Robert Klopstock erklärte, *Josefine* sei eine »Untersuchung des tierischen Piepsens« (Br 521), kann der Unterschied nicht gravierend gewesen sein.

15 Pascal, 230. Vgl. Politzer, 315; Fingerhut, 203.

16 Lionel Kochan, *The Jew and his History* (London 1977), 9.

17 Zitiert nach Kochan, 3.

18 Maimon, 300.

19 Pascal, 229.

BIBLIOGRAPHIE

Die Abschnitte 2, 3 und 4 geben nur die Werke an, auf die in den Anmerkungen mindestens zweimal Bezug genommen worden ist.

1. Ausgaben und Übersetzungen der Werke Kafkas

Erzählungen, hrsg. v. Max Brod (Frankfurt 1946) (= E)

The Diaries of Franz Kafka, tr. Joseph Kresh (2 vols., London 1948–9)

Der Prozeß, hrsg. v. Max Brod (Frankfurt 1950) (= P)

Tagebücher 1910–1923 hrsg. v. Max Brod (Frankfurt 1951) (= T)

Hochzeitsvorbereitungen auf dem Lande und andere Prosa aus dem Nachlaß, hrsg. v. Max Brod (Frankfurt 1953) (= H)

Beschreibung eines Kampfes: Novellen, Skizzen, Aphorismen aus dem Nachlaß, hrsg. v. Max Brod (Frankfurt 1954) (= B)

Briefe 1902–1924, hrsg. v. Max Brod (Frankfurt 1958) (= Br)

Short Stories, ed. Malcolm Pasley (Oxford 1963)

Der Heizer, In der Strafkolonie, Der Bau, ed. Malcolm Pasley (Cambridge 1966)

Briefe an Felice und andere Korrespondenz aus der Verlobungszeit, hrsg. v. Erich Heller und Jürgen Born (Frankfurt 1967) (= F)

Beschreibung eines Kampfes: Die zwei Fassungen, hrsg. v. Ludwig Dietz (Frankfurt 1969)

Shorter Works, I, ed. and tr. Malcolm Pasley (London 1973)

Briefe an Ottla und die Familie, hrsg. v. Hartmut Binder und Klaus Wagenbach (Frankfurt 1974) (= O)

In der Strafkolonie. Eine Geschichte aus dem Jahr 1914, hrsg. v. Klaus Wagenbach (Berlin 1975)

Das Schloß, hrsg. v. Malcolm Pasley (2 Bde., Frankfurt 1982) (Textband = S; Apparatband = SA)

Der Verschollene, hrsg. v. Jost Schillemeit (2 Bde., Frankfurt 1983) (Textband = V)

Briefe an Milena, Erweiterte Neuausgabe, hrsg. v. Jürgen Born und Michael Müller (Frankfurt 1983)

2. Andere Primärtexte – Bücher, die Kafka gelesen hat – Werke seiner Zeitgenossen

Achad Haam, ›Judenstaat und Judennot‹, in: *Am Scheidewege: Gesammelte Aufsätze*, übers. v. Israel Friedländer und Harry Torczyner (4 Bde., Berlin 1923), ii. 45–67
Benjamin, Walter, *Schriften*, hrsg. v. T.W. und Gretel Adorno (2 Bde., Frankfurt 1955)
– und Gershom Scholem, *Briefwechsel 1933–1940*, hrsg. v. Gershom Scholem (Frankfurt 1980)
Blüher, Hans, *Secessio Judaica: Philosophische Grundlegung der historischen Situation des Judentums und der antisemitischen Bewegung* (Berlin 1922)
Brod, Max, *Arnold Beer: Das Schicksal eines Juden* (Berlin 1912)
– *Heidentum, Christentum, Judentum* (2 Bde., München 1921)
– *Streitbares Leben* (München 1960)
– *Der Prager Kreis* (Stuttgart 1966)
Buber, Martin, *Die Legende des Baalschem* (Frankfurt 1908)
– (Hrsg.) *Ekstatische Konfessionen* (Jena, 1909)
– *Die Rede, die Lehre und das Lied* (Leipzig 1917)
– *Die jüdische Bewegung: Gesammelte Aufsätze und Ansprachen* (2 Bde., Berlin 1920)
– *Der große Maggid und seine Nachfolge* (Frankfurt 1922)
– *Werke* (3 Bde., München 1962–4)
– *Der Jude und sein Judentum: Gesammelte Aufsätze und Reden* (Köln 1963)
– *Briefwechsel aus sieben Jahrzehnten* (3 Bde., Heidelberg 1972–5)
Büchner, Georg, *Werke und Briefe* (München 1965)
Döblin, Alfred, *Reise in Polen* (Olten 1968)
Dostojewskij, Fjodor M., *Schuld und Sühne*, übers. v. Richard Hoffmann (München 1985)
– (Dostojewski, F.M.), *Die Brüder Karamasoff*, übers. v. E.K. Rahsin (München 1914)
Eliasberg, Alexander (Hrsg. u. Übers.), *Sagen polnischer Juden* (München 1916)
Franzos, Karl Emil, *Vom Don zur Donau: Neue Kulturbilder aus Halb-Asien* (2 Bde., Stuttgart 1889)
Friedländer, M., *Die religiösen Bewegungen innerhalb des Judentums im Zeitalter Jesu* (Berlin 1905)
Fromer, Jakob, *Der Organismus des Judentums* (Charlottenburg 1909)
Heine, Heinrich, *Sämtliche Werke*, hrsg. v. Ernst Elster (7 Bde., Leipzig 1893)
Herzl, Theodor, *Gesammelte zionistische Werke* (5 Bde., Berlin und Tel Aviv, 1934–5)
Holitscher, Arthur, *Amerika heute und morgen* (Berlin 1913)
Kierkegaard, Sören, *Buch des Richters: Seine Tagebücher 1833–1855*, übers. v. Hermann Gottsched (Jena 1905)
– *Furcht und Zittern; Die Wiederholung*, übers. v. H.C. Ketels, H. Gottsched und C. Schrempf, 3. Aufl. (Jena 1923)
Kleist, Heinrich von, *Sämtliche Werke und Briefe*, hrsg. v. Helmut Sembdner (2 Bde., München 1961)
Kohn, Hans, *Living in a World Revolution* (New York 1964)
Langer, M.D. Georg, *Die Erotik der Kabbala* (Prag 1923)

– (Langer, Jiři), *Nine Gates*, tr. Stephen Jolly (London 1961)
Maimon, Salomon, *Lebensgeschichte*, hrsg. v. Jakob Fromer (München 1911)
Mann, Thomas, *Gesammelte Werke* (12 Bde., Frankfurt 1960)
Nietzsche, Friedrich, *Werke*, hrsg. v. Karl Schlechta (3 Bde., München 1956)
Nordau, Max, *Zionistische Schriften* (Berlin 1923)
Pinès, M., *Histoire de la littérature judéo-allemande* (Paris 1910)
Rathenau, Walther, ›Zur Kritik der Zeit‹, in: *Gesammelte Schriften* (5 Bde., Berlin 1925), I, 7–148
Sacher-Masoch, Leopold von, *Venus im Pelz* (Frankfurt 1968)
Scholem, Gershom, *Von Berlin nach Jerusalem* (Frankfurt 1977)
Schopenhauer, Arthur, *Die Welt als Wille und Vorstellung*, hrsg. v. Julius Frauenstädt (2 Bde., Leipzig 1923)
Söderblom, Nathan, *Das Werden des Gottesglaubens* (Leipzig 1916)
The Talmud: Selections, tr. H. Polano (London, n.d.)
Vom Judentum: Ein Sammelbuch (Leipzig 1913)
Wagner, Richard, ›Das Judentum in der Musik‹, in: *Sämtliche Schriften und Dichtungen* (Volksausgabe, 12 Bde., Leipzig o.J.), V. 66–85
Wassermann, Jakob, *Die Juden von Zirndorf* (München 1897)
Weininger, Otto, *Geschlecht und Charakter* (Wien 1903)
Zweig, Arnold, *Herkunft und Zukunft* (Wien 1929)

3. *Sekundärliteratur, die sich ganz oder teilweise auf Kafka bezieht*

Adorno, T.W., ›Aufzeichnungen zu Kafka‹, *Prismen* (Frankfurt 1955), 302–42
Anders, Günther, *Kafka: Pro und Contra* (München 1951)
Baioni, Giuliano, *Kafka: romanzo e parabola* (Milano 1962)
Beck, Evelyn Torton, *Kafka and the Yiddish Theater* (Madison, Wis. 1971)
Beissner, Friedrich, *Der Erzähler Franz Kafka* (Frankfurt 1983)
Bergmann, S.H., ›Erinnerungen an Franz Kafka‹, *Universitas*, 27 (1972), 739–50
Binder, Hartmut, *Motiv und Gestaltung bei Franz Kafka* (Bonn 1966)
– ›Franz Kafka und die Wochenschrift *Selbstwehr*‹, *DVjs* 41 (1967), 283–304
– *Kafka: Kommentar zu sämtlichen Erzählungen* (München 1975)
– *Kafka: Kommentar zu den Romanen, Rezensionen, Aphorismen und zum Brief an den Vater* (München 1976)
– (Hrsg.), *Kafka-Handbuch* (2 Bde., Stuttgart 1979)
– *Kafka: Der Schaffensprozeß* (Frankfurt 1983)
Brod, Max, ›Nachwort zur ersten Ausgabe‹, Franz Kafka, *Das Schloß* (Frankfurt 1951)
– *Über Franz Kafka* (Frankfurt 1966)
Buch, H.C., *Ut Pictura Poesis: Die Beschreibungsliteratur und ihre Kritiker von Lessing bis Lukács* (München 1972)
Cersowsky, Peter, *Phantastische Literatur im ersten Viertel des 20. Jahrhunderts* (München 1983)
David, Claude (Hrsg.), *Franz Kafka: Themen und Probleme* (Göttingen 1980)
Eisner, Pavel, *Franz Kafka and Prague* (New York 1950)

Emrich, Wilhelm, *Franz Kafka* (Bonn 1958)
Fingerhut, Karl-Heinz, *Die Funktion der Tierfiguren im Werke Franz Kafkas* (Bonn 1969)
Fischer, Ernst, *Von Grillparzer zu Kafka* (Wien 1962)
Flores, Angel (ed.), *The Kafka Debate* (New York 1977)
– and Homer Swander (eds.), *Franz Kafka Today* (Madison, Wis. 1958)
Göhler, Hulda, *Franz Kafka: ›Das Schloß‹* (Bonn 1982)
Goldstücker, Eduard (Hrsg.), *Weltfreunde: Konferenz über die Prager deutsche Literatur* (Prag 1967)
– František Kautman und Paul Reimann (Hrsg.), *Franz Kafka aus Prager Sicht* (Prag 1965)
Heller, Erich, *Franz Kafka* (London 1974)
Henel, Ingeborg, ›Die Türhüterlegende und ihre Bedeutung für Kafkas *Prozeß*‹, *DVjs* 37 (1963), 50–70
– ›Die Deutbarkeit von Kafkas Werken‹, *ZfdP* 86 (1967), 250–66
– ›Kafkas *In der Strafkolonie*: Form, Sinn und Stellung der Erzählung im Gesamtwerk‹, in: V.J. Günther *et al.* (Hrsg.), *Untersuchungen zur Literatur als Geschichte: Festschrift für Benno von Wiese* (Berlin 1973), 480–504
Hermsdorf, Klaus, *Kafka: Weltbild und Roman* (Berlin 1961)
Hiebel, H.H., *Die Zeichen des Gesetzes: Recht und Macht bei Franz Kafka* (München 1983)
Hinze, Klaus-Peter, ›Neue Aspekte zum Kafka Bild: Bericht über ein noch unveröffentlichtes Manuskript‹, *MAL* 5 (1972), iii–iv, 83–92
Jahn, Wolfgang, *Kafkas Roman ›Der Verschollene‹* (Stuttgart 1965)
Jakob, Dieter, *Das Kafka-Bild in England: Eine Studie zur Aufnahme des Werkes in der journalistischen Kritik (1928–1966)* (2 Bde., Oxford und Erlangen 1971)
Jordan, Robert Welsh, ›Das Gesetz, die Anklage und K.s Prozeß: Franz Kafka und Franz Brentano‹, *JDSG* 24 (1980), 332–56
Keller, Karin, *Gesellschaft in mythischem Bann: Studien zum Roman ›Das Schloß‹ und anderen Werken Franz Kafkas* (Wiesbaden 1977)
Kuna, Franz (ed.), *On Kafka: Semi-Centenary Perspectives* (London, 1976)
Kurz, Gerhard, *Traum-Schrecken: Kafkas literarische Existenzanalyse* (Stuttgart, 1980)
– (Hrsg.), *Der junge Kafka* (Frankfurt 1984)
Marson, Eric, *Kafka's Trial: The Case against Josef K.* (St. Lucia, Queensland 1975)
Németh, André, *Kafka ou le mystère juif*, tr. Victor Hintz (Paris 1947)
Neumann, Gerhard, *Franz Kafka, ›Das Urteil‹: Text, Materialien, Kommentar* (München 1981)
Oppenheimer, Anne, ›Franz Kafka's Relation to Judaism‹ (D. Phil. thesis, Oxford 1977)
Pascal, Roy, *Kafka's Narrators: A Study of his Stories and Sketches* (Cambridge 1982)
Pasley, Malcolm, ›Two Literary Sources of Kafka's *Der Prozeß*‹, *FMLS* 3 (1967), 142–7
– ›Kafka and the Theme of »Berufung«‹, *OGS* 9 (1978), 139–49
Paulsen, Wolfgang (Hrsg.), *Psychologie in der Literaturwissenschaft* (Heidelberg 1971)

Peters, F.G, ›Kafka and Kleist: A Literary Relationship‹, *OGS* 1 (1966), 114–62
Philippi, Klaus-Peter, *Reflexion und Wirklichkeit: Untersuchungen zu Kafkas Roman ›Das Schloß‹* (Tübingen 1966)
Politzer, Heinz, *Franz Kafka: Parable and Paradox*, 2nd edn. (Ithaca, NY 1966); deutsche Ausgabe in: H.P., *Franz Kafka. Der Künstler* (Frankfurt 1978)
Pütz, Jürgen, *Kafkas »Verschollener« – ein Bildungsroman?* (Bern 1983)
Rajec, Elizabeth M., *Namen und ihre Bedeutungen im Werke Franz Kafkas* (Bern 1977)
Reed, T.J., ›Kafka und Schopenhauer: Philosophisches Denken und dichterisches Bild‹, *Euphorion*, 59 (1965), 160–72
Rendi, Aloisio, ›Influssi letterari nel *Castello* di Kafka‹, *Annali*, 4 (1961), 75–93
Robert, Marthe, *Einsam wie Franz Kafka*, übers. v. E. Michel-Moldenhauer (Frankfurt 1985)
Robertson, Ritchie, ›Edwin Muir as Critic of Kafka‹, MLR 79 (1984), 638–52
Sánchez Vázquez, Adolfo, *Art and Society: Essays in Marxist Aesthetics*, tr. Maro Riofrancos (London 1973)
Schillemeit, Jost, ›Tolstoj-Bezüge beim späten Kafka‹, *Literatur und Kritik*, 140 (Nov. 1979), 606–19
Sheppard, Richard, *On Kafka's Castle* (London 1973)
Sokel, W.H., *Franz Kafka: Tragik und Ironie* (München 1964)
Steinmetz, Horst, *Suspensive Interpretation am Beispiel Franz Kafkas* (Göttingen 1977)
Stölzl, Christoph, *Kafkas böses Böhmen: Zur Sozialgeschichte eines Prager Juden* (München 1975)
Urzidil, Johannes, *Da geht Kafka* (Zürich 1965)
Wagenbach, Klaus, *Franz Kafka: Eine Biographie seiner Jugend, 1883–1912* (Bern 1958)
– *Franz Kafka: Bilder aus seinem Leben* (Berlin 1983)
Walser, Martin, *Beschreibung einer Form* (München 1961)
Weltsch, Felix, *Religion und Humor im Leben und Werk Franz Kafkas* (Berlin-Grunewald 1957)
Winkelman, John, ›Kafka's *Forschungen eines Hundes*‹, *Monatshefte*, 59 (1967), 204–16
Wirkner, Alfred, *Kafka und die Außenwelt: Quellenstudium zum ›Amerika‹-Fragment* (Stuttgart 1976)

4. *Sonstige Literatur*

Adler-Rudel, S., *Ostjuden in Deutschland 1880–1940* (Tübingen 1959)
Anz, Thomas, *Literatur der Existenz: Literarische Psychopathographie und ihre soziale Bedeutung im Frühexpressionismus* (Stuttgart 1977)
Aschheim, Steven E., *Brothers and Strangers: The East European Jew in German and German Jewish Consciousness, 1800–1923* (Madison, Wis. 1982)
Avineri, Shlomo, *The Making of Modern Zionism* (London 1981)

Cohen, Gary B., ›Jews in German Society: Prague, 1860–1914‹, *Central European History*, 10 (1977), 28–54
Dubnow, Simon, *Geschichte des Chassidismus*, übers. v. A. Steinberg, 2 Bde., (Berlin 1931)
Encyclopaedia Judaica (16 Bde., Jerusalem 1971)
Fanger, Donald, *Dostoevsky and Romantic Realism* (Chicago 1965)
Fowler, Alastair, *Kinds of Literature: An Introduction to the Theory of Genres and Modes* (Oxford, 1982)
Hapgood, Hutchins, *The Spirit of the Ghetto*, ed. Moses Rischin (Cambridge, Mass. 1967)
Horodezky, S. A., *Religiöse Strömungen im Judentum, mit besonderer Berücksichtigung des Chassidismus* (Bern 1920)
Jacobs, Louis, *Hasidic Prayer* (London 1972)
Kochan, Lionel, *The Jew and his History* (London 1977)
Kurz, Gerhard, *Metapher, Allegorie, Symbol* (Göttingen 1982)
Magris, Claudio, *Weit von wo: Verlorene Welt des Ostjudentums*, übers. v. Jutta Prasse (Wien 1974)
Mochulsky, Konstantin, *Dostoevsky: His Life and Work*, tr. Michael A. Minihan (Princeton 1967)
Mosse, George L., *Germans and Jews* (New York 1970)
Quilligan, Maureen, *The Language of Allegory* (Ithaca, NY 1979)
Scholem, Gershom, *Die jüdische Mystik in ihren Hauptströmungen* (Frankfurt 1980)
– *Von der mystischen Gestalt der Gottheit* (Zürich 1962)
– *The Messianic Idea in Judaism* (London 1971)
Wagner, Nike, *Geist und Geschlecht: Karl Kraus und die Erotik der Wiener Moderne* (Frankfurt 1982)

REGISTER

Das Register bezieht sich auf das Vorwort (mit Ausnahme der Danksagungen) und den laufenden Text, nicht aber auf die Anmerkungen. Figuren fiktionaler Art sind nicht berücksichtigt. Literarische Werke erscheinen in alphabetischer Reihenfolge nach dem Namen des Autors; andere im Text erwähnte Bücher werden im Register nicht angeführt.

Printed in the United States
By Bookmasters